개념부터 시험 대비까지, 가장 애자일다운 안내서

Head First Agile

Head First Agile

: 개념부터 시험 대비까지, 가장 애자일다운 안내서

초판발행 2019년 8월 1일

지은이 앤드류 스텔만, 제니퍼 그린 / **옮긴이** 박현철 / **펴낸이** 김태헌

펴낸곳 한빛미디어(주) / **주소** 서울시 서대문구 연희로2길 62 한빛미디어(주) IT출판사업부

전화 02-325-5544 / **팩스** 02-336-7124

등록 1999년 6월 24일 제25100-2017-000058호 / **ISBN** 979-11-6224-201-8 93000

총괄 전태호 / **책임편집** 전정아 / **기획** 조희진 / **편집** 강민철

디자인 표지&내지 김연정 조판 이경숙

영업 김형진, 김진불, 조유미 / **마케팅** 송경석 / **제작** 박성우, 김정우

이 책에 대한 의견이나 오탈자 및 잘못된 내용에 대한 수정 정보는 한빛미디어(주)의 홈페이지나 아래 이메일로 알려주십시오. 잘못된 책은 구입하신 서점에서 교환해드립니다. 책값은 뒤표지에 표시되어 있습니다.

한빛미디어 홈페이지 www.hanbit.co.kr / 이메일 ask@hanbit.co.kr

지금 하지 않으면 할 수 없는 일이 있습니다.

책으로 펴내고 싶은 아이디어나 원고를 메일(writer@hanbit.co.kr)로 보내주세요.

한빛미디어(주)는 여러분의 소중한 경험과 지식을 기다리고 있습니다.

Head First Agile

치과에 가는 것보다 더 재미있게,
애자일을 공부할 수 있는 책이 있다면
얼마나 좋을까?
아마, 상상으로나 가능하겠지...

앤드류 스텔만
제니퍼 그린 지음

박현철 옮김

Beijing • Boston • Farnham • Sebastopol • Tokyo

O'REILLY®

니샤와 리사를 위해

"훌륭한 애자일 팀에 속해 일하는 것은 멋진 일입니다. 무언가를 만들어내고, 배우고, 다시 만들어내는 것에 집중하다 보면 여러 가지 문제나 개인적인 갈등, 프로젝트의 정치색도 줄어듭니다. 하지만 그런 멋진 팀을 만들기는 어렵습니다. 시간이 지나야 조금씩 쉬워집니다. 『Head First Agile』은 우리처럼 많은 사람들이 기다려온 책입니다. 스크럼, 익스트림 프로그래밍, 칸반의 원리가 뒷받침하는 실질적인 조언의 완벽한 조합인 『Head First Agile』은 대단하고 멋진 애자일 팀을 만들고자 하는 모든 사람들에게 도움이 됩니다."

– 마이크 콘, 〈경험과 사례로 풀어낸 성공하는 애자일〉, 〈불확실성과 화해하는 프로젝트 추정과 계획〉, 〈사용자 스토리〉의 저자

"당신이 한 번이라도 소프트웨어 팀에서 일해본 적이 있다면, 『Head First Agile』에 나오는 정확하고 통찰력 있는 사례들에 바로 공감할 겁니다. 이 책에는 제 사회 생활 초반에 누군가 제게 얘기해줬으면 좋았을, 수많은 훌륭한 조언들이 있습니다. 당신이 소프트웨어 업계에 얼마나 오래 몸담고 있는지와는 무관하게, 오래된 문제를 보는 새로운 방식과 배울 점을 찾으리라 장담합니다. 저도 XP에 페어 프로그래밍 외에도 훨씬 많은 것들이 있음을 알게 되어 놀랐습니다. 그래서 저는 제 팀에 이와 같은 프랙티스와 아이디어가 어떻게 도움이 될지 살펴볼 것입니다."

– 아담 리브, RedOwl Analytics의 대표 아키텍트

"『Head First Agile』은 책을 내려놓기 어려울 정도로 이해하기 쉽게 쓰여 있습니다. 이 책이 단지 사실만을 제공하기보다는 사람 간의 상호작용을 통해 쓰여져 있어서, 저는 애자일의 원리와 프랙티스 모두에 관해 훨씬 더 잘 이해할 수 있게 됐습니다."

–패트릭 캐논, Dell의 수석 프로그램 관리자

"『Head First Agile』은 PMI-ACP 시험을 성공적으로 통과할 수 있도록, 매우 복잡한 애자일 개념을 상세히 설명해주면서, 높은 학습 효과를 위해 의미 있는 연습 문제와 실생활 이야기, 두뇌 활성화를 위한 그림으로 그 개념들을 강화해줍니다. 이 책의 독특한 구성은 모든 학습 방식에 맞추어져 있어, 초급자에서 전문가까지 모두가 이 책을 공부해서 혜택을 보게 될 것입니다. 이와 같은 훌륭한 또 다른 Head First 책을 집필해준 앤드류와 제니퍼에게 감사드립니다."

– 존 스테니스, PMP, CSM, CSPO

"『Head First Agile』은 대단합니다! 저자들이 이 주제를 재미있고 읽기 쉽고 이해하기 쉽게 구성하고 설명하는 방식이 너무 좋습니다! 이렇게 훌륭한 일을 해낸 앤드류와 제니퍼에게 영광을!"

– 마크 앤드류 본드, 대학기관의 네트워크 운영 프로젝트 관리자

"소프트웨어 개발팀원이라면 어떤 역량을 가지고 있건, 애자일 기반이건 아니건, 『Head First Agile』을 읽어야 합니다. 애자일을 전부 또는 일부 적용한 팀은 프로세스를 개선하는 방법을 더 많이 이해하게 될 것입니다. 애자일을 사용하지 않는 팀은 애자일의 여정을 시작하는 데 무엇이 필요한지 실질적인 것을 배우게 됩니다. 저에게는 이 책이 지난 20년에 걸친 제 사회 생활 기간의 성공하고 실패한 프로젝트 사화상이었습니다."

– 댄 팔틴, BlueMatrix의 수석 보안 담당자

"애자일은 동종 업계에서 많은 사람들이 이야기하면서 활용하지만, 그 실천 방안 뒤에 놓인 원리와 가치를 제대로 이해하지 못한 유행어였습니다. 『Head First Agile』은 해당 주제를 쉽게 설명해주고 애자일의 여정과 마음가짐으로 들어가는 훌륭한 가이드가 되어줍니다."

– 필립 청, 소프트웨어 개발자

"저는 작년에 PMP를 따기 위해 『Head First PMP』를 사용했던 프로젝트 관리자입니다. 『Head First Agile』은 『Head First PMP』와 동일한 개념을 따릅니다. 해당 개념을 깨닫고, 이해하고, 학습 내용을 기억하도록 해주는 시각적인 사고와 학습 말이죠. 훌륭한 수험서가 한정적인 이 시장에서, 이 책은 PMI-ACP 시험 대비를 위해 구비해서 사용하기 매우 좋은 자원이었습니다. 시험 대비 연습 문제와 7장(영역 리뷰 포함)은 정말로 좋은 준비 자료였습니다. 이 책 덕분에 전 처음 본 시험을 바로 통과했습니다!"

– 켈리 D. 마르세, 금융 서비스 기업의 프로젝트 관리자

"『Head First Agile』은 애자일이 또 하나의 방법론이 아니라 개발 주기에 관한 폭넓은 접근법과 방식임을 보여줍니다. 이 책은 당신의 팀 니즈에 가장 잘 맞는 방법을 찾는 길잡이가 되고, 지속적으로 개선하는 방법을 이해하게 해줍니다. 워크플로우를 시각화하고 진행 중인 작업을 제한함으로써 풀 시스템을 수립하는 칸반 같은 접근법은 팀에게 특히나 많은 자율권을 줍니다."

– 닉 라이, Uber Technologies의 수석 엔지니어링 관리자

"애자일이라는 혁신적인 업무 접근법을 배우는 데 온 마음과 감정, 각기 다른 학습 방법을 다 사로잡는, 이처럼 기발하고, 창의적이며 획기적인 학습 방법이 또 있을까요? 과거의 지루한 교재는 다 치워버리고 현대적이고 흥미로운 학습 경험을 위해 『Head First Agile』을 선택하세요."

– 테스 톰슨, MS, PMP, PMI-ACP, CSP 애자일 트랜스포메이션 코치 겸 세인트 메리즈 대학교 교수

"애자일은 전통적인 방식으로 교육받은 모든 PM에게는 매우 어려운 주제일 수 있습니다. 이 책의 저자는 그 주제에 접근할 수 있도록 많은 신경을 썼고, PMI-ACP 시험 합격에 필요한 귀중한 정보를 제공할 뿐 아니라 이보다 더 중요한, 실제로 애자일을 적용하는 데 성공하기 위해 필요한 정보까지 직설적이면서 간결한 방식으로 제시했습니다."

– 데이브 프라이어, 공인 스크럼 트레이너 겸 LeadingAgile의 PMP, PMI-ACP

"『Head First Agile』은 애자일 방법론에 있는 다양한 기법을 활용해 실질적인 문제와 해법을 철저하게 파헤칩니다. 저자는 독자들에게 엄청난 애자일 자원의 보고를 제공하면서 애자일 접근법의 여러 유형을 능숙하게 설명합니다."

– 키스 코넌트, 결재 서비스 회사의 수석 소프트웨어 엔지니어

"『Head First Agile』은 사람들에게 애자일 프랙티스와 방법론뿐 아니라, 이보다 더 중요한 마음가짐의 변화까지 가르치는 훌륭한 자원입니다. 이 책은 애자일 선언문에 나와 있는 가치와 원리를 토대로 합니다. 저는 애자일 개발에 관해 알고자 하는 모든 사람들에게 이 책을 강력 추천합니다."

– 마이크 맥아이작, 스크럼 마스터, MBA, PMP, CSM

"저는 IBM에서 근무하는 공인 애자일 코치로, IBM의 직원들이 애자일하게 되도록 가르치고 지도합니다. 저는 『Head First Agile』이 애자일 도서에 추가할 훌륭한 책일 뿐 아니라 PMI-ACP 시험을 준비하는 전문가들의 학습에 도움을 줄 좋은 자원이라 생각합니다."

– 레나토 바르비에리, PMP, PMI-AC, 관리자, 애자일 코치, IBM의 Kepner-Tregoe 프로그램 리더

"『Head First C#』을 통해서 앤드류와 제니퍼는 C# 학습에 관한 멋진 사용 지침서를 제시했습니다. 독특한 방법으로 엄청난 양의 세부 정보를 다루면서도 매우 이해하기 쉬웠습니다. 그동안 C#에 관한 전통적인 책 때문에 지루했다면 당신은 이 책을 분명 좋아할 겁니다."

– 제이 힐야드, C# 3.0 쿡북의 공동 저자이자 소프트웨어 개발자

"『Head First C#』으로 공부한 것은 대단한 경험이었습니다. 이렇게 잘 가르치는 책 시리즈는 여태 본 적이 없습니다. 이 책은 C#을 배우고자 하는 사람들에게 꼭 추천하고 싶은 책입니다."

– 크리슈나 팔라, MCP

"『Head First Web Design』은 웹 디자인 프로세스를 정말로 상세히 설명해주며 어떤 웹 프로그래머라도 웹 디자인을 해볼 수 있게 해줍니다. 웹 디자인 코스를 수강하지 않은 웹 개발자라면 『Head First Web Design』은 이쪽 업계에서 단지 가정만 하던 수많은 이론과 모범 사례들을 확인해주면서 명확하게 설명해줍니다."

– 애슐리 도티, 수석 웹 개발자

"웹사이트를 구축하는 것은 확실히 코딩하는 것 이상입니다. 『Head First Web Design』은 사용자에게 매력적이고 만족스러운 경험을 주기 위해 당신이 알아야 하는 것을 보여줍니다. 또 다른 훌륭한 Head First 책입니다!"

– 세라 콜링스, 사용자 경험 소프트웨어 엔지니어

"『Head First Networking』은 매우 기술력이 좋은 사람들에게조차 가끔은 너무 난해하고 추상적인 네트워크 개념을 어려움 없이 이해하게 해주고, 매우 확고하고 접근하기 쉽게 해줍니다. 훌륭합니다!"

– 조너선 무어, Forerunner Design 대표

"전반적으로 보면 IT 분야에는 대체로 방법에 관한 책들이 부족합니다. 『Head First Networking』은 실세계에 초점을 맞추고, 경험에서 꼭 필요한 지식만 뽑아내서, IT 초급자를 위해 작은 패킷으로 쪼개서 제시해줍니다. 실세계에서 풀어야 할 문제와 이에 대한 설명의 조합은 이 책을 훌륭한 학습 도구로 만들어줍니다."

– 론 우드, 몬태나 대학교 수석 리서치 시스템 분석가

조직 변화 전문가이자 파트 타임 인터내셔널 록 스타인 마이크 본순에게 이 책의 초판을 검토해주고 '찬사' 페이지에 들어갈 글을 써달라고 요청했더니 노래를 한 곡 써주셨네요!

찬사

전 이전에 수많은 애자일 책을 읽어봤죠.
하지만 다 똑같았어요.
젠체하며 설교하려 드는 근엄하고 지당한 이야기들.
나한텐 다 별로더라고요.
쪼개주세요, 저를 위해 쪼개주세요.
내가 만약 그걸 티셔츠 크기로 말한다면,
다 엑스트라 라지네요.
메타 메타 메타 인지
마침내 올바른 정보를 찾아냈어요.
여러분이 쓴 책에 정말 감사해요.
하지만 찬사의 말은 쓸 수가 없네요.

– 마이크 본순, 인터내셔널 록 스타

저희 책을 구매해주셔서 감사합니다! 머리에 달라붙는 글을 쓸 수 있다는 것은 저희의 행복입니다. 여러분도 읽는 재미를 쏠쏠하게 느껴보세요.

여러분이 애자일을 알아갈수록 점점 엄청난 일을 해낼 걸 알고 있답니다.

앤드류 스텔만은 개발자, 아키텍트, 연사, 트레이너, 애자일 코치, 프로젝트 관리자이면서 더 나은 소프트웨어를 구축하고 있는 전문가입니다. 앤드류는 소프트웨어 개발과 프로젝트 관리 분야에서 가장 잘 팔리는 책을 쓴 작가이자 국제적인 연사이며, 소프트웨어 조직, 팀, 코드를 변화시키고 개선하는 세계적으로 인정받는 전문가입니다. 그는 대규모 소프트웨어 시스템의 아키텍처를 만들고 구축했으며, 국제적인 소프트웨어 팀을 관리했고, 마이크로소프트, 전미경제연구소, 뱅크 오브 아메리카, 노트르담 대학교, MIT와 같은 회사, 학교, 기업에 대해 컨설팅을 해왔습니다. 앤드류는 일하면서 대단히 놀라운 프로그래머들과 작업하는 특권을 누렸고, 그들로부터 많은 배움을 얻었다고 생각합니다.

제니퍼 그린은 엔터프라이즈 애자일 트랜스포메이션 리더이자, 애자일 코치, 개발 관리자, 프로젝트 관리자, 연사, 소프트웨어 엔지니어링 프랙티스 및 원리에 관한 권위자입니다. 그녀는 미디어, 금융, IT 컨설팅 같은 다양한 분야에서 20년 이상 소프트웨어를 구축해왔습니다. 제니퍼는 전 세계 개발팀을 지원하면서 대규모 애자일 적용 프로젝트를 이끌어왔고, 팀원 개인이 애자일 프랙티스를 최대한 활용할 수 있도록 도왔습니다. 그녀는 흥미롭고 어려운 문제를 해결하는 재능 있는 팀과 계속 일할 수 있기를 고대하고 있습니다.

제니퍼와 앤드류는 둘이 처음 만난 1998년 이후로 줄곧 함께 소프트웨어를 개발하고 소프트웨어 엔지니어링에 관한 글을 써왔습니다. 이들의 첫 번째 책인 『Applied Software Project Management』는 2005년 오라일리 출판사에서 출간했습니다. 이 둘은 Head First 시리즈의 첫 번째 책인 『Head First PMP』와 두 번째 책인 『Head First C#』을 모두 2007년에 출간했습니다. 두 권 모두 개정 2판과 3판으로 출간됐습니다. 그들의 네 번째 책인 『Beautiful Teams』는 2009년에 출시됐으며 다섯 번째 책인 『Learning Agile』은 2014년에 발간됐습니다.

그들은 2003년에 스텔만 & 그린 컨설팅을 설립했고, 컨설팅 회사로서 처음 한 프로젝트는 베트남 참전용사들의 제초제 노출을 연구하는 과학자들을 위한 매우 흥미로운 소프트웨어 프로젝트였습니다. 그들이 소프트웨어를 개발하거나 책을 쓰고 있지 않을 때는, 소프트웨어 엔지니어, 아키텍트, 프로젝트 관리자들의 컨퍼런스나 회의에서 많은 발표를 합니다. 이들의 웹사이트인 <더 나은 소프트웨어 만들기>를 http://www.stellman-greene.com에서 확인해보십시오.

첫 직장이었던 현대전자 소프트웨어 연구소(현재 SK하이닉스)의 객체 기술 팀에서, 애플 출신의 팀장님을 만나 글로벌 기술 및 문화를 배울 수 있었다. 특히 실리콘밸리의 소스코드를 라이선스 받아 분석하고 분산 객체 표준을 연구하면서 많은 것을 배울 수 있었다. 그러던 중 1995년 HCI(Human Computer Interaction) 기반의 객체지향 방법론을 개발하면서, 교육 공학, 자연어 처리, 음성 인식, 디자인 전문가들과 함께 '반복', '피드백', '사용자 시나리오', '아키텍처' 기반의 소프트웨어 개발에 대한 중요성과 가치를 깨달을 수 있었다.

그때부터 지금까지 다양한 산업 영역에 걸친 실제 프로젝트에 참여해오면서, 애자일 방법론은 나에게 소중한 가치를 만들어내는 필수 요건이 되어주었다. 1999년 C++ 프로그래밍 책을 출간했고, 2002년 익스트림 프로그래밍(eXtreme Programming)에 대한 국내 첫 애자일 번역서를 출간하면서, 포트폴리오, 프로젝트, 제품 개발, 아키텍처, 분석 설계 등 지금까지 모두 13권의 책을 쓰거나 번역해왔다.

많은 프로젝트를 수행하는 동안 여러 사람을 만났는데, 그들로부터 도움과 조언을 받으며 개발자, 설계자, 소프트웨어 아키텍트, PM, PMO, 변화 관리자, 스크럼 마스터, 자문 등 다양한 역할을 수행할 수 있었고, 글로벌 프레임워크 개발부터 2000억 원이 넘는 차세대 프로젝트에 이르기까지 애자일 방법론과 프랙티스들을 성공적으로 적용할 수 있었다. 일일이 열거하기에 고마운 사람들이 너무 많은데, 그분들께 이 자리를 빌려 감사를 드린다. 많은 분과 함께 했던 그리운 여정을 떠올리며, 이 책의 부록에 애자일을 성공적으로 수행해온 다양한 경험들을 공유한다.

마지막으로, 소중하면서도 사랑스러운 아내와 아이들, 인숙, 상원, 지원에게, 부족한 남편과 아빠 역할에 대한 미안함과 함께 '애자일에 쏟은 열정'이라는 핑계를 살짝 내밀어본다.

– 박현철

옮긴이 **박현철** architect.mentor@gmail.com

춤과 수학, 그리고 컴파일러를 좋아했다. 서울대학교 계산통계학과에서 전산을 전공하고, 연세대학교 경영전문대학원에서 Global MBA를 전공했다. 다양한 역할과 많은 대형 프로젝트를 경험해왔고, 지금은 건국대학교에서 겸임교수를 하며, CyberLogitec의 전사 애자일 마스터 역할을 수행하고 있다.

목차 (요약)

목차 (진짜)

이 책의 활용 방법

서문

여러분의 두뇌가 애자일하게 돌아갑니다. 여기서 여러분은 무언가를 배우려고 할 텐데요. 그러면 여러분의 두뇌는 새로운 내용을 배우려 열심히 노력하겠죠. 당신의 두뇌는 생각할 겁니다. "더 중요한 것을 위한 공간을 남겨둬야겠어. 어떤 야생 동물을 피할지나 발가벗고 스노보드를 타는 게 나쁜 생각이라든지 말야." 하고요. 그렇다면 어떻게 해야 정말로 애자일하게 될 만큼 아는 것(그리고 PMI-ACP 자격 시험을 통과하는 것)이 여러분의 삶에 중요하다는 것을 두뇌가 이해할 수 있을까요?

1 애자일이란? 원칙과 프랙티스

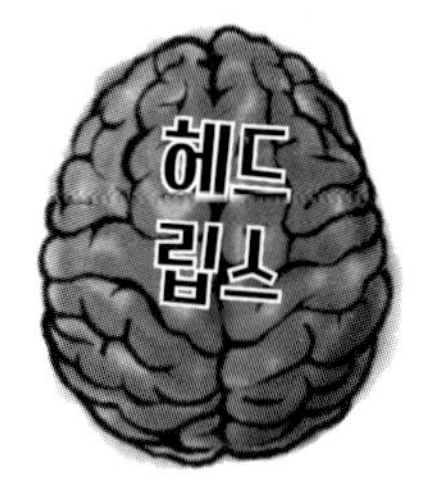

이제 애자일(Agile)에 도전할 흥미진진한 시점입니다. 우리 업계에서 최초로 여러 세대의 소프트웨어 개발팀이 겪었던 문제들을 해결할 확실하고 지속 가능한 방법을 찾았습니다. 애자일한 팀은 실무에서 입증된 단순하고도 직접적인 방법을 사용합니다. 여기서 잠깐! 정말 애자일이 그렇게 대단하다면 왜 모두가 활용하지 않는 걸까요? 막상 현업에서 애자일을 적용해보니 어떤 팀에서 잘 통하던 프랙티스(practice)가 다른 팀에는 심각한 문제를 일으키더란 말입니다. 이런 차이는 바로 팀의 마음가짐(mindset)에 달려 있습니다. 그러니 우리는 먼저 자신의 프로젝트에 대한 생각을 바꿀 준비를 해야만 합니다!

일일 스탠드업 동에는 모든 팀 구성원이 서서 회의를 합니다. 이렇게 하면 좋은 분위기에서 짧게 핵심만 이야기할 수 있습니다.
그런데 이 사람은 팀 동료들이 말하는 것을 듣고 있는 걸까요?

애자일 가치와 원칙

2 방법론을 대하는 마음가짐

좋은 소프트웨어를 만들기 위한 '완벽한' 레시피(Recipe)는 없습니다.

몇몇 팀은 애자일 프랙티스나 방법 또는 방법론을 적용해 큰 성과를 얻고 많은 성공을 거두기도 했지만, 반대로 어려움을 겪었던 팀들도 있습니다. 우리는 그 차이가 팀원들이 가진 마음가짐에서 비롯된다는 것을 알게 되었습니다. 그렇다면 여러분의 팀이 대단한 애자일 성과를 내고 싶다면 무엇을 해야 할까요? 어떻게 해야 팀이 올바른 마음가짐 또는 사고방식을 가지게 할 수 있을까요? **애자일 선언문**은 이런 상황에 도움을 줍니다. 팀 전체 구성원이 애자일 **가치와 원칙**을 이해한다면, 애자일 프랙티스와 일하는 방식에 대해 다르게 생각하면서 훨씬 더 효과적으로 변모하기 시작할 것입니다.

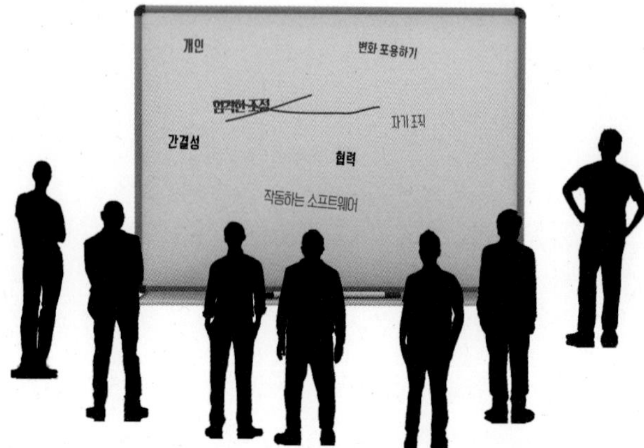

스크럼으로 프로젝트 관리하기

3 스크럼 규칙

스크럼 규칙은 단순합니다. 다만 그 규칙을 효과적으로 사용하기가 그다지 쉽지만은 않죠. 스크럼은 가장 보편적인 애자일 접근인데, 거기에는 그만한 이유가 있습니다. **스크럼 규칙**은 단순하고 배우기 쉽습니다. 스크럼 규칙을 구성하는 **이벤트, 역할, 산출물** 등을 배우는 데 대부분의 팀이 많은 시간을 쓰지는 않습니다. 하지만 스크럼이 가장 효과적으로 실행되려면, 효과적인 마음가짐을 갖는 데 도움이 되는 **스크럼의 가치**와 애자일 선언문의 원칙을 제대로 이해해야 합니다. 스크럼이 간단해 보이지만 스크럼 팀이 **점검하고 적응**하는 방법은 프로젝트에 관한 완전히 새로운 방법이기 때문입니다.

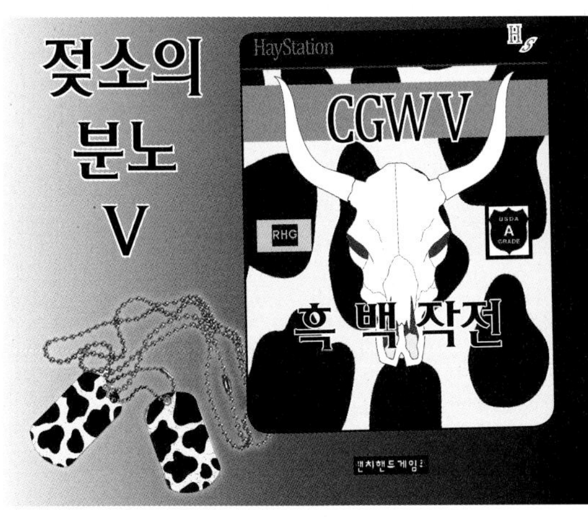

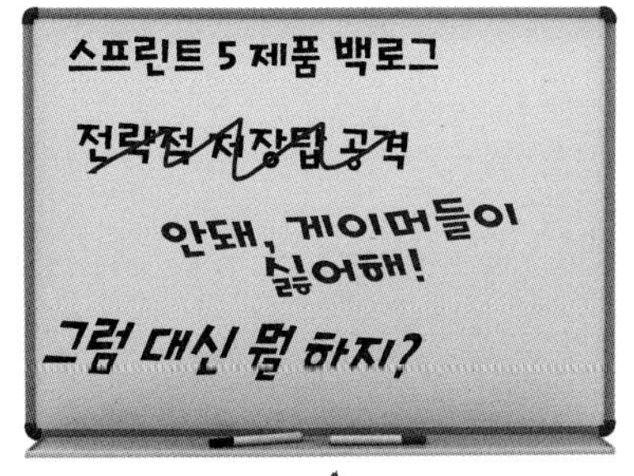

새로운 제품 책임자와 함께 팀은 다음 스프린트에 포함할 가장 중요한 피처를 파악할 수 있습니다.

애자일 계획 수립 및 추정

4 일반적으로 수용되는 스크럼 프랙티스

애자일 팀은 프로젝트를 관리하기 위해 직관적인 계획 수립 도구를 사용합니다. 스크럼 팀은 다 함께 프로젝트를 계획하면서 모든 팀원이 각 스프린트 목표에 몰입합니다. 팀의 **집단 몰입**을 지속하려면, 계획 수립, 추정, 추적은 팀이 하나의 그룹으로 일할 수 있도록 단순하고 쉬워야 합니다. **사용자 스토리**와 **계획 수립 포커**부터, **진척도**와 **번다운 차트**까지 스크럼 팀은 항상 자신들이 완료한 일과 아직 남은 일들이 무엇인지 알고 있습니다. 그럼 스크럼 팀이 지속적으로 정보를 얻으면서 구축하는 것을 조정하는 도구에 대해 알아볼까요?

전력질주 중에 무기 바꾸기 | 2포인트

플레이어인 나는

전력질주를 하면서도 내가 가진 무기들 중에서 다른 무기로 바꾸고 싶다.

그러면 무기 저장고를 보기 위해 멈출 필요가 없게 된다.

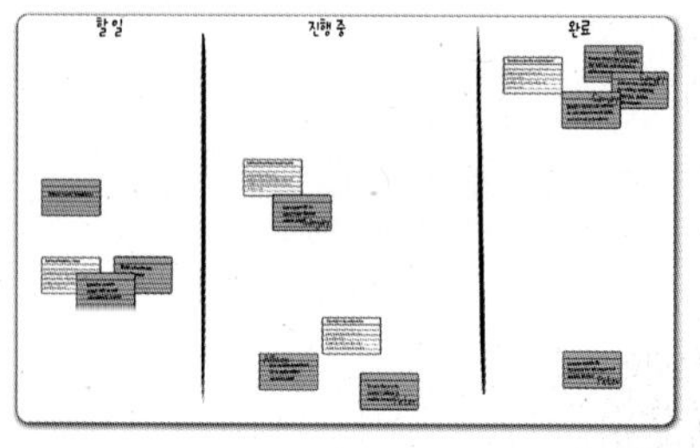

5 XP(익스트림 프로그래밍) 변화 포용하기

소프트웨어 팀은 훌륭한 코드를 만들 때 성공합니다. 아주 재능 있는 개발자가 속한 정말 좋은 소프트웨어 팀조차 코드와 관련된 문제를 겪습니다. 작은 코드 변화가 폭포수 같은 재난으로 번질 때나 매일 하던 코드 작업이 통합 문제를 처리하느라 몇 시간씩 걸리게 될 때면 만족스럽던 일도 짜증나고 지루하고 실망스러워집니다. 지금이 바로 **XP**가 필요한 순간입니다. XP는 의사소통이 잘되는 일관성 있는 팀을 구축하고 편안하고 활기 넘치는 환경을 조성하는 데 초점을 맞춘 애자일 방법론입니다. 팀이 복잡하지 않은 단순한 코드를 만들 수만 있다면, 변화를 두려워하지 않고 포용할 수 있습니다.

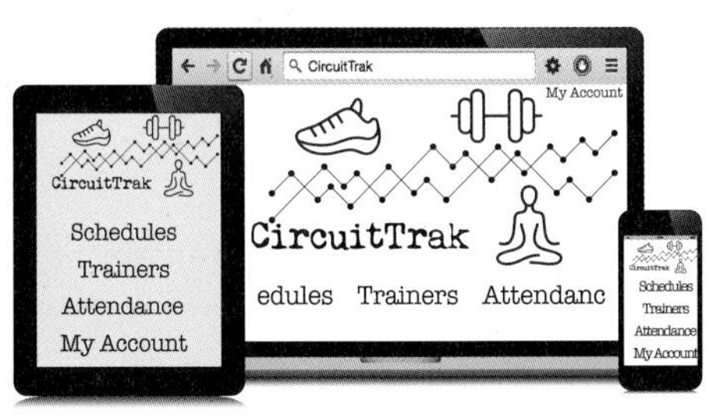

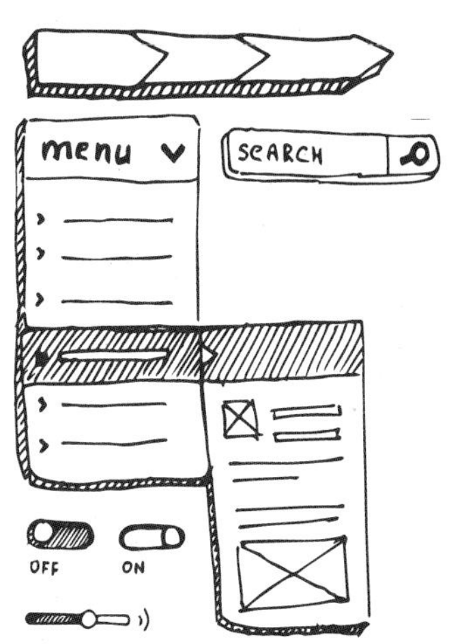

린/칸반

6 불필요한 일 제거하고 흐름 관리하기

애자일 팀은 자신들이 일하는 방식을 언제나 개선할 수 있다는 것을 알고 있습니다. **린 마음가짐**을 가진 팀원들은 가치를 전달하는 데 도움이 되지 않는 일에 시간을 소모하고 있는지를 능숙하게 찾아냅니다. 그리고 자신들의 작업 속도를 늦추는 **낭비 요소**를 제거합니다. 린 마음가짐을 가진 수많은 팀들은 **진행 중인 작업을 제한**하기 위해 **칸반**을 사용하고, 그다지 중요하지 않은 일로 삼천포에 빠지지 않기 위해 **풀 시스템**(pull system)을 생성합니다. 여러분이 수행하는 소프트웨어 개발 프로세스를 하나의 **큰 시스템**(whole system)으로 보는 것이, 더 나은 소프트웨어를 만드는 데 어떻게 도움이 되는지 배워봅시다.

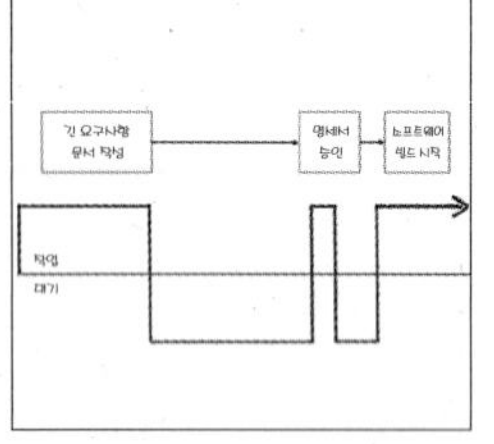

하지만 그는 아직도 팀이 해야 하는 모든 작업 때문에 심한 스트레스를 느낍니다.

분석적 알고리즘 개선하기

통계 리포트 변경하기

동시성 버그 수정하기

데이터베이스 코드 변경

향상된 통계 현황 UI

통계 서비스 개선하기

UI 개선

오디언스 프로파일러 수정하기

파일 포맷 변경

PMI-ACP 시험 준비
당신의 지식 확인하기

와, 여러분은 앞서 6개 장에서 정말 많은 것을 배웠네요! 여러분은 지금까지 애자일 선언문의 가치와 원칙, 그것들이 애자일 마음가짐을 어떻게 작동하는지 살펴봤고, 팀이 프로젝트 관리를 위해 스크럼을 사용하는 법을 알아보고, 더 높은 수준의 XP 엔지니어링을 발견했으며, 린/칸반을 사용해 팀이 스스로를 어떻게 개선하는지 살펴보았습니다. 이제는 지난 내용들을 돌아보면서 여러분이 배운 가장 중요한 개념 중 몇 가지를 연습해볼 시간입니다. **PMI-ACP** 시험은 애자일 도구, 기법, 개념을 이해하기만 하면 되는 것이 아닙니다. 시험을 정말 잘 보려면, **실제 상황에서 팀이 어떻게 그것을 활용하는지** 알아야 합니다. 그래서 여러분이 PMI-ACP 시험 준비를 하는 데 도움이 되도록 특별히 고안된 **연습, 퍼즐, 실전 문제**(그리고 새로운 자료도 포함해서)를 가지고 여러분의 뇌가 새로운 시각으로 애자일 개념을 볼 수 있게 해줄 겁니다.

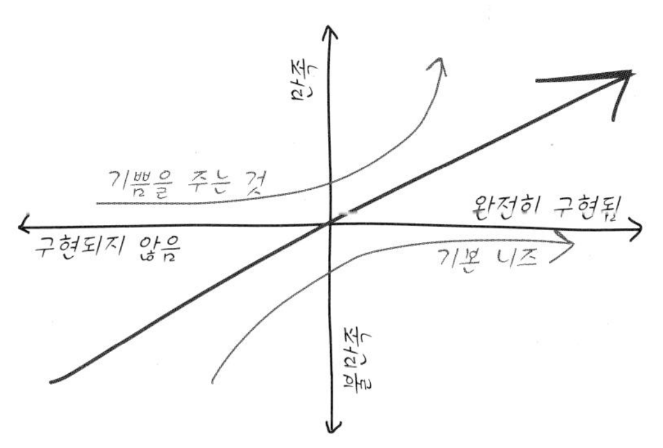

전문가의 책임

8 좋은 선택하기

자신의 일을 잘 알고 있는 것이 다가 아닙니다. 자신이 하고 있는 일을 잘하기 위해서는 좋은 선택을 해야 합니다. PMI-ACP 인증을 받은 사람들은 누구나 **PMI 윤리 및 전문가의 행동강령**을 따릅니다. 그 강령은 프로젝트 관리 지식체계 지침서(PMBOK)에서는 그다지 다뤄지지 않는 **윤리적인 의사결정**을 내리는 데 도움을 줍니다. 이 분야에 관해서는 PMI-ACP 시험에도 몇 문제가 나올 수 있습니다. 여러분이 알아야 할 것은 대부분은 **매우 간단**한 내용으로, 조금만 복습한다면 잘할 수 있습니다.

끝내주네. 쇼핑 가려고 얼마나 기다렸는데. 아, 맞다, 휴가는? 아카풀코야, 기다려라, 내가 간다!

그런 선물은 절대 받지 않겠어. 제대로 업무를 하는 것 자체가 나한테는 보상이 되거든.

연습이 완벽을 만든다

9 PMI-ACP 모의 테스트

장담하건데, 여러분은 여기까지 올 줄 몰랐겠죠! 그동안 긴 여정이었지만, 이제 여기서 여러분의 지식을 복습하고 시험날을 대비할 단계입니다. 여러분은 그동안 애자일에 관한 수많은 새로운 정보를 여러분의 뇌에 집어넣었으니 이제는 그중 얼마나 남아 있는지 확인해볼 때입니다. 그래서 여기에 120개의 질문이 있는 PMI-ACP 실전 문제를 준비했습니다. 우리는 PMI 전문가들이 사용하는 것과 아주 동일한 **PMI-ACP 시험 내용 개요를 그대로 따랐으니** 여러분이 실제로 시험을 치를 때 보게 되는 문제와 아주 유사하게 보일 것입니다. 이제는 지적 근육을 움직여볼 시간입니다. 그러니 숨을 크게 들이쉬고 준비한 후 시작하세요.

이 책의 활용 방법

서문

애자일 책에 이런 내용이
있다니, 믿어지지 않아요!
누구를 위한 책일까요?
이 책은 돈을 주고 구매한
모든 사람들을 위한 책입
니다. 그리고 그 특별한
분들에게 큰 선물을
가득 담았어요.
Head First
Agile

서문에는 '왜 애자일 책에 이런 내용이 있어요?'에 대한 답이 있습니다:

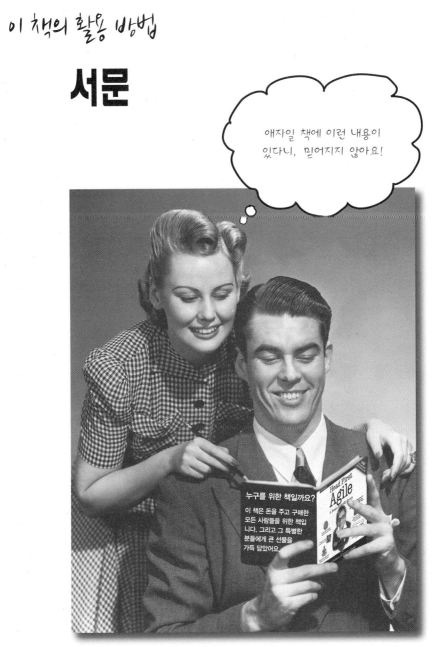

누구를 위한 책일까요?

다음 질문에 한 가지라도 "예"라고 대답한다다면,

1. 여러분은 개발자, 프로젝트 관리자, 비즈니스 분석가, 설계자 또는 팀원인가요? 그리고 프로젝트를 향상시킬 방법을 찾고 있습니까?

2. 팀이 애자일을 도입하려고 하는데 여러분은 그게 정말로 무슨 뜻인지 또는 거기에 어떻게 맞춰야 하는지 잘 모르겠나요?

3. 직장을 구할 생각인지요? 그리고 고용주들이 애자일 경험을 묻는 이유를 알고 싶나요?

4. 무미건조하고 학구적인 강의보다, 저녁 식사의 대화를 위한 재미있는 주제를 선호합니까?

그렇다면 이 책은 여러분을 위한 책입니다.

PMI-ACP(애자일 공인 전문가)는 많은 고용주들이 원하는, 세상에서 가장 빠르게 성장하는 자격증 중의 하나입니다.

PMI-ACP 시험을 준비하시나요?

그렇다면 이 책은 완전히 여러분을 위한 책입니다. 우리는 애자일 생각, 개념, 프랙티스를 여러분의 머릿속에 넣기 위해 이 책을 만들었습니다. 그리고 시험에 나오는 모든 주제를 100% 다 포괄하도록 만들었습니다. 여러분이 보게 될 시험과 가장 가까운 실전 문제를 포함해, 많은 시험 준비 자료도 함께 포함했습니다.

이 책이 맞지 않는 사람은 누구일까요?

다음 질문에 하나라도 "예"라고 대답한다면,

1. 팀 작업이 완전히 처음이거나, 무언가를 위해 다른 사람들과 일하는 것 자체가 처음인가요?

이전에 팀에 속해본 경험이 한 번도 없다면, 애자일의 많은 아이디어가 낯설 것입니다. 여기에서 팀이란 소프트웨어 팀만을 이야기하는 것은 아닙니다. 어떤 종류의 팀에 속한 경험이라도 있다면 그것으로 충분합니다.

2. 다른 사람들과 팀으로 일하는 것은 항상 시간 낭비라고 생각하는 '독불장군'인가요?

3. 무언가 다른 것을 시도하기가 겁나나요? 빗살 무늬와 체크 무늬가 섞인 옷을 입느니, 차라리 치과에서 신경치료를 받겠습니까?

4. 애자일 개념, 도구, 생각 등을 의인화한 책이 있다면, 제대로 된 기술 서적은 아니라고 생각합니까?

그렇다면 이 책은 여러분에게 적합하지 않습니다.

마케팅 메모: 이 책은 살아 있는 사람이라면 누구나 구입할 수 있는 책입니다.

여러분은 이렇게 생각하겠지요

"어떻게 이런 걸 제대로 된 애자일 책이라고 하겠어?"

"이 그림들은 다 뭐야?"

"이렇게 해서 뭘 배우기나 하겠어?"

그리고 여러분의 두뇌는 이렇게 생각하고 있습니다

여러분의 두뇌는 이게
중요하다고 생각하죠.
끝내주네.
458쪽의 지루하고,
무미건조한 내용만
보면 되네...
여러분의 두뇌는
이게 기억할 가치가
없다고 생각하죠.

여러분의 두뇌는 항상 새로운 것을 갈망합니다. 항상 무언가 특이한 것을 찾고, 기다립니다. 원래 두뇌는 그렇습니다. 그 덕분에 인류가 생존해온 거죠.

그렇다면 일상적이고 흔하디흔한, 너무나도 평범한 것을 접할 때 두뇌에서는 어떤 일이 일어날까요? 두뇌는 정말 해야 하는 일(즉, 정말 중요한 것을 기억하는 일)을 방해하는 모든 것을 거부합니다. 별로 중요하지 않은 일은 결코 '이건 중요하지 않아' 필터에서 걸러집니다.

그런데 중요한 것인지 아닌지 두뇌는 어떻게 알 수 있을까요? 하이킹하러 야외에 나갔는데 갑자기 호랑이가 나타났다고 생각해보세요. 여러분의 두뇌와 몸에는 무슨 일이 일어날까요?

뉴런이 폭발하고, 감정이 북받치고, 호르몬이 쭉쭉 솟아나겠지요.

그리고 여러분의 두뇌는 다음과 같이 생각할 겁니다.

이건 중요해! 잊어버리면 안 돼!

그런데 여러분이 집이나 도서관에 있다고 생각해보세요. 이런 장소는 안전하고, 따뜻하고, 호랑이가 나타날 리도 없습니다. 여러분은 그곳에서 공부하고 있습니다.

시험 준비를 하고 있거나 직장 상사가 일주일이나 열흘이면 마스터할 수 있다고 생각하는 엄청난 기술을 습득하기 위해 공부하고 있는 거죠.

한 가지 문제가 있네요. 두뇌는 중요하지 않은 내용을 저장하기 위해 중요한 내용을 저장할 공간을 사용하지 않으려 합니다. 호랑이나 화재 같은 정말 중요한 내용을 저장하려면 쓸데없는 내용은 무시하는 편이 낫지요. 게다가 "이봐 두뇌, 날 위해 수고해줘서 정말 고맙긴 한데, 이 책이 아무리 지루하고 재미없고 어떤 감정이 생기지 않더라도 난 지금 이 내용을 정말 기억해야 한단 말이야"라고 두뇌에게 간단히 말할 수도 없습니다.

우리는 'Head First' 독자를 학습자라고 생각합니다.

뭔가를 배우려면 어떻게 해야 할까요? 먼저 이해하고, 그다음엔 잊어버리지 않아야겠죠? 단순히 지식을 두뇌 속에 집어넣는 방법은 소용없습니다. 인지과학, 신경물리학, 교육심리학 분야의 최신 연구 결과에 따르면 종이 위의 글자만으로 학습하는 것은 충분하지 못하다고 합니다. Head First는 여러분의 두뇌가 쌩쌩 돌아가게 하는 방법을 알고 있습니다.

Head First 학습 원리

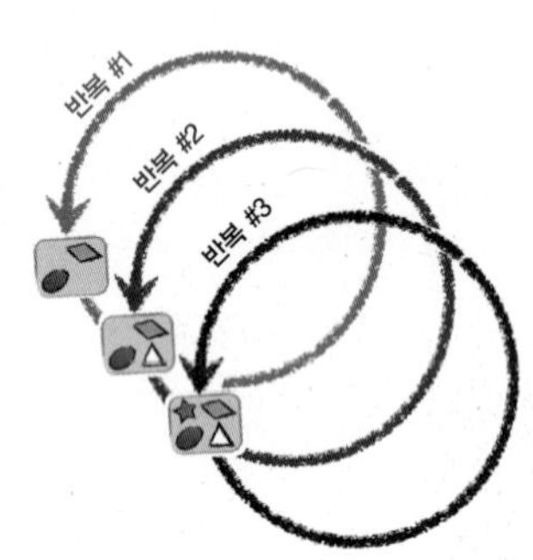

그림을 넣어 설명합니다. 글자만 있는 것보다는 그림을 사용하는 편이 훨씬 기억하기 좋고, 학습 효과를 향상시키는 데도 도움이 됩니다(기억과 전이 분야에 관한 연구에 의하면 89%까지 향상된다고 합니다). 그림을 사용하면 이해하기도 쉬워집니다. 글자를 그림 안이나 옆에 넣으면 그림 아래나 다른 쪽에 있을 때보다 내용과 관련된 문제를 두 배나 잘 풀 수 있다고 합니다.

대화체를 사용합니다. 최근 연구에 의하면 내용을 딱딱한 말투보다 개인적으로 대화를 나누는듯한 문체로 설명하면 학습 후 테스트에서 40% 정도 더 좋은 점수를 받을 수 있다고 합니다. 강의 대신 이야기를 들려줍니다. 너무 심각한 말투는 별로 좋지 않습니다. 여러분은 저녁 식사에서 나눈 재미있는 대화와 딱딱한 강의 중 어떤 것에 더 관심이 쏠리나요?

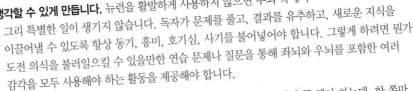

에이미한테 10초면 풀 문제를 물어봤는데, 답이 오기까지 2시간이나 아무 것도 못하고 기다렸어.

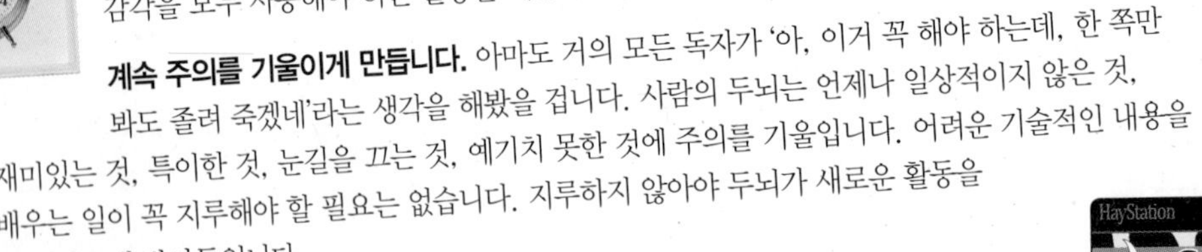

더 깊이 생각할 수 있게 만듭니다. 뉴런을 활발하게 사용하지 않으면 두뇌 속에서 그리 특별한 일이 생기지 않습니다. 독자가 문제를 풀고, 결과를 유추하고, 새로운 지식을 이끌어낼 수 있도록 항상 동기, 흥미, 호기심, 사기를 불어넣어야 합니다. 그렇게 하려면 뭔가 도전 의식을 불러일으킬 수 있을만한 연습 문제나 질문을 통해 좌뇌와 우뇌를 포함한 여러 감각을 모두 사용해야 하는 활동을 제공해야 합니다.

계속 주의를 기울이게 만듭니다. 아마도 거의 모든 독자가 '아, 이거 꼭 해야 하는데, 한 쪽만 봐도 졸려 죽겠네'라는 생각을 해봤을 겁니다. 사람의 두뇌는 언제나 일상적이지 않은 것, 재미있는 것, 특이한 것, 눈길을 끄는 것, 예기치 못한 것에 주의를 기울입니다. 어려운 기술적인 내용을 배우는 일이 꼭 지루해야 할 필요는 없습니다. 지루하지 않아야 두뇌가 새로운 활동을 훨씬 빠르게 받아들입니다.

독자의 감성을 자극합니다. 내용이 얼마나 감성을 자극하는지에 따라 기억되는 정도가 크게 달라집니다. 자신이 좋아하는 것, 많은 관심을 갖고 있는 것은 쉽게 기억합니다. 뭔가를 느낄 수 있으면 쉽게 기억합니다. 뭐 그렇다고 소년과 강아지의 가슴 뭉클한 사연 같은 것을 말하는 것은 아닙니다. 퍼즐을 풀거나 남들이 모두 어렵다고 생각하는 것을 이해했을 때, 다른 친구들이 모르는 것을 알게 되었을 때 느끼는 놀라움, 호기심, '오, 이럴 수가!' 아니면 '내가 이겼어!'와 같은 생각이 들 때 더 잘 배울 수 있습니다.

초인지: 생각에 관한 생각

여러분이 정말로 빨리, 더 깊이 배우고 싶다면 여러분이 어떻게 주의를 기울이는지에 주의를 기울일 필요가 있습니다. 여러분이 어떻게 생각하는지를 곰곰이 생각해보세요. 여러분은 어떻게 배우는지를 배워야 합니다.

초인지나 교육 이론을 접한 사람은 그리 많지 않습니다. 모든 사람은 배워야 하지만 어떻게 배워야 하는지는 교육받지 못했습니다.

이 책을 들고 있는 독자 여러분은 애자일을 통달하고 싶은 사람이라 가정하겠습니다. 가능하면 짧은 시간에 이를 이루고 싶겠죠. 이 책에서 읽은 내용을 실제 프로젝트에서 사용하려면 (특히 시험을 쳐야 한다면) 그 내용을 기억해야 합니다. 그러려면 내용을 이해해야 합니다. 이 책, 모든 책, 교육 경험에서 뭔가를 얻으려면 여러분의 두뇌를 정복해야 합니다. 여러분의 두뇌가 이 내용을 기억해야 합니다.

여러분이 배우는 새로운 내용을 두뇌가 정말 중요한 것으로 생각하게 만들어야 합니다. 여러분 행복에 필수적인 것이라 느끼게 만들어야 합니다. 이 내용이 호랑이만큼이나 중요하다고 느끼게 만들어야 합니다. 그렇지 않으면 그 내용을 저장하려 하지 않는 두뇌와 길고 지루한 싸움을 해야 할 겁니다.

그렇다면 어떻게 여러분의 두뇌가 애자일을 배고픈 호랑이라고 생각하게 만들 수 있을까요?

느리고 지루한 방법도 있고 빠르고 효과적인 방법도 있습니다. 느린 방법은 반복하는 겁니다. 같은 내용을 계속 반복해서 주입하면 아무리 재미없는 내용이더라도 배우고 기억할 수 있습니다. 여러 번 반복해서 우겨넣다 보면 '사실 별로 중요한 것 같진 않지만 똑같은 걸 계속해서 보고 또 보는 걸 보니 중요한가 보구나'라고 생각하게 되는 거죠.

빠른 방법은 두뇌 활동, 그중에서도 다각적으로 두뇌 활동을 증가시키는 모든 방법을 사용하는 겁니다. 앞쪽에 있는 학습 원리는 모두 두뇌 활동을 증가시키는 주요한 방법입니다. 그 방법들은 모두 두뇌 활동을 증가시켜 학습을 원활하게 해준다고 검증된 것입니다. 예를 들어 어떤 단어를 설명하는 그림 안에 그 단어를 넣으면 그림 밑이나 본문에서 설명할 때보다 그 단어와 그림 간의 관계를 이해하기 위해 두뇌가 활발하게 움직이면서 더 많은 뉴런이 활성화됩니다. 더 많은 뉴런이 활성화되면 두뇌가 그 내용은 집중해서 살펴볼 가치가 있다고 생각하게 되고, 결국 더 잘 기억할 수 있습니다.

대화체가 더 좋은 이유는 보통 대화를 나눌 때는 상대방이 하는 말을 들으면서 내용을 이해하려 노력하기 때문입니다. 놀라운 점은 그런 대화가 책과 독자 사이의 대화일 때도 우리 두뇌는 똑같이 반응한다는 겁니다. 하지만 문체가 딱딱하고 재미없으면 수백 명의 학생이 대형 강의실에 앉아 건성으로 수업을 들을 때와 마찬가지로 학습 효과가 떨어진다고 합니다. 단지 억지로 깨어 있을 필요가 없다는 점이 다르죠.

그러나 그림과 대화체는 단지 시작일 뿐입니다.

이 책에서는 이렇게 했습니다

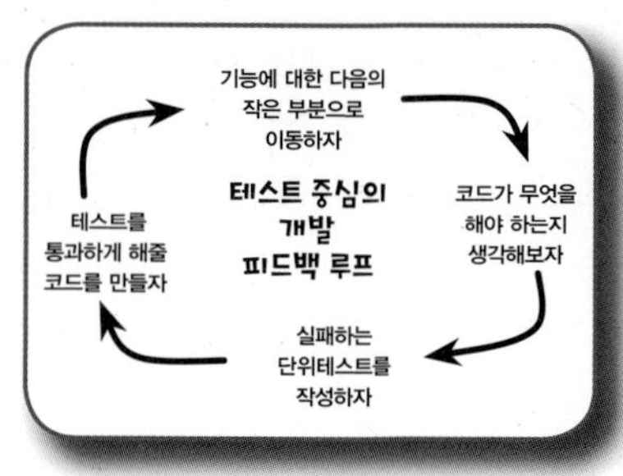

이 책에는 **그림**이 많습니다. 두뇌는 글자보다는 그림에 더 민감하게 반응하기 때문이죠. 두뇌의 반응을 보면 그림 한 장이 1,000개의 단어와 비슷합니다. 글자와 그림을 함께 사용할 때는 글자를 그림 안에 넣었습니다. 글자를 그림 밑이나 다른 곳에 넣는 것보다 그림 안에 넣을 때 두뇌가 더 활발히 활동하기 때문이죠.

이 책은 똑같은 내용을 다른 방법, 다른 매체, 여러 감각 기관을 사용해 **반복**해서 설명합니다. 그러면 두뇌는 배운 내용을 여러 곳에 저장하기 때문에 기억할 가능성도 높아집니다.

계획 / 계획
일일 스크럼 / 일일 스크럼
일일 스크럼 / 일일 스크럼
일일 스크럼 / 일일 스크럼
개발 / 개발
일일 스크럼 / 일일 스크럼
일일 스크럼 / 일일 스크럼
일일 스크럼 / 일일 스크럼
스프린트 리뷰 회고 / 스프린트 리뷰 회고

개념과 그림을 **독창적**으로 사용했습니다. 두뇌는 새로운 것을 더 잘 받아들이기 때문입니다. 그림과 개념에는 감성적인 내용을 담을 수 있도록 했습니다. 두뇌는 **감성적인** 내용에 주의를 기울이게 만들어졌기 때문이죠. 사소한 **유머, 놀라움, 흥미** 같은 것이더라도 여러분이 느낄 수 있으면 그만큼 두뇌 속에 더 잘 기억되기 때문입니다.

개인적인 **대화체**를 사용했습니다. 두뇌는 앉아서 강의를 듣는다고 느낄 때보다 상대방과 대화한다고 느낄 때 더 집중을 잘하기 때문이죠. 대화체의 책을 읽을 때도 두뇌는 대화한다고 생각을 합니다.

80개가 넘는 실습이 들어 있습니다. 두뇌는 읽을 때보다는 **직접 해볼 때** 더 잘 배우고 기억하도록 만들어졌기 때문입니다. 연습 문제는 약간 어렵지만 여러분이 풀 수 있는 수준으로 만들었습니다. 많은 사람이 이런 도전을 즐기기 때문입니다.

여러 가지 학습 방법을 섞어서 사용했습니다. 어떤 사람은 차례차례 따라 하는 것을 좋아하고, 어떤 사람은 큰 그림을 먼저 이해하는 것을 좋아하고, 어떤 사람은 그저 사례를 보고 싶어 하기 때문입니다. 어떤 학습 방법을 좋아하든 상관없이 여러 취향을 고려해 설명한 내용으로 공부하면 독자 여러분 모두에게 도움이 될 겁니다.

여러분의 **양쪽 두뇌를 모두 사용**할 수 있는 내용을 수록했습니다. 두뇌의 더 많은 부분을 사용할수록 더 많이 배우고 기억하고 더 오래 집중할 수 있기 때문입니다. 한쪽 두뇌를 사용하고 있는 동안에 다른 쪽 두뇌는 쉴 수 있기 때문에 더 오래 공부해도 높은 효율을 유지할 수 있습니다.

여러 관점을 보여주는 **이야기**와 연습 문제를 포함시켰습니다. 어떤 것을 평가하고 판단해야 할 때 두뇌는 더 깊이 배우도록 만들어졌기 때문이죠.

독자 여러분의 **도전 의식**을 고취시킬 수 있는 연습 문제와 뚜렷한 해답이 없는 **질문**을 포함시켰습니다. 두뇌는 무언가 곰곰이 생각할 때 배우고 기억하도록 만들어졌기 때문이죠. 그래서 우리는 곰곰이 생각해볼 가치가 있는 문제만 선별하기 위해 최선의 노력을 다했습니다. 여러분이 너무 이해하기 힘든 예제를 분석하거나 어려운 전문 용어가 가득하거나 너무 짧은 문장을 이해하기 위해 **시간을 낭비하는 일이 없게 했습니다.**

이야기, 사례, 그림에서 **사람**을 사용했습니다. 여러분 모두가 사람이기 때문이죠. 두뇌는 물건보다는 사람에게 주의를 더 잘 기울입니다.

여러분의 두뇌를 정복하는 방법

우리의 설명은 끝났습니다. 나머지는 여러분께 달려 있습니다. 두뇌에서 어떤 반응을 보이는지 살펴보고, 어떤 것이 적절하고 어떤 것이 부적절한지 알아보는 것부터 시작하세요. 항상 새로운 것을 시도해보세요.

이 부분을 오려서 냉장고에 붙여두세요.

---

1. **천천히 하세요. 더 많이 이해할수록 외워야 할 양이 줄어들어요.**
그저 읽기만 해서는 안 됩니다. 가끔씩 쉬면서 생각해보세요. 책에 질문이 나오면 바로 답으로 넘어가지 말고, 다른 사람이 그런 질문을 했다고 생각해보세요. 더 깊고 신중히 생각할수록 더 잘 배우고 오래 기억할 수 있습니다.

2. **연습 문제를 풀고, 직접 메모하세요.**
연습 문제는 독자를 위해 수록한 것입니다. 연습 문제를 그저 쳐다보지만 말고 **연필을 사용**해서 직접 풀어보세요. 몸을 쓰면서 공부하면 학습 효과가 높아진다는 증거는 많이 있습니다.

3. **'바보 같은 질문은 없다'를 읽으세요.**
반드시 모두 읽어보세요. 그냥 참고 자료로 수록한 것이 아니라 핵심 내용의 일부입니다! 그냥 지나치지 마세요.

4. **잠자리에 들기 전에 마지막으로 이 책을 읽으세요.**
학습 과정의 일부(특히 장기 기억으로의 전이 과정)는 책장을 덮은 후에 일어납니다. 두뇌에서 어떤 처리를 하려면 시간이 필요하기 때문이죠. 처리하는 동안 다른 일을 하면 새로 배운 내용을 잊어버릴 수 있습니다.

5. **물을 많이 드세요.**
수분을 충분히 섭취하면 여러분의 두뇌가 최고로 잘 굴러갑니다. 여러분의 몸이 갈증을 느끼기 전에 두뇌가 먼저 수분 부족을 느끼게 되며, 수분이 부족하면 인지 기능도 저하됩니다.

6. **이 책의 내용에 대해 얘기하세요. 큰 소리로!**
소리 내어 말하면 읽기만 할 때와는 다른 두뇌 부분이 활성화됩니다. 무언가 이해하거나 더 잘 기억하고 싶으면 크게 소리 내어 말해보세요. 다른 사람에게 설명하면 더 좋습니다. 더 빨리 배울 수 있을 뿐 아니라 몰랐던 것도 생각해낼 수 있습니다.

7. **자신의 두뇌 반응에 귀를 기울이세요.**
여러분의 두뇌가 너무 힘들어 하고 있지는 않은지 관심을 가지세요. 대강 훑어보고 있거나 방금 읽은 것을 바로 잊어버린다는 느낌이 들면 잠시 쉬는 것도 좋습니다. 일단 어느 정도 공부를 하고 나면 무조건 파고든다고 해서 더 빨리 배울 수 있는 것은 아닙니다. 오히려 공부하는 데 방해가 될 수 있습니다.

8. **뭔가를 느껴보세요!**
여러분의 두뇌에서 지금 공부하고 있는 것이 중요하다고 느낄 수 있어야 합니다. 책 속에 나와 있는 이야기에 몰입하세요. 그리고 책에 나와 있는 사진에 직접 제목을 붙여보세요. 아무것도 느끼지 않는 것보다는 썰렁한 농담을 보고 비웃기라도 하는 쪽이 더 낫습니다.

9. **무언가를 만들어보세요!**
이 방법을 매일 하는 업무에 적용해보세요. 프로젝트에 관한 의사결정을 내릴 때 여러분이 배운 내용을 사용해보세요. 이 책에 있는 연습 문제와 활동 이상의 경험을 얻을 수 있도록 무언가를 하세요. 연필과 풀어야 할 문제만 있으면 됩니다. 그 문제는 여러분이 이 책에서 배우는 도구와 기법들을 사용해서 풀 수 있습니다.

알아두세요

이 책은 학습서지 참고서가 아닙니다. 우리는 책 안에 있는 내용이 무엇이든 작업을 할 때마다 배움에 걸리적거리는 모든 것을 의도적으로 제거했습니다. 여러분이 이 책을 읽고 나면, 여러분은 이 책을 책장 안에 소유하고 싶어질 것입니다. 그렇게 하면 여러분이 유용한 아이디어와 도구, 기술 등을 다시 찾아볼 수 있으니까요. 하지만 처음 이 책을 읽을 때는 처음부터 시작해야 합니다. 이 책은 여러분이 앞에서부터 계속 보면서 배워왔다고 가정하기 때문입니다.

중복은 의도적이면서도 중요합니다.

Head First 책이 특히 다른 한 가지는, 여러분이 정말 그 내용을 이해할 수 있기를 우리가 진심으로 바란다는 겁니다. 그리고 여러분이 배운 내용을 기억하면서 이 책을 마무리하기를 원합니다. 대부분의 참고서는 기억과 회상을 목표로 하지는 않지만, 이 책은 배움에 관한 것이므로 여러분은 동일한 개념들이 한 번 이상 나오는 것을 보게 됩니다.

브레인 파워에는 답이 없습니다.

어떤 문제는 해답이 없는 것도 있고, 어떤 문제는 브레인 파워 학습 경험 일부가 여러분 스스로 답이 맞는지 결정하도록 되어 있습니다. 일부 브레인 파워에서는 여러분을 올바른 방향으로 인도해줄 힌트를 찾아볼 수도 있습니다.

학습 활동은 선택 사항이 아닙니다.

연습 문제와 학습 활동은 부가적인 것이 아니라 이 책의 핵심 내용의 일부입니다. 그중 일부는 기억을 돕기 위한 것이고, 또 다른 일부는 이해를 돕기 위한 것이며, 어떤 것은 배운 것을 적용하는 데 도움을 주기 위한 것입니다. 연습 문제를 건너뛰지 마세요. 크로스워드 퍼즐일지라도 중요합니다. 여러분의 두뇌에 개념을 집어넣는 데 도움됩니다. 하지만 더 중요한 것은, 학습 활동이 여러분의 두뇌에 여러분이 배운 단어와 용어를 다른 상황에서 생각해볼 수 있는 기회를 주는 것이기 때문에 도움이 됩니다.

시험 때문에 공부하는 것이 아니라도, 시험 문제를 풀어보기 바랍니다!

독자 중 일부는 3시간짜리 120문제로 구성된 PMI-ACP 인증 시험을 준비합니다. 그 시험 준비를 위한 가장 효과적인 방법은 애자일을 배우는 것입니다. 그러므로 여러분이 PMI-ACP 인증에 관심이 없더라도, 이 책은 여전히 여러분을 위한 책입니다. 하지만 각 장의 마지막 부분에 있는 연습 문제를 풀어봐야 합니다. 왜냐하면 시험 문제에 답하는 것이 여러분의 두뇌에 애자일 개념을 넣는 정말로 효과적인 방법이기 때문입니다.

기술 검토 팀

필립 청

리사 켈너

키스 코넌트

켈리 D. 마르세

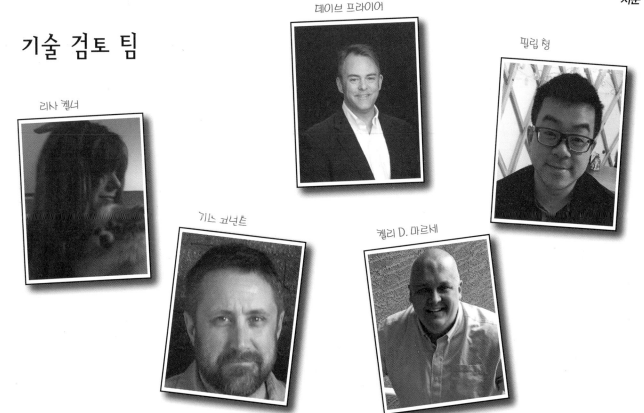

기술 검토자

데이브 프라이어는 20년 이상 기술 프로젝트를 관리해왔으며 2009년부터는 애자일에만 집중하고 있습니다. 그는 인증받은 스크럼 트레이너이며 LeadingAgile에서 근무합니다. 그의 영적인 동물은 오티스 레딩(Otis Redding)이며 만약 음식물 중 단지 하나만 섭취할 수 있다면 그건 바로 커피일 겁니다.

키스 코넌트는 20년 이상 소프트웨어 엔지니어, 프로젝트 관리자, 그룹 관리자로 소프트웨어를 개발해왔습니다. 그는 현재 전 세계 대학에서 사용하는 POS 결재 솔루션을 개선하는 팀을 이끌고 있습니다. 사무실에서 멀리 떨어져 있을 때는 음악을 작곡하거나 드럼, 기타, 또는 밴드에서 키보드를 연주하고 있거나 카약, 달리기, 하이킹, 사이클링 등 육체적으로 스스로에게 도전하고 있는 키스를 발견할 수 있을 겁니다.

필립 청은 15년 동안 소프트웨어를 개발해왔으며, 프로젝트를 관리하고 수행하기 위해 2013년 이후로는 애자일만 사용하고 있습니다. 그는 다양한 기업 차원의 애플리케이션을 만드는 금융 업계에서 일하고 있습니다. 필립은 영국 시골 마을로 탈출하는 것을 좋아해서 언젠가는 예쁜 시골집으로 은퇴할 것을 생각하고 있습니다.

PMP, PMI-ACP를 보유하고 있는 **켈리 D. 마르세**는 프로젝트 관리에서 9년 이상의 경력을 갖고 있습니다. 켈리는 애자일 트레이너, 공인 인증 프로젝트 관리자, 그리고 캐나다에 위치한 선두적인 금융 서비스 회사의 PMO 멘토입니다. 그는 시간이 날 때면 그가 사는 지역에서 라이브 행사의 프로듀서로도 일하고, 4살배기 아들인 세이콥과 시간을 보내기도 합니다.

그리고 **리사 켈너**가 우리 기술 검토 팀에 돌아오게 된 것은 우리에게 행운이네요. 리사는 항상 그렇듯 멋지죠. 모두에게 감사합니다!

감사의 말

우리 편집자

낸 바버에게 이 책을 편집해준 데 대해 감사하고 싶습니다. 고마워요!

낸 바버

오라일리 팀

오라일리에 우리가 감사 인사하는 것을 잊지 않고 싶기를 바랄 만큼, 우리가 감사하고 싶은 사람이 참 많습니다.

이 공간을 빌려 당연히 프로덕션 팀에게 감사하고 싶습니다. 그리고 여기에 감사 인사를 전하고 싶은 몇 사람이 있습니다.

그리고 항상 그렇듯, 우리는 메리 트레슬러를 사랑하며, 다시 함께 일할 수 있기를 고대합니다! 그리고 우리의 친구이자 편집자인 마이크 헨드릭슨, 팀 오라일리, 앤디 오람, 로렐 루마, 린제이 벤티밀리아, 멜라니 야브로, 론 빌로듀, 루시 해스킨스, 재스민 퀴틴에게도 인사를 전합니다. 그리고 여러분이 지금 이 책을 읽고 있다면, 이 업계에서 가장 훌륭한 홍보 팀에게 감사드립니다. 마시 헤넌과 캐트린 바렛, 그리고 세바스토폴에 있는 모든 직원들 말이죠.

1 애자일이란?

원칙과 프랙티스

그래.
프로젝트의 모든 작업이 완벽하게 진행될 테고,
이게 그 계획이라는 것이군.
사장님,
훌륭한 계획입니다!

이제 애자일(Agile)에 도전할 흥미진진한 시점입니다. 우리 업계에서 최초로 여러 세대의 소프트웨어 개발팀이 겪었던 문제들을 해결할 확실하고 지속 가능한 방법을 찾았습니다. 애자일한 팀은 실무에서 입증된 단순하고도 직접적인 방법을 사용합니다 여기서 잠깐! 정말 애자일이 그렇게 대단하다면 왜 모두가 활용하지 않는 걸까요? 막상 현업에서 애자일을 적용해보니 어떤 팀에서 잘 통하던 **프랙티스**(practice)가 다른 팀에는 심각한 문제를 일으키더란 말입니다. 이런 차이는 바로 팀의 **마음가짐**(mindset)에 달려 있습니다. 그러니 우리는 먼저 자신의 프로젝트에 대한 생각을 바꿀 준비를 해야만 합니다!

새로운 피처가 괜찮은 것 같은데...

케이트를 만나보세요. 케이트는 실리콘밸리의 잘나가는 스타트업의 프로젝트 관리자입니다. 케이트의 회사는 비디오와 음악 스트리밍 서비스, 인터넷 라디오 방송국에서 실시간으로 시청자를 분석하고, 시청자나 청취자를 만족시킬 프로그래밍 제안을 선택합니다. 지금 케이트의 동료들은 회사 업무를 진정으로 개선할 기회를 얻었습니다.

새로운 고급 시청자 분석 피처(features)를 다음 릴리스(release)에 반영하려는데 팀과 이야기를 좀 해야겠어요.

케이트, 고마워요. 팀에서 이 요청사항을 신속하게 마무리한다면, VIP 고객은 50개의 라이선스를 추가할 거예요. 그렇다면 올해 우리는 모두 보너스를 많이 받을 겁니다!

케이트는 소프트웨어 팀의 프로젝트 관리자입니다.

벤은 제품 책임자입니다. 벤의 임무는 고객과 대화하고 필요한 것을 파악한 후 고객이 사용할 새로운 기능을 제시하는 것입니다.

하지만 일이라는 것이 항상 예상대로 풀리지는 않죠

케이트와 프로젝트 팀 간의 토론은 케이트가 생각했던 것처럼 진행되지 않았습니다.
케이트는 벤에게 뭐라고 말해야 할까요?

우리가 고객을 만족시킬 대단한 기회를
잡은 것처럼 **들리는**군요.
마이크는 리드(Lead)
프로그래머이자
아키텍트입니다.

케이트: 새로운 고급 시청자 분석 피처를 다음 버전에 추가할 수 있다면 큰 보너스를 얻을 수 있을 거예요.

마이크: 음, 그렇게 되면 정말 좋긴 하겠네요.

케이트: 대박이죠! 그럼 소프트웨어 팀만 믿고 있으면 되는 거죠?

마이크: 기다려봐요! 뭘 서두르고 그러세요. **그렇게 되면 좋긴 하겠지만**, 그렇게 될 리가 없다는 말이에요.

케이트: 네? 뭐라고요? 나 헷갈리게 하지 말아요, 마이크.

마이크: 생각 좀 해봐요. 4개월 전에 시청자 데이터 분석 서비스를 설계할 때 이 변경 건을 알았더라면 쉬웠겠죠. 하지만 지금은 어마어마한 양의 코드를 날려버리고 다시 개발해야 한다고요... 아무튼 기술적인 세부사항까지 말하고 싶지는 않네요.

케이트: 나도 그런 기술적인 이야기는 듣고 싶진 않아요.

마이크: 그럼... 이야기 다 된 거죠? 우리 팀이 해야 할 일이 워낙 많아서요.

도와줘요, 애자일!

케이트는 애자일에 대해 들은 적이 있었고, 다음 번 릴리스에 새로운 요청사항들을 반영하는 데 애자일이 도움이 될 수도 있겠다고 생각하고 있습니다. 애자일은 소프트웨어 팀에서 인기를 얻어왔는데, '애자일에 적응한' 팀들이 좋은 결과를 얻었다는 얘기를 곧잘 했기 때문입니다. 팀에서 개발한 소프트웨어가 개선된다는 건 해당 팀원과 사용자 모두에게 중요한 일입니다. 그뿐만 아니라 팀이 애자일에 잘 적응하면 일도 훨씬 편해집니다! 일이 수월해지면 업무 환경도 훨씬 즐거워질 테고요.

대체 왜 애자일이 그토록 인기를 얻었을까요? 다음과 같은 이유가 있습니다.

- ★ 팀이 애자일에 적응하면 마감일을 지키기가 아주 쉬워진다는 것을 알게 됩니다.
- ★ 또한 소프트웨어 버그를 실제로 줄일 수 있다는 것을 알게 됩니다.
- ★ 코드의 유지보수도 훨씬 쉬워집니다. 코드베이스(Codebase)를 추가, 확장, 변경하는 일이 더 이상 골칫거리가 아닙니다.
- ★ 사용자는 훨씬 만족하고, 덕분에 모든 사람의 삶이 편해집니다.
- ★ 무엇보다 애자일 팀이 효과적으로 일한다면 합리적인 시간대에 퇴근할 수 있고 주말 근무를 할 필요가 거의 없어지기 때문에 삶의 질이 개선됩니다(많은 개발자에게 가장 중요한 일이죠!).

일일 스탠드업은 훌륭한 출발점입니다

팀에서 도입하는 일반적인 애자일 프랙티스로, 매일 진행하는 회의인 **일일 스탠드업**(daily standup)을 들 수 있습니다. 일일 스탠드업 미팅 중에는 팀 구성원이 자신이 수행하고 있는 업무와 어려움에 대해 이야기합니다. 미팅 중에는 모두가 서 있으며, 회의는 짧게 진행됩니다.

많은 팀에서 프로젝트에 일일 스탠드업을 도입해 효과를 봤으며, 보통 애자일을 도입하는 첫 단계가 됩니다.

일일 스탠드업 동안에는 모든 팀 구성원이 서서 회의를 합니다. 이렇게 하면 좋은 분위기에서 짧게 핵심만 이야기할 수 있습니다.
그런데 이 사람은 팀 동료들이 말하는 것을 듣고 있는 걸까요?

케이트는 일일 스탠드업 문화를 정착시키려고 노력합니다

케이트로선 놀라운 일이지만, 마이크 팀의 모든 팀원들이 케이트처럼 새로운 프랙티스를 반기지는 않습니다. 사실 개발자 중 한 사람은 케이트가 팀에 새로운 회의를 추가하자고 제안한 데 화가 났고, 매일 회의에서 자기 일상 업무에 대해 꼬치꼬치 캐물어대겠다는 케이트의 발상에 모욕감을 느낀 것 같습니다.

지난 번 요청사항은 정말로 중요해요.
매일 회의를 해서 진행 상황을 내가 파악할 수 있었으면 해요.
일일 스탠드업은 우리 모두가 놓치고 있는 훌륭한 애자일 프랙티스예요.

이미 회의는 많아요.
우리에게 그 일을 온전히 믿고 맡기지 않을거면 다른 팀을 찾아보시죠.

케이트는 마이크와 그의 팀이 비합리적인 태도를 보인다고 생각하지만, 어쩌면 이들의 말도 일리가 있을지 모릅니다. 여러분은 이 상황을 어떻게 생각하나요?

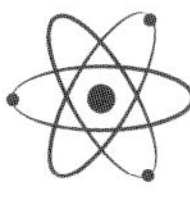

브레인 파워

도대체 무슨 난리래요? 마이크가 비합리적으로 나오는 건가요? 케이트가 지나친 걸까요?
왜 이렇게 간단하고 명확한 프랙티스를 놓고 여기에서는 야단법석을 떨까요?

팀원마다 다른 태도를 취합니다

케이트의 애자일 도입은 시작하자마자 난관에 부딪혔습니다. 이는 케이트만 겪는 상황이 아닙니다.

사실 많은 팀이 애자일을 도입해서 기대한 만큼 효과를 보지는 못했습니다. 소프트웨어 개발사의 절반 이상이 애자일을 시도했다는 것을 알고 있나요? 성공 사례도 많지만, 애자일을 시도했으나 결과가 만족스럽지 않았던 팀도 많았습니다. 그중 일부는 오히려 부작용을 겪기도 했습니다! 애자일은 커다란 변화를 약속하는 것처럼 보였지만, 프로젝트에 애자일을 적용하는 노력이 수월하지만은 않았습니다.

케이트도 딱 그런 상황에 처했습니다. 케이트는 순전히 혼자 계획을 세웠고 이제 팀원에게서 진행 상황을 알고 싶어합니다. 그래서 그녀는 회의를 꺼리는 팀을 그녀만의 일일 스탠드업 미팅으로 끌어들이기 시작했습니다. 케이트는 자기 방으로 팀원들을 불러들일 수는 있습니다. 하지만 그런 방식이 정말로 통할까요? 케이트는 사람들이 자신의 계획에서 벗어나는 데 걱정하고 있으며, 각 팀원의 진행 상황을 보고받는 데 집중할 것입니다. 반면 마이크와 동료 개발자들은 가능한 한 빨리 미팅이 끝나서 '진짜' 일하러 가고 싶어합니다.

케이트가 주도하는 기대 이하의 일일 스탠드업에서, 각 팀원은 다른 사람들의 말에 귀를 기울이지 않고, 자기의 진행 상황을 말하기 위해 기다립니다. 그러다 자신이 말할 때가 되면 가급적 조금만 말합니다. 케이트는 어느 정도 유용한 정보를 얻기는 합니다. 그러나 갈등과 지루함이라는 대가를 치러야 하고, 아무도 회의에서 협력하지 않고 있습니다.

팀에 관한 문제를 찾았을 때 뭔가를 하기에는 **이미 너무 늦었어요.**

프로젝트 관리자가 우리를 회의에 끌고 다니면 코드를 작성할 **시간이 없어져요.**

같은 프랙티스라도 사람에 따라 다르게 생각할 수 있어요. 서로가 무엇인가를 얻고 있다고 느끼지 못한다면, 프랙티스의 효과는 극단적으로 줄어들 것입니다.

이런 게 바로 소프트웨어 프로젝트인 거죠?
교과서에서 잘된다고 떠들어봐야 현실에서는 쓸모가 없어요.
우리가 할 수 있는 게 뭐가 있겠어요?

천만에요! 마음가짐을 바꾸면 프랙티스를 훨씬 효과적으로 만들 수 있어요.

정리해봅시다. 케이트가 일일 스탠드업을 활용하는 방식이 그다지 이상한 것은 아니에요. 최적은 아니지만, 케이트처럼 하는 일일 스탠드업도 여전히 의미 있는 결과를 만들어줄 거예요. 케이트는 자신의 계획에 문제가 있다는 것을 발견할 것이고, 장기적으로는 마이크의 팀에도 도움이 될 거예요. 지금 겪고 있는 문제들이 점차 개선될 수 있기 때문이죠. 일일 스탠드업은 매일 시간을 많이 잡아먹지도 않으며, 그만한 가치가 있답니다.

그러나 그저 흉내만 내는 애자일 팀과 실제 좋은 결과를 얻는 애자일 팀 간에는 큰 차이가 있어요. 그 차이의 핵심은 바로 프로젝트를 대하는 **마음가짐**(mindset)이랍니다. 믿기 어려울 수도 있겠지만 각 구성원이 프랙티스를 다른 태도로 대하면 훨씬 더 큰 효과를 얻을 수 있습니다!

각 팀원이 일일 스탠드업과 같은 프랙티스를 대하는 태도에 따라 프랙티스의 효과가 크게 달라집니다. 그러나 모두가 다른 사람의 이야기에 듣지 않는 지루한 회의더라도, 일일 스탠드업은 그 나름대로 할만한 효과가 있습니다.

마음가짐에 따라 더 나은 결과를 얻을 수 있습니다

케이트와 마이크가 지금과 다른 마음가짐으로 프로젝트에 임한다면 상황은 어떻게 바뀔까요? 팀 구성원이 지금과 전혀 다른 사고방식으로 일일 스탠드업을 대한다면 어떨까요?

예를 들어 케이트가 모든 팀원이 프로젝트 계획을 수립하는 데 **협력**한다는 느낌을 받는다면 어떻게 될까요? 그렇게만 되면 케이트는 모든 개발자 개개인의 의견에 진심으로 귀를 기울일 것입니다. 만약 케이트가 일일 스탠드업에 대한 태도를 바꾼다면, 팀원들이 자신의 계획에서 얼마나 벗어나는지 알아내서 팀원을 고치려는 일은 그만둘 것입니다. 회의에 대한 생각이 케이트의 역할을 바꿀 것입니다. 이제는 함께 수립한 계획을 모든 팀원이 이해하며, 그녀의 임무는 팀 전체가 각자의 업무를 더욱 효과적으로 수행할 수 있게 돕는 것입니다.

케이트는 어떤 프로젝트 관리 교육 과정에서도 이처럼 계획을 바라보는 전혀 다른 관점을 배워본 적이 없습니다. 프로젝트 계획을 수립하고 팀에 지시하는 것이 자신의 할 일이라고 배웠을 뿐입니다. 케이트는 도구를 활용해서 팀이 자신의 계획을 얼마나 잘 따랐는지 측정했고, 계획을 변경할 때는 엄격한 프로세스를 적용했습니다.

이제 상황이 완전히 달라졌습니다. 케이트는 자신이 일일 스탠드업을 효과적으로 운용하는 유일한 방법은 **팀과 협업하는 것**이며, 그렇게 해서 모든 팀원이 프로젝트에 최상의 해결책을 찾기 위해 함께 일할 수 있다는 것을 깨달았습니다. 이제 일일 스탠드업은 팀 전체가 협력하여 모두가 최적의 결정을 내리면서 프로젝트를 잘 진행하고 있는지 확인하는 방법이 되었습니다.

내가 모든 해답을 갖고
있는 것은 아니야. 일일 스탠드업으로
프로젝트를 **함께** 계획해갈 필요가 있어.

케이트는 프로젝트 계획에 변경사항이 있음을 알게 될 때마다 매우 좌절감을 느꼈습니다. 그럴 때는 보통 팀이 효과적으로 진행 상황을 바꾸기에 너무 늦었기 때문입니다.

이제 일일 스탠드업이 자리를 잡아서 팀 전체가 매일 변경사항에 대해 함께 논의하면서 더욱 빠르게 변경 요청들을 끝마칠 수 있습니다. 훨씬 더 효과적으로 바뀌었어요!

그럼 일일 스탠드업은 당신이 나와 **우리 팀 이야기에 귀를 기울이고**, 그에 따라
프로젝트 진행 방식을 바꾼다는 말이네요?

일일 스탠드업이 단지 현재 작업 진행 상태를 보고하는 자리가 아니며 프로젝트가 어떻게 진행되는지 이해하고 매일 함께 업무를 개선할 방법을 찾는 자리라는 사실을 마이크가 이해한다면 어떻게 될까요? 그렇다면 일일 스탠드업은 마이크에게도 중요한 의미로 다가올 것입니다.

우수한 개발자라면 자신의 코드에 대한 의견뿐만 아니라 프로젝트의 전반적인 방향에 대해서도 견해를 갖고 있을 것입니다. 일일 스탠드업은 개발자들도 프로젝트가 합리적이고 효율적인 방식으로 실행되고 있음을 확신하게 해줍니다. 이제 마이크도 일일 스탠드업이 장기적으로 팀의 코딩 작업에 도움이 된다는 것을 알고 있습니다. 프로젝트의 나머지 부분도 잘 진행되고 있기 때문이죠. 그리고 회의 중에 계획에 대해 문제를 제기해도 **모두가 귀를 기울인다는 것**을 마이크는 알고 있습니다. 덕분에 프로젝트는 더 잘 진행될 수 있을 것입니다.

팀의 모든 사람이 계획 수립 과정의 일부라는 점, 일일 스탠드업에서 다음날 진행할 수 있는 작업을 계획하는 데 도움이 된다는 점을 마이크와 각 팀원 모두가 인지할 때 프로젝트는 최고의 성과를 낼 것입니다.

맞아. 팀원 모두가 참여해야 제대로 된
프로젝트 계획을 세우지. 물론 전체 회의 시간 내내 모든 사람이
서로의 이야기를 잘 들어줘야 일이 제대로 진행될 거야.

브레인 파워

어떻게 해야 팀이나 개인의 마음가짐을 바꿀 수 있을까요? 주변 사람 혹은 여러분 스스로가 프로젝트에 대한 마음가짐이 바뀐 사례가 있나요?

어쨌든 애자일이 뭘까요?

애자일은 소프트웨어 팀이 특정 문제를 해결하는 데 도움을 주기 위해 최적화된, 단순함을 유지해서 상대적으로 간단하게 개발하는 일련의 **방법 또는 방법론**을 말합니다.

애자일은 프로젝트 관리, 소프트웨어 설계 및 아키텍처, 프로세스 개선 등 전통적인 소프트웨어 공학의 모든 분야에 걸쳐 존재합니다. 또한 애자일에 속한 방법 또는 방법론들에는 가능한 한 쉽게 적용할 수 있도록 최적화되고 간결한 **프랙티스**(practice)들이 포함되어 있습니다.

내가 여태까지 계획을 수립해왔지만,
팀은 계속해서 내 계획에서 벗어났어요.
이제는 일일 스탠드업으로 개발팀에게 요청한 **모든 것**을
그들이 실행할 수 있도록 만들 수 있을 거예요.

마음가짐과 방법론의 차이

애자일은 하나의 **마음가짐**(mindset)이기도 합니다. 그리고 애자일 방식으로 일해본 적 없는 대부분의 사람에게 애자일은 새로운 발상입니다. 애자일 프랙티스를 대하는 팀원들의 태도는 프랙티스의 효과에 큰 영향을 미친다고 합니다. 애자일 마음가짐은 프로젝트의 중요한 의사 결정을 상사 또는 프로젝트 관리자에게 의존하는 대신 구성원의 상호 정보 공유를 강조하여 이들이 중요한 계획을 훨씬 쉽게 결정할 수 있도록 돕습니다. 애자일은 전체 팀 구성원에게 계획, 설계 및 프로세스 개선에 대한 권한과 절차를 개방합니다. 모든 사람들이 효과적인 마음가짐을 가질 수 있도록 각 애자일 방법론은 팀 구성원들이 지침으로 사용할 수 있는 고유의 **가치**(value)들을 제공합니다.

우리 **모두가 함께** 프로젝트 계획을 세운다면
일일 스탠드업을 통해 항상
올바른 방향으로 나아갈 수 있어요.

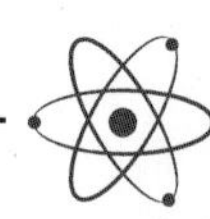

브레인 파워

일일 스탠드업이 진행 중일 때 팀원 중 한 명이 다른 팀원들의 말을 듣지 않고 나가버린다면 어떻게 될까요?

연필을 깎으며

케이트, 벤, 마이크가 일일 스탠드업에서 제기한 몇 가지 문제와 애자일 팀이 사용하는 몇 가지 프랙티스가 있습니다. 오른쪽에 있는 프랙티스는 앞으로 이 책에서 배우게 될 내용들로, 처음 본다 해도 걱정하지 않도록, 각 프랙티스마다 간단한 설명을 달았습니다. 케이트, 벤, 마이크가 제기한 문제를 해결할 수 있는 적절한 프랙티스를 골라보세요.

"스파게티 코드 때문에, 버그를 찾느라 시간을 낭비했어요!"

"드디어 사용자 스토리 검토가 끝났네요. 이제 스토리들이 다음 몇 주간의 작업에 대한 계획에 맞을지 함께 살펴봐요."

"모든 릴리스에서 항상 같은 종류의 문제가 끊임없이 반복되는 것 같습니다."

"이제 막 비디오 스트리밍 사용자 중 한 명에게 새로운 피처를 시연했어요. 그런데 해결해주기로 한 문제들이 사실상 고쳐지지 않았다는 피드백을 들었어요."

"금요일까지는 노래 데이터베이스 코드 개선이 끝날 것으로 생각했는데, 지금 와서 3주나 더 필요하다고?"

회고(retrospective)는 프로젝트가 어떻게 진행되었고 어떤 교훈을 얻었는지에 대해, 프로젝트 후반부에 서로 이야기하는 미팅입니다.

사용자 스토리(user story)는 사용자의 구체적인 요구사항을 표현하는 방법입니다. 일반적으로 포스트잇이나 인덱스 카드를 이용하여 몇 문장에 걸쳐 작성됩니다.

태스크 보드(task board)는 사용자 스토리들을 보드에 표시하고 상태에 따라 적절한 구역으로 분류하여 프로젝트 현황을 보여주는 애자일 계획 도구입니다.

번다운 차트(burndown chart)는 매일 프로젝트에 남은 작업량을 추적하여, 작업이 완료되면 남은 작업량을 '0'으로 설정하는 선형 차트입니다.

개발자는 코드를 지속적으로 **리팩토링**(refactoring)한다는 말은, 코드의 기능에 대한 변경 없이 코드 구조를 개선하여, 코드의 문제점을 해결한다는 뜻입니다.

**이런 프랙티스를 처음 보더라도 걱정하지 마세요.
이후 몇 개 장에 걸쳐 각 프랙티스에 대해 더 많은 것을 배울 거예요.**

스크럼은 가장 일반적인 애자일 방법입니다

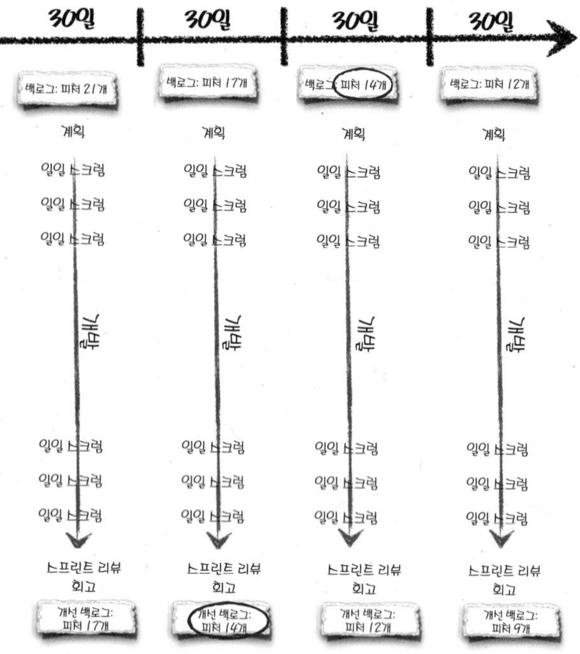

애자일 팀이 사용하는 애자일 방법 또는 방법론은 매우 많으며, 애자일 팀이 되기 위한 과정도 여러 가지입니다. 그중 애자일 팀으로 가는 가장 일반적인 방식은 프로젝트 관리 및 제품 개발에 중점을 둔 소프트웨어 개발 프레임워크인 **스크럼**(scrum) 도입이라는 사실을 다년간에 걸친 수많은 조사를 통해 알 수 있었습니다.

스크럼을 사용하는 팀의 모든 프로젝트는 동일한 기본 패턴을 따릅니다. 스크럼 프로젝트에는 세 가지 핵심 역할이 있습니다. 벤처럼 팀과 협력하여 **제품 백로그**(product backlog)를 관리하는 **제품 책임자**(product owner), 가시화된 문제점을 처리하기 위해 팀을 돕는 **스크럼 마스터**(scrum master) 그리고 모든 팀원을 말하는 **개발팀원**(development team members)입니다. 프로젝트는 **스프린트**(sprint)라고 해서, 스크럼 패턴을 따르는 일정한 기간(보통 2주 또는 30일)의 주기로 나뉩니다. 스프린트를 시작할 때, 팀에서는 제품 백로그의 피처 중 스프린트 기간 내에 구축할 범위를 결정하기 위해 **스프린트 계획**(sprint planning)을 합니다. 스프린트 계획의 결과를 **스프린트 백로그**(sprint backlog)라고 부르며, 팀은 스프린트 기간 중에 스프린트 백로그의 모든 피처를 구현합니다. 팀은 매일 **일일 스크럼**(daily scrum)이라는 짧은 미팅을 가집니다. 스프린트 후반부에는 **스프린트 리뷰**(sprint review)를 통해 제품 책임자 및 이해관계자에게 작동하는 소프트웨어를 시연하며, 이후 팀은 스프린트 중 배운 것들을 정리하기 위해 **회고**(retrospective) 미팅을 가집니다.

스크럼은 3장과 4장에서 자세히 다룰 것입니다. 이때는 더 나은 소프트웨어를 만들고 더 성공적인 프로젝트를 수행하는 데 도움이 되는 방법을 이야기할 뿐만 아니라 모든 애자일 팀이 공유하는 중요한 개념과 생각들도 살펴볼 것입니다.

XP와 린/칸반

스크럼은 가장 널리 사용되는 애자일 방법이지만, 다른 접근법을 사용하는 팀도 많습니다. 스크럼 다음으로 가장 많이 사용되는 방법인 **XP**는 주로 스크럼과 함께 사용되며, 소프트웨어 개발 및 프로그래밍에 중점을 둔 방법론입니다. 그 외에도 **린**(Lean)과 **칸반**(Kanban)을 사용하여 애자일에 접근하는 팀도 있는데, 린과 칸반은 현재의 소프트웨어 구축 방식을 이해하는 도구가 되는 마음가짐이자, 향후 개선된 프로세스로 발전하기 위한 방법이기도 합니다. 5장과 6장에서 XP와 린/칸반을 배울 예정입니다.

새로운 용어가 많이 나와 다소 당황스러운가요?

새로운 어휘를 처음 소개할 때는 **굵게** 표시했습니다. 이 쪽에는 여러 가지 새로운 단어가 있고 그중에는 친숙하지 않은 말들도 꽤 있겠지만, 그래도 걱정할 필요는 없습니다. 문맥 속에서 새로운 말을 보면서, 우선은 머릿속에 그 단어들을 넣고, 나중에 구체적으로 배우게 됩니다. 이는 Head First 시리즈의 신경과학에 기반한 배려입니다. 이런 방식으로 이 책은 여러분 두뇌에 친숙하게 접근할 것입니다!

프로젝트를 돌이켜보면서 잘한 점은 무엇이고 더 잘할 수 있었던 점은 무엇인지 이야기함으로써, 팀이 같은 실수를 반복하는 일을 예방할 수 있습니다.

"스파게티 코드 때문에, 버그를 찾느라 시간을 낭비했어요!"

태스크 보드는 모든 팀원이 프로젝트에 대해 동일한 큰 그림을 그릴 수 있는 좋은 방법입니다.

"드디어 사용자 스토리 검토가 끝났네요. 이제 스토리들이 몇 다음 주간의 작업에 대한 계획에 맞을지 함께 살펴봐요."

"모든 릴리스에서 항상 같은 종류의 문제가 끊임없이 반복되는 것 같습니다."

"이제 막 비디오 스트리밍 사용자 중 한 명에게 새로운 피처를 시연했어요. 그런데 해결해주기로 한 문제들이 사실상 고쳐지지 않았다는 피드백을 들었어요."

모든 팀원이 사용자와 사용자가 필요한 것을 이해할 때 사용자가 만족하는 소프트웨어를 더욱 효율적으로 만들 수 있습니다.

"금요일까지는 노래 데이터베이스 코드 개선이 끝날 것으로 생각했는데, 지금 와서 3주나 더 필요하다고?"

회고(retrospective)는 프로젝트가 어떻게 진행되었고 어떤 교훈을 얻었는지에 대해, 프로젝트 후반부에 서로 이야기하는 미팅입니다.

사용자 스토리(user story)는 사용자의 구체적인 요구사항을 표현하는 방법입니다. 일반적으로 포스트잇이나 인덱스 카드를 이용하여 몇 문장에 걸쳐 작성됩니다.

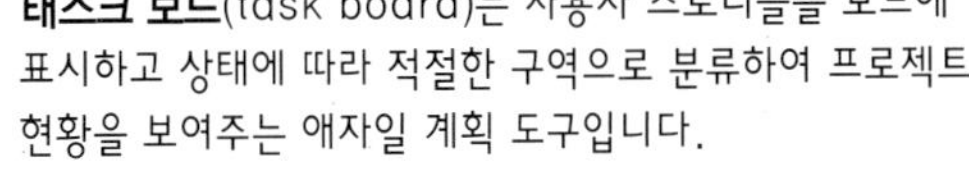

태스크 보드(task board)는 사용자 스토리들을 보드에 표시하고 상태에 따라 적절한 구역으로 분류하여 프로젝트 현황을 보여주는 애자일 계획 도구입니다.

번다운 차트(burndown chart)는 매일 프로젝트에 남은 작업량을 추적하여, 작업이 완료되면 남은 작업량을 '0'으로 설정하는 선형 차트입니다.

이것은 XP 프랙티스입니다. 일부 프로젝트 관리자는 애자일 프랙티스를 처음 접했을 때 프로젝트를 계획하고 실행하는 것뿐만 아니라 코드를 강조하는 데 놀라기도 합니다.

개발자는 코드를 지속적으로 **리팩토링**(refactoring)한다는 말은, 코드의 기능에 대한 변경 없이 코드 구조를 개선하여, 코드의 문제점을 해결한다는 뜻입니다.

바보 같은 질문은 없다

Q: 스크럼, XP, 린/칸반은 서로 매우 다른 말처럼 보입니다. 어떻게 이 모두를 애자일이라고 할 수 있나요?

A: 스크럼, XP, 린/칸반은 서로 다른 분야에 중점을 둡니다. 스크럼은 주로 프로젝트 관리에 초점을 맞추는데, 어떤 작업이 완료되고 있는지, 사용자와 이해관계자가 필요로 하는 것과 일치하는지를 확인하는 데 주안점을 둡니다. XP는 잘 설계되고 유지보수가 쉬운 고품질의 코드를 작성하기 위한 소프트웨어 개발에 초점을 맞춥니다. 린/칸반은 린 사고방식과 칸반 프로세스를 결합한 것으로, 소프트웨어 구축 방식을 지속적으로 개선하는 데 집중합니다.

즉, 스크럼, XP, 린/칸반은 프로젝트 관리, 설계 및 아키텍처, 프로세스 개선이라는 세 가지 소프트웨어 공학 영역에 각각 중점을 둡니다. 그러니 같은 애자일 방법론이면서도 각기 다른 프랙티스를 추구하며, 이것이 세 방법론의 차이점입니다.

다음 장에서는 팀이 세 방법론이 공통적으로 가지는 것들에 대해 배워볼 텐데요. 즉, 애자일 마음가짐을 받아들이는 데 도움이 될만한, **공유된 가치와 원칙**입니다.

Q: 셋 다 그냥 이름만 새로울 뿐이지, 이미 제가 알고 있는 내용 아닌가요? 예를 들면, 스크럼의 스프린트는 단순히 마일스톤(milestone)이나 프로젝트의 단계(phase)를 의미하지 않나요?

A: 사람들이 스크럼 같은 애자일 방법론을 처음 접할 때, 일반적으로 자신이 이미 알고 있는 것과 비슷한 부분을 찾습니다. 좋은 일입니다! 어느 정도 애자일 팀에서 함께 일해본다면 애자일의 많은 것들에 친숙해집니다. 팀은 무언가를 만들 것이고, 여러분의 팀은 눈에 띄게 많은 것을 잘하게 될 것입니다. 단지 아직까지는 변화가 익숙하지는 않겠지요.

사람들은 애자일에서 친숙하게 느껴지는 부분들을 두고 이미 자신이 아는 것과 똑같은 것이라고 곧잘 착각할 것입니다. 예를 들어 스크럼 스프린트는 프로젝트 단계와 동일한 것이 아닙니다. 전통적인 프로젝트 관리의 단계나 마일스톤은 스크럼의 스프린트와는 여러 측면에서 차이가 있습니다.

일반적인 프로젝트 계획에서는 모든 프로젝트 단계를 프로젝트 초기에 계획합니다. 이에 반해 스크럼에서는 바로 다음에 수행할 스프린트만 구체적으로 계획합니다. 이 차이는 전통적인 프로젝트 관리에 익숙한 팀에게 매우 이상하게 느껴질 수 있습니다.

앞으로 스크럼 계획이 여러분이 알고 있는 것과 어디가 어떻게 다르고, 어떤 방식으로 작동하는지에 대해 많은 것을 배울 것입니다. 그 과정에서 열린 마음으로, '이거 내가 알고 있는 거랑 똑같잖아.'라는 생각이 들 때 스스로를 다독여주세요.

핵심정리

- 많은 팀이 **일일 스탠드업**으로 애자일 적용을 시작합니다. 일일 스탠드업은 회의를 짧게 하기 위해 모두가 서서 진행하는 팀 미팅입니다.
- 애자일은 일련의 **방법이자 방법론**이지만 팀 전체가 공유해야 할 **마음가짐**이나 태도라고 볼 수도 있습니다.
- 일일 스탠드업은 모든 팀 구성원이 올바른 **마음가짐**을 갖고 있을 때 가장 효과적입니다. 이 경우 모든 사람이 서로에게 귀를 기울이며, 프로젝트가 제대로 진행되고 있는지 함께 확인합니다.
- 모든 애자일 방법론에는 팀이 가장 효과적인 마음가짐을 가질 수 있도록 도움을 주는 일련의 **가치**가 있습니다.
- 팀원들이 공유된 **원칙**을 따르고 같은 **가치**를 공유할 때, 방법론을 훨씬 더 효율적으로 활용할 수 있게 됩니다.
- **스크럼**은 프로젝트 관리 및 제품 개발에 중점을 둔 프레임워크로, 가장 일반적인 애자일 방법입니다.
- 스크럼 프로젝트에서는 스크럼 패턴을 따르는 동일한 기간(보통 30일)의 주기인 **스프린트**로 작업을 분할합니다.
- 모든 스프린트는 **스프린트 계획** 세션으로 시작하면서, 스프린트 기간 동안 작업할 범위를 결정합니다.
- 팀은 스프린트를 통해 프로젝트를 진행하며, 날마다 **일일 스크럼**이라는 짧은 미팅을 가집니다.
- 스프린트 후반에 팀은 이해관계자들과 함께 **스프린트 리뷰**를 실시하면서, 지금까지 만들어온 실행 가능한 소프트웨어를 시연합니다.
- 스프린트를 끝내기 전에 **회고**를 통해 스프린트를 어떻게 진행해왔는지 돌아보고, 개선할 부분에 대해 팀 전체가 함께 논의합니다.

조심하세요

마음가짐이 중요하다는 생각을 간과하지 마세요!

사람들(특히 특정 분야에 집중하는 하드코어 개발자)은 대부분 마음가짐, 가치, 원칙 같은 말을 듣는 순간 귀를 막아버립니다. 방 안에 스스로를 가두고 누구와도 이야기하지 않는 태도를 보이는 개발자라면 특히 더 심합니다. 이런 식으로 생각하는 사람이라면, 좋은 방향으로 새로운 개념들을 보려는 노력이 필요합니다. 어쨌든 다수의 멋진 소프트웨어가 낯설지만 이런 방식을 통해 만들어졌는데, 뭔가가 있지 않을까요? 음... 뭔가 있겠죠?

연필을 깎으며

다음 시나리오 중에서 프랙티스를 적용한 사례는 어떤 것이고, 원칙을 적용한 사례는 어떤 것일까요? 이들 중 처음 보는 프랙티스들이 있어도 걱정할 필요는 없습니다. 앞뒤 상황을 보면서 올바른 답을 골라보세요(인증 시험을 볼 때도 사용할 수 있는 괜찮은 방법이랍니다!).

1. 프로젝트의 중요한 정보에 대해 팀과 의사소통하는 가장 효과적인 방법은 직접 얼굴을 보면서 하는 **면대면 대화**라는 것을 케이트는 알고 있습니다.

☐ 원칙 ☐ 프랙티스

2. 사용자가 나중에 마음을 바꿀 수도 있고 그런 변경이 발생하면 코드에 혼란을 야기할 수도 있음을 마이크와 그의 팀은 인지하고 있습니다. 그래서 코드를 나중에도 쉽게 변경할 수 있도록 **점진적으로 설계**합니다.

☐ 원칙 ☐ 프랙티스

3. 일반적인 사용자를 모델링해야 할 때, 벤은 **페르소나**(persona)를 정의합니다. 팀이 사용자를 더 잘 이해할수록 소프트웨어를 더 잘 만들 수 있다는 것을 알기 때문입니다.

☐ 원칙 ☐ 프랙티스

4. 마이크는 **작동하는 소프트웨어**야말로 팀의 진행 상황을 보여주는 최선의 방법이라는 것을 알고 있습니다. 그러므로 마이크는 그의 팀이 하는 일을 항상 케이트와 벤에게 시연할 수 있게 합니다.

☐ 원칙 ☐ 프랙티스

5. 케이트는 팀의 소프트웨어 개발 방식을 개선하고자, 팀 모두가 **협력적으로 개선하고 실험적으로 진화**해서 프로세스를 발전시키자고 제안했습니다. 또한 데이터를 활용해 이들 변화가 상황을 얼마나 개선하는지 파악하고자 합니다.

☐ 원칙 ☐ 프랙티스

6. 마이크와 그의 팀은 바꾸기 쉬운 형태의 설계를 기반으로 코드를 개발하면서 **변경사항을 포용**합니다.

☐ 원칙 ☐ 프랙티스

→ 답은 20쪽에

우아! 이전에는 이렇게 함께 효과적으로 일했던 적이 없었어요. 일일 스탠드업 미팅이 모든 것을 바꾸어놓았어요!

케이트: 이번 프로젝트는 예전 프로젝트보다 훨씬 좋아요. 이 모두가 매일 하는 짧은 회의 때문인 것 같아요.

마이크: 글쎄, 꼭 그런 것 같지만은 않은데요.

케이트: 이봐요, 마이크! 왜 그렇게 까칠해요.

마이크: 아니, 진심이에요. 생각해봐요. 회의 하나 추가했다고 프로젝트 문제가 해결될 것 같진 않잖아요. 안 그래요?

케이트: 뭐, 그게... 음...

마이크: 어쨌든 결과는 정말 좋았으니까 솔직하게 말할게요. 처음 케이트가 일일 스탠드업 이야기를 꺼냈을 때 팀원들 대부분은 기분이 좋지 않았어요.

케이트: 진짜요?

마이크: 그럼요. 기억 안 나요? 첫 주하고도 반이 지날 때까지도, 대부분의 팀원이 회의 내내 전화기만 들여다본 거.

케이트: 응, 맞아요. 회의가 딱히 유용할 거 같지 않았어요. 솔직하게 말하면 나도 몽땅 때려치울까 생각했거든요.

마이크: 그때 개발자 중 한 명이 심각한 아키텍처 문제를 끄집어냈잖아요. 그 팀원의 이야기가 매우 적절했고 그래서 모두가 그 의견에 귀를 기울였고요.

케이트: 맞아, 기억 나요. 뭔가 큰 변화가 절실했고, 그 문제를 해결하려고 두 개의 피처를 작업 범위에서 빼버렸잖아요.

마이크: 맞아요! 그게 정말 중요했어요. 다른 때 같으면, 그런 문제가 생길 때마다 우리는 그걸 처리하느라 밤 늦게까지 일해야만 했거든요. 지난 번에 청취자 피드백 분석 알고리즘에서 심각한 결함을 발견했을 때처럼 말이죠.

케이트: 아, 그거 끔찍했죠. 우리가 만들 수도 없는 것을 해주겠다고 약속한 후에야, 문제를 발견하고는 하죠. 이번에는 그나마 문제를 일찍 발견해서 벤과 함께 사용자 기대치를 관리할 수 있었고, 팀에서도 새로운 방법을 시도할 수 있는 시간을 조금 벌 수 있었으니까요.

마이크: 앞으로도 항상 그런 문제들이 일어날 수 밖에 없을 거예요.

케이트: 잠깐, 뭐? 그런 종류의 문제가 많이 나타난다고요?!

마이크: 몰라서 물어요? 내가 코딩을 시작한 이래로, 이번처럼 황당한 경우가 단 한 번이라도 발생하지 않았던 프로젝트는 아예 없어요. 케이트, 이런 것이 실제 소프트웨어 프로젝트 상황이란 말이에요.

케이트가 놀랐던 것처럼, 실제 소프트웨어 프로젝트는 책에서 보는 것보다 훨씬 복잡하고 엉망입니다. 이전의 케이트는 계획을 세운 후 팀이 그대로 따라 일하도록 시키는 게 전부였어요... 그리고 뭔가 문제가 생기면 개발팀의 잘못이지 자기 잘못은 아니라고 생각했지요.

한편 이번 프로젝트는 지난 프로젝트보다 훨씬 괜찮았습니다. 케이트가 문제를 해결하기 위해 더 열심히 일해야 했지만, 그보다 더 나은 결과를 얻을 수 있었거든요!

애자일 크로스

크로스워드(crossword) 퍼즐을 풀어보면서, 애자일 개념들을 머릿속에 넣어보세요! 1장 내용을 다시 되돌아보지 않으면서 얼마나 많은 단어들을 풀 수 있을까요?

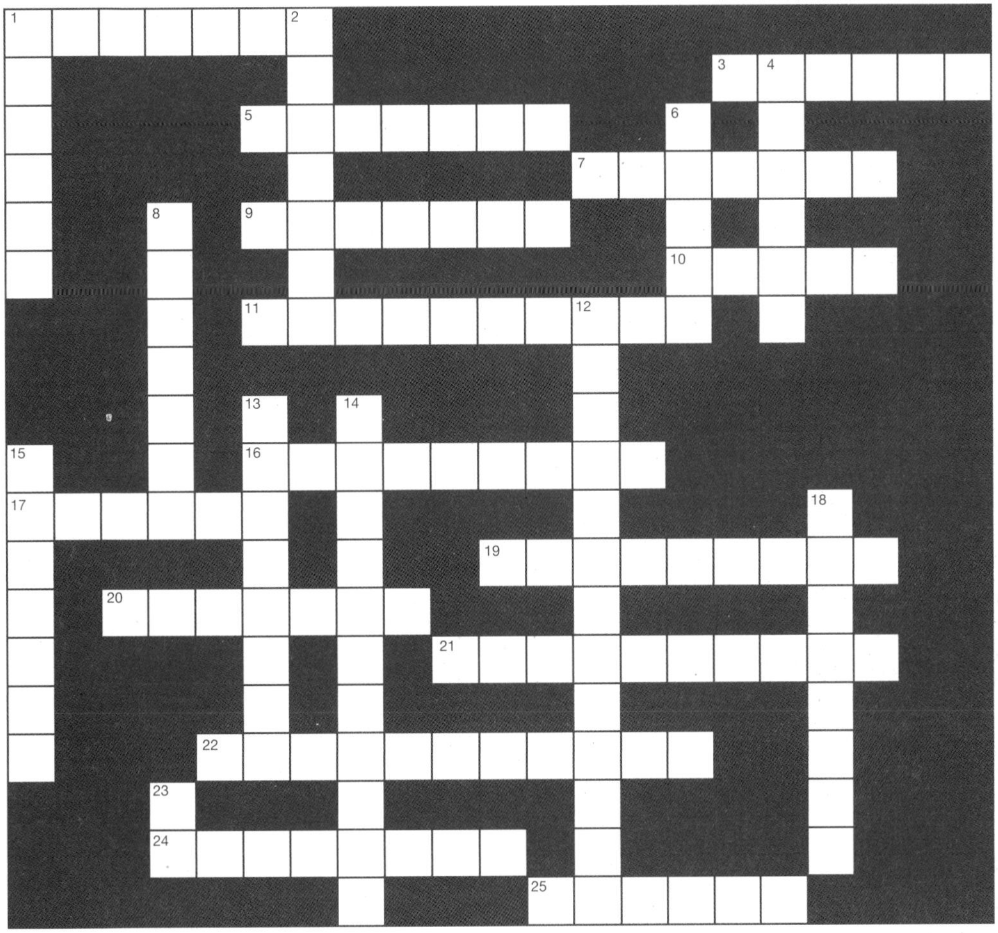

가로

1. 일일 ______은 그 자체로도 가치가 있지만, 팀원 모두가 올바른 마음가짐을 가지고 있다면 정말 효과적이다.
3. 칸반 방법론은 협력적으로 개선하며, 실험적으로 ______.
5. 칸반은 ______ 개선에 초점을 둔 애자일 방법론이다.
7. 아직 구축하지 않은 피처들을 정의한 것
9. 스크럼 팀은 항상 ______ 소프트웨어를 시연한다.
10. 스크럼 팀은 누구를 위해 시연하는가?
11. 스크럼 팀이 매일마다 하는 것
16. 팀이 사용자의 요구사항을 이해할 수 있게 도와주는 것
17. 스크럼 ______는 팀이 문제점들을 해결하면서 스크럼을 잘 진행할 수 있도록 도와준다.
19. 애자일 계획 지원 도구
20. 스크럼 팀의 ______ 책임자는 백로그를 관리한다.
21. 의사소통을 위한 가장 효과적인 방법
22. ______ 설계는 XP 팀이 코드를 쉽게 변경하도록 도와준다.
24. 프로젝트 초기에 스크럼 팀이 모여서 하는 것
25. 프로젝트 후반부에 수행하는 스크럼 팀의 데모

세로

1. 스크럼 팀이 프로젝트를 시간 단위로 나눈 것
2. 팀원들이 자신의 사용자를 이해하는 데 도움이 되는 것
4. 이것은 방법론에 대한 마음가짐을 이해하는 데 도움을 준다.
6. 프로젝트 관리 및 제품 개발에 중점을 둔 프레임워크
8. 프랙티스를 도입할 때 중요한 것
12. 팀이 모여서 그들이 배운 교훈을 정리하는 시간
13. 프로젝트에 남은 작업량을 추적하는 차트
14. XP 팀이 코드 구조를 개선하기 위해 지속적으로 수행하는 작업
15. XP 팀이 변화에 대처하는 마음가짐은?
18. 팀이 사용하는 수단이나 기술
23. 코드 및 소프트웨어 설계를 중시하는 방법론

PMI-ACP 인증을 통해 애자일과 더 가까워질 수 있습니다

애자일 공인 전문가(Agile Certified Practitioner, PMI-ACP) 인증은 애자일 방법, 방법론, 프랙티스 및 기술을 활용하여 일하는 빈도가 점차 늘어나는 프로젝트 관리자들의 니즈를 충족하기 위해 PMI(Project Management Institute)에서 기획했습니다. PMP 인증과 마찬가지로 PMI는 애자일 팀에서 매일 사용하는 실제 작업, 도구 및 프랙티스에 기반을 두고 만든 인증 시험입니다.

PMI-ACP 인증은 애자일 팀이나 애자일을 채택하려는 조직에서 일하는 사람을 대상으로 합니다.

여러분이 시험을 치를 수 있는 최상의 상태를 갖추도록 시험 전문의(Exam doctor)를 모셔왔습니다.

여러분이 시험에 응시할 계획이 있다면, 각 장에서 배운 내용들을 복습할 수 있는 연습 시험 문제를 포함하여 여러분이 준비하는 과정을 도와드릴게요.

시험은 실질적인 애자일 지식에 초점을 맞춥니다.

PMI-ACP 시험은 실제 상황에서 팀이 일하는 형태를 반영하도록 고안되었습니다. 스크럼, XP, 린/칸반을 포함한 가장 일반적인 방법과 방법론을 다룹니다. 시험 문제는 팀이 매일 사용하는 지식과 실질적인 작업에 기반을 둡니다.

이 책은 무엇보다도 **애자일을 가르치기 위해 만들었습니다.** 애자일 방법, 방법론, 프랙티스, 가치 및 개념들을 이해하는 것이 PMI-ACP 인증을 준비하는 가장 효과적인 방법이기 때문입니다.

이 책은 애자일에 관한 모든 것을 여러분에게 가르쳐줄 뿐만 아니라, 일정 부분은 특별히 시험 자료에만 초점을 맞출 것입니다. 이 책은 **PMI-ACP 시험 적용 범위를 100% 포괄**하고 있으며, 다양한 프랙티스 관련 질문, 시험을 보기 위한 팁, 실제 시험을 모방한 실제 분량의 완전한 연습 문제들을 포함한 시험 대비 실전 문제도 있습니다.

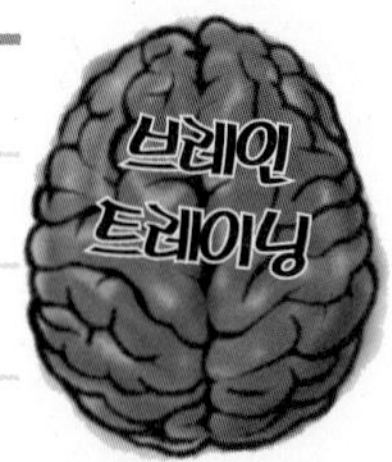

PMI-ACP 자격증을 준비하기 위해 이 책을 활용하지 않더라도, 다른 관점에서 연습 문제를 풀어보면서 애자일을 배울 수 있습니다. **머릿속에 애자일을 각인**하는 좋은 방법이죠!

2장에서 7장까지 각 장 후반부에 연습 문제가 있습니다. 또한 시험에 출제되는 다양한 유형의 질문을 구체적으로 다루는 '질문 클리닉' 섹션도 있습니다.

시험에서 볼 수 있는 여러 종류의 질문을 파악하는 것은 매우 중요한 일입니다. 익숙한 것을 보면 두뇌가 이완되는데, 이는 질문에 대한 답을 더 빨리 끌어내는 데 도움이 됩니다. 우리는 이것을 **'있는 그대로!' 문제**("Just the facts, ma'am" question)라고 부릅니다. 기본 정보를 묻는 질문처럼 보여도, 모든 보기를 주의 깊게 읽기 바랍니다! 해답이 아닌데도 해답처럼 보이는 보기가 종종 있습니다.

39. 다음 중 팀이 프로젝트 진행 상황을 이해하는 데 사용되는 것은 무엇입니까?

A. 리팩토링

일부 보기는 명확히 잘못된 것이 보입니다. 리팩토링은 프로젝트 진행 상황을 이해하는 것이 아니라 코드를 개선하는 것입니다.

B. 회고

어떤 보기는 오해를 유도합니다! 회고는 팀이 프로젝트를 더 잘 이해할 수 있도록 도와주지만, 작업이 끝난 후에 돌아보는 것이기 때문에 진행 상황을 추적하는 것은 아닙니다.

C. 번다운 차트

여기 해답이 있네요! 번다운 차트는 프로젝트가 어떻게 진행되고 있고 남은 작업량은 얼마나 되는지 보여주는 도구입니다.

D. 지속적 통합

이 보기는 아직 배우지 않은 내용인데요. XP 팀에서 사용하는 프랙티스입니다. 일부 시험 문제에는 여러분이 알지 못하는 내용이 들어 있을 수 있습니다. 괜찮아요! 긴장을 풀고 다른 보기에 집중해보세요. 이 문제는 아는 보기 중 하나가 해답입니다. 만약 아는 보기 모두가 답이 아니라고 생각된다면, 모르는 보기가 해답이라고 추측해볼 수 있습니다!

우리는 여러분에게 시험에 대한 전략과 팁을 드리기 위한 연습 문제를 준비하고 있어요.

그리고 우리는 PMI-ACP 시험 준비를 도와드리겠습니다. '질문 클리닉'에서는 색다른 유형의 시험 문제에 초점을 맞추고 여러분이 스스로 질문해볼 수 있는 기회를 드립니다!

연필을 깎으며 해답

이 문제는 애자일 이면의 원칙 중 하나로, 면대면 대화는 소프트웨어 팀 간 그리고 팀 내부 간에 정보를 전달하는 가장 효과적인 방법입니다.

1. 프로젝트의 중요한 정보에 대해 팀과 의사소통하는 가장 효과적인 방법은 직접 얼굴을 보면서 하는 **면대면 대화**라는 것을 케이트는 알고 있습니다.

☒ 원칙 ☐ 프랙티스

점진적 설계는 시간에 따라 팀이 점진적으로 코드베이스를 키워나가는 XP 프랙티스입니다.

2. 사용자가 나중에 마음을 바꿀 수도 있고 그런 변경이 발생하면 코드에 혼란을 야기할 수도 있음을 마이크와 그의 팀은 인지하고 있습니다. 그래서 코드를 나중에도 쉽게 변경할 수 있도록 **점진적으로 설계**합니다.

☐ 원칙 ☒ 프랙티스

페르소나는 이름을 가진 허구의 사용자(대부분 임의의 사진도 포함)를 만들어서, 소프트웨어를 사용하는 사람을 더 잘 이해하기 위한 프랙티스입니다.

3. 일반적인 사용자를 모델링해야 할 때, 벤은 **페르소나**(persona)를 정의합니다. 팀이 사용자를 더 잘 이해할수록 소프트웨어를 더 잘 만들 수 있다는 것을 알기 때문입니다.

☐ 원칙 ☒ 프랙티스

애자일의 중요한 원칙은, 제대로 작동하는 소프트웨어가 프로젝트 진척에 가장 우선시되는 척도라는 것입니다. 팀이 수행한 작업을 모든 사람들이 정확하게 측정할 수 있는 가장 효과적인 방법이기 때문이죠.

4. 마이크는 **작동하는 소프트웨어**야말로 팀의 진행 상황을 보여주는 최선의 방법이라는 것을 알고 있습니다. 그러므로 마이크는 그의 팀이 하는 일을 항상 케이트와 벤에게 시연할 수 있게 합니다.

☒ 원칙 ☐ 프랙티스

5. 케이트는 팀의 소프트웨어 개발 방식을 개선하고자, 팀 모두가 **협력적으로 개선하고 실험적으로 진화**해서 프로세스를 발전시키자고 제안했습니다. 또한 데이터를 활용해 이들 변화가 상황을 얼마나 개선하는지 파악하고자 합니다.

☐ 원칙 ☒ 프랙티스

이것은 칸반의 핵심 프랙티스 중 하나입니다. 팀은 과학적 방법을 사용하여 개선이 실제로 이루어지는지 확인합니다.

6. 마이크와 그의 팀은 바꾸기 쉬운 형태의 설계를 기반으로 코드를 개발하면서 **변경사항을 포용**합니다.

☒ 원칙 ☐ 프랙티스

모든 효과적인 XP 팀이 공유하는 중요한 가치는 변화에 맞서거나 방해하는 대신 변화를 포용하는 것입니다.

1 STANDUP
3 EVOLVE
5 PROCESS
7 BACKLOG
9 WORKING
10 USERS
11 DAILYSCRUM
16 USERSTORY
17 MASTER
19 TASKBOARD
20 RPODUCT
21 FACETOFACE
22 INCREMENTAL
24 PLANNING
25 REVIEW

1 SPRINT
2 PERSON
4 VALUES
6 SCRUM
8 MINDSET
12 RETROSPECTIVE
13 BURNDOWN
14 REFACTORING
15 EMBRACE
18 PRACTICE
23 X

저기요~ 설렁설렁하지 말고 잘 보라니까요!
앞 쪽에서 봤던 '연필을 깎으며' 해답 설명이 기가 막혀요!
배우는 데 피가 되고 살이 될 거예요.

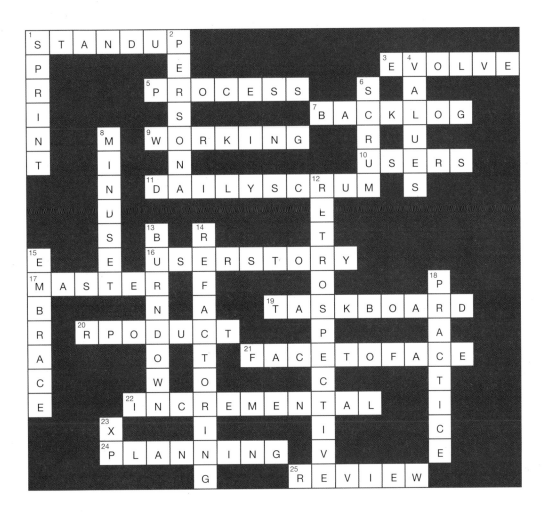

여기는 의도적으로 남긴 공백입니다

2 애자일 가치와 원칙

방법론을 대하는 마음가짐

이 명세서 내용에는 문제점이 있단 말이야.
그렇다고 개발팀에서 코딩 전에 **제대로 명세서를 읽는** 사람은 아무도 없을 것 같고. 그럼,
이 명세서는 있든 없든 별 상관없는 거네?

좋은 소프트웨어를 만들기 위한 '완벽한' 레시피(Recipe)는 없습니다.

몇몇 팀은 애자일 프랙티스나 방법 또는 방법론을 적용해 큰 성과를 얻고 많은 성공을 거두기도 했지만, 반대로 어려움을 겪었던 팀들도 있습니다. 우리는 그 차이가 팀원들이 가진 마음가짐에서 비롯된다는 것을 알게 되었습니다. 그렇다면 여러분의 팀이 대단한 애자일 성과를 내고 싶다면 무엇을 해야 할까요? 어떻게 해야 팀이 올바른 마음가짐 또는 사고방식을 가지게 할 수 있을까요? **애자일 선언문**은 이런 상황에 도움을 줍니다. 팀 전체 구성원이 애자일 **가치와 원칙**을 이해한다면, 애자일 프랙티스와 일하는 방식에 대해 다르게 생각하면서 훨씬 더 효과적으로 변모하기 시작할 것입니다.

스노버드에서 큰일이 벌어졌습니다

1990년대 들어 소프트웨어 개발 업계 전반에 걸쳐 변화의 움직임이 나타났습니다. 그때는 먼저 엄격한 요구사항을 정의하고 완전한 설계를 작성하며 코딩 전에 소프트웨어 아키텍처를 모두 종이에 그려야 하는 **워터폴 프로세스**(waterfall process)를 사용하는 전통적인 소프트웨어 구축 방식에 개발팀들이 지쳐갈 무렵이었습니다.

워터폴 방식으로 일하는 팀원들은 프로세스가 마음에 들지 않는 이유를 항상 100% 명확하게 표현하진 않았지만, 이런 프로세스가 너무 '무겁고' 성가시다는 데 많은 사람들이 공감하고 있었습니다.

1990년대 말까지도, 팀들 사이에서 소프트웨어를 만드는 데 좀 더 '가벼운(lightweight)' 방법이 필요하다는 공감대가 커지고 있었으며, 여러 방법론, 특히 스크럼과 XP(eXtreme Programming)가 간결한 방법론으로 인기를 얻고 있었습니다.

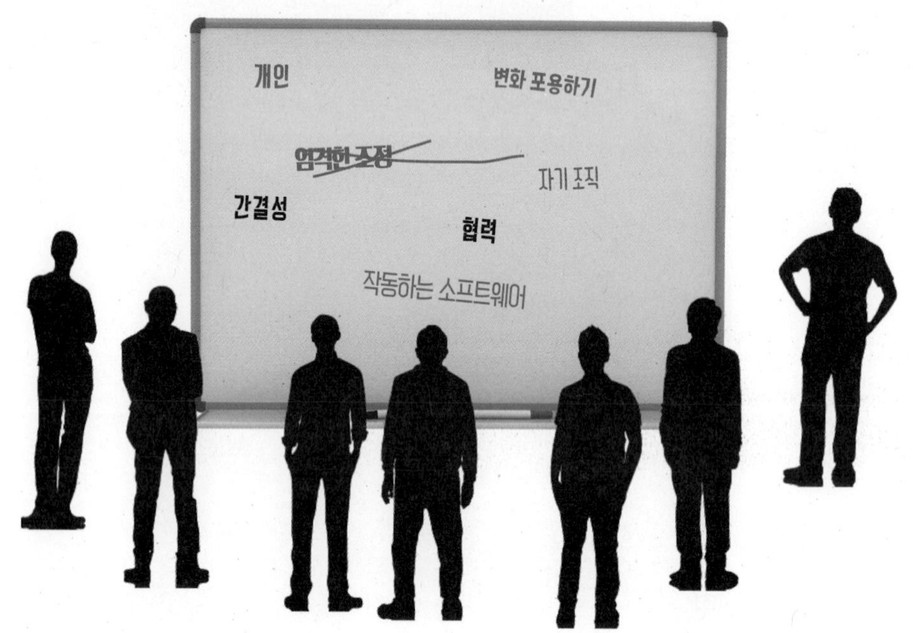

산업계 전반에 걸친 리더들이 소프트웨어 구축을 위한 다양하고 널리 사용되는 간결한 방법론들 사이에 공통점이 있는지 파악하기 위해 모였습니다.

서로의 마음을 모았습니다

2001년, 유타 주 솔트레이크시티 외곽의 산속에 있는 스노버드 스키장에서 개방적인 마인드를 가진 17명의 사람들이 모였습니다. 그들 중에는 스크럼과 XP를 만든 사람을 포함하여, 새롭고 '가벼운' 세상을 생각하는 리더들도 있었습니다. 그들은 회의를 통해 어떤 결과가 도출될지 정확히 알 수는 없었지만, 소프트웨어를 구축하기 위한 새롭고 가벼운 방법들에는 어떤 공통점이 있다고 확신했습니다. 그들은 스스로가 옳은지 알고 싶었고, 아마도 올바른 것을 정의할 방법을 찾고 있었을 것입니다.

애자일 선언문

그들이 이내 모든 공통점을 네 가지의 가치로 수렴했습니다. 그들이 정의한 가치들은 이후 사람들에게 **애자일 선언문**(Agile Manifesto)으로 알려졌습니다.

애자일 소프트웨어 개발 선언

우리는 소프트웨어를 개발하고, 또 다른 사람이 개발을 도와주면서 소프트웨어 개발의 더 나은 방법들을 찾아가고 있다. 이 작업을 통해 우리는 다음을 가치 있게 여기게 되었다:

공정과 도구보다 **개인과 상호작용**을
포괄적인 문서보다 **작동하는 소프트웨어**를
계약 협상보다 **고객과의 협력**을
계획을 따르기보다 **변화에 대응하기**를

가치 있게 여긴다. 이 말은, 왼쪽에 있는 것들도 가치가 있지만, 우리는 오른쪽에 있는 것들에 더 높은 가치를 둔다는 것이다.

거기 모이신 분들이 그렇게나 똑똑하다면,
왜 **소프트웨어를 만드는 가장 좋은 방법**을 생각해내지 않았나요?
왜 이런 '가치'를 들먹이고 있는거죠?

소프트웨어 구축을 위한 '만병통치약(silver bullet)'이 존재하지 않는다는 생각은, 1980년대 소프트웨어 공학 분야의 선구자인 프레드 브룩스의 <만병통치약은 없다(No Silver Bullet)>라는 에세이에서 처음 소개되었습니다.

그들은 '통일된' 방법론을 제시하려고 하지 않았습니다.

현대 소프트웨어 공학의 근본적인 생각 중 하나는 소프트웨어를 만드는 **'최상의' 단일한 방법은 없다는 것입니다.** 이것은 수십 년 동안 이어져온 소프트웨어 공학 분야의 중요한 사상이었습니다. 애자일 선언문은 **팀이 애자일 마음가짐을 갖도록 도움을 주는 가치에 초점을 두기** 때문에 의미가 있습니다. 팀 모두가 진정으로 이런 가치를 그들의 방식에 적용한다면 실제로 더 좋은 소프트웨어를 구축하는 데 도움이 될 것입니다.

프로젝트에 새로운 프랙티스를 추가하기란 어렵습니다

팀에서는 늘 일하는 방식을 개선하려고 합니다. 우린 그간 여러 프랙티스가 얼마나 유용한지 봐왔죠. 특히 애자일 팀의 간결한 프랙티스가 그래요. 간단하고 직선적이며 도입하기 쉽게 설계되어 있죠. 하지만 팀의 마음가짐이나 태도 때문에 애자일 프랙티스를 도입하기가 어려울 수도 있습니다. 예를 들어 팀에서 케이트는 일일 스탠드업 미팅을 시작하려고 하는데, 나머지 팀원은 완전히 생각이 다릅니다.

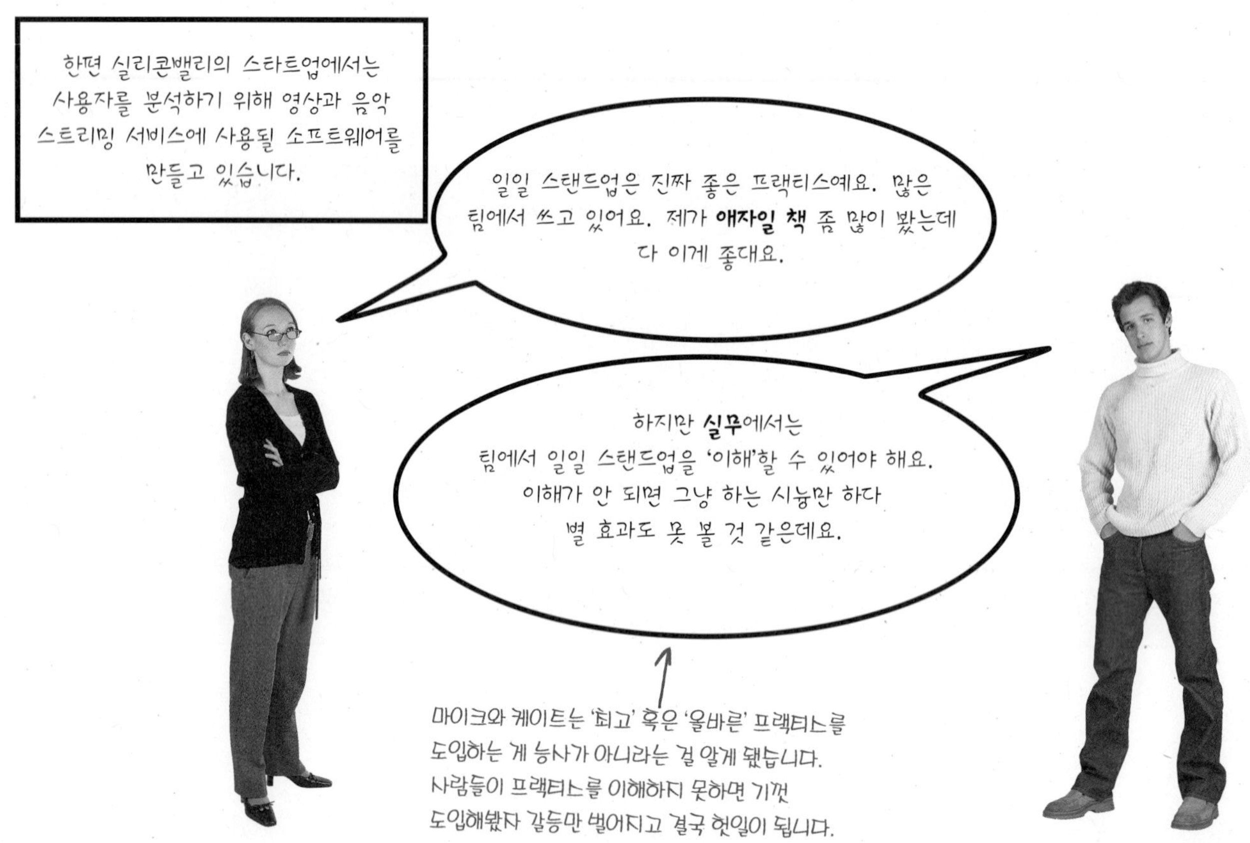

한편 실리콘밸리의 스타트업에서는 사용자를 분석하기 위해 영상과 음악 스트리밍 서비스에 사용될 소프트웨어를 만들고 있습니다.
일일 스탠드업은 진짜 좋은 프랙티스예요. 많은 팀에서 쓰고 있어요. 제가 **애자일 책** 좀 많이 봤는데 다 이게 좋대요.
하지만 **실무**에서는 팀에서 일일 스탠드업을 '이해'할 수 있어야 해요. 이해가 안 되면 그냥 하는 시늉만 하다 별 효과도 못 볼 것 같은데요.
마이크와 케이트는 '최고' 혹은 '올바른' 프랙티스를 도입하는 게 능사가 아니라는 걸 알게 됐습니다. 사람들이 프랙티스를 이해하지 못하면 기껏 도입해봤자 갈등만 벌어지고 결국 헛일이 됩니다.

애자일 선언문의 네 가지 가치는 팀이 더 낫고 효과적인 마음가짐을 갖는 가이드가 됩니다

애자일 선언문에는 애자일 팀의 가치를 이해하는 데 도움이 되는 네 개의 'X보다 Y를' 행이 있습니다. 이 네 행은 애자일 마음가짐을 일으키는 가치에 대해 구체적으로 얘기해줍니다. 이 내용을 보면 팀 입장에서 애자일하다는 것이 어떤 의미인지 이해하는 데 도움이 됩니다.

네 가지 가치를 각각 더 자세히 살펴봅시다. →

공정과 도구보다 **개인과 상호작용**을

애자일 팀에서는 공정(프로세스)과 도구의 중요성을 알고 있습니다. 앞에서 애자일 팀이 쓰는 프랙티스 몇 가지를 살펴봤는데요. 일일 스탠드업, 사용자 스토리, 태스크 보드, 번다운 차트, 리팩토링, 회고는 모두 애자일 팀을 제대로 바꿀 수 있는 귀중한 도구입니다.

그러나 애자일 팀은 공정과 도구보다 **개인과 상호작용**(individuals and interactions)을 더 중시합니다. 왜냐하면 팀에서 최고의 성과를 내려면 각 팀원의 인간적인 면에 관심을 기울여야 하기 때문입니다.

앞에서 보았듯 케이트는 일일 스탠드업을 도입하려고 노력했지만 마이크과 다른 개발팀원들의 반응은 시큰둥했습니다. 이처럼 어떤 팀에서는 어떤 도구를 실무에 잘 활용하고 있더라도, 다른 팀에서는 사람들이 제대로 이해하지 못하거나 소프트웨어 개발에 별 도움이 되지 않아서 문제만 일으킬 수 있습니다.

다음에 새로운 공정이나 도구를 소개하려면
팀원들과 대화하면서, **팀원 관점에서** 이해해야겠어요.

케이트, 맞아요!

공정과 도구는 프로젝트를 완료하는 데 중요하며 정말로 가치가 있을 수 있습니다. 그러나 공정과 도구보다는 **팀의 개별 구성원**이 더 중요합니다. 어떤 도구를 도입하건 팀 구성원 간 **상호작용**이나, 사용자와 이해관계자들과 **상호작용**이 더 잘 될 수 있게 만들어야 합니다.

포괄적인 문서보다 **작동하는 소프트웨어**를

'작동하는' 소프트웨어란 무슨 뜻일까요? 소프트웨어가 작동한다는 것을 어떻게 알 수 있을까요? 이는 생각하는 것보다 대답하기 더 까다로운 질문입니다. 전통적인 워터폴 팀은 포괄적인 요구사항 문서를 작성하여 팀이 구축할 내용을 결정하고, 사용자 및 이해관계자들과 함께 문서를 검토한 다음 이를 구현할 개발자에게 전달하면서 프로젝트를 시작합니다.

대부분의 전문 소프트웨어 개발자는 자신들의 팀이 최선을 다해 작업한 소프트웨어의 데모를 시연하는 자리에서 중요한 기능이 빠졌다는 둥 제대로 작동하지 않는다는 둥 불평을 듣는 끔찍한 순간들을 경험했을 것입니다. 이런 미팅은 곧잘 말다툼으로 이어지죠. 마이크의 팀에서 몇 달 동안 작업한 기능의 데모를 시연할 때도 벤과 마이크 사이에 이런 다툼이 벌어졌습니다.

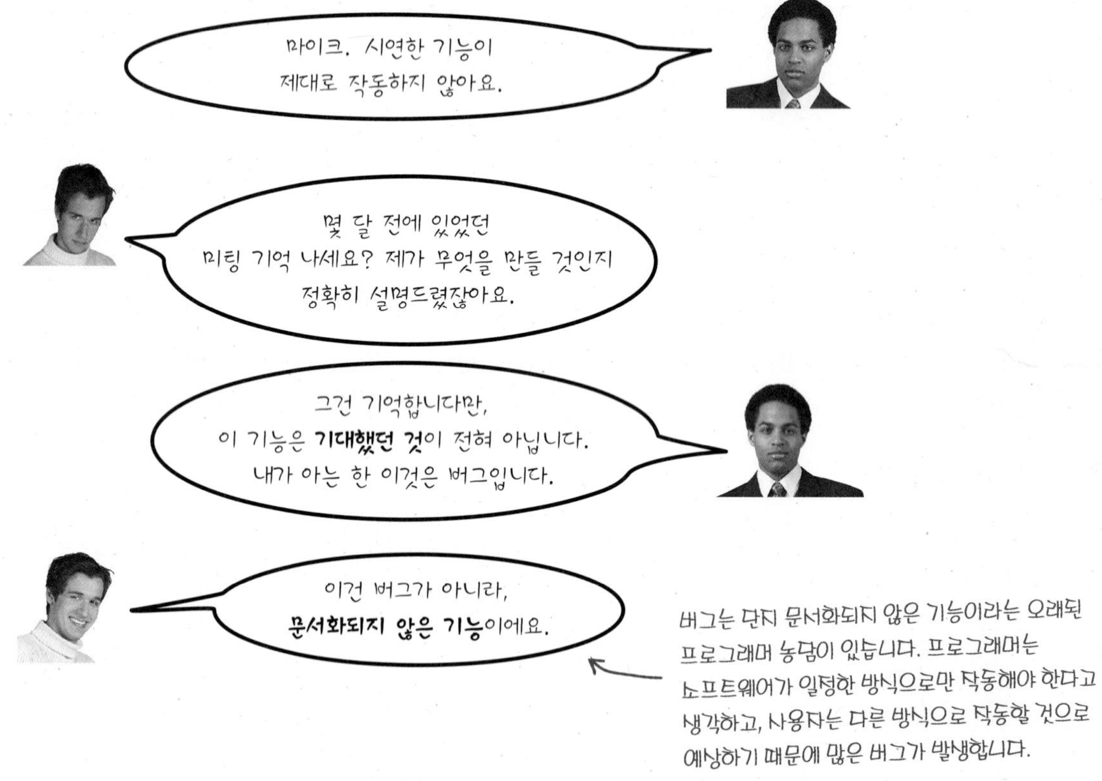

많은 사람이 포괄적인 문서로 이 문제를 해결하려고 노력하지만, 오히려 상황을 악화시킬 수도 있습니다. 문서화는 두 사람이 같은 쪽을 읽고도 서로 다른 두 가지 해석을 할 수도 있는 문제가 있습니다.

그래서 애자일 팀은 포괄적인 문서보다 **작동하는 소프트웨어**(working software)를 중요시합니다. 사용자가 소프트웨어의 작동을 측정하는 가장 효과적인 방법은 실제로 이를 사용해보는 것입니다.

브레인 바벨

『Head First Agile』을 읽는 사람이라면 이런 작은 퍼즐에 익숙해야 합니다!

리사가 블랙박스3000™의 펌웨어 컴포넌트(component)를 테스트하고 있습니다. 이 제품은 아래의 여러 시나리오 중 하나에서만 '작동'합니다. 리사에게 어떤 버전의 제품이 '작동하는' 펌웨어인지 알려주려면 어떻게 해야 할까요?

힌트: 우리가 아직 알려주지 않은 중요한 정보가 있습니다. 그 정보가 없다면 이 퍼즐을 해결하기가 결코 <u>쉽지 않을</u> 것입니다.

블랙박스3000™

어떤 사람은 불가능하다고 말할 수도 있습니다!

시나리오 1

리사가 버튼을 누르지만 아무 일도 일어나지 않습니다.

그런데 박스 속에 있는 펌웨어가 작동한다는 것을 내가 어떻게 알 수 있지?

시나리오 2

리사가 버튼을 누르면 '버튼을 잘못 눌렀습니다.'라는 목소리가 나옵니다.

테스터인 리사는 블랙박스3000™ 펌웨어에 대해 무엇을 테스트해야 할지 확신이 서지 않습니다.

시나리오 3

리사가 버튼을 누르면 상자는 331℃까지 가열됩니다. 리사는 상자를 떨어뜨리고, 상자는 산산이 부서집니다.

펌웨어라는 용어가 생소할 수도 있습니다. **펌웨어**란 하드웨어의 읽기 전용 메모리에 프로그래밍된 소프트웨어를 말합니다.

브레인 바벨 해답

이전 쪽에서 알려주지 않은 중요한 정보가 있습니다. 블랙박스3000™이 산업용 오븐의 발열체라는 것입니다. 그러므로 시나리오 3이 제대로 '작동하는' 소프트웨어입니다.

소프트웨어가 제대로 작동하는지 여부를 알려주는 가장 좋은(가끔은 유일한) 방법은 사용이 필요한 사람들의 손에 쥐어주는 것입니다. 사용자들이 소프트웨어를 사용하여 원하는 작업을 할 수 있다면, 제대로 작동하는 것이라고 말할 수 있습니다. 하지만 애자일 팀이 포괄적인 문서화를 중요시하는 이유는 '작동'이 무엇을 의미하는지 정확히 판단하는 일이 항상 쉽지만은 않기 때문입니다. 애자일 팀은 단지 작동하는 소프트웨어에 좀 더 가치를 두고 있을 뿐입니다.

이번 사례에서는 말 그대로 리사의 손에 쥐어줬으니, 부디 리사가 내열 장갑을 착용하고 있기를 바랄 뿐입니다!

팀이 실제로 유용하다고 판단했던 포괄적인 문서의 예가 바로 이 블랙박스3000™에 관한 명세서(specification)랍니다.

블랙박스3000™ 명세서

BB3K™은 산업용 오븐의 발열체입니다.

BB3K™은 0.8초 안에 정확히 331°C까지 가열되어야 합니다.

BB3K™에는 누르기 쉬운 큰 버튼이 있어야 합니다.

가끔은 문서가 요긴하게 쓰일 수도 있는데, '작동하는' 소프트웨어가 무엇을 해야 하는지 명확하지 않은 경우가 이에 해당합니다.

리사는 이 소프트웨어가 '작동한다'는 의미가 무엇인지 알았기 때문에, 실제로 작동하는 것을 테스트할 수 있습니다.

시나리오 3이 작동하는 소프트웨어를 보여주는 것 같습니다. 다행히도 그것을 말해주는 문서가 있습니다. 하지만 그보다 더 중요한 것은 제가 **실제 제품**을 갖고 있다는 사실입니다.

계약 협상보다 **고객과의 협력**을

이것은 계약을 처리해야 하는 컨설턴트나 조달팀에 대한 이야기가 아닙니다!

애자일 팀원이 계약 협상에 관해 이야기할 때는 사용자, 고객 또는 다른 팀 사람을 대하는 태도를 의미합니다. 한 팀에 속한 사람이 '계약 협상' 사고방식을 가지고 있다면, 그는 일을 시작하기 전에 팀이 만들거나 할 일에 대한 엄격한 합의에 도달해야 한다고 생각할 것입니다. 많은 기업이 팀에게 이러한 사고방식을 장려하고, 팀에게 제공할 내용과 시기에 대한 명확한 '합의'(종종 명세서로 문서화되고, 엄격한 변경 제어 절차가 적용되는)를 제공하도록 요청합니다.

계약 협상은 고객이 공동 작업을 꺼리는 경우 필요합니다. 프로젝트의 범위를 자주 변경하면서도 팀이 변경사항을 적용할 충분한 시간을 주지 않는 고객처럼 불합리한 사람과 진정으로 협력하기는 매우 어렵습니다.

애자일 팀은 계약 협상보다 고객과의 협력(customer collaboration)을 더 소중하게 생각합니다. 팀은 프로젝트가 변할 것이고, 프로젝트를 시작할 시점에는 완벽한 정보를 얻지 못한다는 것을 인지합니다. 그래서 프로젝트를 시작하기 전에 무엇을 만들지 정확하게 정하기보다는 **사용자와 협력하여** 최상의 결과를 얻으려고 노력합니다.

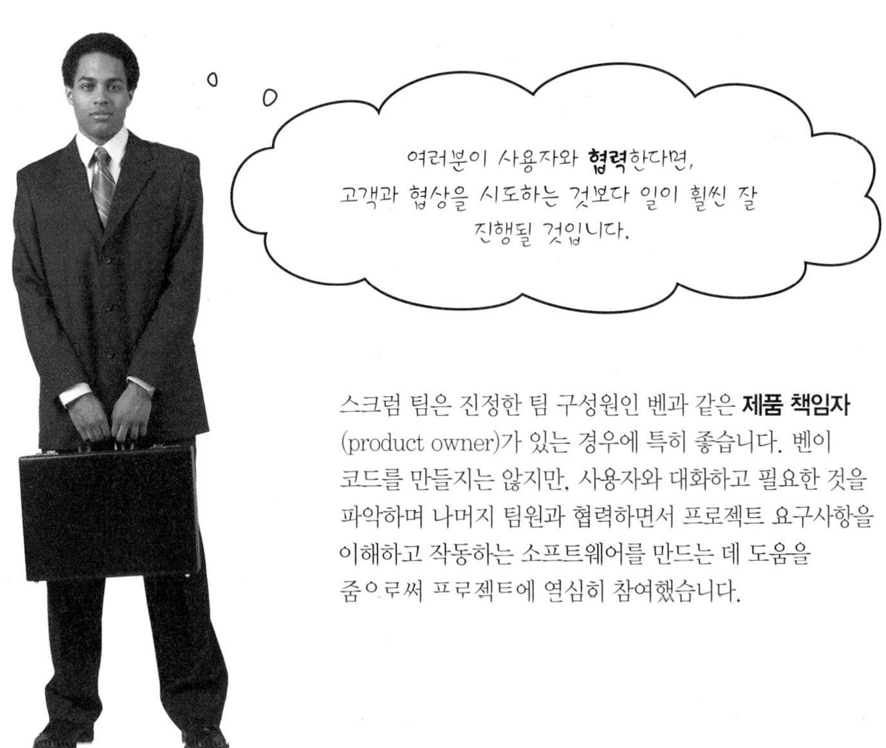

여러분이 사용자와 **협력**한다면,
고객과 협상을 시도하는 것보다 일이 훨씬 잘
진행될 것입니다.

스크럼 팀은 진정한 팀 구성원인 벤과 같은 **제품 책임자**(product owner)가 있는 경우에 특히 좋습니다. 벤이 코드를 만들지는 않지만, 사용자와 대화하고 필요한 것을 파악하며 나머지 팀원과 협력하면서 프로젝트 요구사항을 이해하고 작동하는 소프트웨어를 만드는 데 도움을 줌으로써 프로젝트에 열심히 참여했습니다.

계획을 따르기보다 **변화에 대응하기**를

일부 프로젝트 관리자는 "수행할 일을 계획하고, 계획한 것을 수행한다."라고 말합니다. 애자일 팀도 계획 수립이 중요하다는 것을 알고 있습니다. 그러나 문제가 있는 계획을 세우면 팀은 문제가 있는 제품을 만들게 됩니다.

전통적인 워터폴 프로젝트에는 변경을 조정하는 방법이 있지만, 대개 엄격하고 시간이 많이 걸리는 변경 제어 절차를 수반합니다. 이것은 변경이 자연스럽지 않은 예외 사항이라는 마음가짐을 반영합니다.

계획의 문제점은 프로젝트가 시작될 때 계획이 수립된다는 사실입니다. 바로 그때가 팀이 만들 제품에 대해 가장 적게 알고 있는 시점입니다. 그래서 애자일 팀은 **계획이 바뀔 것을 예상**합니다.

그렇기 때문에 애자일 팀은 일반적으로 변경사항을 지속적으로 찾고 대응할 수 있는 수단이 포함된 방법론을 사용합니다. 여러분이 이미 봤던 일일 스탠드업도 이런 수단에 해당합니다.

프로젝트를 계획하는 것도 중요하지만, 팀이 코딩을 시작하면 이런 계획이 변경된다는 점을 인식하는 것이 더 중요합니다.

애자일 프로젝트에서 제품은 단계별로 개발되며, 새로운 각 단계는 이전 단계로부터 배운 지식을 끌어옵니다. 계획(또는 요구사항이나 그 밖에 프로젝트에서 사용하는 것)이 이런 방식으로 개발되는 것을 점진적 상세화(progressive elaboration)라고 합니다.

우리가 일일 스탠드업을 시작하기 전에는, 이미 너무 늦어 문제를 해결할 수 없을 때가 되어서야 프로젝트 계획에서 문제를 발견하곤 했습니다.

케이트와 마이크가 서로의 견해 차이를 극복하자, 두 사람은 일일 스탠드업이 모든 사람이 매일 계획을 보면서 필요한 모든 변화에 함께 대응할 수 있는 방법이라는 것을 깨달았습니다. 팀원 모두가 변화에 대응하기 위해 함께 일할 때, 프로젝트에 혼란을 초래하지 않으면서도 함께 계획을 개선할 수 있있습니다.

애자일 팀에게는 변화에 대한 대응이 중요하지만, 계획에 따르는 것의 가치 역시 인정합니다

애자일 선언문의 마지막 내용을 다시 한번 살펴보기 바랍니다.

> 이 말은, 왼쪽에 있는 것들도 가치가 있지만,
> 우리는 오른쪽에 있는 것들에 더 높은 가치를 둔다는 것이다.

애자일 선언문의 네 가지 가치는 애자일 팀에 가치를 두는 것(오른쪽)과 애자일 팀이 더욱 가치를 두는 다른 측면(왼쪽)이라는 두 부분으로 나누어집니다.

따라서 애자일 팀이 계획을 따르는 것보다 변화에 대한 대응을 중시한다는 것은, 계획에 가치를 두지 않는다는 뜻이 **아닙니다.** 실제로는 반대입니다. 애자일 팀은 계획을 따르는 것을 절대적으로 중요하게 생각합니다. 그들은 단지 변화에 대응하기를 더 중시할 뿐입니다.

실제로 스크럼 팀은 워터폴 프로세스를 따르는 전통적인 팀보다 더 상세한 계획을 세웁니다! 하지만 스크럼 팀이 변화에 대한 반응을 정말로 능숙하게 대응하기 때문에 팀 구성원들이 이를 느낄 수 없을 뿐이지요.

핵심정리

- **애자일 선언문**은 2001년에 서로 다른 '가벼운' 방법과 방법론, 소프트웨어 개발 방식 간의 공통점을 찾기 위해 모인 사람들이 만들었습니다.
- 애자일 선언문에는 애자일 팀이 올바른 마음가짐을 가질 수 있도록 도와주는 **네 가지 가치**가 있습니다.
- 애자일 팀은 **공정(프로세스)과 도구를 중요하게 생각**합니다.
- 그러나 팀은 인적 요소에 주의를 기울일 때 최상의 작업을 하기 때문에 **사람들과 상호작용하는 것을 더 중요하게 생각**합니다.
- 애자일 팀은 **포괄적인 문서를 중요하게 생각**합니다. 복잡한 요구사항 및 아이디어를 효과적으로 전달할 수 있기 때문입니다.
- 그러나 그들은 진행 상황을 전달하고 사용자로부터 피드백을 얻는 가장 효과적인 방법인, **작동하는 소프트웨어를 더 중요하게 생각**합니다.
- 애자일 팀은 **계약 협상을 중요하게 생각**합니다. 잘못하면 처벌하는 사내 문화에서는 계약 협상만이 유효한 업무 방식이 되기도 하기 때문입니다.
- 그러나 애자일 팀은 **고객과의 협력을 더 중요하게 생각**합니다. 법률적이고 대립적인 고객 관계보다 협력하는 것이 소프트웨어를 구축하는 데 훨씬 효과적이기 때문입니다.
- 계획을 세우지 않으면 복잡한 소프트웨어 프로젝트가 산으로 갈 수 있기 때문에, 애자일 팀은 **계획을 따르는 것을 중요하게 생각**합니다.
- 그러나 잘못된 계획을 실행하는 팀은 잘못된 소프트웨어를 만들 수 밖에 없기 때문에, 애자일 팀은 **변화에 대응하는 것을 더 중요하게 생각**합니다.

선언문 자석

이런! 애자일 선언문을 냉장고 자석으로 완벽하게 재현했어요! 하지만 누군가 문을 쾅 닫아서 자석이 모두 떨어져버렸습니다. 모든 것을 다시 되돌릴 수 있을까요? 힌트나 앞 장을 보지 않고 얼마나 많은 것을 제자리에 둘 수 있는지 볼까요?

일부 자석은 냉장고에 붙어 있습니다. 그 자석은 그대로 두세요.

애자일 소프트웨어 개발 선언

우리는 소프트웨어를 개발하고,

또 다른 사람의 개발을 도와주면서 소프트웨어 개발의 더 나은 방법들을 찾아가고 있다.

:

이 작업을 통해 우리는 다음을 가치 있게 여기게 되었다

보다

보다

보다

보다

가치의 순서에 대해서는 걱정하지 마세요.

애자일 선언문에 담긴 네 가지 가치는 똑같이 중요하기 때문에 맞는 순서는 없습니다. 각각의 특정 가치(Y보다 X)가 일치하는지 확인하세요.

가치 있게 여긴다.

이 말은

,

우리는

더

높은 가치를 둔다는 것이다.

아래의 모든 자석은 냉장고에서 떨어졌습니다. 이 자석들을 올바른 위치에 다시 놓을 수 있을까요?

따르기

개인과

변화에

왼쪽에 있는 것들도

고객과의

가치가 있지만

도구

계획을

계약

공정과

작동하는

포괄적인

협상

소프트웨어를

오른쪽에 있는 것들에

협력을

문서

상호작용을

대응하기를

답은 66쪽에

바보 같은 질문은 없다

Q: 아직도 '워터폴'이 뭔지 잘 모르겠어요.

A: '워터폴'은 소프트웨어 회사가 전통적으로 소프트웨어를 만드는 특정한 방법을 나타내는 이름입니다. 그들은 프로젝트를 단계로 나누며, 보통 다음과 같은 다이어그램으로 그릴 수 있습니다.

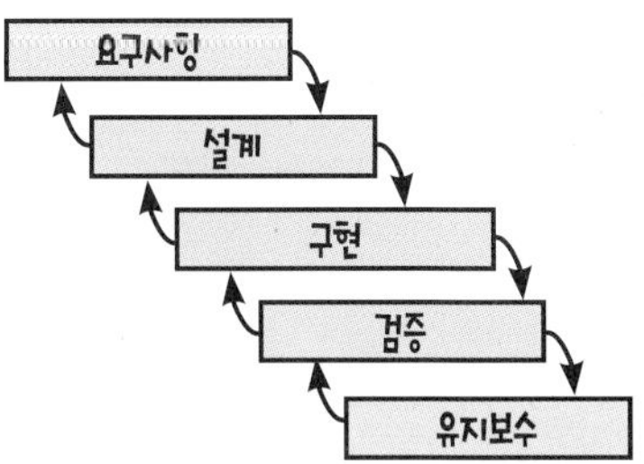

1970년대 어떤 소프트웨어 공학 연구원이 '워터폴'이라는 이름을 처음으로 사용했는데, 워터폴이 소프트웨어를 만드는 데 덜 효과적인 방법이라고 기술했습니다. 그 이유는 팀에서 코드 작성 전에 거의 완벽에 가까운 요구사항 문서 및 설계를 제시해야만 했는데 팀이 문제를 발견하면 요구사항과 설계 내용을 수정하는 데 많은 시간과 노력이 필요했기 때문이었습니다.

문제는 팀이 코드 작성을 시작할 때까지 요구사항과 설계가 맞는지 알 수 없는 경우가 종종 있다는 것입니다. 워터폴 팀에서는 문서의 모든 내용이 맞다고 생각하다가 개발자가 설계를 구현하기 시작하고 나서야 심각한 결함을 발견하는 일이 매우 흔합니다.

Q: 그런데 왜 아직도 워터폴 프로세스를 사용할까요?

A: 왜냐하면 수행이 되기 때문에, 또는 최소한 수행이 되도록 할 수 있기 때문입니다. 워터폴 프로세스를 사용하여 훌륭한 소프트웨어를 만든 팀들도 많습니다. 요구사항과 설계를 먼저 만들고도, 상대적으로 적은 변화가 나타나는 일은 분명히 가능합니다.

더 중요한 것은, 사내 문화상 실제로 워터폴 프로세스를 따를 수밖에 없는 회사가 많다는 사실입니다. 예를 들어 실수를 심하게 처벌하는 상사 아래에서 일한다면, 코드를 작성하기 전에 완전한 요구사항과 설계 문서를 상사에게 개인적으로 승인받는 것이 자기 자리를 유지하는 데 도움이 될 수 있습니다. 그러나 아무리 이렇게 하더라도, 프로젝트의 각 의사결정의 책임 소지를 따져봤자 실제로 제품을 개발하는 데 소요되는 노력과는 상관이 없는 일입니다.

Q: 그렇다면 워터폴이 좋은 것인가요, 나쁜 것인가요? 또한 애자일 방법론이나 접근 방식 또는 프레임워크보다 덜 '가벼운' 이유는 무엇인가요?

A: 워터폴은 '좋거나', '나쁜' 것이 아닙니다. 단지 일을 하는 하나의 방법일 뿐입니다. 모든 도구에는 장점과 단점이 있습니다. 그러나 많은 팀들이 워터폴 프로세스보다 스크럼과 같은 애자일 방법론으로 훨씬 더 많은 성공을 거두고 있습니다. 한 가지 이유는 워터폴 프로세스가 너무 '무겁다'는 것을 알기 때문입니다. 즉, 코드가 작성되기 전에 완전한 요구사항과 설계 단계를 거쳐야 한다는 것입니다. 다음 장에서는 스크럼 팀이 스프린트 및 계획 프랙티스를 사용하여 소프트웨어를 신속하게 구축하기 시작하는 방법을 배우며, 이를 통해 사용자는 작동하는 소프트웨어를 얻을 수 있습니다. 팀이 수행하는 모든 작업이 만들어지는 코드에 즉각적인 영향을 주기 때문에 팀이 '가볍다'라고 느끼게 됩니다.

Q: 그렇다면 정확하게 프로젝트를 어떻게 실행해야 하죠? 우리 팀은 문서를 만들어야 하나요, 만들지 말아야 하나요? 완전한 명세서를 만들어야 할까요? 문서를 모두 버려야 하나요?

A: 애자일 팀에게 문서화는 중요합니다. 주된 이유는 문서화가 작동하는 소프트웨어를 구축하는 효과적인 방법이 될 수 있기 때문입니다. 그런데 문서화는 사람들이 읽는 경우에만 유효한데, 중요한 것은 많은 사람들이 문서를 읽지 않는다는 사실입니다. 빌드를 하는 팀에게 사양 요구사항 문서를 작성하여 제공하면 그 문서는 중요하게 사용되지 못합니다. 중요한 것은 **내 머릿속에 있는 것이 여러분 머릿속에 있는 것과 일치하고** 팀원들의 머릿속에 있는 것과 일치하는 것입니다. 복잡한 계산이나 워크플로우가 있는 경우에는 문서가 훌륭한 소프트웨어를 만들도록 공통된 이해에 이르게 해주는 정말 효과적인 수단이 될 수 있습니다.

Q: 저는 애자일 가치가 중요하다는 생각을 받아들이기 어려워요. 저와 저의 팀이 실제로 코드를 작성하는 데 어떻게 그 가치가 도움이 될 수 있나요?

A: 애자일 선언문의 가치는 여러분과 여러분의 팀이 더 나은 소프트웨어를 개발하는 데 도움이 되는 마음가짐을 가질 수 있도록 도와줍니다. 그리고 여러분은 프랙티스를 대하는 마음가짐이 큰 차이를 만들 수 있다는 것을 이미 배웠습니다.

케이트와 마이크가 일일 스탠드업 미팅에 어려움을 겪고 있는 바로 앞 장의 예를 생각해보세요. 케이트는 팀에게 그녀의 계획을 지시하곤 했고, 그들에게 회의를 요구하는 방법으로 그저 무난한 결과를 얻었을 뿐입니다. 그러나 모든 사람들이 더욱 협력적인 태도를 취하니 훨씬 좋은 결과를 얻었습니다. 이렇게 마음가짐이 실제 결과에 큰 영향을 줄 수 있습니다.

질문 클리닉: '최선의 답안을 찾는' 문제

시험을 준비하는 가장 좋은 방법은 다양한 종류의 질문에 대해 배우고 여러분이 직접 문제를 작성해보는 것입니다. 질문 클리닉은 각각 다른 유형의 질문을 살펴보고 여러분이 직접 문제를 만드는 기회를 제공합니다. PMI-ACP 자격증 시험 준비를 위해 이 책을 사용하지 않더라도 이 방법을 활용해보세요. 당신의 두뇌가 여러 개념을 습득할 수 있는 훌륭한 방법이 될 것입니다!

질문 클리닉에 잠시 시간을 내보세요. 여러분의 두뇌가 휴식을 취하고 뭔가 다른 것을 생각할 수 있게 해줍니다.

대부분의 시험 문제는 **가장** 적합한 답을 선택하도록 요청합니다. 이 말은 보통 괜찮은 답안 하나가 있지만 **더 좋은** 대답도 있다는 뜻입니다.

고위 경영진을 참여시키는 것이 끔찍한 생각은 아니지만 심각한 갈등을 해결하기 위한 목적으로나 선택해야 할 일입니다. 팀은 사용자와 협력하고 권위에 호소하지 않으면서 함께 생각하는 것이 좋습니다.

82. 사용자가 팀에게 매우 중요한 새 기능을 요청했습니다. 그런데 그 작업을 수행하면 미리 계획했던 다른 기능의 마감일을 놓칠 수 있습니다. 팀이 가장 먼저 해야 할 일은 무엇입니까?

A. 고위 경영진과의 면담을 통해 공식적으로 상대적 우선순위에 따라 결정한다.

B. 기한을 놓치지 않도록 기존 계획을 따르고, 새 기능의 우선순위를 정하여 다음 작업을 수행한다.

C. 사용자와 이야기해 추가로 요청한 새 기능이 전반적인 방향을 바꾸기에 충분히 중요한 것인지 알아낸다.

D. 변경 제어 프로세스를 시작한다.

애자일 팀은 계획에 따라 가치를 부여하기 때문에 이는 좋은 생각입니다. 그러나 응답자는 더 많은 변화를 요구합니다. 애자일 가치에 더 근접한 또 다른 대답이 있는지 살펴보세요.

이것이 가장 좋은 대답입니다! 애자일 팀은 계획에 따라 변화에 대응하는 것을 중요시합니다. 따라서 가장 좋은 방법은 사용자에게 신속하게 응답하고 모든 정보를 얻는 것입니다. 그런 다음 그들과 모두 협력하여 계획에 어떻게 영향을 받는지 알아낼 수 있습니다.

PMP 시험을 위해 공부하고 있다면 이것이 올바른 대답일 수 있습니다. 또한 많은 애자일 팀이 변경 제어 프로세스가 있는 회사에서 일하기 때문에 마침내는 변경 작업을 수행할 수도 있습니다. 그러나 질문은 팀이 무엇을 가장 먼저 해야 하는지를 물었습니다. 변경 제어는 나중에 일어나거나 아예 일어나지 않을 수도 있습니다!

'최선의 답안을 찾는' 질문에는 하나 이상의 좋은 답안이 있지만, 단 하나의 **최선의** 답안이 있습니다.

헤드 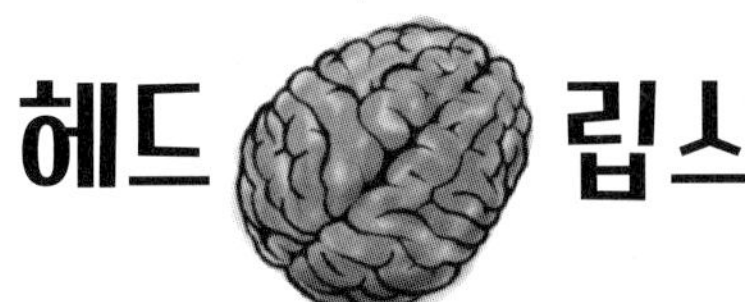 립스

빈 칸을 채워 애자일 팀이 계약 협상보다 **고객과의 협력**을 소중하게 여기는 방법에 대한 자신만의 '최선의 답안 찾기' 질문을 제시하십시오.

당신은 ______________ 프로젝트의 개발자입니다. ______________ 은
(특정 산업) (사용자 유형)

당신이 ______________ 원하지만, 당신은 ______________ 필요가 있습니다.
(어떤 일을 해주기를) (상반되는 일을 할)

이 상황을 처리하는 가장 좋은 방법은 무엇입니까?

A. ______________
(이 질문과 전혀 관련이 없는 명백하게 잘못된 답안)

B. ______________
(좋은 생각이지만 실제로 이 가치와 관련이 없는 좋은 답안)

C. ______________
(계약 협상 가치에 부합하는 더 나은 답안)

D. ______________
(고객과의 협력을 중시하는 최상의 답안)

신사 숙녀 여러분,

우리는 이제 2장으로 돌아갑니다.

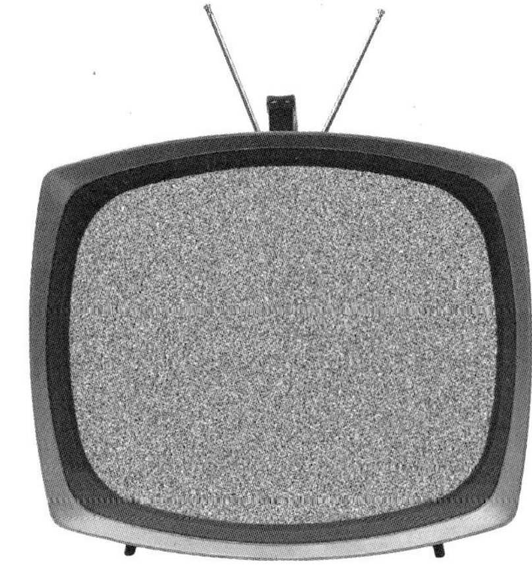

크게 한 건 했다고 그들은 생각하고 있습니다...

마이크는 뛰어난 최신 기능에 대해 거의 1년 동안 개발팀과 함께 일해왔으며,
마침내 완료되어 매우 들떠 있습니다.

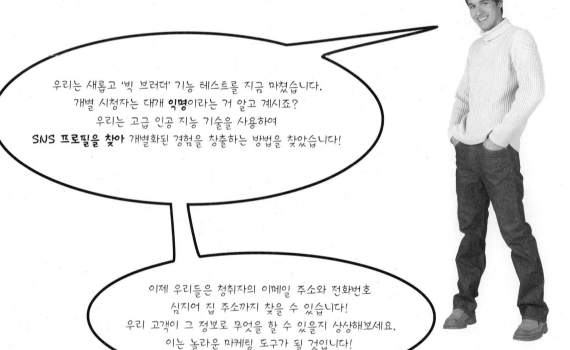

우리는 새롭고 '빅 브러더' 기능 테스트를 지금 마쳤습니다.
개별 시청자는 대개 **익명**이라는 거 알고 계시죠?
우리는 고급 인공 지능 기술을 사용하여
SNS 프로필을 찾아 개별화된 경험을 창출하는 방법을 찾았습니다!

이제 우리들은 청취자의 이메일 주소와 전화번호
심지어 집 주소까지 찾을 수 있습니다!
우리 고객이 그 정보로 무엇을 할 수 있을지 상상해보세요.
이는 놀라운 마케팅 도구가 될 것입니다!

...하지만 그건 실패작이야!

흠, 마이크와 그의 팀이 아무도 바라지 않는 제품을 만들기 위해 1년을 낭비한 것 같습니다. 어떻게 된 것일까요?

1년 전에 이 기능을 개발했다면 좋았을 텐데요.
하지만 지금은 이 기능을 사용할 수 없습니다!

마이크: 뭐라고요?! 우리가 1년 동안이나 작업을 해왔어요. 지금 우리가 시간 낭비했다고 말하고 있는 거예요?

벤: 마이크가 여태까지 대체 왜 이 일을 했는지 모르겠군요. 지금 분명하게 말할 수 있는 건 이 기능을 사용할 고객이 **없다**는 것입니다.

마이크: 하지만 작년 콘퍼런스에서 우리가 발표했던 걸 생각해보세요. 우리가 상대했던 모든 고객은 사용자가 누구인지 정확히 알아내고 그들에 대해 직접 마케팅을 시작하고 싶어했어요.

벤: 맞습니다. 그런데 9개월 전, 고객사 중 세 곳이 사생활 침해에 관한 법률을 위반해서 기소되었습니다. 이제는 아무도 이 기능을 사용하려고 하지 않습니다.

마이크: 하지만... 이것은 대단한 혁신이라고요! 우리가 얼마나 많은 기술적인 문제를 해결해야 했는지 모를 거예요. 고급 고객 분석을 하려고 인공지능에 특화된 컨설팅 회사를 불러 지원을 받기까지 했어요.

벤: 이봐요, 마이크, 제가 무슨 말을 해야 할지 모르겠습니다. 코드를 다른 용도로 다시 사용할 수는 없습니까?

마이크: 우리가 살릴 수 있는 부분을 찾아봐야겠지요. 하지만 지금 당장 말할 수 있는 것은, 우리가 **코드를 뜯어낼 때마다 항상 버그도 따라다녀요.**

벤: 음. 이 일에 대해 좀 더 일찍 알았으면 좋았을 텐데.

이 이야기는 중요합니다! 버그의 주요 원인은 재작업을 하거나 이미 빌드된 코드를 다른 용도로 수정하는 것이랍니다.

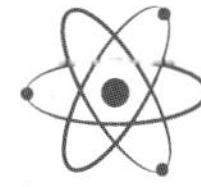

브레인 파워

애자일 팀이 변화에 대응하는 데 가치를 두지만 변경으로 인해 종종 재작업이 발생한다면, 재작업으로 인한 버그가 매번 발생하지 않도록 하기 위해 어떻게 해야 할까요?

애자일 선언문 이면의 원칙

애자일 선언문의 네 가지 가치는 애자일 마음가짐의 핵심을 나타내는 것입니다. 이 네 가지 가치는 '애자일하게 생각하는' 것이 무엇을 의미하는지에 대한 수준 높은 이해를 제공하지만, 이와 달리 모든 소프트웨어 팀이 해야 하는 일상적인 결정도 많습니다. 애자일 선언문의 네 가지 가치 외에 애자일 사고방식을 이해하는 데 도움이 되는 **12가지 원칙**이 있습니다.

애자일 소프트웨어 개발 선언

우리는 소프트웨어를 개발하고, 또 다른 사람의 개발을 도와주면서 소프트웨어 개발의 더 나은 방법들을 찾아가고 있다. 이 작업을 통해 우리는 다음을 가치 있게 여기게 되었다:

공정과 도구보다 **개인과 상호작용**을
포괄적인 문서보다 **작동하는 소프트웨어**를
계약 협상보다 **고객과의 협력**을
계획을 따르기보다 **변화에 대응하기**를

가치 있게 여긴다. 이 말은, 왼쪽에 있는 것들도 가치가 있지만, 우리는 오른쪽에 있는 것들에 더 높은 가치를 둔다는 것이다.

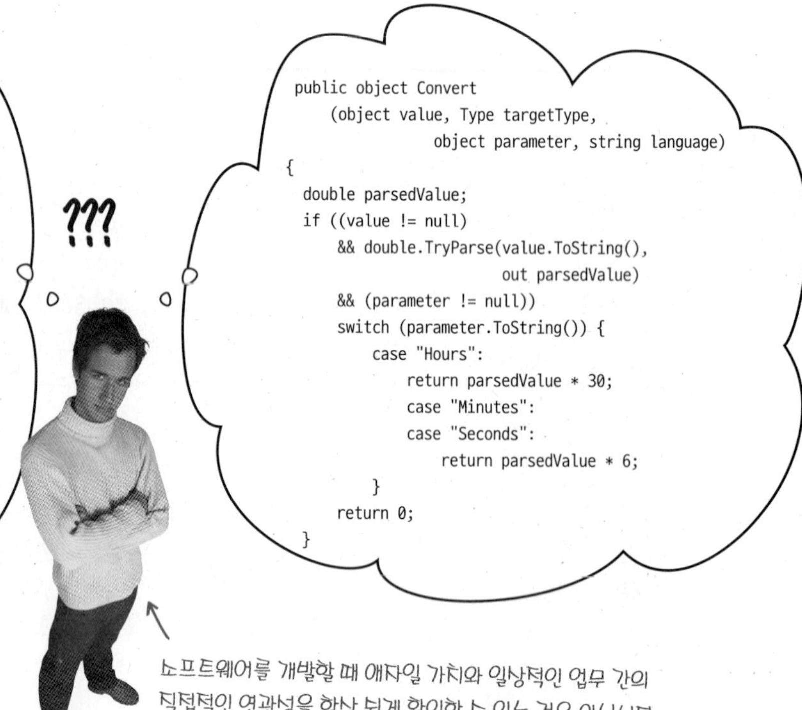

???
public object Convert
    (object value, Type targetType,
            object parameter, string language)
{
  double parsedValue;
  if ((value != null)
      && double.TryParse(value.ToString(),
                  out parsedValue)
      && (parameter != null))
      switch (parameter.ToString()) {
        case "Hours":
          return parsedValue * 30;
          case "Minutes":
          case "Seconds":
            return parsedValue * 6;
        }
      return 0;
  }

소프트웨어를 개발할 때 애자일 가치와 일상적인 업무 간의 직접적인 연관성을 항상 쉽게 확인할 수 있는 것은 아닙니다. 여기서 애자일 선언문 이면의 원칙이 나올 차례입니다.

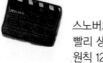

숨겨진 이야기

스노버드에 모인 그룹이 네 가지 가치는 매우 빨리 생각해냈지만, 애자일 선언문 이면의 원칙 12가지에 동의하기 위해 며칠간 깊은 토론을 벌였으며, 유타를 떠난 후에도 문구를 확정짓지 못했습니다. 처음 출시한 버전은 약간 다릅니다. 최종 버전은 다음 쪽 (또는 Agile Manifesto의 공식 웹사이트인 http://www.agilemanifesto.org)에 있습니다. 처음 몇 년 동안 문구는 약간씩 바뀌었지만, 12가지 원칙에 담긴 생각은 변하지 않았습니다.

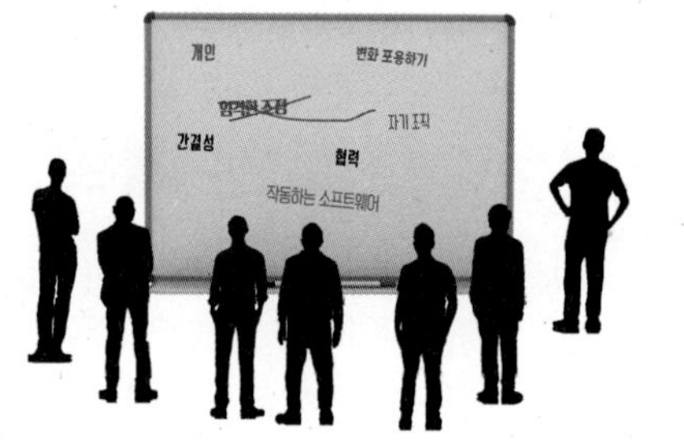

애자일 선언 이면의 원칙

우리는 다음 원칙을 따른다:

- 우리의 최우선 순위는 가치 있는 소프트웨어를 일찍 그리고 지속적으로 전달해서 고객을 만족시키는 것이다.
- 비록 개발의 후반부일지라도 요구사항 변경을 환영하라. 애자일 프로세스들은 변화를 활용해 고객의 경쟁력에 도움이 되게 한다.
- 작동하는 소프트웨어를 자주 전달하라. 두어 주에서 두어 개월의 간격으로 하되 더 짧은 기간을 선호하라.
- 비즈니스 쪽의 사람들과 개발자들은 프로젝트 전체에 걸쳐 날마다 함께 일해야 한다.
- 동기가 부여된 개인들 중심으로 프로젝트를 구성하라. 그들이 필요로 하는 환경과 지원을 주고 그들이 일을 끝내리라고 신뢰하라.
- 개발팀으로 또 개발팀 내부에서 정보를 전하는 가장 효율적이고 효과적인 방법은 면대면 대화이다.
- 작동하는 소프트웨어가 진척의 주된 척도이다.
- 애자일 프로세스들은 지속 가능한 개발을 장려한다. 스폰서, 개발자, 사용자는 일정한 속도를 계속 유지할 수 있어야 한다.
- 기술적 탁월성과 좋은 설계에 대한 지속적 관심이 기민함을 높인다.
- 단순성이 – 안 하는 일의 양을 최대화하는 기술이 – 필수적이다.
- 최고의 아키텍처, 요구사항, 설계는 자기 조직적인 팀에서 창발한다.
- 팀은 정기적으로 어떻게 더 효과적이 될지 숙고하고, 이에 따라 팀의 행동을 조율하고 조정한다.

애자일 원칙은 제품을 만들어내는 데 도움이 됩니다

처음 세 가지 원칙은 소프트웨어를 사용자에게 제공하는 것입니다. 가능한 한 최상의 소프트웨어를 제공하는 가장 효과적인 방법은 그것이 **가치 있는지** 확인하는 것입니다. 하지만 '가치'가 실제로 의미하는 것이 무엇입니까? 소프트웨어를 만들 때 사용자, 이해관계자 및 고객의 이익을 고려하려면 어떻게 해야 합니까? 처음 세 가지 원칙은 우리가 이런 상황을 이해하는 데 도움을 줍니다.

그 소프트웨어가 **무언가**를 제공하지만, 우리가 필요로 하는 것은 아닙니다.

사용자 및 고객과 협력하는 벤과 같은 제품 책임자는 그들이 소프트웨어에 바라는 것을 정말로 잘 이해합니다. 벤은 일반적으로 사용자가 실제로 사용하지 않을 기능을 찾아낼 수 있으며, 이런 일은 생각보다 훨씬 자주 일어납니다!

• 우리의 최우선 순위는, 가치 있는 소프트웨어를 일찍 그리고 지속적으로 전달해서 고객을 만족시키는 것이다.

그래서 이 문장이 정확히 무엇을 의미할까요? 빠른 전달과 지속적인 전달은 사용자의 만족을 증진한다는 뜻입니다.

조기 배포

가능한 한 일찍 소프트웨어의 첫 번째 버전을 사용자의 손에 넘김으로써 조기에 피드백을 얻을 수 있습니다.

지속적인 배포

\+ 사용자에게 개선된 버전을 지속적으로 제공하여, 사용자의 가장 중요한 문제를 해결하는 소프트웨어를 팀이 만들 수 있도록 사용자들이 도움을 줄 수 있습니다.

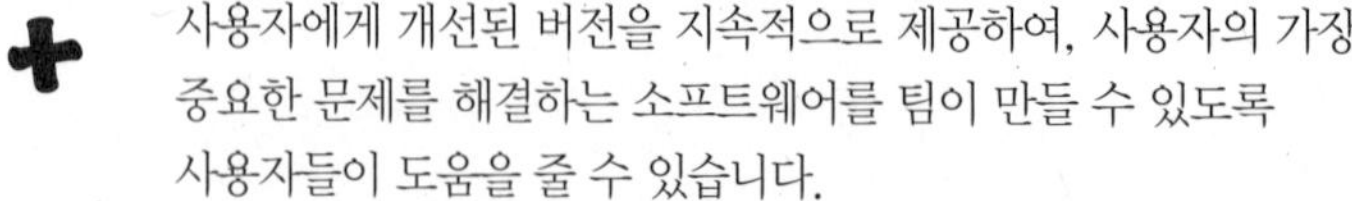

만족하는 사용자

= 사용자는 가장 중요한 기능이 먼저 추가되었는지를 확인하여 개발팀이 올바른 길을 가도록 도움을 줍니다.

하지만 우리는 이미 코드를 만들었어요! 이것을 변경하는 것은 **정말 끔찍**하다고요.

이것은 누군가가 코드를 크게 변경하자고 지적할 때 대부분 팀이 보이는 반응입니다. 이런 반응에도 일리가 있는 게, 좀 더 일찍 발견될 수도 있었던 변경 작업을 지금 와서 하려면 많은 작업을 해야 해서 변경 작업이 느리고 아주 성가신 일이 되기 때문입니다.

팀이 사용자, 이해관계자 및 고객에게 소프트웨어를 조기에 제공할 경우, 모든 사람이 <u>변경사항을 훨씬 쉽게 찾을</u> 수 있는 기회를 제공합니다.

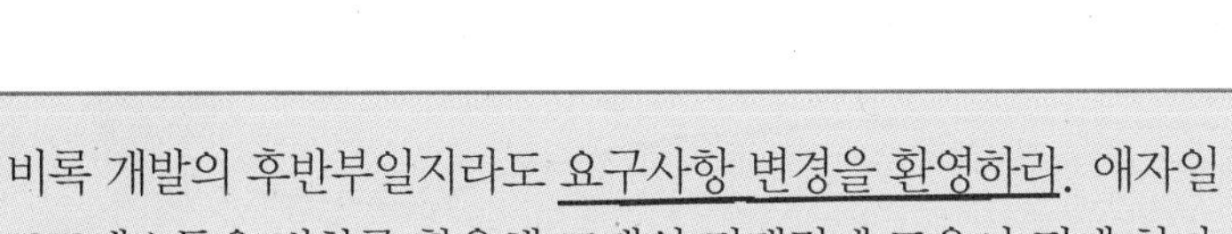

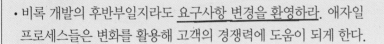

- 비록 개발의 후반부일지라도 <u>요구사항 변경을 환영하라</u>. 애자일 프로세스들은 변화를 활용해 고객의 경쟁력에 도움이 되게 한다.

많은 코드에 영향을 줄 수 있는 변경 작업이 필요하다고 누군가 지적한 경우 팀이 어떻게 반응할까요? 모든 개발자는 이런 경험을 겪어왔고, 이때는 (종종 어렵고) 많은 일을 해야 합니다. 그렇다면 팀의 반응은 어떨까요? 당연히 큰 변화에 저항할 것입니다. 그러나 팀이 이런 변화를 단순히 받아들이는 것이 아니라 **환영**할 수 있는 방법을 찾을 수 있다면, **개발팀의 짧은 성가심 대신 사용자의 장기적인 요구사항들을 받아들인다**는 것을 의미합니다.

'요구사항'은 소프트웨어가 수행해야 할 작업을 의미하지만, 때로는 사용자가 요구를 변경하거나 프로그래머가 필요한 것을 잘못 이해하면 요구사항 변경이 수반될 수 있습니다.

- 작동하는 소프트웨어를 자주 전달하라. 두어 주에서 두어 개월의 간격으로 하되 더 짧은 기간을 선호하라.
- 작동하는 소프트웨어가 진척의 주된 척도이다.

변경으로 인한 재작업에 대해 개발자가 저항하는 것이 비합리적인 반응은 아닙니다. 여러 달에 걸쳐 기능을 구현해도, 코드를 변경하는 작업은 느리고 고통스러우며 오류가 발생하기 쉬운 과정이 되기 쉽습니다. 팀이 **재작업**을 할 때(즉, 뭔가 새로운 기능으로 기존 코드를 변경하는 경우) 거의 항상 버그가 나타나고, 이때의 버그는 추적해서 고치기가 실제로 골치 아프고 어렵다는 것도 한 가지 이유입니다.

그렇다면 개발팀이 재작업을 피할 수 있는 방법은 없을까요? **사용자에게 작동하는 소프트웨어를 자주 제공**하면 됩니다. 개발팀이 유용하지 않거나 잘못된 기능을 만들었을 경우, 사용자가 이를 일찍 발견할 수 있고 많은 코드가 작성되기 전에 팀이 변경 작업을 수행할 수 있습니다. 또한 재작업을 방지하면 버그를 예방할 수도 있습니다.

개발팀이 변화하는 요구사항을 환영한다는 것은 실제로 이런 상황을 말합니다. 소프트웨어가 '가치 있다'라는 것이 무엇을 의미할까요?

이런 변화에는 많은 노력이 따르지만
이제 훨씬 더 **가치 있는** 소프트웨어가 되었습니다.

몇 주에 한 번씩은 사용자에게 소프트웨어를 제공할 예정이기 때문에, 앞으로는 **골치 아픈 상황**을 피할 수 있습니다.

이런 모든 것들이 **말로는** 좋게 들리지만, 애자일 원칙이 현업에서 정말 좋은 변화를 가져다줄 것 같지 않아요.

원칙이 실제로도 가장 중요합니다.

우리 대부분은 특정 시점에서 또는 여러 번에 걸쳐 어려움을 경험해본 팀에 있어봤고, 어려운 상황을 처리하는 가장 일반적인 방법으로 새로운 프랙티스를 채택합니다. 그러나 일부 팀에 실제로 잘 적용되는 프랙티스가, 다른 팀에는 극히 미미한 결과로 나타나기도 합니다(1장의 일일 스탠드업 미팅처럼요).

그렇다면 그럭저럭 결과를 얻는 팀과 실제로 훌륭한 결과를 얻는 팀의 차이점은 무엇일까요? 종종 팀의 마음가짐과 프랙티스를 수행할 때의 태도와 관련이 깊습니다. 이것이 바로 원칙에 관한 것입니다. 팀이 가능한 한 효과적으로 일할 수 있는 최상의 마음가짐을 찾도록 도와줍니다.

다음 쪽에서 예제를 살펴봅시다. ⟶

프랙티스 속의 원칙

애자일 선언 이면의 원칙 중 첫 번째 세 가지 원칙은 소프트웨어를 일찍 그리고 지속적으로 전달하며, 요구사항 변경을 적극적으로 받아들이고, 짧은 주기마다 작동하는 소프트웨어를 제공하는 것입니다. 그렇다면 팀이 실제로는 어떤 일을 해야 할까요? 반복(iteration)과 백로그(backlog)와 같은 훌륭한 프랙티스를 사용하면 됩니다.

반복 주기: 모든 프로젝트 활동을 반복적으로 수행하여 작동하는 소프트웨어를 지속적으로 제공합니다.

팀은 반복 주기를 시작할 때 어떤 기능을 만들지 함께 참여하여 계획을 세웁니다. 팀은 반복 주기에서 실제로 수행할 수 있는 일들만 포함하기 위해 노력합니다.

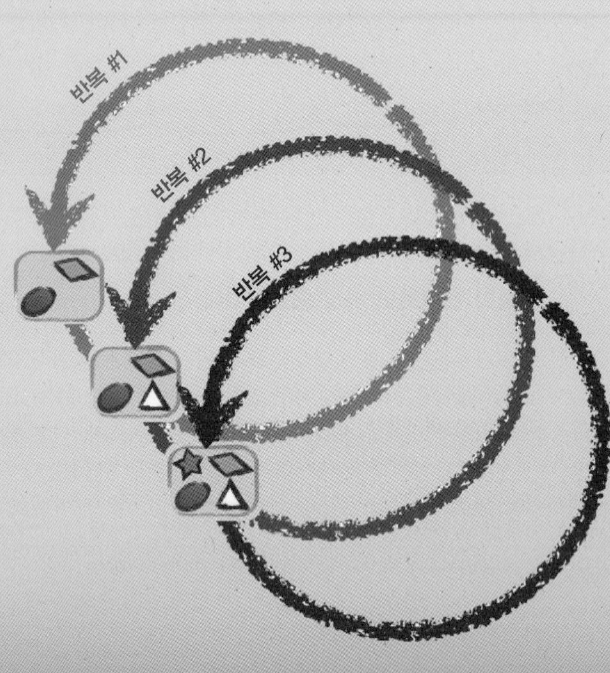

반복 주기에는 시간이 정해져 있기 때문에, 한 번의 반복 주기에 너무 많은 작업이 계획된 것을 발견하면, 기능을 다음 반복 주기에 할당해서 조율합니다.

사전 정의

시간이 정해진(Timeboxed), 형용사

마감일을 지키기 위해 해당 활동의 범위를 조정하는, 엄격한 마감 기한 설정

"팀은 요청된 모든 기능을 현재 **시간이 정해진** 반복 작업 내에 개발할 수 없어서, 가장 중요한 요청사항에 집중해서 작업했습니다."

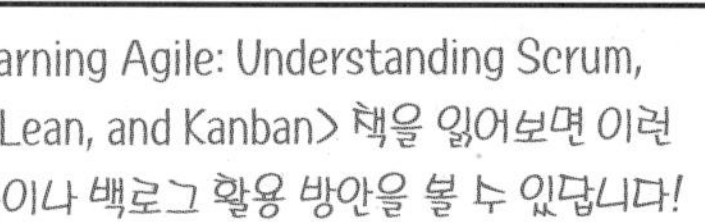

<Learning Agile: Understanding Scrum, XP, Lean, and Kanban> 책을 읽어보면 이런 반복이나 백로그 활용 방안을 볼 수 있답니다!

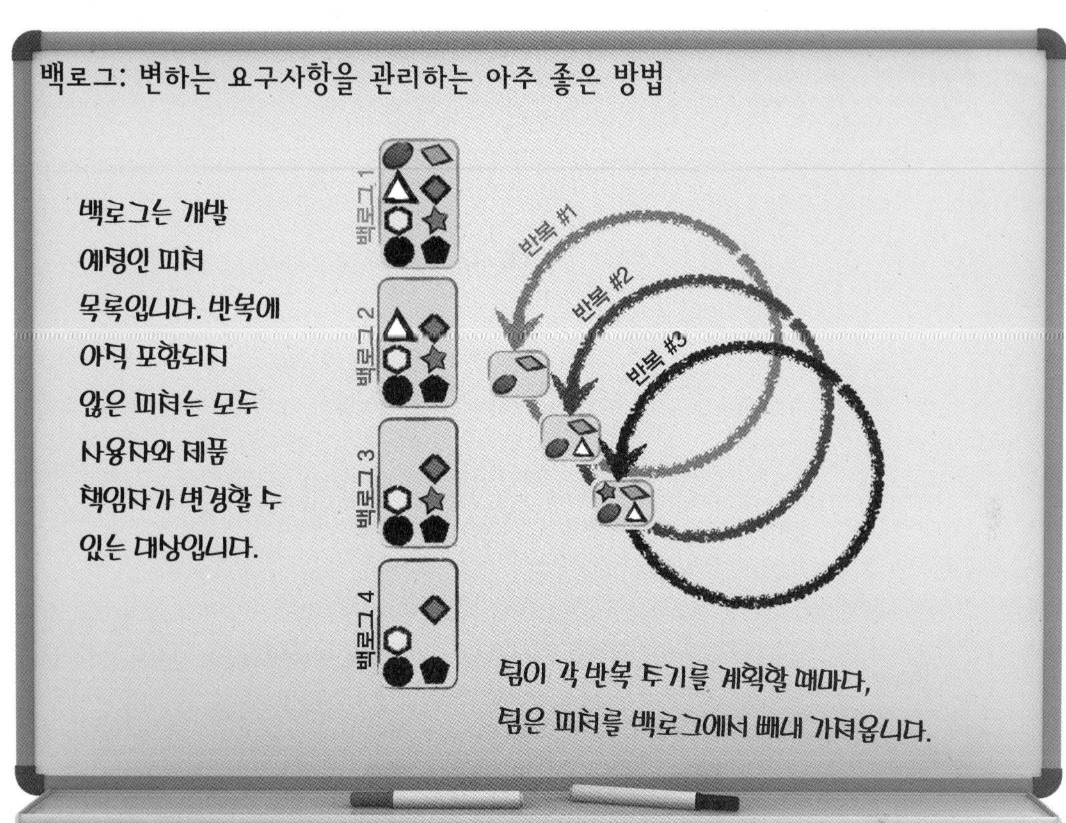

백로그: 변하는 요구사항을 관리하는 아주 좋은 방법
백로그는 개발 예정인 피처 목록입니다. 반복에 아직 포함되지 않은 피처는 모두 사용자와 제품 책임자가 변경할 수 있는 대상입니다.
백로그 1
백로그 2
백로그 3
백로그 4
반복 #1
반복 #2
반복 #3
팀이 각 반복 주기를 계획할 때마다,
팀은 피처를 백로그에서 빼내 가져옵니다.

저기, 잠깐만요!
스크럼 팀이 백로그를 초기에 사용하는 법에 대해 배웠잖아요.
그 말은 **스크럼 스프린트**가 **반복** 형식이라는 뜻인가요?

네! 스크럼은 반복적인 접근법을 사용합니다.

스프린트를 사용하는 스크럼 프랙티스는 작동하는 소프트웨어를 초기에 자주 완료하기 위해 팀이 실제로 반복을 어떻게 사용하는지 보여주는 대표적인 사례입니다. 스크럼 팀에는 사용자와 이해관계자의 니즈를 이해하기 위해 이들과 함께 일하는 제품 책임자가 있습니다. 모든 사람들은 작동하는 소프트웨어의 새 버전이 나올 때마다 더 많은 것을 알게 되고, 제품 책임자는 그 새로운 지식을 이용해 백로그에 피처를 추가하거나 제거합니다.

다음 장에서 스크럼에 대해 더 많은 이야기를 할 겁니다.

오늘 밤의 대화 손님: 프랙티스가 원칙을 만나다

원칙: 이 토론을 오랫동안 고대해왔습니다.

프랙티스: 토론할 게 많을지는 잘 모르겠습니다.

원칙: 이번에도 결국 '프랙티스 없이는 아무것도 얻을 수 없다'라는 이야기를 하려는 거죠?

프랙티스: 음, 인정해야죠. 꽤 좋은 지적이에요. 결국 제가 없다면 스크럼 같은 접근법이 가능이나 하겠습니까? 스프린트와 백로그, 회고, 스프린트 리뷰, 일일 스크럼 회의, 스프린트 계획 수립 세션, 그리고 뭐가 남았죠? 이런 것들 다 빼보세요. 혼돈뿐이죠!

원칙: 그런가요? 좋아요. 그럼 그 프랙티스들에 관해 잠깐 얘기해보죠. 예를 들어 일일 스크럼 같은...

프랙티스: 잠깐만요. 다음에 뭐라고 하실지 전 이미 알고 있어요. 팀이 원칙을 '이해'하지 못하면 일일 스크럼이 '그저 그런' 결과만 내놓는다는 거죠?

원칙: 넵! 일일 스크럼만이 아니에요. 반복에 대해서도 얘기해보죠.

프랙티스: 대단한 프랙티스죠. 대단히 감사합니다.

원칙: 정말로 그렇죠. 하지만 팀에 있는 사람들이 작동하는 소프트웨어를 자주 개발한다는 원칙을 정말로, 진정으로 믿지 않는다면 어떻게 될까요?

프랙티스: 그래도 여전히 반복은 있어야죠! 그리고 그거 아세요? 프랙티스를 추가하기 전보다는 훨씬 나을 거예요.

이건 정말이에요. 팀이 그 원칙을 제대로 이해하지 못해도 반복을 추가한 것만으로도 하나의 개선이라고 봐야죠. 많이는 아니지만 반복을 정당화할 만큼은 나아진 거죠.

원칙: 네. 하지만 그들이 정말로 **작동하는** 소프트웨어를 전달하나요? 아니면 반복이 끝나기 전에 문 밖으로 무언가 밀어내기 위해서 대충 하는 건가요? 이번 반복이 끝나지 않았다면 정말로 다음 반복까지 피처를 연기하나요? 아니면 프로젝트에 반복을 추가하는 것이 팀의 모든 사람들이 단지 '기계적인 일'을 하는 것 같은 기분이 들까요?

애자일을 하고 싶었지만 그저 그런 결과만 만든 팀에 있어본 적 있나요? 만약 그렇다면 이 내용은 여러분 자신의 경험을 상기시킬 수도 있겠네요.

프랙티스: 음, 그들은 최소한 자신들이 한 노력을 보여줄 무언가를 만들기는 할 거예요. 아주 적은 발전이라고 해도 없는 것보단 낫잖아요!

아래는 이 장에서 여러분이 본 단어의 뜻입니다. 각 정의가 속한 단어를 빈 칸에 채워보기 바랍니다.

____________________, 명사

팀이 기능을 달리 하기 위해 또는 다른 목적을 위해 이미 작성된 코드를 변경하는 작업으로, 버그가 유입될 수 있는 확률이 높아 팀에서는 위험한 일로 간주한다.

____________________, 형용사

완료해야 할 액티비티에 확실한 마감일을 설정하고, 그 마감일에 맞추기 위해 액티비티의 범위를 조정하는 것

____________________, 명사

팀이 향후에 개발할 피처 목록을 유지하기 위해 사용자, 고객, (그리고/또는) 이해관계자와 함께 협력하는 프랙티스로, 종종 가장 가치 있는 피처가 가장 높은 우선순위를 갖는다.

____________________, 명사(두 단어)

이전 단계를 개선하면서 얻은 지식을 이용해 단계별로 프로젝트 산출물(계획 등)을 개발하는 일

____________________, 형용사

팀이 프로젝트를 작게 나누어 수행하는 방법으로, 매번 마지막에 작동하는 소프트웨어를 전달하고, 가능하면 작동하는 소프트웨어로부터 얻은 피드백에 기반해 방향을 바꾼다.

____________________, 형용사

모델, 프로세스 또는 소프트웨어 개발을 위한 방법론의 일종으로, 전체 프로젝트를 시간 순서에 따른 단계로 나누며, 종종 변경사항이 프로젝트를 이전 단계로 돌아가게 만드는 변경 제어 프로세스를 포함하기도 한다.

→ 답은 67쪽에

바보 같은 질문은 없다

Q: 하나의 원칙이 하나의 프랙티스와 정확히 일치되나요? 일대일 대응 관계가 있나요?

A: 전혀 아니에요. 애자일 선언문의 처음 세 가지 원칙은 소프트웨어를 조기에 지속적으로 개발하고, 변하는 요구사항을 환영하고, 작동하는 소프트웨어를 자주 배포하라고 강조합니다. 그리고 우리는 여러분이 내용을 더 깊게 이해하는 것을 돕기 위해 두 가지 프랙티스(반복과 백로그)를 사용했습니다. 하지만 그렇다고 프랙티스와 원칙 사이에 일대일 대응 관계가 있다는 뜻은 아닙니다. 사실, 그 반대도 맞습니다. 프랙티스 없는 원칙이 있을 수 있고, 원칙 없는 프랙티스가 있을 수 있습니다.

Q: 그게 어떻게 되는지 이해가 잘 안 되네요. '원칙 없는 프랙티스'가 정확히 무슨 뜻인가요?

A: 팀이 애자일 원칙을 제대로 이해하거나 소화하지 않은 채 프랙티스를 실행하면 어떻게 될지, 다음과 같은 예가 있습니다. 스크럼 팀은 무엇이 잘됐고 무엇을 개선할 수 있는지 이야기할 수 있도록 각 스프린트의 마지막에 회고 회의를 합니다.

하지만 애자일 원칙의 마지막 원칙을 한번 보십시오.

> 팀은 정기적으로 어떻게 더 효과적이 될지 숙고하고, 이에 따라 팀의 행동을 조율하고 조정한다.

만약 팀이 이 아이디어를 제대로 이해하지 못했다면 어떻게 될까요? 그들은 스크럼 규칙이 그렇게 하라고 시키니까 회고 회의를 하겠죠. 아마도 그동안 발생했던 문제들에 대해 이야기를 나누고, 그렇게 해서 아주 조금씩 발전해 나갈 수도 있습니다.

문제는 새로운 회의가 무언가를 하더라도 '무의미한' 느낌이거나 불필요한 일처럼 느껴질 수 있다는 것입니다. 팀에 속한 사람들은 정말로 해야 하는 업무로부터 시간을 뺐긴다는 느낌을 갖습니다. 그들은 결국 이메일로 된 토론 주제 목록이나 위키 페이지 같은 좀 더 '효율적인' 것으로 대체하자고 이야기하기 시작합니다. 많은 팀들이 원칙 없이 프랙티스를 추가할 때 그런 경험을 합니다.

Q: 좋아요, 원칙에 대한 진정한 믿음 없이 프랙티스가 어떻게 있을 수 있는지 알 것 같아요. 하지만 프랙티스 없이 어떻게 원칙이 있을 수 있죠?

A: 수많은 사람들이 원칙 중심의 '애자일 마음가짐'이라는 아이디어를 처음 접하면 이 아이디어를 이해하는 데 약간 어려움을 겪습니다.

팀이 더 효과적으로 일하는 법을 반영하는 애자일 원칙을 매우 진지하게 받아들이면서도 그런 회상을 해볼 특정한 프랙티스가 없다면 어떨까요? 사실 그런 일은 아주 효과적인 애자일 팀에서 자주 일어나는 일입니다. 모든 사람들이 자주 회상한다는 마음가짐을 갖고 있어서, 어떤 사람이 프로젝트가 어떻게 진행돼 왔는지 그리고 필요한 수정 작업을 해야 할 때라는 생각이 들면, 그 사람은 보통 다른 몇 명의 팀원을 모아 비공식적인 회고를 합니다. 만약 좋은 생각이 나오면 그것에 관해 이야기하고 필요한 수정 작업을 합니다. 스크럼과 같이 매우 상세하게 기술된 규칙을 가진 프레임워크에 익숙한 팀에게는 그 일이 정신 없고, 혼란스럽거나 '느슨'하다는 느낌이 듭니다. 그래서 팀들은 프랙티스를 가지고 표준화하기를 선호합니다. 그래야 모든 사람들이 보편적인 기본 규칙을 갖게 되니까요.

Q: 47쪽 밑부분에서 '제품 책임자'를 왜 강조했나요?

A: '제품 책임자'라는 직책을 가진 사람은 많지만, 앞에서 강조했던 제품 책임자는 스크럼 규칙에 상세히 기술된 책임을 가진 특정한 역할을 지칭하기 때문입니다. 그 부분에 대해서는 다음 장에서 더 배울 것입니다.

팀이 올바른 원칙 중심의 마음가짐이 결여된 상태에서 프랙티스를 수용하면, 하기 싫은 일을 마지못해 하는 것처럼 '무의미한' 느낌이거나 쓸데없는 일처럼 느껴져서 노력이 덜 드는 대안을 찾기 시작합니다.

우아~ 케이트!
이제 프로젝트에 대한 느낌이 훨씬 좋은데요. 새로운 빌드가 있을 때마다 **팀이 정확히 얼만큼 진척**을 보이는지 볼 수 있네요.

그렇지만 일의 진행 상황에서 아직 신경 쓰이는 부분이 있어요.

벤: 일이 잘 되고 있어서 기분 좋은데 그렇게 좀 부정적이지 않았으면 해요. 이제 말해봐요. 나쁜 소식이 뭔가요?

케이트: 부정적이고 싶은 것은 아니에요. 오히려 반복을 사용하기 시작한 후 우리가 이룬 성과에 대해 저도 정말 기뻐하고 있어요.

벤: 그렇죠! 초기에 완료한 것들을 가지고 사용자들에게 갔더니, 우리가 그다지 재작업을 많이 하지 않고도 조기에 수정할 수 있는 모든 종류의 변경사항들을 생각해내더라고요.

케이트: 네, 대단한거죠. 그런데 아직 문제가 있긴 해요.

벤: 예를 들면요?

케이트: 어, 지난 주 수요일에 했던 회의요. 문서화 때문에 오후 내내 싸웠잖아요.

벤: 왜 그 얘기를 다시 꺼내고 그래요? 케이트하고 마이크는 무엇을 만들지에 관해 아주 사소한 세부사항까지 담은 명세서를 계속 요구하네요.

케이트: 네, 왜냐하면 그래야 제가 팀이 프로젝트 계획 수립하는 걸 도와줄 수 있고, 마이크와 팀은 정확히 무엇을 만들지 알죠.

벤: 하지만 그렇게 간단하지 않아요! 이런 명세서는 정말 문서로 작성하기 힘들어요. 그리고 하나의 반복에 대한 명세서를 쓰더라도 진짜 길어질 거예요.

케이트: 이봐요, 팀이 알맞은 소프트웨어를 만들게 할 수 있는 더 좋은 방법이 당신한테 있다면 저도 듣고 싶군요.

브레인 파워

수많은 팀들은 매우 상세한 명세서를 작성하고 읽느라 고생합니다. 사용자가 팀이 정확히 무엇을 만들어줬으면 하는지 또는 제품 책임자가 팀을 이해시키는 데 도움이 되는 더 효과적인 방법을, 여러분은 생각해낼 수 있습니까?

애자일 원칙은 팀의 의사소통과 협력에 도움이 됩니다

요즘 소프트웨어는 팀이 만듭니다. 그런데 어느 팀이나 개인이 정말로 중요하죠. 하지만 팀은 모든 사람들이 함께 일할 때 최고로 일을 잘합니다. 즉, 개발자들은 개발자들끼리만 같이 일하는 것이 아니라 사용자, 고객, 이해관계자하고도 작업한다는 의미입니다. 다음 원칙이 바로 이 부분에 관한 것입니다.

- 비즈니스 쪽의 사람들과 개발자들은 프로젝트 전체에 걸쳐 날마다 함께 일해야 한다.
- 동기가 부여된 개인들 중심으로 프로젝트를 구성하라. 그들이 필요로 하는 환경과 지원을 주고 그들이 일을 끝내리라고 신뢰하라.

개발자들이 사용자와의 회의를 무서워하거나 싫어하는 경우는 매우 흔합니다. 그런 회의에서는 자주 변경사항이 생기는데, 이런 변경사항은 어렵고 맥이 빠지는 재작업으로 이어지기 때문입니다. 하지만 팀의 마음가짐이 좀 더 애자일 마음가짐으로 발전하면, **사용자들과의 회의**가 두 그룹을 화합하게 해주고 실제로 변경사항을 방지해준다는 것을 알게 됩니다.

사용자들과 **더 자주** 만나라고요?! 하지만 그 사람들은 항상 바꾸라고만 하잖아요!

더 발전된 애자일 마음가짐은, 사용자와 협력하면 변경사항이 생기는 것을 방지할 수 있다는 것을 마이크가 알아차리는 데 도움을 줍니다.

팀에 속한 사람들이 **동기부여**가 돼 있을 때 팀은 최고의 작업을 수행합니다. 안타깝게도 우리 주변에는 그런 훌륭한 동기부여를 다 쥐어짜버리기로 작정한 것 같은 상사나 동료가 있죠. 사람들은 실수가 심각한 결과를 초래하지 않는다는 확신이 없다면, 정말 오래 일해야 한다는 압박감을 느끼면서 자신들의 업무에 신뢰를 얻지 못한다고 생각할 수밖에 없고, 결과적으로 작업의 양과 질이 곤두박질칩니다. 좀 더 발전된 애자일 마음가짐을 가진 팀은 모든 사람들이 신뢰를 얻고 있으며 좋은 작업 환경이 주어진다고 생각할 때 훨씬 더 좋은 결과를 만들어낼 수 있습니다.

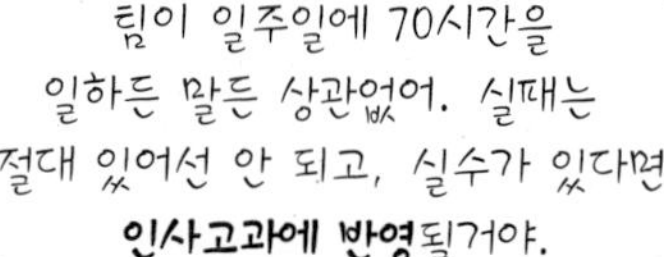

팀이 일주일에 70시간을
일하든 말든 상관없어. 실패는
절대 있어선 안 되고, 실수가 있다면
인사고과에 반영될거야.

이것이 바로 팀 전체의 사기를 떨어뜨리고 형편없는 작업을 하게 만드는 아주 좋은 방법이죠. 벤은 심지어 상사도 아닌데 말이죠! 그럼에도 그는 여전히 주변 사람들에게 공포와 불신이라는 환경을 조성할 수 있습니다.

- 개발팀으로, 또 개발팀 내부에서 정보를 전하는 가장 효율적이고 효과적인 방법은 면대면 대화이다.

우리 솔직해지죠. 새 기계를 샀다고 매뉴얼에 있는 모든 단어를 항상 다 읽는 건 아니잖아요. 그런데 우린 왜 사람들이 명세서를 그렇게 다 읽을 거라고 생각하죠?

워터폴 팀은 주로 요구사항 명세서를 먼저 만들고 나서 그 요구사항에 기반해 소프트웨어를 설계합니다. 문제는 세 사람이 똑같은 명세서를 읽어도 팀이 무엇을 만들어야 하는지에 대해 완전히 다른 세 개의 아이디어가 나올 수 있다는 겁니다. 그렇게 되면 좀 당혹스럽겠죠. 명세서라는 게 모든 사람들이 똑같은 생각을 할 수 있도록 충분히 정확해야 하는 것 아닌가요?

실제로는 거기에 두 가지 문제가 있습니다. 기술적인 자료를 작성하기는 힘들고, 읽기는 더 힘들다는 거죠. 그 명세서를 쓴 사람이 무엇을 만들어야 하는지 완벽하게 설명해도 (그런 경우는 거의 없지만), 그 명세서를 읽는 사람들은 매우 다르게 해석합니다. 그렇다면 이 문제를 어떻게 해결해야 할까요?

그 대답은 놀랍게도 간단합니다. **면대면 대화**(face-to-face conversation)입니다. 팀이 함께 모여서 무엇을 만들지에 대해 대화하는 것은 무엇을 구축해야 하는지를 포함해 현 상황이나 아이디어 및 다른 정보까지 정확히 의사소통할 수 있는 정말로 가장 효율적이고 효과적인 방법입니다.

바보 같은 질문은 없다

Q: 사기가 저하되면 사람들이 일부러 일을 제대로 하지 않는다고 말씀하시는 건가요?

A: 아니오. 일부러는 아닙니다. 하지만 의욕이 저하된 환경에 있다 보면 정신적으로 아주 힘든 태스크에 대해 소프트웨어 팀이 혁신적이고 창의적으로 작업하기는 매우 어렵습니다. 또한 팀의 사기를 떨어뜨리기는 놀랍게도 아주 쉽습니다. 여러분이 하는 일에 대한 신뢰를 얻지 못하고 실수를 했을 때(모든 사람들은 실수를 합니다!) 심하게 처벌받거나 공개적으로 창피를 당하거나, 여러분이 제어하거나 기여할 수 없는 비이성적인 마감일 때문에 책임을 지게 된다면 의욕이 떨어질 수밖에 없습니다. 이 모든 것들은 소프트웨어 팀이 일을 질질 끌고 생산성을 훨씬 떨어뜨리게 하며, 지금까지 반복적으로 나타났던 일입니다.

Q: 잠시만요, 실수에 관해 말씀하신 걸로 돌아가봐요. 변화를 환영하라는 얘기를 해왔잖아요. 하지만 당신이 변경을 한다는 건 누군가 그 전에 실수를 해서 이제 그것을 바꾼다는 뜻 아닌가요?

A: 실수를 변화라고 생각하는 건 위험해요. 특히 반복을 사용할 때는 말이죠. 많은 경우에 모든 팀원과 사용자 그리고 이해관계자들은 모두 소프트웨어가 무언가를 하기 위해 만들어져야 한다는 데 동의하지만, 사용자가 반복의 마지막에 작동하는 소프트웨어를 사용해 보면 바꿀 것이 있다는 것을 깨닫게 됩니다. 그들이 이전에 실수를 해서가 아니라, 반복이 시작될 때는 없던 정보를 이제는 갖게 돼서죠. 그게 바로 소프트웨어를 개발하는 정말로 효과적인 방법입니다. 하지만 그건 사람들이 변화를 만드는 걸 편하게 생각하고 그걸 실수라고 보지 않으며 그런 변화를 찾아낸 사람을 '비난'하지 않을 때만 효과가 있습니다.

Q: 명세서는 의사소통에만 필요한 것은 아니잖아요? 나중에 그 명세서를 다시 참조해야 할 경우에는 어떡하죠? 아니면 여러 사람들에게 배포해야 할 경우는요?

A: 물론 그렇죠. 문서로 작성하는 데는 그만한 이유가 있습니다. 그리고 그게 바로 애자일 팀이 포괄적인 문서를 가치 있게 여기는 이유입니다. 그들은 단지 작동하는 소프트웨어에 좀 더 가치를 둘 뿐입니다.

그래도 한 가지 기억해두어야 할 것은, 소프트웨어 명세서가 나중에 참고용으로 쓰거나 소프트웨어 팀 외에도 많은 사람들에게 배포하기 위한 목적에 딱 맞는 문서는 아닐 수도 있다는 점입니다. 문서화는 작업을 완료하기 위한 도구이며, 여러분은 항상 그 일에 알맞은 도구를 사용하기를 원하겠죠. 팀이 소프트웨어를 개발하기 위해 필요한 정보는 사용자나 관리자가 필요한 정보와는 달라서, 그 두 가지 목적을 모두 달성할 문서를 만들려고 하다 보면 둘 다 제대로 안 될지도 모릅니다.

Q: 저기요, 이 장이 거의 끝나가는 것 같은데, 아직 12개의 원칙을 다 다루지 못했네요! 왜 다 다루지 않았나요?

A: 애자일 원칙은 팀이 한 번에 배우고 바로 사용할 수 있는 그런 독립된 주제가 아닙니다. 이 원칙은 여러분이 소프트웨어를 구축하기 위해 협력하는 방식에 대해 애자일 팀이 어떻게 생각하는지 이해하는 데 도움이 되기 때문에 중요합니다.

우리가 다음 장에서 방법론으로 주제를 옮기더라도 애자일 마음가짐, 가치 또는 원칙에 대한 이야기를 그만두지는 않습니다. 계속 다시 그 주제로 돌아갈 거예요. 왜냐하면 그것들은 여러분이 방법론(예를 들어, 스크럼 팀은 자기 조직을 만들고, XP 팀은 단순함을 가치 있게 여깁니다)을 이해하는 데 도움이 되기 때문이죠.

핵심정리

- 소프트웨어는 사용자, 고객, 또는 이해관계자가 원하는 일을 할 때 **가치가 있습니다.**
- 소프트웨어를 가치 있게 만들려면 팀은 사용자에게 **초기** 버전을 배포한 후 **지속적으로** 배포해야 합니다.
- 애자일 팀은 **변화하는 요구사항을 환영**하고 변경사항을 일찍 알면 재작업을 방지해줍니다.
- 일찍 변경사항을 찾는 최고의 방법은 **사용자에게 작동하는 소프트웨어를 자주 배포**하는 것입니다.
- 문서는 도움이 되지만 정보를 전달하는 가장 효과적인 방법은 **면대면 대화**입니다.
- 애자일 팀의 개발자들은 사용자와 이해관계자를 포함한 **비즈니스 쪽 사람들과 매일 함께 일을 합니다.**
- **반복**은 소프트웨어를 정해진 시간마다 지속적인 산출물로 만들어내는 프랙티스입니다.
- **백로그**는 팀이 향후 반복에서 개발할 피처의 목록을 유지하기 위한 프랙티스입니다.

스크럼 팀은 실제로 두 개의 백로그를 유지합니다. 현재의 스프린트를 위한 것과 전체 제품을 위한 것입니다.

이 부분에 대해서는 다음 장에서 더 많이 배우게 될 것입니다.

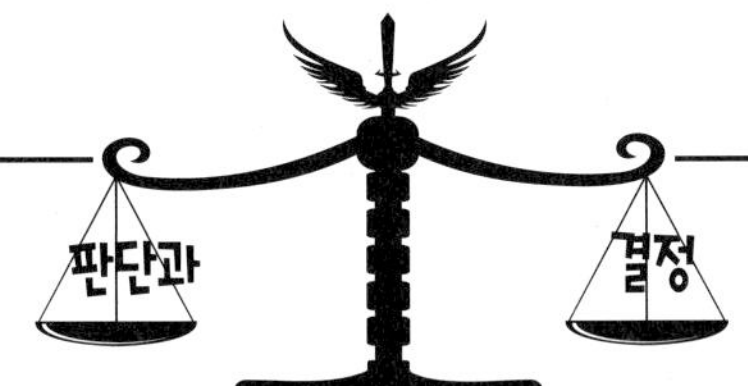

좀 더 발전된 애자일 마음가짐을 갖기가 항상 쉽지는 않습니다! 가끔 그런 마음가짐을 갖기도 하지만 어떤 때는 조금 노력이 필요합니다. 아래는 마이크, 케이트, 벤의 대화를 우연히 들은 내용입니다. 각 말풍선을 **호환** 또는 **비호환**으로 연결한 후 호환되거나 비호환되는 애자일 원칙으로 연결하십시오.

호환

왜 저한테 질문하시죠? 사용자가 요청한 것은 모두 명세서에 이미 적었는데요.

비호환

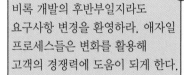

호환

방금 알게 됐는데요, 사용자 규모를 계산하는 알고리즘이 안 되네요. 다음 반복 주기로 연기해야겠어요.

비호환

호환

알겠어요. 그런데 어떤 멍청이가 이렇게 버그 많은 스파게티 코드를 만들었죠? 우리가 일정에 뒤쳐지는 건 당신 때문이라고요.

비호환

호환

저는 가장 최근에 만든 걸 돌려보고 있는데, 그 분석 피처 작업은 훨씬 진전이 있을 것으로 생각했어요. 혹시 제가 모르는 문제가 있나요?

비호환

작동하는 소프트웨어가 진척의 주된 척도이다.

비록 개발의 후반부일지라도 요구사항 변경을 환영하라. 애자일 프로세스들은 변화를 활용해 고객의 경쟁력에 도움이 되게 한다.

작동하는 소프트웨어를 자주 전달하라. 두어 주에서 두어 개월의 간격으로 하되 더 짧은 기간을 선호하라.

동기가 부여된 개인들 중심으로 프로젝트를 구성하라. 그들이 필요로 하는 환경과 지원을 주고 그들이 일을 끝내리라고 신뢰하라.

답은 68쪽에

새 제품이 대박났어요!

케이트와 마이크는 대단한 제품을 완성했고 엄청난 성공을 거뒀습니다.

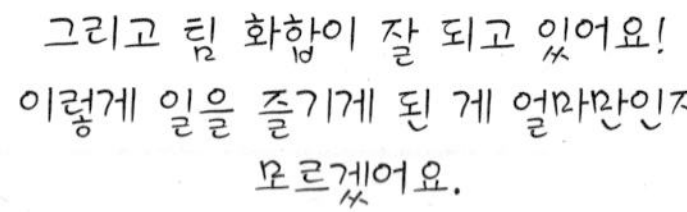

CEO한테 온 이메일 봤어요? 판매가 급등하는데, 그게 다 우리가 추가한 새로운 피처 덕분이래요.

그리고 팀 화합이 잘 되고 있어요! 이렇게 일을 즐기게 된 게 얼마만인지 모르겠어요.

사실 그 제품이 너무 잘돼서 벤은 모든 사람들이 듣고 싶어하는 환상적인 소식을 가져왔습니다. 팀 모두가 참 잘했어요!

최근 판매 덕분에 이번에 우리는 새로 벤처 캐피탈의 투자를 받게 됐어요, 그 말은 **모두가 보너스**를 받는다는 거죠!

마인드셋 크로스

애자일 가치와 원칙을 얼마나 제대로 이해하고 있는지 확인해보세요. 앞 장을 넘겨보지 않고도 이 문제를 풀 수 있을까요?

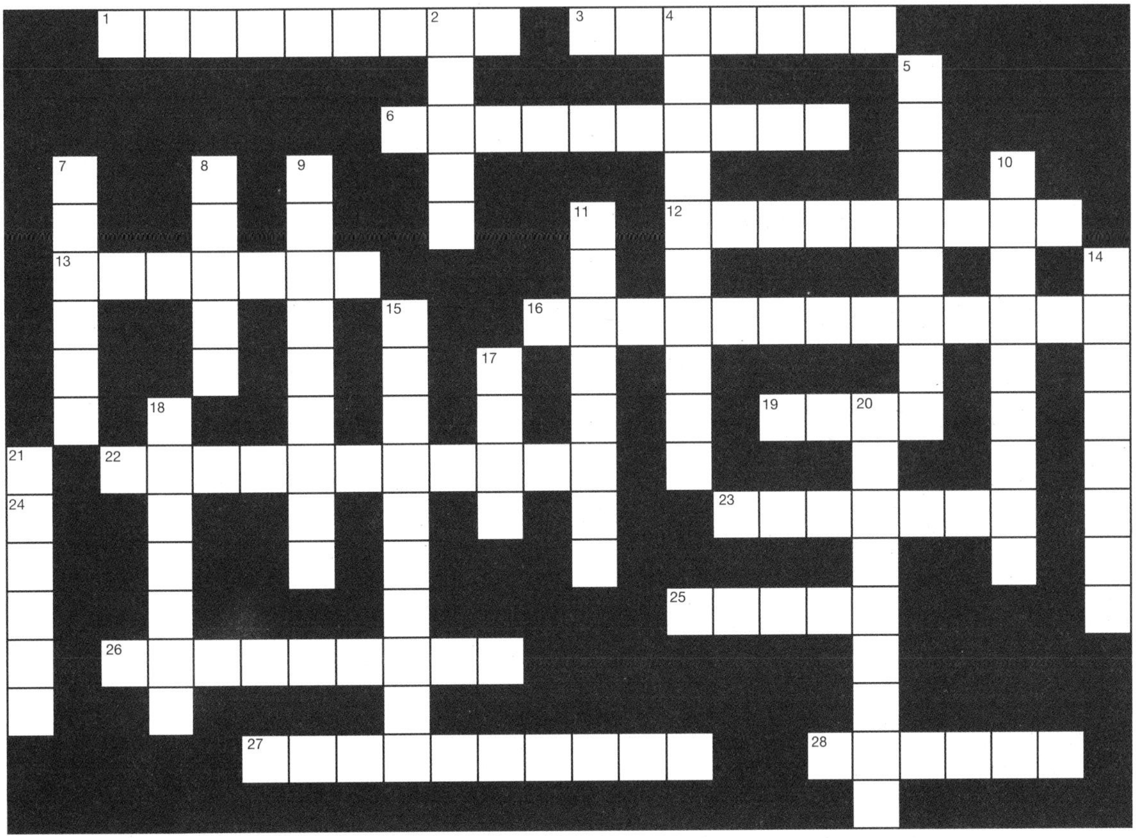

가로

1. 마감일이 정해지고 범위가 그 마감일에 맞춰 수정되는 것
3. 변화하는 요구사항을 관리하는 훌륭한 방법
6. 배포 주기
12. 팀이 반복적으로 모든 프로젝트 액티비티를 작업하는 것
13. 팀이 회고 이후에 자신들의 행동에 하는 것
16. 복잡한 요구사항과 아이디어를 의사소통하는 효과적인 방법
19. 소프트웨어를 개발하는 단 한 가지 '______' 방법은 없다.
22. 고객과 하는 것
23. 동기부여가 된 팀을 원한다면 이것 때문에 처벌받지 말아야 한다.
24. 비즈니스 쪽 사람들과 개발자가 매일 함께 해야 하는 것
25. 작업을 완료하는 데 도움이 되므로 애자일 팀에게 매우 유용한 것
26. 정기적인 ______에서 팀은 더 효과적이 되는 방법에 대해 생각해본다.
27. 정보를 전달하는 가장 효과적이고 효율적인 방법
28. 여러분이 관심을 가질 때 팀은 최선을 다한다.

세로

2. 소프트웨어를 배포하는 시점
4. 애자일 팀이 달성하려는 배포 형식
5. 모든 작업을 시작하기 전에 확실한 동의를 필요로 하는, 고객과 다른 팀을 향한 관점
7. 애자일 팀이 적극적으로 대응하는 것
8. 작업을 완료하기 위해 팀을 ______해야 한다.
9. 전통적인, 소프트웨어를 개발하는 덜 효과적인 방법
10. 프로젝트를 개발할 때 함께 해야 하는 사람들의 특성
11. 작동하는 소프트웨어는 ______의 주된 척도이다.
14. 애자일 선언문의 원작자가 함께 모였던 곳
15. 공포 분위기를 조성하면 팀에게 생기는 변화
17. 애자일 팀도 여전히 이것을 따른다.
18. 매 반복 주기의 마지막에 배포해야 하는 소프트웨어
20. 애자일 팀에게 가장 높은 우선순위를 가진 사용자
21. 가능하면 이것은 피하라.

답은 69쪽에

시험 문제

이 실전 문제는 여러분이 이 장의 내용을 복습하는 데 도움이 됩니다. 여러분이 혹시 PMI-ACP 인증 시험 준비로 이 책을 사용하는 것이 아니더라도 문제에 대한 답을 생각해보는 것은 도움이 됩니다. 문제 푸는 것은 여러분이 알고 있는 것과 모르는 것을 알아보는 좋은 방법으로, 여러분의 뇌에 학습 내용을 좀 더 빠르게 입력할 수 있습니다.

1. **여러분은 임베디드 시스템의 네트워크 펌웨어를 개발하는 팀의 프로젝트 관리자입니다. 당신은 비즈니스 사용자와 고객으로 구성된 매우 기술적인 그룹에게, 컨트롤 패널 인터페이스를 위해 팀이 그동안 작업해온 최근 버전의 코드를 시연하려고 회의를 소집했습니다. 이렇게 시연을 하기 위해 회의를 소집한 것이 다섯 번째입니다. 그리고 다섯 번째로 사용자와 고객은 특정 사항에 대한 변경을 요청했습니다. 팀은 이제 여섯 번째 버전으로 돌아가서 프로세스를 반복할 예정입니다. 이 상황을 가장 잘 설명하는 것은 다음 중 어느 것입니까?**

   A. 팀은 요구사항을 제대로 이해하지 못했다.

   B. 사용자와 고객은 자신들이 원하는 바가 무엇인지 모른다.

   C. 프로젝트는 변경 제어와 요구사항 관리 프랙티스를 더 잘 해야 한다.

   D. 팀은 가치를 조기에 지속적으로 전달하고 있다.

2. **다음 중 스크럼 역할이 아닌 것은?**

   A. 스크럼 마스터

   B. 팀원

   C. 프로젝트 관리자

   D. 제품 책임자

3. **호아킨은 개발자고, 그의 소프트웨어 팀은 애자일을 적용하는 중입니다. 프로젝트 사용자 중 한 명이 새로운 피처에 대해 자신이 원하는 바를 정확히 설명한 간단한 명세서를 작성했고, 호아킨의 관리자는 호아킨에게 그 작업을 지시했습니다. 호아킨이 다음으로 해야 할 일은 무엇입니까?**

   A. 사용자와의 회의를 요청한다. 왜냐하면 애자일 팀은 면대면 대화가 가장 효율적이고 효과적인 정보 전달 방법이라고 알고 있기 때문이다.

   B. 명세서를 읽는다.

   C. 애자일 팀은 포괄적인 문서보다 고객과의 협업에 더 가치를 두기 때문에 명세서는 무시한다.

   D. 팀의 가장 높은 우선순위는 가치 있는 소프트웨어의 조기 배포를 통해 고객을 만족시키는 것이므로 바로 코드 작성을 시작한다.

4. **다음 중 작동하는 소프트웨어에 대해 맞는 것은?**

   A. 사용자가 소프트웨어에 필요한 것을 한다.

   B. 명세서에 있는 요구사항에 부응한다.

   C. A와 B 모두

   D. A와 B 모두 아니다.

시험 문제

5. 다음 중 애자일 선언문을 가장 잘 나타낸 문장은?

   A. 선언문은 소프트웨어를 개발하는 가장 효과적인 방법에 대한 개요다.
   B. 수많은 애자일 팀이 사용하는 프랙티스를 담고 있다.
   C. 애자일 마음가짐을 확립하는 가치를 담고 있다.
   D. 소프트웨어 개발을 위한 규칙을 정의한다.

6. 스크럼 프로젝트는 다음으로 세분화됩니다.

   A. 단계
   B. 스프린트
   C. 마일스톤
   D. 연동 계획(Rolling wave planning)

7. 여러분은 기업 고객의 개인 웹사이트에 새로운 피처를 만드는 프로젝트에서 일하고 있는 소셜 미디어 회사의 개발자입니다. 호스팅 전략을 파악하기 위해 회사의 네트워크 엔지니어들과 협력하면서, 그 엔지니어들이 웹사이트를 관리하는 데 사용할 서비스와 도구를 만들어야 합니다. 네트워크 엔지니어들은 개발자 네트워크에서 내부적으로 모든 서비스를 호스팅하기 원하지만, 여러분을 포함한 팀원들은 거기에 동의하지 않으며, 서비스는 고객의 네트워크에서 호스팅되어야 한다고 생각합니다. 모든 사람들이 합의를 도출하려고 노력하는 동안 그 프로젝트는 중단되었습니다. 다음 중 이 상황에 가장 잘 적용될 수 있는 애자일 가치는 무엇일까요?

   A. 공정(프로세스)과 도구보다 개인과 상호작용 우선
   B. 포괄적인 문서보다 작동하는 소프트웨어 우선
   C. 계약 협상보다 고객과의 협력 우선
   D. 계획을 따르기보다는 변화에 대응하기 우선

8. 도널드는 요구사항 단계로 시작해서 설계 단계로 이어지는, 각 프로젝트를 단계별로 따르는 팀의 프로젝트 관리자입니다. 어떤 작업은 요구사항과 설계가 완료되기 전에 시작할 수 있었지만, 팀은 보통 그 단계들이 모두 완료될 때까지 어떠한 작업도 완료할 생각을 하지 않습니다. 도널드의 프로젝트를 가장 잘 설명한 용어는 무엇입니까?

   A. 반복적인
   B. 연동 계획
   C. 워터폴
   D. 스크럼

시험 문제

9. 키스는 소프트웨어 팀의 관리자입니다. 그는 실수를 절대 용납하지 않겠다고 선언했습니다. 한 개발자가 복잡한 문제를 해결할 가능성이 있는 접근법을 테스트하기 위해, 개념 증명 코드를 만드는 데 몇 시간을 소비했습니다. 그가 마침내 그 접근법이 효과가 없다는 것을 실행해보고 알아냈을 때, 키스는 팀 전체 앞에서 그에게 소리를 질렀고 만약 그런 일을 두 번 다시 한다면 해고해버리겠다고 위협했습니다. 다음 애자일 원칙 중 이 상황에 가장 잘 적용 가능한 것은 무엇입니까?

A. 개발팀으로, 또 개발팀 내부에서 정보를 전하는 가장 효율적이고 효과적인 방법은 면대면 대화이다.

B. 동기가 부여된 개인들 중심으로 프로젝트를 구성하라. 그들이 필요로 하는 환경과 지원을 주고 그들이 일을 끝내리라고 신뢰하라.

C. 우리의 최우선 순위는, 가치 있는 소프트웨어를 일찍 그리고 지속적으로 전달해서 고객을 만족시키는 것이다.

D. 기술적 탁월성과 좋은 설계에 대한 지속적 관심이 기민함을 높인다.

10. 애자일 팀에게 가장 높은 우선순위는 다음 중 어느 것입니까?

A. 안 하는 일의 양을 최대화하기

B. 가치 있는 소프트웨어를 조기에 자주 배포해서 고객 만족시키기

C. 변화하는 요구사항을 개발 후반부라도 환영하기

D. 효과적으로 프로젝트를 계획하기 위해 반복 사용하기

11. 다음 중 일일 스탠드업에 관해 맞는 말이 아닌 것은?

A. 모든 사람들이 회의 시간 내내 서서 시간을 짧게 유지한다.

B. 현황 회의와 동일한 것이다.

C. 모든 사람들이 서로의 이야기를 들을 때 가장 효과적이다.

D. 모든 팀원이 프로젝트 계획을 수립하는 데 참여할 수 있는 기회다.

12. 다음 중 단순함을 존중하는 애자일 마음가짐을 가장 잘 설명한 것은?

A. 안 하는 일의 양을 최대화하기

B. 가치 있는 소프트웨어를 조기에 자주 배포해서 고객 만족시키기

C. 변화하는 요구사항을 개발 후반부라도 환영하기

D. 효과적으로 프로젝트를 계획하기 위해 반복 사용하기

13. 에이자는 애자일을 이제 막 적용한 팀의 프로젝트 관리자입니다. 그들이 일하는 방식에 대한 첫 번째 변화는 일일 스탠드업 회의를 하기 시작한 것입니다. 몇몇 팀원들이 에이자에게 다가와 자신들은 참석하기 싫다고 말합니다. 그리고 각 스탠드업 회의에서 팀으로부터 소중한 정보를 얻는다는 사실에도 불구하고 에이자는 팀의 결속력에 해가 될 수도 있는 추가적인 의사소통이 그만한 가치가 있을까 걱정합니다.

시험 문제

에이자에게 최선의 선택은 무엇입니까?

A. 일일 스탠드업 회의를 그만두고 애자일을 적용할 다른 방법을 찾는다.

B. 모든 참석자가 자신들의 전화를 치워두고 집중하라는 규칙을 강화한다.

C. 좀 더 세부적인 현황을 알기 위해 회의 후에 사람들을 개별적으로 만난다.

D. 사람들의 마음가짐을 바꾸도록 팀과 함께 작업한다.

14. 여러분은 소프트웨어 팀의 개발자입니다. 한 사용자가 새로운 피처 구축을 위해 여러분의 팀에 접근했고 명세서의 형태로 그 피처에 대한 요구사항을 제공했습니다. 그 사용자는 피처가 정확히 어떻게 작동해야 하는지 매우 확신에 차 있으며 앞으로 바뀌지 않을 거라고 약속했습니다. 이 상황에 가장 잘 적용되는 애자일 가치는?

A. 공정(프로세스)과 도구보다 개인과 상호작용 우선

B. 포괄적인 문서보다 작동하는 소프트웨어 우선

C. 계약 협상보다 고객과의 협력 우선

D. 계획을 따르기보다 변화에 대응하기 우선

15. 다음 중 변화하는 요구사항을 환영해서 얻는 혜택이 아닌 것은?

A. 팀에게 마감일을 놓친 것을 설명하는 방법이 된다.

B. 팀은 고객이 마음을 바꾸지 않겠다는 압박감을 느끼지 않을 때 더 가치 있는 소프트웨어를 개발한다.

C. 시간은 더 많고 스트레스는 더 적기 때문에 팀은 더 나은 의사결정을 내릴 수 있다.

D. 변경사항이 생기기 전에 이미 작성된 코드가 적기 때문에 불필요한 재작업을 최소화한다.

16. 다음 중 작동하는 소프트웨어에 대한 애자일 팀의 마음가짐의 일부가 아닌 것은?

A. 모든 피처의 최종 버전을 담고 있다.

B. 진척을 측정하는 주된 척도이다.

C. 자주 배포된다.

D. 피드백을 얻는 효과적인 방법이다.

17. 다음 중 반복에 대해 맞는 말이 아닌 것은?

A. 팀은 반복이 끝날 때까지 계획된 모든 작업을 끝내야 한다.

B. 반복은 정해진 마감일이 있다.

C. 반복 중에 수행한 작업의 범위는 반복이 끝날 때쯤 변경될 수도 있다.

D. 프로젝트는 주로 시간순으로 된 반복 주기를 여러 개 갖고 있다.

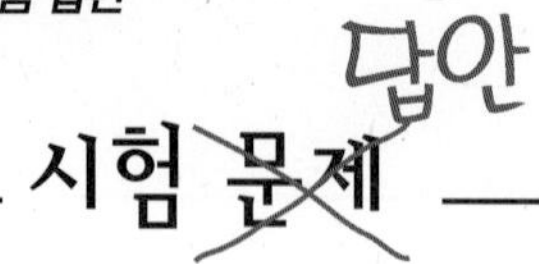

이 장에 있는 실전 문제에 대한 답입니다. 몇 개나 맞혔나요? 틀린 게 있어도 괜찮습니다. 어떤 것이 틀렸는지 이 장에서 관련 부분을 넘겨보고 다시 읽어보는 데 시간을 할애하는 것도 그만한 가치가 있습니다.

1. **답: D**

이 상황이 마치 무언가가 엄청나게 잘못되고 있는 것처럼 부정적으로 들리나요? 만약 그렇다면 여러분 자신의 마음가짐에 대해 생각해볼 필요가 있습니다. 이것은 사실 반복적인 방법론을 사용하는 매우 성공적인 애자일 프로젝트를 꽤 정확하게 설명한 것입니다. 여러분이 변화와 반복을 바람직한 활동이라기보다는 실수로 생각하는 마음가짐을 갖고 있다면, 그 프로젝트는 마치 곤경에 처한 것처럼 보일 것입니다. 만약 여러분이 프로젝트를 잘못된 방식으로 바라본다면, 여러분은 요구사항을 제대로 이해하지 못했다고 팀을 '비난'하거나, 원하는 것을 제대로 모른다고 사용자를 비난하거나, 변화를 방지하고 관리할 제대로 된 제어법이 없다고 프로세스에 관해 불평하기 쉽습니다. 애자일 팀은 그렇게 생각하지 않습니다. 애자일 팀은 사용자가 원하는 것을 파악하는 가장 좋은 방법이 작동하는 소프트웨어를 조기에 지속적으로 배포하는 것임을 알고 있습니다.

2. **답: C**

프로젝트 관리자는 매우 중요하지만 스크럼에는 '프로젝트 관리자'라고 불리는 특정한 역할이 없습니다. 스크럼에는 스크럼 마스터, 제품 책임자, 팀원이라는 세 가지 역할이 있습니다. 프로젝트 관리자는 스크럼을 사용하는 프로젝트에서 이 중에 한 가지 역할을 하며, '프로젝트 관리자'라는 직책이 있긴 합니다.

팀에 특정 역할이 있는 애자일 방법론을 따른다면, 여러분이 맡는 역할이 명함에 있는 직책과 항상 같지는 않습니다. 특히 여러분의 팀이 이제 막 애자일 방법론을 채택했다면 더욱 그렇습니다.

3. **답: B**

애자일 팀이 고객과의 협업을 소중히 여기고, 면대면 대화가 가장 효과적인 정보 전달법이라고 믿으며, 소프트웨어 배포에 가장 높은 우선순위를 두는 것은 사실입니다. 하지만 사용자는 명세서 작성을 위해 시간을 들였고, 명세서의 정보는 코드 작성이나 면대면 대화를 할 때 매우 도움이 될 수 있습니다.

누군가 자신이 중요하다고 생각하는 정보를 문서로 작성하는 데 시간을 들인다면, 그것을 무시하는 것은 매우 비협조적인 일입니다.

4. **답: D**

애자일 팀이 작동하는 소프트웨어에 대해 이야기할 때, 소프트웨어가 '완료'되었고 또한 사용자에게 시연할 준비가 되었다고 팀은 생각합니다. 하지만 그렇다고 사용자의 니즈를 충족했다거나 명세서에 있는 특정 요구사항에 부응했다고 장담하지는 못합니다. 사실 사용자에게 진정으로 도움이 되는 소프트웨어를 개발하는 가장 효과적인 방법은 작동하는 소프트웨어를 자주 배포하는 것입니다. 그 이유는 작동하는 소프트웨어의 초기 버전은 주로 **사용자의 니즈를 모두 충족시키지 못하기** 때문에, 모든 사람들이 그것을 알아내는 유일한 방법은 사용자가 그 소프트웨어에 대한 피드백을 줄 수 있도록 소프트웨어를 그들의 손에 넘기는 것이기 때문입니다.

이것이 애자일 팀이 작동하는 소프트웨어를 조기에 지속적으로 배포하는 일을 가치 있게 여기는 이유입니다.

5. 답: C

애자일 선언문에는 효과적인 애자일 팀들이 공유한 핵심 가치가 담겨 있습니다. 그 가치는 소프트웨어를 개발하는 '최고'의 방법이나 모든 팀이 따라야 하는 규칙을 정의하지 않았습니다. 왜냐하면 애자일 팀원들은 모든 팀에게 다 맞는 프리 사이즈 같은 접근법이 없음을 알기 때문입니다.

6. 답: B

스크럼 팀은 보통 (항상 그렇지는 않지만) 30일간의 스프린트로 작업을 합니다. (30일이라고 가정했을 때) 팀은 스프린트를 시작하면서 다음 30일간의 작업을 계획합니다. 스프린트의 마지막에 그들은 작동하는 소프트웨어를 사용자에게 시연하고, 무엇이 잘됐고 무엇을 더 개선해야 하는지 검토하기 위해 회고 회의를 합니다.

7. 답: C

팀이 고객과 협력하기 어려우면 프로젝트가 괴로운 일이 됩니다. 이 경우에는 네트워크 엔지니어가 고객입니다. 왜냐하면 그들이 소프트웨어를 사용할 고객이기 때문입니다. 이 프로젝트는 소프트웨어 개발 작업이 시작될 수 있도록 무엇을 개발할지 설명하는 특정 조건과 문서를 만드는 계약 협상을 기반으로 진행하기 쉬운 상황입니다. 하지만 고객과 진정으로 협력하고 최고의 기술적 해법을 찾기 위해 함께 일하는 것이 더욱 효과적입니다.

8. 답: C

워터폴 프로젝트는 단계로 나누어져 있으며, 일반적으로 요구사항과 설계 단계부터 시작합니다. 많은 워터폴 팀은 요구사항과 설계가 안정적인 시점에 다다르면 모두 완료되지 않았더라도 코드에 대한 '사전 작업'을 시작합니다. 하지만 이것이 반복과 명백히 똑같지는 않습니다. 왜냐하면 워터폴 팀은 작동하는 소프트웨어를 개발하고 시연하면서 알게 된 것에 기반해서 계획을 변경하지 않기 때문입니다.

9. 답: B

애자일 프로젝트는 동기부여가 된 팀원들로 진행됩니다. 키스는 적절히 위험을 관리하고 프로젝트를 더 발전시키려고 진심으로 노력한 팀원을 깎아내림으로써 팀 전체의 의욕을 저하시키고 있습니다.

10. 답: B

페이지를 앞으로 넘겨서 애자일의 첫 번째 원칙인 "우리의 최우선 순위는, 가치 있는 소프트웨어를 일찍 그리고 지속적으로 전달해서 고객을 만족시키는 것이다."를 다시 읽어보십시오. 이것의 우선순위가 가장 높은 이유는 애자일 팀이 가치 있는 소프트웨어의 배포를 가장 우선시하고 그리고 가장 중요하게 여기기 때문입니다. 우리가 프로젝트에서 수행하는 모든 작업들(계획 수립, 설계, 테스트, 회의, 토론, 문서화)은 정말로 중요하지만, 우리의 고객에게 가치 있는 소프트웨어를 배포하는 서비스에 모두 포함되는 것입니다.

11. 답: B

어떤 팀은 일일 스탠드업 회의를 팀원 각자가 상사나 프로젝트 관리자에게 현황을 업데이트하는 회의라고 여기는데, 이는 올바른 목적이 아닙니다. 모든 사람들이 서로가 하는 말에 귀를 기울이고, 서로 나눈 내용을 팀이 함께 프로젝트를 계획하는 데 활용해야 가장 효과가 좋습니다.

12. 답: A

애자일 팀은 단순함을 가치 있게 여기는데, 단순한 설계와 코드는 복잡한 코드보다 작업하고 유지보수하고 변경하기 훨씬 쉽기 때문입니다. 무언가를 단순하게 유지하는 가장 효과적인 방법이 단순히 일을 덜 하는 것이기 때문에(특히 소프트웨어에 해당합니다) 단순함은 종종 '안 하는 일의 양을 최대화하는 기술'이라고도 합니다.

13. 답: D

팀이 일일 스탠드업에 관심을 갖지 않는 이유는 팀이 회의에 무관심하거나 그것이 효과적인 도구라고 믿지 않거나 자신들의 '진짜' 업무에 돌아갈 수 있도록 가능하면 빨리 끝나기만을 기다리기 때문입니다. 팀이 이런 마음가짐을 갖고 있다면, 결국 팀원들은 그 회의에 참석하지 않게 되고 애자일 적용이 성공할 확률은 훨씬 줄어듭니다. 일일 스탠드업 프랙티스는 팀이 그 회의가 개인과 팀에게 얼마나 도움이 되는지를 이해할 때 훨씬 더 효과적입니다. 그런 마음가짐의 변화는 어떤 것이 효과가 있고 어떤 것이 그렇지 않은지에 대해 열린 마음으로 진솔하게 이야기하면서 만들어갈 수 있습니다. 팀의 마음가짐을 변화시키기 위해 팀과 함께 일하는 것이 바로 이와 같은 상황에 대처하는 최선의 방법인 이유입니다.

14. 답: B

명세서를 읽고 이해하는 것은 분명히 맞는 말입니다. 하지만 팀이 정말로 그 사람이 의도하는 바를 이해했는지 아닌지를 진정으로 확인할 수 있는 가장 효과적인 방법은, 그 사람에게 작동하는 소프트웨어를 전달하는 것입니다. 이렇게 하면 그 사람은 자신이 문서로 만든 요구사항이 어떻게 해석됐는지 알 수 있고, 어떤 것이 잘되었고, 어떤 것이 변경할 필요가 있는지를 결정하기 위해 팀과 협력할 수 있습니다.

15. 답: A

애자일 팀이 변화하는 요구사항을 환영하는 데는 수많은 이유가 있습니다. 고객에게 마음을 바꿔도 된다고 하면(그렇게 못하는 것보다), 고객은 팀에게 더 나은 정보를 주고, 그 정보는 더 나은 소프트웨어로 이어집니다. 고객들이 변경사항에 대해 입을 다물어버려도 변경이 필요한 사항들은 결국 마지막에 노출되기 마련이기 때문에, 팀이 일찍 변경에 관한 정보를 얻으면 대응할 수 있는 시간도 그만큼 많아집니다. 또한 변경이 일찍 이루어질수록 코드 재작업도 줄어듭니다.

하지만 변경사항이 형편없는 계획 수립이나 마감일을 못 지키는 것에 대한 변명이 돼서는 안 됩니다. 효과적인 애자일 팀은 일반적으로 자신들이 사용자와 합의를 합니다. 팀이 사용자와 고객, 관리자가 주는 변경된 요구사항을 환영하고, 그 보답으로 그와 같은 변경사항에 대응하는 데 걸린 시간에 대한 비난은 받지 않는 것으로 말입니다. 왜냐하면 모든 사람들은 그 방법이 여전히 소프트웨어를 개발하는 가장 빠르고 효과적인 방법이라고 알기 때문입니다. 마감일은 그 변경사항에 맞춰 이미 조정됐기 때문에 그 누구도 요구사항의 변경을 환영하는 것이 팀에게 놓친 마감일에 대한 변명거리라고는 생각하지 않습니다.

16. 답: A

작동하는 소프트웨어를 자주 배포하면 팀이 자주 피드백을 얻고 일찍 변경을 할 수 있습니다. 그게 바로 작동하는 소프트웨어가 요구사항의 최종 버전을 담고 있다고 절대로 가정해서는 안 되는 이유입니다. 그래서 그것이 '작동하는' 소프트웨어지, '완료된' 소프트웨어가 아닌 이유이기도 합니다.

17. 답: A

반복은 시간이 정해져 있으며, 이것은 마감일이 정해져 있고, 범위도 거기에 맞게 변한다는 것을 의미합니다. 팀은 어떤 작업을 완료할지 결정하는 계획 수립 회의를 시작으로 반복 주기를 시작합니다. 하지만 자신들이 계획을 제대로 세우지 못했다는 것을 깨닫고 기대했던 것보다 시간이 오래 걸리면, 완료되지 못한 작업은 모두 백로그로 돌아가고 우선순위가 다시 정해집니다(그리고 종종 다음 반복으로 넘어가죠).

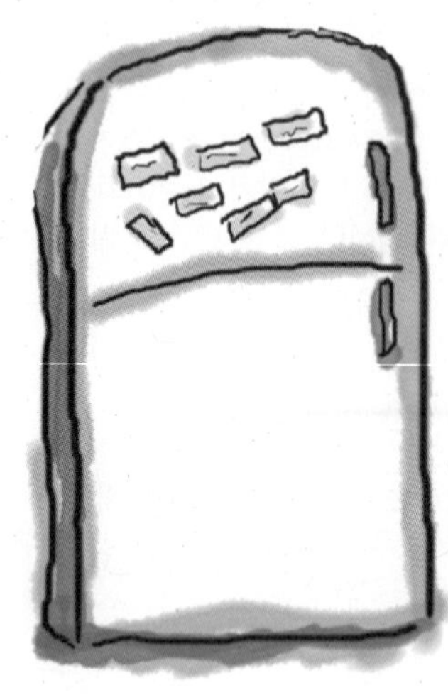

선언문 자석 해답

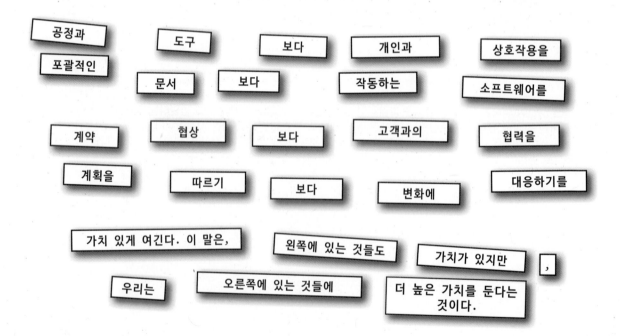

애자일 소프트웨어 개발 선언

우리는 소프트웨어를 개발하고,

또 다른 사람의 개발을 도와주면서 소프트웨어 개발의 더 나은 방법들을 찾아가고 있다.

이 작업을 통해 우리는 다음을 가치 있게 여기게 되었다 :

공정과 도구 보다 개인과 상호작용을

포괄적인 문서 보다 작동하는 소프트웨어를

계약 협상 보다 고객과의 협력을

계획을 따르기 보다 변화에 대응하기를

가치 있게 여긴다. 이 말은, 왼쪽에 있는 것들도 가치가 있지만 ,

우리는 오른쪽에 있는 것들에 더 높은 가치를 둔다는 것이다.

사전 연습 해답

아래는 이 장에서 여러분이 본 단어의 뜻입니다. 각 정의가 속한 단어를 빈칸에 채워보기 바랍니다.

우리는 이 장의 초반에 '재작업'을 명사로 사용했습니다.
"버그의 주된 원인은 재작업입니다"

재작업(rework), 명사

팀이 기능을 달리 하기 위해 또는 다른 목적을 위해 이미 작성된 코드를 변경하는 작업으로, 버그가 유입될 수 있는 확률이 높아 팀은 위험한 일로 간주한다.

재작업은 동사로도 사용할 수 있습니다.
"새로운 목적에 맞게 이 코드를 좀 재작업해야 했습니다."

시간이 정해진(timeboxed), 형용사

완료해야 할 액티비티에 확실한 마감일을 설정하고 그 마감일에 맞추기 위해 액티비티의 범위를 조정하는 것

이 단어는 동사로도 사용할 수 있습니다.
"이 피처에 할 작업 시간을 6시간으로 정하죠."

백로그(backlog), 명사

팀이 향후에 개발하게 될 피처 목록을 유지하기 위해 사용자, 고객 (그리고/또는) 이해관계자와 함께 협력하는 프랙티스로, 종종 가장 가치 있는 피처가 가장 높은 우선순위를 갖는다.

점진적 상세화(progressive elaboration), 명사 (두 단어)

이전 단계를 개선하면서 얻은 지식을 이용해 단계별로 프로젝트 산출물(계획 등)을 개발하는 일

반복적인(iterative), 형용사

팀이 프로젝트를 작은 부분으로 나누는 방법으로, 매번 마지막에 작동하는 소프트웨어를 배포하고, 가능하면 작동하는 소프트웨어로부터 얻은 피드백에 기반해 방향을 수정한다.

보통 '워터폴'은 명사입니다. 하지만 이 경우 프로세스의 타입을 나타내는 형용사입니다.

워터폴적인(waterfall), 형용사

모델, 프로세스 또는 소프트웨어 개발을 위한 방법의 일종으로, 전체 프로젝트를 시간 순서에 따른 단계로 나누고, 종종 변경사항이 이전 단계로 돌아가게 만드는 변경 제어 프로세스를 포함하기도 한다.

여기에 그 단어를 문장에 어떻게 사용했는지를 보여주는 예시가 있어요.
"브라이언은 워터폴적인 프로세스를 따르던 회사에서 일했던 적이 있어서, 스크럼 같은 애자일 프로세스를 해보는 것에 엄청나게 흥분하고 있어요."

좀 더 발전된 애자일 마음가짐을 갖는 것이 항상 쉬운 일은 아닙니다! 가끔 그런 마음가짐을 갖기도 하지만 어떤 때는 조금 노력이 필요합니다. 아래는 마이크, 케이트, 벤이 하는 대화를 우연히 들은 내용입니다. 각 말풍선을 호환 또는 비호환으로 연결한 후 그것이 호환되거나 비호환되는 애자일 원칙으로 연결하십시오.

호환

왜 저한테 질문하시죠? 사용자가 요청한 것은 모두 명세서에 이미 적었는데요.

비호환

케이트가 이 변경사항에 대해 알게 됐을 때, 그들은 작동하지 않는 소프트웨어를 배포하거나 그 문제를 해결하기 위해 배포를 연기했을 수도 있습니다. 하지만 다른 피처를 갖고 있는 작동하는 소프트웨어를 배포할 수 있기 때문에 그 피처를 다음 반복으로 미루는 것이 더 나은 선택입니다.

호환

방금 알게 됐는데요, 사용자 규모를 계산하는 알고리즘이 안 되네요. 다음 반복 주기로 연기해야겠어요.

비호환

호환

알겠어요. 그런데 어떤 멍청이가 이렇게 버그 많은 스파게티 코드를 만들었죠? 우리가 일정에 뒤처지는 건 당신 때문이라고요.

비호환

만약 케이트가 진행 상황을 확인하기 위해 일정표에만 의존했더라면 그는 프로젝트가 그냥 잘되고 있다고 생각했을 수도 있습니다. 작동하는 소프트웨어를 진행 상황을 측정하는 주된 척도로 삼으면 문제를 일찍 발견하는 데(그리고 수정까지 하는 데) 도움이 됩니다.

호환

저는 가장 최근에 만든 걸 돌려보고 있는데, 그 분석 피처 작업은 훨씬 진전이 있을 것으로 생각했어요. 혹시 제가 모르는 문제가 있나요?

비호환

작동하는 소프트웨어가 진척의 주된 척도이다.

프로젝트를 시작할 때 사용자에게 요구사항을 요청하고 마음을 바꾸는 것을 허락하지 않는 것은 공평하지 않습니다(팀이 변경사항을 적용할 시간이 필요하다는 것을 이해하는 한 말이죠).

비록 개발의 후반부일지라도 요구사항 변경을 환영하라. 애자일 프로세스들은 변화를 활용해 고객의 경쟁력에 도움이 되게 한다.

작동하는 소프트웨어를 자주 전달하라. 두어 주에서 두어 개월의 간격으로 하되 더 짧은 기간을 선호하라.

마이크와 같은 기술적인 사람들은 정말 직설적입니다. 하지만 팀이 사람들에게 도전하고 심지어 모욕해도 되는 그런 문화를 가졌더라도 지연이나 품질 문제에 대해 한 사람을 비난하는 것은 정말로 사기를 저하시키는 일입니다.

동기가 부여된 개인들 중심으로 프로젝트를 구성하라. 그들이 필요로 하는 환경과 지원을 주고 그들이 일을 끝내리라고 신뢰하라.

마인드셋 크로스 해답

		1 T	I	M	E	B	O	X	2 E	D		3 B	A	4 C	K	L	O	G					
									A					O					5 C				
								6 F	R	E	Q	U	E	N	T	L	Y		O				
	7 C			8 T		9 W			L					T					N		10 M		
	H			R		A			Y			11 P		12 I	T	E	R	A	T	I	O	N	
	13 A	D	J	U	S	T	S					R		N					R		T		14 S
	N			S		E		15 D			16 D	O	C	U	M	E	N	T	A	T	I	O	N
	G			T		R		E		17 P		G		O					C		V		O
	E		18 W			F		M		L		R		U		19 B	E	20 S	T		A		W
21 R		22 C	O	L	L	A	B	O	R	A	T	E		S				A			T		B
24 E			R			L		T		N		S			23 M	I	S	T	A	K	E		I
W			K			L		I				S						I			D		R
O			I					V						25 T	O	O	L	S					D
R		26 I	N	T	E	R	V	A	L	S								F					
K			G					T										I					
					27 F	A	C	E	T	O	F	A	C	E			28 P	E	O	P	L	E	
																		D					

여기는 의도적으로 남긴 공백입니다

3 스크럼으로 프로젝트 관리하기

스크럼 규칙

자... 그럼
이 제품 백로그 아이템 중에서 다음에는
어떤 아이템을 작업할까요?

아, 그런 결정을 내리는 건
제 결정 권한 밖입니다. 상사한테 한번
확인해볼게요. 그럼 그 상사는 그 위에 상사한테,
그리고...

엘리자베스는 브루스에게 제품 책임자가
될 자질이 있는지 의심하고 있습니다.

스크럼 규칙은 단순합니다. 다만 그 규칙을 효과적으로 사용하기가 그다지 쉽지만은 않죠. 스크럼은 가장 보편적인 애자일 접근인데, 거기에는 그만한 이유가 있습니다. **스크럼 규칙**은 단순하고 배우기 쉽습니다. 스크럼 규칙을 구성하는 **이벤트, 역할, 산출물** 등을 배우는 데 대부분의 팀이 많은 시간을 쓰지는 않습니다. 하지만 스크럼이 가장 효과적으로 실행되려면, 효과적인 마음가짐을 갖는 데 도움이 되는 **스크럼의 가치**와 애자일 선언문의 원칙을 제대로 이해해야 합니다. 스크럼이 간단해 보이지만 스크럼 팀이 **점검하고 적응**하는 방법은 프로젝트에 관한 완전히 새로운 방법이기 때문입니다.

랜치핸드 게임즈의 새로운 출시작

세계적으로 히트친
블록버스터 비디오 게임
'젖소의 분노'를 만든
바로 그 팀

젖소의 분노 II 아무우게돈 | 젖소의 분노 III 우유 만들기 | 젖소의 분노 IV 우유 배달부의 등장

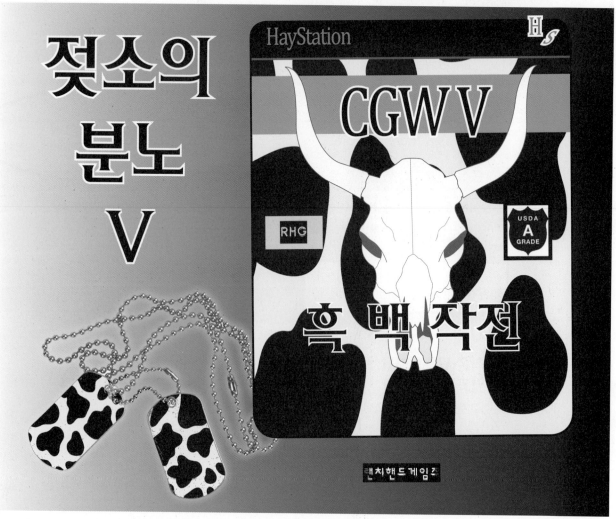

젖소의 분노 V

HayStation

HS

CGW V

RHG

USDA
A
GRADE

흑백작전

랜치핸드게임즈

랜치핸드 게임즈 팀을 만나보세요

그들은 성공적인 출시작인 '젖소의 분노 IV: 우유 배달부의 등장(CGW4)'을 이제 내놨습니다. 그리고는 대망의 프로젝트를 시작하려 합니다! CGW4가 잘 팔렸지만 프로젝트가 완벽하고는 거리가 멀었고, 에이미, 브라이언, 릭은 CGW5가 더 개선되기를 바라고 있습니다. 애자일이 해결하러 갑니다.

에이미: 아, 저도 마찬가지예요. 저도 그런 프로젝트는 다시 못할 것 같아요. 막판 삽화 수정 작업을 제대로 하는 게 거의 불가능했어요.

브라이언: 어휴, 또 싸우지 맙시다. 알다시피 레벨이 계속 변경되는 바람에 수정 작업들이 필요했던 거니까요. 저도 그 일 끝내려고 우리 팀을 밤에도, 주말에도 일하게 만들었다니까요.

에이미: 알아요, 알아. 한꺼번에 너무 많은 걸 하려니 우리 모두 힘들었던 거예요.

브라이언: 우리가 아무리 많은 계획을 세워도 시간은 항상 모자라는 것 같아요.

릭: 맞아요, 그게 바로 문제죠. 그동안 그 문제를 해결해보려고 조사를 좀 해봤어요. **스크럼**을 사용해보는 건 어떨까요?

에이미: 저도 거기에 관해 책을 좀 읽어봤어요. 그게 도움이 될 수도 있을 것 같아요.

브라이언: 있잖아요, 전 우리 상황을 조금이라도 나아지게 해주면 무엇이든 찬성입니다.

에이미: 근데 스크럼 규칙을 보면 제품 책임자와 스크럼 마스터가 필요한 거 같은데요?

릭: 음, 스크럼 마스터가 무얼 하는지 제가 좀 살펴보고 있는데 제가 맡아도 될 것 같아요. 에이미는 비즈니스 쪽하고 일 많이 하죠? 그럼 에이미가 제품 책임자가 되는 건 어떨까요?

에이미: 한번 해보죠 뭐. 비즈니스팀과 PR팀에게 얘기해둘게요. 제가 제품 책임자라고.

브라이언: 그래요, 한번 해봅시다!

스크럼 이벤트는 프로젝트를 완료하는 데 도움을 줍니다

스크럼은 애자일에 관한 가장 보편적인 접근법이며, 여기에는 그만한 이유가 있습니다. 스크럼 규칙은 간단하고, 전 세계의 팀들은 스크럼을 적용해서 프로젝트를 완성하기 위해 자신들의 능력을 개선했습니다. 모든 스크럼 프로젝트는 항상 같은 순서로 일어나며, **시간이 정해진 일련의 이벤트**로 된 동일한 행동 패턴을 따릅니다. 스크럼 패턴은 다음과 같습니다.

스크럼 이벤트:
스프린트
계획 수립 세션
일일 스크럼
스프린트 리뷰
스프린트 회고

모든 스크럼 프로젝트는 스프린트라는 시간이 정해진 반복으로 구성됩니다. 30일 스프린트도 많이 사용하지만, 2주 스프린트도 아주 일반적입니다.

다음은 요구사항에 대한 유일한 기반이며, 프로젝트 내내 제품에 반영될 변경사항입니다.

팀은 제품 백로그를 사용해 전체 프로젝트를 구축하기 위한 피처들을 추적합니다.

30일 | 30일 | 30일 | 30일

백로그: 피처 21개 | 백로그: 피처 17개 | 백로그: 피처 14개 | 백로그: 피처 12개

계획

일일 스크럼
일일 스크럼
일일 스크럼

개발

일일 스크럼
일일 스크럼
일일 스크럼

스프린트 리뷰
회고

개선 백로그: 피처 17개 | 개선 백로그: 피처 14개 | 개선 백로그: 피처 12개 | 개선 백로그: 피처 9개

각 스프린트의 시작 시점에 스크럼 팀이 스프린트 계획 수립 세션에 모여 이번 스프린트에는 어떤 아이템을 포함할지를 결정합니다.

팀은 매일마다 일일 스크럼을 합니다. 일일 스크럼은 짧은 회의로, 각자가 일의 진척에 대해 이야기를 하고, 다음에 작업할 업무, 그리고 일하면서 느낀 걸림돌에 관해 이야기합니다.

해당 스프린트에 선택된 아이템을 제품 백로그에서 제거하고 스프린트 백로그에 추가합니다. 스프린트 중에 모든 개발 작업은 스프린트 백로그에 있는 아이템만을 구축하는 데 집중합니다.

스프린트가 끝나면 팀은 스프린트 리뷰 회의를 하며, 리뷰 회의에서 팀과 사용자가 만나 팀이 구축한 작동하는 소프트웨어를 시연합니다.

해당 스프린트에서 팀이 가장 마지막으로 하는 일은 스프린트 회고로, 스프린트 중에 일어났던 일을 논의하면서, 문제를 통해 배우고, 잘했던 일은 반복적으로 수행할 수 있게 합니다.

여러분이 <Learning Agile: Understanding Scrum, XP, Lean, and Kanban> 책을 읽었다면 기본 스크럼 패턴을 나타내는 그림을 바로 알아볼 수 있습니다.

스크럼 역할을 통해 누가 무엇을 하는지 이해할 수 있습니다

모든 스크럼 팀에는 반드시 필요한 세 역할이 있습니다. 첫 번째 역할은 우리에게 가장 친숙한 **개발팀**입니다. 팀원들은 각기 다른 전문분야를 갖고 있을 수 있으며, 회사 내에서 직책이 다를 수도 있지만 스크럼 이벤트에는 모두 같은 방식으로 참여합니다. 팀원이 채워야 하는 나머지 두 역할도 매우 중요합니다. **제품 책임자**와 **스크럼 마스터**입니다. 그 두 역할을 개발팀에 추가하면 완전한 **스크럼 팀**이 됩니다.

제품 책임자는 매일 팀과 함께 일하며 팀이 제품 백로그 내의 피처를 이해하는 데 도움을 줍니다.

제품 책임자는 사용자의 니즈를 팀에 이해시켜서 가장 가치 있는 제품을 만들 수 있게 해줍니다. 예를 들면 어떤 아이템이 있는지 왜 사용자에게 그 아이템이 필요한지를 이야기합니다. 이 역할은 **팀이 가장 가치 있는 소프트웨어를 만들게 해주는 일**이기 때문에 정말로 중요합니다.

지난 2장 내용을 돌이켜보세요. 가치 있는 소프트웨어를 개발하라는 애자일 원리를 찾을 수 있죠?

스크럼 규칙은 제품 책임자와 스크럼 마스터의 역할이 위원회가 아닌 개인이 하는 일이라고 명시하고 있습니다.

스크럼 마스터는 팀이 스크럼을 이해하고 실행하는 것을 지원합니다.

스크럼을 설명하는 것이 간단할지는 몰라도, 스크럼을 제대로 알기는 쉽지 않습니다. 그래서 팀에는 스크럼 마스터라는 사람을 두며, 그 사람의 역할은 개발팀, 제품 책임자, 회사 내 다른 사람들이 스크럼을 제대로 수행할 수 있도록 지원하는 것입니다. 스크럼 마스터는 리더입니다(그래서 '마스터'라는 단어가 이름에 들어갑니다). 하지만 스크럼 마스터는 매우 특별한 종류의 리더십을 발휘하는데 바로 다른 사람을 **섬기는 리더**(servant leader)입니다. 즉, 스크럼 마스터 역할을 맡은 사람은 자신의 모든 시간을 제품 책임자, 개발팀, 조직 내 다른 사람들을 다음과 같이 돕는(섬기는) 데 사용합니다.

★ 제품 책임자가 백로그를 효과적으로 관리하는 방법을 찾을 수 있도록 도와줍니다.
★ 개발팀에게 스크럼 이벤트를 이해시키고 필요에 따라 분위기를 살려 일이 잘되도록 합니다.
★ 조직 내 다른 사람들이 스크럼을 이해하고 팀과 함께 일하도록 지원합니다.
★ 모든 사람들이 최선을 다하여 가장 가치 있는 소프트웨어를 개발할 수 있도록 도움을 줍니다.

스크럼 가이드에는 팀이 스크럼 프레임워크를 사용할 때 지켜야 할 규칙이 있습니다.

다음으로 넘어가기 전에 https://www.scrum.org로 가서 스크럼 창시자인 켄 슈와버와 제프 서덜랜드가 쓴 스크럼 가이드 사본을 다운로드하세요. 문서에는 스크럼 정의가 담겨 있고, 팀이 어떻게 스크럼을 사용할지에 관한 최신 아이디어가 정기적으로 업데이트되고 있습니다. 스크럼에 새로운 생각이 포함된다면 웹사이트에서 새로운 내용을 찾아볼 수 있습니다. 또한 스크럼, 일일 스크럼, 스프린트, 스프린트 계획 수립, 스프린트 리뷰, 제품 백로그, 그리고 기타 용어들이 2장 본문에서 어떻게 강조되었는지 보셨나요? **굵게** 강조된 단어들은 스크럼 가이드의 표준을 따른 용어입니다.

스크럼 산출물은 팀에게 지속적으로 정보를 전달합니다

소프트웨어 프로젝트는 정보를 기반으로 진행합니다. 팀은 자신들이 작업하고 있는 제품에 대해 알아야 하고, 현재 스프린트에서 무엇을 구축하고 있는지, 어떻게 구축해야 하는지를 알아야 합니다. 스크럼 팀은 모든 정보를 관리하기 위해 **제품 백로그, 스프린트 백로그, 제품 증분**(increment)이라는 이 세 개의 **산출물**(artifact)을 사용합니다.

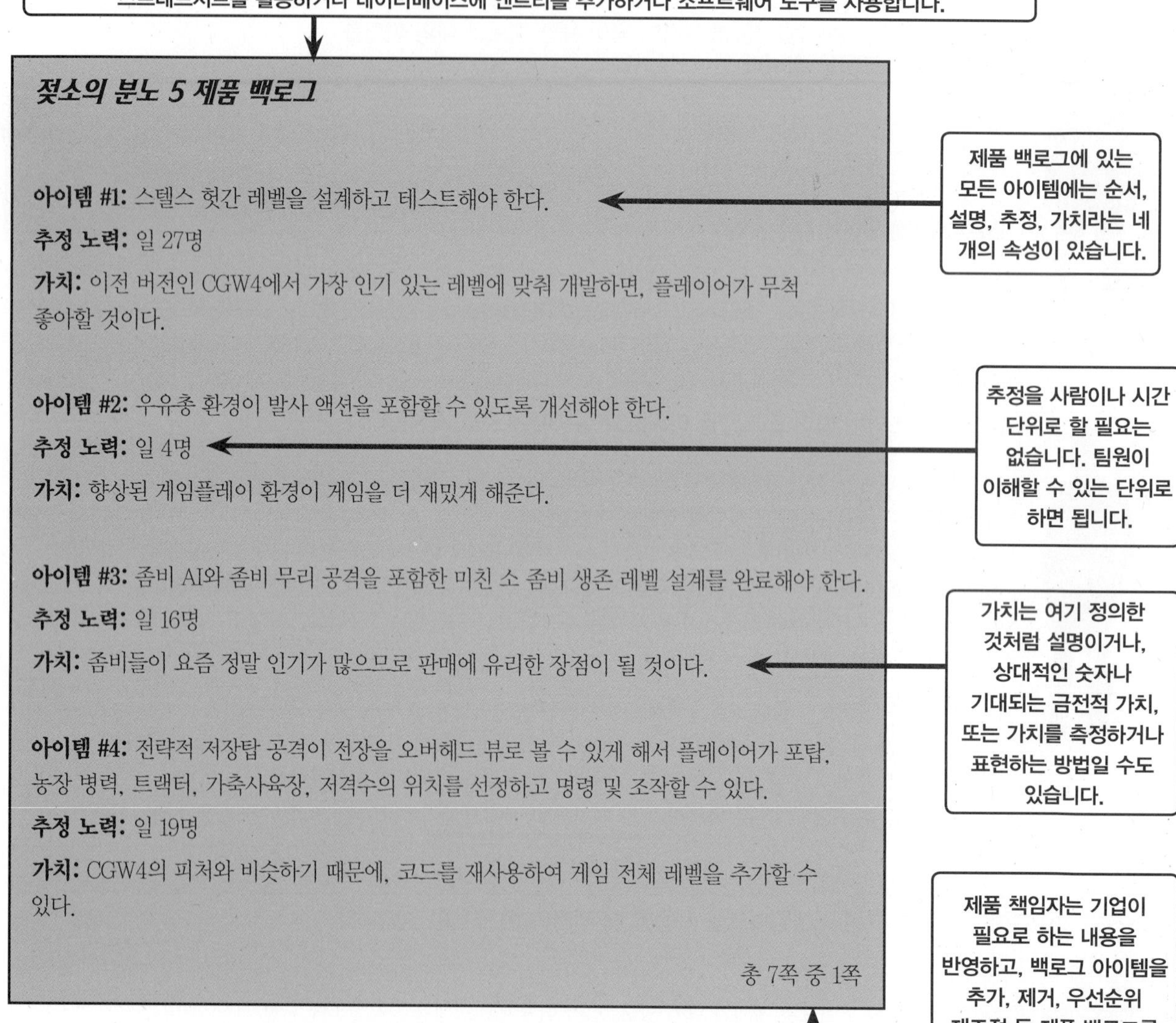

아래는 제품 백로그의 예입니다. 하지만 꼭 이와 같아야 한다는 규칙은 없습니다. 많은 팀은 백로그를 관리하기 위해 스프레드시트를 활용하거나 데이터베이스에 엔트리를 추가하거나 소프트웨어 도구를 사용합니다.
젓소의 분노 5 제품 백로그
아이템 #1: 스텔스 헛간 레벨을 설계하고 테스트해야 한다.
추정 노력: 일 27명
가치: 이전 버전인 CGW4에서 가장 인기 있는 레벨에 맞춰 개발하면, 플레이어가 무척 좋아할 것이다.
아이템 #2: 우유총 환경이 발사 액션을 포함할 수 있도록 개선해야 한다.
추정 노력: 일 4명
가치: 향상된 게임플레이 환경이 게임을 더 재밌게 해준다.
아이템 #3: 좀비 AI와 좀비 무리 공격을 포함한 미친 소 좀비 생존 레벨 설계를 완료해야 한다.
추정 노력: 일 16명
가치: 좀비들이 요즘 정말 인기가 많으므로 판매에 유리한 장점이 될 것이다.
아이템 #4: 전략적 저장탑 공격이 전장을 오버헤드 뷰로 볼 수 있게 해서 플레이어가 포탑, 농장 병력, 트랙터, 가축사육장, 저격수의 위치를 선정하고 명령 및 조작할 수 있다.
추정 노력: 일 19명
가치: CGW4의 피처와 비슷하기 때문에, 코드를 재사용하여 게임 전체 레벨을 추가할 수 있다.
총 7쪽 중 1쪽
제품 백로그에 있는 모든 아이템에는 순서, 설명, 추정, 가치라는 네 개의 속성이 있습니다.
추정을 사람이나 시간 단위로 할 필요는 없습니다. 팀원이 이해할 수 있는 단위로 하면 됩니다.
가치는 여기 정의한 것처럼 설명이거나, 상대적인 숫자나 기대되는 금전적 가치, 또는 가치를 측정하거나 표현하는 방법일 수도 있습니다.
제품 책임자는 기업이 필요로 하는 내용을 반영하고, 백로그 아이템을 추가, 제거, 우선순위 재조정 등 제품 백로그를 지속적으로 다듬어가면서 프로젝트가 제대로 진행되도록 만들어갑니다.
제품 백로그는 프로젝트가 지속되는 동안 절대 완성되지 않습니다. 제품 책임자는 제품 백로그의 아이템을 추가, 제거, 변경하거나 우선순위 재조정을 위해 지속적으로 기업 내 사용자 그리고 이해관계자와 협력합니다.

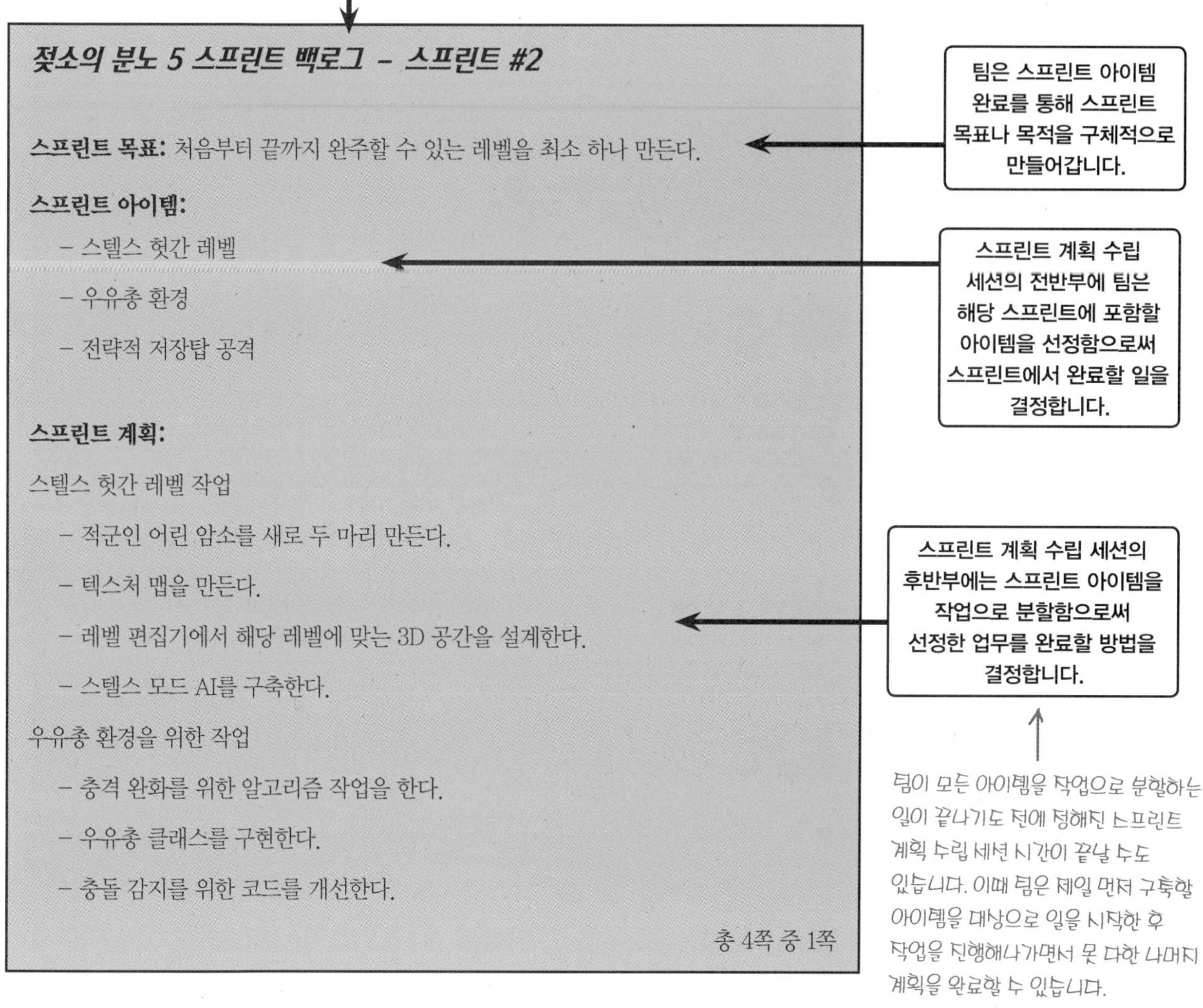

여기 스프린트 백로그의 예가 있습니다(다시 말하지만 이 예제와 똑같은 형식이어야 한다는 법은 없습니다). 팀은 스프린트 계획 수립 시에 스프린트 백로그를 만들지만, 스프린트가 진행되면서 팀이 알게 되는 내용에 따라 백로그를 발전시킬 수 있습니다.
젖소의 분노 5 스프린트 백로그 - 스프린트 #2
스프린트 목표: 처음부터 끝까지 완주할 수 있는 레벨을 최소 하나 만든다.
스프린트 아이템:
– 스텔스 헛간 레벨
– 우유총 환경
– 전략적 저장탑 공격
스프린트 계획:
스텔스 헛간 레벨 작업
– 적군인 어린 암소를 새로 두 마리 만든다.
– 텍스처 맵을 만든다.
– 레벨 편집기에서 해당 레벨에 맞는 3D 공간을 설계한다.
– 스텔스 모드 AI를 구축한다.
우유총 환경을 위한 작업
– 충격 완화를 위한 알고리즘 작업을 한다.
– 우유총 클래스를 구현한다.
– 충돌 감지를 위한 코드를 개선한다.
총 4쪽 중 1쪽
팀은 스프린트 아이템 완료를 통해 스프린트 목표나 목적을 구체적으로 만들어갑니다.
스프린트 계획 수립 세션의 전반부에 팀은 해당 스프린트에 포함할 아이템을 선정함으로써 스프린트에서 완료할 일을 결정합니다.
스프린트 계획 수립 세션의 후반부에는 스프린트 아이템을 작업으로 분할함으로써 선정한 업무를 완료할 방법을 결정합니다.
팀이 모든 아이템을 작업으로 분할하는 일이 끝나기도 전에 정해진 스프린트 계획 수립 세션 시간이 끝날 수도 있습니다. 이때 팀은 제일 먼저 구축할 아이템을 대상으로 일을 시작한 후 작업을 진행해나가면서 못 다한 나머지 계획을 완료할 수 있습니다.

증분은 스프린트 마지막에 실제로 개발이 끝나 전달되는 모든 백로그 아이템의 총합을 말합니다

스크럼은 점진적입니다. 즉, 프로젝트를 순서대로 하나씩 개발해나갈 '덩어리'로 분할한다는 뜻입니다. 이 '덩어리' 각각을 **증분**이라고 하며, 각 증분은 하나의 스프린트에서 완료된 결과를 나타냅니다. 그 결과란 스프린트 리뷰에서 사용자에게 팀이 시연할 작동하는 소프트웨어를 말합니다. 작동하는 소프트웨어는 보통 팀이 전에 개발했던 모든 피처를 포함합니다. 이미 만들어진 것을 버릴 것이 아니라면 그게 맞는 말이겠죠. 그래서 제품 증분은 해당 스프린트와 모든 이전 스프린트에서 완료된 백로그 아이템의 총합을 의미합니다.

스크럼 스프린트 자세히 들여다보기

스프린트는 **시간이 정해진** 반복 주기입니다. 대부분의 팀들은 30일 스프린트를 사용하지만, 2주 스프린트도 흔합니다.

계획

일일 스크럼

일일 스크럼

일일 스크럼

개발

일일 스크럼

일일 스크럼

일일 스크럼

스프린트 리뷰

회고

스프린트 계획 수립은 팀 전체 회의이며, 여기에는 스크럼 마스터와 제품 책임자도 포함됩니다. 30일 스프린트의 경우, 계획 수립 세션은 8시간으로 정해져 있으며, 2주 스프린트의 경우 4시간, 기타 다른 스프린트는 비율에 따라 시간이 정해져 있습니다. 계획 수립 세션은 두 부분으로 나뉘는데, 각각 전체 회의 시간의 절반으로 정해져 있습니다.

- ★ 전반부에서는 이번 스프린트에서는 **무엇을** 할지 파악합니다. 팀은 우선 한두 문장 정도로 **스프린트 목표**를 정의하고 작성합니다. 그리고 나서 팀이 스프린트 중에 구축해나갈 **스프린트 백로그**를 결정하기 위해 제품 백로그에서 아이템을 선별합니다.
- ★ 후반부에서는 작업을 **어떻게** 진행할지 파악합니다. 팀은 스프린트 백로그에 있는 모든 아이템을 작게 **분할**하는데, 분할된 각 작업(태스크)은 하루 이하의 시간 동안 끝낼 수 있는 일을 의미합니다. 스프린트 **계획**은 이렇게 진행됩니다.

모든 작업을 계획하지만 작업 전부가 세분화되지는 않습니다. 팀이 스프린트 백로그 아이템을 모두 분할하기 전에 정해진 회의 시간이 끝날 수 있기 때문에, 팀은 스프린트의 초반에 수행할 작업을 분할하는 데 집중할 필요가 있습니다.

일일 스크럼은 매일마다 같은 시간에 행하는 15분으로 한정된 회의입니다. 일일 스크럼에 개발팀과 스크럼 마스터가 참여하는데 제품 책임자도 참석하는 것이 바람직합니다. 각자 세 가지 질문에 답합니다.

- ★ 지난 일일 스크럼 이후 스크럼 목표를 달성하기 위해 무엇을 했는가?
- ★ 지금부터 다음 일일 스크럼 사이에 할 일은 무엇인가?
- ★ 진행상의 걸림돌은 무엇인가?

스프린트 리뷰에서는 제품 책임자가 초대한 주요 사용자들 및 이해관계자와 팀 전체가 만납니다. 팀은 해당 스프린트 중에 개발한 것을 시연하고 이해관계자에게서 피드백을 얻습니다. 회의에 모인 사람들은 제품 백로그에 대해 논의할 수 있습니다. 이를 통해 다음 스프린트에는 제품 백로그에 어떤 것이 포함될지 사람들이 알 수 있습니다. 30일 스프린트라면 이 회의 시간은 4시간으로 한정됩니다.

스프린트 회고는 무엇이 잘됐고 무엇을 개선할 수 있는지 파악하기 위한 회의입니다. 팀의 모든 구성원들, 즉 스크럼 마스터와 제품 책임자까지 모두 참석합니다. 회의가 끝날 때까지 향후 개선할 수 있는 구체적인 내용을 적습니다. 30일 스프린트의 경우 회의 시간은 3시간으로 한정됩니다.

정해진 제한 시간이 지나면 스프린트는 완료됩니다.

바보 같은 질문은 없다

Q: 잠깐만요, 스크럼이 이게 다인가요?

A: 그게 스크럼 규칙의 전부입니다. 하지만 스크럼의 모든 것을 말하는 것은 당연히 아닙니다. 스크럼은 가볍게 설계되어 이해하기 쉽습니다. 하지만 스크럼을 마스터하기 위해서는 단지 규칙을 따르는 것보다 훨씬 많은 것이 필요합니다. 여러분은 지난 장에서, 애자일 선언문의 가치가 팀이 프랙티스를 사용하는 방법에서 매우 중요함을 배웠습니다. 그와 동일한 상황이 스크럼에도 적용됩니다. **마음가짐과 경험**이 '단지 규칙만 따르는' 접근법을 사용하는 팀과 스크럼을 정말로 '이해'하는 효과적인 스크럼 팀 사이에 큰 차이를 만듭니다.

Q: 저는 이미 프로젝트를 단계별로 나눴습니다. 스프린트도 마찬가지 아닌가요?

A: 전혀 그렇지 않습니다. 전통적인 워터폴 프로젝트에서도 각 단계의 끝에 하나의 완성된 결과물을 갖게 되는 단계들로 종종 나뉩니다. 하지만 프로젝트의 시작 시점에서 그 단계들이 계획됩니다. 다음 단계에 영향을 미치는 변경사항이 생기면, 대부분의 경우 별도의 변경 제어 프로세스를 통해 그 프로젝트를 다시 계획해야 합니다. 다시 말해 팀은 기본적으로 프로젝트 계획이 거의 맞다고 가정하며, 프로젝트 관리자의 업무는 개발 기간 동안 상대적으로 적은 변경사항을 처리하는 것입니다.

스크럼은 반복적이기 때문에 다릅니다. 즉, 프로젝트를 단계로 나누는 것 이상입니다. 팀은 현재 반복이 완료될 때까지는 다음 반복에 대한 계획조차 세우지 않습니다. 팀은 다음 스프린트에 영향을 미치거나 어쩌면 현재의 스프린트에 영향을 미치는 변경사항을 스프린트 도중에 발견할 수도 있습니다. 그것이 바로 제품 책임자가 팀에서 매우 중요한 구성원인 이유입니다. 제품 책임자는 비즈니스 또는 고객 대신 어떤 피처를 팀이 구축할지에 대한 의사 결정을 내릴 수 있는 권한을 갖고 있으므로 변경사항을 즉시 처리할 수 있는 힘이 있습니다.

Q: 제품 백로그와 스프린트 백로그의 차이점은 무엇입니까?

A: 제품 백로그에는 제품에 필요할 수 있는 모든 목록이 들어 있습니다. 스크럼 팀은 주로 하나의 제품에 대해 출시 작업을 진행하기 때문에, 제품 백로그는 절대로 완성되지 않습니다. 팀이 내놓는 첫 번째 버전의 제품 백로그에는 일반적으로 모든 사람들이 가장 잘 이해하는 요구사항이 수록되어 있습니다. 프로젝트가 진행되면서 제품 책임자는 회사에 대한 가치 관점에서 아이템을 추가하거나 제거합니다.

스프린트 백로그에는 해당 스프린트 중에 팀이 개발하게 될 특정 아이템이 포함되어 있는데, 이 아이템들은 스프린트 계획 수립 중에 제품 백로그에서 가져온 것입니다. 팀이 해당 스프린트 중에 완성할 소프트웨어를 **증분**이라고 합니다. 팀은 각 스프린트마다 하나의 완성된 증분을 검토하고 배포합니다. 뿐만 아니라, 스프린트 백로그는 **해당 증분을 완성하기 위한 계획** 활동을 포함하고 있습니다. 팀은 스프린트 계획 수립 시간에 백로그 아이템을 작업으로 분할하는 계획을 수행합니다.

Q: 백로그 아이템이 정확히 무엇입니까?

A: 제품 백로그에 있는 모든 아이템은 간략한 설명, (주로 대략적인) 추정 시간, 비즈니스 가치, 우선순위로 구성되어 있습니다. 제품 책임자는 반복적으로 제품 백로그를 **정제**(refine)합니다. 즉, 백로그에 있는 아이템을 살펴보면서, 더 이상 쓸모가 없는 요소는 제거하고 각 아이템의 가치를 재평가하고 가장 가치 있는 아이템이 우선적으로 개발될 수 있도록 우선순위를 조정합니다.

Q: 잠깐만요. 앞의 내용을 보니 브라이언은 팀 리드인데요. 그런데 스크럼에는 역할이 단지 세 가지밖에 없고 '팀 리드'는 그 역할에 없네요. 이게 어떻게 된 일이죠?

A: 역할과 직책은 다릅니다. 브라이언의 회사 내 직책이 팀 리드라서 다른 개발자보다 더 많은 권한을 보유하고 자신만의 스킬과 전문성을 갖고 있지만, 스크럼에서는 단지 개발팀의 일원일 뿐입니다. 스크럼에 브라이언이 해줄 수 있는 특별한 역할이 명시된 것은 아니지만, 브라이언은 팀 내에서 중요하고 독자적인 역할을 수행합니다. 그에게만 특화된 스크럼 관련 이벤트나 산출물에 대한 정의가 없을 뿐입니다.

Q: '산출물'은 어떤 것인가요?

A: 산출물은 프로세스나 방법론을 통해 만들어지는 부수적인 결과물을 말합니다. 스크럼에는 **세 가지의 산출물**이 있습니다. 제품 백로그, 스프린트 백로그, 증분입니다.

Q: 스프린트 도중에 긴급한 상황이 생기면 어떻게 합니까? 스프린트가 끝날 시간이 다 될 때까지 기다려야 하나요?

A: **아주 드문 경우**지만 스프린트가 종료되기 전에 제품 책임자가 해당 스프린트를 취소할 수 있는 권한을 갖고 있습니다. 제품 책임자가 스프린트를 취소하면 완료된 모든 스프린트 백로그 아이템에 대한 스프린트 리뷰를 진행하고 나머지 아이템은 제품 백로그에 다시 집어넣은 후 다음 스프린트 계획 수립 세션에서 사용합니다. 스프린트를 취소할 때는 정말로, 정말로 조심해야 합니다. 취소는 위급한 상황에서 '유리를 깨는' 행동입니다. 팀의 에너지를 엄청나게 낭비시키는 일이기도 하지만 그보다 더 중요한 것은, 회사 사람들이 그 팀을 불신할 수도 있으며, 스크럼의 효과에 대한 신뢰가 사라질 수도 있습니다.

스크럼은 가볍게 설계되어 이해하기는 쉽지만, 스크럼을 마스터하는 것에는 단지 규칙을 따르는 것 이상의 의미가 있습니다.

연필을 깎으며

각 스크럼 이벤트의 이름과 그 이벤트가 일어난 시간, 이벤트에 정해진 시간을 적으세요. 첫 번째 이벤트는 저희가 작성했습니다. 여러분은 세 개의 스크럼 역할과 세 개의 스크럼 산출물을 적어보세요.

발생 순서대로 정렬한 이벤트 이름	이벤트가 발생하는 시간	이벤트에 정해진 시간
스프린트		스프린트가 30일이라고 가정하세요.

스크럼 역할을 적으세요.

스크럼 산출물을 적으세요.

팁은 112쪽에

4개월 뒤 스프린트 회고에서...

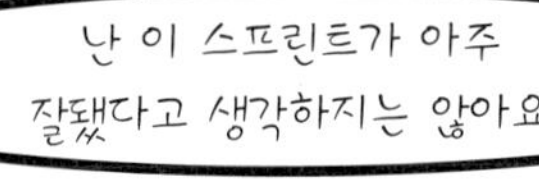

난 이 스프린트가 아주
잘됐다고 생각하지는 않아요.

아주 셜록
홈즈 나셨네요. 뭐 때문에 그러시죠? 우리가
거의 아무것도 못해서인가요?

릭: 저기, 그렇게 말할 필요까지는 없잖아요. 우리 모두가 최선을 다하고 있다고요!

에이미: 미안해요. 최근에 일이 정말 긴박해서 제가 날카로웠네요. 스크럼에 시간을 너무 많이 써서 제 일을 할 시간이 없어요.

릭: 그게 무슨 말이에요?

에이미: 제 말은, 여러분이 계속 저한테 의사결정을 내리라고 하잖아요. 이번 스프린트 계획 수립 때처럼요. 그러면 전 브라이언 팀이 전략적 저장탑 공격 레벨을 시작해야 하는지, 우유총 환경을 개선해야 하는지 결정해야 했고요.

릭: 네, 우리보고 전략적 저장탑 공격 작업을 시작하라고 했죠. 뭐가 잘못됐어요?

에이미: 당신은 모를 거예요. 시연하고 나서 CEO 방에 불려가 한 시간 동안이나 소리지르는 걸 들었어야 했어요. 게이머들은 CGW4의 전략 레벨을 싫어했고, CGW5에서 그 레벨에 관한 나쁜 리뷰를 보는 것을 이해관계자들이 절대 원하지 않고 있죠.

릭: 잠깐만요, 뭐라고요? 그 일을 하느라 우리가 얼마나 고생했는데요. 다 잘 나왔다고 생각했는데!

에이미: 저도요. 근데 그 사람들 말이, 스프린트에 전략 레벨을 포함시키는 의사결정을 할 권한이 저한텐 없었다는 거죠. 다른 의사결정도 마찬가지고요.

릭: 하지만 당신이 제품 책임자잖아요! 그런 의사결정을 하는 게 이제 당신 일이라고요.

에이미: 바로 그 말이에요. 그래서 뭘 어떻게 해야 할지 모르겠어요. 피처에 관해 팀이 하는 질문에 답하느라 너무 많은 시간을 쓰다 보니 진짜 제 할 일에 쓸 시간이 없네요.

릭: 저도 쉬운 건 아니어요. 브라이언 팀원들을 일일 스크럼에 참여시키기가 점점 더 어려워지고 있어요. 알잖아요, 프로그래머들이 회의 싫어하는거.

에이미: 그거 알아요? 우리는 스크럼 규칙을 따르고 있고 나름 도움이 돼요. 저는 그렇게 생각해요. 맞나요? 아닌가요? 음... 이 스크럼이란 게 정말로 이런 문제를 다 감수할 가치가 있는 걸까요?

브레인 파워

팀은 글자 그대로 스크럼 규칙을 따랐지만 프로젝트는 여전히 문제투성이군요. 뭐가 잘못된 걸까요?

스크럼 가치가 팀을 더 효과적으로 만들어줍니다

팀의 모든 사람들이 애자일 선언문에 담긴 가치에 따라 행동하는 마음가짐을 갖고 있을 때, 애자일 팀이 얼마나 더 효과적일 수 있는지를 우리는 이미 살펴보았습니다. 마찬가지로 스크럼은 아주 똑같은 효과를 스크럼 팀에게 주는 다섯 가지 **가치**를 수반합니다.

개방

다섯 개의 스크럼 가치는 각각 한 단어로 나타낼 수 있습니다. 이 경우 그 가치는 '개방'입니다.

여러분은 팀원이 어떤 작업을 하고 있는지를 항상 알고 있어야 하며, 그 팀원도 여러분이 어떤 일을 하고 있는지 알고 있다는 사실을 편하게 느껴야 합니다. 만약 문제나 장애물에 직면하면 팀과 함께 해결할 수 있습니다.

여러분이 문제에 부딪혔을 때 팀원들에게 이야기하기가 항상 쉽지만은 않습니다. 우리 중 그 누구도 실수하는 걸 좋아하지 않기 때문이죠. 특히 직장에서는 더 그렇습니다. 그래서 팀의 모든 사람들은 이 가치를 공유해야 합니다. 팀원들이 자신들의 문제를 여러분과 이야기하는 것에 개방적이라면, 여러분이 부딪히는 문제와 장애물에 대해 팀원들에게 이야기하기가 훨씬 쉬울 뿐만 아니라 팀 전체에게도 도움이 됩니다.

정말 미안한데요. 제가 오늘까지 저장탑 저격수 레벨 코드를 완료하겠다고 약속했는데 로직을 제대로 이해하지 못하겠어요.

솔직하게 이야기할게요. 그것 때문에 늦어지고 있어요. 하지만 필요한 시간을 어떻게든 벌어볼게요.

브라이언은 이와 같은 문제점을 공개하는 것이 좀 불편하고 창피했지만 프로젝트를 위해서는 그것이 최선이었습니다.

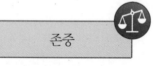

존중

여러분과 팀원은 서로를 존중하며, 모든 팀원은 일을 하는 데 있어 서로를 신뢰합니다.

신뢰와 존중은 밀접한 관계가 있습니다. 스크럼 팀원들은 서로에게 귀를 기울이고, 동의하지 않을 때는 서로의 아이디어를 이해하기 위한 시간을 갖습니다. 팀원끼리 하나의 방법론에 관해 서로 다른 생각을 갖는 것은 자연스러운 일입니다. 효과적인 스크럼 팀이라면 여러분이 선택한 접근법에 팀원이 동의하지 않더라도 여러분은 그들의 생각을 경청할 수 있어야 합니다. 또한 팀원들도 여러분의 결정을 존중하고, 그들이 동의하지 않았던 접근법을 택하더라도 여러분을 믿어줄 것입니다.

팀원들에게 추정을 요구하면서 프로젝트 관리자가 혼자 계획을 수립하는 전통적인 워터폴 팀에는 신뢰가 쉽게 나타나지 않습니다. 일이 잘못되면 프로젝트 관리자는 추정을 적게 했다고 팀을 비난할 수 있고, 팀은 잘못된 계획에 대해 프로젝트 관리자를 비난할 수 있기 때문입니다.

스크럼 팀은 최소 3명의 팀원이 필요하며, 보통 9명이 최대 인원입니다. 스크럼 팀이 스프린트에서 의미 있는 작업 분량을 완료하려면 최소한 3명은 필요합니다. 하지만 팀 규모가 10명 이상이 되면, 서로의 생각을 조정하기가 점점 더 어려워집니다. 일일 스크럼은 혼란스러워지고, 효과적으로 계획을 세우기도 어려워집니다.

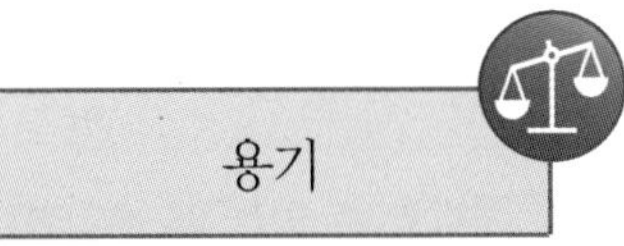

스크럼 팀은 도전을 받아들일 용기가 있으며, 팀원 개개인은 프로젝트를 사수할 용기가 있습니다.

상사가 여러분과 팀에게 불가능한 목표를 달성하라고 요구하면 어떻게 하시겠습니까? 만약 상사가 2개월 안에 절대로 완료할 수 없는 프로젝트의 마감일을 2주로 맞추라고 요구하면 어떻게 하시겠습니까? 효과적인 스크럼 팀은 불가능한 목표에 맞서 "불가능합니다!"라고 말할 수 있는 용기가 있습니다. 왜냐하면 그들에게는 무엇이 가능한지를 보여주는 계획 수립 도구가 있고, 그들이 만든 수 있는 가장 가치 있는 소프트웨어를 개발해줄 것이라고 믿어주는 사용자의 이해관계자가 있기 때문입니다.

이것이 바로 스프린트 계획 수립 회의 초반에 스프린트 목표를 한두 문장으로 쓰는 이유입니다. 그 목표를 통해 팀이 스프린트 동안 집중할 수 있습니다.

모든 팀원은 스프린트 목표에 집중하고, 스프린트 중에 그들이 하는 모든 일은 그 목표를 향해 움직입니다. 스프린트 내내 모든 사람은 스프린트 작업에만 집중하고, 스프린트가 완료될 때까지 한 번에 하나의 작업만을 수행합니다.

스크럼 스프린트 중에 스크럼 팀의 개별 팀원은 스프린트 백로그에 있는 아이템과 계획 수립 회의에서 아이템을 분할한 작업에만 집중합니다. 각 인원은 한 번에 스프린트 백로그에 있는 한 가지 아이템을 작업하고, 계획에 따라 한 가지 작업만 집중하며, 현재 하던 일을 완료한 후에야 다음 작업으로 넘어갑니다.

멀티태스킹은요?
사람들이 한 번에 여러 개의 작업을 하는 게 더 효과적이지 않나요?

스크럼 팀원은 한 번에 하나의 작업에 집중하는 것이 동시에 여러 개의 작업을 하는 것보다 훨씬 더 효과적임을 잘 알고 있습니다.

하루에 여러 번씩 여러 개의 작업 사이를 왔다 갔다 하는 것이 한 번에 하나에 집중하는 것보다 더 효과적이라는 말이 있기는 합니다. 하지만 이렇게 생각해보세요. 여러분이 하나에 1주가 걸리는 두 개의 작업이 있습니다. 여러분이 여러 개의 작업을 한꺼번에 한다면, 여러분이 할 최선은 2주가 끝나는 시점에 두 개 모두를 전달하는 것입니다. 하지만 첫 번째 작업이 끝날 때까지 두 번째 작업을 시작하지 않는다면 첫 번째 작업을 일주일 먼저 완료할 수 있습니다.

스크럼 가치가 하나 더 있습니다. 페이지를 넘겨보세요. →

몰입

팀원들은 자기가 가장 가치 있는 제품을 개발할 수 있을 때 몰입합니다. 그리고 회사의 다른 사람들도 마찬가지입니다.

팀이 프로젝트에 몰입하면 팀원이 스프린트 목표에 부응하기 위해 계획했던 작업이 바로 그들이 해야 하는 가장 중요한 작업이라는 뜻입니다. 팀원 개개인은 회사에서 자신의 개인적인 성공이 프로젝트의 성공과 연결되어 있다고 생각합니다. 그래서 사람들은 단지 자신이 작업하는 아이템에 몰입한다기보다는, 아이템이 증분 속에 있기 때문에 몰입한다는 느낌을 갖습니다. 이것을 **집단 몰입**(collective commitment)이라고 합니다.

그런데 회사에는 중요할지 몰라도, 프로젝트와 관련 없는 일이 나타나면 어떻게 될까요? 스크럼이 효과적으로 진행되려면, 상사는 스크럼이 방해를 받지 않도록 프로젝트를 보호해야 합니다. 다시 말해 팀의 스프린트 목표를 달성하기 위한 집단 몰입을 존중해주고 관련된 스크럼 규칙을 지키면서 **회사가 프로젝트에 충분히 몰입**할 수 있도록 해야 합니다.

그렇다면 회사는 그런 몰입을 위해 어떻게 해야 할까요?

팀에게 어떤 피처를 어느 스프린트에서 개발할지 **결정할 권한을 주고**, 팀이 가장 가치 있는 소프트웨어를 개발하는 방법을 신뢰하는 것입니다. 회사는 어떤 피처를 개발할지 결정할 권한을 가진 전담 제품 책임자를 팀에 배정하고 완료된 피처를 수용하면 됩니다.

집단 몰입은 모든 팀원이 자신들이 작업하고 있는 아이템뿐만 아니라, 완전한 증분을 완료하기 위해 몰입한다고 느끼는 것을 말합니다.

피처를 수용하고 상사한테 욕을 먹는 게 벌써 세 번째네요. 저한테는 그럴 권한이 없다는 게 이유예요.

맞아요, 회사를 대신해서 몰입해서 일할 수 있도록 해주는 권한이 당신에게는 전혀 없는 것 같아요.

있잖아요. 저는 제대로 된 제품 책임자가 아닌가봐요.

그나마 다행스럽게, 저는 스크럼 마스터에 알맞은 사람이에요. 내가 상위 관리자들과 얘기해서 이 문제를 해결할 수 있는지 한번 살펴볼게요.

스크럼 마스터의 역할 중 중요한 부분은 모든 사람들이 스크럼을 이해하게끔 돕는 것이며, 여기에는 상위 관리자와 다른 팀원도 포함됩니다.

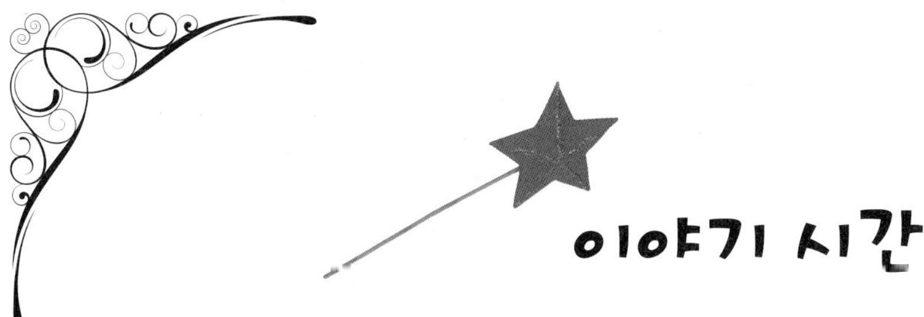

이야기 시간

옛날 옛적에 아주 친한 친구 사이인 돼지와 닭이 살고 있었습니다.

어느 날 닭이 돼지에게 말했습니다.

"나한테 좋은 생각이 있어. 우리 같이 레스토랑 하자!"

돼지가 말합니다. "그거 좋은 생각인데! 이름을 뭐라고 할까?"

닭이 대답합니다. "<베이컨과 달걀> 어때?"

돼지는 잠시 생각해보더니 이렇게 말했습니다. "있잖아. 난 안 할래.

넌 그냥 참여(involved)만 하는 거지만 난 **몰빵(committed)**하는 거잖아."

바보 같은 질문은 없다

Q: 왜 동물에 대해 이야기한 건가요?

A: 왜냐하면 돼지와 닭의 우화는 몰입을 이해하는 좋은 방법입니다(닭은 알만 낳으면 되지만, 돼지는 자신의 살을 줘야 하거든요. 몰입의 차이가 매우 크죠). 어떤 팀은 프로젝트에 몰입하는 사람들을 '돼지'라고 하고, 관심은 있지만 진정한 몰입은 하지 않는 사람들을 '닭'이라고 부르는 것으로 실제로 쓰는 용어이기도 합니다(간혹 돼지라는 단어가 욕으로 사용되는데도 스스로를 '돼지'라고도 부르기도 합니다!).

스크럼 가치인 몰입은 여러분이 스크럼 팀에 속해 있을 때 직업적인 성공이나 실패가 가치 있는 소프트웨어를 개발하는 능력에 달려 있다고 진정으로 믿는다는 뜻이며, 이는 여러분을 몰입하는 '돼지'로 만들어줍니다. 여러분의 사용자와 이해관계자들은 프로젝트가 완료되는 데 지대한 관심을 갖고 있을 수 있으므로 그들은 '닭'이 됩니다. '닭'은 프로젝트에 매우 중요하지만 '돼지'와 마찬가지로 강력한 개인적 몰입을 한다는 느낌은 없습니다.

Q: 팀이 스크럼 가치의 일부를 제대로 이해하지 못하면 어쩌죠?

A: 스크럼 마스터의 일 중 중요한 한 가지는, 팀의 모든 사람들이 스크럼 가치를 이해하도록 만들어서 궁극적으로 개개인이 스크럼에 맞는 올바른 마음가짐을 갖도록 스크럼 가치를 내재화하는 것입니다. 처음부터 이 모든 가치에 진정한 믿음을 갖고 스크럼을 시작하는 팀은 거의 없습니다. 팀은 시간이 지나면서 함께 성장하고 진화합니다. 스크럼 마스터는 스크럼 가치를 팀이 이해하도록 돕고, 차후에 발생할 프로젝트의 장애물을 처리할 수 있도록 도와줍니다.

Q: 우리 팀이 만약 충분한 권한을 가진 제품 책임자를 찾지 못하면 어쩌죠?

A: 만약 제품 책임자가 팀이 무엇을 만들지 결정하거나 스프린트 백로그에 있는 각 아이템을 완료한 것으로 받아들이는 데 필요한 권한을 갖고 있지 않다면, 회사는 팀이 스스로 일할 권한을 팀에게 주지 않은 것이며, 팀이 프로젝트나 스크럼에 진정으로 몰입할 수 있는 환경을 제공하지 않은 것입니다. 그건 문제가 될 수 있습니다. 팀이 **훌륭한 일을 해냈음에도 많은 프로젝트가 실패**하는 이유는 잘못된 소프트웨어를 만드는 것 때문입니다. 제품 책임자는 회사의 나머지 사람들과 함께 일하고 비즈니스의 니즈를 이해하고 어떤 피처를 만들지 결정하며 팀이 그 피처를 이해하도록 도와주는 것이 자신의 전담 업무이기 때문에 열심히 일하고도 실패하는 일이 일어나지 않도록 방지합니다.

제품 책임자가 어떤 피처를 만들지 결정할 권한을 갖고 있지 않다면, 회사는 스크럼으로 프로젝트를 하는 데 제대로 몰입하지 않은 것입니다.

핵심정리

- **스크럼**은 가장 널리 알려진 애자일 접근법이며, 최소 3명에서 9명의 사람들로 구성된 소프트웨어 팀이 적용할 때 가장 성공적입니다.
- 스크럼에는 시간이 정해진 다섯 개의 **이벤트**가 있습니다. 이것은 스프린트, 스프린트 계획 수립, 일일 스크럼, 스프린트 리뷰, 스프린트 회고입니다.
- 스크럼에는 세 가지 **역할**이 있습니다. 이것은 제품 책임자, 스크럼 마스터, 개발팀입니다.
- 스크럼에는 세 개의 **산출물**이 있습니다. 이것은 제품 백로그, 스프린트 백로그, 증분입니다.
- 프로젝트는 **스프린트**로 나눠지는데, 스프린트는 주로 30일(또는 더 짧을 수 있습니다)로 시간이 정해진 반복 주기입니다.
- 각 스프린트는 시간이 한정된 **스프린트 계획 수립** 미팅으로 시작합니다. 여기서 팀은 스프린트 백로그에 어떤 아이템(피처 등)을 포함할지 결정하며, 최소한 스프린트 첫 주분에 대해 작업량을 분할합니다.
- **일일 스크럼**은 각 팀원이 완료한 작업과 다음에 할 일 그리고 진행에 방해되는 걸림돌에 대해 이야기하는 회의입니다.
- 제품 책임자는 **스프린트 리뷰**에 주요 이해관계자를 초대합니다. 여기서 팀은 제대로 작동하는 소프트웨어를 시연하며 모두 함께 다음 스프린트 백로그를 논의합니다.
- **스프린트 회고**에서 팀은 잘 진행된 일에 대한 이야기와 함께 향후 개선할 수 있는 일들을 구체적으로 파악합니다.
- 스크럼 팀은 다섯 가지 가치를 갖고 있으며, 이 가치는 좀더 효과적인 마음가짐을 갖는 데 도움이 됩니다. 이것은 **개방, 존중, 용기, 집중, 몰입**입니다.

좋은 소식이 있어요! 몰입 문제에 관해서 비즈니스 쪽에 있는 많은 사람들과 만나봤는데 그 사람들도 알렉스를 우리 팀의 **전담 제품 책임자**로 내정하는 데 동의했어요.

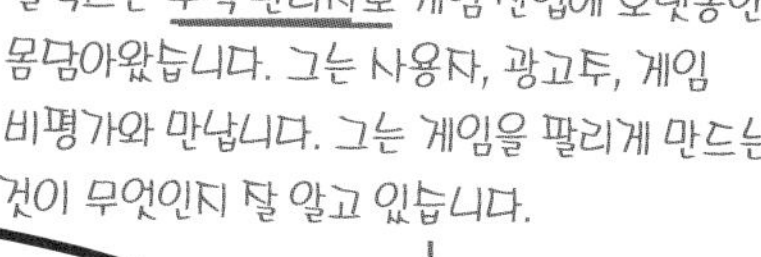

알렉스는 수석 관리자로 게임 산업에 오랫동안 몸담아왔습니다. 그는 사용자, 광고주, 게임 비평가와 만납니다. 그는 게임을 팔리게 만드는 것이 무엇인지 잘 알고 있습니다.

만나서 반가워요. 스크럼이 어떻게 돌아가는지는 릭이 설명해줬고, 윗사람들 생각에 스크럼이 **너무 중요**해서 저를 이쪽에 전담으로 일하도록 파견했습니다.

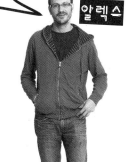

권한은 명확합니다. 게임에 들어갈 사항이라고 제가 말하면, 그건 게임에 들어가는 거죠. 다른 상위 관리자들은 제 판단을 믿고 있으며, 저는 여러분이 프로젝트를 완성하리라 믿습니다.

다행이네요! 전 이제 크리에이티브 디렉터로 다시 돌아갈 수 있겠네요.

개발자들이 수석님께 할 질문이 많아요! 제가 개발자들을 소개해드릴게요.

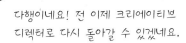

스프린트 5 제품 백로그

~~전략적 저장탑 공격~~

안돼, 게이머들이 싫어해!

그럼 대신 뭘 하지?

새로운 제품 책임자와 함께 팀은 다음 스프린트에 포함할 가장 중요한 피처를 파악할 수 있습니다.

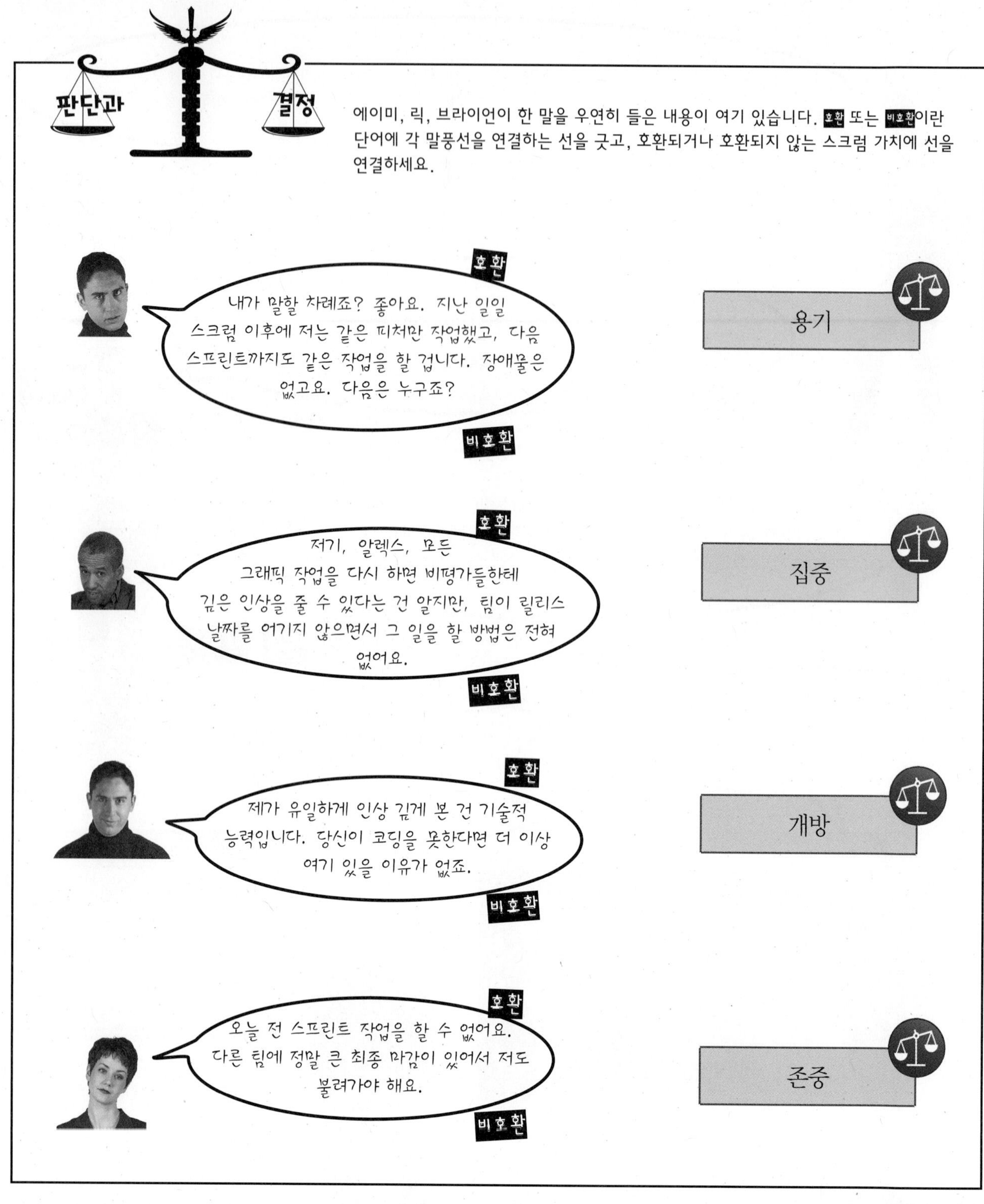
판단과 결정
에이미, 릭, 브라이언이 한 말을 우연히 들은 내용이 여기 있습니다. 호환 또는 비호환이란 단어에 각 말풍선을 연결하는 선을 긋고, 호환되거나 호환되지 않는 스크럼 가치에 선을 연결하세요.
호환
내가 말할 차례죠? 좋아요. 지난 일일 스크럼 이후에 저는 같은 피처만 작업했고, 다음 스프린트까지도 같은 작업을 할 겁니다. 장애물은 없고요. 다음은 누구죠?
비호환
호환
저기, 알렉스, 모든 그래픽 작업을 다시 하면 비평가들한테 깊은 인상을 줄 수 있다는 건 알지만, 팀이 릴리스 날짜를 어기지 않으면서 그 일을 할 방법은 전혀 없어요.
비호환
호환
제가 유일하게 인상 깊게 본 건 기술적 능력입니다. 당신이 코딩을 못한다면 더 이상 여기 있을 이유가 없죠.
비호환
호환
오늘 전 스프린트 작업을 할 수 없어요. 다른 팀에 정말 큰 최종 마감이 있어서 저도 불려가야 해요.
비호환
용기
집중
개방
존중

답은 113쪽에

매일 일일 스크럼에 가면 진행 상황을 알게 될 거라고 생각했는데, 블랙 앵거스 보스 전투는 도대체 **어떻게 진행되는지 모르겠네요.**

무슨 말씀이세요? 그 작업을 하는 개발자들이 90% 완료됐다고 하던데요.

네, 알아요. 하지만 **어제** 90% 완료됐고, **일주일 전**에도 90% 완료였어요. 이걸 어떻게 해야 하죠?

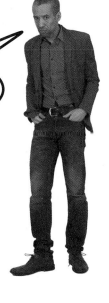

릭: 저는... 어...

알렉스: 네, 제가 생각한 대로예요.

릭: 저기, 그건 공평하지 않아요. 그 친구가 그 피처 작업을 얼마나 열심히 했는지 전 알아요. 우리가 생각한 것보다 훨씬 더 시간이 걸릴 뿐이라구요.

알렉스: 그래서 그걸 어떻게 할 건가요?

릭: 저기요, 우린 모두 한 팀이에요. 수석님을 포함해서요. 수석님 말씀은 수석님을 포함한 **우리** 모두가 그걸 어떻게 할거냐고 묻는 거죠?

알렉스: 좋아요. 음, 저도 같은 팀이니까 제가 답을 드리죠. 다른 팀은 만일의 사태에 대비해서 스케줄을 여유 있게 잡아서, 그 사람들은 나 같은 수석 관리자들에게 일정이 늦어지고 있다고 말할 필요가 없죠.

모든 사람들이 괜찮다고 동의한 상황이 아니라면, 일정을 여유 있게 만드는 것이 일정에 관해 거짓말하거나 상사에게 정보를 숨기는 것과 뭐가 다를까요?

릭: 그렇군요. 네. 저도 제가 관리한 다른 프로젝트에서는 그랬어요. 저도 우리 예상보다 더 오래 걸린 것들에 대비해서 제 일정에 추가 작업을 넣었죠.

알렉스: 하지만 지금은 안 하고 있죠?

릭: 어, 네. 스크럼 규칙에는 제가 만일의 사태에 대한 대비나 완충 장치, 또는 추가 작업을 넣을 방법이 없어요. 스크럼 규칙을 깨지 않으면서도, 일정을 완화할 방법이 있는지 정말 모르겠네요.

알렉스: 그렇다면 스크럼 자체에 문제가 있는 건지도 모르겠군요.

브레인 파워

스프린트 작업 중 하나가 팀이 계획한 시간보다 훨씬 오래 걸릴 때는 어떻게 하시겠습니까?

질문 클리닉: '다음은 뭐지' 질문

많은 프랙티스나 이벤트는 특정 순서대로 나타나는데요, 여러분은 '다음은 뭐지' 질문을 통해 그 순서에 관한 질문을 받게 됩니다. 이런 질문은 실제 프로젝트에 프랙티스가 어떻게 적용될 것인지 물어봅니다. 이와 같은 질문이 아주 어려운 것은 아니지만 작은 오해를 불러올 수는 있습니다.

대부분의 '다음은 뭐지' 질문은 상황을 묘사하고 여러분에게 다음에 무엇을 할지 묻습니다. 가끔 질문 속의 이벤트 순서가 명확하지 않을 때가 있습니다. 시나리오를 잘 살펴보면서 다음은 무엇인지, 이후에 무슨 일이 일어나는지, 또는 팀이 어떻게 진행할 것인지를 묻는 질문에 주의해서 보기 바랍니다.

여러분이 잘 모르는 산업에 관한 질문을 받아도 당황하지 마세요.

'다음은 뭐지' 질문의 본질은 팀이 현재 하고 있는 일을 파악하는 겁니다. '달성할 목표'의 다른 말은 무엇일까요? 그것은 스프린트 목표를 의미합니다. 그렇다면 스프린트 계획 수립 세션 초반에 이루어져야 하겠죠?

27. 여러분은 잠금 방지 브레이크 시스템을 위한 펌웨어를 만드는 자동차업계 소프트웨어 팀의 스크럼 마스터입니다. 여러분의 팀은 스프린트 아이템을 완성하면 달성할 목표를 이제 막 작성했습니다. 여러분 팀이 다음으로 할 일은 무엇입니까?

A. 스프린트 백로그 아이템을 작업으로 분할한다.

B. 사용자와 함께 작동하는 소프트웨어를 리뷰한다.

C. 비즈니스 사용자와 만난다.

D. 스프린트 백로그에 어떤 아이템을 포함할지 결정한다.

이것은 스프린트 계획 수립 세션 동안에도 일어납니다. 하지만 이 답을 다른 답과 비교해보면, 그 전에 일어난 다른 일이 있답니다.

이 대답 모두가 스프린트 계획 수립 세션 동안에 일어난 일은 아닙니다.

아하! 팀이 스프린트 계획 수립 세션을 하는 중이고 스프린트 목표를 이제 막 작성했다면, 그들이 다음에 할 일은 제품 백로그에 있는 아이템 중 스프린트 백로그에 무엇을 포함할지 결정하는 겁니다. 그게 바로 다음에 할 일입니다!

헤드 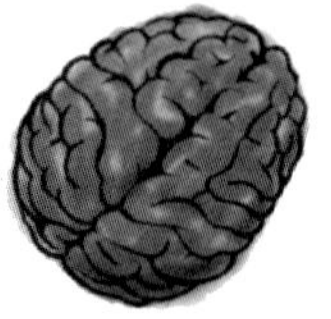 립스

여러분 스스로 '다음은 뭐지' 질문을 위해 다음 빈 칸을 채우세요! 옳은 답이라고 생각하는 스크럼 이벤트나 액티비티를 먼저 찾고 나서, 바로 그 전에 팀이 완료한 것이 무엇인지를 정확히 파악하세요. 질문에 설명할 내용이 팀이 바로 완료한 것이기 때문입니다

당신은 ______________________ 의 제품 책임자입니다. 당신의 팀은 방금 ______________________
(산업) (스크럼 액티비티 실행)

______________________ 을 완료했습니다. ______________________ 이 당신에게 전하길, 당신의 프로젝트가
(사용자 유형)

______________________ 라고 합니다.
(프로젝트 중에 일어난 문제)

이 질문의 마지막 부분은 답을 전혀 바꾸지 않습니다. 많은 질문들이 이렇습니다.

팀이 다음에 할 일은 무엇입니까?

A. ______________________
(올바른 답: 다음에 할 스크럼 액티비티, 도구 또는 프랙티스 설명)

B. ______________________
(스크럼의 다른 액티비티, 도구 또는 프랙티스 설명)

C. ______________________
(다른 방법론의 일부인 액티비티, 도구, 프랙티스 명칭)

D. ______________________
(스크럼 가치나 역할 중 하나 설명)

'다음은 뭐지' 질문이 항상 이벤트, 도구 또는 프랙티스의 순서를 묻는 것처럼 보이는 건 아닙니다. 당신이 수행할 행동이나 만들어진 특정 산출물을 설명하는 질문을 조심하고 자신이 그다음에 무엇을 해야 하는지 물어보세요.

스크럼 가이드를 들여다보면 여러분은 이 '완료'라는 표현이 실제로는 제품 증분을 말하고 있다는 것을 알 수 있습니다.

작업은 '완료'될 때까지 완료된 것이 아닙니다

여러분이 스크럼 팀에 속해 있다면 여러분은 한 번에 하나의 백로그 아이템이나 작업을 수행합니다. 그게 바로 집중의 가치입니다. 그리고 여러분은 그 작업이 끝날 때까지 그 일을 합니다. 하지만 정확히 언제 그 일이 완료되는 걸까요? 해야 할 테스트가 여전히 남아 있나요? 여러분은 일을 완료했다고 생각하기 쉽습니다. 아주 작은 일 하나를 빼놓고 말이죠. 그게 바로 스크럼 팀이 백로그에 추가하는 모든 아이템이나 피처에 대한 **'완료'를 정의**하는 이유입니다. 아이템이 스프린트 백로그에 들어가기 전에 팀의 모든 사람들은 '완료'가 단지 끝내는 것이 아니라, '완료'가 완료되는 것이 정확히 무엇을 의미하는지에 대해 모두 이해하고 동의해야 합니다. 그리고 백로그의 모든 아이템이 '완료'라고 정의되어 있으므로, **전체 결과에 대한 '완료'가 정의돼 있고**, 팀은 스프린트의 마지막에 '완료'된 증분을 전달하는 데 집중할 수 있습니다.

에이미와 브라이언은 이 피처를 다 완료한 듯합니다.
건초 탈곡기 전투 경기장의 그래픽 작업을 완료했어요.
멋지네요, 저도 업데이트된 우유총 환경 프로그래밍을 완료했거든요.
파일을 모두 묶어서 팀원들에게 이메일로 보내기만 하면 돼요.
아직 테스트도 해야 하고 문서도 작성해야 하지만 코딩은 모두 끝났어요.
음... 결국 이런 피처들 때문에 어쩌면 '완료'가 완료된 게 아닌지도 모르겠군요.

엔진 검사: 스프린트 계획 수립

스프린트 계획 수립은 '완료'의 정의에 달려 있습니다.

스프린트 계획 수립 회의 초기에 팀은 스프린트 백로그에 어떤 아이템을 포함할지를 결정합니다. 하지만 팀원 모두가 이해하는 '완료'의 정의가 전혀 없는 아이템이 있다면 어떻게 할까요? 어떤 사람은 그게 모든 코드가 완료되는 것이라고 생각하는 반면, 다른 사람은 문서화나 테스트도 포함한다고 가정합니다. 심지어 아이템이 완료된다는 것이 무엇을 의미하는지에 대해 의견이 일치하지 않는다는 것조차 인지하지 못하면, 그들은 해당 스프린트 중에 개발할 수 있는 아이템이 몇 개인지 제대로 합의에 이르지 못할 수도 있습니다. 따라서 스프린트 계획 수립은 모든 아이템에 팀 전체가 동의할 수 있는 '완료'의 명확한 정의를 갖고 있을 때 효과가 있습니다.

스크럼 팀은 스프린트 내내 변화에 적응합니다

프로젝트 팀은 매일 의사결정을 해야 합니다. 이번 스프린트에는 어떤 피처를 구축할까? 그 피처를 어떤 순서로 만들까? 사용자들이 이 피처와 어떻게 상호작용할까? 어떤 기술이 필요할까? 전통적인 워터폴 팀은 하나의 답을 갖고 있습니다. 모든 계획 수립을 프로젝트 초기에 완료하는 것입니다. 문제는 계획이 수립되는 그 시점에 위와 같은 질문 대부분에 대한 해답이 아직 존재하지 않는다는 점입니다. 그래서 프로젝트 관리자는 팀과 함께 가정하고, 가정이 잘못된 경우에는 계획을 수정하기 위해 변경 제어 프로세스에 의존합니다.

스크럼 팀은 프로젝트 초반에, 심지어 스프린트 초기에 모든 프로젝트 질문에 해답이 있을 거라는 생각을 거부합니다. 대신, 실질적인 정보를 알아내자마자 그 정보에 기초해 의사결정을 내립니다. 스크럼 팀은 다음과 같은 **세 가지 특징**을 포함한 주기를 사용합니다. 바로 **투명성, 점검, 적응**으로 이어지는 주기입니다.

★ 주기는 **투명성**(transparency)으로 시작합니다. 이 단계는 팀이 스프린트에 어떤 아이템을 포함할지 그리고 완료가 모두에게 무엇을 의미하는지 결정하는 시점입니다. 모든 사람들이 완료한 작업 모두는 항상 팀에게 가시적입니다.

★ 팀 전체는 매일 일일 스크럼에서 만나 개발 중인 각 아이템을 **점검**(inspect)합니다.

★ 변경사항이 발견되면, 그 내용을 반영하여 **적응**(adapt)합니다(예를 들어 장애물이 발생하면 스프린트 백로그에 아이템을 추가하거나 제거할 수도 있습니다).

★ 다음 날 팀원들이 일일 스크럼에서 자신이 하는 일을 완전히 투명하게 공개하면서 **주기가 다시 시작**됩니다. 이 주기는 정해진 시간이 다 되거나 스프린트가 완료될 때까지 매일 지속됩니다.

★ 팀은 스프린트 목표, 작업, 일하는 방식을 검토하고 수정함으로써 **다른 스크럼 이벤트**(스프린트 계획 수립, 스프린트 리뷰, 스프린트 회고 등)**에서도 점검하고 적응**합니다.

바보 같은 질문은 없다

Q: 정말 이론적으로 들리기 시작하네요. 실제 세상과 연결해서 얘기해줄 수 없나요?

A: 물론이죠. '투명성'은 개개인이 모두 스프린트에서 자신들이 개발하는 모든 피처를 이해하고 자신들이 하는 일과 다음에 할 일 그리고 직면한 문제를 공유하는 것을 의미합니다. '점검'은 팀원들이 스크럼 이벤트(특히 일일 스크럼)를 활용해서 지식을 지속적으로 최신 내용으로 업데이트하는 것을 의미합니다. 그리고 '적응'은 새로운 정보를 토대로 그들이 다음에 계획한 일을 변경하는 방법을 지속적으로 찾는다는 뜻입니다.

Q: 팀이 작업 전부가 아니라 일부만 계획한다면, 프로젝트 나중에 혼란을 야기하지는 않을까요?

A: 아닙니다. 프로젝트 초반에 모든 결정을 한다면 여러분은 모든 것이 통제되고 있다고 느낄 겁니다. 하지만 대부분 그렇지 않죠. 어제까지 괜찮았던 프로젝트가 갑자기 늦어지고, 이제 모든 사람들이 벼락치기 모드가 돼 있는 걸 알고는 놀라게 되죠. 그래서 많은 팀들이 애자일로 전환합니다. 왜냐하면 전통적으로 계획했던 프로젝트는 계속 일정을 못 맞추고 항상 무언가 변경할 사항이 생기거든요. 전통적인 많은 의사결정이 프로젝트가 어느 정도 진행될 때까지 **알지 못하는** 정보에 의존하고 있는데, 스크럼은 그런 함정을 피해갑니다.

Q: 실제로 그런 일이 어떻게 일어나는지 예를 들어주시겠어요?

A: 〈젖소의 분노〉를 만든 팀이 겪을 뻔했던 일입니다. 브라이언은 게임을 즐기는 사람들이 사용할 새로운 트랙터 장비의 움직임을 개발해야 하는데, 그는 에이미가 트랙터의 기본적 움직임을 다 끝낼 때까지 기다려야만 합니다. 만약 릭이 전통적으로 프로젝트 관리를 했다면, 릭은 에이미가 끝낼 거라고(혹시 에이미가 오래 걸릴 수도 있으니 일정을 조금 조정하고) 생각하고, 브라이언에게 다른 일을 시키겠죠. 다른 일이 덜 중요하더라도 말입니다.

그런데 팀이 스크럼을 사용하면서, 팀은 더 많은 선택사항을 갖게 되었습니다. 그들은 브라이언이 에이미가 먼저 트랙터 행동 설계를 마치기 전까지 트랙터 코딩을 시작하지 못하는 것을 알고 있습니다. 하지만 그들은 또한 자신들이 **일을 진행하면서 진행 사항을 계속 점검하고 계획을 수정**할 것임을 알고 있습니다. 그래서 브라이언이 트랙터 작업을 할지 아니면 덜 중요한 작업을 할지 정하는 대신, 그 두 가지를 스프린트 백로그에 추가합니다. 그리고 누 브라이언이 코딩을 시작할 준비가 될 때까지 결정을 연기합니다. 브라이언이 코딩 준비가 되었을 때 에이미가 일을 완료하면 브라이언은 코딩을 시작할 수 있습니다. 에이미의 일이 끝나지 않았다면, 브라이언은 스프린트 백로그에서 다른 작업을 꺼내 작업하고, 그 일을 끝낸 후(물론 '완료'를 완료한 후에만) 트랙터 코딩을 시작합니다.

스프린트 계획 수립이 어떻게 돌아가는 건지 아직 잘 모르겠어.
어떻게 시간을 정해서 일을 할 수 있지?
모든 작업을 계획하기도 전에 정해진 스프린트 계획 수립 시간이 끝나는 일이
자주 있다고 했는데. 불충분한 계획은 불완전한 프로젝트로 이어지지 않을까?

아닙니다. 애자일 팀은 의사결정을 가능한 한 늦게 합니다.

많은 사람들이 스크럼에 대해 배울 때 스프린트 계획 수립 세션이 2주 스프린트에는 4시간(스프린트 기간에 따라 비율이 달라짐)으로 정해져 있다는 데 놀랍니다. 왜냐하면 그들은 일을 시작하기 전에 프로젝트의 모든 작업을 완전히 계획하는 데 익숙하기 때문이죠. 하지만 우리는 전통적인 워터폴 프로세스를 따르는 팀들이 프로젝트가 일부 진행됐을 때 계획이 변경되면 곤란해 하는 것을 자주 봐왔습니다. 심지어 몇 개월짜리 일정을 다시 계획하기에는 일이 너무 많다는 이유로 더 많은 가치를 가져다주는 변경사항을 거부하는 경우도 있습니다.

스크럼 팀은 이런 문제에 거의(또는 절대로!) 직면하지 않습니다. 팀이 각각의 모든 작업을 프로젝트의 초기에 계획하기 않기 때문입니다. 사실 대개 팀은 스프린트 초반에 모든 작업을 계획하지 않습니다. 모든 걸 초기에 계획하는 대신, 그들은 **책임이 따르는 마지막 순간**(last responsible moment)에 의사결정을 합니다. 이 말인즉 그들은 스프린트를 시작하기 위해 꼭 필요한 계획 수립만 한다는 것입니다. 더 많은 계획 수립이 필요하다면 스프린트 중 나중에 할 수 있습니다.

대부분의 팀에게는 이 방식이 계획 수립에 관한 완전히 새로운 방식일 것입니다. 다행히도 우리에게는 팀들이 매우 효과적인 마음가짐을 가질 수 있게 해주는 애자일 선언문이 있습니다.

애자일 선언문은 책임이 따르는 마지막 순간이라는 개념을 실제로 타당하다고 생각하는 마음가짐을 갖게 해주기 때문에 매우 유용합니다. 특히 12개의 애자일 원칙 중 한 가지는 책임이 따르는 마지막 순간을 이해하는 데 도움이 됩니다. 어떤 원칙인지 적어보세요. 답은 98쪽에 있습니다.

일일 스크럼 자세히 들여다보기

많은 팀이 일일 스크럼 질문에 답하는 것을 '의례'라고 지칭하지만, 모든 사람들이 참여하고 집중합니다.

'의례'

팀 전체는 매일 같은 시간에 모이지만, 대부분의 팀이 항상 같은 순서대로 이야기를 시작하지는 않습니다. 모든 사람(제품 책임자와 스크럼 마스터 포함)은 세 가지 질문에 답합니다.

- ★ 내가 **어제** 한 일 중 스프린트 목표를 향해 갈 수 있게 한 것은 무엇인가?
- ★ 스프린트 목표에 부응하기 위해 **오늘** 내가 할 일은 무엇인가?
- ★ 스프린트 목표에 도달하는 데 방해가 되는 **장애물**이 있는가?

회의 시간이 15분으로 정해져 있으므로 각자 요점만 간단히 짧게 이야기합니다.

점검과 적응

각자 세 가지 질문에 답하는 이유는 그 사람이 하는 일을 **완전히 투명**하게 만들기 위함입니다. 하지만 모든 팀원이 집중해서 들을 때만 그렇게 해야 효과가 있습니다(그래서 업데이트를 짧게 하는 것이 중요한 거죠!) 일일 스크럼에서 일어나는 가장 흔한 일 중 하나는, 팀원이 말도 안 되는 무언가를 하려는 것을 다른 팀원이 알아차리는 겁니다. 즉, 더 중요한 스프린트 백로그 아이템을 두고 다른 아이템을 시작하거나, 더 좋은 방법이 있는데 한 가지 방법만을 고집하거나, 다른 팀원이 도움을 줄 수 있는 장애물을 만날 수 있습니다.

이런 일이 발생하면, 팀은 이에 대해 이야기를 나누기 위해 차후에 회의를 합니다. 어쩌면 계획을 변경하도록 만드는 논의를 종종 할 수도 있습니다. 그들은 스프린트 백로그에서 다른 아이템을 선택하거나, 다른 방법을 사용하거나, 장애물을 피해 가기 위해 더 많은 작업을 추가하거나, 스프린트 백로그에서 다른 아이템을 제거할 수도 있습니다. 이것이 바로 팀이 변화에 **적응**하는 방법입니다.

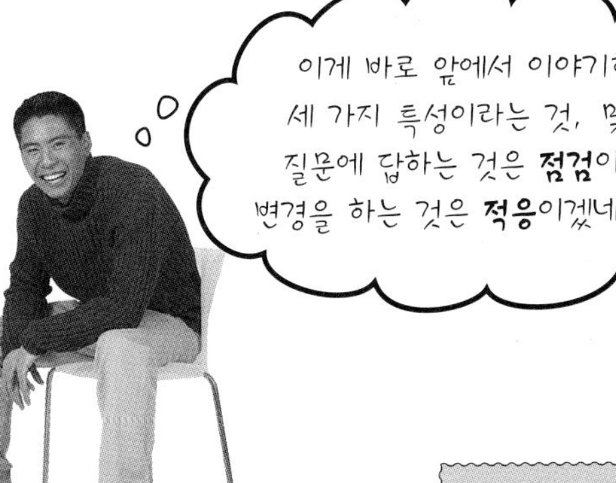

이게 바로 앞에서 이야기한
세 가지 특성이라는 것, 맞죠?
질문에 답하는 것은 점검이고,
변경을 하는 것은 적응이겠네요.

맞습니다. 그리고 투명성 덕분에 일이 잘 돌아가는 것이죠.

각 팀원은 매일 질문에 답을 하면서, 모든 사람들이 프로젝트에 관한 현재의 정확한 정보를 갖습니다. 너무 이론적인 것은 좋지 않지만, 이는 실제로 **경험적 프로세스 제어 이론**(empirical process control theory)에 대한 아주 좋은 예로, 프로세스(이 경우 애자일 방법)가 경험론에 기반하면 팀은 위험을 줄이기 위해 일하는 방식을 최적화하면서 지속 가능하고 예상 가능한 결과를 가질 수 있습니다.

사전 정의

경험론(empiricism), 명사

지식이 경험에서 나온다는 이론으로, 의사결정은 이미 알려진 정보에 기반해 내려진다.

"팀은 **경험론**에 근거를 두고 움직였고 추측을 토대로 한 프로젝트 계획을 거부했습니다."

애자일 선언문은 스크럼을 제대로 '이해'하게 해줍니다

2장에서 배웠던 스크럼을 포함한 애자일 방법론, 프레임워크 또는 접근법에 가장 효과적인 수단은 애자일 선언문의 가치와 원칙에 기반한 마음가짐을 갖는 것입니다. 스크럼 팀에 특히나 도움이 되는 애자일 원칙 중 세 가지를 자세히 살펴보죠.

당신들이 우유총을 작동할 수 있게 만들어줄 때까지는, 나도 건초 탈곡기 전투를 완료했다고 받아들일 방법이 없어요.

> 우리의 최우선 순위는, 가치 있는 소프트웨어를 일찍 그리고 지속적으로 전달해서 고객을 만족시키는 것이다.

이 원칙에서 정말 중요한 표현은 '가치 있는(valuable)'입니다. 팀의 모든 사람들은 그 말을 심각하게 받아들이고, 할 수 있는 한 최선을 다해서 가장 값어치 있는 것을 전달하도록 노력합니다.

제품 책임자는 팀이 가치를 전달하는지 확인합니다

이것이 바로 팀에 스프린트 백로그에 있는 아이템을 '완료'로 받아들이거나 '완료'가 완료되지 않았거나, 받아들이는 것을 거부할 권한을 가진 제품 책임자가 필요한 이유입니다. CGW5 팀의 모든 팀원이 이 원칙을 제대로 '이해'하면 알렉스가 이 피처를 완료된 것으로 아직 받아들이지 않은 것에 대해 화낼 수 없습니다. 왜냐하면 그들은 진정으로 그들이 할 수 있는 한 최고의 **가치**를 전달하고 싶기 때문입니다. 그들은 그 소프트웨어를 **조기**에 **지속적**으로 개발하기를 원하고, 그렇게 하는 가장 좋은 방법은 현재 아이템을 완료해서 (즉, '완료'하고 스프린트 리뷰에서 사용자들에게 시연할 준비가 된) 다음 아이템을 진행하면서, 스프린트에서 할 수 있는 한 많은 백로그 아이템을 완료하는 것이기 때문입니다.

엔진 검사: 스프린트 리뷰

스프린트 리뷰는 가치를 극대화하는 데 좋습니다.

스프린트 리뷰 중에 팀은 증분과 제품 백로그를 점검하기 위해 제품 책임자가 초대한 주요 사용자와 이해관계자와 협력하며, 모든 사람들이 스프린트 중에 개발된 가치를 점검하고 다음 스프린트 아이템의 가치를 극대화하는 데 목적이 있습니다. 아래에 그 방법이 있습니다.

- 제품 책임자는 스프린트에서 '완료'된 것을 검토하고 팀은 작동하는 소프트웨어를 시연합니다.
- 팀은 어떤 일이 잘됐고, 어떤 것을 개선할 수 있는지 이야기하고, 사용자와 이해관계자의 질문에 답합니다.
- 제품 책임자는 현재 제품 백로그를 모든 이들을 위해 점검하고, 모든 사람들은 다음 스프린트에 포함되야 한다고 생각하는 아이템에 대해 협력하면서, 팀이 사용자와 이해관계자로부터 직접 **그들이 무엇을 가장 가치 있다고 생각하는지**를 배웁니다. 이것은 다음 스프린트를 계획할 때 매우 중요합니다.
- 그들은 (다음으로 해야 할 가장 가치 있는 일이 변화하는 경우를 대비해서) 시장에서 바뀐 사항, 회사의 일정과 예산, 그 밖에 관련된 것에 대해 개방적이고 솔직하게 논의합니다.

여기 에이미가 일일 스크럼에서 업데이트한 내용입니다.

전 닭장 공중 강습 그래픽 작업을 다 끝냈으니
스프린트 백로그 아이템 하나를 더 끝낸 거네요.
제가 다음 할 일로 선택할 수 있는 아이템이 몇 개 있네요.
저는 말 목장 전투 레벨 디자인 작업을 할까 생각 중이에요.

다음에 할 일로 그게 알맞은지 잘 모르겠네요.
일일 스크럼이 끝나면 만나서 얘기 좀 할까요?

어쩌면 에이미가 잘못된 방향으로 가고 있는지도 모르겠네요. 브라이언이 주의를 기울이지 않았다면 이런 잠재적인 문제를 알아차리지 못했을 겁니다. 이제 함께 생각해볼 수 있습니다.

> 최고의 아키텍처, 요구사항, 설계는 자기 조직적인 팀에서 만들어진다(창발한다).

자기조직화는 다음에 어떤 작업을 할지 팀이 결정한다는 뜻입니다.

만약 여러분이 프로젝트 관리자가 있는 전통적인 워터폴 팀에서 일했다면, 프로젝트 관리자나 여러분의 상사가 작업을 지시하여 프로젝트 관리자가 만든 프로젝트 계획의 일부 작업을 수행했을 겁니다. 하지만 그 방식은 스크럼 팀이 일하는 방식이 아닙니다. 스크럼 팀은 수많은 사람들을 위해 일하는 새로운 방식인 **자기조직화**(self-organizing)를 따릅니다.

스크럼 팀 전체는 프로젝트를 계획하기 위해 협력합니다. 한 사람이 계획을 세우고 무엇을 하라고 말하지 않습니다. 개발팀원들은 스프린트 백로그에 새로운 작업을 추가하면서 무엇을 개발할지 정합니다. 전체 팀이 이 목적을 어떻게 달성할지도 함께 결정합니다.

하지만 자기조직화가 스프린트 계획 수립하면서 그냥 일어나지는 않습니다. 사람들은 일일 스크럼에서 서로 함께 확인하면서 자신들의 **계획을 계속 바꿔갑니다.** 각자 팀 전체에게 스프린트 계획 수립 중에 그들이 정한 목표에 부응하기 위해 계획한 다음 일에 대해 이야기합니다. 만약 팀원이 방법에 문제가 있는 걸 알게 되면 그날 다 함께 그 문제를 해결합니다.

일일 스크럼은 시간이 정해져 있어서 두 팀원이 이런 문제가 있다는 것을 알면 두 사람은 그 문제를 해결하기 위해 나중에 만납니다(다른 팀원들이 조언을 해준다면 그들도 초대합니다). 브라이언과 에이미는 이 상황을 어떻게 처리할지 만나서 이야기할 예정입니다. 새로운 계획을 만들면, 그들은 모든 사람들도 그 내용을 이해하고 혹시 누군가 더 추가할 것은 없는지 확인하기 위해 다음 일일 스크럼 때 그 내용을 검토합니다.

94쪽에 있는 MINI 연필을 깎으며 답이 맞았나요? 다음 쪽에서 답을 찾아보기 바랍니다. →

다른 답을 생각했나요? 이 답안이 책임이 따르는 마지막 순간을 이해하는 데 가장 도움이 된다고 생각되는 애자일 원칙이지만, 다른 원칙도 답이 될 수 있습니다.

> 비록 개발의 후반부일지라도 요구사항 변경을 환영하라.
> 애자일 프로세스들은 변화를 활용해 고객의 경쟁력에 도움이 되게 한다.

여러분이 이전에 그렇게 해본 적이 없다면 책임이 따르는 마지막 순간에 의사결정을 하는 것이 정말로 이상하게 들릴 수 있습니다. 하지만 변화하는 요구사항을 진정으로 반기는 사람에게 그 일은 자전거를 타는 일만큼 일반적입니다.

이것은 많은 팀을 위한 계획 수립에 관한 새로운 사고방식입니다.

또한 우리가 이전 장에서 이야기했던 마음가짐 변화의 일부입니다. 여기에 그 변화가 실제 세상의 스크럼 프로젝트에 어떤 영향을 끼치는지 나타나 있습니다.

- ★ 제품 백로그에는 스프린트 계획 수립을 시작하기에 **충분할 만큼** 각 아이템에 관한 내용이 있습니다.
- ★ 스프린트 계획 수립 중에 팀은 스프린트 백로그를 충분히 분할해 모든 사람들이 일을 시작할 수 있게 하지만 **모든 것을 분할할 필요는 없다고 생각합니다**(스크럼 가이드에 있는 스프린트 계획 수립을 확인해보세요. 거기에는 팀이 스프린트 첫날 정해진 시간 동안에만 작업을 분할한다고 써 있습니다).
- ★ 자기조직화 팀은 스프린트를 계획할 때, 세부적인 모든 작업의 정확한 순서를 힘들여 결정할 필요가 없습니다. 그들은 때가 되면 좋은 결정을 내릴 수 있다고 **팀 스스로 신뢰**합니다.
- ★ 팀이 스프린트 기간 동안, 스프린트 백로그 작업을 수행하면서 새로운 작업을 발견하거나 변경사항을 찾았다면 그 내용을 일일 스크럼에서 언급하고, 그 정보를 이용해 **다음 24시간 안에 계획을 함께 세웁니다.**
- ★ 팀은 **지속적으로 점검하고 적응**해서 향후 좋은 의사결정을 내릴 것임을 확신합니다.

스크럼 팀은 책임이 따르는 마지막 순간에 의사결정을 내립니다. 그들은 지금 해야 하는 프로젝트 의사결정만 수행하고 나머지는 나중을 위해 남겨둡니다.

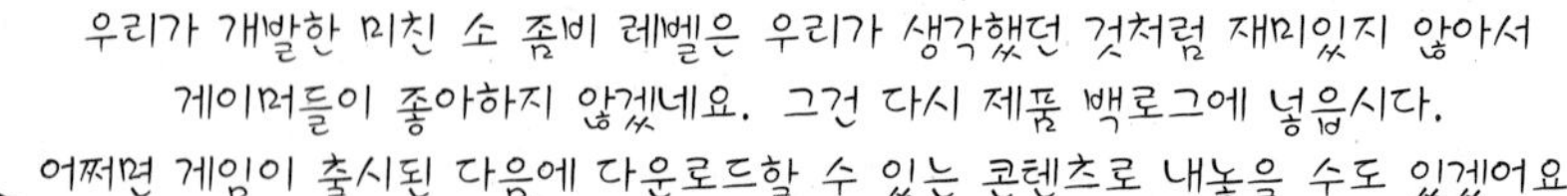

우리가 개발한 미친 소 좀비 레벨은 우리가 생각했던 것처럼 재미있지 않아서
게이머들이 좋아하지 않겠네요. 그건 다시 제품 백로그에 넣읍시다.
어쩌면 게임이 출시된 다음에 다운로드할 수 있는 콘텐츠로 내놓을 수도 있겠어요.

알렉스가 책임이 따르는 마지막 순간에 의사결정하는 것을 편하게 생각해서 다행이네요. 이 경우 팀이 파악한 내용은 프로젝트 가치를 전달하기 위해 피처를 구축하기에는 그 피처가 그다지 재미있지 않다는 것이었습니다. 그가 긍정적인 상태로 노력을 헛되이 했다고 누구도 비난하지 않고, 나중에 배포할 수 있도록 옵션을 열어둔 것을 보세요.

조심하세요

일일 스크럼은 15분으로 정해져 있기 때문에, 모든 사람들이 자신들의 업데이트 내용에 집중해서 요점만 이야기하도록 합니다.

말로는 쉽죠. 여러분과 여러분의 팀이 매일 일일 스크럼을 하기 시작하면 여러분은 알게 될 것입니다. 어떤 사람들은 다른 사람들 앞에서 자신의 일에 대해 이야기하는 것을 매우 불편해하는 반면, 어떤 사람은 말을 멈추지 않을 것처럼 보이며 그대로 놔두면 15분을 다 쓸 것 같습니다.

그래서 스크럼 마스터가 자신의 역할을 진지하게 생각하는 게 매우 중요합니다. 특히 팀이 스크럼의 규칙을 이해하고 고수하도록 하는 책임 말입니다.

- 만약 누군가 말하기를 주저한다면, 스크럼 마스터는 팀원이 개방이라는 스크럼 가치를 수용하도록 도와주고, 투명성이 스크럼에 제대로 적용되는 것이 얼마나 중요한지 이해시켜야 합니다.
- 팀원이 일일 스크럼에서 말하느라 시간을 많이 소요한다면 스크럼 마스터는 어떤 말이 필요한 말인지 아닌지를 알려주면서 그들이 일일 스크럼 시간을 더 잘 관리하도록 도와줍니다.
- 팀원이 세 가지 질문에 답하는 것 이상의 논의해야 할 문제를 제기할 경우, 스크럼 마스터는 팀에게 해당 문제를 논의할 시간을 나중에 따로 잡고 전체 구성원들에게 전달한다는 것을 다시 알려줄 수 있습니다.

핵심정리

- 팀이 스프린트 백로그의 모든 아이템과 전체 증분을 위한 **'완료'의 정의**에 동의합니다.
- 제품 책임자는 아이템이 **'완료'**되기 전까지 스프린트 리뷰에 아이템을 포함하는 것을 허용하지 않습니다(가령 팀이 정한 '완료' 정의에 부응하는지).
- 스크럼은 실제 사실에 기반한 의사결정을 하기 위해 **세 가지 특성**인 투명성, 점검, 적응을 토대로 **경험적 프로세스 제어**를 사용합니다.
- **투명성** 또는 가시성은 팀의 모든 사람들이 다른 팀원들이 하는 일을 이해한다는 뜻입니다.
- **점검**은 일일 스크럼과 다른 스프린트 이벤트에서 무엇을 개발하고, 어떻게 개발하고 있는지 서로 자주 확인한다는 뜻입니다.
- 팀은 점검을 통해 배운 내용을 토대로 계획을 지속적으로 **적응**합니다.
- 애자일 팀은 **책임이 따르는 마지막 순간**에 의사결정을 하며, 지금 바로 계획할 필요가 있는 작업만 계획합니다.
- 팀은 (완료될 때가지 각 백로그 아이템 작업을 해서) **초기**에 그리고 (각 스프린트 리뷰에서 '완료'된 완전한 증분을 전달함으로써) **지속적**으로 가치를 전달합니다.
- 스크럼 팀은 **자기조직화**를 실현합니다. 팀이 자신들의 목표를 달성하는 법과 그 작업을 누가 할지를 스스로 결정합니다.
- 스크럼 팀은 자기조직화를 통해 가능한 한 늦게 의사결정을 하므로 전통적인 워터폴 팀보다 훨씬 수월하게 **변화하는 요구사항을 반깁니다.**

제가 누굴까요?

스크럼 산출물, 이벤트, 역할들이 '제가 누굴까요?'라는 파티 게임을 하고 있습니다. 그들이 힌트를 주면 여러분은 그 힌트를 가지고 누구인지 알아맞힙니다. 이름과 종류(이벤트인지, 역할인지 등)를 적습니다.

그리고 조심하세요. 이벤트, 산출물, 역할이 아닌 정체 불명의 스크럼 개념이 나타나서 파티를 망칠 수 있거든요!

	이름	종류
저는 팀이 스크럼을 이해하고 구현할 수 있도록 도와주고, 팀 외부 사람들이 스크럼을 이해하도록 안내하는 섬기는 리더입니다.	______	______
초대를 받은 사용자와 이해관계자들과 함께 팀이 개발한 각 아이템을 점검하기 위해, 스프린트 마지막에 제가 열립니다.	______	______
저는 팀이 스스로 점검하는 방법으로, 잘된 일을 찾아보기 위해 어디를 보는지, 그리고 잘 안 된 일을 개선하기 위한 계획을 만드는 방법입니다.	______	______
저는 스프린트 마지막에 사용자들에게 팀이 전달하는 모든 아이템의 총합이며, 저는 제 안의 모든 아이템이 '완료'되어야만 전달이 가능합니다.	______	______
저는 전문가 그룹으로, 사용자와 이해관계자에게 소프트웨어를 전달하는 데 필요한 모든 업무를 실질적으로 수행합니다.	______	______
저는 제품에 어떤 아이템이 들어가는지 결정하는 책임을 지며, 회사를 대신해 아이템을 '완료'된 것으로 받아들일 권한을 갖고 있습니다.	______	______
저는 팀원들이 다음 24시간을 위한 계획을 만드는, 매일 열리는 15분 단위의 회의입니다.	______	______
저는 제품 책임자가 팀의 능력을 극대화하고 최대화하도록 도우며, 팀은 저의 최대치를 갖도록 아이템의 우선순위를 정합니다.	______	______
저는 스프린트 중에 팀이 구축하는 아이템으로, 아이템 구축을 위한 계획과 함께 개발됩니다(주로 아이템이 분할된 작업들의 모임)	______	______
저는 팀이 스프린트 목표를 생각해내고 어떤 아이템을 개발할지 결정하며 그 아이템을 작업으로 분할하는 시간이 한정된 회의입니다.	______	______
저는 향후 어느 시점에 제품에 필요할지도 모르는 모든 아이템(설명, 추정 시간, 가치)을 순서대로 정리한 목록입니다.	______	______

→ 답은 114쪽에

바보 같은 질문은 없다

Q: CGW 팀의 스토리가 현실적인가요? 엄청난 창의력이 필요하고 마감일에 대한 심한 압박과 함께 그때그때(가끔은 막판에) 변경사항이 생기는 비디오 게임 같은 분야에서도 정말로 스크럼을 사용할 수 있나요?

A: 스크럼은 계속 변하는 복잡하고 역동적인 프로젝트에 사용할 수 있을 뿐만 아니라, 전통적인 워터폴 프로세스 환경보다 실제 프로젝트에 더 적합합니다. 스크럼 팀은 지속적으로 변경사항을 찾고 그 변경사항을 적용할 방법을 찾기 때문에, 복잡함이나 심지어 혼란스러운 상황도 더 잘 처리합니다. 그리고 정해진 시간이라는 특성을 가진 스프린트는 팀이 마감일을 맞추는 데 도움이 됩니다. 알렉스는 비디오 게임 팀이 실제 상황에서 내리는 의사결정 같은 좋은 예를 조금 전에 보여줬습니다. 팀은 피처를 개발했지만 현재 상태로는 충분히 재미있지 않은 것으로 판단되어, 지금은 그 피처를 보관해두고 나중에 다운로드 가능한 콘텐츠로 판매하기 위해, 차후에 다시 들여다보기로 했습니다. 스크럼은 팀에게 이와 같이 그때그때 발생하는 변경사항을 처리할 수 있는 융통성을 주지만, 전통적인 워터폴 팀은 아주 긴 변경 제어 프로세스를 거쳐야 할 수도 있습니다. 더 중요한 것은, 스크럼 팀은 이런 **변경사항을 승리하는 것으로 여깁니다.** 왜냐하면 팀은 제품에 가치를 더 부여해주는 변경사항은 무엇이든 환영하니까요. 전통적인 워터폴 팀은 변경사항이 자신들의 노력을 '헛되게' 하고 계획을 수정해야 하기 때문에, 그것을 실패로 볼 확률이 높습니다.

Q: '자기조직화 팀'은 상사가 없다는 뜻인가요?

A: 물론 상사가 있습니다. 여러분이 회사에서 일할 때 CEO가 아니라면, 상사가 있겠죠. 하지만 효과적인 자기조직화 팀에는 세세한 것까지 참견하지 않는 관리자가 있고, 그 관리자는 팀이 가능한 한 가장 가치 있는 소프트웨어를 개발할 것이라는 믿음을 갖고 있습니다. 자기조직화 팀은 소프트웨어에 어떤 피처를 포함할지 결정할 권한을 갖고 있는데, 주로 그런 결정을 내릴 수 있는 충분한 경험의 제품 책임자가 배정되어 있기 때문입니다. 팀원들은 작업을 계획할 자유를 갖고 있어서 그들이 생각하기에 가장 효과적인 방법으로 피처를 개발할 수 있습니다. 그리고 그들은 책임이 따르는 마지막 순간에 의사결정을 내릴 융통성도 있습니다. 왜냐하면 그 순간이 바로 중요한 프로젝트 의사결정을 할 가장 효과적인 시간이니까요.

Q: 스프린트 회고 중에는 정확히 무슨 일이 일어나나요?

A: 스프린트 회고는 팀이 방금 끝마친 스프린트를 점검하고 개선할 방법을 찾습니다. 팀은 모든 것을 다 확인합니다. 팀원들이 일을 하는 데 활용했던 프로세스와 도구 모두를 개선할 수 있고, 개발 중인 소프트웨어 품질을 개선할 방법을 찾고, 조직 내 다른 사람들과의 관계를 발전시키고, 일에 영향을 줄 수 있는 모든 일(특히 자신들의 일을 더 즐겁고 효과적으로 만들어줄 수 있는 일)을 개선합니다. 스프린트 회고가 끝날 때쯤이면, 팀은 개선을 위한 계획을 함께 세웠을 겁니다. 이 계획은 주로 팀원 개개인이 수행할 독립적이고 몇 개의 특정 작업으로 구성됩니다. 스프린트 회고 전에 스크럼 마스터는 모든 사람들이 회의가 진행되는 방법을 이해하도록 하고, 그들이 모두 시간을 준수하도록 합니다. 이 일은 회의 전에 이루어집니다. 왜냐하면 스크럼 마스터와 제품 책임자도 팀원으로 회고에 참여해서 자신들의 의견과 아이디어를 제시해야 하기 때문입니다.

Q: 잠깐만요. 제품 책임자가 회고에 참여해요? 제품 책임자가 모든 스크럼 이벤트에 정말로 다 갈 필요가 있나요?

A: 당연하죠. 제품 책임자는 실제로 팀원이므로, 다른 사람들과 마찬가지로 스크럼 이벤트에 참여합니다. 사실 많은 스크럼 팀에서 제품 책임자도 개발 작업에서 자신의 몫을 합니다. 하지만 그런 경우라도, 그 사람은 여전히 어떤 아이템이 백로그에 들어가고 팀이 만들고 있는 것의 가치를 극대화하는 방법을 결정할 권한을 갖고 있으며 회사는 그 사람의 의사결정을 존중합니다.

Q: 제품 책임자가 될 영향력을 갖고 있으면서도 모든 스크럼 이벤트에 참석할 만큼 충분한 시간이 있는 사람을 찾기가 힘들어요. 위원회가 제품 책임자가 될 수 있을까요?

A: 절대 안 됩니다. 제품 책임자 역할은 반드시 특정한 사람에게 할당되어야 합니다. 그 사람은 소프트웨어에 무엇을 포함하거나 배제할지 결정할 권한을 가져야 하며, **제품 책임자의 역할이 그 사람에게 최우선순위여야 합니다.** 스크럼을 수정하면 대부분 효과가 훨씬 떨어집니다. 스크럼의 경험적 프로세스 제어가 제대로 작동하고 있는 상황이 수정을 통해 일부 제거되기 때문입니다. 팀은 종종 자신의 팀에 있는 오류를 강조하는 규칙을 없애거나 변형함으로써 스크럼을 '맞춤화'하려고 합니다. 이 경우에도 스크럼은 팀이 소프트웨어에 들어갈 피처를 결정할 권한을 갖고 있지 않다는 것을 매우 명확하게 강조합니다. 관리자가 이런 말을 한다면 **겁나겠죠.** "릴리스팀이 이 피처를 개발해야 해, 근데 저건 하지 말아야 하고." 잘못된 결정은 회사에 엄청난 비용을 소모하게 하고, 잘못되면 **비난도 심합니다.** 그래서 스크럼은 팀이 그런 의사결정을 할 권한을 가진 제품 책임자를 갖도록 의무화하는 것입니다.

팀에 무엇을 개발할지 힘든 결정을 할 수 있는 진정한 제품 책임자가 없을 때, 팀은 주로 스크럼을 '맞춤화'하려고 합니다.

괜찮아 보이는데요

*CGW5*는 올해 가장 기대되는 비디오 게임 출시작입니다! 이제는 그냥 내보내면 됩니다(말로는 쉽죠?).

좋은 소식이 있어요!
건초 탈곡기 레벨을 지난 주 위스콘신 게임 콘퍼런스에서 시연했는데,
우리가 완전히 다 접수해버렸다고요!

와~ 저도 거기 참석한 사람들 중
파워 게임 블로거 두 명이 쓴 좋은 후기를 막 읽고 있었어요.
CGW5가 올해 **최대 기대작**인 것 같은데요!

스크럼 크로스

스크럼 개념, 가치, 아이디어를 여러분의 뇌에 꼭 장착할 좋은 기회가 여기 있습니다. 나머지 내용들을 넘겨보지 않고 얼마나 답을 할 수 있는지 확인해보세요.

가로

1. 스프린트, 스프린트 계획 수립, 일일 스크럼, 스프린트 리뷰, 스프린트 회고
4. 제품 책임자는 스프린트를 ______할 수 있으나, 그렇게 되면 팀의 에너지를 낭비하고, 팀에 대한 회사의 신뢰도에 피해를 준다.
8. 의사결정을 하는 가장 효과적인 방법은 ______ 마지막 순간에 하는 것이다.
10. 제품 책임자는 팀이 이것을 극대화하도록 한다.
12. 제품 백로그, 스프린트 백로그, 증분
13. 이 가치가 여러분 마음가짐의 일부가 아니라면, 여러분은 팀원을 신뢰하지 못하고 일이 잘못되면 그들을 비난하게 된다.
16. 팀이 스프린트 백로그를 작업으로 만들기 위해 하는 일
17. 제품 책임자, 스크럼 마스터, 개발팀
18. 이것이 여러분 마음가짐의 일부라면, 여러분은 한 번에 두 가지를 하려고 생각조차 하지 않는다.
20. 제품 책임자가 제품 백로그를 업데이트하기 위해 주기적으로 하는 일
21. 제품의 가치를 극대화하고 제품 백로그를 관리하는 역할
23. 스프린트 ______ 중에 팀은 해당 스프린트에 어떤 아이템을 포함할지 결정하고 계획을 세운다.
24. 세 가지 일일 스크럼 질문은 팀이 각 팀원이 무엇을 하고 있는지 완전히 ______하게 해준다.
25. ______ 백로그는 제품에 대한 요구사항이자 변경사항의 유일한 기반이다.
26. 스크럼에서 사용하는 정해진 시간의 반복
27. 팀원들 서로 무슨 일을 하는지 알 때의 스크럼 가치

세로

2. 스프린트는 정해진 시간이 ______면 끝난다.
3. 팀은 스프린트 계획 수립 세션의 ______ 일부 동안 스프린트에서 할 일을 결정한다.
5. 백로그에 있는 각 아이템은 설명, 비즈니스 가치, 순서, 그리고 대략적인 ______를 갖고 있다.
6. 스프린트 ______는 스프린트 중에 팀이 구축할 아이템을 담고 있다.
7. 스프린트 ______는 팀이 스프린트를 계획할 때 팀이 정한 목표다.
8. 스프린트 ______는 팀이 스스로를 점검하고 개선하는 방법이다.
9. 지식은 경험으로부터 온다는 이론
11. 자기 ______ 팀은 그들이 목표에 어떻게 도달할지를 스스로 결정한다.
13. 스프린트 ______는 팀이 개발한 것을 점검하고 제품 백로그를 수정하는 방법이다.
14. 돼지에게는 있지만 닭에게는 없는 것으로, 스크럼 팀의 모든 사람들은 전체 프로젝트에 대해 집단적으로 이것을 느낀다.
15. 30일 스프린트의 경우 스프린트 리뷰는 ______ 시간으로 정해져 있다.
16. 스프린트 리뷰에서 작동하는 소프트웨어를 갖고 팀이 하는 일
19. 스프린트 계획 수립 세션의 ______ 일부 중 작업을 어떻게 할지 팀이 결정한다.
22. 스크럼 팀은 변경사항이 발견되면 그 내용을 반영하여 ______합니다.

→ 답은 115쪽에

시험 문제

이 실전 문제는 여러분이 이 장의 내용을 복습하는 데 도움을 줍니다. 여러분이 혹시 PMI-ACP 인증 시험 준비로 이 책을 사용하는 것이 아니더라도, 문제에 대한 답을 생각해보는 것은 여전히 좋습니다. 문제를 푸는 것은 여러분이 아는 것과 모르는 것을 알아보는 좋은 방법으로, 여러분의 뇌에 학습 내용을 좀 더 빠르게 입력할 수 있습니다.

1. 스크럼 마스터는 다음에서 한 가지를 제외한 모든 것에 책임을 집니다.

A. 일일 스크럼 중에 일어나는 일을 팀이 이해하게 해준다.

B. 제품 백로그를 효과적으로 관리하는 일에 관해 제품 책임자에게 가이드를 해준다.

C. 팀이 고객의 요구사항을 이해하게 해준다.

D. 조직의 나머지 사람들에게 스크럼을 이해하고 팀과 협력하는 데 조언을 한다.

2. 다음 중 제품 백로그 아이템의 특성이 아닌 것은?

A. 현황

B. 가치

C. 추정

D. 순서

3. 줄리엣은 헬스케어 회사에서 스크럼 프로젝트의 제품 책임자입니다. 그녀가 최근 스프린트에 헬스 프라이버시 피처를 포함하기로 결정했기 때문에, 회사의 수석 관리자들로 구성된 운영위원회 회의에 소집됐습니다. 회의에서 수석 관리자들은 그녀에게 향후 그녀가 이런 비즈니스 의사결정을 내리기 전에 전체 위원회와 반드시 상의해야 한다고 말했습니다. 다음 중 줄리엣의 역할을 가장 잘 나타낸 것은?

A. 줄리엣은 섬기는 리더 역할이다.

B. 줄리엣은 프로젝트에 몰입하지 않는다.

C. 줄리엣은 집중과 용기에 집중해야 한다.

D. 줄리엣은 제품 책임자 역할에 알맞은 권한을 갖고 있지 않는다.

4. 증분이 완료된 것으로 간주되는 시점은?

A. 시간이 다 되면

B. 완료해야 하는 모든 아이템이 '완료'의 정의에 부응하고 제품 책임자가 그것을 받아들일 때

C. 팀이 스프린트 리뷰 회의를 하고 사용자와 이해관계자에게 시연할 때

D. 팀이 스프린트 회고를 진행할 때

시험 문제

5. **다음 중 집단 몰입의 예는?**

   A. 팀의 모든 사람이 자신이 맡은 부분뿐 아니라 전체 증분을 완성하는 데 개인적인 책임감을 느낀다.

   B. 팀의 모든 사람이 항상 늦게 그리고 종종 주말에도 일한다.

   C. 팀의 모든 사람이 프로젝트의 중요한 부분을 완료하는 책임을 진다.

   D. 팀의 모든 사람이 스프린트 계획 수립과 회고 회의에 참석한다.

6. **다음 중 스크럼 이벤트가 아닌 것은?**

   A. 스프린트 리뷰

   B. 제품 백로그

   C. 회고

   D. 일일 스크럼

7. **아미나는 스크럼을 적용하는 팀의 스크럼 마스터입니다. 그는 팀이 자기조직화를 더 잘 할 수 있도록 변화를 주고 싶어 합니다. 다음 중 개선할 분야로 집중해야 할 부분을 가장 잘 나타낸 것은?**

   A. 일일 스크럼

   B. 스프린트 계획 수립

   C. 스프린트 회고

   D. 제품 백로그

8. **스크럼 스프린트가 끝나는 시점은?**

   A. 팀이 작업을 완료할 때

   B. 팀이 스프린트 회고를 마쳤을 때

   C. 미리 정한 시간이 다 됐을 때

   D. 팀이 스프린트 리뷰를 마쳤을 때

시험 문제

9. **다음 중 일일 스크럼에서 팀원 각자가 대답해야 할 질문이 아닌 것은?**
   - **A.** 내 앞의 장애물은 무엇인가?
   - **B.** 계획한 일 중 내가 달성하지 못한 것은 무엇인가?
   - **C.** 스프린트 목표에 부응하기 위해 이번 일일 스크럼과 다음 일일 스크럼 사이에 내가 할 일을 무엇인가?
   - **D.** 지난 일일 스크럼 이후 내가 한 일은 무엇인가?

10. **배리는 온라인 쇼핑몰의 개발자입니다. 비록 배리가 자신은 4주가 필요하다고 명확히 했고 그보다 더 일찍 끝내도록 특정한 마감일이 있거나 외부 압력도 없다고 말했는데도 불구하고, 그의 프로젝트 관리자는 그에게 지금 작업하는 피처의 마감일이 지금부터 3주 뒤라고 말합니다. 배리의 팀은 스크럼을 적용하기 시작했습니다. 스크럼 가치 중 어떤 가치가 팀의 스크럼 적용을 어렵게 만들거나 덜 효과적으로 만들까요?**
    - **A.** 개방
    - **B.** 존중
    - **C.** 용기
    - **D.** 집중

11. **산딥은 통신사 프로젝트 작업을 하는 스크럼 팀의 제품 책임자입니다. 비즈니스 사용자들은 그와 정기적으로 하는 회의에서 주요 규제 변화에 관한 내용을 전달했습니다. 이 규제 변화를 다루는 것이 팀에게는 이제 가장 높은 우선순위이며 다음 스프린트의 주요 목표가 되어야 합니다. 다음 중 다음 스프린트의 주요 목표를 설명하는 데 사용되는 것은?**
    - **A.** 증분
    - **B.** 스프린트 백로그
    - **C.** 스프린트 목표
    - **D.** 스프린트 계획

12. **경험적 프로세스 제어 이론의 어느 측면이, 다양한 스크럼 산출물을 자주 점검하고 현재의 목표에 부응하기 위해 팀이 여전히 올바른 방향으로 가는지 확인하게 하나요?**
    - **A.** 시험
    - **B.** 적응
    - **C.** 투명성
    - **D.** 점검

시험 문제

13. 스크럼에서 증분은 무엇입니까?

A. 스프린트 중에 팀이 실제로 완료하는 스프린트 백로그 아이템

B. 스프린트 중에 팀이 완료하기로 계획한 제품 백로그 아이템

C. 스프린트 백로그 아이템을 분할한 결과

D. 스프린트 목표를 설명한 내용

14. 다음 중 스크럼 팀을 집중하게 해주는 것은 무엇입니까?

A. 멀티태스킹

B. 일일 스크럼 회의

C. 스프린트 목표 작성

D. 회고 회의

15. 다니엘라는 스크럼 팀의 제품 책임자입니다. 그녀는 비즈니스 사용자 중 한 사람과 이야기를 나눴는데, 그 사람이 그녀에게 새로운 요구사항을 전달했습니다. 다음 중 다니엘라가 다음으로 할 일은?

A. 제품 백로그 업데이트

B. 스프린트 계획 수립 세션 진행

C. 스프린트 백로그 업데이트

D. 다음 일일 스크럼 회의 시 새로운 요구사항 언급

16. 다음 중 스프린트 백로그 아이템을 완료하기 위해 필요한 작업을 팀이 결정하는 방법을 가장 잘 나타낸 것은?

A. 제품 책임자는 비즈니스 사용자와 함께 어떤 아이템이 제품 백로그에 들어가는지 결정한다.

B. 팀이 스프린트 백로그 아이템을 작업으로 분할한다.

C. 팀이 스프린트 백로그에 포함시킬 제품 백로그 아이템을 선택한다.

D. 팀이 각 스프린트 백로그 아이템의 '완료'의 의미를 결정한다.

17. 다음 중 스프린트 리뷰 중 일어나는 일이 아닌 것은?

A. 다음 스프린트에 포함될 수도 있는 것을 반영하기 위해 제품 백로그를 업데이트한다.

B. 팀이 다음에 할 작업에 관해 비즈니스 사용자와 협력한다.

C. 스프린트 중에 팀이 만든, 작동하는 소프트웨어를 시연한다.

D. 팀이 스프린트를 돌아보고, 개선하는 계획을 수립한다.

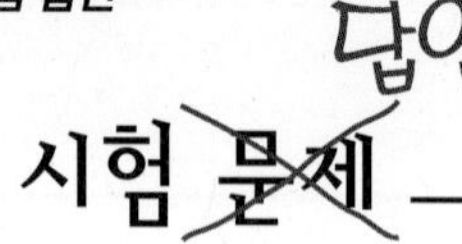

이 장의 실전 문제에 대한 답입니다. 몇 개나 맞혔나요? 틀린 게 있어도 괜찮습니다. 어떤 것이 틀렸는지 이 장의 관련된 부분을 넘겨보고 다시 읽어보는 데 시간을 할애하는 것도 그만한 가치가 있습니다.

1. **답:** C

제품 책임자의 일은 팀이 스크럼 마스터의 요구사항이 아니라 고객의 요구사항을 이해하도록 돕는 것입니다. 나머지 세 개의 답도 스크럼 마스터의 섬기는 리더십 역할에 관한 좋은 예입니다.

2. **답:** A

제품 백로그는 작업 현황에 관한 어떤 정보도 포함하지 않습니다. 이것이 타당합니다. 제품 백로그의 그 어떤 아이템도 현재 이루어지고 있지 않으므로, 모두 아직 시작되지 않은 현황을 똑같이 갖고 있습니다.

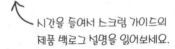

시간을 들여서 스크럼 가이드의 제품 백로그 설명을 읽어보세요.

3. **답:** D

스크럼 팀이 직면하는 가장 일반적인 문제 중 하나는, 제품 책임자 역할을 하는 사람이 스프린트 중에 팀이 개발하게 될 피처가 어떤 것인지 회사를 대신해서 결정하거나 그 피처를 수용할 권한이 없다는 것입니다.

4. **답:** B

증분은 팀이 개발한 모든 아이템이 '완료'의 정의에 부합하고 제품 책임자가 그것을 수용할 때 완료됩니다. 스프린트 백로그의 모든 아이템은 언제 사용자에게 배포할 준비가 됐는지 결정하기 위해 팀이 사용하는 '완료'의 정의를 갖고 있습니다. 제품 책임자는 그 아이템이 '완료'의 정의에 부응해야만 회사를 대신해 그 아이템을 인수할 수 있습니다. 시간이 다 됐는데 '완료'가 완료되지 않은 아이템은 모두 다음 스프린트로 넘겨집니다.

5. **답:** A

집단 몰입은 팀의 모든 사람들이 자신이 일하고 있는 업무에 대해서만 책임감을 느끼는 것이 아니라 각 스프린트의 전체 증분 개발을 위해 팀에게 도움이 되는 일을 하는 것에 책임감을 느끼는 것을 의미합니다.

모든 팀원이 오랜 시간 일한다고 해서 그 일에 진정으로 몰입한다고 느끼는 것은 아닙니다. 사실, 그들은 그 프로젝트와 토픽이 자신들의 삶을 방해한다고 분노할 수도 있으며, 단지 직업을 유지하고자 하는 압박감에 일하는 것일 수도 있습니다.

6. 답: B

제품 백로그는 스크럼 산출물이지 이벤트가 아닙니다.

7. 답: A

자기조직화 팀은 자신들의 목표에 부응하기 위해 자신들이 계획 수립에 대해 책임을 지고, 스스로 업무를 할당하며 (한 사람의 관리자나 프로젝트 관리자가 업무 할당을 해줄 것이라고 기대하기 보다는) 계획에 문제가 발생하면 그 문제를 해결합니다. 답으로 열거한 모든 프랙티스 중 일일 스크럼은 팀이 자신들의 업무를 계획하고 실행하는 방법에 영향을 주는 유일한 것입니다.

일일 스크럼이 그렇게 중요한 이유 중 하나는 그것이 투명성-점검-적응 주기의 일부이기 때문입니다. 팀은 매일마다 계획을 점검하고, 프로젝트에 대해 새로운 정보를 알아내면, 그 정보를 바탕으로 계획을 수정합니다.

8. 답: C

스프린트는 정해진 시간이 다 되면 끝납니다. 시간이 정해진 모든 이벤트가 그렇습니다. D는 스프린트 회고가 스프린트 중에 팀이 하는 가장 마지막 일이기 때문에 맞는 답처럼 보입니다. 하지만 만약 팀이 회고를 진행할 기회를 갖기도 전에 시간이 다 되면 스프린트는 끝납니다. 그리고 그때가 바로 스크럼 마스터가 다음에는 더 나은 계획을 세우는 방법에 대해 팀원을 이해시키는 좋은 기회가 됩니다.

제품 책임자는 정해진 시간이 다 되기 전에 스프린트를 취소할 수 있습니다. 그러나 이것은 팀의 에너지를 엄청나게 낭비시키는 일이며 회사 사람들이 팀을 불신할 수도 있어 극도로 삼가야 합니다.

9. 답: B

일일 스크럼 질문의 목적은 팀원 모두가 서로 어떻게 일을 진행하고 있는지 알게 하는 것이므로, 그 질문들은 수정할 필요가 있는 현재 계획의 문제를 파악하는 데 도움이 됩니다. 하지만 어떤 질문도 실패에 관한 것은 아닙니다. 그런 질문은 부정적이고 당황스러운 분위기를 만들 수 있고, 개방적인 분위기를 흐려놓을 수 있습니다.

10. 답: B

프로젝트 관리자는 존중이라는 스크럼 가치로 인해 곤란해 합니다. 배리는 완료해야 할 작업에 대한 솔직한 업무 할당을 했지만, 프로젝트 관리자는 그것을 무시하고 그런 추가적인 압박을 할 필요가 없는데도 불구하고 마감일을 앞당기라는 요구를 했습니다. 그것은 무례한 행동입니다.

또한 사기를 매우 저하시키는 행동이기도 하고요!

11. 답: C

팀이 스프린트를 시작할 때 스프린트 계획 수립 회의를 하면 처음으로 하는 일이 스프린트 목표를 정하는 것입니다. 스프린트 목표란 스프린트 백로그 아이템을 완료함으로써 달성할 수 있는 목표에 대한 간략한 설명을 말합니다.

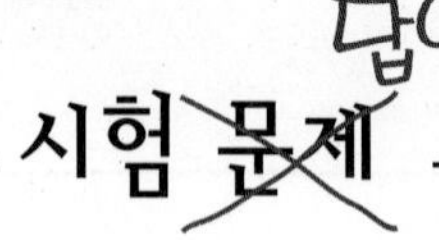

12. **답:** D

스크럼의 이론적 토대인 경험적 프로세스 제어 이론은 투명성, 점검, 적응이라는 세 가지 특징을 가진 주기입니다. 점검 단계에서 스크럼 팀은 스크럼 산출물을 자주 살펴보고 스프린트 목표를 향해 가는 자신들의 현재 진행 상황을 점검합니다. 그러고 나서 적응 단계에서 팀은 현재의 위치와 자신들이 기대한 위치 사이에 차이가 있는지를 확인하고, 조치를 취합니다.

13. **답:** A

증분은 스프린트 중에 팀이 실제로 개발한 것을 말합니다. 팀이 스프린트 초반에 완성을 목표로 하는 아이템은 그들이 실제로 작업하는 일과 정확히 일치하지 않습니다. 그것도 괜찮습니다. 그 말은 팀이 작업을 하는 중에 알게 된 정보를 사용해서 방향을 수정했다는 의미이기 때문입니다. 증분은 실제로 일어난 일의 결과이며, 팀은 자신들이 개발을 완료할 때까지 현재 스프린트의 증분이 정확히 무엇이 될지 모릅니다.

스크럼은 점진적 접근법을 취한다고 이전에 배웠습니다. 연속적인 증분 개발이 스크럼을 점진적인 것으로 만들어줍니다.

14. **답:** B

스프린트 목표는 스프린트 중에 달성하고자 자신들이 계획한 특정 목표에 집중하게 도와줍니다.

회고와 일일 스크럼은 매우 유용하지만 그런 회의들이 팀을 집중시키기 위해 사용하는 전형적인 도구는 아닙니다.

15. **답:** A

제품 백로그는 제품 요구사항에 대한 단일한 원천이며 제품 책임자가 관리합니다. 제품 책임자가 새로운 요구사항을 발견하면 제품 백로그에 그 내용을 추가합니다.

16. 답: B

스크럼 팀은 스프린트 중에 스프린트 백로그 아이템을 완성하기 위해 아이템을 작업으로 분할함으로써 무엇을 완료할지 결정합니다. 또 다른 답은 스프린트 계획 수립 중에 팀이 하는 일들을 말하기도 합니다만 팀이 무엇을 할지 결정하는 방법은 아닙니다.

17. 답: D

스프린트 리뷰 중에 팀은 비즈니스 사용자와 고객과 만나 자신들이 완료한 일을 검토하고 다음 스프린트에 달성할 일에 관해 협력합니다. 그들은 증분을 검토하는데, 이때 자신들이 구축한 작동하는 소프트웨어를 시연하는 일이 포함됩니다. 그리고 다음 스프린트에서 작업하게 될지도 모를 아이템을 보여주기 위해 백로그에 대해 논의하고 업데이트합니다. 스프린트 리뷰는 발생했던 일을 돌아보고 개선하는 것이 아닙니다. 그런 일은 스프린트 회고에서 합니다.

업데이트된 백로그는 다음 스프린트에서 작업하게 될지도 모를 아이템을 반영할 뿐입니다. 그것은 특정 아이템을 개발하는 데 몰입하는 것과 똑같지 않습니다. 팀은 스프린트 계획 수립 중에 스프린트 백로그를 생각해내고 제품 책임자가 스프린트 중에 스프린트 백로그를 변경할 수 있습니다.

몇 문제를 틀렸나요?
그래도 괜찮습니다!
그냥 틀린 것을 확인해두고, 그 내용을 포함한 장으로 돌아가 다시 읽어보기 바랍니다.
지금 답을 틀리면 여러분이 시험을 치를 때 바로 그 주제에 대한 문제의 답을 맞힐 확률이 높습니다!

각 스크럼 이벤트의 이름과 그 이벤트가 일어난 시간, 이벤트에 정해진 시간을 적으세요. 첫 번째 이벤트는 저희가 작성했습니다. 여러분은 세 개의 스크럼 역할과 세 개의 스크럼 산출물을 적어보세요.

발생 순서대로 정렬한 이벤트 이름	이벤트가 발생하는 시간	이벤트에 정해진 시간
스프린트	프로젝트 내내	스프린트가 30일이라고 가정하세요.
스프린트 계획 수립	스프린트 초반	8시간
일일 스크럼	매일	15분
스프린트 리뷰	스프린트 마지막에	4시간
회고	스프린트 리뷰 후에	3시간

스크럼 역할을 적으세요.	스크럼 산출물을 적으세요.
스크럼 마스터	스프린트 백로그
제품 책임자	제품 백로그
개발팀	증분

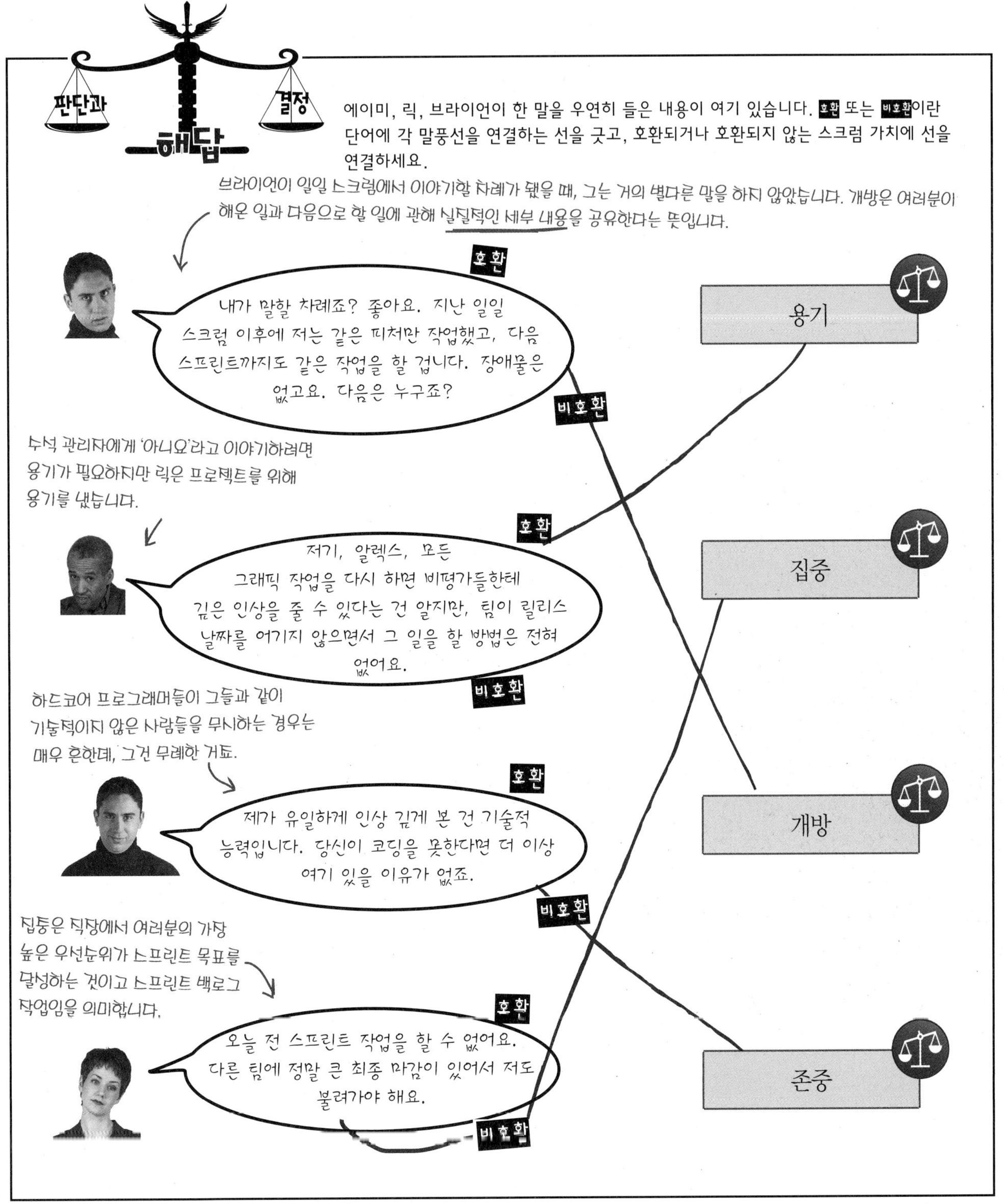
판단과 결정
해답
에이미, 릭, 브라이언이 한 말을 우연히 들은 내용이 여기 있습니다. 호환 또는 비호환이란 단어에 각 말풍선을 연결하는 선을 긋고, 호환되거나 호환되지 않는 스크럼 가치에 선을 연결하세요.
브라이언이 일일 스크럼에서 이야기할 차례가 됐을 때, 그는 거의 별다른 말을 하지 않았습니다. 개방은 여러분이 해온 일과 다음으로 할 일에 관해 실질적인 세부 내용을 공유한다는 뜻입니다.
호환
내가 말할 차례죠? 좋아요. 지난 일일 스크럼 이후에 저는 같은 피처만 작업했고, 다음 스프린트까지도 같은 작업을 할 겁니다. 장애물은 없고요. 다음은 누구죠?
비호환
수석 관리자에게 '아니요'라고 이야기하려면 용기가 필요하지만 릭은 프로젝트를 위해 용기를 냈습니다.
호환
저기, 알렉스, 모든 그래픽 작업을 다시 하면 비평가들한테 깊은 인상을 줄 수 있다는 건 알지만, 팀이 릴리스 날짜를 어기지 않으면서 그 일을 할 방법은 전혀 없어요.
비호환
하드코어 프로그래머들이 그들과 같이 기술적이지 않은 사람들을 무시하는 경우는 매우 흔한데, 그건 무례한 거죠.
호환
제가 유일하게 인상 깊게 본 건 기술적 능력입니다. 당신이 코딩을 못한다면 더 이상 여기 있을 이유가 없죠.
비호환
집중은 직장에서 여러분의 가장 높은 우선순위가 스프린트 목표를 달성하는 것이고 스프린트 백로그 작업임을 의미합니다.
호환
오늘 전 스프린트 작업을 할 수 없어요. 다른 팀에 정말 큰 최종 마감이 있어서 저도 불려가야 해요.
비호환
용기
집중
개방
존중

제가 누굴까요?

스크럼 산출물, 이벤트, 역할들이 '제가 누굴까요?'라는 파티 게임을 하고 있습니다. 그들이 힌트를 주면 여러분은 그 힌트를 가지고 누구인지 알아 맞힙니다. 이름과 종류(이벤트인지, 역할인지 등)를 적습니다.

그리고 조심하세요. 이벤트, 산출물, 역할이 아닌 정체 불명의 스크럼 개념이 나타나서 파티를 망칠 수 있거든요!

	이름	종류
저는 팀이 스크럼을 이해하고 구현할 수 있도록 도와주고, 팀 외부 사람들이 스크럼을 이해하도록 안내하는 섬기는 리더입니다.	스크럼 마스터	역할
초대를 받은 사용자와 이해관계자들과 함께 팀이 개발한 각 아이템을 점검하기 위해, 스프린트 마지막에 제가 열립니다.	스프린트 리뷰	이벤트
저는 팀이 스스로 점검하는 방법으로, 잘된 일을 찾아보기 위해 어디를 보는지, 그리고 잘 안 된 일을 개선하기 위한 계획을 만드는 방법입니다.	스프린트 회고	이벤트
저는 스프린트 마지막에 사용자들에게 팀이 전달하는 모든 아이템의 총합이며, 저는 제 안의 모든 아이템이 '완료'되어야만 전달이 가능합니다.	증분	산출물
저는 전문가 그룹으로, 사용자와 이해관계자에게 소프트웨어를 전달하는 데 필요한 모든 업무를 실질적으로 수행합니다.	개발팀	역할
저는 제품에 어떤 아이템이 들어가는지 결정하는 책임을 지며, 회사를 대신해 아이템을 '완료'된 것으로 받아들일 권한을 갖고 있습니다.	제품 책임자	역할
저는 팀원들이 다음 24시간을 위한 계획을 만드는, 매일 열리는 15분 단위의 회의입니다.	일일 스크럼	이벤트
저는 제품 책임자가 팀의 능력을 극대화하고 최대화하도록 도우며, 팀은 저의 최대치를 갖도록 아이템의 우선순위를 정합니다.	가치	개념
저는 스프린트 중에 팀이 구축하는 아이템으로, 아이템 구축을 위한 계획과 함께 개발됩니다(주로 아이템이 분할된 작업들의 모임)	스프린트 백로그	산출물
저는 팀이 스프린트 목표를 생각해내고 어떤 아이템을 개발할지 결정하며 그 아이템을 작업으로 분할하는 시간이 한정된 회의입니다.	스프린트 계획 수립	이벤트
저는 향후 어느 시점에 제품에 필요할지도 모르는 모든 아이템(설명, 추정 시간, 가치)을 순서대로 정리한 목록입니다.	제품 백로그	산출물

스크럼 크로스 해답

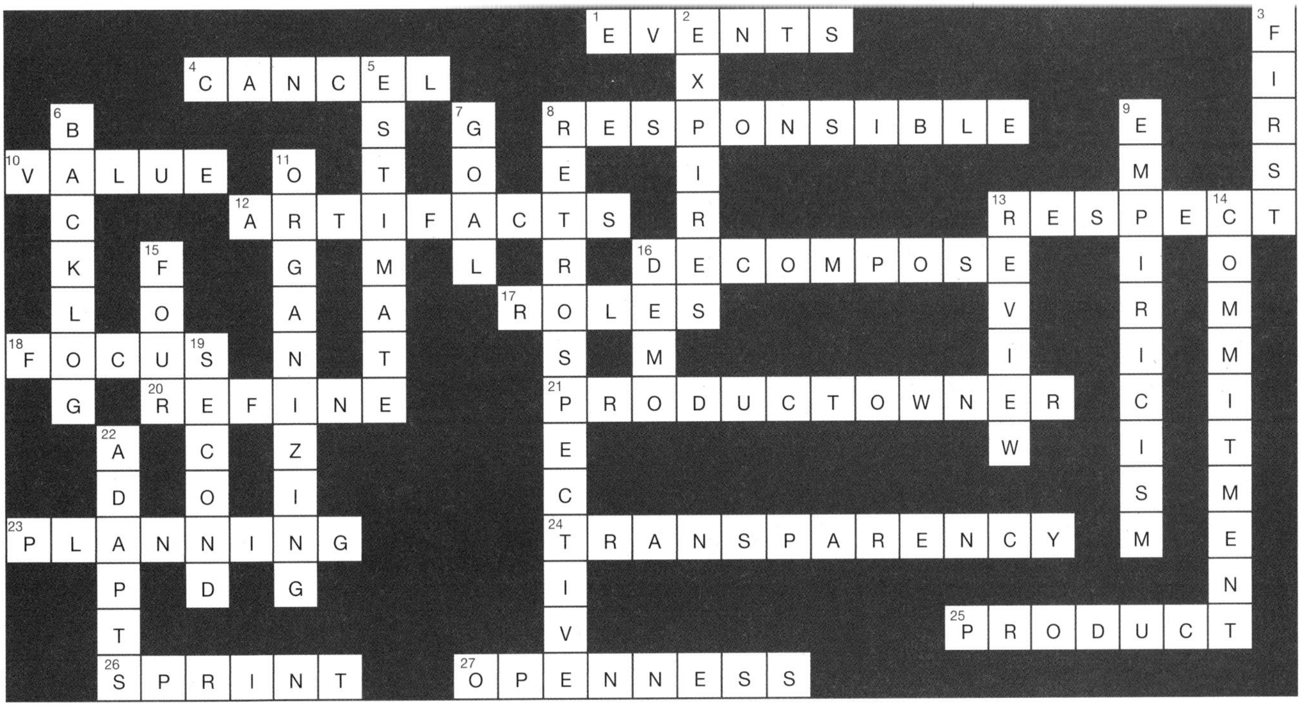

													1 E	V	2 E	N	T	S										3 F
				4 C	A	N	C	5 E	L						X													I
	6 B							S		7 G		8 R	E	S	P	O	N	S	I	B	L	E			9 E			R
10 V	A	L	U	E		11 O		T		O		E			I										M			S
	C				12 A	R	T	I	F	A	C	T	S		R							13 R	E	S	P	E	14 C	T
	K		15 F			G		M		L		R		16 D	E	C	O	M	P	O	S	E			I		O	
	L		O			A		A			17 R	O	L	E	S							V			R		M	
18 F	O	C	U	19 S		N		T				S		M								I			I		M	
	G		20 R	E	F	I	N	E				21 P	R	O	D	U	C	T	O	W	N	E	R		C		I	
		22 A		C		Z						E										W			I		T	
		D		O		I						C													S		M	
23 P	L	A	N	N	I	N	G					24 T	R	A	N	S	P	A	R	E	N	C	Y		M		E	
		P		D		G						I															N	
		T										V										25 P	R	O	D	U	C	T	
		26 S	P	R	I	N	T			27 O	P	E	N	N	E	S	S											

여기는 의도적으로 남긴 공백입니다

4 애자일 계획 수립 및 추정

일반적으로 수용되는 스크럼 프랙티스

애자일 팀은 프로젝트를 관리하기 위해 직관적인 계획 수립 도구를 사용합니다. 스크럼 팀은 다 함께 프로젝트를 계획하면서 모든 팀원이 각 스프린트 목표에 몰입합니다. 팀의 **집단 몰입**을 지속하려면, 계획 수립, 추정, 추적은 팀이 하나의 그룹으로 일할 수 있도록 단순하고 쉬워야 합니다. **사용자 스토리**와 **계획 수립 포커**부터, **진척도**와 **번다운 차트**까지 스크럼 팀은 항상 자신들이 완료한 일과 아직 남은 일들이 무엇인지 알고 있습니다. 그럼 스크럼 팀이 지속적으로 정보를 얻으면서 구축하는 것을 조절하는 도구에 대해 알아볼까요?

그동안, 게임에서는...

CGW5의 데모는 위스콘신 게임 콘퍼런스에서 가장 흥미로운 일이었습니다. 하지만 팀이 자기 성공의 희생양일까요? 이제는 게임 산업계에서 모두 CGW5가 그해 가장 혁신적이고 재미있는 게임이 되리라 기대하는 듯합니다. 그게 팀에게는 엄청난 스트레스로 돌아왔습니다!

오늘 아침 제가 커피를 가지러 가는데,
전혀 모르는 사람이 제 머그잔에 있는 회사 로고를 보고는 저한테 이 게임이 언제
나오는지 물어보더라고요. 우리가 가진 거라곤 15분짜리 데모밖에 없는데!
이봐요, 이건 **좋은 문제**에요.
우리가 확실히 제대로 가고 있는 거라구요.
사람들이 좋아해주니 좋긴 한데,
이제 앞으로 어떻게 해야 하죠?

사용자의 기대치에 부응할 수 있을지 CGW5 팀을 걱정하게 만든 이런 문제를 어떻게 해결하시겠습니까? 창의적으로 생각해보십시오!

각 질문에 대해 짧은 문장으로 답하세요.

1. 팀이 프로젝트에 착수하면서 그 제품을 어린이용 게임으로 시장에 내놓으려고 했습니다. 그런데 콘텐츠 중 일부가 폭력적이었고, 콘퍼런스에 왔던 플레이어들이 성인을 대상으로 한 게임을 좋아했습니다.

....

데모는 정말 멋지지만 CGW5 코드와는 아직 정확히 통합되지 않았습니다.

2. 데모에서 보여준 피처에는 제약이 많습니다. 그 피처를 완전한 게임으로 작동시키려면, 팀은 예전 상황으로 다시 돌아가서 이전 코드의 많은 부분들을 수정해야 합니다.

....

3. 어떤 개발자가 미니 게임을 다운로드 가능한 추가 게임으로 만들자는 아이디어를 냈습니다. 하지만 그 피처는 팀이 처음에 생각했던 것보다 훨씬 일이 많아 보입니다. 대부분의 프로젝트에서 큰 역할을 수행해온 팀 최고의 개발자 중 한 명이 다른 프로젝트에는 관여하지 않고 추가 콘텐츠 구축에만 몰두하는 것이 가치가 있을까요?

....

4. 데모에 관한 플레이어들의 가장 큰 불만은 플레이어가 전장에서 싸움을 하는 동안 무기를 바꾸려면 뛰다가 멈춰야 하는 것이었습니다. 그런데 뛰다가 멈추면 플레이어들이 계속 죽어버려 게임의 재미가 떨어집니다.

....

팀이 그 상황을 다룰 수 있는 방법을 우리가 몇 가지 생각해봤습니다. 혹시 다른 답을 생각했나요? 변화는 애자일 팀에서 항상 일어납니다. 여러분과 여러분의 팀이 그 문제를 처리하는 방법이 성공과 실패 사이에서 큰 차이를 만들 수 있습니다.

1. 팀이 프로젝트에 착수하면서 그 제품을 어린이용 게임으로 시장에 내놓으려고 했습니다. 그런데 콘텐츠 중 일부가 폭력적이었고, 콘퍼런스에 왔던 플레이어들이 성인을 대상으로 한 게임을 좋아했습니다.

게임을 사용할 실제 사용자를 생각해내고 그들에게 피처를 적용해보세요.

여러분이 사용자가 누구인지 모른다면 사용자의 니즈에 맞는 제품을 만들 수 없습니다.

2. 데모에서 보여준 피처에는 제한이 많습니다. 그 피처를 완전한 게임으로 작동시키려면, 팀은 예전 상황으로 다시 돌아가서 이전 코드의 많은 부분들을 수정해야 합니다.

제품 백로그에 이 작업을 추가하고, 프로젝트 초반부터 활용해보세요.

만약 다른 모든 것에 영향을 주는 업무가 있다면, 프로젝트 초반에 적용하는 것이 가장 좋습니다.

3. 어떤 개발자가 미니 게임을 다운로드 가능한 추가 게임으로 만들자는 아이디어를 냈습니다. 하지만 그 피처는 팀이 처음에 생각했던 것보다 훨씬 일이 많아 보입니다. 대부분의 프로젝트에서 큰 역할을 수행해온 팀 최고의 개발자 중 한 명이, 다른 프로젝트에는 관여하지 않고 추가 콘텐츠 구축에만 몰두하는 것이 가치가 있을까요?

제품 책임자는 그 피처가 가치가 있는지 그리고 백로그에 우선순위가 정해져 있는지 확인합니다.

제품 책임자가 고객이 원하는 바를 알고 있으므로, 제품 책임자는 이와 같은 피처가 올바른 우선순위를 갖고 있는지 확인해야 합니다.

4. 데모에 관한 플레이어들의 가장 큰 불만은 플레이어가 전장에서 싸움을 하는 동안 무기를 바꾸려면 뛰다가 멈춰야 하는 것이었습니다. 그런데 뛰다가 멈추면 플레이어들이 계속 죽어버려 게임의 재미가 떨어집니다.

팀과 만나서 사용자가 그 게임을 어떻게 하고 싶은지 이야기합니다.

사용자의 시각에서 팀이 구축해야 하는 피처를 작성하면, 팀이 처음부터 상황을 올바로 이해하는 데 도움이 됩니다.

이런 대화는 스크럼 팀이 스프린트 리뷰 중 각 스프린트의 마지막에 중요한 이해관계자와 만났을 때 일어나는 종류의 대화입니다.

그렇다면, 다음은 뭘까요?

팀은 프로젝트를 시작할 때 플레이어들을 즐겁게 해주는 데모를 만들기 위해 백로그로 작성된 요청사항들을 많이 갖고 있었습니다. 하지만 이제는 전체 길이의 게임도 데모처럼 플레이어들을 만족시킬 수 있는지 확인해야 합니다.

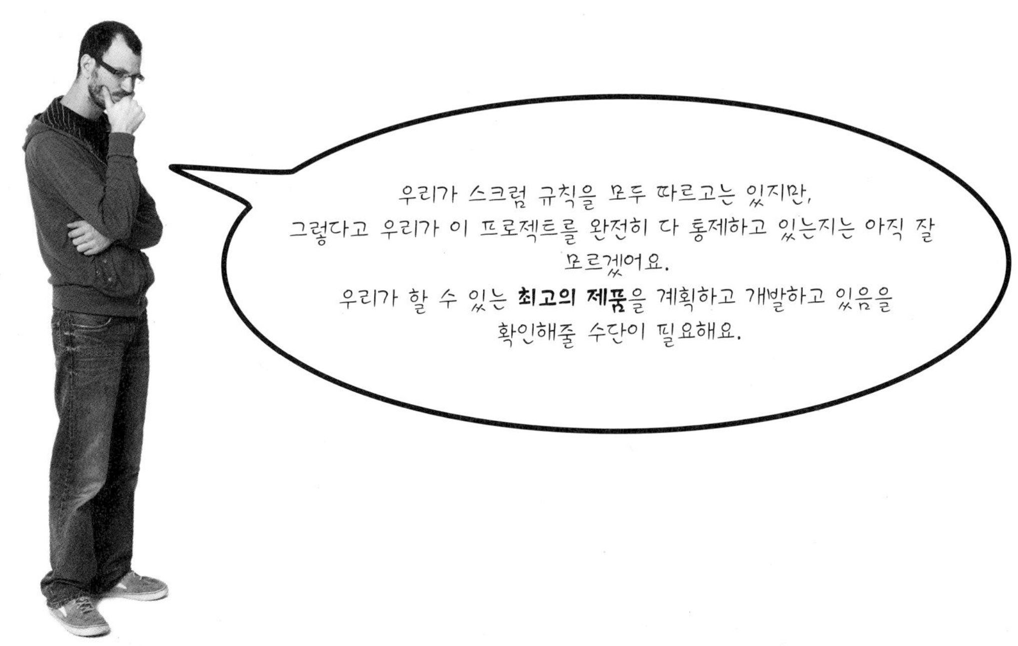

우리가 스크럼 규칙을 모두 따르고는 있지만,
그렇다고 우리가 이 프로젝트를 완전히 다 통제하고 있는지는 아직 잘 모르겠어요.
우리가 할 수 있는 **최고의 제품**을 계획하고 개발하고 있음을
확인해줄 수단이 필요해요.

브레인 파워

CGW5 팀에게는 프로젝트를 계획하고 추적할 방법이 필요합니다. 여러분의 프로젝트에 사용했던 도구 중 도움이 될만한 것이 있을까요? 있다면 그것이 애자일 팀에도 효과적으로 작용할까요?

GASP를 소개합니다!

스크럼 팀이 스프린트 작업을 시작하면, 그들은 목표를 설정하고 그 목표를 추적하는 데 팀 전체를 참여시키는 도구를 사용합니다. 이런 프랙티스가 핵심 스크럼 규칙은 아니지만, 이들은 많은 스크럼 팀이 작업을 함께 계획하고 모든 사람들이 같은 내용을 이해하는 데 도움을 줍니다. 작업을 시작할 때 **일반적으로 수용되는 스크럼 프랙티스**(Generally Accepted Scrum Practices) 또는 **GASP**의 등장이 필요한 시점입니다. 이 프랙티스가 스크럼 프레임워크의 기술적인 부분은 아니지만 스크럼 팀 사이에서는 매우 보편적이어서 대부분의 스크럼 프로젝트에서 볼 수 있습니다.

이 모든 도구들은 팀이 계획 수립을 위해 수집한 모든 정보를 공유하게 해주므로, 팀 전체가 프로젝트를 함께 계획하고 추적할 수 있게 해줍니다.

❶ 사용자 스토리와 스토리 포인트

사용자 스토리(user story)는 사용자가 소프트웨어에서 필요로 하는 것을 여러분이 알 수 있게 해줘서, 사용자가 사용할 수 있는 제품을 만들 수 있게 해줍니다. **스토리 포인트**(story point)는 사용자 스토리 하나를 구축하는 데 노력이 얼마나 필요한지를 나타내는 표현 방식입니다.

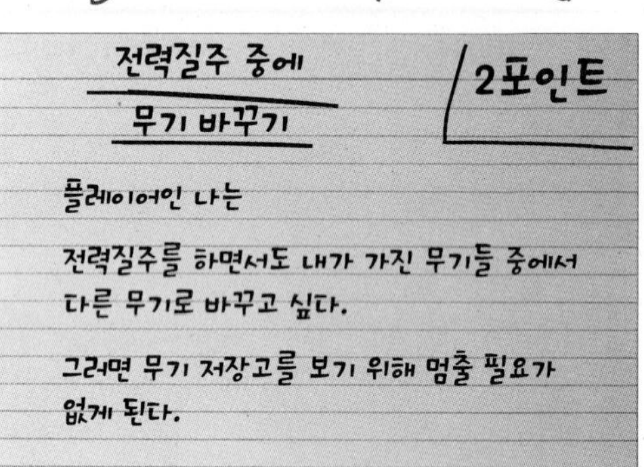

❷ 태스크 보드

태스크 보드(task board)는 팀의 모든 사람들이 현재 스프린트의 진행 상황을 똑같이 인지할 수 있도록 해줍니다. 태스크 보드는 모든 사람들이 무엇을 하고 있는지를 알려주는 빠르고 시각적인 방법입니다.

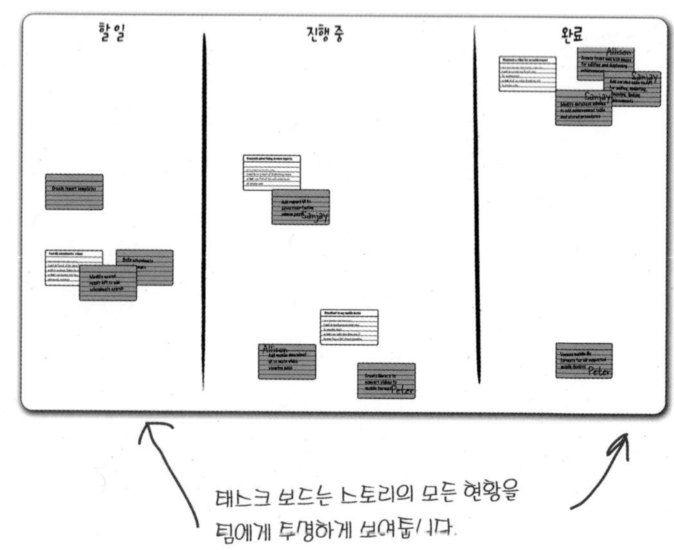

태스크 보드는 스토리의 모든 현황을 팀에게 투명하게 보여줍니다.

GASP는 선구적인 애자일 사상가인 마이크 콘이 썼으며 많은 사람들이 읽은
〈규칙 vs. 일반적으로 수용되는 스크럼 프랙티스〉라는 2012년의 블로그 글에서 따와 만든 단어입니다.
https://www.mountaingoatsoftware.com/blog/rules-versus-generally-accepted-practices-scrum

❸ 계획 수립 포커

팀은 **계획 수립 포커**(planning poker)를 이용해 모든 사람들이 각 스토리가 얼마나 큰지 그리고 그 스토리를 어떻게 개발할지 생각해볼 수 있게 해줍니다.

계획 수립 포커 중에 팀은 각 스토리에 맞는 스토리 포인트 점수를 결정하면서 자신들의 추정에 대해 서로 설명하고, 과정만이 아니라 추정 결과에 관해서도 모두 합의할 수 있도록 해줍니다.

❹ 번다운 차트

번다운 차트(burndown chart)를 사용하면 팀의 모든 사람들이 얼마나 일을 완료했고 어느 정도 남았는지 알 수 있습니다.

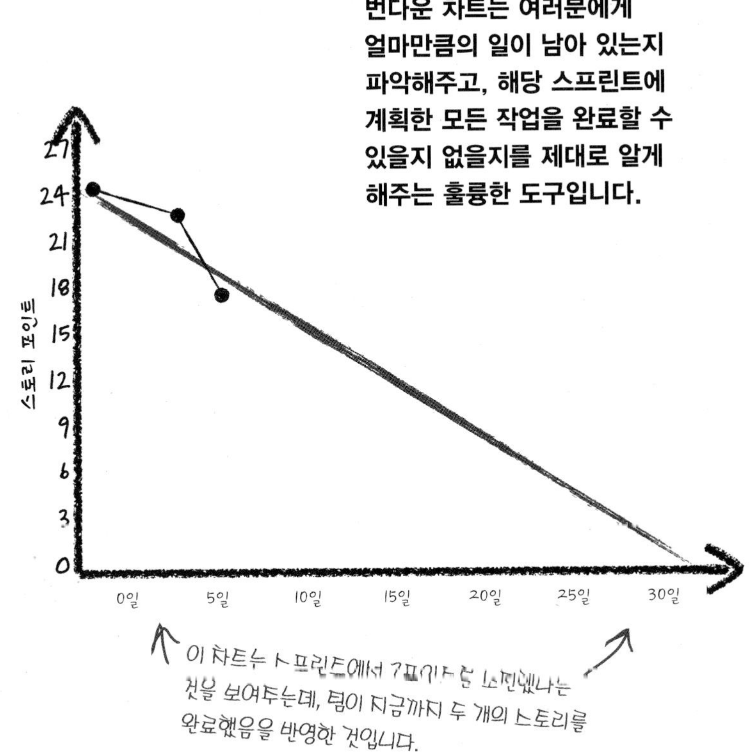

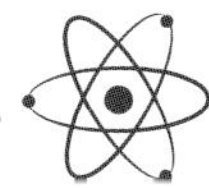

브레인 파워

이 차트의 Y축은 스토리 포인트를 나타냅니다. 팀이 스토리 포인트를 어떻게 사용할까요?

더 이상 300쪽짜리 명세서는... 제발 그만!

팀은 여태까지 상세한 명세서를 만들곤 했습니다. 게임에 필요한 모든 요구사항을 문서로 작성하는 것이 사용자가 필요로 하는 모든 것에 대해 의사소통하는 가장 효율적인 방법처럼 보였기 때문이었습니다. 하지만 한 사람이 모든 것을 작성하고 그것으로 개발팀과 의사소통을 하다 보니 그 와중에 많은 것들이 유실됩니다. 요구사항을 작성할 이보다 더 좋고 애자일한 방법이 있을까요?

사용자들이 요청한 피처에 관해 **150쪽짜리 보고서**를 받았습니다.
그걸 요구사항으로 작성해서 팀에게 개발하라고 전할까요?

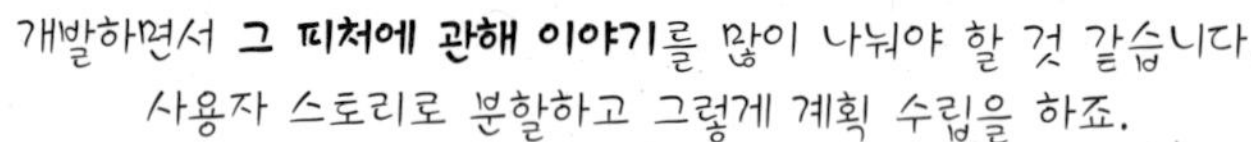

개발하면서 **그 피처에 관해 이야기**를 많이 나눠야 할 것 같습니다.
사용자 스토리로 분할하고 그렇게 계획 수립을 하죠.

알렉스: 나도 그렇게 생각하고 있었어요. 근데 그렇게 하려면 요청받은 피처에 대한 보고서 말고도 더 필요한 것이 있을 것 같은데, 그렇지 않나요?

릭: 어, 옳은 말씀인 것 같은데요. 먼저 누가 사용자인지 알아볼 필요가 있을 것 같아요. 그리고 피처 목록을 액션이랑 혜택 목록으로 나누어야겠어요. 그러기에 충분한 정보를 갖고 계신가요?

알렉스: 사실 생각해보니 다 갖고 있긴 하네요. 우리가 CGW의 타깃으로 할 플레이어는 세 종류에요. 초보자, 일반 플레이어, 전문가이죠.

릭: 좋아요, 스토리를 작성하는 데 그 역할들을 사용하죠.

알렉스: 네, 사용자가 취할 액션을 알아내는 건 꽤 쉬워요. 그게 바로 피처 요구사항의 핵심인 경우가 많죠. 그들이 받게 될 혜택도 이해하기 쉬울 거예요. 사실 이렇게 요구사항을 작성하는 건 그다지 힘들지는 않을 거예요.

릭: 잘됐네요! 그럼 그 피처를 백로그에 넣고 첫 번째 스프린트를 시작하죠.

알렉스: 릭, 그렇게 빨리는 안 돼요. 아직 이것들에 대해 추정해보면서 좀 더 파야해야 해요. 그리고 '이것들'이 정말 뭔지 아직 모르잖아요. 정말로 우리가 정확히 무엇을 만들 거죠?

사용자 스토리를 통해 사용자가 원하는 것을 팀이 이해할 수 있습니다

소프트웨어는 사람들이 하는 일을 돕습니다. 사용자가 팀에게 피처를 개발해달라고 요청할 때는 그들이 오늘 할 수 없는 일을 그 피처를 이용해 향후에 할 수 있기를 희망하기 때문입니다. 팀이 올바른 것을 개발하는지 확인하는 가장 효율적인 방법은 개발 프로세스 내내 그 니즈를 염두에 두는 것입니다. **사용자 스토리**는 사용자가 필요로 하는 것에 대한 매우 짧은 설명입니다. 많은 팀들은 사용자 스토리를 인덱스 카드나 포스트잇에 씁니다. 모든 작업을 사용자 스토리를 중심으로 정리함으로써 스크럼 팀은 사용자의 니즈를 자신들의 계획 수립 및 우선순위 프로세스 앞에 확실히 놓을 수 있습니다. 그렇게 하면 사용자가 필요로 하는 것을 개발하는 데 집중하게 되고 스프린트 마지막에 스토리를 팀이 시연할 때 놀라게 될 일이 없습니다.

사용자 스토리

사용자 스토리는 사용자가 그 소프트웨어를 어떻게 사용할지를 몇 문장으로 설명합니다. 많은 팀들은 사용자 스토리를 빈 칸을 채우는 방식으로 카드에 적습니다.

"〈사용자 유형〉인 나는, 〈취하고자 하는 특정 행동〉을 통해 〈그 결과로 발생하는 일〉을 원한다."

스토리는 짧고 모듈화되어 있어서, 팀이 지속적으로 올바른 피처를 개발하고 있다는 것을 확인하도록 상기시켜줍니다. 여러분은 사용자에게 유용한 피처를 팀이 개발하고 있다는 것을 확인하기 위해 사용자와 갖는 대화의 수단으로 각 스토리 카드를 생각할 수 있습니다.

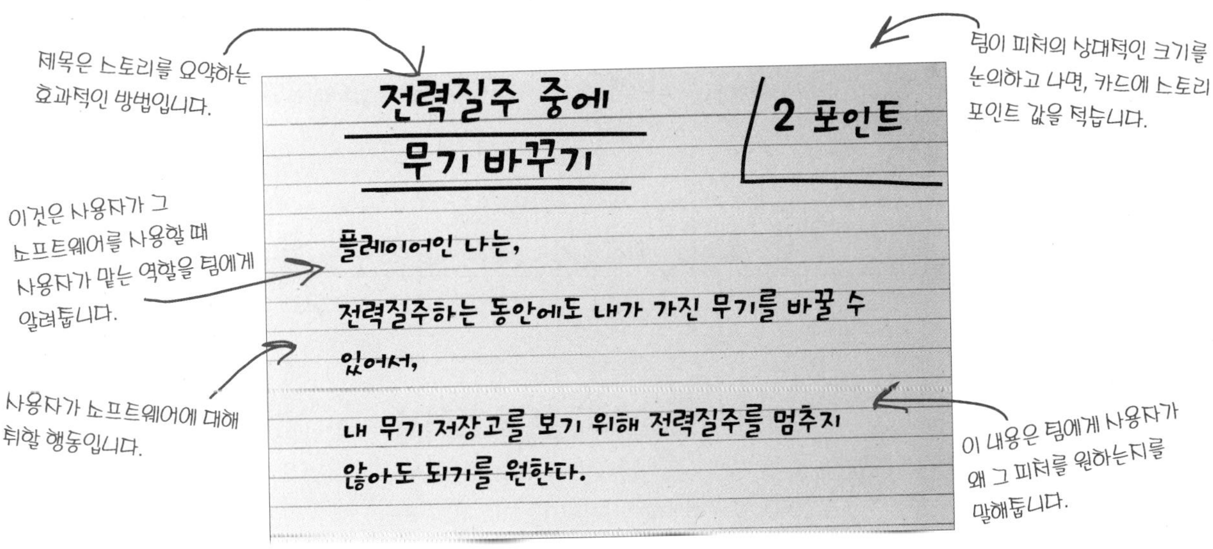

제목은 스토리를 요약하는 효과적인 방법입니다.
전력질주 중에 무기 바꾸기
2 포인트
팀이 피처의 상대적인 크기를 논의하고 나면, 카드에 스토리 포인트 값을 적습니다.
이것은 사용자가 그 소프트웨어를 사용할 때 사용자가 맡는 역할을 팀에게 알려줍니다.
플레이어인 나는,
전력질주하는 동안에도 내가 가진 무기를 바꿀 수 있어서,
사용자가 소프트웨어에 대해 취할 행동입니다.
내 무기 저장고를 보기 위해 전력질주를 멈추지 않아도 되기를 원한다.
이 내용은 팀에게 사용자가 왜 그 피처를 원하는지를 말해줍니다.

스토리 포인트를 통해 팀은 각 스토리의 상대적인 크기에 집중합니다

계획 수립의 목적은 피처를 완료할 순서나 정확한 완료일을 예상하기 위한 것이 아닙니다. 대신 팀은 서로 알고 있는 스토리 크기를 기반으로 다른 스토리에 포인트 값을 할당합니다. 이것이 스크럼 팀이 **스토리 포인트**를 사용해 프로젝트를 계획하는 이유이며, 이렇게 해서 팀은 스토리를 서로 비교할 수 있습니다. 스토리를 개발하는 데 걸리는 정확한 시간보다는 피처의 상대적 크기에 집중함으로써 스크럼 팀은 계획 수립에 함께 참여하고, 그 계획에 불확실성도 허용합니다.

스토리 포인트 방식

스토리 포인트는 간단합니다. 팀이 각 스토리에 필요한 작업량을 나타낼 포인트 값을 선택하고, 그 값을 스프린트 백로그에 있는 각 스토리에 할당합니다. 하나의 피처를 개발하는 데 얼마나 걸리는지 정확히 예상하려고 하기보다, 팀은 이전에 그들이 개발한 다른 피처에 대비한 상대적인 크기에 기반해서 각 스토리에게 포인트 값을 할당합니다. 처음에는 그 추정이 스토리마다 매우 다릅니다. 하지만 시간이 지나면서 팀이 추정을 위해 자신들이 사용하는 지표에 익숙해지면 각 스토리가 얼마나 큰지 파악하기가 쉬워집니다.

팀이 스토리 포인트 사용을 시작하는 한 가지 방법은 스토리를 **티셔츠 크기**로 구분하고, 각 크기에 포인트를 할당하는 것입니다. 예를 들어, 엑스트라 스몰 크기 피처에 1포인트, 스몰 크기에 2포인트, 미디엄 크기에 3포인트, 라지 크기에 4포인트, 엑스트라 라지 크기에 5포인트를 사용하기로 결정할 수 있습니다. 그 지표가 결정되면, 각 스토리가 어느 카테고리에 들어가는지만 결정하면 됩니다. 어떤 팀은 피보나치 수열(1, 2, 3, 5, 8, 13, 21...)을 스토리 포인트 지표로 사용합니다. 왜냐하면 더 큰 피처에 좀 더 현실적인 무게를 준다고 생각하기 때문입니다. 팀이 지표를 일관성 있게 사용한다면 어떤 지표를 사용해도 상관없습니다.

해당 스프린트에서 완료되지 않은 작업은 현재 스프린트에서 다음 스프린트로 이동하고, 각 스프린트에서 완료된 스토리 포인트의 총합은 프로젝트 **진척도**(velocity)로 추적합니다. 만약 팀이 총 55포인트를 해당 스프린트에서 끝냈다면, 팀은 그 55포인트를 스프린트 진척도로 정의하고, 그 점수를 근거로 다음 스프린트에서 대략 얼마만큼 자신들이 일을 완료할 수 있을지에 대한 아이디어를 얻을 수 있습니다.

시간이 지나면서 팀은 스토리 포인트 할당에 점점 더 익숙해지고, 각 스프린트에 개발 완료하는 포인트 수도 점점 더 일관성을 갖게 됩니다. 그렇게 하면 팀은 하나의 스프린트에서 얼마만큼의 일을 할 수 있는지 감을 잡을 수 있고, 이와 함께 계획 수립을 통제할 수 있게 됩니다.

엑스트라 스몰	스몰	미디엄	라지	엑스트라 라지	엑스트라 엑스트라 라지
1 포인트	2 포인트	3 포인트	5 포인트	8 포인트	13 포인트

정확한 날짜를 기준으로 하는 것보다, 팀이 각 스토리에 일반적인 크기 값을 할당하는 것이 왜 더 좋을까요?

사용자들이 게임에서 자기가 원하는 것이 무엇인지

우리가 얼마나 개발할 수 있는지를 어떻게 알 수 있을까요?

이 스토리는 초보자, 일반 플레이어, 전문가 플레이어 모두에게 적용될 수 있습니다.

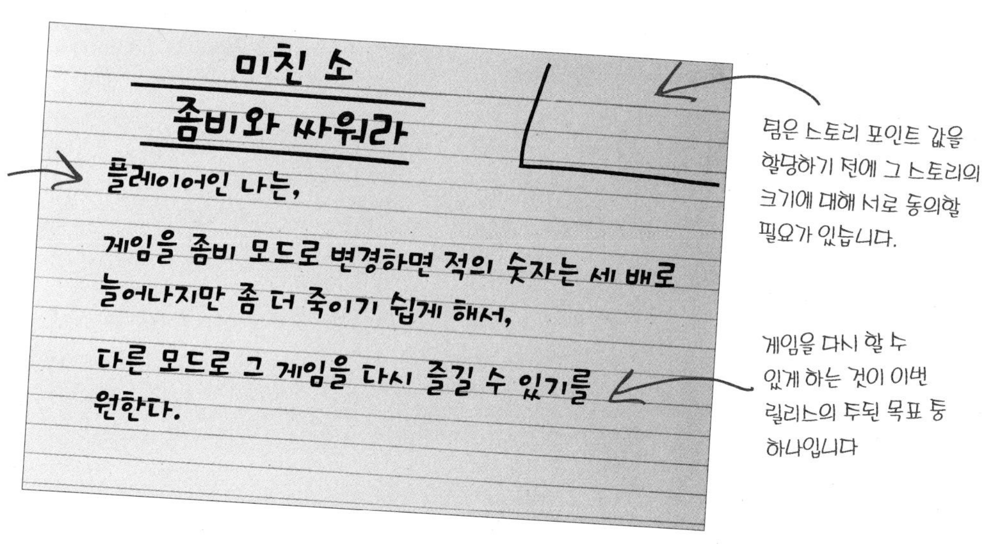

미친 소
좀비와 싸워라
플레이어인 나는,
게임을 좀비 모드로 변경하면 적의 숫자는 세 배로 늘어나지만 좀 더 죽이기 쉽게 해서,
다른 모드로 그 게임을 다시 즐길 수 있기를 원한다.

팀은 스토리 포인트 값을 할당하기 전에 그 스토리의 크기에 대해 서로 동의할 필요가 있습니다.

게임을 다시 할 수 있게 하는 것이 이번 릴리스의 주된 목표 중 하나입니다

사용자 스토리는 정말로 간단해서 스크럼 팀이 매우 가치 있게 여깁니다. 하지만 사용자 스토리에서 가장 중요한 부분은, 팀원들 사이에, 그리고 사용자와 이해관계자와의 사이에서 일어나는 대화입니다.

사용자 스토리가 그렇게 효과적인 이유 중 하나는 이와 같은 애자일 원칙 때문입니다.

개발팀으로, 또 개발팀 내부에서 정보를 전하는 가장 효율적이고 효과적인 방법은 면대면 대화이다.

이 백로그에 있는 아이템을 사용자 스토리로 다시 쓰세요.

젖소의 분노 5.2 제품 백로그

아이템 #1: 스텔스 닭장 레벨

가치: 레벨을 다시 할 수 있기를 원하는 고급 레벨의 사용자를 위해 다른 플레이 모드를 추가한다.

아이템 #2: 고급 플레이 모드에서, 빅 베시가 싸우는 동작은 플레이어의 공격을 예상하고 이에 대해 더 빠르게 대처해야 한다.

가치: 이로 인해 베시를 죽이기가 더 어려워진다.

아이템 #3: 초급 플레이어는 건초가 발사될 때 파괴력이 두 배가 되게 해주는 슈퍼-건초 제조기를 포함한 건초총을 원했다.

가치: 초급 플레이어가 쉬운 모드에서 어려운 전투를 헤쳐나갈 수 있게 돕는다.

아이템 #4: 사용자는 전력질주 중에 무기를 전환할 수 있어야 한다.

가치: 사용자는 멈추지 않고 자신의 무기 저장고를 볼 수 있다.

총 7쪽 중 1쪽

지금은 추정 부분을 비워두세요.

__________로서
나는 __________를 통해서
__________를 원한다.

__________로서
나는 __________를 통해서
__________를 원한다.

__________로서
나는 __________를 통해서
__________를 원한다.

__________로서
나는 __________를 통해서
__________를 원한다.

제품 백로그의 아이템을 사용자 스토리로 다시 작성하세요.

스텔스
닭장 레벨

고급 플레이어로서,

나는 스텔스 모드에서 닭장 레벨을 플레이해서

다른 모드로 그 게임을 다시 할 수 있기를 원한다.

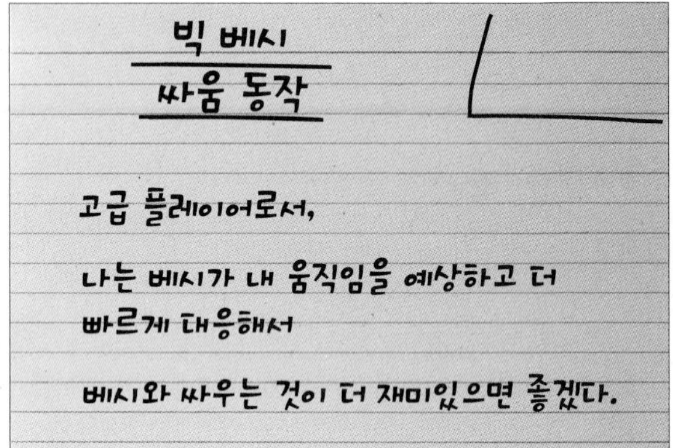

빅 베시
싸움 동작
고급 플레이어로서,
나는 베시가 내 움직임을 예상하고 더 빠르게 대응해서
베시와 싸우는 것이 더 재미있으면 좋겠다.

아래는 우리가 생각해낸 스토리입니다. 스토리를 작성하는 연습을 하는 한 여러분이 사용하는 표현이 다르더라도 괜찮습니다.

건초 제조기 -
슈퍼 기계

초급 플레이어로서,

나는 슈퍼-건초 모드에서 건초총을 쏘면 파괴력이 두 배로 늘어

적들을 더 쉽게 무찌를 수 있기를 원한다.

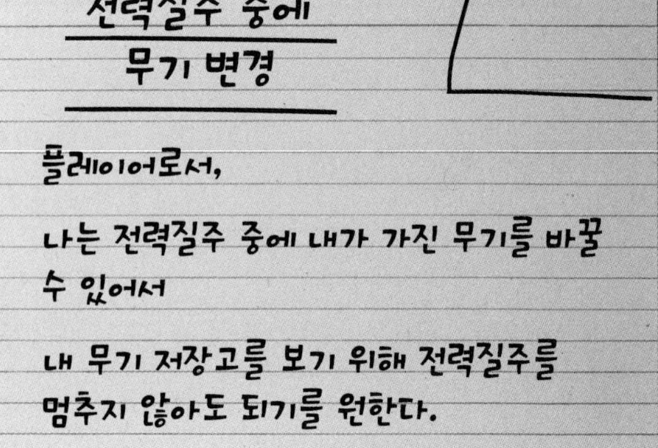

전력질주 중에
무기 변경
플레이어로서,
나는 전력질주 중에 내가 가진 무기를 바꿀 수 있어서
내 무기 저장고를 보기 위해 전력질주를 멈추지 않아도 되기를 원한다.

엔진 점검: 사용자 스토리

사용자 스토리는 테스트 가능한 소프트웨어 개발에 관한 것입니다.

애자일 프로젝트를 위한 계획 수립 시간에 제품 책임자는 사용자 스토리를 파악하기 위해 최종 사용자와 협력합니다. 그 스토리를 통해 사용자의 니즈와 그 피처를 요청한 이유를 알아냅니다. 하지만 사용자 스토리를 적는 것은 사용자의 니즈를 이해하는 시작점일 뿐입니다. 팀이 사용자 스토리를 처음 적을 때 필요한 세부 내용을 다 모르더라도, 팀은 세부 내용을 파악하고 개발할 작업을 계획해야 한다는 것을 카드를 보고 기억할 수 있습니다. 각 스토리를 미리 상세하게 기술하지 않음으로써, 스크럼 팀은 옵션을 열어두고 필요한 사항에 대해 책임이 따르는 마지막 순간에 각 스토리에 대한 의사결정을 합니다. 사용자 스토리는 원래 XP 프랙티스로 개발됐습니다(다음 장에서 이 부분에 관해 더 많이 알게 됩니다). 하지만 사용자 스토리는 지금 수많은 스크럼 팀이 사용합니다. 스토리는 전통적인 소프트웨어 요구사항보다 훨씬 짧고 덜 세부적이지만, 팀에게 가장 늦게 개발할 수 있는 방법을 계획할 수 있는 유연성을 주면서도, 전통적 소프트웨어 요구사항과 유사한 역할을 합니다. 어떻게 그럴 수 있는지 아래 내용을 참조하세요.

- **카드**: 먼저 제품 책임자가 사용자 스토리를 적습니다(지금까지 이야기해온 '~로서, 나는 ~를 통해서, ~를 원한다' 형식을 사용합니다). 그러면 그 카드는 개발해야 하는 것에 대한 상세한 내용을 이해할 수 있도록 상기시켜줍니다.
- **대화**: 스토리를 추정할 시간이 되면 팀은 제품 책임자와 대화를 하고, 사용자와의 대화를 통해 카드를 추정하기 위해 알아야 할 상세한 내용을 파악하기도 합니다. 가끔 제품 책임자는 설계자와 사용자와 협력해 데모를 만들거나, 팀이 스토리를 개발하는 데 도움이 되는 기술적 설계를 하기도 합니다.
- **확인**: 다음으로 팀은 사용자 스토리가 완료됐다는 것을 확인할 수 있는 테스트를 어떻게 할지에 관심을 돌립니다. 이 확인은 중요한 피드백 과정으로, 사용자 스토리가 작고 그 내용이 충분하기 때문에 팀과 사용자들이 테스트 진행을 합의하는 데 도움을 줍니다.

어떤 팀은 사용자 스토리 카드 뒷면에 각 사용자 스토리를 확인하는 테스트를 적습니다. 그렇게 되면 팀은 개발이 완료됐을 때 그 스토리가 어떻게 작동되어야 하는지 기억하기도 쉽습니다. 또한 소프트웨어가 준비됐을 때 그 스토리가 어떻게 작동될지 사용자와 팀이 합의에 이르는 데 도움을 줍니다. 이와 같은 테스트는 만족 조건과 인수 조건이라고도 불립니다. 좋은 사용자 스토리를 작성하는 가이드라인은 **INVEST**라는 약어로 요약할 수 있습니다.

I – 독립적인(Independent): 사용자 스토리는 독립적으로 설명이 가능해야 합니다.
N – 협상 가능한(Negotiable): 제품의 모든 피처는 협상의 산물입니다.
V – 가치 있는(Valuable): 사용자에게 불필요한 카드를 작성하는 데 시간을 낭비할 이유가 없습니다.
E – 추정 가능한(Estimatable): 각 사용자 스토리가 피처에 연계되어, 팀이 개발해야 할 규모나 투입되는 노력을 숫자로 표현할 수 있게 해줘야 합니다.
S – 작은(Small): 사용자 스토리는 기능에 관한 엄청난 분류 목록이 아니라, 독립적인 상호작용 형태로 표현해야 합니다.
T – 테스트 가능한(Testable): 각 사용자 스토리를 테스트할 수 있다는 것이, 스크럼 팀에게는 효과적인 피드백으로 여겨집니다.

INVEST와 세 가지 C, 즉 카드(Card), 대화(Conversation), 확인(Confirmation)은 XP에서 나온 것으로, 다음 장에서 이에 관해 배웁니다. 이 내용에 관해서는 빌 웨이크가 작성한 2003년 원본 글을 미리 읽어 볼 수 있습니다.
http://xp123.com/articles/invest-in-good-stories-and-smart-tasks/
(그가 언급한대로, 세 가지 C의 원조는 XP 선구자인 론 제프리스입니다.)

팀 전체가 함께 추정해요

팀이 사용자 스토리의 우선순위 목록을 먼저 만들고 나면, 그것들을 구축하는 데 얼마만큼의 노력이 필요한지 파악해야 합니다. 팀은 주로 각 스프린트를 시작할 때 스크럼 계획 수립 회의의 일환으로 각 스토리를 개발하는 데 필요한 스토리 포인트를 추정합니다. 팀은 대부분 백로그를 보고 어떤 스토리가 가장 높은 우선순위를 갖고 있는지 알 수 있기 때문에, 각 스프린트에서 가능한 한 높은 우선순위의 스토리에 몰입하려고 합니다. 팀이 그렇게 하기 위한 방법 중 하나가 계획 수립 포커입니다.

❶ 준비

각 팀원은 각 카드에 유효한 추정 숫자가 적힌 카드를 한 세트 갖고 있습니다. 주로 스크럼 마스터가 이 세션을 진행합니다.

팀이 카드를 사용할 한 장소에 다 같이 있을 수 없다면, 팀은 먼저 그들이 사용하게 될 포인트 지표와 추정에 대해 의사소통할 방법에 대해 협의합니다. 분산된 많은 팀들은 실제로 카드를 사용하는 대신 각자 자신들의 추정을 메시지 등을 통해 진행자에게 전달합니다.

❷ 각 스토리 이해하기

팀은 제품 책임자와 함께 우선순위대로 스프린트 백로그에 있는 각 스토리를 검토하고 사용자가 필요로 하는 것을 파악하기 위해 스토리에 관한 질문을 합니다.

건초 제조기 –
슈퍼 기계

초급 플레이어로서

나는 슈퍼-건초 모드에서 건초총을 쏘면 파괴력이 두 배로 늘어

적들을 더 쉽게 무찌를 수 있기를 원한다.

❸ 스토리 포인트 값 할당

팀이 피처에 관한 논의를 하고 나면, 각 팀원은 카드를 한 장 선택해 스토리 포인트 값을 할당하고 그 값을 그룹과 공유합니다.

❹ 높고 낮은 값 설명

만약 팀원 간 추정한 값이 다르다면 높은 값과 낮은 값을 추정한 팀원들은 자신들의 추정에 대해 설명합니다.

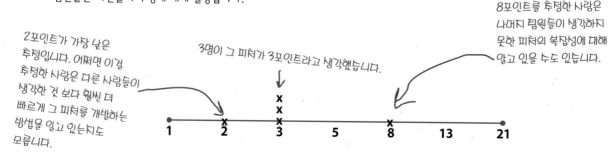

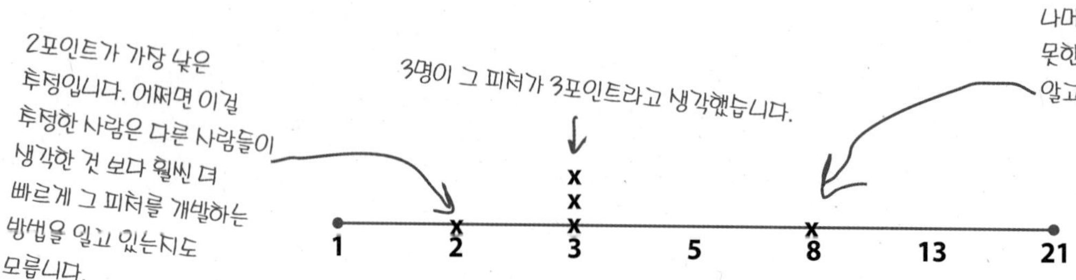

2포인트가 가장 낮은 추정입니다. 어쩌면 이걸 추정한 사람은 다른 사람들이 생각한 것 보다 훨씬 더 빠르게 그 피처를 개발하는 방법을 알고 있는지도 모릅니다.
3명이 그 피처가 3포인트라고 생각했습니다.
8포인트를 추정한 사람은 나머지 팀원들이 생각하지 못한 피처의 복잡성에 대해 알고 있을 수도 있습니다.
1
2
3
5
8
13
21

❺ 추정 조정

팀 모두가 설명을 다 듣고 나면, 팀원들은 추정 카드를 다시 선택할 기회를 갖습니다. 만약 팀이 같은 방에 있을 수 없다면, 그들은 팀원들에게 서로 포인트를 보여주는 대신 이메일이나 메시지를 통해 진행자와 의사소통합니다.

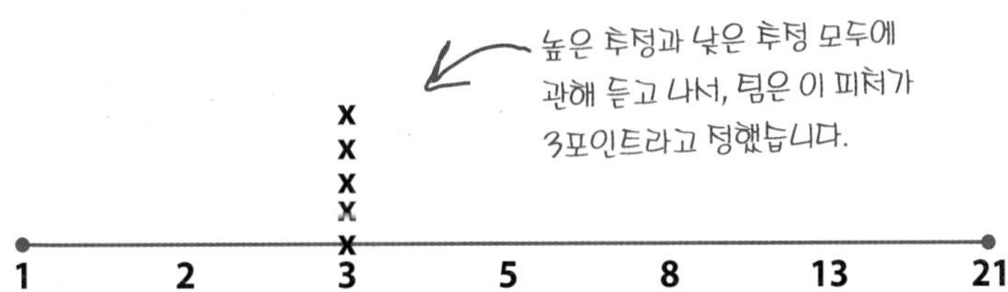

높은 추정과 낮은 추정 모두에 관해 듣고 나서, 팀은 이 피처가 3포인트라고 정했습니다.
x
x
x
x
x
1
2
3
5
8
13
21

❻ 추정 수렴

팀은 주로 광범위한 추정으로 시작하지만 그 범위는 설명과 조정을 통해 좁혀집니다. 프로세스를 거쳐가는 몇 번의 반복을 하고 나면 추정은 팀이 모두 편하게 느끼는 하나의 값으로 수렴됩니다. 팀이 하나의 스토리 포인트 값에 만장일치로 동의할 수 있을 때까지 보통 두세 번의 논의가 반복됩니다.

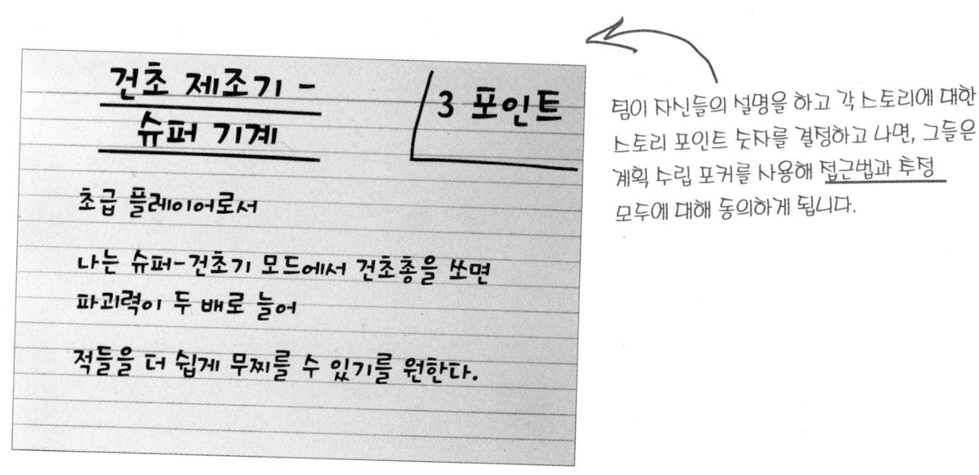

팀이 자신들의 설명을 하고 각 스토리에 대한 스토리 포인트 숫자를 결정하고 나면, 그들은 계획 수립 포커를 사용해 접근법과 추정 모두에 대해 동의하게 됩니다.

계획 수립 포커는 매우 효과적인데, 부분적으로는 이것이 협력적인 방식이기 때문입니다. 팀이 아이템에 대한 노력을 추정할 때, 각 팀원은 전체에서 자신이 맡은 부분만이 아니라 전체에 대한 추정을 함께 합니다. 여러분이 작업을 하지 않더라도 함께 전체를 추정하게 되면, 팀의 모든 사람들이 전체 프로젝트를 더 잘 이해하게 됩니다.

세부적인 프로젝트 계획은 이제 그만해요!

만약 여러분이 관련된 모든 것을 고려해 계획을 세우고, 시작부터 끝까지 누가 무엇을 할지 파악하고 나면, 여러분은 프로젝트를 정말 잘 통제하는 것 같은 기분이 듭니다. 모든 것에 대해 심사숙고했기 때문에 전통적인 프로젝트 계획은 모든 사람들이 성공을 보장한 것처럼 느끼게 해줍니다. 그러나 완전히 정확한 세부 계획을 세우기에 프로젝트 초반에 갖는 정보가 충분하지 않은 경우가 종종 있습니다. 그래서 전통적인 프로젝트 계획 초반에 여러분이 내리는 의사결정은, 프로젝트 중간이라면 여러분이 내렸을 의사결정과는 다르게 나옵니다.

스크럼 팀은 책임이 따르는 마지막 순간에 의사결정을 내리고 변화를 수용합니다. 왜냐하면 세부적인 프로젝트 계획은 자연스럽게 나타나는 변화에 팀이 반응하기보다는 계획을 따르는 데 집중하게 만들기 때문입니다. 그래서 스크럼 팀은 백로그의 우선순위 작업을 하고 가장 높은 우선순위 작업을 먼저 합니다. 그렇게 하면 변화가 생겨도 그들은 항상 가장 중요한 작업을 수행하게 됩니다.

좋아요. 계획 수립 포커를 다 해보니,
이제 각 스토리가 몇 포인트가 되는지는 알겠어요. 하지만 스토리
포인트로 어떻게 일정을 수립할 수 있죠? 저는 누가 어떤 태스크를 할지
또는 각 태스크가 얼마나 걸릴지 잘 모르겠어요.

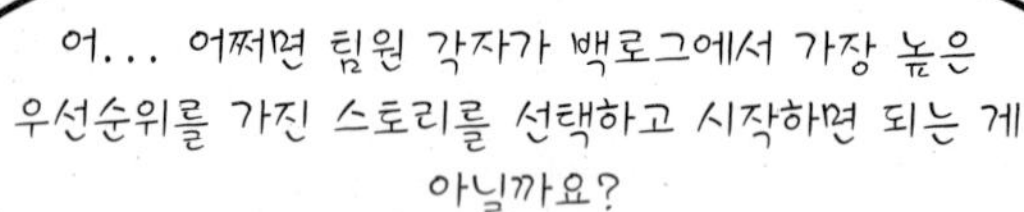

어... 어쩌면 팀원 각자가 백로그에서 가장 높은
우선순위를 가진 스토리를 선택하고 시작하면 되는 게
아닐까요?

릭: 잠깐만요. 안 돼요! 그건 아예 맞지 않아요. 언제 끝날지 어떻게 알아요? 누가 뭘 할지도 모르잖아요.

브라이언: 맞아요. 사용자 스토리에 스토리 포인트 값을 할당하는 것은 그 작업을 하는 데 며칠이 걸리는지 여러분에게 말해주는 것과는 많이 다르죠.

릭: 그러면 저는 다음 2주간의 스프린트 동안 우리가 가능한 한 많은 일을 할 거라고 경영진에게 말하면 되는 건가요?

브라이언: 어, 우리 모두가 가장 우선순위가 높은 피처 작업을 하는 한 우리는 해야 하는 가장 가치 있는 작업을 하는 거예요. 제 생각에 우선순위가 높은 업무를 하는 것과 모든 사람들이 같은 맥락에 있도록 매 스프린트 리뷰에서 우리가 한 일을 시연하는 것, 그 두 가지를 함께 생각하면 될 것 같아요.

릭: 좋아요. 하지만 프로젝트 계획 없이 모든 사람들이 알맞은 작업을 하고 있다는 것을 어떻게 알죠?

추정 방법 들여다보기

여러분의 이해를 돕기 위해 일반적으로 소프트웨어 추정에 사용되는 몇 가지 개념을 아래에 제시했습니다.

경과 시간

경과 시간(elapsed time) 기반의 추정은 태스크가 완료되는 날짜를 예상합니다. 이와 같은 추정은 기대치를 설정할 때 완충 일정과 만일의 사태에 대한 대비가 종종 필요합니다. 만약 팀원이 프로젝트 중에 휴가를 가면, 그 사람은 휴가 기간 동안 작업을 하지 못하기 때문에 전체 프로젝트 추정도 그 문제를 처리하기 위해 조정해야 합니다. 어떤 프로젝트는 프로젝트 작업에 대해 한 사람이 작업할 수 있는 총 시간을 회의나 다른 오버헤드에서 사용한 시간까지 고려하면서 추정하려고 합니다. 이처럼 전통적인 프로젝트 관리 프랙티스는 처음부터 가능한 모든 간섭과 일정 조정을 고려하려고 합니다. 이렇게 계획된 프로젝트는 작업 범위와 노력 추정을 토대로, 절대 변하지 않을 종료일을 예상하려고 합니다.

이상적인 시간

이상적인 시간(ideal time)은 만약 태스크에 투입된 사람이 간섭을 받지 않고 일할 수 있다면 그 태스크를 완성하는 데 필요한 시간을 말합니다. 이상적인 시간으로 추정할 때는, 오버헤드도, 병가도, 프로젝트 작업에서 담당자가 빠지거나 완료 날짜에 영향을 주는 우선순위가 높은 다른 일도 없다고 가정합니다. 애자일 팀은 이상적인 시간으로 추정하고 주어진 시간 동안 무엇을 완료할 수 있는지에 대한 기대치를 설정하기 위해, 지난 스프린트에서 각 팀이 얼마만큼의 작업을 완료했는지 경험적인 측정 방법을 사용합니다.

스토리 포인트

스토리 포인트는 피처의 상대적 크기를 숫자로 나타낸 것입니다. 대략 동일한 양의 노력이 필요한 피처에는 동일한 스토리 포인트 값을 매깁니다. 스토리 포인트를 사용한 추정은 완충 일정이 필요하지 않습니다. 한 피처에 스토리 포인트 값을 할당하면 여러분은 팀이 처리해야 하는 일반적인 간섭이나 불확실성까지 모두 고려한 상대적인 크기 측정이라고 가정한 것입니다. 왜냐하면 그 값들이 상대적인 크기 값이기 때문에 그들은 특정한 시간 값으로 변환되지 않습니다. 예를 들어 하나의 스토리 포인트가 한 시간의 작업이라고 할 수는 없습니다. 하지만 하나의 스토리 포인트가 버튼을 만들거나 다른 액션으로 연결하는 데 필요한 노력과 같다고 말할 수는 있습니다.

진척도

진척도(velocity)는 스프린트 안에서 완료한 스토리 포인트 값을 의미합니다. 진척도는 여러 스프린트를 수행하면서 걸린 작업량 또는 예측에 대한 평균을 통해 산정됩니다. 프로젝트를 시작할 때는 진척도 값이 다양하지만 팀원들이 서로에게 더 편안함을 느끼고 자신이 하는 일에 편안해질수록 안정된 값이 되어갑니다. 팀이 일정 시간 동안 일관성 있는 진척도로 작업을 했다면, 그 팀은 앞으로도 그 진척도를 유지할 것이라고 생각할 수 있습니다. 애자일 프로젝트에서는 각 피처에 대한 완료일을 예상하기보다, 각 스프린트에서 가능한 가장 높은 가치를 가진 작업을 하고 안정적인 진척도를 유지하는 데 집중합니다.

진척도는 시간에 따라 기록해온 측정 단위입니다. 팀은 지난 성과에 기반을 둔 진척도를 사용해서 자신들의 능력을 알아볼 수 있습니다. 하지만 그 능력은 시간이 경과하면서 변할 수 있습니다. 그렇게 되면 팀의 진척도 또한 함께 변합니다.

태스크 보드는 팀에게 지속적으로 정보를 전달합니다

팀이 스프린트 계획을 하고 나면 개발을 시작합니다. 하지만 스크럼 팀은 일반적으로 각 스프린트 초반에 누가 어떤 일을 할지 정의하지는 않습니다. 팀은 스프린트가 어떻게 진행되는지에 관해 지속적으로 업데이트된 정보를 팀 전체에게 제공함으로써 팀원들이 책임이 따르는 마지막 순간에 의사결정을 할 수 있도록 노력합니다.

대부분의 팀은 세 개의 칸이 있는 화이트보드에 상황을 반영합니다. 세 칸은 일반적으로 할 일, 진행 중, 완료로 구분됩니다. 팀원은 스토리 작업을 시작하면서, 할 일 칸에 있는 스토리를 진행 중 칸으로 옮기고 작업이 완료되면 완료 칸으로 옮깁니다.

많은 애자일 팀이 태스크 보드에 스토리만을 두고 진행 상황을 공유합니다. 하지만 다른 많은 팀은 스토리에서 태스크를 분할한 후 각 스토리 카드 아래 태스크 그룹으로 보드에 카드나 포스트잇을 붙여 스토리 관련 태스크를 표시합니다. 첫 번째 태스크가 진행 중 칸으로 옮겨가면 관련 스토리도 그 태스크와 함께 옮겨갑니다. 스토리는 마지막 태스크가 완료될 때까지 옮기지 않은 채 그 자리에 둡니다.

❶ 스프린트 시작

아직 아무도 작업을 시작하지 않았기 때문에 사용자 스토리 모두가 할 일 칸에 있습니다.

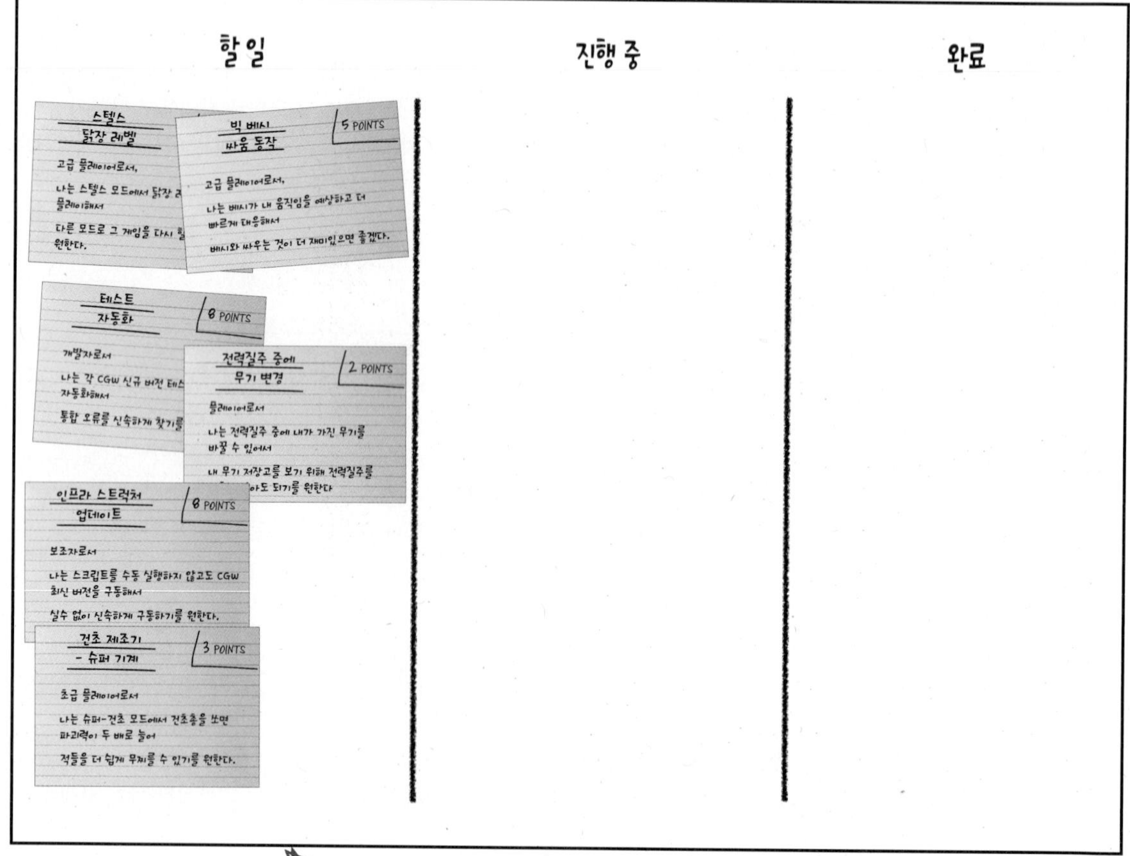

태스크 보드는 모든 스토리의 현황을 팀에게 있는 그대로 보여줍니다.

❷ 스프린트 중

팀원들은 작업을 시작하면 자신들의 스토리 카드를 진행 중 칸으로 옮기고 작업이 완료되면 완료 칸으로 옮깁니다. 팀은 항상 사전에 '완료'의 정의에 합의하고, 모든 사람들이 스토리가 완료된 것이 무엇을 의미하는지 명확하게 이해하고 있어야 합니다.

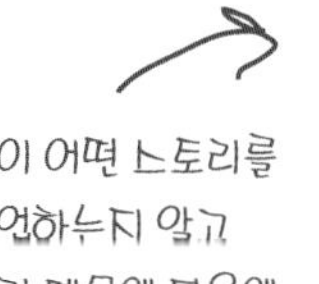

팀이 어떤 스토리를
작업하는지 알고
있기 때문에 다음에
무엇을 선택할지도
알고 있습니다.

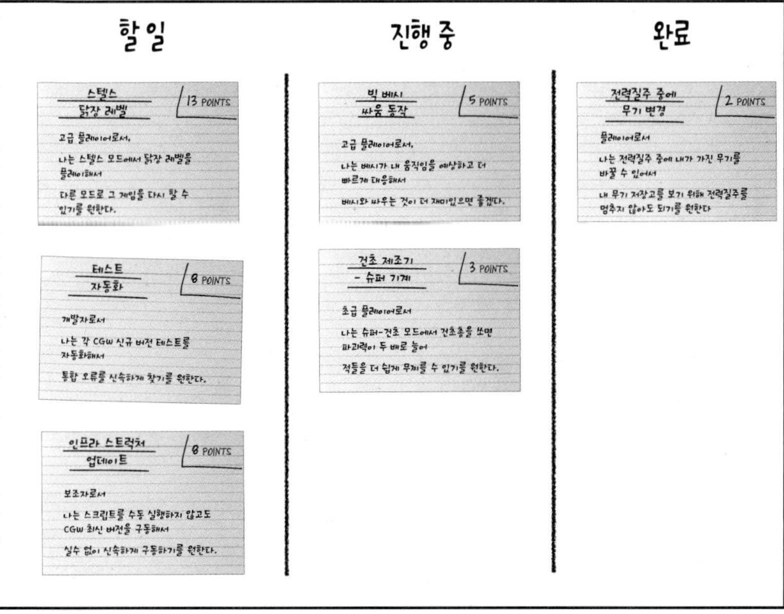

❸ 스프린트 종료

만약 팀이 잘 예상했다면, 백로그에 넣은 사용자 스토리 모두는 완료 칸으로 옮겨집니다. 만약 사용자 스토리가 남아 있다면, 다음 스프린트 백로그에 추가합니다.

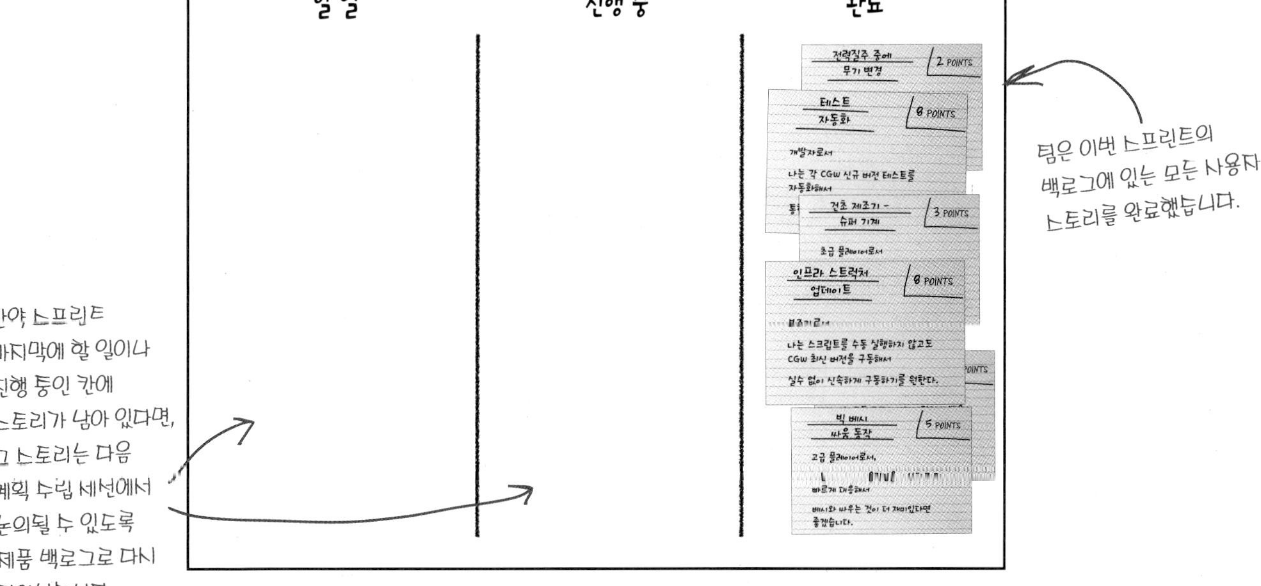

바보 같은 질문은 없다

Q: 그렇다면 사용자 스토리와 요구사항의 차이는 무엇일까요? 인덱스 카드에 써 있다는 것뿐인가요?

A: 아니요. 사실 많은 팀들이 사용자 스토리를 카드에 적지 않습니다. 종종 이슈 추적을 위해 만들어지죠. 사용자 스토리는 스프레드시트의 열이나 문서의 중요 항목으로 표시됩니다. 사용자 스토리와 전통적인 소프트웨어 요구사항의 가장 큰 차이는 피처에 관한 세부사항을 사용자 스토리에 정의하지 않는다는 점입니다.

사용자 스토리를 적어나갈 때의 목표는 모든 사람들이 누가 그 피처를 사용하고 그 피처가 무엇이며 왜 사용자들이 그것을 원하는지 기억할 수 있을 만큼의 정보만 이해하는 것입니다. 스토리 그 자체가 팀이 그 피처에 대해 이야기하고 그 작업을 할 만큼 충분히 이해하는지 확인하는 방법입니다. 가끔 팀은 사용자와 스토리를 확인하고 나서 더 많은 문서를 작성해야 할 수도 있습니다. 가끔은 대화만으로도 충분하며, 팀이 문서 작업 없이 피처를 구축할 수도 있습니다. 어떤 방법이든 가장 중요한 것은 팀이 사용자의 니즈와 그들의 관점을 이해하는 것입니다.

Q: 하나의 스토리에 얼마만큼의 스토리 포인트를 할당할지 어떻게 알죠?

A: 팀이 사용자 스토리를 처음 사용하면, 일반적으로 다 같이 모여 제일 먼저 어떤 작업이 하나의 스토리 포인트만큼의 가치가 있는지를 결정합니다. 주로 팀의 모든 사람들이 이해할 수 있는 단순한 태스크를 정합니다. 예를 들어, 웹 애플리케이션 작업을 하는 팀은 하나의 스토리 포인트가 웹 페이지에 간단한 특정 기능을 가진 버튼 하나를 추가하는 데 드는 노력과 같다고 결정할 수 있습니다. 팀이 주로 하는 일의 종류에 따라, 팀은 모두가 다 이해하는 지표를 선택합니다. 그들이 1포인트 값을 정하고 나면, 팀은 나머지 포인트 범위를 이해하는 데 도움이 됩니다.

어떤 팀은 티셔츠 크기라고 부르는 프랙티스를 사용해서 자신들이 추정하는 모든 스토리에 스몰, 미디엄, 라지 카테고리를 부여하고 포인트를 그 방식으로 할당합니다. 예를 들면, 스몰 1포인트 같은 식이죠, 미디엄 3포인트, 라지 5포인트 같은 식이죠. 다른 팀은 더 넓은 지표(XS, S, M, L, XL)와 이에 맞는 포인트 값을 사용합니다. 또 다른 팀은 피보나치 수열(1, 2, 3, 5, 8, 13, 21...)을 사용해 값을 할당합니다. 팀이 스토리에 포인트를 할당하는 방법이 일관성만 있다면 어떤 방법을 사용하든 상관이 없습니다.

Q: 계획 수립 포커를 하는 요지는 뭐죠? 개발자들이 스스로 자신들의 작업을 추정할 수는 없나요?

A: 대부분의 다른 GASP와 마찬가지로, 계획 수립 포커는 팀 전체를 참여시키고 프로젝트의 진행 상황을 추적하는 데 초점을 둡니다. 계획 수립 포커는 팀이 자신들의 추정을 논의하고, 개발에 대한 올바른 접근법에 동의하게 하는 것입니다. 추정과 접근법에 대해 투명하게 함으로써 팀은 서로가 실수하는 것을 피할 수 있도록 돕고, 다 함께 각 피처를 개발하는 가장 효과적인 방법을 생각해볼 수 있습니다. 계획 수립 포커는 팀이 자신들이 한 추정의 이유를 투명하게 해줍니다. 팀이 어떤 추정 방법을 사용할지를 결정하고 추정을 함께 한다면, 자신들의 선택한 방법의 단점을 일찍 찾아낼 수도 있고 완료해야 할 작업에 대해 더 잘 이해할 수도 있습니다.

Q: 추정을 잘못하면 어떻게 되죠?

A: 그런 일도 일어납니다. 그래도 괜찮습니다. 어느 피처의 스토리 포인트가 스프린트 초반에는 3포인트이라고 생각했는데 스프린트 마지막에 보니 5포인트이었어야 한다고 생각할 수도 있습니다. 하지만 시간이 경과함에 따라 스토리 포인트가 전반적인 진척도를 측정하는 데 사용되기 때문에, 팀 전체가 자신들이 만든 추정 기준을 갖고 작업하면서 피처가 어떤 건지 파악하는 일을 팀이 더 잘해내고 있다는 것을 알게 됩니다. 계획 수립 포커와 스토리 포인트가 좋은 이유는 미래를 예측할 수 있을 것이라고 기대하지 않기 때문입니다. 스토리 포인트를 스프린트 백로그에 할당하면서 스프린트 백로그를 만들고, 그러고 나서 일을 수행하면서 진척도 값을 추적합니다. 만약 해당 스프린트에 여러분이 할 수 있는 것보다 더 많은 스토리 포인트가 백로그에 있다면, 일부 스토리를 제품 백로그로 돌리고 우선순위를 재설정할 수 있습니다. 팀이 자신들이 개발하고 있는 피처를 추정하고 추적해나가는 동안 팀은 그 일을 점점 더 잘 해나가게 됩니다. 스크럼을 적용하는 초반에는 스프린트마다 팀이 완료해야 하는 스토리 포인트의 숫자가 엄청나게 달라지는 것을 알 수 있습니다. 하지만 팀이 함께 일하는 데 편해지면서, 하나의 스프린트에서 달성할 수 있는 스토리 포인트의 숫자가 점점 더 예측가능해집니다. GASP는 각 추정을 올바르게 하는 데 초점을 맞추기보다 여러분이 실제로 얼마만큼의 작업을 할 수 있는지를 제대로 이해하게 해줍니다. 그렇게 하면 각 스프린트에서 수행할 수 있는 일의 양을 점점 더 정확하게 결정할 수 있고, 팀은 점점 더 효율적으로 일할 수 있습니다.

계획 수립 포커, 스토리 포인트, 진척도는 팀 전체가 계획 수립을 하고 작업을 함께 추적할 수 있도록 도와줍니다. 이런 모든 도구는 팀 전체가 프로젝트의 비전과 계획에 책임감을 갖도록 만들어줍니다.

이해관계자들은
오늘 우리가 몇 포인트를 소진했는지가
아니라 프로젝트가 언제 완료될지 알고
싶어하는데.

그건 맞습니다. 전통적인 현황 보고서와 프로젝트 계획에 익숙한 이해관계자들은 이와 같은 프랙티스에 적응할 필요가 있습니다.

전통적인 프로젝트 관리 방법은 개발 완료 계획을 미리 만들고 그 계획에 맞춰 개발을 추적해나갑니다. 여러분의 조직에 있는 모든 사람들이 아주 처음부터 프로젝트가 정확히 어떻게 개발될 것인지 안다는 그 느낌을 포기하게 하는 것이 애자일 팀에게는 어려운 문제가 될 수도 있습니다.

각 세부사항을 미리 계획하고 그 계획에 따라 팀을 맞춰가는 대신, 스크럼 팀은 투명성, 변화에 대응하는 능력, 팀이 갖고 있는 이용 가능한 시간과 자원을 활용해 가능한 한 최고의 제품을 만드는 집중력을 약속합니다. 점진적으로 개발을 자주 완료하면서, 팀이 다른 방식으로 일하는 데 익숙해지고 나면 이해관계자들을 훨씬 더 만족시킬 수 있습니다.

펑!!
조심하세요!

여러분의 팀은 스토리 외에도 더 많은 것을 백로그에 넣을 수 있습니다.

랜치핸드 게임즈는 지금 제품 백로그와 스프린트 백로그에 있는 스토리만을 갖고 있습니다. 하지만 다른 유형의 백로그 아이템을 보게 되는 것도 매우 흔한 일입니다. 많은 팀들이 중요한 버그 수정이나 성능 향상, 또는 다른 비기능적 요구사항, 위험 관리 등의 다양한 종류의 작업을 백로그 아이템으로 추가합니다. 여러분은 이런 일들과 함께 프로젝트를 수행하는 것이 편해지도록 노력해야 합니다.

질문 클리닉: '주의를 산만하게 하는' 질문

가끔 질문에서 여러분이 필요하지 않은 엄청난 추가 정보를 주기도 합니다. 그렇게 되면 쓸데없이 나열되는 스토리나 별 상관없는 추가 숫자를 많이 포함하게 됩니다.

104. 당신은 광고 소프트웨어 프로젝트를 관리하고 있습니다. 당신은 광고 하나당 $75,000의 평균 비용이 들어가는 온라인 광고에 공간을 사는 인터페이스를 구축해야 합니다. 당신의 프로젝트 팀은 제품 책임자인 광고 분석가와 경험 많은 소프트웨어 엔지니어 팀으로 이루어져 있습니다. 당신의 비즈니스에 대한 문서가 완성돼서 당신은 이해관계자와 스폰서를 이미 만났습니다. 당신의 수석 관리자가 이제 당신에게 첫 번째 스프린트를 계획하라고 요청합니다. 팀은 이와 아주 비슷한 4개의 다른 프로젝트를 한 경험이 있으며, 당신은 그룹 세션에서 팀에게 스토리 포인트 값을 제시함으로써 추정하고, 모두가 동의한 추정과 방법으로 수렴하기로 결정했습니다.

팀이 개별적으로 추정을 하고 그 추정 내용이 모두 동의한 값으로 수렴될 때까지 논의하는 추정 프랙티스는 무엇일까요?

A. 계획 수립 포커
B. 계획 수립 방법
C. 상향식(Bottom-up)
D. 개략적 규모 산정치

글 전체를 다 읽고 났더니 정작 질문과는 전혀 상관없다는 것을 눈치채셨나요?

주의를 산만하게 하는 질문을 보게 되면, 여러분이 할 일은 그중 어떤 부분이 연관이 있고 어떤 부분이 여러분을 산만하게 하려고 포함된 것인지 파악해야 합니다. 어려울 것 같지만 어떻게 하는지 알고 나면 꽤 쉽습니다.

헤드 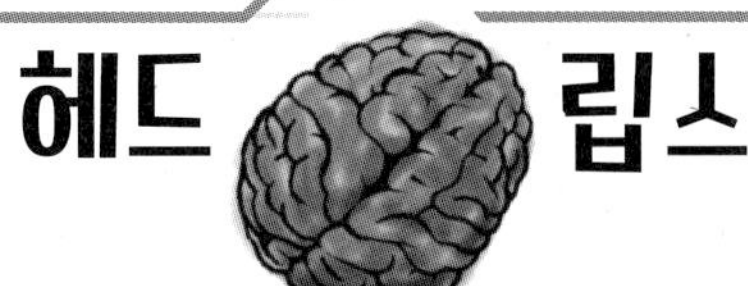 립스

산만한 질문을 만들어보기 위해 아래 빈 칸을 채우세요.

당신은 ______________________ 프로젝트를 관리하고 있습니다.
(프로젝트 종류)

당신은 ______________________ 이 있는 ______________________ 를 쓸 수 있습니다.
(그 자원이 어떤 제한이 있는지) (자원에 대한 설명)

당신의 ______________ 에는 ______________________ 이 담겨 있습니다. 그 ____________ 은
(프로젝트 문서) (문서에 담길 내용) (팀원)

당신에게 ______________________ 에 대해 경고하고, ______________________ 을 제안합니다.
(프로젝트에 영향을 끼친 문제) (제안된 해결 방안)

____ ?
(위 내용 중 한 가지와 애매하게 연관 있는 질문)

A. ____
(틀린 답)

B. ____
(애매하게 틀린 답)

C. ____
(해답)

D. ____
(말도 안 되게 틀린 답)

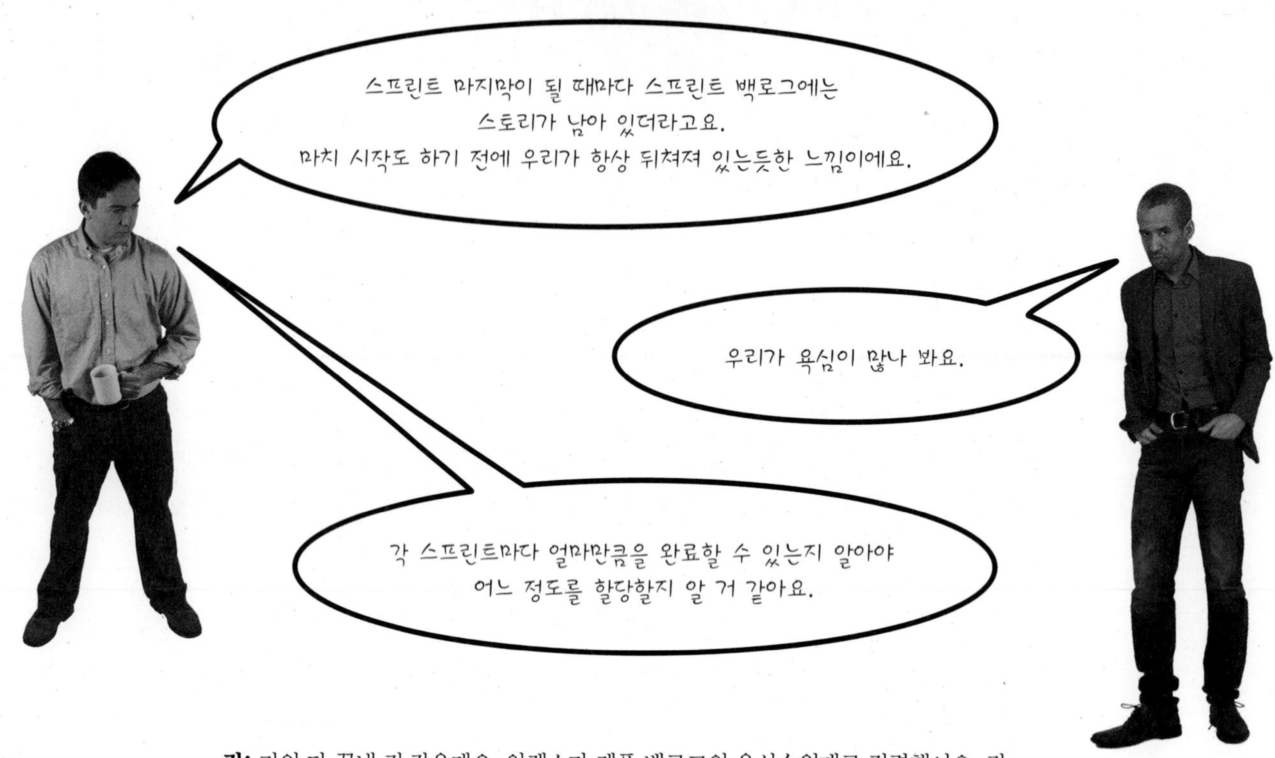

스프린트 마지막이 될 때마다 스프린트 백로그에는
스토리가 남아 있더라고요.
마치 시작도 하기 전에 우리가 항상 뒤쳐져 있는듯한 느낌이에요.
우리가 욕심이 많나 봐요.
각 스프린트마다 얼마만큼을 완료할 수 있는지 알아야
어느 정도를 할당할지 알 거 같아요.

릭: 거의 다 끝낸 것 같은데요. 알렉스가 제품 백로그의 우선순위대로 정렬했어요. 각 스프린트를 시작할 때 가장 높은 우선순위의 스토리를 검토하고, 계획 수립 포커를 함께 하고, 그 스토리에 스토리 포인트 값을 할당하죠. 그러고 나서 스프린트 백로그에 추가하고 시작합니다.

브라이언: 다 잘되가는데요. 팀에서는 일 시작 전에 작업에 대해 이야기해볼 기회가 있는 걸 좋아하죠. 그렇게 하면 모든 사람들이 스프린트에서 어떤 일을 완료해야 하는지 이해하는 데 도움이 돼요.

릭: 잘되는 것 같지만 각 스프린트 마지막에 도달하면 우리가 생각했던 것보다 훨씬 더 큰 스토리가 남아 있죠. 스프린트 백로그에는 항상 다음 스프린트로 넘겨야 할 것들이 있더라고요. 그게 알렉스를 당황하게 만들고 사용자와 함께 하는 스프린트 리뷰를 긴장되게 만들어요.

브라이언: 스프린트 중에 우리가 잘하고 있는지 알아야 해요. 그래서 필요하면 조정을 할 수 있도록 말이죠. 완료할 수 없을 것 같으면 스프린트 초반에 스토리를 선택하면 안 됩니다.

릭: 이제부터는 우리 진행 상황을 좀 더 면밀히 추적하기 시작해야 할 것 같아요. 그러니까... 음, 스크럼에서는 정확히 어떻게 하죠?

번다운 차트는 팀의 작업이 얼마만큼 남았는지 알려줘요!

팀이 스프린트 백로그에 있는 모든 사용자 스토리에 스토리 포인트 값을 할당하고 나면, 팀은 프로젝트가 어떻게 진행되는지 파악하기 위해 번다운 차트를 사용할 수 있습니다. 번다운 차트는 단순한 선형 차트로, 스프린트 기간 중 매일 얼마만큼의 스토리 포인트를 완료했는지 보여줍니다. 번다운 차트는 모든 사람들이 언제든 얼마만큼 작업이 남았는지 명확히 알려줍니다. 번다운 차트를 사용하면, 모든 팀원이 스프린트 목표를 달성하기까지 얼마나 다가갔는지 명확해집니다.

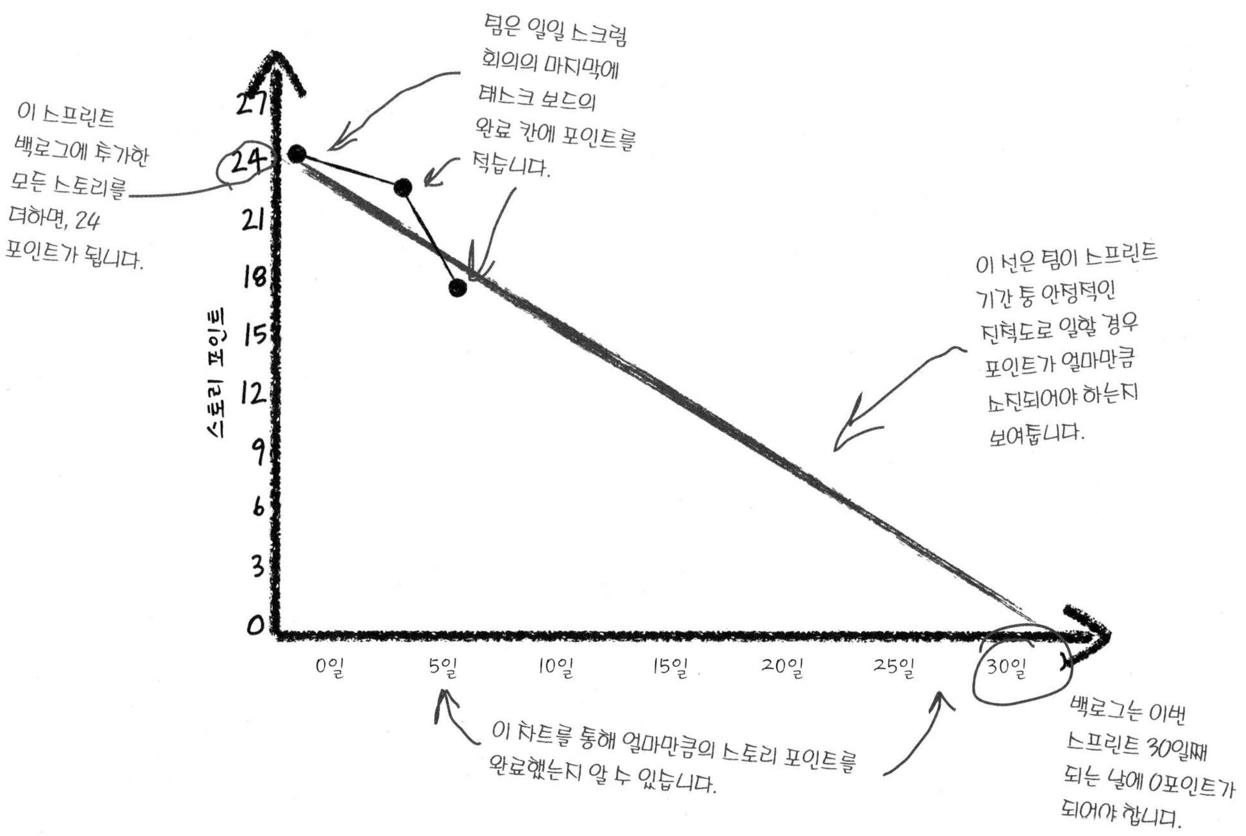

팀은 번다운 차트와 진척도를 이용해 스프린트를 통제합니다.

진척도는 팀이 스프린트에서 얼마만큼 일할 수 있는지 알려줘요

각 스프린트 마지막에 여러분은 제품 책임자가 수용한 스토리 포인트의 총점을 세어볼 수 있습니다. 스프린트 하나당 수용된 스토리 포인트의 총합을 **진척도**라고 하며, 팀이 얼마나 일관성 있게 작업을 완료하는지 측정할 수 있는 훌륭한 방법입니다. 팀은 스프린트당 진척도를 막대 차트로 구성해 여러 개의 스프린트에 걸쳐 그들이 어떻게 일을 했는지 볼 수 있습니다. 각 팀이 스토리 포인트를 추정하는 지표가 다르기 때문에, 여러분은 **진척도를 사용해 팀을 다른 팀과 비교해볼 수는 없습니다.** 하지만 지난 성과를 토대로 여러분의 팀이 얼마만큼의 작업에 몰입해야 하는지를 파악할 수는 있습니다.

스프린트 진척도

이것은 네 개의 스프린트에서 완료한 각 스토리 포인트의 총합을 나타낸 막대 차트입니다. 만약 팀이 각 스프린트에서 추정을 위해 동일한 지표를 사용한다면, 이 숫자를 사용해 하나의 스프린트에서 다른 스프린트까지 얼마만큼의 작업을 해왔는지 비교해볼 수 있습니다. 이 차트를 만들려면, 팀은 각 스프린트 마지막에 태스크 보드의 완료 칸에 있는 스토리 포인트 값을 더하기만 하면 됩니다.

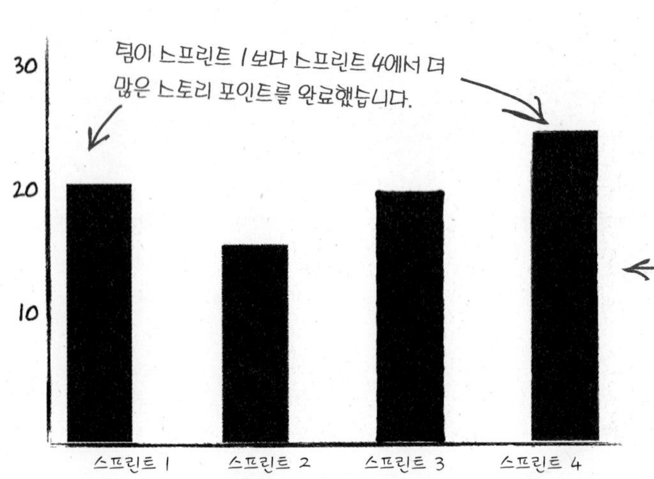

몰입하기로 한 포인트를 보여주는 스프린트 진척도

이것은 팀이 스프린트 백로그에 넣은 스토리 포인트 총점은 회색으로, 그리고 실제로 완료한 수는 검정으로 표시한 막대 차트입니다. 이 차트를 만들려면, 팀은 계획 수립 세션 후에 스프린트 백로그의 스토리 포인트를 더하고 그 수를 몰입해야 하는 숫자로 표시합니다. 스프린트 마지막에 태스크 보드의 완료 칸에 있는 스토리 포인트를 모두 더해서 진척도 숫자를 추적합니다.

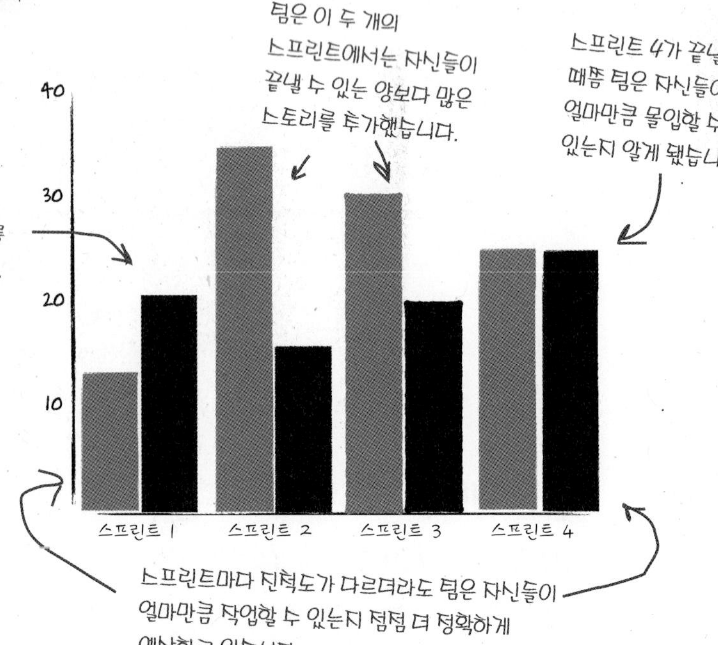

40
30
20
10
여기서 팀은 계획보다 더 많은 포인트를 완료했습니다.
팀은 이 두 개의 스프린트에서는 자신들이 끝낼 수 있는 양보다 많은 스토리를 추가했습니다.
스프린트 4가 끝날 때쯤 팀은 자신들이 얼마만큼 몰입할 수 있는지 알게 됐습니다.
스프린트 1
스프린트 2
스프린트 3
스프린트 4
스프린트마다 진척도가 다르더라도 팀은 자신들이 얼마만큼 작업할 수 있는지 점점 더 정확하게 예상하고 있습니다.

여기에 릭이 일일 스크럼 후에 태스크 보드를 보고 쓴 메모가 있습니다. 이 스프린트 백로그의 총 추정 점수는 40포인트입니다. 번다운 차트를 그리세요.

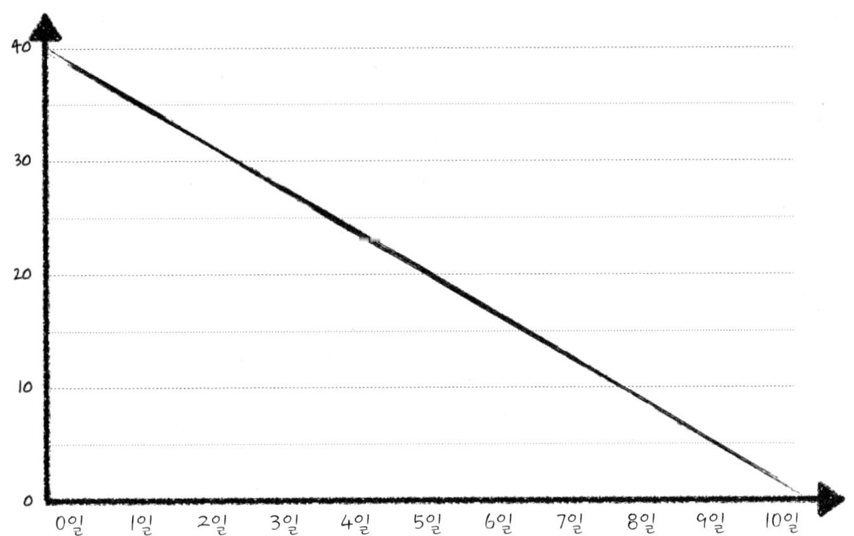

1일: 슈퍼 건초 피처를 마무리함. 그건 2포인트. 빌드 스크립트도 완료한 것으로 표시할 수 있음. 그건 또 2포인트.

2일: 오늘 완료한 것으로 표시할 수 있는 것 없음.

3일: 빅 베시 싸움에 새로운 결정타를 완료했음. 3포인트.

4일: 2포인트 추가. 건초기가 다시 작동하도록 하기 위한 리팩토링 작업이 끝났다는 것을 알게 됐음.

5일: 건초기 리팩토링 완료. 2포인트.

6일: 스텔스 닭장 완료. 8포인트.

7일: 배포 패키지 스크립트 완료. 5포인트.

8일: 베시의 AI를 더 빠르게 반응하도록 업데이트함. 2포인트.

9일: 슈퍼 건초 리로드 애니메이션 추가. 2포인트.

10일: 닭장 리팩토링 완료. 7포인트.

여기에 릭이 일일 스크럼 후에 태스크 보드를 보고 쓴 메모가 있습니다. 이 스프린트 백로그의 총 추정 점수는 40포인트입니다. 번다운 차트를 그리세요.

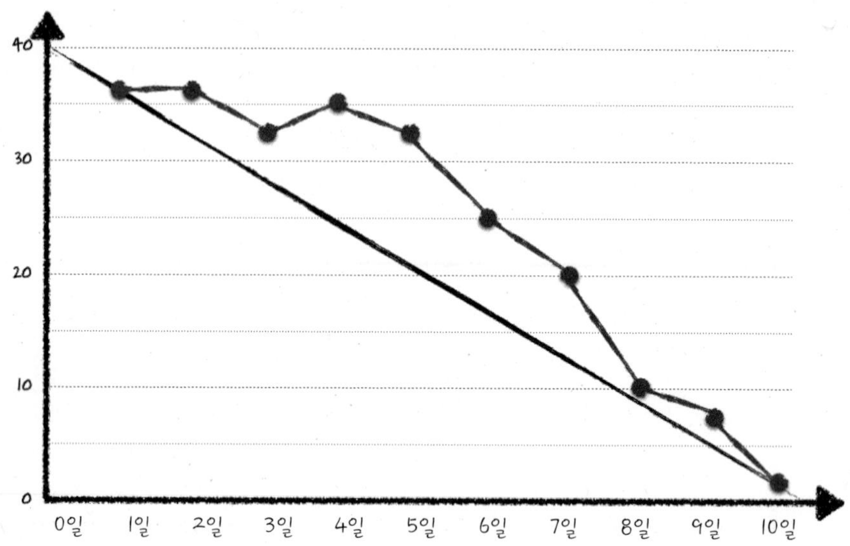

1일: 슈퍼 건초 피처를 마무리함. 그건 2포인트. 빌드 스크립트도 완료한 것으로 표시할 수 있음. 그건 또 2포인트.

2일: 오늘 완료한 것으로 표시할 수 있는 것 없음.

3일: 빅 베시 싸움에 새로운 결정타를 완료했음. 3포인트.

4일: 2포인트 추가. 건초기가 다시 작동하도록 하기 위한 리팩토링 작업이 끝났다는 것을 알게 됐음.

5일: 건초기 리팩토링 완료. 2포인트.

6일: 스텔스 닭장 완료. 8포인트.

7일: 배포 패키지 스크립트 완료. 5포인트.

8일: 베시의 AI를 더 빠르게 반응하도록 업데이트함. 2포인트.

9일: 슈퍼 건초 리로드 애니메이션 추가. 2포인트.

10일: 닭장 리팩토링 완료. 7포인트.

번업 차트는 진행 상황과 범위를 분리합니다

스프린트 중에 진행 상황을 추적하는 또 다른 방법은 **번업 차트**(burn-up chart)를 사용하는 것입니다. 여러분이 몰입한 숫자에서 완료한 숫자를 빼는 대신, 번업은 스프린트 내내 완료한 총합을 추적하고 독립된 선으로 팀이 수행한 총 범위를 보여줍니다. 스토리를 범위에 추가하거나 제거하면 범위를 나타내는 선에 명확히 나타납니다. 태스크 보드의 완료 칸에 스토리가 들어간 총 범위는 스프린트에서 번업된 총점을 보면 알 수 있습니다. 범위가 누적된 포인트와 별도의 다른 선으로 추적이 되므로 범위가 변하는 것을 더 명확히 볼 수 있습니다.

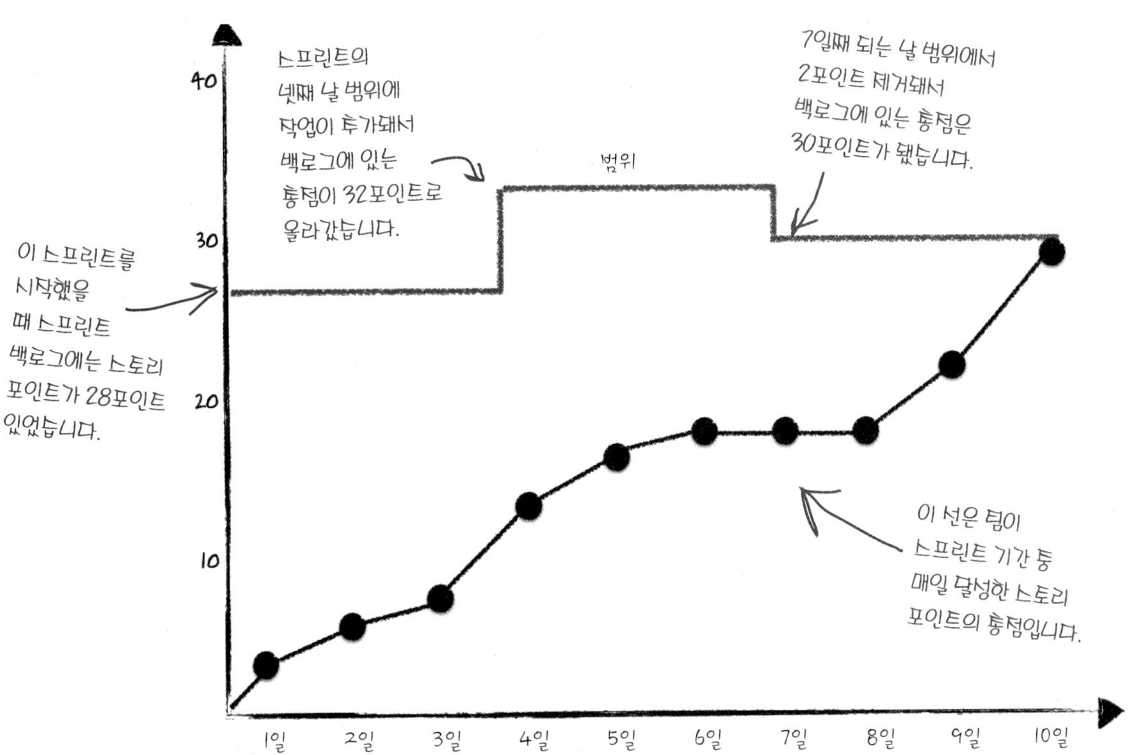

무엇을 구축할지 어떻게 아나요?

스프린트 팀에서 제품 책임자의 역할은 모든 사람들이 스프린트마다 가장 중요한 일을 하도록 해주는 것입니다. 제품 책임자는 제품 백로그 스토리의 우선순위를 책임집니다. 팀이 사용자 스토리에 관해 질문하면, 제품 책임자는 대답하면서 그 대답을 계속 쌓아가는 사람입니다. 많은 팀들은 팀이 다음 스프린트를 계획하기 전에 백로그의 모든 것이 제대로 정의되어 있는지 확인하기 위해, 각 스프린트의 마지막에 다다르면 시간을 정해 회의를 합니다. 그 회의를 **제품 백로그 정제**(product backlog refinement) 회의라고 합니다.

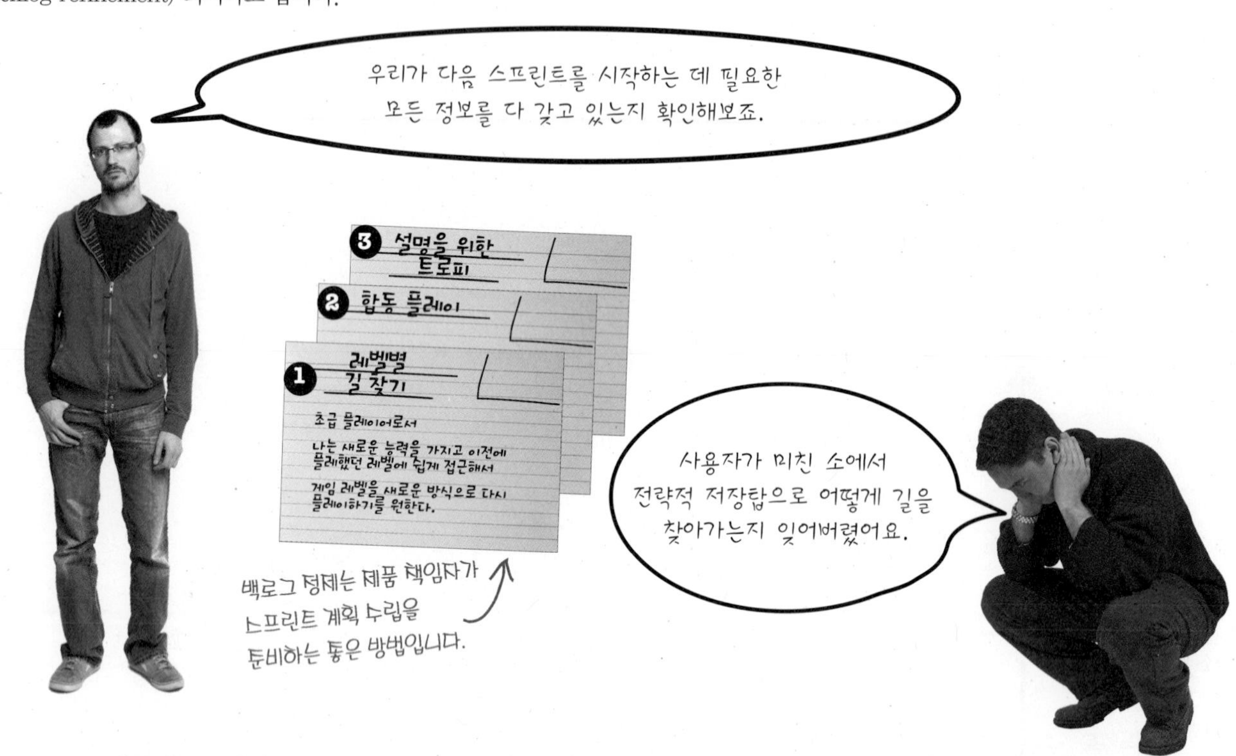

우리가 다음 스프린트를 시작하는 데 필요한
모든 정보를 다 갖고 있는지 확인해보죠.
3 설명을 위한 트로피
2 합동 플레이
1 레벨별 길 찾기
초급 플레이어로서
나는 새로운 능력을 가지고 이전에 플레이했던 레벨에 쉽게 접근해서
게임 레벨을 새로운 방식으로 다시 플레이하기를 원한다.
사용자가 미친 소에서
전략적 저장탑으로 어떻게 길을
찾아가는지 잊어버렸어요.
백로그 정제는 제품 책임자가
스프린트 계획 수립을
준비하는 좋은 방법입니다.

제품 백로그 정제는 각 백로그 아이템에 세부 내용과 추정을 추가하고 순서를 정비하는 것입니다. 팀은 주로 스프린트 계획 수립 중에 자신들이 한 추정에 의존하지만 언제라도 제품 백로그 아이템을 다시 추정하는 것을 편하게 생각해야 합니다. 이 일은 제품 책임자와 개발팀이 협력하는 일입니다. 그리고 제품 백로그에 온전히 집중하는 일입니다. 개발팀은 스프린트 백로그의 순서에 독자적인 책임을 집니다.

제품 백로그 정제 회의가 끝나고 나면, 제품 책임자는 다음 스프린트 전에 질문에 답하고 비즈니스 이해관계자에게도 해당 우선순위가 이해되는지 확인할 시간이 며칠 정도 있습니다.

많은 팀들이 백로그 정제를 위해 2~3일을 비워둡니다. 특히, 제품 책임자들은 그 시간을 이용해 계획 수립 세션 전에 답해야 하는 질문을 생각하고 스토리의 우선순위 순서를 재확인합니다.

어떤 팀들은 제품 백로그 정제를 PBR이라고도 지칭합니다.
일반적으로 팀은 이 일을 하는 데 자신들의 시간 중 10% 미만을 사용합니다.

기억하세요. 이와 같은 프랙티스는 스크럼에서 요구하지 않지만 일반적으로 수용되는 프랙티스입니다.

스토리는 백로그의 우선순위를 정하는 데 도움을 줍니다

백로그를 시각화하는 한 가지 방법은 백로그를 스토리 맵으로 펼치는 겁니다. 스토리 맵은 여러분의 제품 중 가장 핵심적인 피처를 **백본**(backbone), 즉 뼈대로 구성하는 일부터 시작합니다. 그러고 나면 기능에 관한 사항들은 백본의 가장 중요한 사용자 스토리로 분할되어 들어갑니다. 이들은 **살아 있는 스켈레톤**(walking skeleton)이라 부릅니다. 여러분이 앞에서 수행할 스프린트에는 가능한 많은 수의 살아 있는 스켈레톤을 만드는 데 집중해야 합니다. 그러고 나서 여러분은 맵에 우선순위가 정해진 피처를 기반으로 배포를 계획할 수 있습니다.

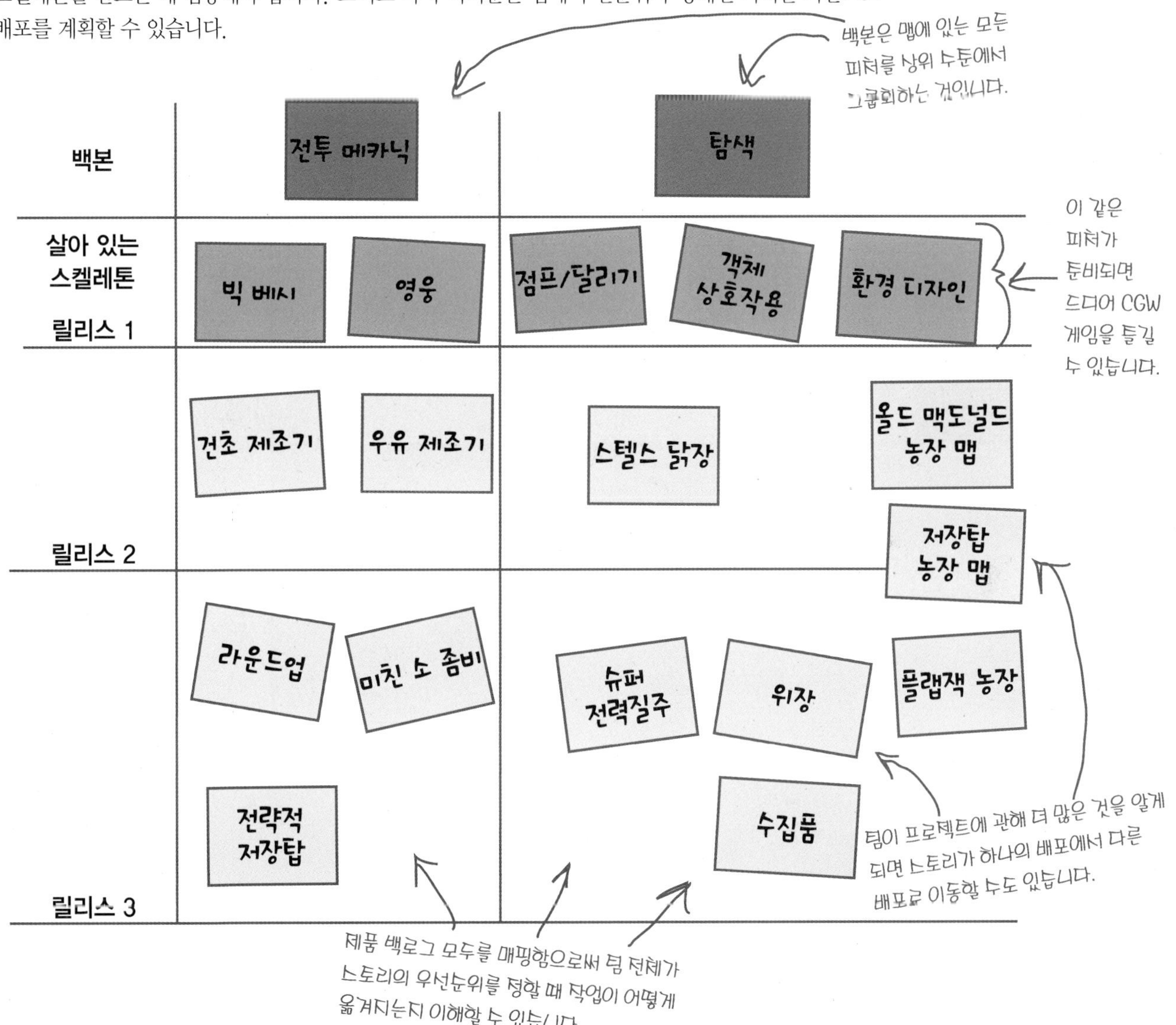

스토리 맵은 팀이 배포 계획을 시각화할 수 있게 도와줍니다.

페르소나는 사용자를 이해하는 데 도움을 줍니다

페르소나는 인위적으로 만들어진 사용자 프로필로, 개인 정보와 사진을 담고 있습니다. 스크럼 팀은 자신들의 사용자와 이해관계자를 더 잘 이해하기 위해 페르소나를 사용합니다. 각 사용자 역할에 사진을 붙이고 그들에게 동기부여하는 것이 무엇인지 작성해보면 무엇을 어떻게 개발할 것인지를 고려할 때 올바른 선택을 하는 데 도움이 됩니다. 페르소나는 사용자 스토리를 더 개인적인 것으로 만듭니다. 랜치핸드 게임즈가 페르소나를 만들고 나서 그들이 개발하는 피처에 각 사용자가 어떻게 반응할지에 대해 생각하기 시작했습니다.

멜린다 오글스비

나이: 28

직업: IT 컨설턴트

위치: 뉴욕

역할: 고급 플레이어

약력: 시간이 되면 게임 콘퍼런스에 참석. 모든 콘솔 소유. 대부분의 게임을 한 번 이상 해봄. 게임 PC를 만들어본 경험 있음.

이 페르소나를 만들기 위해 알렉스는 콘퍼런스에서 50명의 플레이어에게 CGW 게임하는 방법에 대해 인터뷰를 했습니다.

목표:
- 만족스러운 스토리
- 복합적 플레이 스타일/스토리 옵션
- 어려운 퍼즐/전투
- 협력하는 게임 플레이

불만:
- 조악한 품질(버그, 멈추기, 충돌)
- 구성상의 허점
- 조악한 서버 성능

이와 같은 목표 및 불만은 많은 인터뷰에서 나왔습니다.

이제 이 고급 플레이어의 얼굴과 이름을 떠올릴 수 있어서, 팀은 피처를 설계하는 방법에 대해 결정할 때 멜린다의 의견에 대해 종종 생각합니다.

브레인 파워

페르소나와 스토리 맵이 스크럼을 효과적으로 만드는 투명성, 점검, 적응이라는 아이디어에 어떻게 들어맞을까요?

핵심정리

- 팀 전체를 계획 수립에 참여시키면서, GASP는 스크럼 팀이 하나의 스프린트에서 다른 스프린트로 진행해가면서 알게 되는 것에 기반해 그들의 계획을 **수정**하는 데 도움을 줍니다.
- **사용자 스토리**는 사용자의 역할, 그들이 달성하고자 하는 액션 그리고 성취하고 싶은 혜택을 설명하는 사용자 니즈를 포착합니다.
- 사용자 스토리는 다음과 같은 템플릿을 사용해서 작성됩니다. "〈역할〉인 나는, 〈행동〉을 통해서, 〈혜택〉을 원한다."
- **티셔츠 크기**는 많은 팀들이 피처를 구축하는 데 필요한 노력의 양에 기반해 그 피처들을 크기(S, M, L, XL, XXL)의 그룹으로 묶기 위해 사용하는 방법입니다.
- **스토리 포인트**는 하나의 스토리를 구축하는 데 필요한 노력의 크기를 측정하는 방법입니다. 스토리 포인트는 시간이나 달력의 날짜와 관련되지는 않습니다.
- **진척도**는 지난 스프린트 중에 팀이 평균적으로 달성한 스토리 포인트의 총점입니다.
- **계획 수립 포커**는 스크럼 팀이 추정을 모으고 팀원들이 높은 값과 낮은 값에 대한 이유에 대한 설명을 들은 후 이를 수정함으로써 스프린트의 각 스토리에 대해 스토리 포인트 값을 결정하는 데 사용하는 협력적인 추정 기법입니다.
- 팀은 **번다운 차트**를 사용해 스프린트 중에 매일 그들이 얼마나 많은 스토리 포인트를 달성했는지 추적합니다.
- 제품 책임자는 다음 계획 수립 세션의 백로그를 준비하기 위해 스프린트의 마지막에 다다를 시점에 **제품 백로그 정제**(PBR) 회의를 엽니다.

바보 같은 질문은 없다

Q: 그렇다면 제가 전체 프로젝트에 맞게 제대로 진행하고 있는지 확인하기 위해 스토리 포인트를 어떻게 사용해야 하나요? 전체 백로그를 추정하나요?

A: 어떤 팀들은 그렇게 합니다. 또 다른 팀들은 제품 백로그에 처음에 담은 피처 모두를 어느 정도 번다운한 것인지 추적할 수 있는 배포 번다운 차트를 만들기 위해 전체 백로그를 추정합니다. 이 방법은 몇몇 팀들이 사용하는 주요 프로젝트에 대한 전반적인 배포 날짜를 예상하는 방법입니다.

하지만 그 방법은 프로젝트의 일부로 제품 백로그에 있는 모든 아이템들을 실제로 개발 완료해야 한다는 어느 정도의 확신이 들어야 효과가 있습니다. 많은 사례를 살펴보면 우선순위가 낮아서 절대로 만들어지지 않는 제품 백로그의 피처들이 있습니다. 그런 경우에는 제품 백로그에 있는 모든 것을 추정하고 그것을 이용해 배포 날짜를 추정하는 것은 정말 말이 안 됩니다. 그 대신 많은 팀은 배포마다 우선순위가 가장 높은 기능을 개발하고 자주 소프트웨어를 배포하는 데 집중합니다. 그렇게 하면 가장 중요한 피처가 개발이 완료되자마자 항상 이용 가능하게 됩니다.

Q: 하나의 스프린트에 얼마만큼의 스토리를 넣어야 하는지 어떻게 알 수 있나요?

A: 팀이 스프린트를 계획하려고 자리에 앉게 되면, 팀은 항상 스프린트 목표를 사용해서 스프린트 백로그에 있는 각 피처의 우선순위를 이해하는 것부터 시작합니다. 그렇게 하는 것만으로도 모든 사람들은 어떤 피처가 가장 중요한지 이해하기에 충분합니다. 이것은 **몰입 중심**의 계획 수립에 대한 아이디어입니다(이 아이디어는 애자일 계획 수립 분야에서 가장 영향력 있는 사상가인 마이크 콘이 만든 것입니다). 각 스프린트 마지막에 무언가 확실하고 가치 있는 것을 개발하는 것이 중요하며, 그 목표를 달성하기 위해 스프린트 중에 조정할 수 있는 우선순위라는 절충점 기준이 필요합니다.

팀이 갖고 있는 또 다른 옵션은 **진척도 중심**의 계획 수립입니다. 이는 팀의 평균 진척도를 기준으로, 백로그의 높은 우선순위 스토리로부터 그들의 평균 진척도에 도달할 때까지 스토리를 추가하는 것을 의미합니다. 콘은 몰입 중심의 계획 수립을 선호하는데, 그 방법이 가치 있는 제품을 구축하는 데 무엇이 필요한지에 대한 팀원의 판단을 좀 더 중시하기 때문입니다.

Q: 스토리 맵과 태스크 보드가 같은 건가요?

A: 아닙니다. 둘 다 프로젝트의 진행 상황을 보여주기 위해 화이트 보드와 스토리 카드를 사용할 수 있지만 그 둘은 아주 다른 정보를 나타냅니다. 여러분은 태스크 보드를 스프린트 백로그의 최신판이라고 생각할 수 있습니다. 태스크 보드를 확인하면 스프린트에서 각 스토리 개발에 대한 진행 현황을 항상 알 수 있습니다.

스토리 맵은 제품 백로그의 모든 스토리에 관한 현재 계획에 대해 비슷한 시각을 보여줍니다. 스토리 맵은 팀의 모든 사람들에게 제품이 나아가는 방향에 대해 동일한 비전을 갖도록 해줍니다. 스토리 맵은 팀에게 배포 계획을 시각화하고 스토리가 서로 어떻게 들어맞는지 이해하는 방법을 제시합니다.

더 좋은 소식일 수도 있었는데...

팀이 자신들의 성과를 추적하는 간단한 매트릭스를 갖고 있으므로, 일이 계획대로 되지 않으면 이제는 팀이 그것을 더 쉽게 알아볼 수 있습니다. 수많은 스프린트를 살펴보면 그 스프린트들이 그다지 예상 가능하지 않다는 것을 알 수 있습니다.

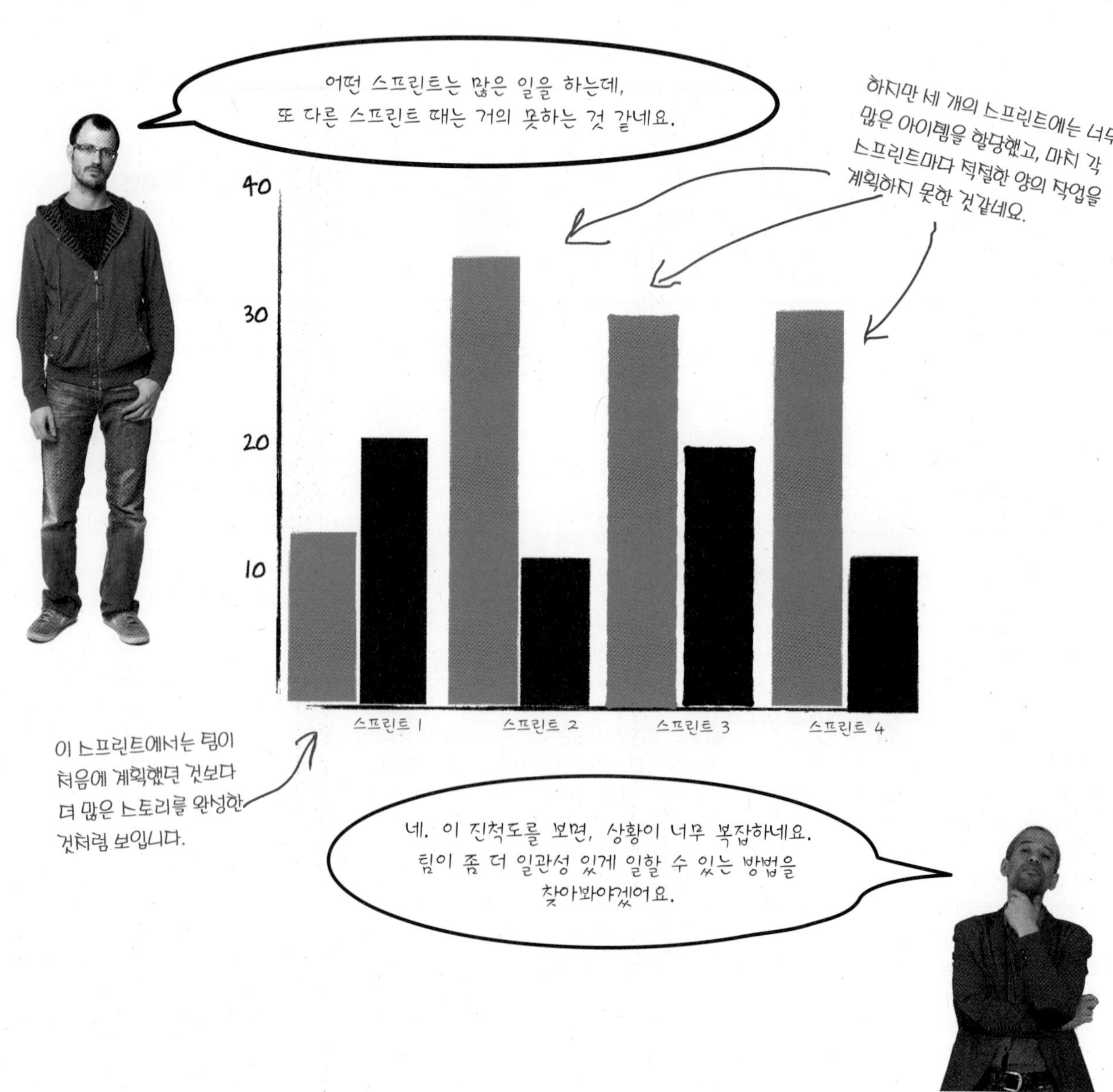

우리는 팀과 함께 프로젝트를 계획했고 제품도 팀이 같이 만들었고
진행 상황도 다 같이 함께 추적했죠.
스크럼에 우리가 작업하는 방식에 생긴 문제를
수정하는 데 도움이 되는 **프랙티스**가 필요해 보여요. 그렇죠?

브레인 파워

팀이 각 스프린트에서 사용하는 프로세스를 중심으로
팀 전체가 투명성, 점검, 적응에 참여하게 만드는 방법을
생각해낼 수 있을까요?

회고는 팀이 일하는 방식을 개선합니다

각 스프린트의 마지막에, 팀은 자신들이 방금 경험한 것을 되돌아보고, 상황을 개선하기 위해 다 함께 노력합니다. 회고는 팀이 일을 진행하는 방식에 대해 인식하고, 각 스프린트마다 그 방식을 개선하는 데 집중할 수 있게 해줍니다. 팀이 경험으로부터 배우는 한 팀은 프로젝트가 진행되는 동안 함께 일하면서 점점 더 좋아집니다. 에스더 더비와 다이아나 라센은 〈애자일 회고(Agile Retrospectives: Making Good Teams Great)〉에서 다음과 같이 간단하게 회고에 관해 정리해 놨습니다.

팀은 최근 스프린트에서 더 많은 결함을 발견하는 이유나 설계 변경에 관해 의사소통을 잘하는 방법에 대한 회고에 집중할 수도 있습니다.

❶ 무대 설정

회의 초반에 모든 사람들은 목표를 이해하고 회고에 집중해야 합니다. 더비와 라센도 시작 활동으로 팀 전체에게 각 팀원이 자신들의 전반적인 분위기에 대해 이야기할 것을 권장합니다. 그렇게 하고 회의가 시작돼서 사람들이 이야기할 기회가 주어진다면 나중에 자신들의 의견을 공유하는 데 편안함을 느끼게 될 확률이 높습니다.

❷ 데이터 수집

회의 중에 팀은 확실한 정보를 이용해 지난 스프린트의 모든 이벤트를 살펴봅니다. 시간에 따라 스프린트를 짚어보고 완료한 작업과 이미 내려진 의사결정에 대해 논의합니다. 종종 팀원들은 스프린트에서 이벤트나 의사결정이 긍정적이거나 또는 부정적이었는지 알아보기 위해 투표를 해줄 것을 요청받기도 합니다.

❸ 통찰력 생성

팀이 스프린트에 관한 데이터를 수집하고 나면 팀에 가장 문제가 된 것 같았던 이벤트에 초점을 두고 이야기합니다. 이를 통해 팀은 그들이 직면한 문제의 근본적인 원인을 알아보고 나중에는 무엇을 개선할 수 있는지 생각하는 시간을 갖습니다.

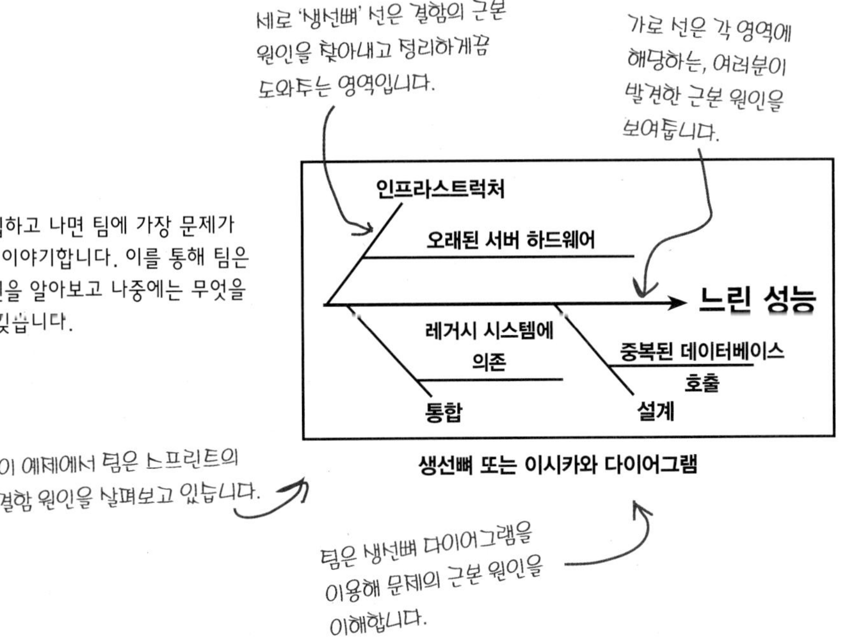
세로 '생선뼈' 선은 결함의 근본 원인을 찾아내고 정리하게끔 도와주는 영역입니다.
가로 선은 각 영역에 해당하는, 여러분이 발견한 근본 원인을 보여줍니다.
인프라스트럭처
오래된 서버 하드웨어
느린 성능
레거시 시스템에 의존
통합
중복된 데이터베이스 호출
설계
이 예제에서 팀은 스프린트의 결함 원인을 살펴보고 있습니다.
팀은 생선뼈 다이어그램을 이용해 문제의 근본 원인을 이해합니다.

생선뼈 또는 이시카와 다이어그램

❹ 할 일 결정

이제 스프린트 중에 일어난 일을 검토하고 어떻게 개선할지 생각해보았으니, 다음 단계는 다음 스프린트에 어떤 부분을 어떻게 개선할지 결정하는 것입니다.

!

회고에서 더 많은 것을 얻게 도와주는 도구

스크럼 팀이 자신들이 일하는 방식을 주기적으로 돌아보고 개선하는 애자일 선언문의 원칙을 구현할 수 있는 한 가지 방법은 다음과 같은 도구를 회고에서 사용하는 것입니다.

무대 설정에 도움이 되는 도구

★ **체크인**(Check-in)은 팀이 회고 초반에 팀을 참여시키는 한 가지 방법입니다. 회고 리더는 팀원들에게 가끔 회의를 시작할 때 질문에 대해 한 단어 또는 두 단어로 답을 하면서 방안을 돌아다니라는 요청을 합니다.

★ **ESVP**(Explorer, Shopper, Vacationer, Prisoner)는 각 팀원이 자신을 탐험가, 쇼핑하는 사람, 휴가자, 수감자라는 네 개의 명칭 중 하나의 분류로 나눌 것을 요청하는 기법입니다. 탐험가는 회고를 통해 가능한 많은 것을 배우고 얻고자 합니다. 쇼핑하는 사람은 회고를 통해 한두 가지 개선할 점을 찾습니다. 휴가자는 무언가 다른 것을 하면서 회의 동안 일로부터 멀어질 수 있다는 점에 만족합니다. 수감자는 무언가 다른 것을 하면 좋겠다고 생각하면서, 회고에 억지로 끌려왔다는 느낌을 받습니다. 팀원에게 어느 그룹에 속하는지 말하라고 요청하는 것은 모든 사람들이 자신들이 어디에서 왔는지 이해하고, 회의에 좀 더 참여하도록 해줍니다.

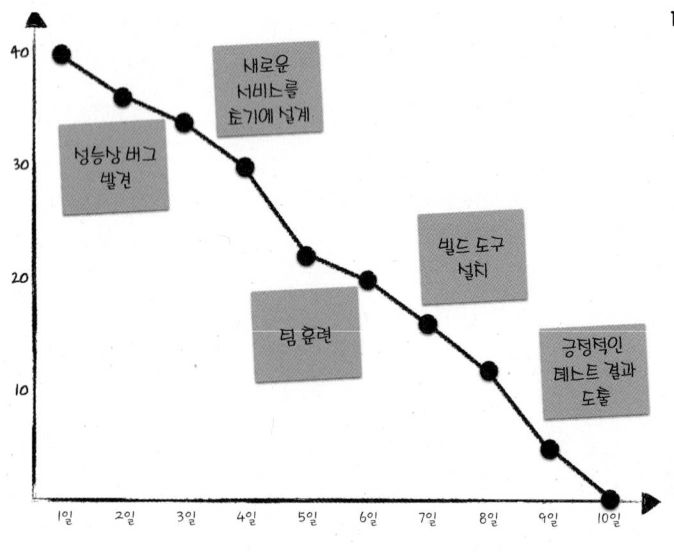

데이터 수집에 도움이 되는 도구

★ **타임라인**(Timeline)은 스프린트에서 발생한 모든 의미 있는 활동들을 시간 순서로 표시하는 방법입니다. 팀의 각 구성원들은 자신에게 의미 있었던 이벤트를 타임라인에 카드로 작성할 기회를 갖습니다. 팀이 타임라인에 카드를 다 추가하고 함께 검토한 후 타임라인에 있어야 한다고 생각하는 이벤트가 있다면 새로운 카드를 추가합니다.

★ **컬러 코드 스티커**(Color Code Dots)는 팀원들이 타임라인에 있는 모든 이벤트에 대해 어떻게 느끼는지를 나타내는 데 사용합니다. 타임라인에 있는 이벤트에 대해 긍정적인 느낌을 나타내는 초록색 스티커를, 부정적인 느낌을 받은 이벤트에 대해서는 노란색 스티커를 진행자가 나눠줍니다. 그리고 나면 팀의 모든 사람들은 타임라인의 액티비티가 자신들에게 긍정적인지 부정적인지를 보여주는 타임라인을 검토합니다.

통찰력을 생성하는 데 도움이 되는 도구

★ **생선뼈**(Fishbone) 다이어그램은 **원인과 결과** 다이어그램 또는 **이시카와** 다이어그램이라고도 불립니다. 이 다이어그램은 결함을 야기한 것이 무엇인지 파악하기 위해 사용합니다. 여러분은 지금까지 알아낸 결함의 카테고리를 모두 목록으로 만들고 각 카테고리에서 여러분이 분석한 결함의 그럴듯한 원인을 적습니다. 생선뼈 다이어그램은 그럴만한 **모든 원인**을 한 곳에서 보게 해주므로 여러분은 향후에 그런 결함을 방지하는 방법을 생각해볼 수 있습니다.

★ **스티커로 우선순위화**(Prioritize with dots)는 팀이 제일 먼저 다뤘으면 하는 문제에 각 팀원이 10개의 스티커를 붙이는 기법입니다. 이어 회고의 '할 일 결정' 단계에서 집중할, 가장 많은 스티커를 받은 문제를 선정합니다.

할 일을 결정하는 데 도움이 되는 도구

★ **짧은 주제**는 할 일에 대해 생각한 팀의 모든 통찰을 분류하는 방법입니다. 일반적으로 진행자가 화이트보드 위에 짧은 주제를 붙이면 팀은 각자가 생각하는 제안을 내놓으면서 모든 제안을 함께 분류합니다. 한 가지 보편적인 짧은 주제는 '그만하기/시작하기/계속하기'입니다. 팀은 회고 때 그들이 받았던 모든 피드백을 생각해보며, 자신들이 하는 프랙티스 중 제대로 작동하는 것은 지켜나가고, 그렇지 않은 것은 변경할 수 있도록 자신들이 취할 행동을 분류합니다.

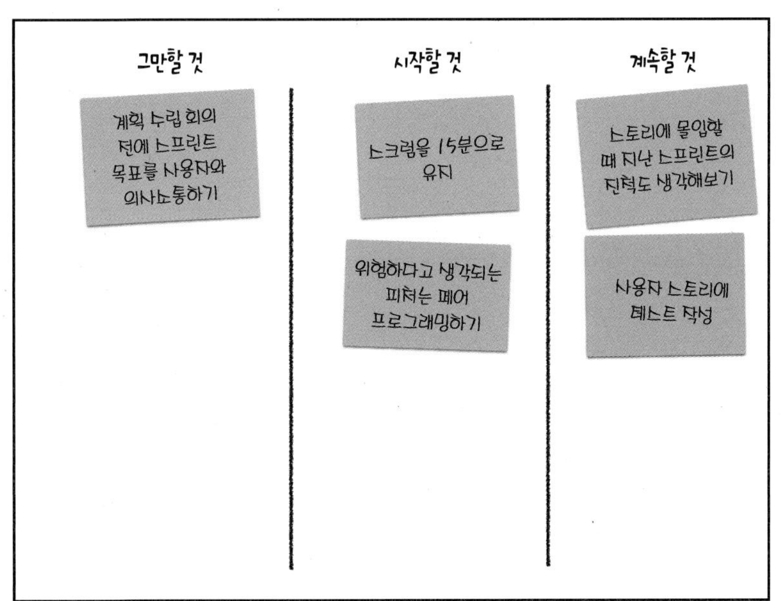

팀은 계획 수립 회의를 하기 전에 사용자의 기대치를 설정하는 데 어려움을 겪었기 때문에 그들은 다음 스프린트에서는 그 일을 그만둘 것을 확실히 하고 싶어합니다.

모여서 함께하는 대화

스크럼 팀은 항상 개선을 생각합니다. 각 스프린트 마지막에 팀의 모든 사람들은 자신들의 회고를 위한 입력으로 번다운 차트, 진척도, 백로그에 있는 스토리 포인트 값을 살펴봅니다. 팀이 스프린트 동안 생성한 결과들을 살펴보는 것은, 팀이 가진 문제의 근본 원인을 모든 사람들이 다 같이 이해할 수 있게 해주기 때문에, 팀이 일을 진행하면서 발생할 수 있는 문제를 함께 해결하는 데도 도움을 줍니다. 회고는 스크럼 팀이 소프트웨어를 개발하는 일을 점점 더 잘할 수 있게 하기 위해 투명성, 점검, 적응을 어떻게 사용하는지 보여주는 또 다른 예입니다.

이번 회고에는 **우리 진척도가 왜 그렇게 예상하기 어려운지** 파악하는 데 집중해보죠.

좋은 생각이에요. 만약에 우리가 계획 수립 세션 후에 이해관계자들에게 제대로 된 스토리 목록에 대해 이야기해줄 수 있다면, 스프린트 마지막에 **훨씬 더 성공적인 시연**을 할 수 있을 거예요.

릭: 이제 지난 네 번의 스프린트에 대한 진척도 숫자를 얻고 나니, 스프린트를 시작할 때 우리가 얼마만큼 몰입할 수 있는지 정말 제대로 더 잘 이해해야 할 것 같네요.

알렉스: 하지만 어떻게 그렇게 하죠? 저는 스프린트 백로그에 사용자가 필요로 하는 것들만 넣고 있는 중인데요.

릭: 제 생각에는 이 진척도 숫자를 팀 회고 때 가져가서 문제점을 이야기하고 다 같이 해법을 찾아보는 것이 좋을 것 같아요.

가장 최근 스프린트 회고에서 팀이 진척도의 차이에 대해 나누었던 말이 아래에 있습니다. 왼쪽의 이야기 내용에 맞는 오른쪽의 주제를 찾아 연결해보세요.

계속하기

그만하기

시작하기

건설적이지 않음

가장 최근 스프린트 회고에서 팀이 진척도의 차이에 대해 나누었던 말이 아래에 있습니다. 왼쪽의 이야기 내용에 맞는 오른쪽의 주제를 찾아 연결해보세요.

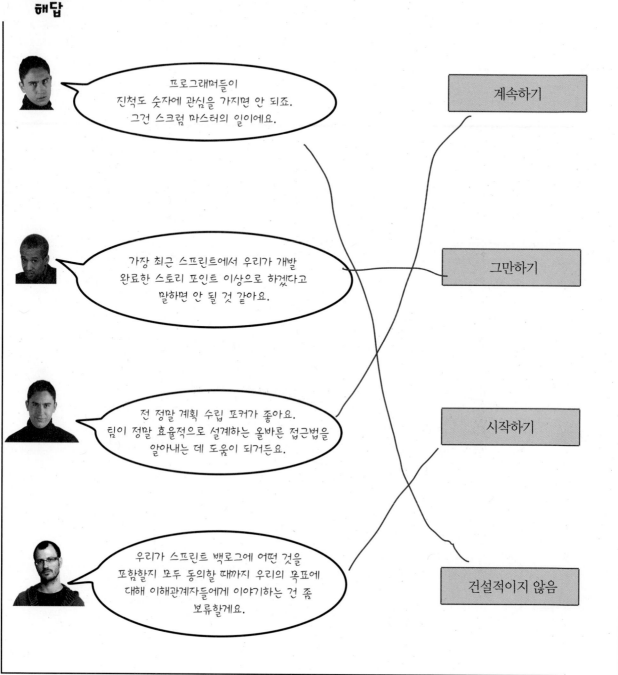

프로그래머들이 진척도 숫자에 관심을 가지면 안 되죠. 그건 스크럼 마스터의 일이에요.

가장 최근 스프린트에서 우리가 개발 완료한 스토리 포인트 이상으로 하겠다고 말하면 안 될 것 같아요.

전 정말 계획 수립 포커가 좋아요. 팀이 정말 효율적으로 설계하는 올바른 접근법을 알아내는 데 도움이 되거든요.

우리가 스프린트 백로그에 어떤 것을 포함할지 모두 동의할 때까지 우리의 목표에 대해 이해관계자들에게 이야기하는 건 좀 보류할게요.

계속하기

그만하기

시작하기

건설적이지 않음

GASP 크로스

여러분의 두뇌에 GASP를 단단히 밀봉할 좋은 기회가 여기 있습니다. 해답을 보지 않고 얼마나 답할 수 있는지 확인해보세요.

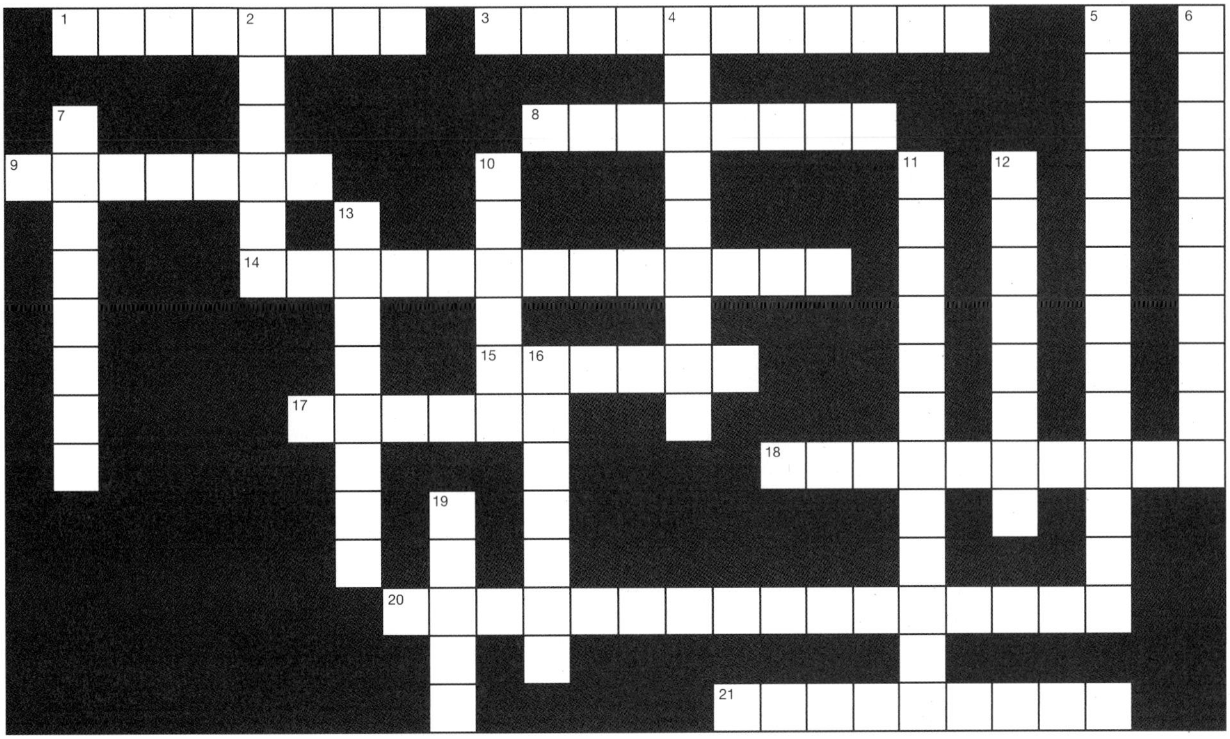

가로

1. ______ 다이어그램은 문제의 근본 원인을 파악하는 데 사용한다.

3. ESVP는 탐험가(Explorer), 쇼핑하는 사람(Shopper), ______, 수감자(Prisoner)의 약어이다.

8. ______는 여러분의 시스템을 위해 인위적으로 만든 사용자에게 이름과 개인 정보를 할당하는 방법이다.

9. 제품에 필요한 최소한의 기능을 구현하는 데 필요한 피처는 스토리 맵의 ______ 스켈레톤에 나타난다.

14. 그룹이 모두 합의할 때까지 팀원들이 높거나 낮은 추정을 서로에게 설명하며 합의에 이르는 스크럼 계획 수립 기법

15. 피처를 스몰, 미디엄, 라지로 그룹화하는 것을 ______ 크기라고 한다.

17. 좋은 사용자 스토리를 알아보는 데 도움이 되는 머리글자만 따서 만든 말

18. 스프린트를 계획할 때 어떤 팀들은 얼마의 스토리 포인트를 포함할지 결정하기 위해 진척도 중심의 계획 수립을 사용한다. 다른 팀은 같은 일에 대해 ______ 중심의 계획 수립을 한다.

20. 회고에 관한 더비와 라센의 기본적인 진행 과정은 무대 설정, 데이터 수집, ______, 할 일 결정이다.

21. 스토리 포인트를 추정할 때 어떤 팀은 피처의 크기를 적절하게 측정하기 위해 ______ 수열을 사용한다.

세로

2. ______ 차트는 서로 다른 선으로 범위와 완료된 스토리 포인트를 추적한다.

4. 스프린트 기간 중 모든 스토리의 현황을 보여줌으로써 작업을 추적하는 도구

5. ______, ______는 회고 후 후속 조치를 분류하는 방법이다.

6. 제품 책임자가 계획 수립 세션을 위해 며칠간 미리 백로그를 준비하는 것을 ______라고 한다.

7. 스토리 맵의 가장 높은 선을 ______라고 한다.

10. 번다운 차트의 Y축은 스토리 ______라는 이름이 붙어 있다.

11. 사용자 스토리는 개발팀과 이해관계자 간의 면대면 의사소통에 집중하는 세 가지 절차로 표현되며 각 과정은 카드, 대화, ______이다.

12. 해당 스프린트에서 완료한 스토리 포인트의 숫자를 ______라고 한다.

13. 피처가 마무리되는 날짜를 밀해주는 추정은 ______ 시간에 완료된다.

16. "〈역할〉인 나는, 〈행동〉을 통해, 〈혜택〉을 원한다"라는 형식에 따라 작성된 이해관계자의 니즈를 사용자 ______라고 한다.

18. ______ 차트는 각기 다른 선으로 범위와 완료된 스토리 포인트를 추적한다.

19. 중간 개입 없이 하나의 태스크를 완료하는 데 필요한 시간

GASP 크로스 해답

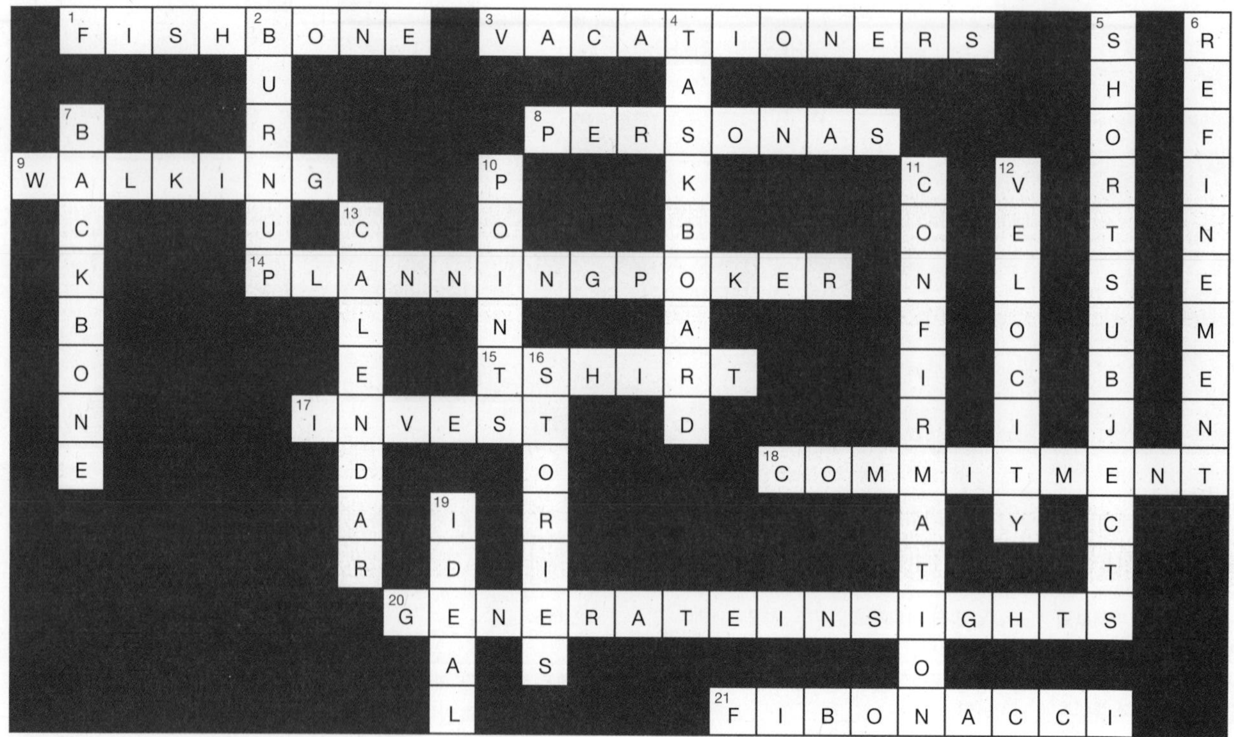

1 FISHBONE
2 BURNUP
3 VACATIONERS
4 TASKBOARD
5 SHORTSUBJECTS
6 REFINEMENT
7 BACKBONE
8 PERSONAS
9 WALKING
10 POINT
11 CONFIRMATION
12 VELOCITY
13 CALENDAR
14 PLANNINGPOKER
15 T
16 STORIES
17 INVEST
18 COMMITMENT
19 IDEAL
20 GENERATEINSIGHTS
21 FIBONACCI

피자 파티!

랜치핸드 게임즈는 회고를 사용해서 계획 수립과 CGW5 개발을 완료하는 데 따른 문제를 발견하고 개선했습니다. 시간이 경과하면서 이들의 스프린트는 점점 더 매끄럽게 진행됐고, 스프린트마다 새롭고 훌륭한 피처를 시연할 수 있다는 것을 알 수 있었습니다. 팀이 게임을 배포할 준비가 됐을 때 회사는 CGW5 팀의 손에 승자의 트로피가 들려 있음을 알았습니다!

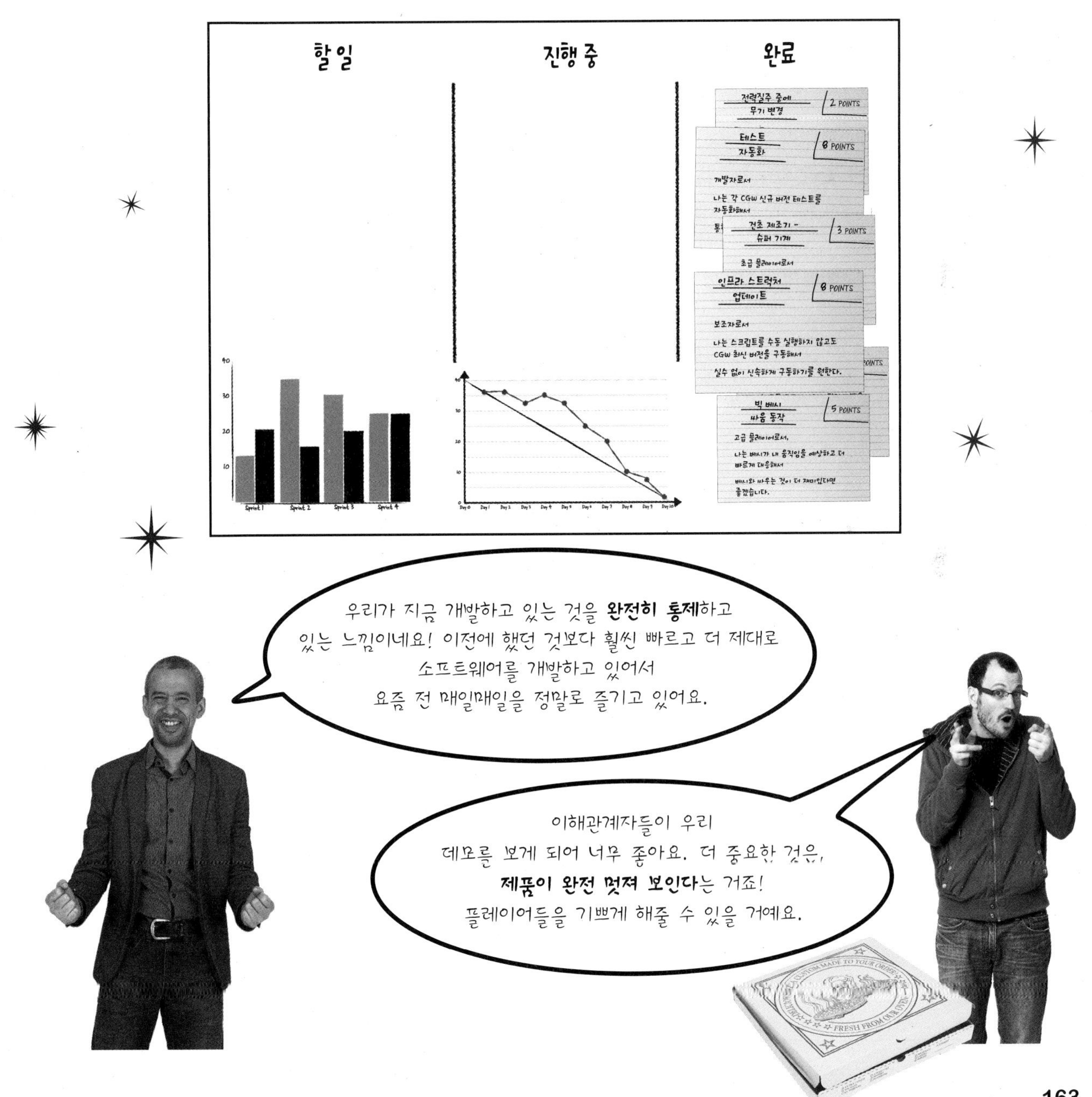

시험 문제

이 실전 문제는 여러분이 이 장의 내용을 복습하는 데 도움이 됩니다. 여러분이 혹시 PMI-ACP 인증 시험 준비로 이 책을 사용하는 것이 아니더라도 여전히 문제에 대해 답을 해보는 것이 좋습니다. 문제를 푸는 것은 여러분이 아는 것과 모르는 것을 알아보는 좋은 방법으로, 여러분의 두뇌에 학습 내용을 좀 더 빠르게 입력할 수 있습니다.

1. **번다운 차트는 다음 중 한 가지 경우를 제외하고 모두에 사용됩니다.**

   A. 팀이 스프린트에서 얼마만큼의 포인트를 완료했는지 이해하는 데 도움이 된다.
   B. 팀이 스프린트가 끝나기 전에 얼마만큼의 포인트가 아직 완료되지 않고 남아 있는지 이해하는 데 도움이 된다.
   C. 각 팀원이 포인트를 얼마나 완료했는지 이해하는 데 도움이 된다.
   D. 팀이 주어진 스프린트에서 맡은 모든 것을 완료할지 못할지 이해하는 데 도움이 된다.

2. **한 스프린트 스토리 포인트의 총점은 스프린트 ______이라고 불립니다.**

   A. 증분
   B. 리뷰
   C. 이상적인 시간
   D. 진척도

3. **짐은 미디어 회사의 스크럼 프로젝트에 대한 스크럼 마스터입니다. 그의 팀은 새로운 광고 표출 요소를 구축하라는 요청을 받았습니다. 팀은 다섯 번의 스프린트를 함께 일해왔고, 지난 두 번의 스프린트 동안 진척도가 증가된 것을 봤습니다. 팀은 계획 수립 세션을 위해 여섯 번째 스프린트의 첫날 함께 모였습니다. 그 세션에서 그들은 제품 책임자와 함께 구축할 피처를 팀이 논의하고, 카드에 추정을 하고, 그들이 모두 동의하는 숫자로 수렴되는, 그룹으로서 추정을 조정하는 방법을 사용했습니다. 다음 중 그들이 사용하는 프랙티스를 가장 잘 설명한 것은 무엇입니까?**

   A. 계획 수립 포커
   B. 수렴 계획 수립
   C. 스프린트 계획 수립
   D. 유사 추정

시험 문제

4. 훌륭한 사용자 스토리를 설명하는 데 사용할 수 있는 머리글자는?

A. INSPECT

B. ADAPT

C. INVEST

D. CONFIRM

5. 진척도는 다음 중 하나를 제외하고 모두에 사용할 수 있습니다.

A. 여러 스프린트에 걸친 팀의 생산성을 측정하기 위해

B. 팀을 비교하고 누가 더 생산적인지 알아내기 위해

C. 스프린트를 추정할 때 팀이 얼마만큼 할 수 있는지 이해하기 위해

D. 팀에서 너무 많거나 적은 작업을 하기로 한 것인지 이해하기 위해

6. 범위 변화를 시각화하는 데 사용하는 도구는 무엇입니까?

A. 진척도 막대 차트

B. 번업 차트

C. 누적 흐름도

D. 범위 히스토그램

7. 사용자 스토리를 작성하는 일반적인 방법은?

A. 〈페르소나〉인 나는 〈행동〉을 통해서 〈혜택〉을 원한다.

B. 〈자원〉인 나는 〈목표〉를 통해서 〈근거〉를 원한다.

C. 〈역할〉인 나는 〈행동〉을 통해서 〈혜택〉을 원한다.

D. 위 세 가지 모두 아님

8. 다음 중 태스크 보드를 가장 잘 설명한 것은?

A. 스크럼 마스터는 태스크 보드를 사용해 팀이 계획을 따르는지 확인한다.

B. 스프린트 중 새로운 태스크를 식별하는 데 사용한다.

C. 하나의 스프린트에서 달성한 포인트의 총합을 보여준다.

D. 현재 스프린트 작업을 시각화한다.

시험 문제

9. 더비와 라센의 회고 방법을 가장 잘 설명한 것은?

A. 무대 설정, 정보 수집, 할 일 결정, 의사결정 문서화

B. 체크인, 타임라인 생성, 데이터 해석, 집중할 분야 결정, 측정

C. 무대 설정, 데이터 수집, 통찰력 생성, 할 일 결정

D. ESVP, 컬러 코드 스티커, 짧은 주제

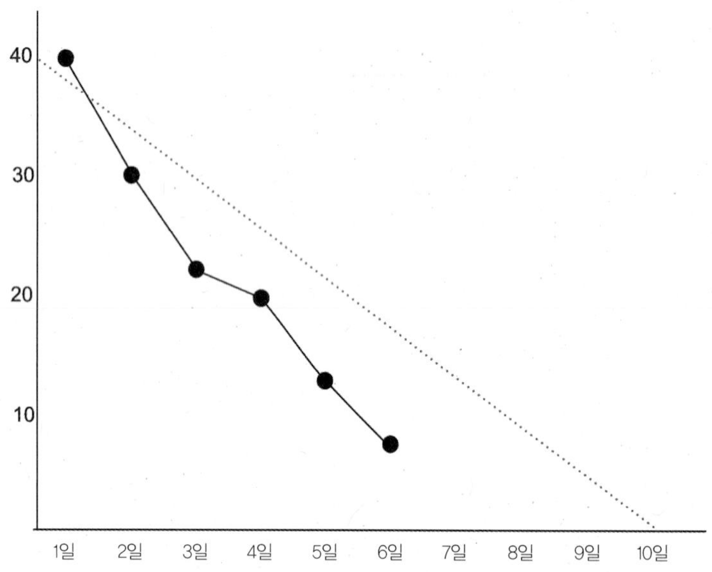

10. 위 번다운 차트를 보고 이 스프린트에 대해 알 수 있는 것은?

A. 스프린트가 일정보다 앞서간다.

B. 스프린트가 일정보다 뒤처진다.

C. 프로젝트가 곤경에 처해 있다.

D. 진척도가 너무 낮다.

11. 번다운과 번업 차트의 차이는?

A. 번다운 차트는 몰입한 총합에서 스토리 포인트를 빼지만 번업 차트는 0에서 시작하여 일을 완료해나가면서 총합에 스토리 포인트를 더한다.

B. 번다운 차트는 여러분이 진행해나가면서 얼마만큼 추가하거나 지울지를 알려주는, 범위를 나타내는 선을 갖고 있다.

C. 번업 차트는 일관된 완료 진척도를 보여주는 추세선을 갖고 있다.

D. 번업 차트와 번다운 차트는 같다.

시험 문제

12. 다음 중 문제의 근본 원인을 파악하는 데 가장 좋은 도구는?

    A. 페르소나

    B. 진척도

    C. 생선뼈 다이어그램

    D. 짧은 주제

13. 의료 소프트웨어 회사의 스크럼 팀은 제품 백로그에 있는 모든 사용자 스토리를 갖고 성공적인 제품을 만드는 데 그 기능이 얼마나 중요한지에 따라 벽에 그 스토리를 정렬했습니다. 그러고 나서 그들은 그 정보를 사용해 어떤 피처를 먼저 개발할지를 결정했습니다. 그들이 사용한 이 프랙티스를 가장 잘 설명하는 용어는 무엇입니까?

    A. 배포 계획 수립

    B. 뼈대

    C. 진척도 계획 수립

    D. 스토리 맵

14. 사용자 스토리에 기반해 요구사항을 파악하는 프로세스는 종종 다음으로 지칭됩니다.

    A. 카드, 콜, 고백

    B. 스토리, 대화, 제품

    C. 카드, 대화, 확인

    D. 카드, 테스트, 문서

15. ESVP는 다음 중 한 가지의 약어입니다.

    A. 실행, 학생, 부사장

    B. 탐험가, 학생, 휴가자, 수감자

    C. 탐험가, 쇼핑하는 사람, 휴가자, 전문가

    D. 탐험가, 쇼핑하는 사람, 휴가자, 수감자

16. 여러분의 스크럼 팀은 지난 세 번의 스프린트에 걸쳐 진척도를 측정하기 시작했으며 30, 42, 23이라는 숫자를 기록했습니다. 이 측정치가 팀에 관해 알려주는 것은 무엇입니까?

    A. 팀이 아직까지 스토리 포인트 지표를 결정하고 있다.

    B. 팀의 생산성이 떨어졌고 이 문제를 해결하기 위해 조치를 취해야 한다.

    C. 진척도가 여러 번의 스프린트에 걸쳐 안정되었다.

    D. 진척도가 제대로 측정되지 않았다.

시험 문제

17. 다음 중 소프트웨어 사용자 대표를 알아내고 그의 니즈와 동기를 설명하는 도구를 가장 잘 설명한 것은?

A. 이시카와 다이어그램
B. 사용자 식별 지표
C. 페르소나
D. 스토리 맵

18. 스크럼 계획 수립 도구는 스크럼 팀이 __________ 프로젝트 의사결정을 하게 해줍니다.

A. 가능한 한 일찍
B. 적시에
C. 책임이 따르는 마지막 순간에
D. 반응해서

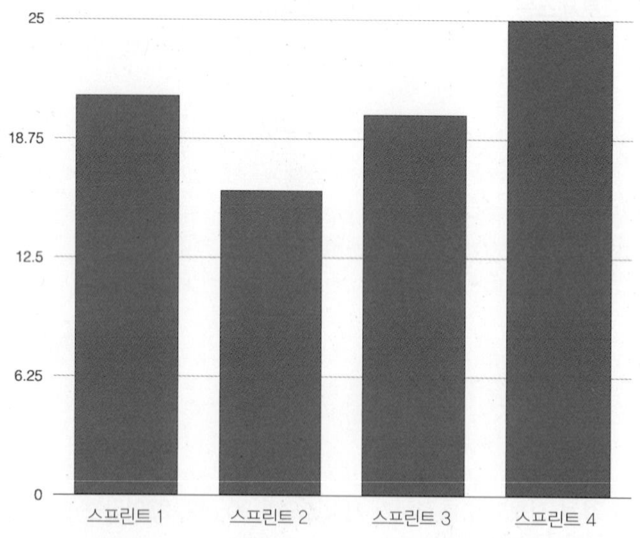

19. 위의 진척도 막대 차트를 살펴보면 이 프로젝트에 관해 무엇을 알 수 있습니까?

A. 프로젝트가 너무 많은 진척도를 갖고 있다.
B. 팀이 프로젝트가 진행되면서 더 많은 스토리 포인트를 완료하고 있다.
C. 너무 많은 범위 변경이 일어난다.
D. 프로젝트가 일정보다 늦어지고 있다.

시험 문제

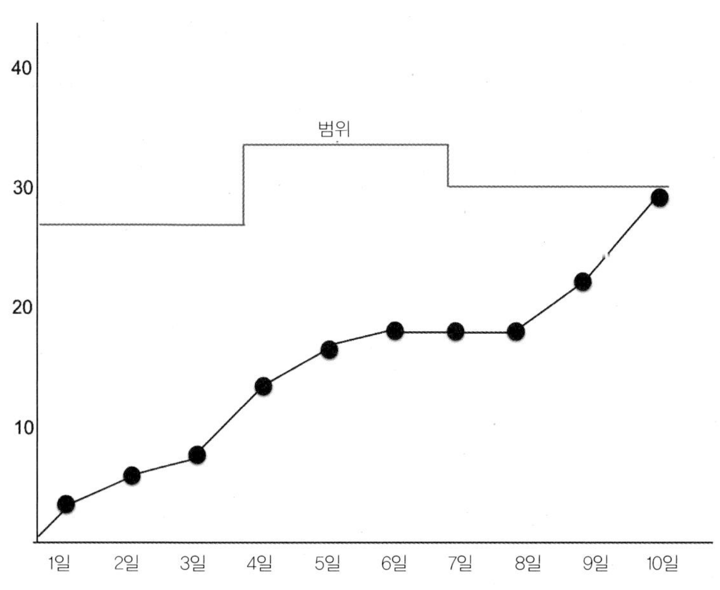

20. 위 번업 차트를 보고 이 프로젝트에 관해서 알 수 있는 것은?

A. 4일에 프로젝트 범위에 스토리 포인트가 몇 포인트 추가됐고 7일에 몇 포인트 제거됐다.

B. 팀은 스프린트 기간 중 매일 범위에 스토리를 추가하고 있다.

C. 팀이 진척을 보이지 않는다.

D. 4일에 프로젝트에 스토리가 추가됐고 그로 인해 8일에 작업이 지연됐다.

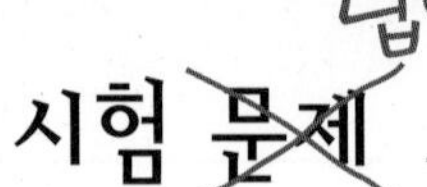

이 장의 실전 문제에 대한 답입니다. 몇 개나 맞혔나요? 틀린 게 있어도 괜찮습니다. 어떤 것이 틀렸는지 이 장의 관련 부분을 넘겨보고 다시 읽어보는 데 시간을 할애하는 것은 그만한 가치가 있습니다.

1. **답:** C

번다운 차트는 팀 전체가 작업을 얼마만큼 달성했고 얼마만큼 남아 있는지 알게 해줍니다. 팀원 개인별 생산성을 보여주지는 않습니다.

어떤 사람들은 번다운 차트가 남아 있는 작업을 이해하는 데만 사용된다고 주장합니다. 네 가지 모두 차트에 그래픽으로 나타나기는 하지만 C가 맞는 답입니다.

2. **답:** D

팀은 각 스프린트에서 자신들이 개발한 스토리 포인트의 총점을 진척도로 측정합니다. 진척도는 여러 스프린트에 걸쳐 측정해 팀이 작업을 더 잘 추정하고 몰입하도록 도와줍니다. 진척도는 종종 프로세스 변경의 효과를 보여주는 데도 사용됩니다.

3. **답:** A

팀은 계획 수립 포커를 사용합니다. 이들은 스프린트 계획 수립을 하고 있지만 이 문제는 그들이 어떻게 계획 수립을 하는지에 관한 세부적인 질문이라 C는 가장 좋은 답이 아닙니다. 이들은 유사 추정도 하고 있지만 그것도 이 문제에 대한 가장 좋은 답이 아닙니다. 왜냐하면 유사 추정은 일반적으로 수용되는 스크럼 프랙티스가 아니기 때문입니다. 수렴 계획 수립은 일부러 만든 명칭이니 이와 같은 가짜 프랙티스 명칭에 헛갈리지 마세요.

4. **답:** C

INVEST라는 머리글자는 독립적인(Independent), 협상 가능한(Negotiable), 가치 있는(Valuable), 추정 가능한(Estimatable), 작은(Small), 테스트 가능한(Testable)을 나타냅니다. 좋은 사용자 스토리는 이 모든 것을 포함할 수 있어야 합니다.

5. **답:** B

진척도는 해당 스프린트에 추정한 모든 스토리 포인트의 합이기 때문에, 하나의 팀 내에서만 사용이 가능합니다. 또 다른 팀은 자신들의 스프린트 계획 수립 토론이나 제품 백로그를 정제하는 동안 그들이 한 추정을 통해서 자신들만의 스토리 포인트 값이 나오기 때문에 다른 지표를 갖고 있습니다.

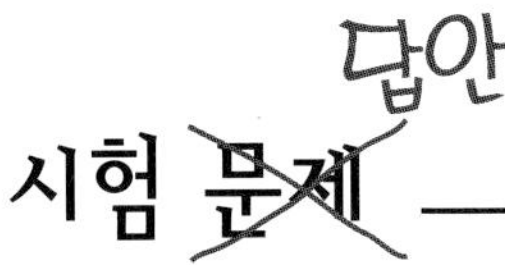

6. 답: B

번업 차트는 차트상에 독립된 선으로 범위를 보여주므로 범위가 추가 또는 제거되는 것이 쉽게 보입니다.

7. 답: C

사용자 스토리에 맞는 템플릿은 "〈역할〉인 나는 〈행동〉을 통해서 〈혜택〉을 원한다"입니다. 다른 대답들도 모두 비슷하지만, 사원, 페르소나, 역할에는 큰 차이가 있습니다. 역할은 여러분이 이를 적용할 때 고려해야 할 다양한 관점을 파악하는 데 도움이 됩니다.

8. 답: D

태스크 보드는 팀의 모든 사람들에게 스프린트 백로그에 있는 각 태스크의 현황을 보여줍니다. 이것은 모든 사람들이 작업 가능한 일과 진행 중인 일 그리고 팀이 완료한 일에 관해 동일한 정보를 갖게 해주는 시각적인 방법입니다.

9. 답: C

회고는 무대를 설정하고 팀 전체가 대화에 포함되어 있는지 확인하는 것으로 시작합니다. 그러고 나서 팀은 스프린트에서 수집한 정보를 검토합니다. 모든 사람들이 수집된 사실들에 합의하고 나면, 그 정보를 사용해 팀에 문제를 일으킬 수 있는 것에 관한 통찰력이 만들어집니다. 문제를 식별하고 나면 팀은 그 문제를 해결하기 위해 무엇을 해야 할지 파악할 수 있습니다.

10. 답: A

점선은 해당 스프린트에서 일정한 소진율을 보여줍니다. 보통 스토리 포인트가 오르락내리락하고 어느 시점에는 선의 왼쪽에 있고 또 어느 시점에는 선의 오른쪽에 있는 것이 당연합니다. 이 경우 실제로 완성된 선은 점선에서 먼 왼쪽에 있는데, 이는 팀이 정시에 완료하는 데 필요한 일정한 소진율보다 더 빠르게 스토리 포인트를 소진하고 있음을 나타냅니다.

애자일을 활용하는 어떤 사람들은 번다운 차트를 설명할 때 '일정에 맞게'라는 표현을 정말로 싫어합니다. 하지만 이 표현은 PMI-ACP 시험에 나올 수 있고 수많은 관리자가 그 표현을 사용합니다. 그러니 그런 표현에 익숙해지는 것도 좋습니다!

11. 답: A

번다운과 번업 차트는 같은 정보, 즉 팀이 스토리 포인트를 완료하는 진척도를 추적합니다. 번다운은 매일 전체 합계에서 완료한 포인트를 빼서 진척도를 추적합니다. 번업은 매일 전체 합계에서 포인트 값을 추가함으로써 추적합니다.

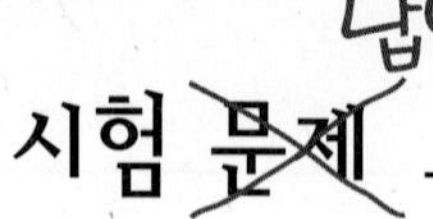

12. 답: C

생선뼈(이시카와) 다이어그램은 결함의 근본적인 원인과 프로젝트의 문제를 분류하고 어느 문제가 어느 카테고리에 들어맞는지 결정하는 데 도움을 주는 도구입니다. 이들은 프로세스 문제를 수정할 수 있게끔 여러분이 일하는 방식의 어느 부분을 개선할지 알아내는 데 도움을 주기 위해 사용되기도 합니다.

13. 답: D

팀은 스토리 맵을 만들어 이들을 완료하는 최적의 순서를 결정할 수 있습니다.

14. 답: C

카드, 대화, 확인은 사용자 카드가 스토리를 구축하는 데 필요한 정보를 갖고 있는 사람들과 이야기하라고 상기시켜줌을 기억하는 좋은 방법입니다. 이것은 스크럼 팀이 포괄적인 문서보다 면대면 의사소통에 더 가치를 두는 한 가지 방법입니다. 팀은 각 사용자 스토리 카드에 관해 나눈 대화에서 꼭 필요한 것만 적도록 합니다.

15. 답: D

ESVP는 회고를 시작할 때 각 팀원을 확인하는 방법으로 사용됩니다. 각 팀원에게 회고를 탐험가, 쇼핑하는 사람, 휴가자, 수감자로 접근한다면, 팀은 각 팀원을 대화에 좀 더 참여시킬 수 있고, 모든 사람들이 논의를 시작할 때 서로의 마음가짐을 알게 됩니다.

16. 답: A

팀이 추정에 사용할 지표를 처음으로 파악할 때는 수많은 변수가 있는 것이 매우 일반적입니다. 진척도 숫자가 다양하더라도 당황하지 않는 것이 중요합니다. 진척도를 측정하는 목적은 팀이 각 스프린트에서 자신들이 얼마만큼의 일을 하는지를 인식해 향후 계획 수립 세션에서 얼마만큼 맡아야 하는지 더 잘 파악하기 위해서입니다.

17. 답: C

페르소나는 사용자들이 팀이 만들고 있는 소프트웨어를 사용할 때 사용자가 어떤 감정을 느끼는지를 이해하기 위해 팀이 만든 가상의 사용자입니다(어떤 팀은 가상의 사용자가 아니라 실제 사람을 사용하기도 하지만, 개인의 사생활 문제는 사람들을 불편하게 만들 수도 있습니다).

18. 답: C

스크럼 팀은 프로젝트가 진행되면서 일어나는 상황에 대해 잘 모르는 초반에 너무 많은 의사결정을 하면 문제를 해결하기보다는 더 많은 문제를 야기할 수 있다는 것을 알고 있습니다. 그래서 책임이 따르는 마지막 순간에 결정을 내리려는 이유입니다.

19. 답: B

이 팀은 각 연계되는 스프린트마다 스토리 포인트를 더 많이 완료하고 있습니다. 프로젝트가 진행되면서 보게 되는 좋은 추세입니다. 이것은 또한 팀이 일을 하면서 지속적으로 향상되고 있다는 것을 의미하기도 합니다.

20. 답: A

번업 차트는 번업 선과 분리된 선으로 스프린트의 범위를 보여줍니다. 스토리가 재추정되거나, 추가되는 상황, 또는 일일 업무의 일부로 스토리가 완료되는 것이 아닌 스토리가 범위에서 제거되는 상황을 알아보기 쉽습니다.

축하합니다! 위험할 만큼 많이 알고 계시네요

스크럼은 다른 것보다 훨씬 더 성공적이고 보편적인 애자일 접근법입니다. 스크럼이 경험적 방법이기 때문입니다. 여러분은 프로젝트에서 실제로 무슨 일이 일어나는 있는지 알기 위해 팀이 서로 협력하고, 문제를 해결하기 위해 간단한 조정도 하고, 그러고 나서 그 조정이 실제로 효과가 있었는지 확인하기 위해 있는 그대로를 관찰합니다.

스크럼의 큰 장점은 실제 프로젝트에 정말로 많은 팀들이 사용해왔던 출발점을 제시해주는 것입니다. 하지만 스크럼의 진정한 힘은 스스로 관찰하고 향상하기 위해 스스로 실험해보면서 팀이 함께 일하는 데서 옵니다. 그것이 바로 스크럼 프레임워크의 원동력입니다. 하지만 여러분이 항상 따라야 하는 매우 중요한 가이드라인이 하나 있습니다.

상식을 사용하세요!

프로젝트 목표가 먼저입니다

프로젝트에 해가 되는 방향으로 스크럼 규칙을 남용할 수도 있습니다. 예를 들어 회사에 엄청난 돈이 들어갈 굉장히 크고 중요한 버그가 있고, 그다음 날에도 버그가 수정되지 않았는데 개발자가 다음과 같이 말하는 것은 옳지 않습니다.

전 이미 다른 일을 하고 있는 중입니다.
집중이라는 스크럼 가치가 지금 하는 일에 집중하라고 하네요.
그 문제는 다음 스프린트에서 계획할게요.

여러분은 이미 스크럼에 이런 문제를 처리하는 좋은 방법이 있다는 것을 알고 있을 겁니다. 제품 책임자가 현재 스프린트에 그 버그 수정 작업을 추가해서 다른 것보다 더 높은 우선순위를 부여해 스크럼 팀과 함께 협력할 수 있습니다.

만병통치약이란 것은 없어요

스크럼 팀원은 종종 프로젝트에 해가 되는 것을 알면서도, 스크럼 규칙 때문에 어찌하지 못하는 경우가 있습니다. 스크럼에 익숙해지고 그 프랙티스를 진정으로 이해하고 그 가치를 정말로 소화하기 위해서는 시간과 노력과 경험이 필요합니다. 스크럼을 갖고 실험을 시작해보세요. 하지만 프로젝트의 진짜 목표와 여러분의 조직을 지키는 것이 먼저임을 유의하세요. 그게 바로 훌륭한 팀이 항상 하는 일입니다.

익숙하지 않다고 그냥 바꾸지 마세요

바꾸거나 수정하기 전에 써 있는 대로 프랙티스를 한번 시도해보세요. 팀으로서 진정하게 말입니다. 기분이 나쁘다고 스크럼 프랙티스를 변경해버려 팀이 곤경에 빠지는 경우도 흔합니다.

스크럼은 더 효율적으로 일하자는 것 아니었나요? 우리 모두는 브라이언이 유체 역학 알고리즘에는 전문가라는 걸 알고 있는데 그렇다면 왜 그 일을 브라이언에게 할당하려고 일일 스크럼까지 기다려야 하나요? 브라이언이 할 일이라는 걸 우리 모두 알고 있으니, 우리가 스프린트 계획 수립을 하는 동안 그 일을 지금 맡기죠. 그렇게 하면 시간을 좀 아낄 수 있어요!

릭은 선의를 갖고 한 말이죠! 그는 팀이 시간을 아낄 수 있는 방법을 찾고 있는 겁니다. 하지만 그것만이 전부는 아니죠. 그는 자기조직에 대해서 불편해하고 있습니다. 그는 브라이언이 그 특정 태스크를 할 계획이라는 것을 안다면 훨씬 기분이 나을 것이고, 그래서 팀이 자기조직하기를 기다리고 싶지 않은 겁니다.

그래도 괜찮은가요?

스크럼의 기본 규칙 중 하나는 개발팀이 스스로 스프린트 목표에 어떻게 부응할지 결정하면서 증분을 개발하는 겁니다. 스크럼 가치는 여러분이 진정으로 그것을 '이해'하는 데 도움이 됩니다. 팀이 프로젝트에 대한 작업을 하는 방식에 진정한 발전이 된다면 변화를 만들고 싶을 때가 있습니다. 하지만 스크럼 가치가 **여러분의 팀 문화와 잘 맞지 않는 경우**도 있습니다.

그래서 스크럼의 가치에 대해 이야기해보고 집단 몰입과 자기조직에 관해 이야기해보는 것이 중요합니다. 그렇게 해야 팀 전체가 프랙티스뿐 아니라 자신들의 **마음가짐을 바꿀 수 있습니다.**

팀의 모든 사람들이 다 함께 마음가짐을 바꾼다면 놀라운 결과를 성취할 수 있습니다! 스크럼 가치는 그 상황을 만드는 데 정말 중요한 도구입니다. 스크럼과 그 가치, 그리고 팀이 정말로 자기조직하는 것을 배우는 법에 대해 좀 더 깊게 들어가보고 싶다면 〈Learning Agile: Understanding Scrum, XP, Lean, and Kanban〉 책을 확인해보기 바랍니다.

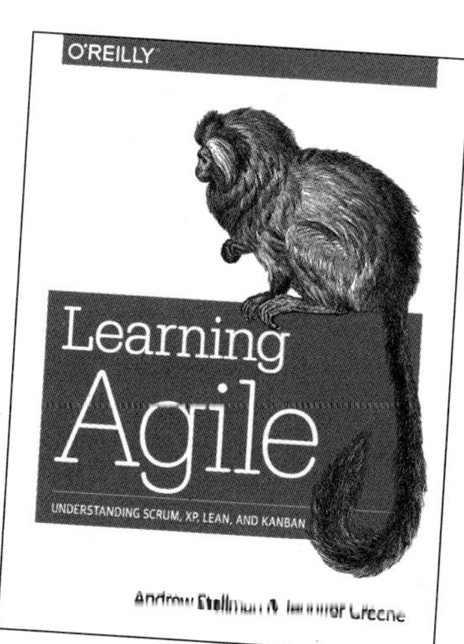

여기는 의도적으로 남긴 공백입니다

여기는 의도적으로 남긴 공백입니다

5 XP(익스트림 프로그래밍)

변화 포용하기

지난 번 수리팀이 강력 접착 테이프랑 종이 클립,
풍선 껌으로 이걸 붙여놓은 것 같아요

음, 작동은 하는 것 같으니 그냥 놔두죠.
고장 나지 않았으면 수정하지 말자고요, 알았죠?

소프트웨어 팀은 훌륭한 코드를 만들 때 성공합니다. 아주 재능 있는 개발자가 속한 정말 좋은 소프트웨어 팀조차 코드와 관련된 문제를 겪습니다. 작은 코드 변화가 폭포수 같은 재난으로 번질 때나 매일 하던 코드 작업이 통합 문제를 처리하느라 몇 시간씩 걸리게 될 때면 만족스럽던 일도 짜증나고 지루하고 실망스러워집니다. 지금이 바로 **XP**가 필요한 순간입니다. XP는 의사소통이 잘되는 일관성 있는 팀을 구축하고 편안하고 활기 넘치는 환경을 조성하는 데 초점을 맞춘 애자일 방법론입니다. 팀이 복잡하지 않은 단순한 코드를 만들 수만 있다면, 변화를 두려워하지 않고 포용할 수 있습니다.

서킷트랙 팀을 조용히 만나봅시다

서킷트랙(CircuitTrak)은 빠르게 성장하는 스타트업으로, 피트니스 클럽, 요가 학원, 무술 도장에서 여러 강좌 및 출석을 관리하기 위해 사용하는 소프트웨어를 만듭니다.

게리는 서킷트랙의 창립자이자 CEO입니다

그는 전직 대학 풋볼 선수였으며 고등학교와 대학교에서 풋볼 코치를 했습니다. 게리는 2년 전에 차고에서 창업했습니다. 처음부터 회사가 성공해서 바로 시내에 있는 사무실로 회사를 이전했습니다. 게리는 자신이 세운 회사에 자부심을 갖고 있으며, 회사가 계속 성장하기를 원합니다.

게리는 언제나 운동선수 출신의 직원을 찾습니다. 왜냐하면 그는 운동선수 출신들이 무슨 일이든 완료하려는 본능적인 의욕이 있음을 알기 때문입니다.

그의 직원들은 그가 보스이면서 코치이기 때문에 항상 '코치'라고 부릅니다.

시내에 있는 새 사무실은 최신 설비를 갖추었고, 심지어는 운동 기구까지도 갖추고 있어 팀이 운동하러 외출하지 않아도 되도록 했습니다.

피트니스 클럽, 요가 학원, 무술 도장은 서킷트랙의 소프트웨어를 사용해 일정을 관리하고 웹사이트나 모바일 앱을 사용해 고객의 출석을 확인합니다.

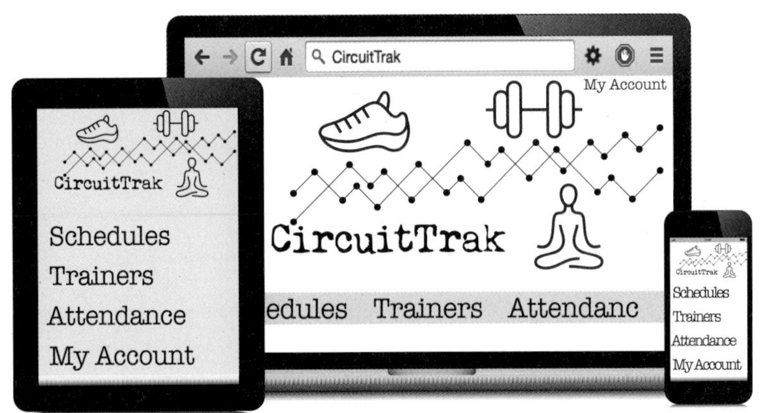

애나와 라이언은 수석 엔지니어입니다

애나와 라이언이 없었다면 서킷트랙도 없었을 겁니다. 둘은 이 회사의 첫 직원이었고, 게리의 차고에서 달랑 셋이었던 초창기부터 지금까지 함께 일해왔습니다. 서킷트랙은 작년에 4명의 엔지니어와 2명의 영업자를 고용해서 이제 직원이 9명입니다. 하지만 라이언과 애나는 여전히 팀의 핵심입니다.

애나는 게리가 처음으로 고용한 사람입니다. 그녀는 고등학교 때 라크로스, 소프트볼, 축구를 했고 컴퓨터공학을 전공했던 대학 시절 내내 소프트볼로 장학금을 받았습니다. 게리가 그녀를 고용한 지 얼마 지나지 않아 그녀는 대학 친구인 라이언을 게리에게 추천했습니다. 라이언은 그녀가 졸업하고 1년 뒤에 같은 컴퓨터공학과를 졸업했고 대학 팀의 운동선수이기도 했습니다.

라이언은 자신이 라이벌 고등학교의 웹사이트를 해킹하던 해에 자신이 다니던 고등학교 수영팀의 400미터 자유형 기록을 세웠습니다(아무도 라이언이 해킹했다는 사실은 모르죠).

애나는 미국 대표팀을 만들고 동시에 컴퓨터공학과의 우등생 명부에 있던 유일한 학생입니다.

야근과 주말 근무가 코드 문제를 일으킵니다

라이언과 애나는 투지와 의지 그리고 엄청난 카페인으로 주당 90시간씩 일해서 서킷트랙의 버전 1.0과 2.0을 만들었습니다. 이제 매출이 늘고, 버전 3.0 작업을 하고 있어서 조금 쉴 수 있지 않을까 생각했습니다. 하지만 이들은 밤과 주말에도 여전히 계속 일해야 합니다. 그리고 라이언은 그런 피로감이 코드에 미치는 영향에 대해 걱정합니다.

그거 알아? 일이 힘든 건 괜찮은데,
난 사실 야근과 주말 근무를 그만할 수 있을 거라고 생각했어. 근데 그렇지 않네.
그리고 이 때문에 코드가 점점 엉망이 되고 있어.

애나: 그게 무슨 대수야? 이거나 빨리 하자. 나 코딩 작업하러 가야 해.

라이언: 내 말이 그 말이야! 우리는 항상 마감일에 치여 살잖아.

애나: 뭐, 스타트업이니까. 뭐 다른 걸 기대한거야?

라이언: 그건 아니지만, 어쩌면 첫 해만 이럴 거라고 생각했지. 하지만 이제 고객이 생겼잖아. 팀도 커지고 있고. 그러니 이렇게 뒤죽박죽으로 일하면 안 되지.

애나: 소프트웨어 프로젝트가 다 그렇지, 안 그래?

라이언: 그럴지도. 하지만 그래서 코드가 어떻게 됐는지 알아?

애나: 무슨 말이야?

라이언: 지난 번 작업을 생각해봐. 우리가 트레이너 관리 서비스에 그룹 식별자를 저장했던 방법을 변경했잖아.

애나: 응, 그거 엉망이었지. 일부 코드는 예전 ID를 쓰고 있었잖아.

라이언: 그래, 그래서 어떤 코드는 예전 포맷을 쓰고 어떤 코드는 새 포맷을 쓰잖아.

애나: 잠깐, 그거 다 정리했어야 하는 거 아니야?

라이언: 우리가 다 정리하기로 한 긴 목록에 추가만 했지.

애나: 음... 그래도 코드가 작동은 하잖아, 그렇지? 지금 정리하려면 일정이 뒤처질 텐데.

라이언: 그럼 어쩌라고? 계속 이런 엉망인 코드를 추가만 하고 정리할 생각은 말고?

애나: 뭐라고 해야 할지 모르겠네. 원래 다 이런 거 아닐까?

라이언과 애나는 원하는 만큼 제대로 코드를 만들 충분한 시간이 없는 것 같은데요. 그래서 코드에는 할 시간도 없는 데 정리 작업을 하라는 무서운 TODO 메시지가 여기저기 흩어져 있네요.

```
public class TrainerContact
{
  // TODO: Need to clean up the ugly hack in getTrainer() when
  // we switched from integer group identifiers to GUIDs

  public Object getTrainerByOldId(String oldId)
     throws TrainerException {
        UUID trainerGroup = GroupManager.convertGuidToId(oldId);
        if (trainerGroup != null) {
```

XP는 팀과 코드 모두에게 도움이 되는 마음가짐을 가져옵니다

XP(eXtreme Programming, 익스트림 프로그래밍)는 애자일 방법론의 하나로, 1990년대부터 지금까지 소프트웨어 팀에게 인기를 얻어왔습니다. XP는 스크럼처럼 프로젝트 관리에만 초점을 맞추는 것이 아니라 팀이 실제로 코드를 작성하는 방법도 중요하게 생각합니다. 스크럼처럼 XP에도 팀이 효과적인 마음가짐을 가질 수 있게 해주는 **프랙티스**와 **가치**가 있습니다. XP의 마음가짐은 모든 사람들이 좀 더 일관성을 갖고, 의사소통을 더 잘하고, 업무 계획 수립을 더 잘하는 데 도움을 줍니다. 덕분에 코드를 제대로 작성할 충분한 시간을 벌 수 있습니다.

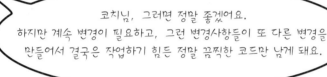

그래, 라이언이 맞는 것 같아. 그 유명한 UCLA 코치 존 우든이 말한 것처럼 "서둘러라, 그러지 않을 거면 서두르지 마라" 같아. 두 사람의 일정 부담을 덜어줄 방법이 있을까?

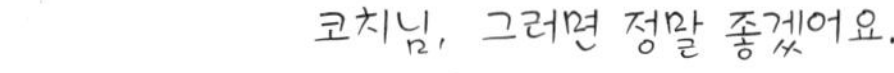

코치님, 그러면 정말 좋겠어요. 하지만 계속 변경이 필요하고, 그런 변경사항들이 또 다른 변경을 만들어서 결국은 작업하기 힘든 정말 끔찍한 코드만 남게 돼요.

변경이라, 변경, 변경... 어쩌면 자네들이 정말로 바꿔야 하는 건 변경에 대한 태도일지도 모르겠군.

게리가 맞습니다. 이 팀은 엉망진창인 코드를 임시방편으로 변경하다가 결국 애초에 피할 수 있던 짜증나는 일을 하는 데 시간을 쓰며 수 차례 고생했습니다. 그러다 보니 이제는 변경하는 걸 아주 두려워합니다. XP는 이들이 변경을 두려워하지 않게, 새로운 마음가짐에 도달할 수 있도록 도와줄 수 있습니다.

XP는 1990년대 중반에 경량 소프트웨어 공학의 선구자인 켄트 벡과 론 제프리스가 창안했습니다. 제프리스는 이렇게 말한 적이 있습니다. "필요할 거라고 예상될 때가 아니라, 항상 정말로 필요할 때 구현하라."

브레인 파워

12개의 애자일 원칙 중에 이 상황에 특히 적합한 것이 있을까요?

반복적 개발은 팀이 변화를 통제할 수 있게 해줍니다

애자일 선언문의 두 번째 원칙은 변화에 대한 XP 팀의 생각을 훌륭하게 설명하고 있습니다.

> 비록 개발의 후반부일지라도 요구사항 변경을 환영하라.
> 애자일 프로세스들은 변화를 활용해 고객의 경쟁력에 도움이 되게 한다.

하지만 잠깐만요. 이 책 초반에 이 원칙에 관해 이야기하지 않았던가요? 네, 그랬죠. 그게 반복적인 개발과 책임이 따르는 마지막 순간에 의사결정을 내린다는 아이디어를 설명하는 좋은 방법이기도 하죠. 그래서 XP가 반복적이고 점진적인 방법론이라는 것도 당연합니다. 여러분은 이미 스크럼에 대해 배웠으니 **프랙티스**가 익숙할 텐데요. XP는 이제 이런 프랙티스를 사용합니다. XP 팀은 스크럼 팀이 하는 것처럼 **스토리**를 사용합니다. 그들은 **분기별 주기**(quarterly cycle)를 사용해서 백로그를 계획하며, 이는 다시 **주간 주기**(weekly cycle)라고 불리는 반복 작업으로 나누어집니다. 사실 여기에서 추가된 새로운 계획 수립 아이디어라고 할만한 것은 **슬랙**(slack)이라는 단순한 프랙티스로, XP 팀은 슬랙을 이용해 각 반복에 추가로 할 일을 추가합니다.

XP 팀은 요구사항을 추적하기 위해 스토리를 사용합니다

XP 팀이 스토리를 핵심 프랙티스로 사용한다는 것은 당연한 일입니다. 왜냐하면 스토리는 구축하려고 계획하는 것을 추적하는 데 정말로 효과적인 방법이기 때문입니다. 이는 스크럼과 같은 방식으로 사용됩니다.

많은 XP 팀이 "~인 나는 ~를 통해 ~를 원한다"라는 스토리 포맷을 사용하면서, 인덱스 카드나 포스트잇에 스토리를 작성합니다.

스토리에는 일반적으로 그 스토리가 어느 정도 걸릴지에 대한 대략적인 추정도 포함됩니다. XP 팀은 그런 추정을 위해 계획 수립 포커를 곧잘 사용합니다.

아래는 애나가 인덱스 카드에 적은 사용자 스토리의 예입니다. 팀은 계획 수립 포커를 사용해 추정을 했고, 추정 시간은 카드 귀퉁이에 애나가 적어뒀습니다.

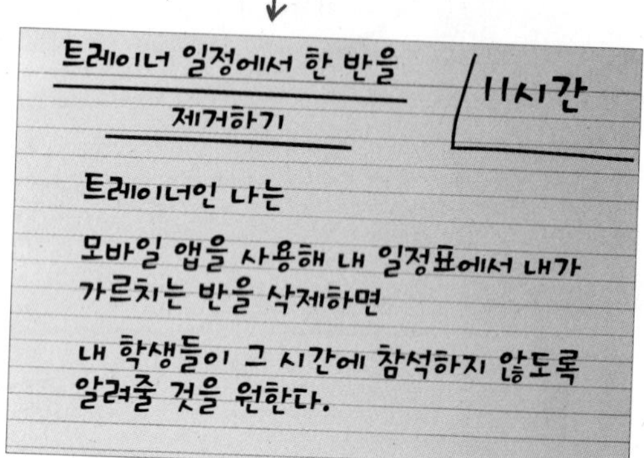

XP 팀은 한 번에 한 분기의 작업을 계획합니다

분기마다 장기 계획 수립을 하는 것이 자연스럽게 느껴지기 때문에, **분기별 주기**로 프랙티스를 수행하는 것도 타당해 보입니다. 일 년은 계절로 나누어지고, 많은 기업들이 보통 분기별로 일을 나누어 수행합니다. 그래서 분기에 한 번씩 XP 팀은 계획 수립과 반영을 위한 회의를 엽니다.

- ★ 모여서 지난 분기에 무슨 일이 있었는지 생각해봅니다.
- ★ 큰 그림에 관해 이야기합니다. 회사가 집중하는 것은 무엇이고 팀이 거기에 어떻게 맞춰갈지를 이야기합니다.
- ★ 장기 목표를 추적하기 위해 해당 분기에 맞는 **테마**를 계획합니다(각 테마는 스토리를 그룹으로 묶는 데 사용하는 일반적인 목표입니다).
- ★ 다음 분기에 수행할 가치가 있는 스토리를 선택하기 위해 사용자 및 이해관계자와 함께 만나 해당 분기에 대한 백로그를 계획합니다.

XP 팀은 큰 그림을 놓치지 않기 위해 테마를 사용합니다. 테마는 스크럼에서 하나의 스프린트 목표와 같습니다. 달성하고자 하는 것을 한두 문장으로 설명한 것입니다.

XP 팀은 일주일 반복을 사용합니다

주간 주기 프랙티스는 팀이 스토리를 정하고 작동하는 소프트웨어를 만들어 그 주의 마지막에 '완료'되는 일주일 단위의 반복입니다.

각 주기는 작동하는 소프트웨어를 시연하고 다음과 같은 작업을 통해 달성할 것을 계획하는 회의로 시작됩니다.

- ★ 지금까지의 진행 상황을 검토하고 정확히 지난 한 주간 작업한 데모를 시연합니다.
- ★ 고객과 함께 이번 주에 할 스토리를 선정합니다.
- ★ 스토리를 태스크로 분할합니다.

XP 팀은 가끔 주간 주기를 계획할 때 개별 태스크를 할당하기도 하지만, 태스크 더미를 만들어놓고 각 팀원이 그 더미에서 다음에 할 태스크를 뽑는 자기조직을 만들기도 합니다.

주간 주기는 매주 같은 날, 주로 화요일이나 수요일에 시작하고(주말에 일해야 하는 부담을 느끼지 않기 위해 월요일은 피합니다), 계획 수립 회의도 주로 매주 같은 시간에 열립니다. 고객은 회의에 참석해, 팀이 스토리를 고르고 진행 상황을 통제하는 데 도움을 줍니다.

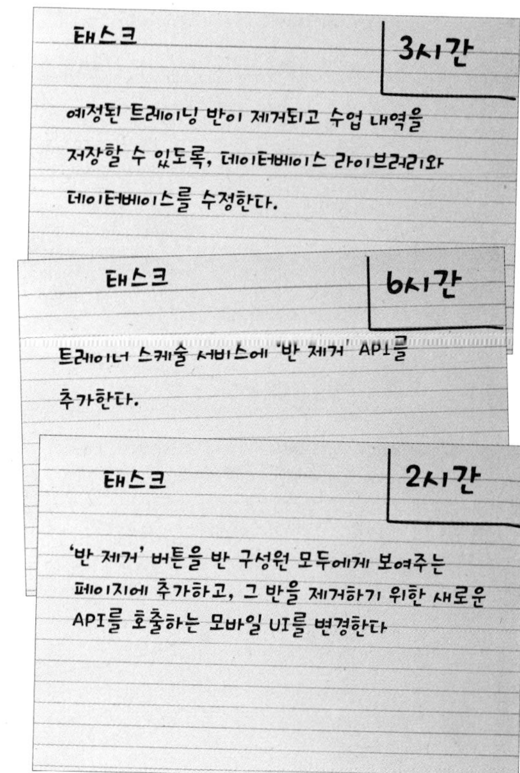

애나의 아이디어는 성능을 개선할 수 있어서 슬랙으로 추가할 '있으면 좋은' 피처가 됩니다.

성능을 현저하게 개선할 수 있는, 스케줄 서비스를 극대화할 아이디어가 있어. 다음 주에 시작될 주기에 **슬랙 스토리로 추가**할 수 있을 거야.

슬랙은 팀에게 숨쉴 공간을 줍니다

팀이 계획을 세울 때마다, 팀은 혹시 일정에 뒤처지면 제거해버릴 수 있는, 선택적이거나 그다지 중요하지 않은 아이템을 몇 개 넣어서 또 다른 XP 프랙티스인 **슬랙**을 추가할 수 있습니다.

예를 들면 팀은 '있으면 좋은' 스토리를 주간 주기에 포함시킬 수 있습니다. 어떤 팀은 해당 분기를 '핵 데이(hack day)' 또는 '괴짜 주간(geek week)'으로 막아놓는 것을 좋아합니다. 이런 날들은 팀이 프로젝트에 관련된 자체적인 작업을 하거나 어딘가에 숨어 있는 좋은 아이디어에 대한 우속소치를 할 수도 있습니다. 하지만 슬랙 때문에 미쳐버리진 마십시오! 빛빛 팀은 하나 또는 두 개의 슬랙 아이템만을 포함시키며, 그 슬랙들이 많아도 주간 주기의 20% 이상을 차지하는 경우는 거의 없습니다.

용기와 존중이 프로젝트에서 두려움을 몰아냅니다

모든 애자일 방법론과 마찬가지로 XP도 올바른 마음가짐을 가진 팀에 좌우됩니다. 그것이 XP가 자체적인 가치를 갖는 이유입니다. 처음 두 개의 가치는 **용기**와 **존중**입니다. 이 두 가지 가치를 어디서 많이 들어본 것 같지 않나요? 그럴 겁니다. 용기와 존중은 3장에서 여러분이 이미 배운 것과 정확히 일치하는 가치이기 때문입니다. 스크럼 팀도 똑같이 용기와 존중을 갖고 있기 때문이죠.

용기 

XP 팀은 도전할 용기를 갖고 있습니다. 팀원 개개인은 프로젝트를 위해 싸울 용기가 있습니다.

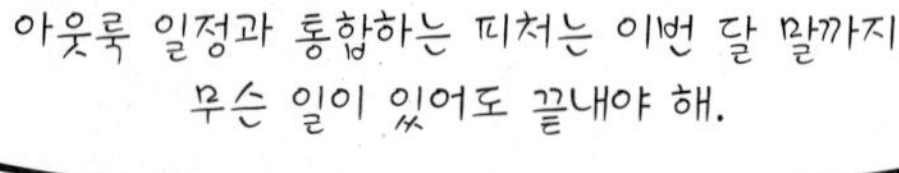

아웃룩 일정과 통합하는 피처는 이번 달 말까지
무슨 일이 있어도 끝내야 해.

그 피처가 얼마나 중요한지 알지만 코치님이 요구하시는 건 정말 불가능해요. 우리가 현실적으로 배포할 수 있는 것이 무엇인지는 생각해볼게요.

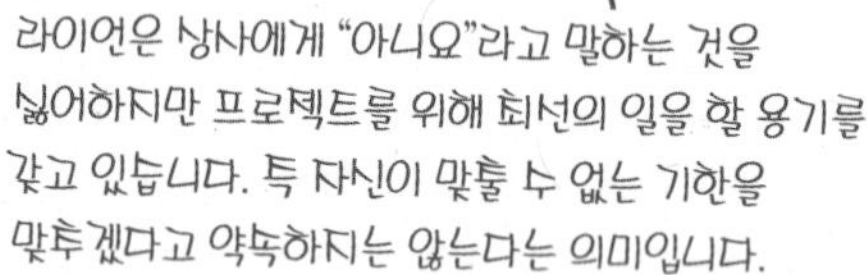

라이언은 상사에게 "아니요"라고 말하는 것을
싫어하지만 프로젝트를 위해 최선의 일을 할 용기를
갖고 있습니다. 즉 자신이 맞출 수 없는 기한을
맞추겠다고 약속하지는 않는다는 의미입니다.

존중 

팀원들은 서로 존중하고 모든 팀원은 서로가 하는 업무에 대한 신뢰를 갖고 있습니다.

여러분이 싫어할 수도 있는 아이디어에 대한 의견을 듣고도 진정으로 그것을 고려하는 것에서 존중은 시작됩니다.

힘들기는 하겠지만 만약 앱 UI에 개선된 예약 기능을 보여주면 어쩌면 될지도 모르겠군. 우선 당장은 말이야.

모든 사람들 특히 게리가 라이언의 의견을 존중할 때 라이언은 용기를 내기가 더 쉽습니다. 라이언은 게리를 단순히 상사가 아니라 중요한 팀원으로 여겨서 그의 의견과 아이디어도 존중합니다.

내가 제대로 이해했는지 확인해보자. XP는 스크럼처럼 반복적이야. 그리고 스크럼처럼 가치도 갖고 있어. **존중과 용기라는 동일한 가치**를 포함해서 말이야. 이거 근데 완전히 중복되는 것 같은데. 그렇다면 왜 XP를 써야 하지? 그냥 스크럼을 쓰면 안 되나?

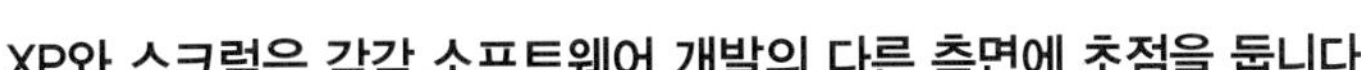

XP와 스크럼은 각각 소프트웨어 개발의 다른 측면에 초점을 둡니다.

스크럼과 마찬가지로 XP는 반복적이고 점진적인 방법론입니다. 하지만 스크럼처럼 프로젝트 관리에 강하게 집중하지는 않습니다. 특히 팀이 프로젝트를 관리하는 방법을 개선하는 경험적 프로세스 제어에 초점을 맞추지는 않습니다. 그래서 어쩌면 스크럼은 매우 구조화되어 있다고 느낄 수도 있습니다. 스프린트 계획으로 시작하고, 시간이 정해진 회고로 마무리하고, 매일 같은 시간에 시간을 정해둔 또 다른 회의가 있으니 말이죠.

XP의 'P'는 **프로그래밍**을 나타내며, XP의 모든 것은 프로그래밍 팀이 일하는 방식을 개선하는 데 도움을 주도록 최적화되어 있습니다. XP는 팀이 협력하는 데 집중한다는 점에서 스크럼과 다릅니다. XP는 프로젝트 관리에 초점을 덜 맞추고, 팀이 코드를 작성하는 방식을 개선하는 데 더 집중합니다.

XP는 소프트웨어 개발에 집중합니다. 스크럼에는 소프트웨어 팀에 특정된 것이 없습니다. 그렇기 때문에 스크럼의 경험적 프로세스 제어라는 이점을 취하기 위해 스크럼을 적용한 산업이 굉장히 많습니다.

그러면 스크럼은 프로젝트 관리에 중점을 두지만,
팀이 실제로 매일마다 코드를 만드는 방법에 관한 세부사항에는
거의 관여하지 않는구나. 그건 XP에 맞는 영역이군.
그래서 XP가 프로젝트 관리 측면에서는 좀 더 가벼운 거군.

XP는 업무를 수행하는 데 충분한 프로젝트 관리를 포함하고 있습니다.

스크럼과 XP를 연결하는 것은 애자일 선언문에 있는 것과 같이 함께 공유하는 가치와 공통적인 아이디어입니다. 그리고 XP의 반복이 스크럼처럼 작용하므로, XP는 용기와 존중이라는 가치를 스크럼과 공유합니다. 그래서 많은 애자일 팀이 스크럼의 경험적 프로세스 제어와 XP의 팀 결속, 의사소통, 코드 품질, 프로그래밍을 조합해 스크럼과 XP를 함께 사용합니다.

브레인 파워

소프트웨어 팀에 속한 사람들이 의사소통을 개선하기 위해 할 수 있는 일은 무엇일까요?

벤 다이어그램 자석

여러분은 냉장고에 붙은 자석을 아주 유용한 벤 다이어그램으로 밤새도록 정리했습니다. 이 다이어그램은 어떤 프랙티스와 가치 또는 개념이 스크럼에 특정된 것이고 어떤 것이 XP에 특화된 것인지 그리고 두 가지 다 공유하는 것은 무엇인지를 정리했습니다. 그런데 누군가 냉장고 문을 쾅 닫아 모든 자석이 떨어져버렸습니다. 다시 제자리에 놓을 수 있을까요?

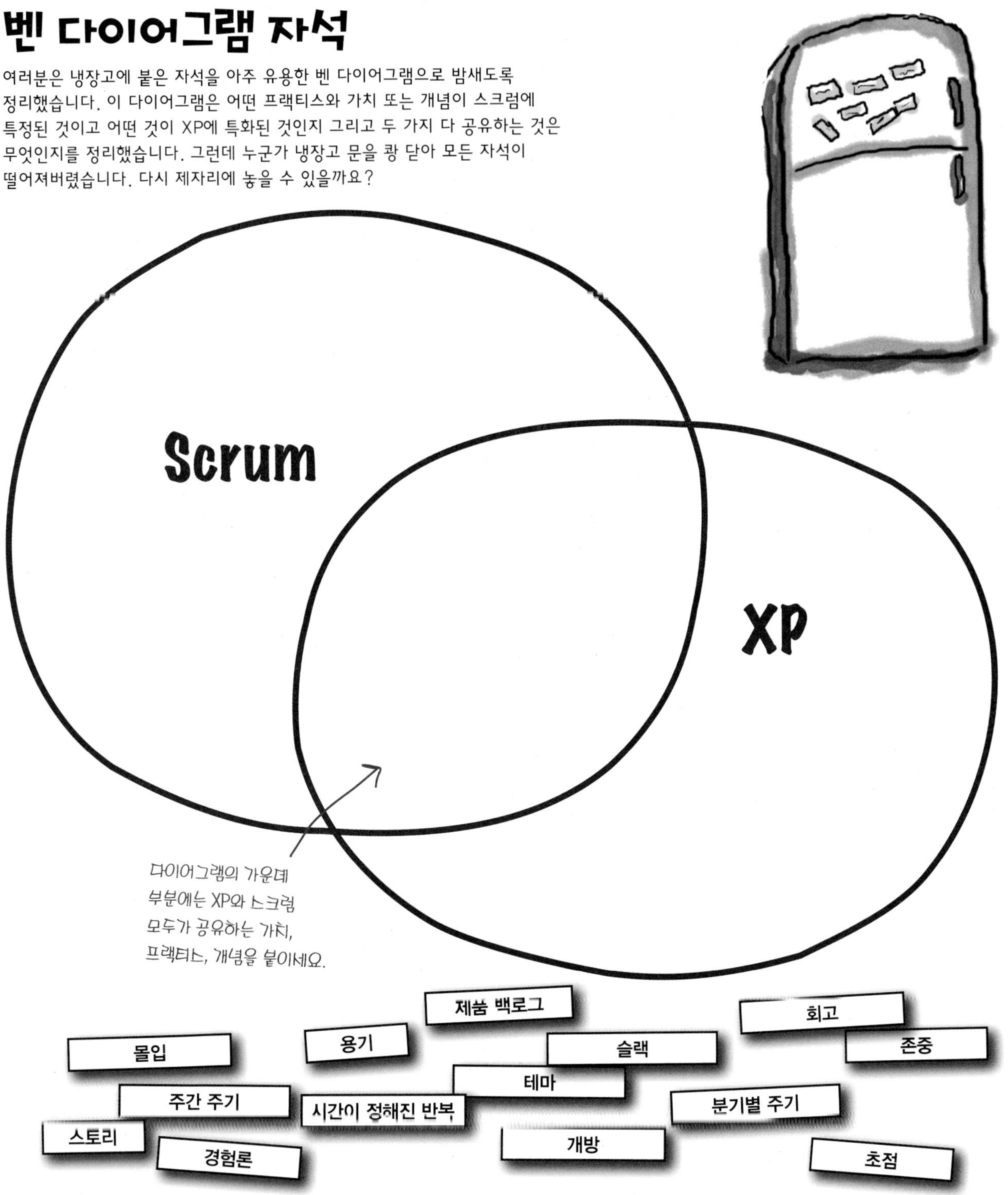

벤 다이어그램 자석 해답

XP 팀은 스크럼 팀과는 달리 계획 수립에 관한 다른 특성을 갖고 있습니다.
그 특성은 XP의 프랙티스와 가치에 반영되어 있습니다.

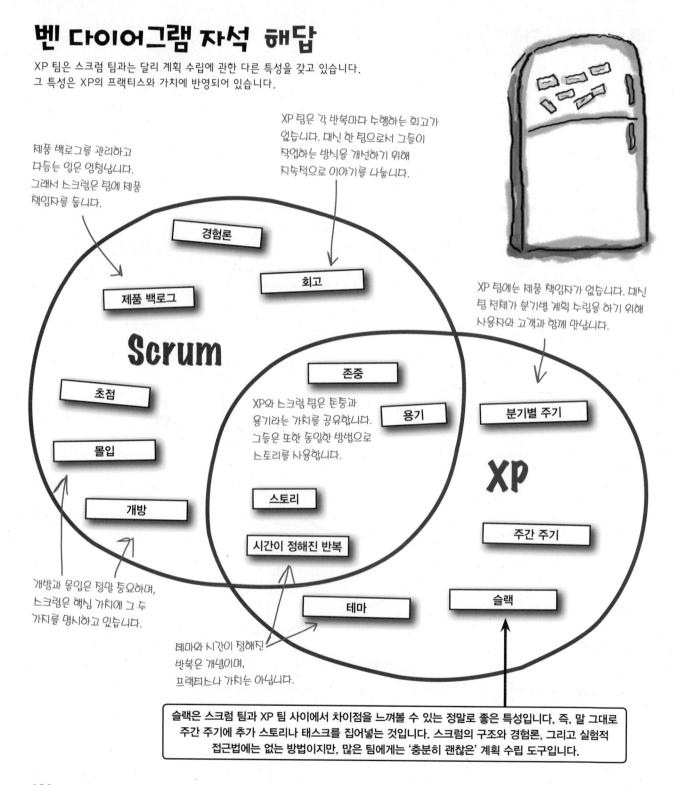

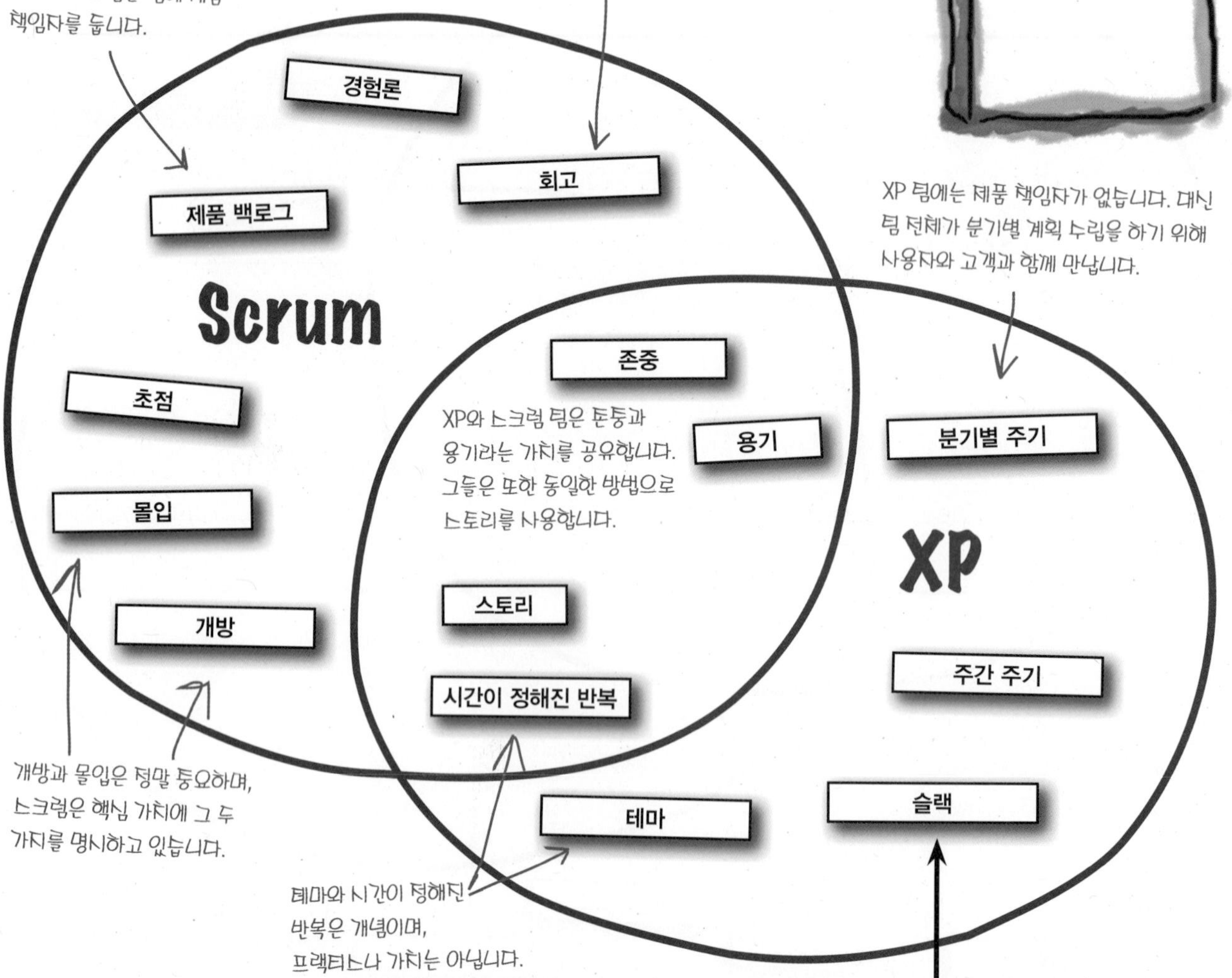

XP 팀은 각 반복마다 수행하는 회고가 없습니다. 대신 한 팀으로서 그들이 작업하는 방식을 개선하기 위해 지속적으로 이야기를 나눕니다.
제품 백로그를 관리하고 다듬는 일은 엄청납니다. 그래서 스크럼은 팀에 제품 책임자를 둡니다.
경험론
회고
제품 백로그
Scrum
XP 팀에는 제품 책임자가 없습니다. 대신 팀 전체가 분기별 계획 수립을 하기 위해 사용자와 고객과 함께 만납니다.
존중
초점
XP와 스크럼 팀은 존중과 용기라는 가치를 공유합니다. 그들은 또한 동일한 방법으로 스토리를 사용합니다.
용기
분기별 주기
몰입
XP
스토리
개방
주간 주기
시간이 정해진 반복
개방과 몰입은 정말 중요하며, 스크럼은 핵심 가치에 그 두 가지를 명시하고 있습니다.
테마
슬랙
테마와 시간이 정해진 반복은 개념이며, 프랙티스나 가치는 아닙니다.
슬랙은 스크럼 팀과 XP 팀 사이에서 차이점을 느껴볼 수 있는 정말로 좋은 특성입니다. 즉, 말 그대로 주간 주기에 추가 스토리나 태스크를 집어넣는 것입니다. 스크럼의 구조와 경험론, 그리고 실험적 접근법에는 없는 방법이지만, 많은 팀에게는 '충분히 괜찮은' 계획 수립 도구입니다.

바보 같은 질문은 없다

Q: 스토리는 어떻게 추정하나요?

A: 계획 수립 포커가 XP 팀에서 매우 인기가 많지만 다른 추정 방법도 많이 사용합니다. XP의 초기 버전에는 스토리를 반복에 대한 계획으로 바꾸도록 가이드하는 계획 수립 게임이라는 프랙티스가 있었습니다. 이를 통해 팀은 스토리를 태스크로 분할하고 그 태스크를 팀원에게 할당하는 방식인데요. 이것은 아직까지 몇몇 XP 팀이 여기저기서 사용하고 있습니다. 하지만 대부분의 팀에게 XP의 추정은 스크럼의 추정과 그다지 다르지 않습니다. 계획 수립 포커와 같은 기법은 매우 유용하지만, 추정은 팀이 연습을 많이 할수록 결과가 좋아지는 기술일 뿐입니다.

Q: 방법론이 어디에 어떻게 '초점'을 맞추고 있나요?

A: 스크럼의 프랙티스, 가치, 아이디어는 특히 프로젝트 관리 문제를 겨냥하고 있기 때문에 스크럼은 프로젝트 관리 및 제품 개발에 중점을 둡니다. 그 문제들이란 어떤 제품을 개발할지를 결정하고 그 작업을 계획하고 실행하는 것을 말합니다. 스크럼 프랙티스는 주로 팀을 조직화하고, 사용자와 이해관계자의 기대치를 관리하고, 모든 사람들이 의사소통하는 데 도움이 되도록 만들어졌습니다.

XP는 프로젝트 관리 측면에서 스크럼보다 더 제한적입니다. 그래도 여전히 반복적이고 점진적입니다. 이 장에서 여러분이 본 분기별 주기, 주간 주기, 슬랙, 스토리와 같은 프랙티스는 그런 반복을 계획하고 관리하는 효과적인 수단들이죠. 하지만 여기에서 스크럼의 구조와 엄격함은 없습니다. 일일 회의도 없고 회의 시간도 정해져 있지 않아 스크럼에 비하면 모든 것이 '느슨'한 것 같습니다. 많은 팀은 스크럼의 구조가 자신들에게 정말 효과가 있어 XP의 분기별 주기, 주간 주기, 슬랙을 완전한 스크럼 프레임워크로 대체하는 **스크럼/XP 통합**을 선택합니다. 여기서 완전하다는 의미는 스크럼의 모든 이벤트, 산출물, 역할을 포함한다는 뜻입니다.

Q: XP와 스크럼의 '통합'이 그중 하나의 규칙을 망가뜨리지는 않을까요?

A: 네. 그럴 수는 있지만, 괜찮습니다. 팀이 XP의 계획 수립 프랙티스를 스크럼의 프랙티스로 대체함으로써 XP와 스크럼의 통합을 선택한다면, 여러분은 확실히 XP의 모든 프랙티스를 다 수행하는 것이 아니죠. 하지만 기억하세요. 방법론의 규칙은 여러분이 프로젝트를 잘 진행하도록 돕기 위해 있는 것입니다. 수많은 팀이 애자일 방법론을 수정하면서 곤란에 처하기도 합니다. 그 이유는 그들이 정확히 그 방법론이 왜 효과가 있는지를 정말로 이해하지 못하기 때문입니다. 그들이 보기에 중요하지 않아 보이는 요소를 변경하거나 제거하지만, 그것이 그 방법론 전체를 떠받들어주는 기둥의 하나라는 것을 인식하지 못합니다. 예를 들어 팀이 스크럼의 제품 책임자를 위원회로 대체하려는 것처럼 말입니다. 제품 책임자는 스크럼에서 대체할 수 없는 매우 중요한 요소입니다. 다행히도 XP의 주간 주기, 분기별 주기, 슬랙 프랙티스를 스크럼의 완전하고 수정되지 않은 구현으로 대체하면 XP의 계획 수립 부분에만 영향을 미치고, XP를 작동하게 만드는 다른 특성들을 제거하지는 않습니다. 그래서 많은 팀들이 스크럼과 XP의 통합을 성공적으로 수행하는 것입니다.

스크럼과 XP의 통합을 사용한다는 말은
팀이 스크럼과 XP라는 두 가지 방법의 최고만을 얻기 위해,
스크럼의 가치 기반 마음가짐과 프랙티스를
XP의 코드 중심 마음가짐과 프랙티스와 조합한다는 뜻이군.

팀은 함께 일할 때 코딩 작업을 더 잘합니다

소프트웨어 팀은 똑같은 프로젝트를 하는 사람들의 모임, 그 이상입니다. 사람들이 함께 일하고, 서로에게 귀를 기울이고, 서로가 문제를 해결하는 것을 돕는다면, 그들은 훨씬 더 나은 코드를 작성하고(가끔은 10배 이상!) 그들이 만든 코드의 품질은 훨씬 높아집니다. XP 팀은 이 사실을 잘 알고 있으며, **팀 전체**(whole team)의 프랙티스를 통해 그 목적을 달성하도록 노력합니다. 이 프랙티스는 모든 사람들이 팀으로 함께 일하는 것과 밀접한 관련이 있으며, 사람들이 소속감을 느끼고 서로가 서로를 지원하는 데 필요한 모든 것을 한다는 뜻입니다.

XP 팀원들은 모두 팀에 소속감을 느낍니다. 그들은 서로 진정한 도움을 주는 환경을 조성하는 것이 팀의 핵심 프랙티스라고 생각합니다.

팀 전체가 신뢰에 기초를 두고 있습니다

XP 팀원들이 장애물에 부딪히면 모두 협력해 장애물을 극복합니다. 프로젝트의 방향에 영향을 미치는 중요한 의사결정에 직면하면, 의사결정도 함께 내립니다. 그래서 XP 팀에게 신뢰가 그렇게 중요한 것입니다. 모든 팀원은 각자 어떤 의사결정을 내리고, 어떤 의사결정을 팀과 공유해야 하는지 파악하기 위해 다른 팀원을 신뢰하는 법을 배우게 됩니다.

어...
저는 이 피처가 어떻게 작동하는지 완전히 잘못 이해했네요.
그걸 수정하는 데 최소 하루는 걸리겠는데요.

라이언은 자신의 실수를 공개해도 팀의 나머지 사람들이 이해해줄 것이라는 걸 압니다. 하지만 그는 책임감 또한 느끼므로 일을 마무리하기 위해 더 열심히 일할 겁니다.

신뢰는 팀원의 실수를 허락하는 것을 의미합니다

모든 사람들은 실수를 합니다. 하지만 XP 팀이 '팀 전체'라는 프랙티스를 진지하게 받아들인다면, 더 이상 실수하는 것을 두려워하지 않습니다. 왜냐하면 팀원 각자는 모든 사람들이 실수할 수 있다는 것을 이해해주리라 믿기 때문입니다. 앞으로 나가는 유일한 방법은 피할 수 없는 실수를 하고 그 실수로부터 다 함께 배우는 것이기 때문입니다.

XP 팀에는 정해지거나 미리 규정된 역할이 없습니다

소프트웨어 프로젝트에는 가지각색의 수많은 업무가 있습니다. 코드 작성, 스토리 작성, 사용자와의 대화, 사용자 인터페이스 설계, 아키텍처 제작, 프로젝트 관리처럼 말이죠. XP 팀에서는 모든 사람들이 그 모든 것을 조금씩 다 합니다. 이들의 역할은 각자 가진 기술에 따라 다릅니다. 그것이 바로 XP 팀에 **확정되거나 명시된 역할이 없는 이유**입니다.

역할은 사람들이 팀에 소속감을 느끼는 것을 방해하기도 합니다. 예를 들어 스크럼 팀의 제품 책임자나 스크럼 마스터가 일상업무를 하는 진정한 일원이라고 느끼지 못하는 경우도 흔합니다. 왜냐하면 그들의 '특별한' 역할이 참여나 몰입보다는 관심을 갖는 쪽으로 부담감을 주기 때문입니다(돼지와 닭의 이야기를 기억하시나요? 가끔은 팀원에게 역할을 부여하는 것은 프로젝트에서 어떤 사람들이 더 '돼지'이고 다른 사람들은 더 '닭'이 되도록 조장하는 것과 거의 같습니다).

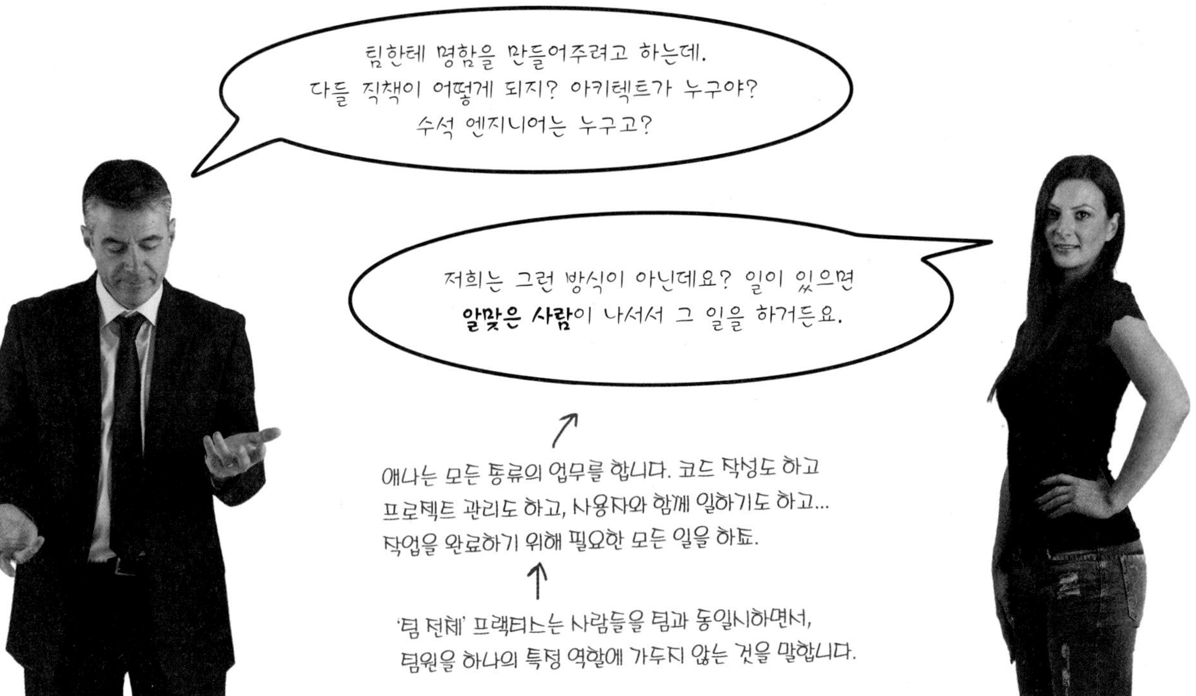

팀한테 명함을 만들어주려고 하는데.
다들 직책이 어떻게 되지? 아키텍트가 누구야?
수석 엔지니어는 누구고?
저희는 그런 방식이 아닌데요? 일이 있으면
알맞은 사람이 나서서 그 일을 하거든요.
애나는 모든 종류의 업무를 합니다. 코드 작성도 하고
프로젝트 관리도 하고, 사용자와 함께 일하기도 하고...
작업을 완료하기 위해 필요한 모든 일을 하죠.
'팀 전체' 프랙티스는 사람들을 팀과 동일시하면서,
팀원을 하나의 특정 역할에 가두지 않는 것을 말합니다.

팀은 함께 있을 때 일을 제일 잘합니다

프로그래밍은 매우 사회적인 활동입니다. 네, 정말로요! 물론, 우리는 어두운 곳에서 혼자 몇 시간씩 앉아 있다가 완성된 제품을 가지고 몇 주 뒤에 나타나는 외로운 코더의 이미지에 익숙합니다. 하지만 팀에서는 소프트웨어를 그런 식으로 개발하지 않습니다. 다음 애자일 원칙을 한번 보십시오.

> 개발팀으로, 또 개발팀 내부에서 정보를 전하는 가장 효율적이고 효과적인 방법은 면대면 대화이다.

XP 팀은 함께 앉습니다. 왜냐하면 프로그래머들이 서로 쉽게 이야기하고 필요한 정보를 얻기 위해 많은 시간을 돌아다니지 않는다면, 프로그래머들이 훨씬 더 쉽게 혁신적이 될 수 있기 때문입니다.

여러분이 소프트웨어 팀에 속해 있다면 여러분은 항상 정보를 필요로 합니다. 무엇을 개발할지 알아야 하고, 여러분과 팀이 그것을 개발할 계획을 어떻게 세워야 할지 알아야 하며, 여러분이 작업하는 부분이 소프트웨어의 나머지 부분에 어떻게 들어맞을지 등을 알아야 합니다. 그리고 그것은 수많은 면대면 대화를 해야 한다는 것을 의미합니다.

애나한테 물어볼 것이 있는데,
애나는 사무실 저 반대편 끝에 앉아 있잖아.
그럼, 대신 이메일이나 보내야겠군.
라이언이 정말로 중요한 질문을 했는데 애나가 한 시간 동안 이메일을 확인하지 않으면 어떻게 될까요?

그렇다면 여러분과 팀이 사무실에서 완전히 다른 쪽에 앉아 있다면 어떻게 될까요? 이런 일은 정말 흔합니다. 예를 들면 사무실 공간을 설계한 사람이 소프트웨어 개발의 '어두운 동굴에 있는 코더'의 이미지를 갖고 있다면, 그런 사무실에서 관리자는 훨씬 넓은 공간을 차지하고, 프로그래밍 팀은 남은 공간 여기저기에 흩어져 있게 됩니다. 이런 환경은 소프트웨어 팀에게는 정말로 효과가 없는 환경입니다.

그래서 XP 팀은 **함께 앉습니다**. 모든 팀원이 사무실의 한 공간에 앉는 것은 단순한 프랙티스입니다. 팀원들이 필요한 다른 사람을 찾고 면대면 대화를 하기에 쉽고 편리합니다.

함께 앉기 들여다보기

팀 공간의 배치는 모든 사람들이 효과적으로 함께 일하는 데 큰 영향을 미칠 수 있습니다. 여기에 많은 팀들이 특히나 효과적이라고 생각하는 방법이 있습니다.

이것은 팀의 작업 공간을 구성하는 꽤 효과적인 방법입니다. 이것은 '동굴과 공유지' 라는 디자인의 변형입니다.

각 팀원은 방해받지 않고 업무를 완료할 수 있는 개인 공간을 갖습니다.

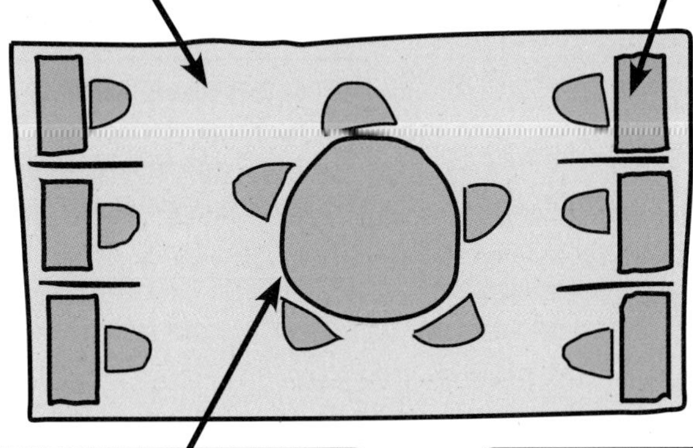

만남을 위한 공간도 있습니다. 여기서는 팀 공간의 가운데에 의자가 있는 커다란 둥근 테이블이 있습니다. 이 공간은 팀이 그룹 토의나 회의를 할 수 있어서 편리합니다.

동굴과 공유지는 XP 프랙티스 중 하나는 아니지만 '함께 앉기' 프랙티스와 더불어 XP 팀에 도움이 되는 귀중한 도구입니다.

핵심정리

- **XP**는 팀의 결속력, 의사소통, 코드의 품질, 프로그래밍에 집중된 애자일 방법론입니다.
- XP는 팀이 일하는 방식과 올바른 마음가짐을 갖는 데 도움이 되는 **가치**를 개선하는 **프랙티스**를 갖고 있습니다.
- XP 팀은 요구사항을 추적하기 위해 **스토리**를 사용합니다. 팀은 스크럼과 동일한 방식으로 작업합니다.
- **분기별 주기** 프랙티스는 팀이 큰 그림에 대해 이야기하고, 해당 분기에 대한 **테마**(또는 전체적인 목표)를 정하고, 해당 분기의 백로그를 위한 스토리를 선정함으로써 장기적인 업무를 계획하는 데 도움이 됩니다.
- **주간 주기** 프랙티스는 팀이 동작하는 소프트웨어를 시연하고, 해당 반복을 위한 스토리를 선정하고, 스토리를 태스크로 분할하는 계획 수립 회의로 시작되는 일주일 단위의 반복입니다.
- XP 팀은 팀의 일정이 뒤처지면 남겨둘 수 있는 '있으면 좋은' 선택적인 스토리를 포함해서 팀이 '완료'된 작동하는 소프트웨어를 배포하는 데 집중할 수 있도록 각 반복에 **슬랙**을 추가합니다.
- 어떤 팀은 XP의 계획 수립 프랙티스를 스크럼의 완전한 버전으로 대체함으로써 **스크럼/XP 통합**을 사용합니다.
- **팀 전체** 프랙티스는 모든 사람에게 팀에 대한 소속감을 주는 것입니다.
- XP 팀은 **확정되거나 규정된 역할을 갖고 있지 않습니다.** 팀의 개개인은 팀을 위해 자신들이 할 수 있는 일로 기여합니다.
- 모든 팀원은 같은 공간 안에 **함께 앉습니다.**
- **동굴과 공유지**는 개인이 프라이버시를 가질 수 있는 공간과 작업 공간의 중앙에 공유 공간이 있는 팀 공간 배치입니다.

XP 팀은 의사소통을 가치 있게 여깁니다

XP 팀에 속한 사람들은 함께 일합니다. 그들은 계획을 함께 세우고 무엇을 구축할지 파악하기 위해 협력하고 심지어는 코딩도 함께 합니다. XP 팀에 속해 있다면, 여러분은 문제에 봉착했을 때 팀원들과 의사소통해서 최고의 해법을 생각해낼 수 있다고 진정으로 믿습니다. 이것이 **의사소통**을 XP 가치 중의 하나로 꼽는 이유입니다. XP 팀이 의사소통하는 방법을 개선하는 한 가지 방법은 **정보를 공유하는 작업 공간**(informative workspace)을 갖는 것입니다. 팀이 작업 공간을 구성해서, 함께 하는 사람들로부터 지속적으로 정보를 교류하는 일을 효율적으로 만들기 위함입니다.

의사소통

XP 팀의 정보를 공유하는 작업 공간 프랙티스에 도움이 될 두 가지 유용한 도구가 더 있습니다.

XP 팀은 정보 라디에이터(information radiator)를 추가해 팀 공간을 정보를 공유하는 공간으로 만듭니다. 이것은 사람들이 작업 공간에서 모두 볼 수 있게, 벽에 붙여놓은 시각적인 도구(커다란 태스크 보드나 번다운 차트)입니다. 이들은 작업 공간에서 가장 잘 보이는 곳에 붙여놓기 때문에 정보를 '발산'합니다.

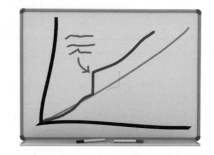

XP 팀은 삼투적 의사소통(osmotic communication)을 활용합니다. 삼투적 의사소통은 여러분이 프로젝트에 관해 이야기하는 사람들 근처에 앉아 있기 때문에, 프로젝트에 관한 정보를 흡수하게 됩니다. 그것은 마치 삼투압의 작용 원리와 같습니다.

많은 사람들은 헤드폰을 쓰고서 세상을 다 차단하고 있을 때 코딩을 제일 잘합니다. 사실 그래도 괜찮죠. 주변에서 일어나는 일을 항상 모두 흡수할 필요는 없으니까요.

테이블에 있는 데이터를 캐시에 저장하는 객체를 만들어서 일정 서비스를 좀 변경했어.

라이언은 애나가 하는 대화 중 유용한 내용을 우연히 듣게 됐고, 그로 인해 좋은 아이디어가 떠올랐습니다. 그는 벽에 붙어 있는 이번 주의 번다운 차트를 보고 그것을 다음 반복으로 넘겨도 괜찮다는 것을 깨달았습니다. 팀의 정보를 공유하는 작업 환경이 프로젝트를 개선했습니다.

나도 비슷한 문제가 있는데. 애나의 객체를 내 코드에 재사용하면 될 것 같네.

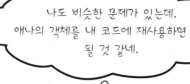

음. 일정이 조금 뒤처지는 것 같은데. 다음 주간 주기까지 기다려야 할까 봐.

잘 모르겠네. 코드를 마구 만들어내려면 프로그래머들은 어둡고 조용한 방에서 방해받지 않아야 하는 게 아닌가?

팀 프로그래밍은 사회적 활동입니다. 독립된 활동이 아닙니다.

프로그래머들은 방해받는 것을 싫어합니다. 거기에는 그만한 이유가 있죠. 여러분이 코딩을 잘하고 있을 때 여러분은 '존(Zone)'이라는 상태가 됩니다. 존은 일이 그냥 물 흐르듯, 높은 집중력을 발휘하는 상태입니다. 사실 많은 사람들이 이런 상태를 **'몰입(flow)'**이라고 부릅니다. 그것은 운동선수가 '존' 상태에 있는 것과 거의 흡사합니다(그 상태에서 운동선수는 야구공이 수박만하게 느껴지고, 농구 골대가 10피트 넓게 느껴집니다). 이 효과는 실제로 연구도 됐고, 이런 연구에 따르면 프로그래머가 몰입 상태에 도달하는 데 약 15분에서 45분이 걸릴 수 있다고 합니다. 전화나 짜증나는 이메일 같은 방해 요소는 몰입을 완전히 깨뜨릴 수 있습니다. 여러분이 한 시간에 두 통의 전화를 받으면, 하루 종일 책상 앞에 앉아 있어도 아무것도 못할 수 있습니다.

그렇다면 잠깐만요. 최고의 몰입에 도달하려면, 팀이 완전한 침묵이 있는 환경에서 일해야 하나요? 아니오. 완전히 반대입니다! 완전히 조용한 곳에서는 집중하기가 힘듭니다. 왜냐하면 누군가 기침을 하거나 종이를 바스락거리면 그 소리가 마치 화물열차가 지나가는 것 같이 느껴지기 때문입니다. 여러분의 주변에서 작은 활동들이 항상 일어난다면 그걸 차단하기가 훨씬 쉽습니다(그리고 결국 운동선수들은 소리를 질러대는 팬들 앞에서도 집중할 수 있으니까요!).

조심하세요

'코드 원숭이(code monkey)' 함정에 빠지지 마세요. 프로그래밍은 창의적이고 지적인 일이지 기계적인 타이핑이 아닙니다.

여러분이 코드를 작성하느라 많은 시간을 보내지 않았다면, 여러분은 어쩌면 프로그래밍을 '머리만 숙이면 가능한' 활동이라고 생각할 수도 있습니다. 프로그래머를 어두운 방의 컴퓨터 앞에 몇 시간을 앉혀두고 전혀 간섭하지 않으면 수많은 코드를 뿜어내기 시작할 거라고 생각하는 것이죠. 하지만 그 방식은 대부분의 전문적 소프트웨어 팀이 일하는 방식이 아닙니다. 사람들이 팀으로 함께 일하면 혼자 일할 때보다 훨씬 많은 것을 이룹니다(소프트웨어 팀뿐 아니라 다른 여러 종류의 팀도 마찬가지입니다).

팀은 편안하고 충분히 휴식을 취한 상태에서 최고로 일을 잘합니다

소프트웨어 팀은 항상 혁신적이어야 합니다. 매일 해결해야 할 새로운 문제가 나타나기 때문이죠. 프로그래밍은 정말로 독특한 일입니다. 왜냐하면 새로운 제품을 설계하고 새로운 아이디어를 구현하고 사람들의 니즈를 이해하며 복잡한 논리 문제를 풀고 만든 것을 테스트하는 일들의 조합이니까요. 이런 작업을 하려면 편안한 마음이어야 합니다. XP의 **활기찬 작업**(energized work) 프랙티스는 모든 팀원이 하루 종일 정신을 또렷하고 집중된 상태로 유지하게 해줍니다. 작업에 활기를 불어넣는 방법에 관한 몇 가지 생각들이 아래에 있습니다.

작업 시간을 여유 있게 가져가세요

정신 없고 비현실적인 완료 일정은 팀의 생산성을 떨어뜨릴 뿐 아니라 사기를 저하하고 일의 즐거움을 파괴하는 가장 쉬운 방법입니다. 그래서 XP 팀은 반복적인 개발을 합니다. 팀이 이번 주간 주기의 모든 작업을 '완료'할 수 없을 것이라는 것을 알면, 그들은 늦게까지 일하면서 모든 것을 다 끼워넣으려 하는 대신 하지 못한 일을 다음 반복에 넣습니다.

방해되는 것들을 제거하세요

모든 팀원이 하루에 두 시간씩 이메일 알림을 끄고 사무실 전화를 무음으로 돌려놓는다면 어떻게 될까요? 이렇게 하려고 노력한 팀들은 얼마의 시간이 흘렀는지 거의 인지하지 못하는 깊은 집중 상태인 몰입이 더 쉽게 된다는 것을 알게 됐습니다.

모든 사람들이 서로를 방해하지 않도록 하세요. 왜냐하면 어깨를 한 번 두드리는 것만으로도 집중이 바로 깨져버리니까요.

실수를 용납하세요

실수해도 괜찮습니다! 소프트웨어 개발은 계속 혁신하는 것을 말합니다. 새로운 피처를 개발하고 새로운 아이디어를 생각해내고 코드를 작성하죠. 그리고 실패는 혁신의 토대입니다. 모든 팀들은 가끔은 잘못된 길을 갑니다. 실수를 여러분이 작성하고 있는 코드에 대해 중요한 교훈을 얻을 수 있는 경험이나 기회라고 간주하면 팀은 훨씬 더 생산적이 됩니다.

지속 가능한 속도로 일하세요

가끔 이틀 동안 오랜 시간을 바쁘게 일한다면 그다지 해가 되지 않지만, 어떤 팀도 평생 그렇게 일할 수는 없습니다. 그런 바쁜 시간을 주기적으로 갖는 팀은 자신들이 품질이 낮은 코드를 생성하고, 평상시보다 훨씬 더 적은 코드를 작성한다는 것을 깨닫습니다. 지속 가능한 속도라는 것은 늦게까지 일하거나 주말에 일하지도 않고 주당 40시간 일하는 것을 말하며, 실질적으로 팀에게서 가장 높은 생산성을 이끌어내는 가장 좋은 방법입니다.

3장의 이 원칙을 기억하시나요? 일과 생활의 훌륭한 균형은 애자일 마음가짐의 일부입니다. 팀을 운영하는 가장 생산적인 방법이기 때문입니다.

이것이 바로 지속 가능한 개발에 관해 애자일 원칙이 의미하는 바입니다.

> 애자일 프로세스들은 지속 가능한 개발을 장려한다. 스폰서, 개발자, 사용자는 일정한 진척도(속도)를 계속 유지할 수 있어야 한다.

XP 프랙티스와 가치들이 '제가 누굴까요?'라는 파티 게임을 하고 있습니다. 그들이 힌트를 주면, 여러분은 그들이 주는 힌트를 토대로 누구인지 추측합니다. 이름과 종류(이벤트인지, 역할인지 등)를 적습니다.

그리고 조심하세요. XP의 프랙티스나 가치가 아닌 몇 가지 도구가 나타나서 파티를 망칠 수가 있거든요!

제가 누굴까요?

	이름	종류
저는 XP 팀이 서로 지식을 공유할 때 문제 해결을 가장 잘할 수 있는 마음가짐을 갖게 해줍니다.	______	______
저는 제 주변에서 일어나는 대화를 통해 프로젝트에 관한 정보를 받아들이는 좋은 방법입니다.	______	______
저는 여러분이 사용자의 니즈를 이해하게 도와주며, 수많은 스크럼 팀들도 저를 사용합니다.	______	______
저는 프로젝트에 관한 정보를 제대로 의사소통하는 팀 공간입니다.	______	______
저는 XP 팀이 백로그 작업을 하기 위해 분기별로 사용자들과 만나 장기 계획 수립을 하는 방법입니다.	______	______
저는 팀이 지속 가능한 속도로 일하는 데 도움을 줍니다. 왜냐하면 엄청나게 긴 시간을 일하는 팀은 작성하는 코드 품질이 떨어지고, 양도 적기 때문입니다.	______	______
저는 사람들이 서로를 제대로 대하고 서로의 기여를 존중하는 마음가짐을 갖게 해줍니다.	______	______
저는 XP 팀원들이 불편하더라도 프로젝트에 대해 진실을 말하는 이유입니다.	______	______
저는 XP 팀이 반복적인 개발을 하는 방법이며, 팀은 저를 사용해 '완료'된 작동하는 소프트웨어의 다음 증분을 배포합니다.	______	______
저는 모든 사람들이 팀 공간에서 저를 볼 수밖에 없는 자리에 있는 커다란 번다운 차트나 태스크 보드입니다.	______	______
저는 모든 사람들이 팀원들과 가깝게 앉아 있는 공간을 갖게 합니다.	______	______
저는 선택적인 스토리나 태스크를 추가해서 각 반복에서 팀이 숨쉴 공간을 만들어줍니다.	______	______

→ 답은 242쪽에

바보 같은 질문은 없다

Q: 저는 '활기'차고, '지속 가능'하다는 걸 믿지 않습니다. 프로그래머가 늦게까지 일하지 않으려고 만든 변명 아닌가요?

A: 전혀 아닙니다! 현대 직장에서 우연의 일치로 40시간의 근무시간이 나온 게 아닙니다. 그동안 수많은 산업에 걸쳐 수년 간 이어진 연구를 보면, 팀은 짧은 기간에 오랜 시간을 일해도 생산성이나 품질이 뚝 떨어지지 않습니다. 만약 3주간 내내 연이어 주당 70시간씩 일을 해본다면, 여러분은 왜 여러분의 두뇌가 피곤해하고, 훌륭한 소프트웨어를 개발하는 데 필요한 지적인 업무를 할 상태가 안 되는지 정확히 알 수 있습니다. 그래서 XP 팀원들은 일과 생활의 균형을 정말로 진지하게 받아들입니다. 사람들은 매일 적당한 시간에 집에 가고, 직장 밖에도 삶과 가정이 있습니다.

Q: 아니요, 그래도 저는 안 믿기는데요. 프로그래밍은 주로 그냥 타이핑 아닌가요?

A: 프로그래머가 키보드 앞에서 하루 종일 일하기도 하지만 코드를 생성하는 것은 타이핑 그 이상입니다. 프로그래머는 하루에 열 줄에서 수백 줄 사이의 코드를 작성할 수 있습니다. 하지만 그 프로그래머에게 몇 백 줄의 코드가 있는 종이를 한 장 전달해준다면, 컴퓨터로 타이핑하는 데는 10분에서 15분 밖에 걸리지 않습니다. 프로그래밍 '작업'은 타이핑이 아니라, 코드가 실제로 무엇을 해야 하는지를 파악하고, 정확히 효율적으로 작동하게 만드는 것입니다.

Q: 삼투적 의사소통이 사람들의 작업을 방해하진 않나요? 시끄러운 환경에서 일하는 것이 힘들지 않을까요?

A: 삼투적 의사소통은 팀원들이 어느 정도의 소음에 익숙해 있을 때 가장 효과적입니다. 우리의 귀는 누군가 중요하고 관련 있는 무언가에 대해 이야기할 때 귀를 쫑긋 세우게 됩니다. 예를 들어 붐비는 방 안에서 당신의 이름을 듣는 것과 같습니다. 그래서 여러분이 익숙해지면 일상 대화를 차단하는 것이 어렵지 않습니다. 하지만 모든 사람들이 소근거리거나 전혀 이야기를 하지 않는 굉장히 조용한 사무실 환경에서는 그다지 효과가 없습니다.

Q: 저는 아직도 XP에서 계획 수립이 어떻게 되는지 확실하지 않네요. 팀이 언제 만나죠? 스토리 추정은 어떻게 하죠?

A: 팀은 분기별 주기 초반에 일어나는 분기별 계획 수립 회의와 주간 주기의 시작 시점인 주간 계획 수립 회의 때 스토리를 추정합니다. 또한 작업을 하면서 스토리를 발견할 수도 있기 때문에, 그때는 다시 만나 함께 그 스토리를 추정합니다. 스토리를 추정하는 방법에 관해서는, XP 팀이 계획 수립 포커를 사용하는 것이 꽤 일반적이지만 그냥 스토리에 대해 이야기하고, 타당한 추정을 생각해내기도 합니다.

Q: 팀은 사용자에게 소프트웨어를 언제 시연합니까?

A: 주간 주기의 처음이나 마지막 회의입니다. 그때는 사용자가 소프트웨어를 보고 팀이 다음에 어떤 작업을 할지 논의합니다. 팀과 사용자의 관계는 소프트웨어를 인수하는 고객 대표나 스크럼의 제품 책임자라는 특정 역할을 가진 공식적인 관계는 아닙니다. XP에는 규정된 역할이 없지만 XP 팀은 실제 고객이 참여하는 것을 이상적이라고 생각합니다. 정말로 효과적인 XP 팀은 사용자를 진정한 팀의 일원으로 간주하며, '팀 전체' 프랙티스가 무엇을 구축해야 하는지 이해하는 데 도움을 준다고 생각합니다.

Q: 그러면 잠깐만요, XP는 정말로 규정된 역할이 없나요?

A: 네, 없습니다. XP의 기본 아이디어 중 하나는, 할 일이 있다면 누군가 나서서 하는 것입니다. 모든 팀원이 그들만의 특별한 것을 가져오고, 프로젝트에서 각자의 역할은 해야 할 일과 그들의 전문성에 따라 달라집니다.

Q: 저는 어느 프로그래머가 오래된 시스템의 버그 수정과 같은 '유지보수' 작업을 할당받아 불평하는 것을 들었습니다. 그게 정말 창의적이고 혁신적인 건가요?

A: 사실 유지보수 업무는 소프트웨어 팀이 할 수 있는 가장 지능적이고 어려운 작업 중의 하나일 수 있습니다. 실제로 '유지보수'가 무엇을 의미하는지 생각해보세요. 다른 사람이 만든 코드에 있는 버그를 수정하고 개선하는 일입니다. 그 말은, 기계를 예를 들면 아주 복잡할 수도 있는 기계가 어떻게 작동하는지 파악해야 하고(종종 문서도 없고 물어보거나 도움을 요청할 사람도 없는 상황에서), 어디가 망가졌는지 추적하고, 어떻게 수정할지 알아내는 거죠. 프로그래머들이 유지보수 업무를 할 때 많이 투덜대기 때문에, 그런 일이 '툴툴' 작업이라는 평판이 나 있죠. 그 일은 멋지고 새로운 피처를 만들어내는 것과 달리, 지능적으로 매우 힘들고, 상사나 동료들에게 칭찬이나 보상을 받는 경우도 드뭅니다.

XP 팀에 속한 사람들은 일과 삶의 균형을 정말로 중요하게 받아들입니다. 그들은 매일 적당한 시간에 집에 가기 때문에, 지속 가능한 일상을 유지할 수 있습니다.

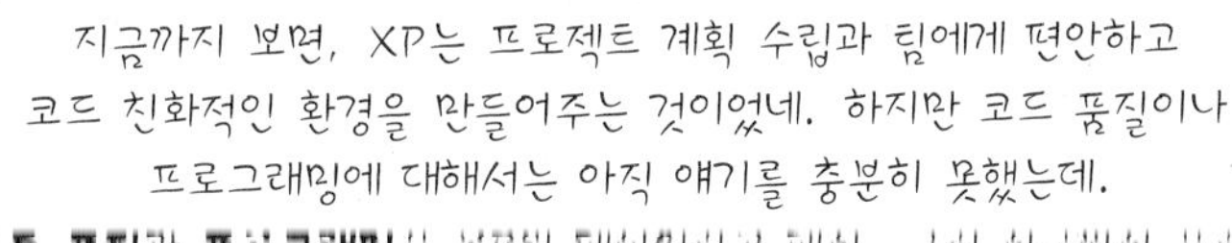
지금까지 보면, XP는 프로젝트 계획 수립과 팀에게 편안하고
코드 친화적인 환경을 만들어주는 것이었네. 하지만 코드 품질이나
프로그래밍에 대해서는 아직 얘기를 충분히 못했는데.
심지어 **코드 품질**과 **프로그래밍**은 XP의 핵심이라고 했지. 그럼 지금까지 우리가 배운
것은 모두 프로그래밍과 연관이 있는 것들이겠지, 그렇겠지?

네! XP 팀은 스스로에게 훌륭한 코드를 작성할 여유를 줍니다.

지금까지 우리가 얘기해왔던 모든 것은 팀의 추진력을 저해하는 요소들을 제거하는 것과 관련이 있습니다. 반복, 슬랙, 스토리는 팀이 올바른 소프트웨어를 만드는 데 도움이 되고, 불필요한 일정상의 압박감으로부터 보호해줍니다. 활기찬 작업 공간, 서로 돕는 팀, 정보를 공유하는 팀 공간은 작업을 완료할 최고의 가능성이 있는 환경을 제공합니다. XP가 이런 것에 집중하는 것은 우연이 아닙니다. 이들은 모두 팀 문제의 가장 주된 원인에 초점을 맞추고 있으며, 그 문제를 제거함으로써 팀에게 혁신을 위한 비옥한 땅을 제공합니다.

이제 무대가 만들어졌으니, 모든 준비가 됐습니다. 이제 코드를 파헤쳐볼 시간이 되었습니다.

핵심정리

- XP 가치 중 하나인 **의사소통**은 소프트웨어 프로젝트에서 가장 중요한 것입니다.
- **정보를 공유하는 작업 공간** 프랙티스는 누구라도 팀 공간으로 들어서서 둘러보기만 해도 프로젝트가 어떻게 진행되는지 감을 얻을 수 있다는 것을 의미합니다.
- 사람들이 다 함께 앉아 유용한 대화를 우연히 듣게 될 때, **삼투적 의사소통**을 통해 정보를 흡수합니다.
- **활기찬 작업** 프랙티스는 팀이 편안하게 지내는 방법이며, 작업을 위해 최상의 정신적 상태에 있다는 것을 말합니다.
- **정보 라디에이터**는 커다란 태스크 보드나 번다운 차트와 같은 시각적인 도구로, 모두가 볼 수 있는 장소에 있어서 정보를 '발산'합니다.
- XP 팀은 지치지 않도록 **지속 가능한 속도**로 작업을 합니다. 이것은 주로 정기적인 근무시간을 의미합니다.
- 활기찬 팀은 일할 시간이 충분히 있고 **실수를 할 자유**가 있습니다.
- 간섭은 개발자의 집중력을 깨뜨리고 개발자가 '존(zone)' 상태인 **몰입**(flow) 상태에서 빠져나오게 만듭니다.

질문 클리닉: '어느 것이 아닌지' 질문

여러분은 가치, 프랙티스, 도구 또는 개념이 열거되어 있고 그중 어떤 것이 그룹의 일부가 아닌지를 묻는 질문을 보게 될 것입니다. 보통 보기를 하나씩 읽어보고 그룹에 속하지 않는 것을 제거함으로써 그중 어떤 것이 맞는지 파악할 수 있습니다.

XP와 스크럼은 모두 반복적입니다. XP는 주간 주기를, 스크럼은 스프린트를 사용합니다. 그래서 이것은 올바른 답이 아닙니다.

스크럼과 XP 팀 모두에서 스토리를 찾아볼 수 있기 때문에 이 답도 올바른 답이 아닙니다.

97. 다음 중 XP와 스크럼이 공유하지 않는 것은?

A. 시간이 정해진 반복

B. 스토리

C. 존중과 용기

D. 슬랙

존중과 용기는 스크럼과 XP 팀 모두 공유하는 가치입니다. 공유하는 것에는 프랙티스와 도구뿐 아니라 가치도 포함됩니다.

D가 확실히 맞는 답입니다. 슬랙은 XP와 스크럼 모두가 공유하는 개념이 아닙니다. XP 팀은 다른 스토리가 예상보다 오래 걸리면 건너뛸 수 있도록 주간 주기에 추가 스토리를 포함하는 슬랙을 사용합니다. 스크럼 팀은 훨씬 더 프로젝트 관리에 초점을 두므로 더 상세한 계획 수립 프랙티스와 도구를 가지고 있습니다.

"다음 중 ~를 제외하고 모두" (어떤 것이 아니냐는 질문을 묻는, 또 다른 방법입니다)라고 묻는 질문을 조심하세요.

시간을 갖고 생각해보세요. 그것들 모두, 하나만 빼고 공통점을 갖고 있습니다. 여러분이 그룹의 특성을 이해한다면 문제가 없을 겁니다.

어느 것이 아닌지 질문에 답할 때는 시간을 가지세요.

헤드 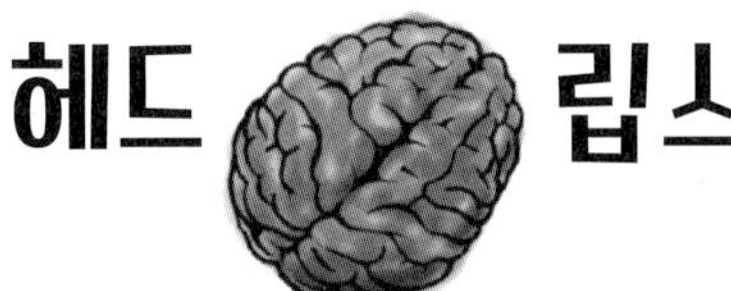 립스

'어느 것이 아닌지' 질문을 만들어보기 위해 빈 칸을 채우세요.

다음 중 어느 것이 ______________________ 이 아닌가요?
(가치, 프랙티스, 도구, 또는 개념)

A. ______________________
(그룹에 속하는 가치, 프랙티스, 도구, 개념)

B. ______________________
(올바른 답)

C. ______________________
(그룹에 속하는 가치, 프랙티스, 도구, 개념)

D. ______________________
(그룹에 속하는 가치, 프랙티스, 도구, 개념)

신사, 숙녀 여러분,
5장으로 돌아가십시오!

File Edit Window Help XP

경고: 이 장의 나머지 부분은 코드에 관한 것입니다.

XP의 P는 프로그래밍을 의미하는데, 여기에는 그만한 이유가 있습니다. 여러분이 지금까지 본 XP 프랙티스는 창조적이거나 지적인 작업을 하는 모든 팀에게 적용되지만, 이 장의 나머지 부분에 있는 프랙티스는 특히 코딩에 초점을 맞추고 있습니다.

물론 프로그래머가 아니더라도, 이 장을 읽어볼 가치는 있습니다! 하지만 그중 일부는 여러분이 봐온 것보다 더 코드 중심적인 내용도 있을 것입니다. 여러분이 소프트웨어를 개발하는 팀과 함께 일할 계획이라면 이와 같은 내용과 친숙해지는 것은 여러분과 팀 모두에게 정말로 가치 있는 일입니다. 팀원의 시각을 더 잘 이해하면, 여러분은 팀원과 함께 애자일 마음가짐에 좀 더 다가갈 수 있습니다.

여러분에게 프로그래밍 배경이 없다면, 코드가 포함된 부분들을 건너뛰어도 괜찮습니다. 다만 글은 모두 읽고, 굵게 표시한 글에는 특히 관심을 집중하기 바랍니다. 여러분이 연습 문제를 풀고 이 장의 마지막에 있는 크로스워드와 실전 문제로 여러분의 지식을 테스트하는 것은, XP의 가장 중요한 부분을 여러분의 두뇌로 입력하는 가장 효과적인 방법입니다.

그리고 만약 이 책을 PMI-ACP 시험 대비로 사용한다면, 걱정하지 마세요. PMI-ACP 시험은 프로그래밍 지식을 요구하지 않습니다.

이 지속 가능한 속도란 것에 의심이 많았던 걸 인정할게.
근데 이젠 확신이 섰어. 더 이상 밤이나 주말에 일을 하지 않는데도 **일을 훨씬 많이 해!**
내 머리가 복잡하지 않아서 코딩이 훨씬 빨리 돼.

나중에 팀의 회의 공간에서...

어! 이런 변화가 머리를 아프게 하지.
그리고 **피할 수 있는 거**였잖아.

애나: 불평 그만 해, 라이언.

라이언: 이봐, 나한테 그러지마. 너한테도 영향을 미친다고.

애나: 좋아. 듣고 있어. 뭐가 문제야?

라이언: 안 좋아할 걸. 모바일 앱에 개인 트레이너 스케줄에 변경할 게 있어.

애나: 고객들이 개인 트레이닝 세션에 관해 알림을 받고 있던데, 뭐가 문제야?

라이언: 문제는, 사람들이 그 알림을 받고 싶어 하지 않는다는 것이 문제야. 그들도 휴대폰 앱으로 트레이닝 일정을 잡고 싶어해.

애나: 이런, 이런, 이런. 우리가 만든 걸로는 안 될 텐데.

라이언: 코치님께 말씀드려봐. 고객에게 그걸 약속하셨어.

게리: 혹시 누가 내 얘기하나?

애나: 코치님이 고객에게 앱으로 트레이닝 일정을 잡게 해주겠다고 하셨어요?

게리: 제군들, 뭐가 문제지? 그거 추가하는 게 뭐가 그리 어렵겠어?

애나: 데이터를 시스템에 넣는 방식을 완전히 새로 설계해야 한다고요.

라이언: 좌절감 드는 게 뭔지 아세요? 코치님이 이런 일이 생길 거라고 몇 달 전에 말씀하셨더라면, 지난 버전을 완전히 다른 방식으로 만들었을 거예요.

애나: 이제는 데이터베이스 코드를 완전히 없애고 새로운 서비스로 대체해야 해요.

게리: 자네들이 할 수 있다는 걸 알아.

라이언: 물론 할 수는 있죠. 하지만 그렇게 많은 코드를 다시 작성하려면 엄청나게 복잡해져요.

애나: 재작업은 버그를 만든다는 말 모르세요? 이게 바로 딱 그 상황이에요.

라이언: 그리고 그 말은 밤샘 작업을 완전히 피할 수도 있었다는 뜻이죠. 짜증나요.

2장에서 우리는 재작업이 버그의 주된 원천이라고 배웠습니다. 그 말은 재작업이 항상 버그를 만든다는 걸 의미하지 않!

XP 팀은 변화를 포용합니다

여기에 소프트웨어 프로젝트에 관한 기본 정보가 있습니다. 프로젝트는 바뀝니다. 그것도 많이. 사용자들은 항상 변경사항을 요청하고, 보통 하나의 변경사항이 얼만큼의 작업을 필요로 하는지는 잘 모르죠. 나쁜 것은 아닐지라도 문제는 있습니다. 많은 팀들이 수정하기 어려운 코드를 만듭니다. 변경 때문에 정말 하기 어려운 코드 수정 작업이 필요하고, 결과적으로 코드가 엉망이 돼버립니다. 그러면 팀은 그런 변경사항을 싫어하고 밀어내죠. 팀이 변화에 저항하면, 프로젝트는 고전합니다. XP 가치와 프랙티스는 팀이 수정하기 쉬운 코드를 작성하게 함으로써 이 문제를 근본 원인에서부터 고칩니다. 코드가 수정하기 쉬워지면, 프로그래머는 변화에 저항할 필요가 없어집니다. 그래서 XP는 프로그래밍에 중점을 둔 프랙티스와 가치를 갖고 있습니다. 이런 프랙티스는 팀이 수정하기 쉬운 코드를 만들게 해주기 때문에, XP는 이들이 저항하기보다는 **변화를 포용**할 수 있는 마음가짐을 갖도록 도와줍니다.

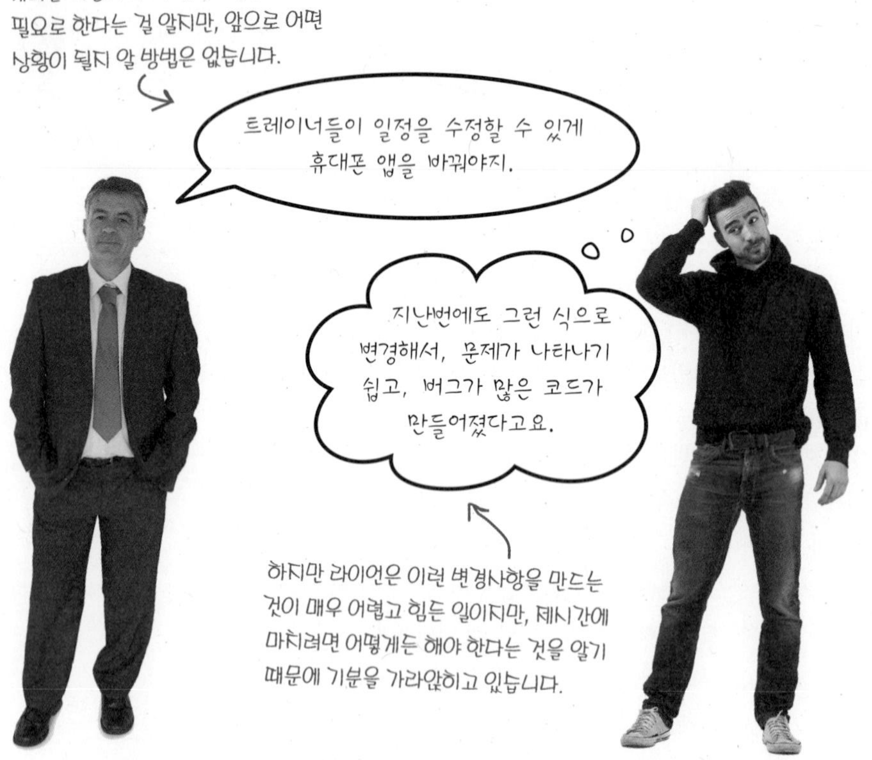

게리는 사용자가 이 변경사항을 정말로 필요로 한다는 걸 알지만, 앞으로 어떤 상황이 될지 알 방법은 없습니다.
트레이너들이 일정을 수정할 수 있게 휴대폰 앱을 바꿔야지.
지난번에도 그런 식으로 변경해서, 문제가 나타나기 쉽고, 버그가 많은 코드가 만들어졌다고요.
하지만 라이언은 이런 변경사항을 만드는 것이 매우 어렵고 힘든 일이지만, 제시간에 마치려면 어떻게든 해야 한다는 것을 알기 때문에 기분을 가라앉히고 있습니다.

소프트웨어 팀에 속한 사람들은 재작업이 버그를 만드는 나쁜 경험을 해봐서 변화에 저항하지만, 재작업을 항상 그렇게 어렵게 만들 필요는 없습니다. XP는 팀이 수정하기 쉬운 소프트웨어를 개발하는 데 도움이 되는 프랙티스와 가치를 통해 변화를 포용하게 해줍니다.

> 프로그래머가 스파게티 코드에 대해 불평하는 것을 들어본 적이 있나요? 코드의 구조가 그릇에 담긴 스파게티처럼 복잡하고 엉켜 있어서 그렇습니다. 기반 소스코드의 같은 부분을 계속해서 여러 번 변경해서 생긴 재작업의 결과가 스파게티 코드로 나타나는 경우가 종종 있습니다. 프로그래밍은 그렇게 어렵게 할 필요가 없습니다. XP 팀은 수정하기 쉬운 코드를 만드는 프랙티스와 가치를 갖고 있어서 팀은 코드를 엉망진창으로 만들지 않고도 재작업을 할 수 있습니다.

빈번한 피드백이 변화를 작게 유지해줍니다

프로그래머 그룹과 이야기해보면 이내 누군가는 사용자가 얼마나 자주 마음을 바꾸는지 불평을 늘어놓곤 합니다. "사용자들은 이걸 요청했다가, 우리가 그들이 원하는 대로 만들어놓으면 돌아서서는 자기네들이 완전히 다른 걸 원한다는 거예요. 처음부터 올바른 것을 만들면 얼마나 쉬울까요?"

하지만 프로그래머들에게 API를 얼마나 자주 설계하고 구축하는지 물어보면, 기능 몇 가지가 작업하기 쉽지 않아 곤란하다고 합니다. 처음부터 서로가 올바른 API를 만들려고 노력했다면 상황이 좀 더 쉬워지지 않았을까요? 당연히 그렇겠죠. 누군가 인터페이스를 실제로 사용하는 코드를 작성할 때가 되어서야 여러분이 설계하고 만든 인터페이스가 쓰기 쉬운지 정말로 알 수 있습니다.

API(애플리케이션 프로그래밍 인터페이스)는 다른 프로그래머가 API를 활용해서 코드를 작성할 수 있도록 소프트웨어로 개발한 일련의 기능을 말합니다.

프로그래머들은 처음부터 올바른 API를 만드는 것이 흔한 경우는 아니며, 그렇게 하려면 **피드백**을 초기에 자주 지속적으로 얻는 것이 중요하다고 생각합니다. XP 팀이 피드백을 가치 있게 여기는 것이 그 이유입니다.

피드백에는 여러 유형이 있습니다.

반복

여러분은 정말 좋은 피드백의 예를 이미 보았습니다. 6개월이 끝날 때 대규모 시연을 달랑 한 번 하는 6개월짜리 프로젝트를 계획하는 대신, 여러분의 팀은 업무를 작은 덩어리로 나눠서 작업하고 사용자로부터 지속적인 피드백을 얻을 수 있습니다. 사용자가 자신들이 필요한 것에 대해 더 많이 알게 되면, 여러분은 **계획을 지속적으로 수정**하며 가치 있는 소프트웨어를 개발할 수 있습니다.

코드 통합

여러분의 컴퓨터에 있는 코드 파일이 다른 팀원들이 갖고 있는 것과 달리 오래된 것이라면 어려운 문제가 만들어질 수도 있습니다. 반면에 새로운 코드를 팀원들의 코드와 자주 **통합**(integrate)하면 초기에 동료로부터 피드백을 얻을 수 있으며, 자주 통합하면 할수록 문제를 더 일찍 알 수 있어 해결하기가 훨씬 더 쉬워집니다.

팀원 리뷰

오픈소스 팀에게 오래된 속담이 있습니다. "충분히 많은 사람에게 보여주면, 버그는 큰 문제가 아니다." 여러분의 팀도 마찬가지입니다. **팀원들에게서 피드백**을 얻으면 여러분의 코드 문제를 해결하는 데 도움이 됩니다. 그리고 여러분이 무엇을 만드는지 팀원들도 알게 되며, 자주 에 그들도 그 작업을 할 수 있게 됩니다.

이는 리눅스를 만든 사람 이름을 따서, 리누스의 법칙(Linus's Law)이라고 부릅니다.

유닛 테스트

정말로 효과적으로 피드백을 얻는 한 가지 방법은 **유닛 테스트**(unit test)를 만들거나 여러분이 만든 코드가 작동하는지 확인할 자동화된 테스트를 만드는 것입니다. 유닛 테스트는 주로 나머지 코드와 함께 파일 안에 저장됩니다. 여러분이 코드를 변경해서 테스트가 깨지면 그것이 바로 여러분이 얻을 수 있는 가장 가치 있는 피드백이 됩니다.

나쁜 경험을 겪으면 자연히 변화를 두려워하게 됩니다

프로그래머가 짜증나는 문제로 인해 일을 도중에 멈춰야 하는 경우는 가장 좌절감을 느끼게 하는 경우입니다. 대부분의 개발자들은 라이언과 애나가 부딪힌 이런 종류의 매우 실망스러운 문제에 흔히 직면합니다.

서킷트랙 코드는 버전 컨트롤 시스템 안에 저장되어 있습니다. 그것은 팀원 각자가 만든 변경을 겹치지 않게 하면서 같은 대상의 파일들에 대해 작업할 수 있게 해주는 소프트웨어 도구입니다. 그 도구는 모든 코드 변경을 추적해서 누가 어떤 변경을 만들었는지, 그리고 그 전과 후의 코드가 어떻게 달라졌는지를 볼 수 있습니다.
안 돼! 누가 3주 동안의 변경을 한 번에 다 커밋해버려서, 내가 코드를 저장하려고 할 때마다 충돌이 수십 개씩 생기고 있어.
이 문제를 다 해결하려면 몇 시간은 걸리겠는데... 완전 악몽이야!
여러분이 만든 최신의 코드 변경을 버전 컨트롤 시스템에 추가하는 것을 커밋(commit)이라고 합니다.
애나는 수많은 파일에 영향을 주는 변경사항에 대한 작업을 해왔습니다. 그런데 한 팀원이 지난 몇 주간에 걸쳐 수많은 파일들을 수정해오면서 방금 그 변경사항을 한꺼번에 적용했습니다. 좋은 소식은, 그 팀원이 자신의 코드를 변경하려고 했을 때 버전 컨트롤 시스템이 충돌을 감지해서 그의 변경을 거부한 것입니다. 나쁜 소식은, 이제 애나는 팀원이 만든 변경사항과 자신이 만든 변경사항을 모두 힘들여서 하나씩 맞춰봐야 한다는 암울한 상황입니다.
버그를 수정하기 시작했는데 그것을 작동시키려면 코드의 이 두 가지 부분을 수정해야 하네.
이 일은 엄청난 작업이 필요해서, 애나는 변경사항을 모두 통합하기 보다는 차라리 처음부터 완전히 모든 것을 다시 작성할까 고려하는 중입니다.
그리고 변경사항 중 하나가 이쪽에도 영향을 미쳐서 여기에 두 가지 변경사항을 더 적용해야겠어.
라이언은 코드를 아주 조금만 변경했는데, 어찌된 일인지 그 소프트웨어의 많은 다른 부분이 망가졌습니다. 연달아 계속 수정하다 보니 그는 처음에 무엇을 하려고 했는지조차 잊어버렸습니다. 이런 것은 프로그래머들에게는 매우 흔한 느낌이고 이런 현상에는 따로 이름도 있습니다. 나쁜 코드에 대한 패턴 이름으로 '산탄총 수술(shotgun surgery)'이라고 부릅니다.
아... 너무 바꿀 게 많아서 머리가 아파!

버전 컨트롤 시스템의 작동 방법

무대 뒤

애나, 라이언, 다른 팀원들은 서킷트랙에서 몇 년 동안 함께 일해왔으며, 지금 프로젝트에는 소스코드, 빌드 스크립트, 데이터베이스 스크립트, 그래픽, 다른 파일까지 포함해서 모두 수천 개의 파일이 있습니다. 이들이 각자의 작업 파일들을 저장하기 위해 네트워크상의 공유 폴더를 사용한다면, 상황은 순식간에 엉망이 됩니다.

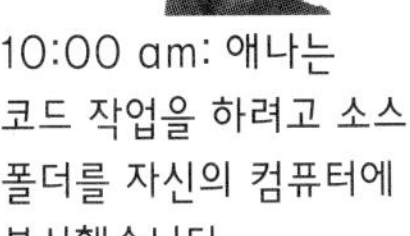

10:00 am: 애나는 코드 작업을 하려고 소스 폴더를 자신의 컴퓨터에 복사했습니다.

11:30 am: 라이언도 코드 작업을 하려고 소스코드를 자신의 컴퓨터에 복사했습니다.

1:00 pm: 애나는 업데이트된 TraninerContact.java를 공유 폴더에 다시 복사해 넣었습니다.

3:00 pm: 라이언은 업데이트된 TraninerContact.java를 공유 폴더에 다시 복사해 넣었습니다.

이런! 라이언이 변경사항을 저장했을 때, 애나의 변경사항을 덮어 씌워버렸습니다. 그 일로 나중에 버그가 생기게 됩니다!

그래서 팀은 버전 컨트롤 시스템을 사용합니다. 그 시스템은 각 파일의 최신 버전만이 아니라 변경사항의 전체 이력을 포함한 **저장소**를 제공합니다. 그것은 심지어 같은 파일에 한 번에 여러 명이 작업을 할 수 있게도 해줍니다.

10:00 am: 애나는 저장소에서 소스를 꺼내 자신의 작업 폴더에 넣었습니다.

11:30 am: 라이언은 그 소스를 꺼내서 최신 변경사항으로 업데이트했습니다.

1:00 pm: 애나는 저장소에 TrainerContact.java의 변경사항을 저장했습니다.

3:00 pm: 라이언은 TrainerContact.java의 다른 부분을 변경했습니다.

라이언과 애나는 파일의 다른 부분을 변경해서 버전 컨트롤 시스템이 그 변경사항들을 자동으로 통합할 수 있었습니다.

두 사람이 동일한 파일에 충돌하는 변경사항을 만들면 일이 좀 어려워집니다(그래도 여전히 관리할 수 있는 수준입니다).

10:00 am: 애나와 라이언은 모두 최신 소스로 개선시킨 작업 폴더를 가지고 있습니다.

1:00 pm: 애나는 TrainerContact.java를 변경하고 다시 저장소에 변경사항을 저장했습니다.

2:30 pm: 라이언은 변경사항을 적용하려 했지만 버전 컨트롤 시스템에 의해 거부당했습니다.

이 경우 충돌이 몇 개만 존재해서 라이언은 그 문제를 깨끗하게 해결한 후 개선된 코드를 반영했습니다. 하지만 충돌이 매우 많을 때는 통합이 정말 힘듭니다.

라이언이 변경사항을 적용하려고 할 때 시스템은 애나가 이미 동일한 파일의 동일한 부분에 다른 변경을 적용했다는 것을 발견해서 라이언의 변경사항을 거부했고, 양쪽의 변경사항을 보여주기 위해 그의 작업 파일을 개선했습니다. 라이언은 더 많은 코드 작업을 하기 전에 충돌을 해결해야만 했습니다.

XP 프랙티스는 코드에 관한 피드백을 줍니다

수많은 애자일 프랙티스는 팀이 초기에 빈번하게 피드백을 하도록 만들어졌습니다. 예를 들면 팀이 개발을 계획한 후 작업 중에 있는 제품에 대해 피드백을 주는 반복에 초점을 맞추고 있습니다. 각 반복 주기에서 팀과 사용자는 더 많은 정보를 습득하고, 그 정보를 이용해 다음 반복을 계획하는 법을 개선합니다. 이런 것이 **피드백 순환고리**(feedback loop)입니다. 팀은 몇 번의 피드백을 통해 배움을 얻었습니다. 이런 배움을 기반으로 스스로 조정하고 개선하면서, 이후에는 새로운 형태의 배움을 얻을 수 있게 됩니다. **다음 네 개의 XP 프랙티스**는 팀에게 설계하는 방법과 코드를 만드는 방법에 대해 정말 좋은 피드백을 주기 때문에 특히나 좋은 수단이라고 할 수 있습니다.

XP 프랙티스
페어 프로그래밍
두 명의 팀원이 하나의 컴퓨터 앞에 함께 앉아 논의하고 설계하고 브레인스토밍하고 코드 작성도 하며 함께 일합니다.

→ **팀원은 서로에게 자신들이 개발하고 있는 코드에 관해 피드백을 줍니다. 자주 짝을 바꿔서 모든 사람들이 어떻게 전체 코드가 변해가는지를 제대로 이해하도록 합니다.**

XP 프랙티스
10분 빌드
팀은 코드를 컴파일하고 자동화된 테스트를 실행하고 배포 가능한 패키지를 만드는 자동화된 빌드를 유지합니다. 팀은 그 빌드가 10분 안에 작동되도록 유지합니다.

→ **여러분은 코드를 작성하고 그 코드를 망가뜨리는 것이 무엇인지 보면 코드에 대해서 많은 것을 배웁니다. 빌드가 신속하게 작동하면, 모든 팀원은 필요할 때 자주 실행하기를 편하게 생각하게 됩니다.**

엔진 점검: 빌드 자동화

여러분이 이런 경험이 없을 수도 있기 때문에, 자동화된 빌드가 어떻게 작동하는지에 대해 간략한 개요를 적어봤습니다.

자동화된 빌드는 소스코드를 패키지로 된 바이너리로 바꿉니다.

여러분이 프로그래머가 아니라면, 여러분은 소프트웨어가 어떻게 생성되는지에 대한 메커니즘에 대해 100% 확실히 모를 수 있습니다. 프로그래머가 무엇을 위해 하루 종일 타이핑하는지, 그리고 그것을 어떻게 작동 가능한 소프트웨어로 바꿀까요? 아래에 해답이 있습니다.

- 소프트웨어는 주로 **코드를 담는 텍스트 파일**에서 시작됩니다. 이것이 프로젝트 소스코드입니다.
- 프로그래밍 언어는 **소스코드를 읽어 바이너리 파일을 만드는** 컴파일러를 갖고 있거나, 컴퓨터의 운영 시스템을 작동시킬 수 있는 실행 파일을 함께 갖고 있습니다.
- 바이너리는 소스코드를 통해 만들어진 바이너리뿐만 아니라, 실행에 필요한 추가 파일까지 함께 담고 있는 파일로 **패키지화**할 필요가 있습니다(실행 가능한 설치 파일, 탑재 가능한 디스크 이미지, 또는 배포 가능한 아카이브 파일 등)
- 소스코드를 컴파일하고 수동으로 패키징하는 것은 **시간도 오래 걸리고 에러가 많이** 생깁니다. 여러 개의 바이너리와 많은 파일을 하나의 패키지로 묶어야 할 때는 특히 더 그렇습니다.
- 그래서 팀은 바이너리와 다른 파일을 생성하기 위해 **컴파일과 패키지 단계를 자동화**합니다. 자동화된 빌드를 생성하기 쉽게 해주는 다양한 도구와 스크립트 언어들이 있습니다.

피드백을 많이 주는 시스템은 종종 실패도 일찍 발생합니다 여러분은 시스템이 빠르게 실패해서 문제를 조기에 수정할 수 있기를 원합니다. 실패한 부분에 관련된 시스템의 다른 부분들이 추가되기 전에 말이죠.

XP 프랙티스

지속적인 통합

모든 팀원은 지속적으로 자신들의 작업 폴더에 있는 코드를 저장소와 통합합니다. 그래서 어떤 팀원의 작업 폴더도 몇 시간 이상 업데이트되지 않는 경우는 없습니다.

각자가 작업 폴더에 최신 코드를 갖고 있다면, 충돌이 바로 일어나므로, 초기에 잡으면 수정하기도 훨씬 쉽습니다.

10분 빌드는 지속적인 통합과 테스트 주도 개발 모두에 도움이 됩니다. 왜냐하면 그 빌드는 유닛 테스트를 실행해서 여러분이 기존의 테스트를 망가뜨리는 코드를 추가하면 신속히 알 수 있기 때문입니다.

XP 프랙티스

테스트 주도 개발

새로운 코드를 추가하기 전에 팀원이 맨 먼저 하는 일은 실패하는 유닛 테스트를 작성하는 것입니다. 그래야만 팀원은 코드가 통과되도록 코드를 작성하거나 수정합니다.

유닛 테스트는 단단한 피드백 순환고리를 설정합니다. 실패하는 테스트를 개발하고 통과되는 코드를 작성하고 자신이 빌드한 것에 대해 더 많이 배우고 또 다른 테스트를 만들며 이 과정을 반복합니다.

사전 정의

리팩터(re-factor), 동사

행동은 변경하지 않고 코드의 구조만 바꾸는 것

"라이언이 **리팩토링**을 하고 나서 이제는 작업하기가 훨씬 덜 힘들게 된, 특히나 문제가 되었던 코드 영역"

개발자들은 주로 특별한 프로그램(빌드 도구나 개발 환경을 위한 플러그인 등)을 사용해서 유닛 테스트를 실행합니다. 유닛 테스트를 수행하면, 소스 편집기는 일반적으로 색을 다르게 하여 보여줍니다. 통과된 테스트는 초록색, 실패한 테스트는 빨간색. 테스트 주도 개발을 하는 팀은 보통 빨간색으로 시작하는 실패 테스트를 추가하고 그 테스트를 통과해서 초록색으로 바꾼 다음 코드를 리팩토링하는 순환 주기를 따릅니다. 팀은 이런 주기를 빨강/초록/리팩토링(red/green/refactor)이라고 하며 중요한 개발 도구라고 생각합니다.

이런 프랙티스를 좀 더 자세히 살펴볼 준비가 되었나요? 다음 쪽으로 넘어가보세요!

XP 팀은 신속하게 실행되는 자동화된 빌드를 사용합니다

프로그래머에게 기다리는 것보다 더 짜증나는 일은 없습니다. 그런데 그건 좋은 겁니다. "너무 오래 걸려 더 참지 못하겠어."라고 말하는 프로그래머들로 인해 수많은 혁신이 일어났죠. 코드를 작성하는 데 시간이 오래 걸리고 노력이 많이 필요하다면 그것은 특히나 짜증나는 일입니다. 그리고 짜증처럼 팀의 혁신을 순식간에 죽여버리는 것도 많지 않습니다. 하지만 어떤 일이 반복적으로 오래 걸리는 상황이라면 훌륭한 프로그래머는 "이걸 어떻게 자동화할까?"라는 생각을 떠올린답니다.

이때가 **10분 빌드** 프랙티스가 들어오는 시점입니다. 이 아이디어는 매우 단순합니다. 팀이 빌드 자동화를 위해 만들어진 도구나 스크립트 언어를 사용해서 자동화된 빌드를 생성하는데, 보통 프로젝트 초반에 합니다. 여기서 말하는 요점은 팀 전체 빌드를 10분 안에 실행하려고 하는 겁니다. 그 정도 시간은 대부분의 프로그래머가 빌드 완료를 기다려야 하는 인내심의 한계를 느끼지 않는, 빌드를 수행하면서 커피 한 잔을 들고 잠깐 생각할 수 있는 정도의 시간입니다. 빌드를 10분 내로 유지하면 빌드를 실행하는 데 주저함이 없고, 결과적으로 빌드 문제를 신속하게 발견하게 됩니다.

빌드를 실행하는 데 10분 이상의 시간이 걸리거나 수동 작업이 많이 필요하면, 팀이 스트레스를 느끼고 프로젝트 진척도 느려집니다.

자동화된 빌드는 소스 파일을 읽고
바이너리를 패키징합니다.

빌드가 10분 이내로 실행되면, 개발자는
빌드를 자주 실행하기 편해집니다.

10분 빌드는 프로그래머가 커피 한 잔을 들고 뇌를
잠깐 쉬게 해주기에 딱 충분한 시간이네.

지속적인 반복은 끔찍하게 놀랄만한 일을 방지합니다

여러분이 팀에 속해 코드를 작성한 후 버전 컨트롤 시스템에 저장할 때, 여러분의 일상은 하나의 패턴을 따르게 됩니다. 팀원이 만든 가장 최신의 변경사항을 여러분의 작업 공간에 가져와서 조금 작업하고, 버전 컨트롤 시스템에 여러분이 만든 변경사항을 반영합니다. 작업하고, 반영하고, 저장하고... 작업하고, 개선하고, 저장하고... **충돌을 통합**하고! 이런! 여러분이 한 변경 작업에 팀원 한 사람이 똑같은 라인을 변경하고 저장했습니다. 버전 컨트롤 시스템은 누가 한 변경이 맞는지 알 길이 없어서 두 개의 변경사항을 가지고 여러분의 작업 폴더에 있는 코드 파일을 수정했습니다. 여러분의 업무는 그 **충돌을 해결**하는 것입니다. 먼저 살펴보고 코드가 어떤 일을 해야 하는지 파악하고 제대로 맞게 수정하고 다시 저장소에 해결된 변경사항을 저장합니다.

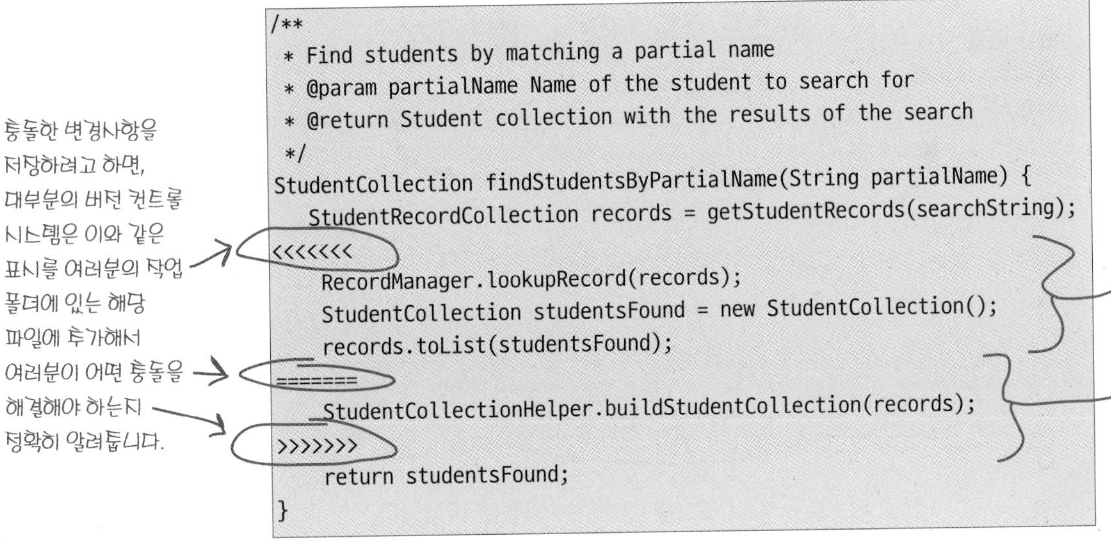

충돌한 변경사항을 저장하려고 하면, 대부분의 버전 컨트롤 시스템은 이와 같은 표시를 여러분의 작업 폴더에 있는 해당 파일에 추가해서 여러분이 어떤 충돌을 해결해야 하는지 정확히 알려줍니다.
이 코드는 여러분의 작업 폴더를 변경한 이후에 커밋된 내용입니다.
여기에 있는 부분이 여러분이 추가 변경을 하려다 충돌한 부분입니다. 충돌을 해결한다는 것은 두 개의 변경사항을 살펴보고 어떻게 작동해야 하는지 파악하는 것입니다.


```
/**
 * Find students by matching a partial name
 * @param partialName Name of the student to search for
 * @return Student collection with the results of the search
 */
StudentCollection findStudentsByPartialName(String partialName) {
  StudentRecordCollection records = getStudentRecords(searchString);
<<<<<<<
    RecordManager.lookupRecord(records);
    StudentCollection studentsFound = new StudentCollection();
    records.toList(studentsFound);
=======
    StudentCollectionHelper.buildStudentCollection(records);
>>>>>>>
    return studentsFound;
}
```

모든 통합 충돌은 작은 퍼즐 같고, 그 퍼즐을 해결하는 것이 가끔은 짜증날 수도 있습니다. 다른 팀원이 도대체 뭘 하려고 했는지 여러분이 제대로 알지 못하기 때문이죠. 206쪽으로 돌아가보세요. 애나가 엄청난 곤경에 처한 것이 보이나요?

애나의 팀원이 몇 주 동안 자신의 작업 폴더 변경을 하지 않았습니다. 대신 옛날 버전의 코드를 계속 변경하고 있었죠. 결국 매일 점점 더 오래된 코드가 됐고, 모든 변경사항을 한 번에 반영한 것입니다. 애나는 지난 몇 시간을 그런 많은 파일에 대해 변경작업을 했습니다. 그런데 한두 개의 퍼즐을 해결하는 대신, 이제 충돌 표시가 된 수많은 파일과 싸워야만 합니다. 프로그래머에게 수많은 충돌을 한 번에 해결해야 하는 상황보다 더 짜증나는 일은 없습니다.

그래서 XP는 **지속적으로 통합**(continuous integration)을 수행합니다. 이는 정말로 단순한 프랙티스입니다. 모든 팀원이 몇 시간마다 자신들이 한 변경사항을 통합하고 테스트해서 그 누구의 작업 공간도 오래되지 않게 유지합니다. 모든 팀원이 지속적인 통합을 하면, 그들은 모두 코드의 현재 버전에 대한 작업을 하게 됩니다. 물론 통합 충돌은 여전히 있겠지만, 작거나 관리 가능한 규모이며, 애나가 처리해야 했던 것처럼 엄청난 크기의 짜증나는 변경사항 덩어리가 되는 일은 없습니다.

모든 사람들이 자신들의 작업 폴더를 최신 상태로 유지한다면, 통합 충돌은 작아지고 관리 가능해집니다.

주간 주기는 테스트 작성으로 시작합니다

XP는 많은 개발자들에게 다른 작업 방식을 제공했습니다. 가장 눈에 띄는 변화는 팀이 **테스트 주도 개발**(Test-Driven Development, TDD)을 하는 것입니다. 이것은 프로그래머들이 자신들이 테스트할 코드를 작성하기 전에 유닛 테스트부터 작성하는 프랙티스입니다. 유닛 테스트를 먼저 만드는 습관은 여러분의 코드가 제대로 작동한다는 것이 무엇을 의미하는지 생각해보는 것이고, 그것은 '완료'를 제대로 끝낸 코드를 작성하는 데 도움이 됩니다.

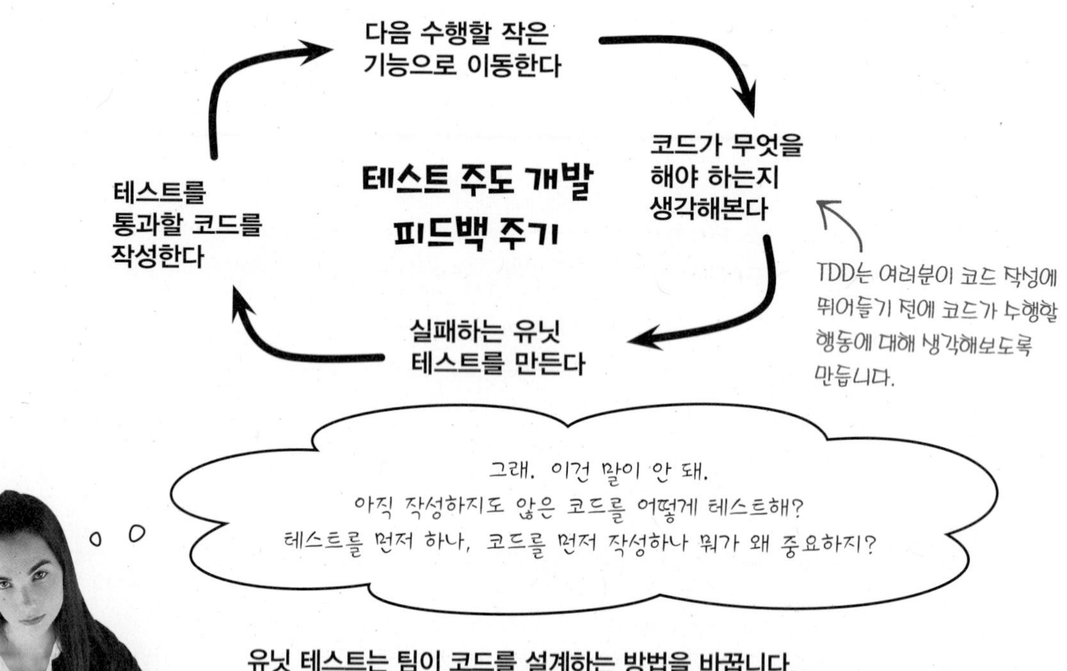

TDD는 여러분이 코드의 각기 다른 부분에 불필요한 종속성을 추가할 때, 그것을 겉으로 드러나게 해주며, 그런 종속성들은 바로 '산탄총 수술' 같은 느낌이 들게 하는 것입니다.

유닛 테스트는 팀이 코드를 설계하는 방법을 바꿉니다.

모든 프로그래머는 코드를 작성한 후 나중에 그 코드를 좀 다르게 만들걸 하고 후회했던 경험이 있습니다. 돌이켜보면 특정 기능에 대한 다른 방법이 더 효과가 있었거나 또는 다른 데이터 구조를 사용했을 수도 있었다거나 다른 선택을 할 수도 있었음을 깨달을 수는 있습니다. 하지만 이제 여러분이 작성한 코드는 여러 다른 프로그램들이 사용하고 있습니다. 형편없는 의사결정을 토대로 만들었다면 후회하기보다는 그 코드를 변경하는 게 훨씬 더 의미 있는 일이 될 것입니다.

다시 말하자면 가장 짜증나는 코드 문제 중 어떤 것들은 여러분이 형편없는 설계를 선택하고 난 후, 그 코드에 종속되는 또 다른 코드를 추가하면서 나타납니다. 이런 일이 계속 일어나면 결국 여러분은 매번 그 코드의 일부를 건드릴 때마다 '산탄총 수술' 같은 느낌을 갖게 됩니다.

유닛 테스트는 그런 문제를 방지해줍니다. 여러분의 코드에 있는 설계 문제는 종종 그 코드를 사용하는 프로그램을 처음 작성할 때 나타납니다. 그리고 그게 바로 여러분이 유닛 테스트를 먼저 작성할 때 정확히 여러분이 하게 되는 일입니다. 여러분은 이제 막 작성하려는 코드에 대해 테스트합니다. 그리고 그것을 한 번에 하나씩 작은 영역으로 그 문제에 접근하면서 설계상에 나타나는 문제들을 해결해나갑니다.

테스트 주도 개발 들여다보기

```
public class ScheduleFactory {
```

```
public class TrainerManager {
```

```
public class UserInterfaceModel {
```

코드는 항상 별개의 단위로 분할됩니다.

어떤 언어에서는 클래스가 코딩의 단위가 됩니다. 다른 언어에서는 단위가 기능, 모듈, 또는 절차가 되기도 합니다. 이처럼 언어별로 기본 단위는 다르지만, 모든 프로그래밍 언어는 그들 단위를 기반으로 동작합니다. 예를 들어 여러분이 자바 코드를 작성하면, 대부분의 코드는 .java 파일 안에 저장된 클래스라고 불리는 '덩어리'로 만들어집니다.

각 단위는 자체적인 유닛 테스트를 갖고 있습니다.

'유닛 테스트'라는 명칭은 그 자체로 설명이 됩니다. 여러분은 코드 단위를 기반으로 테스트를 작성합니다. 예를 들어 자바에서는 유닛 테스트가 주로 클래스 기반으로 행해집니다. 테스트 코드는 나머지 코드와 같은 언어로 작성되고 동일한 저장소에 함께 저장됩니다. 그 테스트는 나머지 코드에게 공개한 단위의 일부에 접근합니다. 자바 클래스의 경우에는 공개된 함수와 공개된 속성을 말합니다. 그 단위를 제대로 작동시키기 위해 공개된 부분을 사용합니다.

```
public class ScheduleFactoryTest {
```

```
public class TrainerManagerTest {
```

```
public class UserInterfaceModelTest {
```

XP 마음가짐은 여러분이 프로그래밍, 설계, 코드에 대해 생각할 수 있는 기회를 제공합니다. 왜냐하면 XP 프랙티스가 여러분의 코드를 깨끗하고, 단순하고, 유지보수하기 쉽게 만드는 좋은 습관을 들이게 해주기 때문입니다. TDD는 그런 좋은 습관 중 하나입니다.

이것은 스크럼의 마음가짐이 여러분이 계획 수립에 대해 다르게 생각하도록 해주는 것과 같습니다.

유닛 테스트를 먼저 작성하면 개발자는 코드가 어떻게 사용될지에 대해 생각해보게 됩니다.

코드의 모든 단위는 시스템의 어딘가로부터 최소한 하나의 다른 단위에 의해 사용됩니다. 이것이 코드가 작동하는 방식입니다. 하지만 여러분이 코드를 작성할 때는 작은 역설이 있습니다. 많은 경우 여러분이 단위를 사용하기 전까지는 그 단위가 어떻게 사용될지 정확히 알지 못한다는 것입니다.

테스트 주도 개발은 여러분이 코드에 있는 문제를 초반에, 즉 수정하기 훨씬 쉬울 때 잡아내게 해줍니다. 나중에 사용하기 어려운 단위를 설계하는 것은 놀랄 만큼 쉽고, 그 단위에 의존하는 추가적인 단위를 작성함으로써 형편없는 설계에 '고착' 되기도 그만큼 쉽습니다. 하지만 여러분이 단위를 변경을 할 때마다 매번 작은 유닛 테스트를 작성하면 그와 같은 수많은 설계 관련 의사결정이 명확하게 드러납니다.

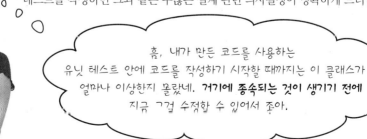

흠, 내가 만든 코드를 사용하는 유닛 테스트 안에 코드를 작성하기 시작할 때까지는 이 클래스가 얼마나 이상한지 몰랐네. **거기에 종속되는 것이 생기기 전에** 지금 그걸 수정할 수 있어서 좋아.

애자일 팀은 설계와 테스트를 통해 피드백을 얻습니다

애자일 팀은 프로젝트 내내 더 많은 피드백을 얻게 해주는 훌륭한 설계와 테스트 도구를 갖고 있습니다. 팀은 개발 전에 사용자 인터페이스를 스케치하는 **와이어프레임**(wireframe)과, 어려운 기술적 문제를 파악하는 **스파이크 솔루션**(spike solution), 효과적인 디자인을 선택하게 해주는 **사용성 테스트**(usability test)를 활용할 수 있습니다. 어떤 팀은 매우 간단한 계획으로 프로젝트 헌장과 테스트 목록을 만들고, 개발자가 생각해보지 못했을 수도 있는 새로운 행위의 조합을 찾아내는 방법으로 피처나 제품 세분화를 시작합니다. 이런 종류의 테스트를 **탐사적 테스트**(exploratory test)라고 하며, 사용자가 부딪히게 될 문제를 찾는 데 매우 효과적일 수 있습니다. 이 모든 도구는 피드백을 생성하는 데 매우 큰 도움을 줍니다. 이것이 XP 팀이 그 도구들을 주간 주기에 통합하고, 다음 주간 주기를 계획하는 데 피드백에 의존하는 이유입니다.

와이어프레임은 팀이 사용자 인터페이스에 관한 초기 피드백을 얻는 데 도움을 줍니다.

소프트웨어 팀이 만드는 모든 것 중에 사용자 인터페이스는 사용자와 이해관계자로부터 대부분의 의견을 만들어내는 것 같아 팀은 UI에 관해 초기에 자주 피드백을 얻으려고 노력합니다. 그래서 팀은 사용자 인터페이스를 스케치하기 위해 와이어프레임을 사용합니다. 와이어프레임을 만드는 방법은 많습니다. 시스템의 내비게이션에 대한 기본적인 스케치를 하거나, 개별 스크린이나 페이지의 매우 상세한 부분까지 표현하기도 합니다. 와이어프레임을 수정하는 것이 코드를 수정하는 것보다 쉽기 때문에, 팀은 사용자와 각 와이어프레임을 여러 번에 걸쳐 검토합니다.

피처의 기술적 어려움에 관한 아이디어를 얻기 위해 스파이크 솔루션을 만듭니다.

팀은 특정한 기술적 문제를 해결하는 데 무엇을 해야 하는지 충분히 알지 못하기 때문에 특정 피처를 추정하는 데 흔히 어려움을 겪습니다. 그때가 바로 스파이크가 필요한 시점입니다. 스파이크 솔루션은 팀원이 특정 기술적 문제를 파악하기 위해 작성한 코드를 말합니다. 스파이크 솔루션의 유일한 목적은 그 문제에 대해 더 많이 알기 위해서이며, 일반적으로 그 코드는 사용하고 나면 버립니다.

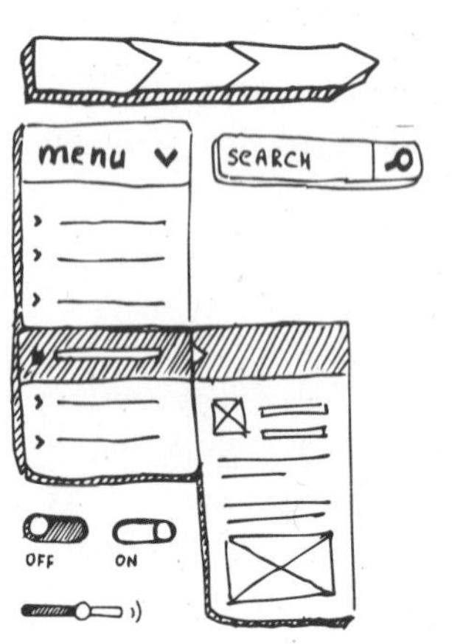

팀이 사용성에 관해 이야기할 때, 그들은 소프트웨어를 배우고 사용하는 것이 얼마나 쉬운지를 측정하려고 하는 것입니다. 프로그램의 사용자 인터페이스나 시스템을 사용하는 사용자와 상호작용하는 가시적인 인터페이스(윈도우나 웹 페이지 등)의 사용성에 대해 이야기하는 것은 정말로 흔한 일입니다.

사용자 인터페이스에 작은 변경을 하면, 사용성에 큰 영향을 줄 수 있습니다. 그래서 와이어프레임과 사용성 테스트를 합니다.

일반적으로 와이어프레임은 정확도가 낮습니다. 손으로 그린 스케치나 손으로 그린 것 같은 느낌을 주는 프로그램을 가지고 그린 스케치이기 때문입니다. 이런 그림은 정교할 그림보다 오히려 사용자가 변화를 제안하는 데 더 편안함을 느끼게 해줍니다. 어떤 사용자는 UI가 정말 정교하게 보이면 변경을 요청하기 주저합니다. 팀에게 엄청난 업무를 해 달라고 요청하는 듯한 느낌이기 때문입니다. 와이어프레임을 손으로 그린 것처럼 만들면 사용자들이 주는 피드백의 양이 증가합니다.

사용성 테스트는 실제 사용자가 UI를 테스트한다는 뜻입니다.

사용자 인터페이스가 얼마나 효과적인지 파악하려면 사용자들이 인터페이스와 어떻게 상호작용하는지를 실제 사용자 앞에서 관찰하는 것이 가장 좋은 피드백이며, 그것이 바로 사용성 테스트입니다. 팀이 그동안 개발한 UI의 초기 버전 앞에 사용자가 앉아, 원하는 목적대로 그것을 사용해봅니다. XP 팀은 주간 주기의 마지막에 사용성 테스트를 실시하는데, 이를 통해 얻게 된 정보는 다음 주기에 사용되어 매우 중요한 피드백 순환고리를 구성합니다.

스파이크 솔루션 들여다보기

스파이크 솔루션은 어려운 기술적 문제나 설계 문제를 해결하는 데 도움을 줍니다.

스파이크 솔루션은 문제에 대한 해법을 탐구하는 것이 유일한 목적인 단순한 프로그램입니다. 보통 몇 시간이나 며칠로 시간이 정해져 있으며, 스파이크를 완료하고 나면 그 코드를 버리거나 치워둡니다(그래서 팀이 필요할 때 나중에 다시 사용할 수 있도록 합니다). 그렇게 하면 프로그래머는 문제를 해결하는 한 가지 목표에 집중하고 프로젝트의 나머지를 무시할 수 있는 엄청난 자유를 얻습니다. 하지만 코드를 버려도 스파이크는 여전히 실제 프로젝트 작업으로 간주됩니다. 팀은 거기에 대한 스토리를 주간 주기에 추가합니다.

아키텍처 스파이크

XP 팀이 스파이크에 관해 이야기하면 보통 아키텍처 스파이크(architectural spike)를 말합니다. 아키텍처 스파이크는 특정한 기술적 접근법이 효과가 있는지 확인하기 위해 사용합니다. 팀은 특정한 기술적 해법을 설계하는 데 선택해야 할 사항이 여럿 있거나, 특정 접근법이 효과가 있을지 잘 모를 때 아키텍처 스파이크를 사용합니다.

위험 기반 스파이크

가끔 프로젝트를 위험에 노출시키는 문제가 나타납니다. 개발자는 잘 되리라고 꽤 확신하지만, 그렇지 않으면 프로젝트가 심각하게 궤도를 벗어날 수 있습니다. 그때 팀은 위험 기반 스파이크(risk-based spike)를 합니다. 이 스파이크는 아키텍처 스파이크와 마찬가지로 작동하지만, 프로젝트에서 위험을 제거하고자 하는 목적을 위해 스파이크를 수행합니다.

스파이크 솔루션은 빨리 실패합니다. 만약 방법이 제대로 효과가 없다는 것을 프로그래머가 알게 되면, 스파이크는 끝납니다. 그리고 팀은 그것도 성공적인 스파이크로 간주합니다.

와이어프레임, 사용성 테스트, 스파이크는 XP에만 특화된 것은 아니지만, 수많은 XP 팀이 사용합니다.

연필을 깎으며

프로젝트에 관한 피드백을 얻기 위해 애나와 라이언이 작업하고 있는 세 가지 시나리오가 아래에 있습니다. 각 시나리오에서 사용하는 도구의 이름을 쓰세요.

트레이너 일정을 저장하는 새로운 방법을 찾아서 메모리를 줄여야겠어요. 개념 증명을 만들고 있으니 어느 정도 작업해야 하는지 알게 될 거예요.

이 클래스가 시작되는 방법이 마음에 들지 않아요. 나중에 사용하기 힘들어질 거예요. 유닛 테스트를 통과하면 제가 수정할게요.

저는 새로운 사용자 인터페이스 설계를 끝냈어요. 사용자 그룹을 방에 모아 그들이 인터페이스를 사용하는 것을 관찰하면서 그게 제대로 작동하는지 확인해보죠.

답은 244쪽에

페어 프로그래밍

XP 팀은 **페어 프로그래밍**(pair programming)이라고 하는 매우 독특한 프랙티스를 사용합니다. 페어 프로그래밍은 두 사람이 하나의 컴퓨터 앞에 같이 앉아 코드를 함께 작성하는 것입니다. 프로그래밍이 혼자서 하는 일이라고 생각하는 것에 익숙한 사람들에게는 완전히 새로운 경험입니다. 하지만 고품질의 코드를 신속하게 작성하는 데 매우 효과적인 도구일 수 있습니다. 왜냐하면 페어 프로그래밍을 하는 많은 사람들이 말하기를, 둘이서 함께 하면 따로 할 때보다 더 많은 작업을 완료할 수 있다고 합니다.

페어 프로그래밍은 모든 사람들을 집중하게 해주고, 팀이 버그를 잡아내는 데 도움을 주며, 브레인스토밍도 수월해지고, 모든 팀원이 코드의 모든 영역에 대해 참여하도록 해줍니다.

라이언과 애나는 서로 집중하도록 도와줍니다.

라이언이 난관에 부딪히면, 애나가 뛰어들어 계속 진행하고, 그 반대로 하기도 합니다.

그들은 작업 중인 문제에 대해 지속적으로 이야기 하고 해결책을 브레인스토밍합니다.

누군가 옆에서 함께 일하고 있을 때는 편법을 쓸 확률이 적습니다.

전체 팀이 짝을 바꾸므로 모든 사람들이 시스템의 모든 부분 작업에 대한 경험을 얻게 됩니다.

여러분은 누군가에게 설명할 때까지는 어떤 아이디어에 대해 본인이 제대로 이해하고 있는지 잘 모릅니다.

모든 변경사항에 대해 두 쌍의 눈이 지켜보고 있어서 놓치면 나중에 골치 아프게 될 작은 실수들을 많이 잡아냅니다.

연필을 깎으며

XP 프랙티스는 개별적으로도 유용하지만 함께 사용하면 더욱 효과적입니다. 아래에 몇 가지 XP 프랙티스를 적어놓았으며, 그 사이에 화살표를 그렸습니다. 각 화살표에는 여러분이 작성해야 할 빈 칸이 있습니다. 각 빈 칸에, 선이 시작되는 프랙티스가 그 프랙티스를 강화하고 지원할 수 있는 방법으로 선이 가리키는 프랙티스로 상호작용할 수 있는 방법을 쓰세요.

'함께 앉기'가 어떻게 '정보를 공유하는 작업 공간'에 영향을 미치는지 보여주는 이 빈 칸은 여러분을 위해 저희가 먼저 채워놨습니다.

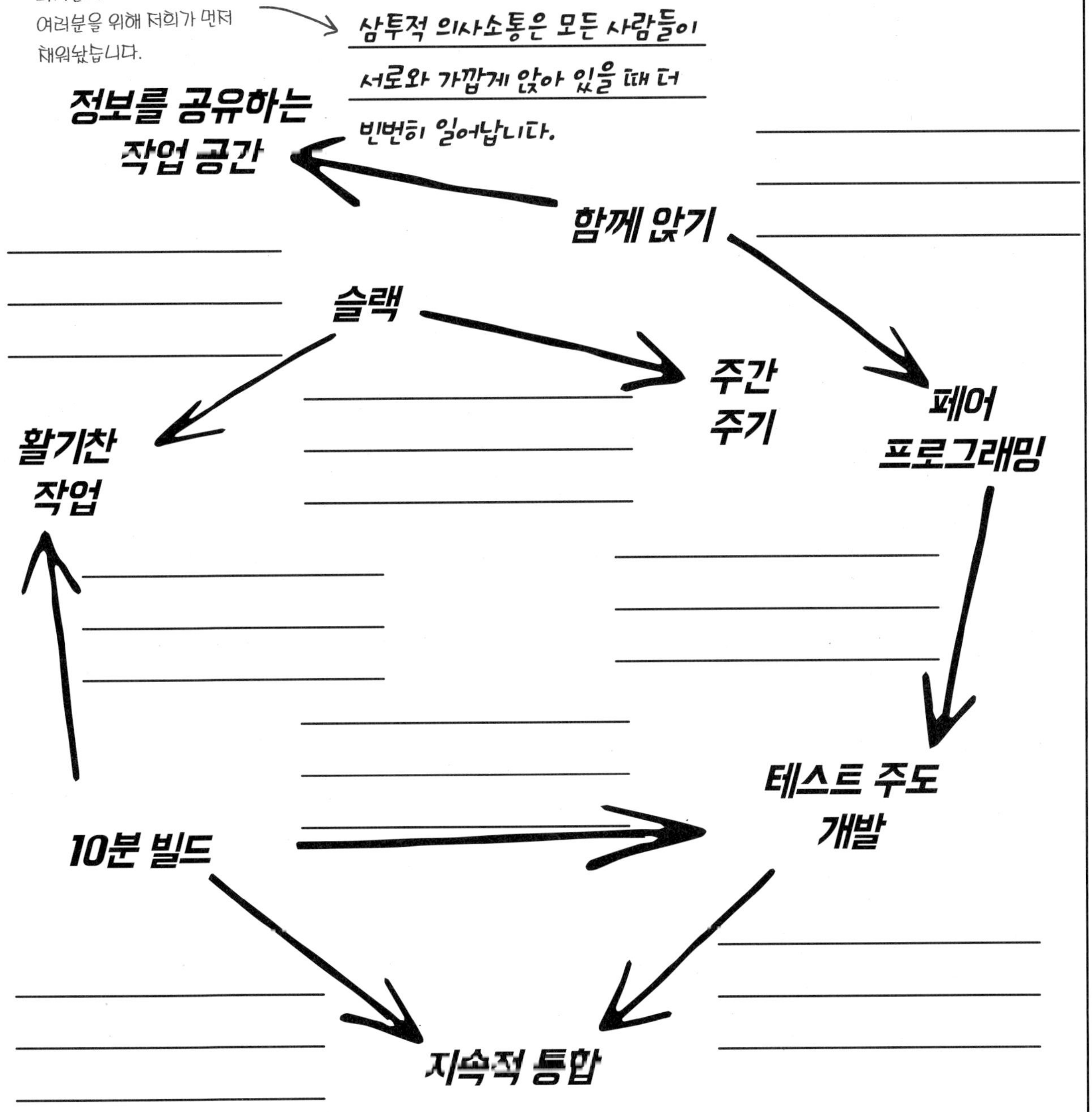

삼투적 의사소통은 모든 사람들이 서로와 가깝게 앉아 있을 때 더 빈번히 일어납니다.

정보를 공유하는 작업 공간

함께 앉기

슬랙

주간 주기

페어 프로그래밍

활기찬 작업

테스트 주도 개발

10분 빌드

지속적 통합

이 문제를 푸는 방법은 많습니다. 왜냐하면 XP 프랙티스가 서로를 강화하고 지원하도록 상호작용할 수 있기 때문입니다. 아래에 우리가 중요하다고 생각되는 방식으로 적어놓았습니다. 우리 답과 비슷한 답이 나왔나요?

XP 프랙티스는 보다 낫고, 유연하며, 좀 더 유지보수 가능한 코드로 이어지는 선순환 생태계를 만들기 위해 서로 협력합니다.

함께 앉기 → **정보를 공유하는 작업 공간**: 삼투적 의사소통은 모든 사람들이 서로와 가깝게 앉아 있을 때 더 빈번히 일어납니다.

함께 앉기 → **페어 프로그래밍**: 근처에 앉은 사람들이나 매일 당신이 이야기하는 사람들과 짝을 이루기 쉽습니다.

슬랙 → **활기찬 작업**: 덜 비이성적인 스케줄 압박감에 활력을 찾기 쉽습니다.

슬랙 → **주간 주기**: 주간 반복에 여유가 있어서 계획하기가 더 수월합니다.

페어 프로그래밍 → **테스트 주도 개발**: 짝을 지어 일하면 서로 집중하게 해주므로, 사람들이 테스트하는 데 태만해질 확률이 적습니다.

10분 빌드 → **활기찬 작업**: 더 짧은 빌드는 간섭이 더 적고 기다리는 시간도 적다는 것을 의미합니다.

10분 빌드 → **테스트 주도 개발**: 빠른 빌드로 인해 모든 유닛 테스트를 신속하게 진행하는 것이 수월합니다.

10분 빌드 → **지속적 통합**: 빌드가 신속히 진행될 때 여러분이 통합을 완료했는지 확인하기가 쉽습니다.

테스트 주도 개발 → **지속적 통합**: 유닛 테스트는 통합 문제를 조기에 쉽게 발견하도록 해 줍니다.

바보 같은 질문은 없다

Q: '함께 앉기'와 '페어 프로그래밍' 프랙티스를 위해서는 모든 사람들이 같은 사무실에 있어야 합니다. 그 말은 글로벌 팀이나 분산된 팀은 XP를 사용할 수 없다는 건가요?

A: 수많은 글로벌 팀과 분산된 팀들이 XP를 사용합니다. XP 팀은 서로 함께 앉아 있을 때 대면하는 시간이 더 많아지고 전화로부터 간섭을 덜 받으며 정보를 공유하는 작업 공간이 될 수 있다는 것을 알고 있습니다. 모든 사람들이 각기 다른 사무실에서 일하고 이메일이나 전화로 의사소통하는 분산된 팀은 이런 혜택을 못 보겠죠. 하지만 XP 마음가짐의 중요한 점은 모든 프랙티스가 팀이 더 일을 잘하도록 만드는 것에 관한 것입니다. 만약 불가능한 프랙티스가 있다면, 있는 것만 가지고 작업을 하면 됩니다.

Q: 하지만 그렇다면 사람들이 '순수한' XP를 하는 건 아니란 말이 아닐까요?

A: 정말로 효과적인 팀은 '순수한' XP라는 것이 없음을 알고 있습니다. XP 팀은 항상 개선할 수 있는 방법을 찾고 있습니다. 그들이 얻고자 노력하는 그런 '완벽한' 상태는 없습니다. 함께 하는 일을 조금씩 개선하려고 하는 것뿐이죠. 생각 없이 프랙티스만 고수하면 작업 환경에서 정말 빨리 활기를 잃어버리죠. 그리고 사람들이 충분히 '순수'하지 못한 것에 대해 죄책감은 느끼게 하는 것도 예의가 아니겠죠. XP의 '순수성'에 대해 사람들에게 잔소리하는 것은 역효과를 낳습니다. 여러분이 사람들을 판단하고 그들의 작업을 판단한다는 느낌을 주게 됩니다. 그러면 사람들은 변하지 않아요. 여러분을 싫어하고 XP를 싫어하게 됩니다.

Q: 그러면 제가 싫은 프랙티스는 버려도 된다는 건가요?

A: 아니요. 버려도 된다는 게 아닙니다. XP 프랙티스는 서로 잘 작동하도록 세밀하게 고안되어 있어서 함께 사용할 때 팀이 자신들의 마음가짐에 XP 가치를 통합하는 데 더욱 도움이 됩니다. 예를 들어 팀이 함께 앉아 일하고 정보를 공유하는 작업 공간을 갖고 있을 때 의사소통이라는 XP 가치를 진정으로 이해하기 시작합니다. 팀이 프랙티스를 버리기로 결정한다면, 그것은 주로 그들의 마음가짐이 그 가치 중 한 가지와 들어맞지 않아서 그 프랙티스가 불편해지기 때문입니다. 그런 일이 발생하면, 그 프랙티스를 시도해보는 진정한 노력을 한번 해보는 것도 정말 좋은 방법입니다. 종종 그 방법이 팀이 자신들의 마음가짐을 바꾸는 데 도움을 주고, 결국 모든 사람들이 함께 일하는 방식을 발전시키고 더 나은 소프트웨어를 구축하게 됩니다.

Q: 지속적인 통합은 빌드 서버를 설치하는 것을 말하는 건 아닌가요?

A: 아닙니다. 빌드 서버는 버전 컨트롤 시스템에서 주기적으로 가장 최근의 코드를 불러오고, 자동화된 빌드를 작동시키고, 잘 안 되는 경우 팀에게 그것을 경고해주는 프로그램입니다. 좋은 아이디어이고 거의 모든 애자일 팀이 사용하죠. 하지만 빌드 서버가 지속적인 통합과 같은 것은 아닙니다. 지속적인 통합은 모든 팀원이 능동적으로(그리고 지속적으로!) 다른 팀원이 자신의 작업 폴더에 작성해 넣은 가장 최신 코드를 통합하는 것을 의미합니다. 이런 일을 빌드 서버와 같은 이름으로 부르는 이유는 서버가 버전 컨트롤 시스템에 있는 코드를 자체 저장소에 지속적으로 '통합'하고 혹시 코드가 컴파일되지 않거나 테스트 실패로 이어지면 팀에게 그 내용을 알려주기 때문입니다. 하지만 개인이 자신의 작업 폴더를 항상 변경하는 걸 대체할 수 있는 것은 없습니다.

Q: 이해가 안 되네요. 코드를 지속적으로 통합하는 빌드 서버가 있다면 사람들의 일을 덜어주는 게 아닌가요?

A: 모든 팀원들이 지속적으로 버전 컨트롤에 있는 최신 코드를 자신의 작업 폴더로 통합시키면 빌드 서버를 설치하는 것보다 훨씬 일이 많다는 건 사실입니다. 하지만 사람들이 빌드 서버가 동기화되지 않았다고 팀원들에게 이메일로 경고를 주는 것에 의존한다면 결과가 좋지 못합니다. 예를 들어 여러분이 빌드를 망치는 코드를 저장하면 모든 사람들은 여러분에게 엄청나게 화를 낼 것이고, 그러면 여러분은 평상시보다 덜 자주 코드를 저장하게 되겠죠. 아니면 팀이 빌드 서버가 보내는 '망가진 빌드'에 관한 이메일을 받는 데 너무 익숙해져서 그 이메일을 무시하고 자기 영역에 저장하기 시작합니다. 반대로, 만약 모든 사람들이 몇 시간마다 하던 일을 멈추고 버전 컨트롤 시스템에 있는 코드를 자신의 작업 폴더로 통합할 책임을 느낀다면 망가진 빌드는 드물게 나타납니다. 그리고 그런 일이 발생하더라도 팀은 신속히 알아차리고 수정하기 위해 협력합니다.

Q: 그렇다면 지속적인 통합은 팀이 충분한 훈련이 돼 있는지 확인하기 위한 건가요?

A: 그렇지는 않습니다. 팀이 정말로 지속적인 통합, 10분 빌드, 테스트 주도 개발과 같은 프랙티스를 잘 사용하게 되면, 겉으로 보기에는 그들이 정말 훈련이 잘된 듯 보입니다. 하지만 그것은 훈련으로 되는 일이 전혀 아닙니다. 팀은 그 프랙티스가 모든 사람들에게도 타당하게 느껴지기 때문에 그렇게 하는 것입니다. 모든 팀원은 만약 빌드를 더 안전하게 만드는 데 시간을 쓰지 않거나 코드 작성 전에 유닛 테스트를 만들지 않으면 작업도 느려질 것이라고 느낍니다. 결과적으로 팀원들은 잔소리를 듣거나 누가 소리지르거나 질책하는 것을 들을 필요가 없게 됩니다. 다시 말하면 잘 훈련됐다는 말이기는 한데 그들은 그런 일들을 하지 않아야 한다는 생각이 들지 않을 뿐입니다.

Q: 저는 QA팀과 일합니다. 테스트 주도 개발은 제가 코드를 작성하는 동안 테스트 담당자가 제 유닛 테스트를 작성한다는 뜻인가요?

A: 아니요. 여러분이 먼저 유닛 테스트를 작성하고, 그 테스트를 통과할 수 있게 코드를 작성하는 것입니다. 코드를 작성하는 사람이 유닛 테스트를 직접 해야 하는 이유는, 테스트를 만들면 현재 작업하고 있는 문제에 대해 많은 것을 배우기 때문입니다. 그렇게 되면 코드가 좋아지죠.

뭔가 자꾸 신경 쓰이는데.
페어 프로그래밍은 엄청난 시간 낭비 같아 보여. 두 사람이 함께 일하면 **코드를 배포하는 양**이 반으로 줄지 않을까?

페어 프로그래밍은 실제로 코드를 정말 효과적으로 작성하는 방법입니다.

짝을 이루면 집중하게 되고 수많은 간섭을 제거할 수 있습니다(예를 들어 브라우저를 연다거나 이메일을 확인하는 일). 그리고 버그를 나중에 찾느라 시간을 허비하는 대신 보는 눈이 한 쌍이 더 있다 보니 버그를 조기에 발견할 수 있습니다. 하지만 더 중요한 것은 여러분이 팀원과 계속 협업하고 있다는 것입니다. 프로그래밍은 지적인 활동입니다. 코드 작성이란 문제나 퍼즐을 하루 종일 하나씩 해결하는 것을 의미합니다. 그런 퍼즐과 문제를 팀원과 이야기하는 것이 그것을 해결하는 정말로 효과적인 방법입니다.

그래서 처음에는 페어 프로그래밍에 대해 반감을 갖던 사람들조차 몇 주 동안 진심을 다해 시도해보면 그것을 정말로 좋아하게 되는 경우가 자주 있습니다.

'비이성적'이란 말을 쓰는 게 정말로 괜찮은가요? 우리는 그렇게 생각합니다. 페어 프로그래밍은 단순하게 일하는 탁월한 방법이고 많은 사람들이 매일 하고 있습니다. 그렇게 일상적인 무언가에 매우 심하고 부정적이고 감정적인 반응을 보이는 것은 말 그대로, 이성적이지 않습니다.

좋아요, 무슨 말인지 알겠어요. 하지만 확실해요? 솔직히, **전 아직 믿지 못하겠어요.** 페어 프로그래밍은 정말 아닌 것 같아요.

프랙티스가 여러분의 마음가짐과 충돌할 때 "아닌 것 같아요"

여러분은 자신이 주변에 있는 모든 사람들보다 더 나은 프로그래머라고 생각하시나요? 여러분 생각에 코딩은 혼자 하는 활동인가요? 만약 그렇다면 여러분은 페어 프로그래밍을 비이성적으로 싫어할 겁니다. 여러분은 자신이 너무 유약해서 코딩도 못하는 멍청이들로 둘러싸인 '록 스타'라고 생각하시나요? 그렇다면 여러분은 페어 프로그래밍에 대해 극단적으로 매우 강한 비이성적인 적대감을 가질 겁니다. 여기서 키워드는 **비이성적**입니다. 그렇습니다. 여러분은 페어 프로그래밍을 싫어할 이유를 생각하고 합리화할 수 있겠죠. 하지만 사실 그 중심에는 단지 여러분이나 여러분의 팀에게 맞지 않는다는 느낌만이 있을 뿐입니다. 그리고 그것이 바로 비이성적인거죠. 의사결정을 이유가 아닌 느낌으로 하는 거니까요.

하지만 실제 프로젝트를 하는 정말 훌륭한 수많은 프로그래머들은 자신들보다 능력이 떨어지는(놀랍죠!) 팀원들이 자신들과 보조를 맞출 수 있을 뿐 아니라, 진정으로 페어 프로그래밍을 시도해봤을 때 그냥 해보는 것이 아니라 정말 효과를 보기 위해 노력하며 코딩이 정말 빠르게 된다는 것을 알게 됐습니다. 그뿐 아니라, 자기보다 '느린' 팀원들이 자신들이 배운 수많은 기법과 기술을 알게 되면서 팀 전체가 함께 발전합니다.

미안하지만, 아직도 안 믿어져요.
페어 프로그래밍은 나빠요. 그리고 당신이 얘기한 것 중 아무것도 내 마음을 바꿀 수는 없어요. 그건 XP 모두가 저나 제 팀한테 잘못됐다는 것을 의미하는 게 아닌가요?

그렇다면 당신과 당신의 팀은 XP 팀이 가치 있게 생각하는 것들을 가치 있게 여기지 않는 겁니다.

XP 팀은 집중, 존중, 용기, 피드백을 가치 있게 여깁니다. 만약 여러분이 이런 것들을 가치 있게 여긴다면 페어 프로그래밍이 타당합니다. 여러분이 집중을 가치 있게 생각한다면 여러분은 페어 프로그래밍이 여러분과 팀원들을 정상 궤도로 가게 해주는 방법을 이해할 거예요. 존중을 가치 있게 여긴다면 여러분은 팀원과 짝을 이룬다는 아이디어에 비이성적인 반응을 보이지 않겠죠. 왜냐하면 당신은 팀원과 그들의 능력을 존중하니까요. 여러분이 용기를 가치 있게 여긴다면 자신의 불편한 감정을 들여다보고 잠재적으로 팀에게 도움이 될만한 것을 시도해볼 용의가 있을 겁니다. 그리고 여러분이 피드백을 중요하게 생각한다면 코드의 한 줄 한 줄에 두 사람의 눈이 지켜본다는 것이 정말 좋은 생각이라고 여길 겁니다.

반면 위 내용이 모두 진부하고 과도하게 단순화됐으며 심하게 이상적이거나 심지어는 멍청한 것처럼 들린다면 여러분은 효과적인 XP 팀과 같은 가치를 공유하지 않는 것입니다.

여러분의 마음가짐과 팀 문화에 맞지 않는 프랙티스를 적용하려고 하면 제대로 효과가 없고 여러분은 그냥 유행만 따리기게 됩니다.

새로운 프랙티스를 적용하는 데는 노력이 필요하고 공유된 가치는 그 작업을 하는 모든 사람들에게 동기부여가 됩니다.

팀 문화와 맞지 않는 가치를 가진 방법론을 적용하려고 할 때 제대로 이루어지지 않는 경우가 많습니다. 팀이 프랙티스를 몇 개 추가하면, 그중 몇 개는 당분간 효과가 있을 수도 있습니다. 하지만 결국 여러분과 팀은 그 프랙티스의 '유행'을 좇는 것 같은 느낌일 것입니다. 그다지 많은 혜택도 없이 짐처럼 느껴지고, 몇 주 또는 몇 달 안에 팀은 이전에 하던 방법으로 돌아가겠죠.

하지만 그렇다고 희망이 없는 건 아닙니다! 단지 여러분과 팀이 프랙티스를 해보기 전에 그 가치에 대해 이야기를 나눠봐야 한다는 의미입니다. 여러분이 처음부터 문화에 관련된 문제로 시작한다면, XP (또는 어떤 방법론이든!)를 적용하는 것이 훨씬 쉬워지고 모든 노력이 유지될 수 있는 확률이 훨씬 높습니다.

팀이 기능하는 방법을 개선하는 것에 관해 이야기하고 있으니, 라이언과 애나를 한번 확인해보세요. →

개발하는 데 정말 활기가 넘치고 있어! 지난 몇 주 동안 우리가
얼만큼 많은 코드를 작성했는지 믿을 수가 없을 정도라니까.
그래, 이 새로운
프랙티스가 엄청난 차이를 만들고 있어.
근데... 음... 나는 **좋은 게 너무 많은 게** 아닌가 싶어.

라이언: 하하. 좋은 거지! 어... 잠깐, 너 농담하는 거 아니지, 그치?

애나: 아냐. 나 심각해. 코드를 엄청나게 추가하고 있어. 그런데 지금 우리는 매우 복잡한 것을 구축하고 있잖아.

라이언: 그래!

애나: 그게 그렇게 좋은 걸까.

라이언: 어, 뭐가?

애나: 네가 만든 중앙화되고 자동화된 공용 빌드 스크립트처럼 말야.

라이언: 그게 왜 문제가 돼? 거의 동일한 빌드 스크립트가 많아. 중복되는 코드도 많다고. 그래서 내가 수정한 거야.

애나: 그래, 네가 8개의 각기 다른 빌드 스크립트에 있는 12줄의 중복된 코드를 살렸지.

라이언: 그렇지.

애나: 디버깅이 불가능한 700줄짜리 괴물을 만들어서 말이야.

라이언: 음... 그래서?

애나: 그리고 내가 그 빌드를 수정하려고 할 때마다, 난 그 엄청난 양의 스크립트를 디버깅하느라 몇 시간을 써야 해. 정말 짜증난다고.

라이언: 하지만 그게... 어, 알았어. 그건 두 개 정도의 스크립트에서 12줄의 중복된 코드 라인을 살렸지. 네가 무슨 말을 하는지 알겠어. 코드 중복은 나쁘지만, 이 경우에는 내가 작성한 스크립트를 가지고 작업하는 것보다는 중복된 코드를 그냥 몇 개 가지고 가는 게 훨씬 쉬울 수 있겠어.

애나: 그리고 그건 빌드뿐만 아니야. 우리가 엄청 복잡한 유닛 테스트 프레임워크도 만들었다고.

라이언: 네가 무슨 말을 하려고 하는지 알겠어. 하나의 유닛 테스트를 위해 테스트 데이터를 변경하려고 나도 며칠 전에 그걸 디버깅해야 했어. 5분이면 됐을 진짜 간단한 작업이 2시간이나 걸렸어.

애나: 그거 알아? 이 새로운 XP 프랙티스를 추가해서 우리의 코딩 속도가 올라가긴 했어. 하지만 근데 이 모든 복잡함 때문에 우리가 느려지기 시작한 것 같다는 생각이 들기 시작했어.

라이언: 그럼 어떻게 해야 할까?

복잡한 코드는 유지보수가 정말 어렵습니다

시스템이 커지면서, 종종 규모가 커지고 복잡해지는데, **복잡한 코드는 작업을 하면 할수록 더 복잡해지는 경향**이 있습니다. 그리고 코드가 더 복잡해지면 작업하기가 더 어려워지고 개발자가 편법을 택하게 되면서 문제는 더 악화되죠. 고객이 필요로 하는 변경사항을 라이언이 추가했을 때 일어난 일이 바로 그런 일입니다.

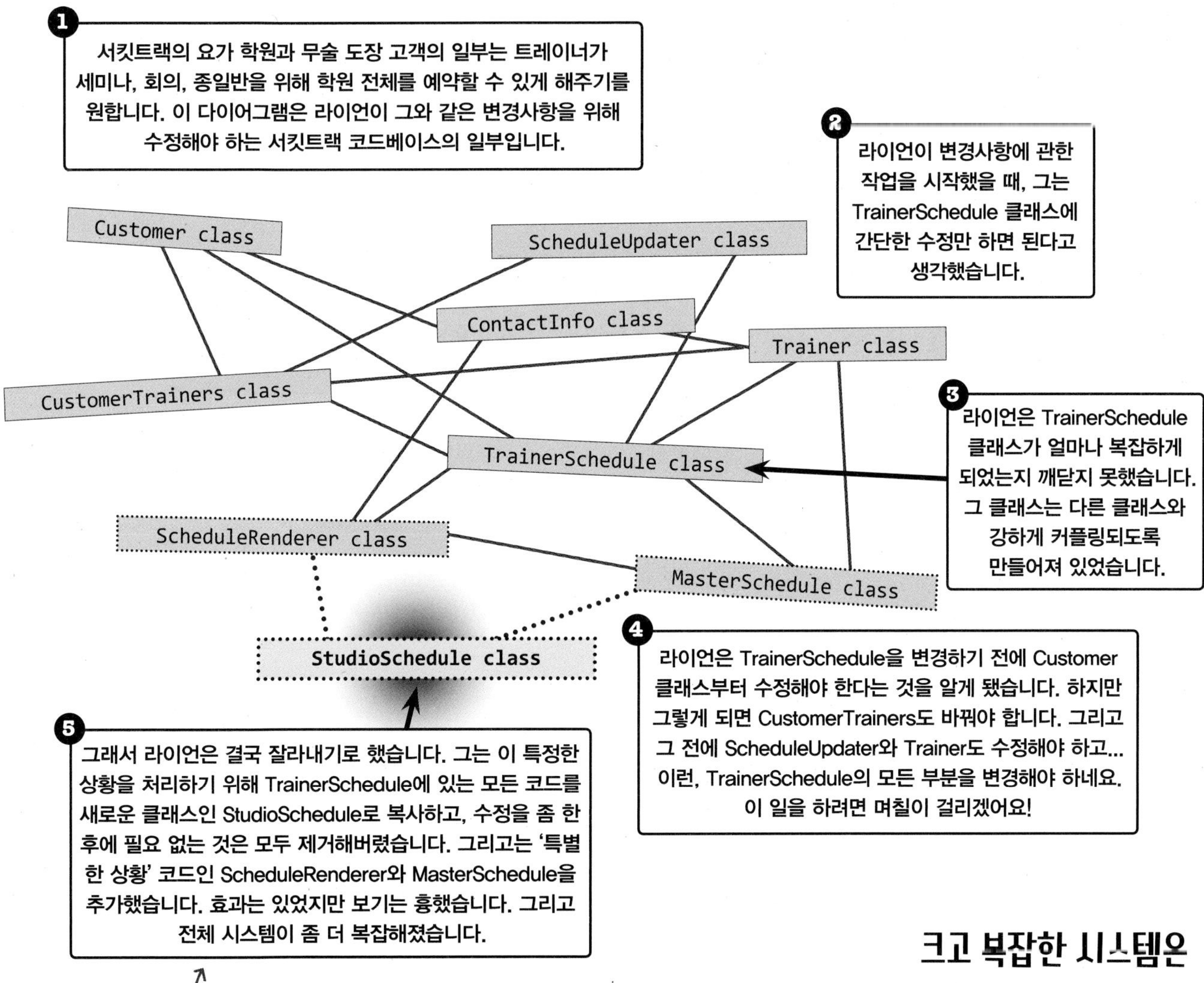

1 서킷트랙의 요가 학원과 무술 도장 고객의 일부는 트레이너가 세미나, 회의, 종일반을 위해 학원 전체를 예약할 수 있게 해주기를 원합니다. 이 다이어그램은 라이언이 그와 같은 변경사항을 위해 수정해야 하는 서킷트랙 코드베이스의 일부입니다.
2 라이언이 변경사항에 관한 작업을 시작했을 때, 그는 TrainerSchedule 클래스에 간단한 수정만 하면 된다고 생각했습니다.
Customer class
ScheduleUpdater class
ContactInfo class
Trainer class
CustomerTrainers class
TrainerSchedule class
ScheduleRenderer class
MasterSchedule class
StudioSchedule class
3 라이언은 TrainerSchedule 클래스가 얼마나 복잡하게 되었는지 깨닫지 못했습니다. 그 클래스는 다른 클래스와 강하게 커플링되도록 만들어져 있었습니다.
4 라이언은 TrainerSchedule을 변경하기 전에 Customer 클래스부터 수정해야 한다는 것을 알게 됐습니다. 하지만 그렇게 되면 CustomerTrainers도 바꿔야 합니다. 그리고 그 전에 ScheduleUpdater와 Trainer도 수정해야 하고... 이런, TrainerSchedule의 모든 부분을 변경해야 하네요. 이 일을 하려면 며칠이 걸리겠어요!
5 그래서 라이언은 결국 잘라내기로 했습니다. 그는 이 특정한 상황을 처리하기 위해 TrainerSchedule에 있는 모든 코드를 새로운 클래스인 StudioSchedule로 복사하고, 수정을 좀 한 후에 필요 없는 것은 모두 제거해버렸습니다. 그리고는 '특별한 상황' 코드인 ScheduleRenderer와 MasterSchedule을 추가했습니다. 효과는 있었지만 보기는 흉했습니다. 그리고 전체 시스템이 좀 더 복잡해졌습니다.

핵(hack, 가끔 클루지라고 부름)은 말 그대로 프로그래머들이 작업을 끝내려고 만든, 엉성하고 빠르고 지저분한 솔루션으로, 문제를 악화시킬 수도 있습니다.

라이언의 솔루션은 정말이지 핵입니다. 그가 구현한 방법은 스케줄이 작동하는 방식을 변경해야 한다면, 새로운 StudioSchedule 클래스도 같이 변경해야 한다는 것을 기억해야 합니다. 그렇게 되면 아마도 '산탄총 수술'같은 변경이 일어날 것입니다.

크고 복잡한 시스템은 하나의 핵이 있을 때마다 점점 더 복잡해집니다.

팀이 단순함을 중요하게 여기면, 더 나은 코드를 만들 수 있습니다

여러분이 프로그래밍을 통해 문제를 해결하고 있을 때 솔루션을 코딩할 수 있는 방법은 매우 많습니다. 그 방법 중 몇 가지는 다른 방법보다 훨씬 더 복잡합니다. 복잡한 방법들은 단위 간에 훨씬 더 많은 상호 연결이 있고 로직에 추가로 계층을 더할 수도 있습니다. 단위는 한 번에 이해하기 힘든 만큼 크게 늘어날 수 있거나, 읽고 이해하기 너무 난해한 방식으로 작성되기도 합니다.

반면 여러분의 코드가 단순하면 모든 것이 훨씬 낫습니다. 새로운 행동을 추가하기 위해 코드를 변경하거나 작동하는 방식을 변경하기 위해 수정하는 일이 훨씬 쉬워집니다. 코드가 단순하면, 버그도 더 적어지고, 버그가 생겨도 추적하기 훨씬 쉽습니다.

그렇다면 라이언이 작업 중이던 TrainerSchedule 클래스 같은 특정 단위가 복잡해지는지 어떻게 알 수 있을까요? 복잡함을 통제할 수 있는 엄격한 규칙은 없습니다. 그래서 XP 팀은 규칙 대신 가치를 갖고 있습니다. 특히 XP 팀에 속한 사람들은 **단순함**을 중요하게 여깁니다. 즉, 특정한 코딩 문제를 해결하는 수많은 방법이 있는데, XP 팀은 단순함을 가장 최선의 선택으로 여깁니다.

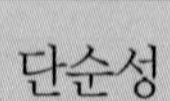

코드가 너무 많은 일을 하면 복잡해집니다.

코드가 복잡해지는 가장 일반적인 상황 중 하나는 코드가 너무 많은 일을 할 때입니다. 코드 단위는 개발자들의 행동 습관에 의해 구조화되는 경향이 있습니다. 하나의 단위가 너무 많은 일을 할 때 복잡함을 줄이는 가장 효과적인 방법 중 하나는, **그 단위를 더 작은 단위들로 분리**하는 것입니다.

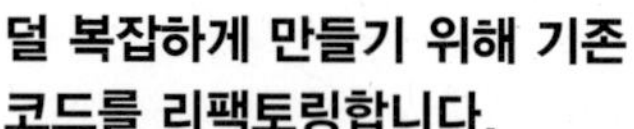

덜 복잡하게 만들기 위해 기존 코드를 리팩토링합니다.

특정 코드 단위를 만드는 단 하나의 '옳은' 방법이란 것은 없습니다. 옳은 답은 매우 많고, 처음부터 최적의 코드를 작성하는 일은 흔하지 않습니다. 그래서 XP 팀은 필요할 때마다 코드를 **리팩토링**합니다. XP 팀이 리팩토링할 때(또는 행동을 바꾸지 않고 구조 변경을 위해 코드를 수정할 때) 코드는 이전보다 훨씬 덜 복잡해집니다.

XP 팀원은 항상 점점 더 복잡해지기 시작하는 단위를 찾아봅니다. 그들은 더 단순하게 만들 수 있는 것을 보자마자 리팩토링하는 데 시간을 들이는 것이 가치 있다는 것을 압니다.

훌륭한 습관은 규칙보다 더 효과적입니다.

여러분이 테스트 주도 개발이나 리팩토링 같은 프랙티스를 사용하라고 팀원에게(또는 스스로에게) 잔소리를 하면 그들은 대부분 그 방법을 사용하지 않을 겁니다. 대신 효과적인 XP 팀에 속한 사람들은 **훌륭한 습관**을 개발합니다. 예를 들어 그들은 리팩토링할 수 있는 코드를 볼 때마다 리팩토링하는 습관을 들입니다. 마치 그들이 유닛 테스트를 먼저 작성하는 습관을 들이는 것처럼 말이죠. 이것이 바로 XP 마음가짐의 일부입니다.

브레인 파워

학원 예약 수정으로 인해 라이언이 부딪히게 된 것과 같은 문제들을, 서킷트렉 팀이 어떤 종류의 습관을 통해 피할 수 있을까요?

단순함은 기본적인 애자일 원칙입니다

애자일 선언문의 12가지 원칙 중 하나를 좀 더 자세히 살펴봅시다.

단순성이 -- 안 하는 일의 양을 최대화하는 기술이 -- 필수적이다.

음... '안 하는 일의 양을 최대화한다'라니 무슨 철학적인 사색처럼 들리거나 이상한 나라의 앨리스에서 애벌레가 하는 말처럼 들립니다. 그게 정말 무슨 뜻일까요?

단위가 단단히 커플링되어 있으면 프로젝트에 복잡함을 더하게 됩니다

집을 개축할 때, 큰 망치를 들고 벽을 힘껏 내리친다면 집에 많은 피해를 주게 됩니다. 이것이 코드 작성과 물리적인 사물을 만드는 것이 근본적으로 다른 점입니다. 만약 여러분이 코드를 많이 제거해도 프로젝트에 영구적인 피해를 주지 않습니다. 그리고 버전 컨트롤 시스템에서 쉽게 복구 가능합니다.

만약 여러분이 정말로 코드를 망치려면 새로운 코드를 만들고 그 코드와 관련된 많은 기존의 단위를 수정하고 수정한 단위에 관련된 다른 단위들과 단단히 커플링되도록 그 외의 다른 단위들도 더 수정하면 됩니다. 이렇게 하면 문제를 해결하기 위해 하나의 단위에서 다른 단위로 옮겨 다니며 고생할 것이 뻔합니다.

내가 6개월 전에 이 코드를
작성할 때 도대체 무슨 생각을
했던거지? 그걸 재사용 가능하게 만든
것이라고 생각했는데 지금 보니 완전히
엉망진창이네.

안 하는 일의 양을 최대화하는 효과적인 방법 중 하나는, 구체적인 목적을 알고 있는 부분에 대해서만 코드를 작성하는 것입니다. 나중에 필요할지도 모를 경우를 대비해서 코드를 작성하는 것은 피하세요.

재사용성을 위해 단순함을 희생하기 쉽습니다

개발자들은 재사용 가능한 코드를 사랑합니다. 여러분이 코드를 작성할 때, 시스템의 수많은 부분에서 똑같은 문제를 해결해야 한다는 것을 알게 되는 경우가 종종 있습니다. 힘든 문제에 관한 작업을 할 때나 기존의 방법을 불러오거나 이미 존재하는 자산을 사용할 수 있다는 것을 깨닫게 되는 '아하' 하는 순간은 매우 만족스럽습니다.

하지만 거기에는 수많은 프로그래머가 빠지기 쉬운 함정이 있습니다. 재사용성을 위해 코드를 최적화하면서 단순함을 희생하는 것입니다. 그것은 222쪽에서 애나가 말하던 것입니다. 라이언이 중복된 코드에서 몇 줄을 살리려고 아주 복잡한 빌드 스크립트를 만들었지만, 새로운 스크립트가 빌드 안에 있는 문제를 수정하거나 해결하기 매우 어렵게 만들었습니다. 라이언은 중복된 코드를 피하고 싶었지만, 결과적으로 프로젝트를 변경하기 훨씬 어렵게 만들고 말았습니다.

모든 팀은 기술적 부채를 축적합니다

코드에 생긴 작은 문제는 시간이 지나면서 쌓여갑니다. 이런 일은 모든 팀에게 일어납니다. 모든 개발자들, 심지어는 정말 훌륭하고 기술이 매우 좋은 개발자들조차 개선할 여지가 있는 코드를 작성합니다. 그런데 이런 일은 당연합니다. 우리가 문제를 해결하기 위해 코드를 작성할 때, 그 작업을 하는 가운데 그 문제에 대해 더 많이 배우게 되는 경우가 종종 있습니다. 작동하는 코드를 작성하고 결과를 보면서 잠시 그것에 대해 생각해본 후, 그러고 나서 **그 코드를 개선하고 단순화**할 수 있는 방법들이 있다는 것을 깨닫는 것은 자연스러운 일입니다.

하지만 대개 개발자들은 상황을 되돌아보면서 코드를 개선하지 않습니다. 특히 가능한 빠른 시간 안에 '완료'해야 하는 상황인데 완료되지 않았더라도 그 코드를 반영해야 한다는 엄청난 압박감을 받을 때 더욱 그렇습니다. 그리고 '수정되지 않은' 설계와 코드 문제가 코드 저장소에 오래 머물수록 문제는 더 복잡해지고 결국 작업하기 힘든 복잡한 코드가 됩니다. 그렇게 남아 있는 설계와 코드 문제를 **기술적 부채**(technical debt)라고 지칭합니다.

이 부분의 코드를 지난 2년 동안 한 번도 건드린 적이 없었는데, 이건 이제 거대한 스파게티 더미가 되어버렸네. 지금 그 안에 있는 버그를 수정해야 하는데. 머리 좀 많이 아프겠네.

기술적 부채를 갚기 위해 단순함과 리팩토링을 사용하세요.

기술적 부채는 모든 팀에게 생깁니다. 왜 그럴까요? 한 가지 이유는 단순한 코드보다 오히려 복잡한 코드를 작성하는 것이 쉽기 때문입니다. 복잡함보다 훨씬 나은 단순함을 얻으면서, 기술적 부채를 피하는 몇 가지 방법을 아래에 제시합니다.

★ **관심:** 단순함은 가치이며, 이 가치는 여러분이 그것에 진정으로 관심을 가져야 한다는 뜻입니다.

★ **계획:** 코드를 단순화하려면 그만큼 일을 더 해야 합니다. 많은 사람들이 복잡한 코드를 작성하는 것보다 단순한 코드를 작성하는 것이 더 어렵다고 느낍니다. 그래서 XP 팀은 주간 주기를 계획할 때 리팩토링할 시간을 스스로에게 부여합니다.

★ **검색:** 어떤 것이 복잡한지 알아내기란 쉽지 않습니다. 특히 여러분이 복잡한 것을 보는 데 이미 익숙해져 있을 때는 더욱 그렇습니다. 가끔 여러분은 단순화할 수 있는 대상을 찾기 위해 노력해야 합니다.

★ **행동:** 더 단순화할 수 있는 복잡한 코드를 발견했나요? 이제는 리팩토링할 시간입니다!

이 내용은 우리에게 **슬랙**을 상기시킵니다. 슬랙은 프로젝트 스케줄에 버퍼(완충 기간)를 넣는 애자일 방법 그 이상입니다. 슬랙은 여러분의 팀에게 기술적 부채를 갚을 수 있는(아니면 예방까지도 할 수 있는!) 시간을 벌어드립니다.

조심하세요

코드 지우기를 두려워하지 마세요.

개발자가 빠지는 가장 흔한 함정은 코드를 한 번 작성하고 나면, 그 코드 지우기를 꺼린다는 점입니다. 잘못하면 코드가 매우 비대해질 수 있습니다. 부차적인 행위, 죽은 코드, 또는 코드를 악화시키는 중복된 코드나 비효율성이 만들어집니다.

코드 지우는 것을 마음 편하게 생각해야 합니다. 왜냐하면 언제나 버전 컨트롤 저장소에 돌아가서 그 코드를 복구할 수 있기 때문입니다.

XP 팀은 매 주간 주기마다 기술적 부채를 '갚아나갑니다'

프로그래머들이 종종 처음에 코드를 작성할 때 코드를 제대로 만들지 못한다는 사실이 놀라웠나요? 그렇지만 사실입니다! 개발자들은 그냥 코드를 '쏟아내고' 그다음 문제로 옮겨가는 것이 아닙니다. 훌륭한 예술가, 장인들, 기능 보유자들이 스케치와 초기 설계를 한 후 작품을 완성하기 전에 그 스케치와 설계를 다듬는 것처럼, 훌륭한 프로그래머는 초기 버전의 코드를 만들고, 그 코드를 여러 번 리팩토링합니다.

그래서 정말로 효과적인 XP 팀은 매 주간 주기에 기술적 부채를 '갚고' 남아 있는 문제가 쌓이기 전에 그 문제를 풀 시간을 추가합니다. 그렇게 하는 가장 효과적인 방법은 코드를 리팩토링하는 것입니다. XP 팀은 이런 훌륭한 습관에 **가차 없는 리팩토링**(refactor mercilessly)이라는 이름을 붙였습니다.

마감일이 있는 건 알지만 이 코드를 지금 수정할 시간을 가져야 해요. 그렇게 해야 다음 작업이 훨씬 더 빨리 진행되고 훨씬 덜 초조할 거예요.

엔진 검사: 리팩토링

개발자가 코드를 리팩토링하는 방법을 살펴봅시다.

리팩토링은 코드의 행동은 바꾸지 않으면서 코드의 구조를 수정하는 것을 의미하고, 애자일 팀이 하는 대부분의 일처럼 시작하기도 쉽습니다(물론 그 미묘함을 마스터하려면 시간과 연습이 필요합니다). 아래에는 애나가 코드를 단순화하기 위해 사용한 일반적인 리팩토링의 예가 있습니다. 이것을 **메서드 추출**(extract method)이라고 합니다.

```
for ( StudioSchedule schedule : getStudioSchedules() ) {
    CustomerTrainers trainers = getTrainersForStudioSchedule( schedule );
    if ( trainers.primaryTrainerAvailable() ) {
        ScheduleUpdater scheduleUpdater = new ScheduleUpdater();
        scheduleUpdater.updateSchedule( schedule );
        scheduleUpdater.setTrainer( trainers.getPrimaryTrainer() );
        scheduleUpdater.commitChanges();
    } else if ( trainers.backupTrainerAvailable() ) {
        ScheduleUpdater scheduleUpdater = new ScheduleUpdater();
        scheduleUpdater.updateSchedule( schedule );
        scheduleUpdater.setTrainer( trainers.getBackupTrainer() );
        scheduleUpdater.commitChanges();
    }
}
```

이 코드 네 줄은 훈련 스케줄을 갱신하면서, 전담 트레이너를 할당하고 있습니다.

이 코드 네 줄은 거의 동일합니다. 그들은 백업 트레이너만 제외하고 거의 같은 일을 합니다.

애나는 createScheduleUpdaterAndSetTrainer()라고 하는 새로운 메서드에 4줄의 중복된 코드를 옮겨 리팩토링했습니다.

```
for ( StudioSchedule schedule : getStudioSchedules() ) {
    CustomerTrainers trainers = getTrainersForStudioSchedule( schedule );
    if ( trainers.primaryTrainerAvailable() ) {
        createScheduleUpdaterAndSetTrainer( trainers.getPrimaryTrainer() );
    } else if ( trainers.backupTrainerAvailable() ) {
        createScheduleUpdaterAndSetTrainer( trainers.getBackupTrainer() );
    }
}
```

애나가 중복된 코드 몇 줄을 제거하면서 코드를 더 단순화했습니다. 이제 애나가 다른 트레이너를 위해서 똑같은 일을 해야 한다면, 애나는 자신이 만든 새로운 메서드를 재사용할 수도 있습니다.

점진적 설계는 단순한 코드로 시작해서 단순한 코드로 끝납니다

우리가 지금까지 이야기한 프랙티스는, 모든 팀원이 서로 독립적으로 작동하는 작고, 서로 의존적이지 않은 단위를 만드는 데 필요한 습관을 들이도록 해줍니다. 그런 습관이 쌓이기 시작하면, **점진적 설계**(incremental design)를 시작할 수 있습니다. 이 XP 프랙티스는 정확히 다음과 같습니다. 팀은 프로젝트의 작은 증분에 대해서만 설계를 하는데, 이번 주간 주기에 필요한 것에 집중하면서 현재 주기에 필요한 부분만 설계하고 구축합니다. 팀은 작고, 서로 의존되지 않는 단위를 만들고, 기존 종속성을 제거해가면서 리팩토링하고, 단위가 너무 커지면 분리해서 각 단위의 설계를 단순화합니다.

팀이 점진적 설계를 하면, 팀은 설계 요소를 조금씩 식별하고 알아내고 진화합니다. 마치 점진적 개발을 할 때 계획을 조금씩 발견하고 알아내고 진화하는 것처럼 말입니다.

XP 팀이 점진적 설계를 사용하면, 팀이 처음으로 만든 단위는 주로 작고 안정적인 핵심 모듈로 진화합니다. 시스템이 커지면서, 팀은 각 주간 주기에 적은 수의 단위를 추가하거나 수정합니다. 각 단위가 다른 단위와 최소한의 종속성을 갖도록 하기 위해 테스트 주도 개발을 사용하는데, 그렇게 하면 전체 시스템을 작업하기가 훨씬 쉬워집니다. 각 반복에서 팀은 다음 스토리를 구축하는 데 필요한 설계만 추가합니다. 단위가 단순하게 상호작용하기 시작하면, 전체 시스템이 조금씩 유기적으로 성장합니다.

점진적 설계가 될 리가 없어.
대규모 시스템을 종이에 먼저 커다란 설계를 하지 않고 어떻게 만들 수가 있어?

모든 설계는 변합니다. 점진적 설계는 변화를 위한 것입니다.

소프트웨어 공학도들은 몇 세대에 걸쳐 학교에서 이렇게 배웠습니다. 팀이 코딩을 시작하기 전에 시스템 설계를 완성해야 한다고. 이런 생각은 워터폴 프로세스와 관련 있습니다. 프로젝트는 개발 단계로 넘어가기 전에 설계 단계를 완료해야 합니다. 점진적 설계는 팀이 **책임이 따르는 마지막 순간에 설계에 관한 의사결정을 내릴 때** 효과가 있습니다. 반복적인 개발을 사용하는 팀이 계획 수립에 관한 의사결정을 하는 방식과 동일합니다.

점진적 설계는 실제로 정말 효과가 있습니다. 가장 성공적인 예 중의 하나가 유닉스 도구입니다(유닉스 쉘 명령어인 `cat`, `ls`, `tar`, `gzip` 등). 이런 도구들은 모두 한 번에 개발되지 않았습니다. 유닉스 도구는 단순함이란 철학에 기반합니다. 각 도구는 하나의 구체적이고 단순한 일을 수행하고 다른 도구를 입력으로 사용하면서 결과를 생성합니다. 그렇게 되면 매우 많은 각기 다른 사람들이 오랜 기간에 걸쳐 전체 도구들을 만드는 데 기여할 수 있습니다. 필요가 생길 때마다 개별적인 도구가 하나씩 추가되고 그 도구들의 전체 집합은 점진적으로 자라납니다.

XP 팀은 매우 유사한 접근법을 취합니다. 단순함이라는 가치를 포용한다는 동일한 생각을 갖고 시작합니다. 그리고 유닉스 도구처럼 효과적으로 작업합니다.

그렇다면 팀이 단순함을 가치 있게 여기기 때문에
그들에게는 다음 스토리에 필요한 단위만 만드는 게 말이 되네요.
설계가 이미 단순하기 때문에 **수정하기 쉽겠어요.**

맞습니다. 그리고 수정을 위해 설계된 소프트웨어는 팀이 변화를 포용하기 쉽게 해줍니다.

XP의 중요한 점은 팀이 코드를 작성하는 방법을 개선하는 것이고, 이와 마찬가지로 중요한 것은 작업 환경을 개선하고 활기차게 만든다는 것입니다. 모든 팀원이 진정으로 점진적 설계를 '이해'하면, 전체 시스템은 작업하기 훨씬 더 쉽게 변합니다. 그러면 작업이 **훨씬 더 만족스럽습니다.** 소프트웨어 개발 업무에서 가장 지루한 부분이 줄어들고 가끔은 사라집니다.

이 모든 것이 매우 긍정적인 피드백 주기로 이끌어줍니다. 주간 주기와 슬랙은 팀에게 작업할 시간과 코드를 리팩토링할 수 있는 시간을 만들어주며, 이로 인해 그들이 점진적으로 단순한 설계를 만들고, 결국 진행을 빨리 하게 되어 회사에 성공을 가져다줍니다. 그런 성공은 **팀이 보다 효과적으로 비즈니스 사람들과 협력하게 해주며,** 팀에게 주간 주기와 슬랙을 사용해 프로젝트 계획 수립을 지속적으로 할 수 있는 능력을 줍니다.

핵심정리

- XP 팀은 변화를 거부하기보다는 **변화를 포용**합니다.
- **10분 빌드**는 팀에게 빌드에 관한 지속적인 피드백을 주고, 기다림으로 인해 생기는 초조함을 줄여줍니다.
- 팀은 모든 사람들의 작업 폴더가 몇 시간마다 갱신됐는지 확인하면서 **지속적**으로 **통합**을 수행합니다.
- **테스트 주도 개발**, 즉 유닛 테스트를 먼저 만들고 그 테스트를 통과할 코드를 작성하는 것은 팀이 코드 단위를 단순하게 만들고 종속성을 줄이는 데 도움을 줍니다.
- 하나의 컴퓨터 앞에 두 사람의 프로그래머가 앉아 함께 작업하는 **페어 프로그래밍**은 서로가 독립적으로 일할 때보다 훨씬 빨리 더 나은 코드를 만들 수 있게 해줍니다.
- 기술적 선택이 효과가 있을지 확실하지 않을 때 그 선택을 테스트할 수 있는 작고 버릴 수 있는 프로그램인 **스파이크 솔루션**은 그 방법이 좋은지를 결정하는 데 도움을 줍니다.
- XP 프랙티스는 선순환 효과를 만들면서 서로가 **서로를 보강**해줍니다.
- XP 팀은 **훌륭한 습관**을 개발하며 그 습관은 팀에게 규칙을 강요하지 않고도 훌륭한 소프트웨어를 만드는 데 도움을 줍니다.
- 어느 방법론의 프랙티스가 **마음에 들지 않는다**는 것은 주로 방법론의 가치와 팀의 마음가짐이나 문화가 충돌한다는 것을 가리킵니다.
- 애자일 팀은 더 나은 코드를 만들 수 있고 더 적은 코드를 작성하게 해주는 **단순함**을 중요하게 여깁니다.
- XP 팀은 **재사용성을 위해 단순함을 희생하지 않습니다.**
- 현재 반복에 필요한 설계만을 만드는 **점진적 설계**는 시스템을 복잡하지 않게 유지하는 데 도움이 되는 효과적인 프랙티스입니다.

바보 같은 질문은 없다

Q: XP가 정말로 일을 더 만족스럽게 만들어주나요?

A: 네, 정말로요! 작업 공간을 활기 넘치게 유지한다는 것은 모든 사람들의 피로함, 지루함과 불안을 세심하게 지켜본다는 뜻입니다. 그런 감정은 팀원들이 피할 수도 있었을 코드 관련 문제를 다루고 있거나, 무책임한 계획 수립으로 인해 야근을 할 수 밖에 없다는 표시이기도 합니다.

Q: 라이언의 일정 변경 프로그램이 핵이었다는 것을 어떻게 알죠?

A: 몇 가지 눈에 띄는 경고 신호가 있습니다. 첫 번째는 그가 전체 클래스를 복사하면서 필요 없어 보이는 부분만 살짝 없애버리고 그다음에 코드를 개선할 생각도 않았죠. 그때 중복 코드가 많이 생겼고요. 그 후 라이언은 시스템의 다른 부분에 '특별한 상황'에 대한 코드를 추가했습니다. 그 상황이라는 것은 요가나 운동 수업처럼 구체적인 상황이 아니라 전체 일정에 영향을 주는 특이한 행동을 수행하는 코드입니다. 개발자는 그런 일을 피하려고 합니다. 왜냐하면 그런 코드가 시스템을 유지보수하기 더 어렵게 만들 수 있기 때문입니다. 그런 문제를 해결하는 훨씬 더 우아한 방법은 항상 있기 마련입니다.

Q: 알겠는데, 이제는 중복 코드가 헷갈려요. 라이언은 몇 개의 중복 코드를 피하자고 복잡한 빌드 스크립트를 만들지 말았어야 했어요. 게다가 중복 코드를 많이 갖고 있는 클래스를 가지고 핵을 만들지도 말았어야 했지요. 그런데 중복 코드가 좋은 건가요, 나쁜 건가요?

A: 프로그래머에게 두 군데(심지어는 그 이상!)에 중복된 코드를 보는 것보다 미적으로 더 불쾌한 일은 거의 없습니다. 거의 항상 그 중복된 코드는 클래스, 기능, 모듈 등의 언어에 맞는 단위로 옮겨서 재사용하는 것이 좋습니다. 하지만 가끔은 상황이 그렇게 간단하지 않습니다. 중복된 몇 줄의 코드를 재사용하는 것이 쉽지만은 않습니다. 종종 중복된 부분을 단위로 추출하는 데 많은 노력이 필요하기도 합니다. 우리가 코딩을 할 때 단순화가 아닌 복잡함만 더하고 마는, 중복된 코드의 작은 블록을 피하기 위해 엄청난 일을 하기도 합니다. 그것이 라이언 자신이 만든 빌드 스크립트에 빠진 함정입니다.

Q: 잠깐만요... '미적으로 불쾌하다'라고요? 미학이란 게 언제부터 코드랑 연관이 있었죠?

A: 코드 미학은 정말 중요합니다! 여러분이 개발자가 아니라면 코드가 '미적으로 보기 좋은' 것에 관해 이야기하는 것이 이상할 수도 있습니다. 하지만 훌륭한 개발자라는 한 가지 신호는 미적인 감각이고 심지어 그 개발자가 작성하는 코드의 아름다움이기도 합니다. 중복된 코드는 특히 개발자에게 미적으로 불쾌합니다. 왜냐하면 그것은 거의 언제나 무언가를 단순화해야 한다는 신호이기 때문입니다.

Q: 그렇다면 제 코드가 너무 복잡한지 아니면 충분히 단순한지 어떻게 아나요? 제가 적용할 수 있는 규칙이 있나요?

A: 아니요. 얼마나 복잡해야 심각한 정도인지에 관한 규칙은 없습니다. 그래서 단순함이 규칙이 아니라 가치인 것입니다. 여러분이 단순함을 가치 있게 여기는 팀에 속한 프로그래머로서 더 많은 경험을 쌓을수록 여러분은 자신의 코드를 단순하게 만드는 일에 더 익숙해질 것입니다. 그 말은 여러분의 코드가 너무 복잡할 수도 있다는 경고 신호가 분명이 있다는 이야기입니다. 예를 들어 특정 영역의 코드를 건드리기가 무섭다거나 어떤 코드는 편집하면 안 될 것 같은 섬뜩한 순간이 있었다면, 그 코드가 너무 복잡하다는 것을 아마도 여러분이 알기 때문일 것입니다. 소스코드 변경 그 자체는 쉽지만 빌드 스크립트나 유닛 테스트를 수정하는 것이 정말로 어렵거나 짜증나기 때문에 개선을 회피하고 있다면 빌드 스크립트와 유닛 테스트가 너무 복잡한 것입니다.

Q: 저는 아직도 테스트 주도 개발과 단순함에 관해 잘 이해하지 못하겠습니다. 유닛 테스트를 먼저 작성하는 것이 정말로 코드를 단순하게 하는 데 도움이 되나요?

A: 네. 수많은 복잡성은 여러분이 시스템의 여러 부분에 걸쳐 많은 종속성을 가진 코드를 만들 때 발생합니다. 만약 여러분이 그런 종속성을 추가하는 것을 피할 수 있다면, 전체 시스템은 유지보수하기가 훨씬 쉬워지며, 여러분이 코드 작업을 할 때 느끼는 '산탄총 수술' 느낌을 피하는 데도 도움이 됩니다. 유닛 테스트는 불필요한 종속성을 피하는 데 정말로 큰 도움이 됩니다. 왜냐하면 하나의 단위를 위한 테스트는 그 단위가 필요로 하는 모든 입력을 제공해야 하기 때문입니다. 만약 그 단위에 수많은 종속성이 있다면 테스트를 작성하기가 극도로 짜증나는 일이 됩니다. 그리고 여러분은 정말로 필요한 종속성이 정확히 무엇인지 매우 명확하게 느낄 수 있습니다. 종종 유닛 테스트는 리팩토링이 가능한 시스템이 어떤 곳인지를 알려주기도 합니다. 그래서 눈앞에 닥친 코드가 여러분을 짜증나고 지루하거나 초조하게 만든다면, 바로 리팩토링을 할 수 있도록 안내를 해주는 혜택도 제공해줍니다.

Q: 그리고 짜증과 지루함을 줄이는 것이... 정말 팀에게 좋은 거죠, 그렇죠?

A: 네! 팀을 더 생산적으로 만들 수 있는 최고의 방법 중 하나는 모든 사람들이 **덜 짜증나고 덜 지루하고 덜 초조한 일**을 하게 해주는 것입니다. 그 방법이 활기찬 작업 공간을 만드는 가장 효과적인 방법입니다. 그것이 바로 XP 팀이 다른 방법으로 일하는 것을 상상도 할 수 없는 이유입니다.

피로, 지루함, 동요는 피할 수도 있는 코드 문제에 대한 조기 신호일 수 있습니다.

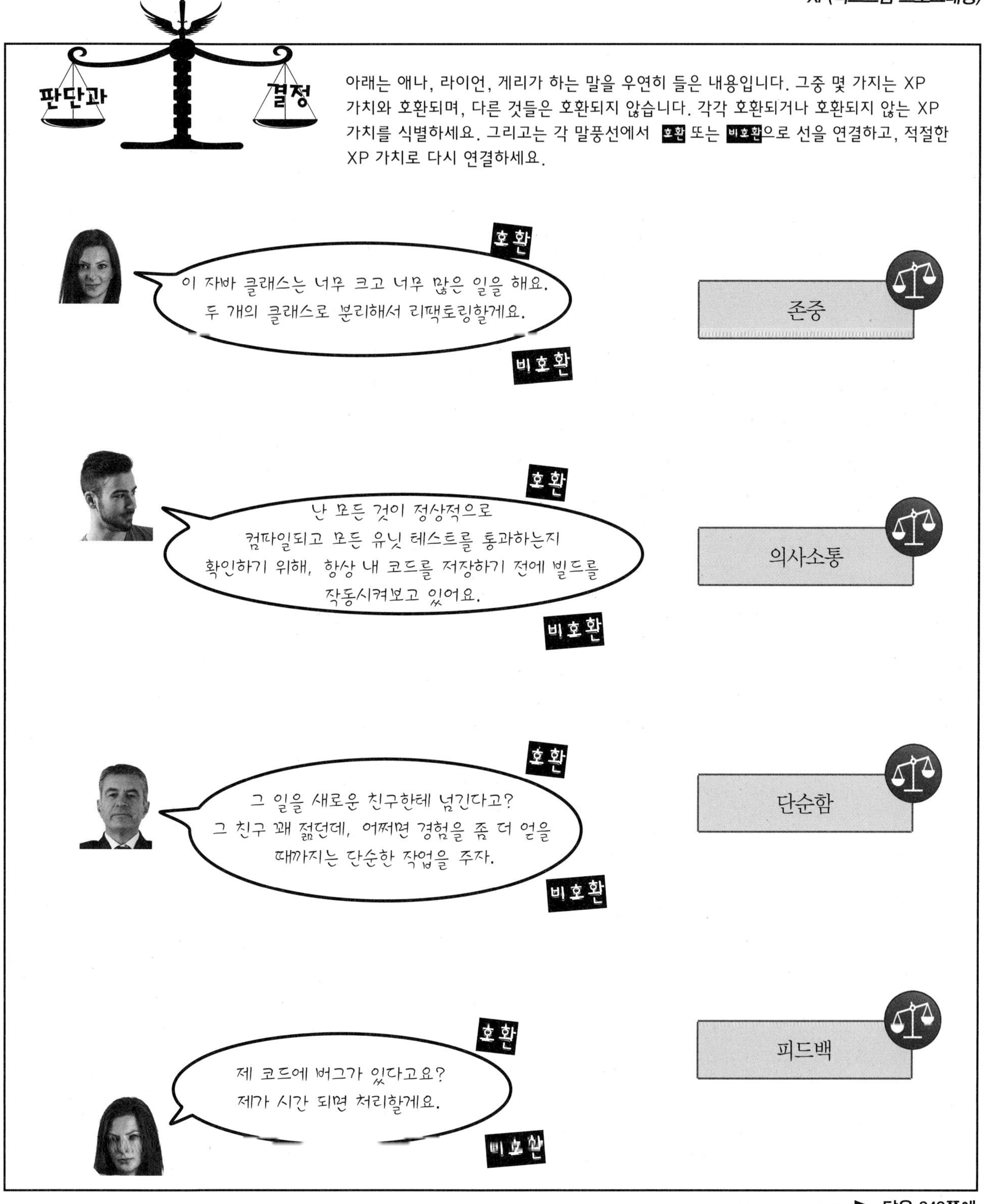
판단과 결정
아래는 애나, 라이언, 게리가 하는 말을 우연히 들은 내용입니다. 그중 몇 가지는 XP 가치와 호환되며, 다른 것들은 호환되지 않습니다. 각각 호환되거나 호환되지 않는 XP 가치를 식별하세요. 그리고는 각 말풍선에서 호환 또는 비호환으로 선을 연결하고, 적절한 XP 가치로 다시 연결하세요.
호환
이 자바 클래스는 너무 크고 너무 많은 일을 해요. 두 개의 클래스로 분리해서 리팩토링할게요.
비호환
존중
호환
난 모든 것이 정상적으로 컴파일되고 모든 유닛 테스트를 통과하는지 확인하기 위해, 항상 내 코드를 저장하기 전에 빌드를 작동시켜보고 있어요.
비호환
의사소통
호환
그 일을 새로운 친구한테 넘긴다고? 그 친구 꽤 젊던데, 어쩌면 경험을 좀 더 얻을 때까지는 단순한 작업을 주자.
비호환
단순함
호환
제 코드에 버그가 있다고요? 제가 시간 되면 처리할게요.
비호환
피드백

답은 243쪽에

4개월 뒤...

저기, 라이언!
마지막으로 야근한 게 언제야?

그거 알아? 꽤 됐어. 코드가 진짜 짜증났는데,
최근에는 작업하기 **훨씬 쉬워졌어.**

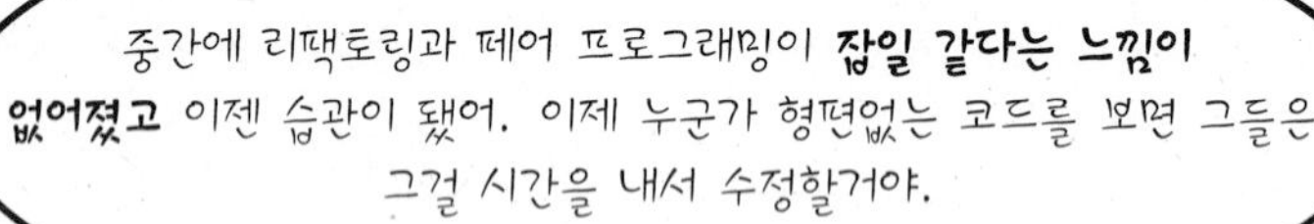

중간에 리팩토링과 페어 프로그래밍이 **잡일 같다는 느낌이 없어졌고** 이젠 습관이 됐어. 이제 누군가 형편없는 코드를 보면 그들은 그걸 시간을 내서 수정할거야.

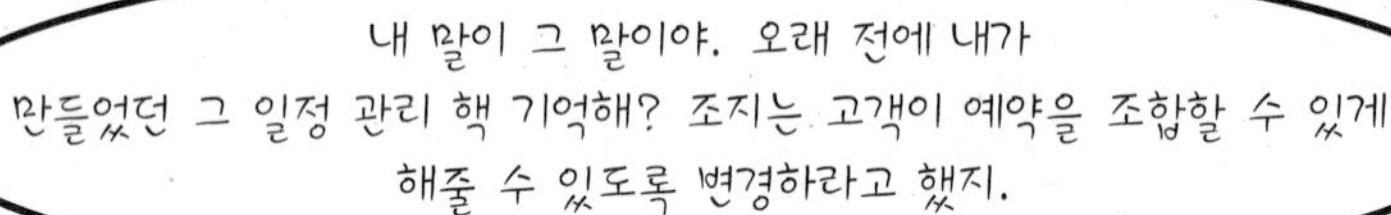

내 말이 그 말이야. 오래 전에 내가
만들었던 그 일정 관리 핵 기억해? 조지는 고객이 예약을 조합할 수 있게
해줄 수 있도록 변경하라고 했지.

난 그게 끔찍했고 3주는 걸릴 거라고 생각했는데,
누군가 그 코드를 이미 리팩토링했고, 그래서 **내가 만든 오래된 쓰레기들을 청소하기가 훨씬 쉬웠지.**
그 모든 걸 3일 안에 다 해치웠지 뭐야.

자네들이 뭘 했건 간에 다 효과가 있었어. 요즘 난 전국에서 가장 큰 요가
학원 체인과 협상을 해왔어. 그 피처는 그 사람들에게 정말로 필요한 것이었는데 내가 직접
부사장에게 시연을 했고, 결국 올해 가장 큰 건을 따냈지!

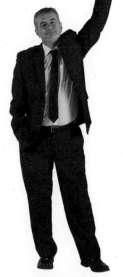

XP 크로스

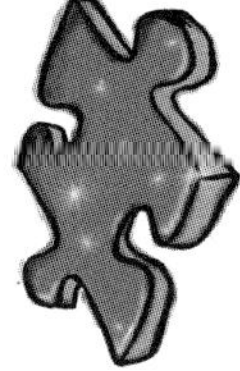

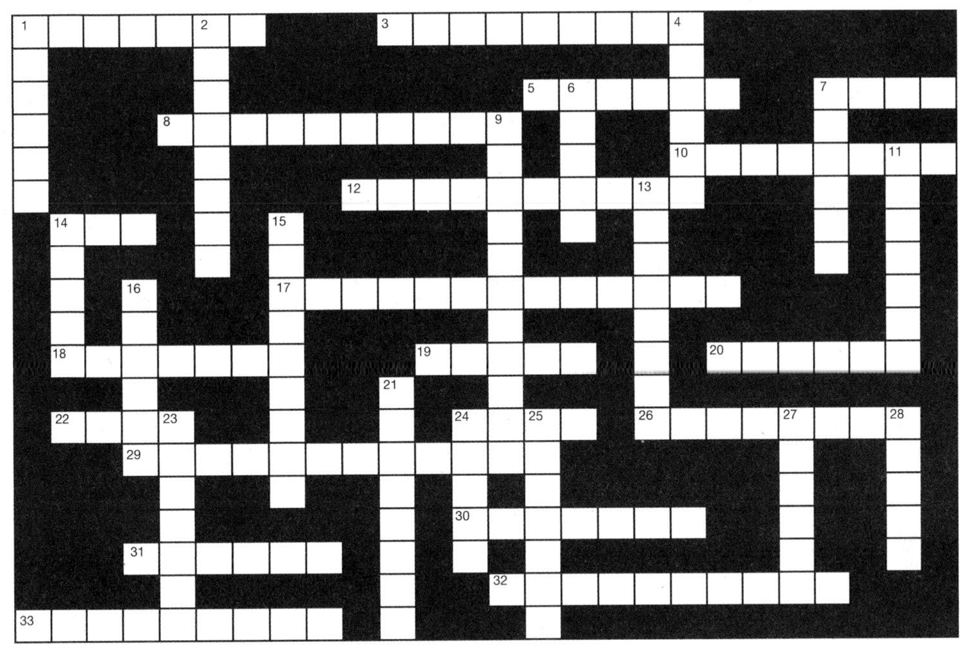

답은 234쪽에

가로

1. 스크럼은 ______ 관리에 강한 초점을 맞추고 있다.
3. XP 프랙티스는 ____을 형성하기 위해 함께 일하며 서로를 돕는다.
5. XP 팀은 10분 또는 그 이하로 작동하는 자동화된 ______를 만든다.
7. 엉성하고 빠르고 지저분한 해법
8. 모든 팀원이 지속적으로 자신들의 작업 폴더에 있는 코드를 버전 컨트롤 시스템으로 ______한다.
10. 팀이 유용한 정보를 반복적으로 얻고 수정하기 위해 사용하는 종류의 순환 주기
12. 버전 컨트롤 시스템이 팀에게 코드를 저장하도록 제공하는 것
14. 의사소통이 잘되게 하기 위해 XP 팀이 함께 하는 것
17. 사람들이 이 가치를 가졌을 때, 그들은 사무실 환경에서 수다떠는 것을 신경 쓰지 않는다.
18. XP 팀은 변화를 ______한다.
19. 선택적이거나 중요하지 않은 아이템을 포함할 때 팀이 추가하는 것
20. 엉성하고 빠르고 지저분한 해법을 부르는 다른 이름('스투지'와 같은 운율)
22. 두 사람이 하나의 컴퓨터 앞에서 하는 프로그래밍의 종류
24. 프로그래머는 이와 같이 집중도가 매우 높은 상태에 이르는 데 15분에서 45분 걸린다.
26. 단순화할 수 있는 복잡한 코드를 만났을 때 당신이 하는 것
29. 이것들은 당신의 코드에 복잡함을 더한다.
30. 요구사항을 관리하기 위해 XP와 스크럼에서 사용하는 프랙티스
31. XP 반복이 일어나는 주기
32. 이 가치는 안 하는 일의 양을 최대화한다.
33. ______ 주기는 XP 팀이 중장기 계획을 수립하는 방법이다.

세로

1. 이것을 달성하라고 사람들에게 잔소리하는 것은 짜증날 뿐 아니라 효과도 없고, 실제로 역효과가 난다.
2. 애자일 팀은 ______ 요구사항을 환영한다, 심지어 개발 후반부라도.
4. ______하기 쉬운 코드를 가지고 작업하면 스트레스를 훨씬 덜 받는다.
6. 모든 코드는 이걸로 분할된다.
7. 훌륭한 ____은 프랙티스가 잘 '고착'되도록 하는 데 있어 규칙보다 낫다.
9. XP 팀이 추구하는 속도, 애자일 프로세스가 권장하는 개발 종류
11. 나중에 사과하는 게 더 쉬울 것 같아서 불가능한 마감일에 동의한다면, 당신은 이 가치가 부족하다.
13. 당신이 데이터를 인지할 수밖에 없는 위치에 붙여진 번다운 차트나 태스크 보드를 정보 ______라고 한다.
14. 당신이 작고, 버릴 수 있는 프로그램을 만들어서 실험을 하는 솔루션의 종류
15. 팀이 책임이 따르는 마지막 순간에 설계에 관한 의사결정을 하는 설계의 종류
16. XP 팀이 자신들의 계획 수립 프랙티스를 스크럼의 완전하고 수정하지 않은 구현으로 대체할 때
21. 여러분이 코드 변경을 하려고 하는 데 이미 팀원이 동일한 영역의 코드를 변경했을 때
23. 팀원이 서로 신뢰하는 데 도움이 되는 XP와 스크럼 가치
24. TDD는 유닛 테스트를 ______ 작성하는 것을 의미한다.
25. 주변 사람들의 대화를 통해 정보를 얻을 때 일어나는 의사소통
27. 버전 컨트롤 시스템에 입력하는 변경사항
28. XP 팀은 정해지거나 규정된 ______를 갖고 있지 않다.

시험 문제

이 실전 문제는 여러분이 이 장의 내용을 복습하는 데 도움이 됩니다. 여러분이 혹시 PMI-ACP 인증 시험 준비로 이 책을 사용하는 것이 아니더라도 여전히 문제에 대한 답을 찾아보는 게 좋습니다. 문제를 푸는 것은 여러분이 아는 것과 모르는 것을 알아보는 좋은 방법으로, 여러분의 뇌에 학습 내용을 좀 더 빠르게 입력할 수 있습니다.

1. XP 팀이 자신들의 업무를 계획하는 방법에 관해 다음 중 사실이 아닌 것은?

A. XP 팀은 종종 인덱스 카드에서 다음 작업을 팀원들이 선택하도록 해서 자기조직화한다.

B. XP 팀은 일주일 걸리는 반복을 사용한다.

C. XP 팀은 코드에 집중해서 계획 수립은 거의 하지 않는다.

D. XP는 반복적이고 점진적이다.

2. XP의 가치와 프랙티스는 팀이 변화를 포용하는 데 어떻게 도움을 주나요?

A. 팀이 수정하기 쉬운 코드를 구축하게 함으로써

B. 사용자가 변경사항을 요청하는 방법에 강력한 제한을 가함으로써

C. 변경 제어 프로세스를 강화함으로써

D. 비즈니스 사용자와 팀 간의 소통하는 양을 제한함으로써

3. 에이미는 출퇴근자를 위한 모바일 앱을 개발하는 팀의 개발자입니다. 팀은 XP를 적용했지만 주간 주기나 분기별 주기, 슬랙을 사용하는 대신, 일일 스크럼 회의를 하고 스프린트 계획 수립을 하며 회고 회의를 갖습니다. 다음 중 에이미의 팀을 가장 잘 설명한 것은?

A. 팀은 적절한 계획 수립을 하지 않는다

B. 팀은 XP를 적용하는 프로세스 중이다.

C. 팀은 스크럼과 XP를 통합해서 사용한다.

D. 팀은 XP에서 스크럼으로 바꾸는 중이다.

4. 다음 중 XP와 스크럼 모두에게 일반적이지 않은 것은?

A. 역할

B. 반복

C. 존중

D. 용기

시험 문제

5. **다음 중 XP 팀이 추정을 하는 데 유효한 방법은?**
   - **A.** 계획 수립 포커
   - **B.** 계획 수립 게임
   - **C.** 전통적인 프로젝트 추정 기법
   - **D.** 위 내용 모두

6. **이반은 XP 팀의 프로젝트 관리자입니다. 그는 지난 몇 번의 주간 주기에서 모든 사람들이 코딩을 하면서 하루 종일 헤드폰을 쓰고 음악을 듣고 있다는 것을 알게 됐습니다. 이반은 삼투적 의사소통의 부재가 작업 공간의 정보 공유를 저해하는 것은 아닌지 걱정입니다. 그는 팀 회의를 소집해 XP의 정보를 공유하는 작업 공간 프랙티스를 설명하고 직장에서 헤드폰을 쓰지 않는 규칙을 제안했습니다. 이 상황을 가장 잘 설명한 것은?**
   - **A.** 팀은 정보를 공유하는 작업 공간 프랙티스를 수행하지 않고 있다.
   - **B.** 이반은 팀이 XP를 적용하는 데 도움을 줄 책임이 있고, 섬기는 리더십을 몸소 보여주고 있다.
   - **C.** 이반은 XP 가치에 대한 이해를 개선해야 한다.
   - **D.** 팀은 스크럼과 XP를 통합해서 사용하고 있다.

7. **다음 중 테스트 주도 개발에 관해 옳은 것은?**
   - **A.** 유닛 테스트는 팀이 테스트하는 코드를 작성하자마자 바로 수행한다.
   - **B.** 유닛 테스트를 먼저 작성하는 것은 코드의 설계에 엄청난 영향을 준다.
   - **C.** 테스트 주도 개발은 XP 팀에서만 단독으로 사용한다.
   - **D.** 유닛 테스트를 작성하면 팀이 코드를 작성하는 데 더 많은 시간을 사용하기 때문에 전체 프로젝트가 오래 걸리지만 더 나은 품질을 위해서는 그만한 가치가 있다.

8. **지속적인 통합에서 일어나는 일은?**
   - **A.** 지속적으로 새로운 코드를 작업 폴더에 통합하고 빌드나 테스트 실패에 대해 팀에게 경고해주는 빌드 서버를 설치한다.
   - **B.** 작동하는 소프트웨어를 지속적으로 만들기 위해 반복 사용한다.
   - **C.** 모든 팀원은 버전 컨트롤 시스템의 최신 코드로 자신들의 작업 폴더를 계속 업데이트한다.
   - **D.** 코드의 행위는 수정하지 않으면서 코드의 구조를 개선하고, 그 코드를 다 통합함으로써 지속적으로 기술적 부채를 줄인다.

시험 문제

9. 다음 중 정보 라디에이터의 예가 아닌 것은?

A. 팀은 자신들 주변에서 일어나는 대화를 통해 정보를 흡수할 수 있도록 함께 앉는다.

B. 모든 사람들이 볼 수 있는 곳에 번다운 차트를 붙인다.

C. 공용 공간의 벽에 팀의 태스크 보드를 붙여둔다.

D. 모든 사람들이 볼 수 있는 화이트보드에, 주간 주기 동안 지금까지 팀이 완료한 스토리 목록을 보관한다.

10. 다음 프랙티스 중 XP 팀의 피드백 순환고리에 관여하지 않는 것은?

A. 테스트 주도 개발

B. 지속적 통합

C. 10분 빌드

D. 스토리

11. 팀이 정교하지 않은 와이어프레임을 사용하는 이유는?

A. 사용자는 사용자 인터페이스 샘플이 정교하지 않을 때 더 많은 피드백을 준다.

B. 애자일 팀은 상세한 오디오를 포함한 소프트웨어를 거의 개발하지 않는다.

C. 팀은 주간 주기 한 번에 하나의 와이어프레임 세트만을 구축하고 검토한다.

D. 와이어프레임은 덜 복잡한 사용자 인터페이스에만 사용되고, XP 팀은 단순함을 가치 있게 여긴다.

12. 다음 중 지속 가능한 개발을 촉진하는 것은?

A. 팀에게 놀랄 일이 없게 다음 6개월간 작업 계획을 철저하게 수립하기

B. 모든 사람들이 처음에 개발할 때부터 올바른 것을 개발하도록 해서 재작업이 필요 없게 하기

C. 모든 사람들이 제시간에 퇴근하고 주말에 일하라는 압박감을 느끼지 않게 해서 팀이 지치지 않게 하기

D. 빡빡한 마감일을 설정해서 모든 사람들이 그 마감일에 맞추도록 동기부여하기

13. 다음 중 페어 프로그래밍의 장점이 아닌 것은?

A. 모든 팀원이 시스템의 여러 다른 부분을 작업하는 경험을 한다.

B. 두 사람이 모든 변경사항을 보게 된다.

C. 동료는 서로를 집중하게 해준다.

D. 사람들이 돌아가면서 작업하므로 피로가 감소한다.

시험 문제

14. 조앤은 항상 리팩토링하고, 지속적인 통합을 하며, 유닛 테스트를 먼저 작성하고, 다른 많은 XP 프랙티스를 수행하는 팀의 개발자입니다. 이 팀의 문화를 가장 잘 설명한 것은?

A. 팀에 XP 규칙을 강요하는 엄격한 관리자가 있다.

B. 팀은 훌륭한 습관을 갖고 있다.

C. 팀은 훈련이 매우 잘되어 있다.

D. 팀은 이렇게 일하지 않으면 해고될 것을 걱정한다.

15. 빌드를 작동하는 데 10분 이상이 걸리면 무슨 일이 일어날까요?

A. 패키지 프로세스에 에러를 야기한다.

B. 팀원이 빌드를 자주 작동하지 않는다.

C. 해결하기 힘든 통합 충돌이 일어난다.

D. 유닛 테스트가 실패한다.

16. 조이는 모바일 오퍼레이팅 시스템을 구축하는 팀에서 일하는 개발자입니다. 그녀는 여태까지 작업해온 피처에 대해 코딩 작업을 하려는데, 수많은 충돌을 해결하지 않고서는 버전 컨트롤 시스템이 그 작업을 완성하지 못하게 합니다. 어떤 프랙티스가 향후 이 문제를 방지하는 데 최고의 프랙티스일까요?

A. 지속 가능한 속도

B. 지속적인 통합

C. 10분 빌드

D. 테스트 주도 개발

17. 키아는 XP 프로젝트의 개발자입니다. 그의 팀은 분기별 계획을 수립합니다. 중요한 피처가 하나 있는데 그것을 제대로 개발하지 못하면 프로젝트에 심각한 결과를 초래할 수 있습니다. 키아는 프로젝트의 이와 같은 부분에 대한 전문가이고, 그녀만이 프로그래밍 작업을 할 예정입니다. 그녀는 설계가 상대적으로 단순해서 어떻게 구축할지 안다고 꽤 확신합니다. 키아와 그녀의 팀이 취할 최고의 행동은 무엇입니까?

A. 초기 주간 주기에 아키텍처 스파이크를 위한 스토리를 추가한다.

B. 일찍 피드백을 얻기 위해 정교하지 않은 와이어프레임을 구축한다.

C. 초기 주간 주기에 위험 기반 스파이크를 위한 스토리를 추가한다.

D. 추가로 사용성 테스트를 한다.

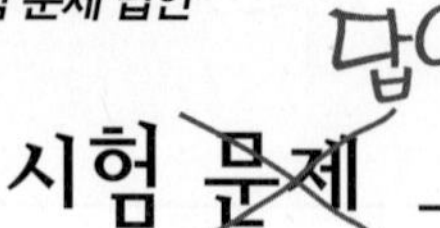

이 장의 실전 문제에 대한 답입니다. 몇 개나 맞혔나요? 틀린 게 있어도 괜찮습니다. 어떤 것이 틀렸는지 이 장의 관련 부분을 넘겨보고 다시 읽어보는 데 시간을 할애하는 것도 그만한 가치가 있습니다.

1. 답: C

XP 팀은 스크럼 팀이 하는 것처럼 프로젝트 관리에 초점을 두진 않지만 XP는 여전히 자기조직 팀을 중요하게 여기는 반복적이고 점진적인 방법론입니다. 그 이유들이 애자일 방법론의 일부입니다.

2. 답: A

이것은 많은 버그를 만들어내는 재작업을 방지합니다.

변경사항이 머리가 아픈 작업이 아님을 팀이 안다면 팀이 변화를 포용하기가 훨씬 쉽습니다. XP는 수정하기 더 쉬운 코드를 팀이 구축하게 도와주는 프랙티스와 가치를 포함함으로써 변화를 포용하기 쉽게 도와줍니다.

3. 답: A

스크럼/XP 통합을 사용하는 팀은 계획 수립과 관련된 XP 프랙티스를 스크럼의 완전한 구현으로 대체합니다. 에이미의 팀은 그렇게 하지 않았습니다. 그 팀은 스크럼 프랙티스를 몇 가지 적용했지만 제품 백로그 같은 것은 전혀 추가하지 않고 분기별 주기를 버렸기 때문에 그들은 장기 계획 수립 같은 것을 거의 중단했습니다.

그들에게는 스크럼 마스터나 제품 책임자가 없습니다. 이들을 무시한 또 다른 스크럼 프랙티스는 무엇일까요? 이 모든 것이 에이미의 팀원들 사이의 마음가짐에 대해 무엇을 알려준다고 생각하십니까?

4. 답: A

XP와 스크럼은 모두 존중과 용기를 귀중하게 여기며, 둘 다 계획 수립을 위해 시간이 정해진 반복을 사용합니다. 하지만 XP는 정해진 역할이 없지만 스크럼 팀에는 항상 제품 책임자와 스크럼 마스터의 역할을 할 팀원들이 있어야 합니다.

계획 수립 게임은 XP 초기 버전의 일부 프랙티스입니다. 그 게임은 팀이 스토리를 태스크로 분할하고 팀원들에게 할당해줌으로써 반복 계획을 만들었습니다. 아직까지 몇몇 팀이 사용하고 있지만 계획 수립 포커가 훨씬 더 일반적입니다.

5. 답: D

XP 팀은 추정에 많은 종류의 기법을 사용하며, 팀이 특정 기법을 사용해야 한다고 규정하지는 않습니다. 그래서 목록에 있는 모든 기법들이 유효합니다. 그러므로 팀이 단순히 만나서 그 작업이 얼마나 걸릴지 이야기해보는 것도 의미가 있습니다.

6. 답: C

이반은 자신이 해석한 대로 팀이 XP 프랙티스를 따르지 않기 때문에 무언가 잘못되었다고 판단했습니다. 그가 팀 회의를 소집해 헤드폰을 사용하지 말라는 규칙을 제안했을 때, 그는 그것이 팀이 선호하는 작업 방식이라는 사실을 무시하고 있었습니다. 그런 행동은 매우 무례하며, 팀이 효과적인 작업방식을 찾는 것을 신뢰하지 않음을 보여줍니다. 존중은 XP의 핵심 가치이며, 사람들이 그것을 무시하면, 전체 팀 사이에 분노와 다른 부정적인 감정이 생겨 팀에게 해가 됩니다.

> 직장에서 감정에 관해 이야기하는 것이 이상하게 들릴지 모르지만 팀이 원활하게 돌아가게 하기 위해서는 실제로 매우 중요합니다. 여러분이 분노와 같이 부정적인 감정으로 인해 산만해질 때 혁신처럼 어렵고 지적이고 창의적인 작업을 하기는 정말로 어렵습니다.

7. 답: B

> 팀이 유닛 테스트를 위한 추가 코드를 작성하는 데 드는 시간의 통합은 변경사항을 적용하느라 아낀 시간으로 상쇄됩니다. 이것은 장기적인 효과가 아닙니다. 며칠 또는 몇 시간 내에 쉽게 눈에 띄는 일입니다.

유닛 테스트를 먼저 작성하면, 코드 설계에 큰 영향을 미칠 수 있습니다. 그 이유는 여러분이 테스트를 작성할 때, 단위 사이의 이상한 구조와 불필요한 커플링이 훨씬 더 두드러져 보이기 때문입니다. 테스트 주도 개발은 XP 팀에만 있는 것은 아닙니다. 많은 팀들이 하고 있고, 심지어는 전통적인 프로젝트에서도 합니다. 그리고 개발자가 전반적으로 더 많은 코드를 작성하게 하지만, 테스트 주도 개발을 하는 대부분의 사람들은 그 일이 실제로는 시간을 줄여준다는 것을 알게 됩니다. 왜냐하면 버그 수정과 변경이 매우 빠르게 진행되기 때문입니다.

8. 답: C

지속적인 통합은 프로젝트에 엄청난 효과를 줄 수 있는 간단한 프랙티스입니다. 팀은 몇 시간마다 버전 컨트롤 시스템에 있는 최신 코드를 작업 폴더로 지속적으로 통합합니다. 그러면 팀은 동시에 여러 파일에 걸쳐 일어나는, 시간이 걸리며 짜증나는 통합 충돌 문제를 처리하지 않아도 됩니다.

9. 답: A

정보 라디에이터는 프로젝트에 관한 유용한 정보를 나타내는 시각적인 도구나 디스플레이 종류이며, 매우 눈에 띄어서 팀원이 그 곁을 지나가면 해당 정보를 인식하지 않을 수 없습니다. 첫 번째 답은 삼투적 의사소통을 설명합니다.

> 삼투적 정보와 정보 라디에이터는 모두 정보를 공유하는 작업 공간 프랙티스에 도움이 되는 도구입니다.

10. 답: D

스토리는 매우 유용하지만 테스트 주도 개발, 지속적 통합 또는 10분 빌드의 몇몇 프랙티스들이 만드는 피드백 순환고리에 포함되지 않습니다. 그 이유는 대부분 스토리가 한 번 작성되면 변하지 않아서 그 스토리에 반복적으로 정보를 줄 기회가 없기 때문입니다. 나머지 세 가지 프랙티스는 주간 주기 동안 여러 번 발생하는 피드백 순환고리를 형성합니다.

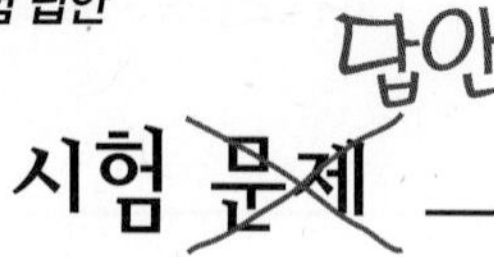

11. 답: A

와이어프레임은 정교하지 않게 그리는 경우도 있습니다. 또한 와이어프레임은 대략적인 스케치와 손으로 그린 모형처럼 보입니다. 사용자는 매우 세련되고 정확한 모형에 대한 피드백을 줄 때보다 그리기 쉬워 보이는 스케치에 대해 피드백을 제공하는 데 훨씬 더 적극적인 경우가 많습니다. 왜냐하면 많은 작업을 한 것처럼 보이는 설계에 변경사항을 요청하는 것이 위험하다는 느낌이 들 수도 있기 때문입니다. 정교하지 않은 와이어프레임은 풍부한 사용자 인터페이스의 세부사항을 모두 나타낼 수 있으며 매우 세련되게 다듬어진 모형보다 더 복잡하지도 단순하지 않습니다.

정교하지 않은 와이어프레임은 팀이 사용자와 몇 개의 다른 버전을 검토한 바가 있는 훨씬 세련된 것들보다 보통 훨씬 적은 작업을 요합니다. 와이어프레임은 팀이 하나의 주간 주기에서 동일한 UI를 몇 번 반복할 수 있도록 해줍니다.

12. 답: C

지속 가능한 개발은 팀이 편안하게 일할 수 있는 속도, 즉 거의 항상 주당 평균 40시간을 일할 때 일어납니다.

많은 팀원 중에는 자신들이 얼마나 '몰입'하는지 (또는 상사를 감동시키기 위해) 보여주기 위해 늦게 남아 있는 사람들이 한두 사람 꼭 있습니다. 이런 경우 모든 팀원이 늦게 남게 되는 엄청난 압박이 되기도 하며, 이로 인해 지속 가능하지 않은 속도가 생기고 팀이 고생합니다.

13. 답: D

페어 프로그래밍은 같은 컴퓨터에서 두 사람이 서로를 집중하게 해주고 지속적으로 협력하며 많은 문제를 잡아내고 혼자 일할 때보다 훨씬 많은 업무를 할 수 있게 해주기 때문에 매우 효과적이고 효율적인 프랙티스입니다. 하지만 두 사람은 항상 같은 시간에 일합니다. 번갈아 가면서 일하는 것이 아닙니다.

14. 답: B

XP 팀은 훌륭한 습관을 갖고 있기 때문에 매일 훌륭한 프랙티스를 사용합니다. XP 팀은 규율에 따라 작업하는 것도 아니고 두려움 때문에 일하는 것도 아닙니다. 규율과 두려움은 팀이 일하는 방식에 일시적이고 단기적인 변화를 가져올 수는 있지만 결국 팀은 원래의 습관으로 돌아가게 됩니다.

훌륭한 습관을 만드는 방법은 프랙티스를 실행하고 좋은 결과가 나타나는 것을 보고 업무에 대한 사고방식을 천천히 바꾸기 위해 그 프랙티스를 사용하는 것입니다. 그것이 바로 XP 프랙티스를 적용하면 팀이 XP 마음가짐을 갖게 되는 데 도움이 되는 이유입니다.

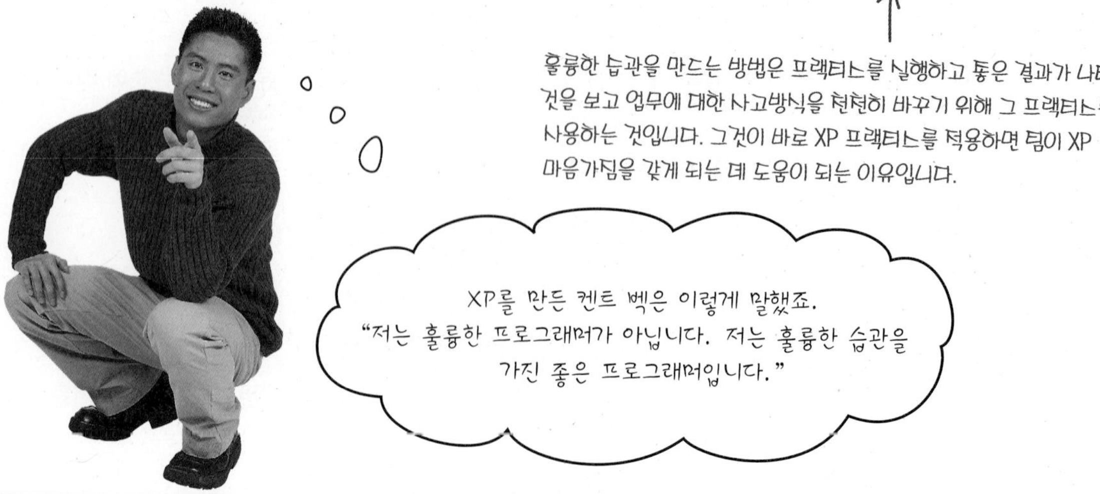

XP를 만든 켄트 벡은 이렇게 말했죠.
"저는 훌륭한 프로그래머가 아닙니다. 저는 훌륭한 습관을 가진 좋은 프로그래머입니다."

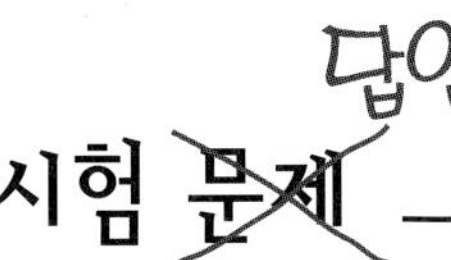

시험 답안

15. 답: B

자동화된 빌드를 작동시키는 데 오래 걸리면 팀은 빌드를 빈번하게 사용하지 않습니다. 즉 팀은 빌드 상태에 대한 피드백을 덜 빈번하게 얻게 됩니다.

16. 답: B

지속적인 통합은 팀원들이 자신들의 폴더를 버전 컨트롤 시스템에 있는 가장 최신의 변경사항으로 업데이트하는 간단한 프랙티스입니다. 그렇게 되면 많은 통합 충돌을 방지할 수 있어서 팀의 시간을 쓸데없이 낭비하거나 초조함을 야기할 필요가 없습니다.

17. 답: C

위험 기반 스파이크는 팀이 프로젝트 위험을 줄이기 위해 특별히 수행하는 스파이크 솔루션입니다. 이 경우 키아는 이미 그녀가 취할 기술적 방법에 대해 알고 있어서, 아키텍처 스파이크가 필요 없습니다. 하지만 특정 피처에 관한 위험이 매우 높기 때문에 프로젝트의 초기 주간 주기에 위험 기반 스파이크를 추가하는 것이 타당합니다. 그렇게 하면 위험이 일찍 제거됩니다.

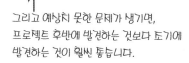

↑ 그리고 예상치 못한 문제가 생기면, 프로젝트 후반에 발견하는 것보다 초기에 발견하는 것이 훨씬 좋습니다.

제가 누굴까요? 해답

XP 프랙티스와 가치들이 '제가 누굴까요?'라는 파티 게임을 하고 있습니다. 그들이 힌트를 주면, 여러분은 그들이 주는 힌트를 토대로 누구인지 추측합니다. 이름과 종류(이벤트인지, 역할인지 등)를 적습니다.

그리고 조심하세요. XP의 프랙티스나 가치가 아닌 몇 가지 도구가 나타나서 파티를 망칠 수가 있거든요!

	이름	종류
저는 XP 팀이 서로 지식을 공유할 때 문제 해결을 가장 잘할 수 있는 마음가짐을 갖게 해줍니다.	의사소통	가치
저는 제 주변에서 일어나는 대화를 통해 프로젝트에 관한 정보를 받아들이는 좋은 방법입니다.	삼투적 의사소통	도구
저는 여러분이 사용자의 니즈를 이해하게 도와주며, 수많은 스크럼 팀들도 저를 사용합니다.	스토리	프랙티스
저는 프로젝트에 관한 정보를 제대로 의사소통하는 팀 공간입니다.	정보를 공유하는 작업 공간	프랙티스
저는 XP 팀이 백로그 작업을 하기 위해 분기별로 사용자들과 만나 장기 계획 수립을 하는 방법입니다.	활기찬 작업	프랙티스
저는 팀이 지속 가능한 속도로 일하는 데 도움을 줍니다. 왜냐하면 엄청나게 긴 시간을 일하는 팀은 작성하는 코드 품질이 떨어지고, 양도 적기 때문입니다.	분기별 주기	프랙티스
저는 사람들이 서로를 제대로 대하고 서로의 기여를 존중하는 마음가짐을 갖게 해줍니다.	존중	가치
저는 XP 팀원들이 불편하더라도 프로젝트에 대해 진실을 말하는 이유입니다.	용기	가치
저는 XP 팀이 반복적인 개발을 하는 방법이며, 팀은 저를 사용해 '완료'된 작동하는 소프트웨어의 다음 증분을 배포합니다.	주간 주기	프랙티스
저는 모든 사람들이 팀 공간에서 저를 볼 수밖에 없는 자리에 있는 커다란 번다운 차트나 태스크 보드입니다.	정보 라디에이터	도구
저는 모든 사람들이 팀원들과 가깝게 앉아 있는 공간을 갖게 합니다.	함께 앉기	프랙티스
저는 선택적인 스토리나 태스크를 추가해서 각 반복에서 팀이 숨쉴 공간을 만들어줍니다.	슬랙	프랙티스

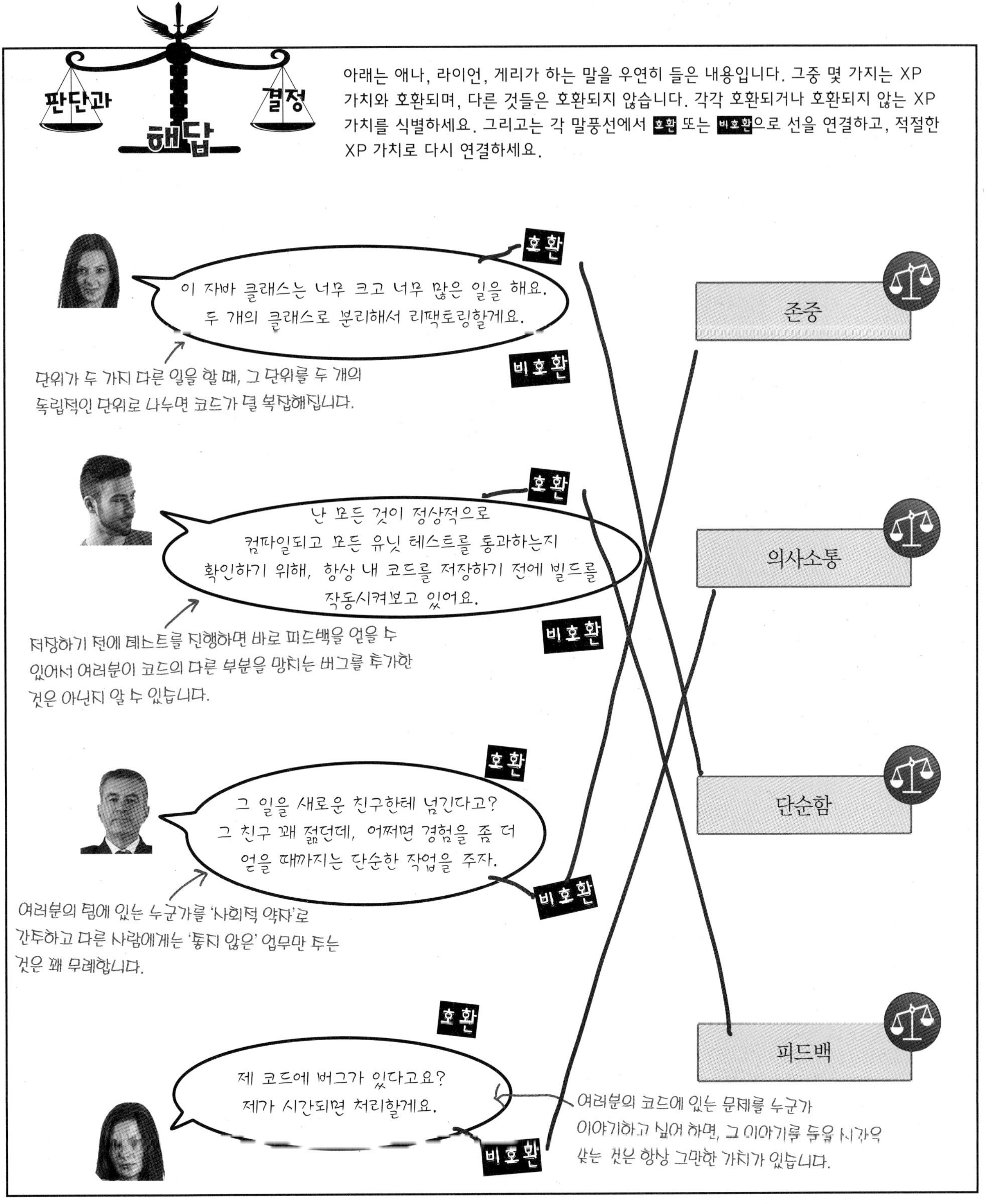
판단과 결정 해답
아래는 애나, 라이언, 게리가 하는 말을 우연히 들은 내용입니다. 그중 몇 가지는 XP 가치와 호환되며, 다른 것들은 호환되지 않습니다. 각각 호환되거나 호환되지 않는 XP 가치를 식별하세요. 그리고는 각 말풍선에서 호환 또는 비호환으로 선을 연결하고, 적절한 XP 가치로 다시 연결하세요.
호환
이 자바 클래스는 너무 크고 너무 많은 일을 해요. 두 개의 클래스로 분리해서 리팩토링할게요.
비호환
단위가 두 가지 다른 일을 할 때, 그 단위를 두 개의 독립적인 단위로 나누면 코드가 덜 복잡해집니다.
호환
난 모든 것이 정상적으로 컴파일되고 모든 유닛 테스트를 통과하는지 확인하기 위해, 항상 내 코드를 저장하기 전에 빌드를 작동시켜보고 있어요.
비호환
저장하기 전에 테스트를 진행하면 바로 피드백을 얻을 수 있어서 여러분이 코드의 다른 부분을 망치는 버그를 추가한 것은 아닌지 알 수 있습니다.
호환
그 일을 새로운 친구한테 넘긴다고? 그 친구 꽤 젊던데, 어쩌면 경험을 좀 더 얻을 때까지는 단순한 작업을 주자.
비호환
여러분의 팀에 있는 누군가를 '사회적 약자'로 간주하고 다른 사람에게는 '좋지 않은' 업무만 주는 것은 꽤 무례합니다.
호환
제 코드에 버그가 있다고요? 제가 시간되면 처리할게요.
비호환
여러분의 코드에 있는 문제를 누군가 이야기하고 싶어 하면, 그 이야기를 들을 시간을 갖는 것은 항상 그만한 가치가 있습니다.
존중
의사소통
단순함
피드백

XP 크로스 해답

가로

1 PROJECT
3 ECOSYSTEM
5 BUILDS
7 HACK
8 INTEGRATES
10 FEEDBACK
12 REPOSITORY
14 SIT
17 COMMUNICATION
18 EMBRACE
19 SLACK
20 KLUDGE
22 PAIR
24 FLOW
26 REFACTOR
29 DEPENDENCIES
30 STORIES
31 WEEKLY
32 SIMPLICITY
33 QUARTERLY

세로

1 PURITY
2 CHANGING
4 MODIFY
6 UNITS
7 HABITS
9 SUSTAINABLE
11 COURAGE
13 RADIATOR
14 SPIKE
15 INCREMENT
16 HYBRID
21 CONFLICT
23 RESPECT
24 FIRST
25 OSMOTIC
27 COMMIT
28 ROLES

연필을 깎으며 해답

프로젝트에 관한 피드백을 얻기 위해 라이언과 애나가 작업하고 있는 세 가지 시나리오가 아래에 있습니다. 각 시나리오에 사용된 도구 이름을 쓰세요.

트레이너 일정을 저장하는 새로운 방법을 찾아서 메모리를 줄여야겠어요. 개념 증명을 만들고 있으니 어느 정도 작업해야 하는지 알게 될 거예요.

아키텍처 스파이크

이 클래스가 시작되는 방법이 마음에 들지 않아요. 나중에 사용하기 힘들어질 거예요. 유닛 테스트를 통과하면 제가 수정할게요.

빨강/초록/리팩토링

저는 새로운 사용자 인터페이스 설계를 끝냈어요. 사용자 그룹을 방에 모아 그들이 인터페이스를 사용하는 것을 관찰하면서 그게 제대로 작동하는지 확인해보죠.

사용성 테스트

불필요한 일 제거하고 흐름 관리하기

불필요한 일을 제거하는 데 절대 바쁘다고 할 수 없지!

애자일 팀은 자신들이 일하는 방식을 언제나 개선할 수 있다는 것을 알고 있습니다. **린 마음가짐**을 가진 팀원들은 가치를 전달하는 데 도움이 되지 않는 일에 시간을 소모하고 있는지를 능숙하게 찾아냅니다. 그리고 자신들의 작업 속도를 늦추는 **낭비 요소**를 제거합니다. 린 마음가짐을 가진 수많은 팀들은 **진행 중인 작업을 제한**하기 위해 **칸반**을 사용하고, 그다지 중요하지 않은 일로 삼천포에 빠지지 않기 위해 **풀 시스템**(pull system)을 생성합니다. 여러분이 수행하는 소프트웨어 개발 프로세스를 하나의 **큰 시스템**(whole system)으로 보는 것이, 더 나은 소프트웨어를 만드는 데 어떻게 도움이 되는지 배워봅시다.

오디언스 애널라이저 2.5의 문제

케이트, 벤, 마이크를 다시 확인해봅시다. 그 팀은 사용자들이 무엇을 필요로 하는지 처음부터 잘 알고 있었기 때문에 지난 번의 릴리스는 매우 성공적이었습니다. 그러나 오디언스 애널라이저 2.5에 어떤 피처를 넣을지 고민하기 시작했을 때, 애자일 프랙티스를 사용해서 수정한 몇 가지 문제가 다시 나타났습니다.

우리가 이 모든 애자일 변화를 다 만들었지만
난 아직도 그만한 가치가 없다는 생각이 들기 시작했어요. 애자일로 이미
고쳤어야 하는 **똑같은 오래된 프로젝트 문제**에 또 부딪히기 시작하는 느낌이에요.
우리는 개발 시간과 머리 수에 집착했죠. 그런데 이제는 각 릴리스에
몇 개의 스토리 포인트를 넣을 수 있는지에 대해 계속 이야기하고 있잖아요.
저한테 누가 말 좀 해줄래요? 그게 어떻게 개선된 거라고 할 수 있는지 말이죠.

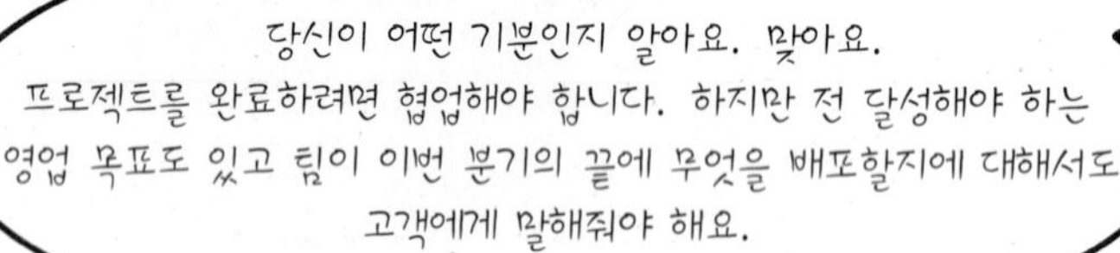

당신이 어떤 기분인지 알아요. 맞아요.
프로젝트를 완료하려면 협업해야 합니다. 하지만 전 달성해야 하는
영업 목표도 있고 팀이 이번 분기의 끝에 무엇을 배포할지에 대해서도
고객에게 말해줘야 해요.

개발팀의 모든 팀원은 처음 애자일을 시작했을 때 정말 기뻐했지만, 마이크는 최근에 프로젝트가 얼마나 스트레스를 주는 일이 됐는지 사람들과 많이 이야기해야 했습니다.

벤은 각 스프린트가 끝날 때마다 팀의 진척 상황을 알게 되어 너무 좋았지만, 제품 책임자로서 그는 제품의 영업 목표를 달성하기 위해 한 분기에 팀원들이 얼만큼 작업을 진행할 수 있는지를 알아야 합니다.

저도 동감해요. 예전이랑 느낌이 너무 비슷해요. 나쁜 쪽으로 말이죠. 우리가 일하는 방식에 **뭔가 정말로 잘못된 게** 있는 것 같아요.

벤: 다음 주요 릴리스 때 어떤 피처가 들어가는지 팀에서 제가 알려주기가 그렇게 어려운가요? 고객한테 시연에 다 오라고 요청해놓고는, 우리가 요청사항을 다 만족했으리라 바라고만 있을 수는 없잖아요.

케이트: 네, 무슨 말인지 알겠어요. 다 알아들었어요. 당신은 지금 정말로 중요한 피처를 요청하고 있고, 모든 사람들이 그걸 어제 이야기했단 말이죠.

마이크: 문제는 모든 피처가 정말 **다** 중요하단 거예요.

케이트: 맞아요. 그런데 모든 사람들이 그걸 어제 원했다면서요.

벤: 잠깐만요. 제가 여기서 악역을 맡고 싶은 건 아니지만, 우리가 해결해야 할 일이 좀 있어요. 이건 기름 잘 칠해진 기계처럼 잘 돌아가던 거예요. 처음 반복 몇 번은 정말 끝내줬어요. 우리 모두 무엇을 해야 하는지 다 알았죠. 수석 관리자들에게는 다음 릴리스에 뭐가 들어갈지 정확히 얘기할 수도 있었어요. 그런데 최근에는 피처가 하나둘씩 빠졌어요. 그리고 설상가상으로 버그를 계속 발견하게 되는 것 같았고요. 전에는 여러분이 이런 저품질 작업물을 절대 배포하지 않았죠. 그렇죠?

케이트: 벤, 솔직히 말하자면 저도 뾰족한 수가 없어요. 우리가 일을 계획하는 방식이 뭔가 잘못된 것 같아요. 일이 느려지는 게 보이지만 뭘 어떻게 해야 할지 모르겠어요. 속수무책이에요. 지금까지 우리는 각 반복에 넣었던 작업의 백로그를 갖고 있는데 그건 우리가 불확실성을 다룰 수 있다는 의미라서 좋은 것은 분명해요. 장기 계획을 수립하는 게 불편해서만은 아니지만, 전 그냥...

마이크: 케이트, 당신이 무슨 말하는지 알겠어요. 우리는 그냥 반응에만 집중해왔어요. 지금은 이 작업하고 그리고는 저 작업하고. 이제 팀에 속한 모든 사람들이 두 달, 세 달, 심지어 6개월 뒤에 우리가 어떤 피처 작업을 할지 잘 알고 있어요. 향후에 할 작업들이 너무 중요하다 보니 오늘 작업 때문에 무엇이든 내일 할 일을 못하게 되는 듯한 느낌이 들어요. 항상 늦는 것 같은 느낌이고, 그러다 보니 자꾸 실수하고 편법만 찾아가는 것 같아요. 아직 완료되지 않은 작업들이 많고 가능하면 빨리 마무리해야 할 것 같은 느낌이에요. 일 자체가 정말 스트레스인데다가 우리가 하는 작업 품질에도 영향을 주고 있어요.

프로젝트 관리자가 투로 그렇듯이, 케이트는 다른 누구보다도 문제를 더 확실히 볼 수 있습니다. 케이트는 일이 점점 느려지고 있으며 작업을 완료하는 데 모든 팀원이 더 많은 압박감을 느끼고 있음을 알 수 있습니다.

벤: 프로젝트가 이렇게 될 필요가 없다는 걸 알겠어요. 근데 어떻게 해야 할지 모르겠어요. 어떻게 나아질 수 있을지, 혹시 무슨 아이디어 있나요?

브레인 파워

이전에 하던 것처럼 일이 잘 진행되지 않는 것 같은 팀에 속해본 적이 있나요? 무엇이 원인인 것 같나요? 팀이 스스로 일하는 방식을 개선할 방법이 있을까요?

린은 방법론이 아닌 마음가짐입니다

우리는 지금까지 가치를 중시하는 마음가짐 요소와, 프랙티스를 포함한 방법론 요소 모두를 갖고 있는 스크럼과 XP를 살펴봤습니다. 하지만 린(lean)은 다릅니다. 린은 방법론이 아니며, 프랙티스를 갖고 있지 않습니다. **린은 마음가짐**이며 여러분의 팀이 따르고 있는 프로세스가 고객에게 가치 있는 제품을 구축하는 데 도움이 되는지에 관한 원칙에 기반하고 있습니다. 스크럼이 여러분이 따를 수 있는 체계(역할, 계획 수립 회의, 스프린트, 스프린트 리뷰, 회고)를 제공해주는 반면, 린은 오늘 여러분이 일하는 방법을 살펴보고, 어느 부분에서 어려움을 겪는지 파악하고, 그 문제를 수정하기 위해 린 원칙을 적용하라고 합니다. 린은 정확히 무엇을 하라고 시키기보다는 여러분이 사용하는 프로세스의 어느 부분이 여러분의 목표에 부응하는 방법에 걸림돌이 되는지 알아보는 수단을 제공합니다.

린 팀은 오늘 자신들이 일하는 방식을 살펴보고 자신들이 습관적으로 부딪히는 문제를 파악합니다. 그리고는 자신들이 일하는 방식을 개선하기 위해 변화를 만듭니다.

린, 스크럼, XP는 호환됩니다

린을 사용하기 위해 팀에 제품 책임자나 스크럼 마스터를 둘 필요가 없습니다. 린을 하기 위해 스프린트 첫날 스프린트 계획 수립 회의를 할 필요도 없고 마지막 날 회고를 할 필요도 없습니다. 페어 프로그래밍을 하거나 함께 앉거나 리팩토링을 할 필요도 없습니다. 하지만 XP와 스크럼 모두 린을 염두에 두고 개발됐습니다. 그래서 여러분이 XP나 스크럼을 사용하기 시작했다면(시작하지 않았더라도), 여러분은 팀이 일하는 방식을 개선할 방법을 찾기 위해 린을 사용할 수 있습니다.

린 원칙은 다른 시각에서 사물을 볼 수 있게 해줍니다

린은 **린 원칙**과 소프트웨어를 구축할 때 린 원칙을 사용하는 데 도움이 되는 **생각 도구**로 나누어집니다. 모든 애자일 방법론은 린 생각의 영향을 받았으며, 이 장에서 여러분이 배우게 될 많은 아이디어가 이미 익숙한 것이거나 이전 장에서 여러분이 배운 개념을 토대로 하고 있습니다. 하지만 린은 여러분이 소프트웨어를 개발하는 데 사용하는 프로세스에 이와 같은 개념들을 적용하고 작업 방식을 지속적으로 개선할 것을 요구합니다. 린을 사용하는 팀은 이와 같은 원칙과 생각 도구를 적용하는 것에 **린 생각**(lean thinking)이라는 이름을 붙였습니다.

낭비 요소 제거하기

제품을 만들기 위해서는 많은 일을 해야 합니다. 하지만 팀은 필요 이상으로 더 많은 일을 하기도 합니다. 불필요한 피처를 추가하고, 여러 작업을 한꺼번에 하느라 시간을 허비하고, 기다리면서 시간을 보내기도 합니다. 팀이 린 마음가짐을 갖고 있다면, 팀은 이 모든 낭비 요소들을 찾아내고 프로젝트에서 제거하기 위해 노력합니다. 팀이 사용자에게 필요한 소프트웨어를 만드는 데 산만하게 하는 모든 요소를 제거합니다.

학습 확대하기

이 원칙은 자신이 하는 일을 통해 배우고 지속적으로 개선하기 위해 피드백을 사용하는 것입니다. 팀이 일하는 방식을 변경하면서 그런 변경사항이 어떤 영향을 주는지 관찰한 후 관찰 내용을 다음에 어떻게 변경할지 결정하는 데 사용합니다.

가능하면 늦게 결정하기

가장 많은 정보를 갖고 있을 때, 즉 책임이 따르는 마지막 순간에 프로젝트를 위한 모든 중요한 의사결정을 합니다. 지금 당장 결정할 필요가 없는 것을 억지로 결정하지 않습니다.

'책임이 따르는 마지막 순간'이 무슨 뜻인지 기억을 되살리려면 잠깐 시간을 내서 3장으로 돌아가보세요.

가능하면 빨리 배포하기

프로젝트 지연에는 대가가 따릅니다. 여러분이 일하는 방식, 어느 부분에서 지연이 되는지, 그런 지연사항이 어떻게 팀에게 영향을 미치는지 계속 기록하세요. 지연된 일정을 따라잡기 위해 **풀 시스템**, **큐**, **버퍼**를 정의하세요. 왜냐하면 여러분의 제품을 가능한 한 빨리, 그리고 가능한 한 효율적으로 완료하는 데 도움이 되기 때문입니다.

이 부분에 관해서 이 장 후반부에서 더 많이 알아보도록 하겠습니다.

그 밖의 린 원칙

혹시 2장에서 이야기했던 스노버드 회의를 기억하나요? 그들이 자기조직, 단순함, 지속적인 개선이라는 애자일 원칙에 대해 이야기할 때, 린 원칙은 논의에서 중요한 부분이었습니다.

스크럼이 스프린트를 진행하면서 팀이 더 나아지도록 투명성, 점검, 적응을 프로젝트에 적용한 것처럼 린 팀은 팀이 만든 변경사항의 효과를 측정하고, 그 측정 내용을 기반으로 그 변경사항이 제대로 작동하는지, 또는 다른 방법을 사용해봐야 하는지를 판단합니다. 린 팀은 원칙과 생각 도구를 사용해서, 개념부터 고객의 손에 소프트웨어를 실제로 넘겨주는 일에 이르기까지 가장 빠르고 효율적인 길을 찾아갑니다.

팀에게 권한 부여하기

팀이 일하는 방식에 관해 팀원보다 더 잘 아는 전문가는 세상에 없습니다. 이 원칙은 모든 팀원들이 프로젝트 목표, 진척 상황에 관한 것은 물론, 팀이 가장 효과적으로 일하는 방식을 선택할 수 있도록 필요한 모든 정보에 접근할 수 있도록 해주는 것입니다.

완전성 구축하기

사용자는 팀이 사용자의 니즈에 부응하는 소프트웨어를 구축할 때 팀이 만든 소프트웨어의 목적을 가장 잘 이해하고 그 작업의 품질을 평가할 수 있습니다. 만약 여러분이 구축하는 소프트웨어가 직관적이고 사용자에게 가치 있는 무언가를 만든다면, 사람들이 그 소프트웨어를 만드는 데 들인 모든 노력이 그만한 가치가 있을 겁니다.

전체를 보기

팀이 프로젝트 작업을 어떻게 하는지 이해하기 위해 시간을 할애하세요. 그리고 적절한 측정 방법을 사용해서 모든 사람들이 프로젝트에 관한 훌륭한 의사결정을 하는 데 필요한 모든 정보에 노출되게 하세요. 모든 팀원이 다른 팀원들이 무엇을 하는지 알 수 있다면(자기가 기여하는 일뿐 아니라), 팀은 작업을 완료하기 위해 가장 좋은 방법으로 협업할 수 있습니다.

린 마음가짐은 여러분의 팀이 이용 가능한 시간 안에 가장 가치 있는 제품을 구축할 수 있도록 집중시켜줍니다.

벤 다이어그램 자석

여러분은 냉장고에 붙은 자석을 스크럼에 특화된 것, XP에만 특화된 것, 린에 특화된 것, 그리고 모든 것이 공유하는 것을 보여주는 가치와 원칙들을 매우 유용한 벤 다이어그램으로 정리하느라 밤을 새웠습니다. 그런데 누군가 냉장고 문을 꽝! 하고 닫아 모든 자석이 떨어졌습니다. 여러분은 그 자석을 모두 다시 제자리에 붙일 수 있을까요?

Lean

XP

Scrum

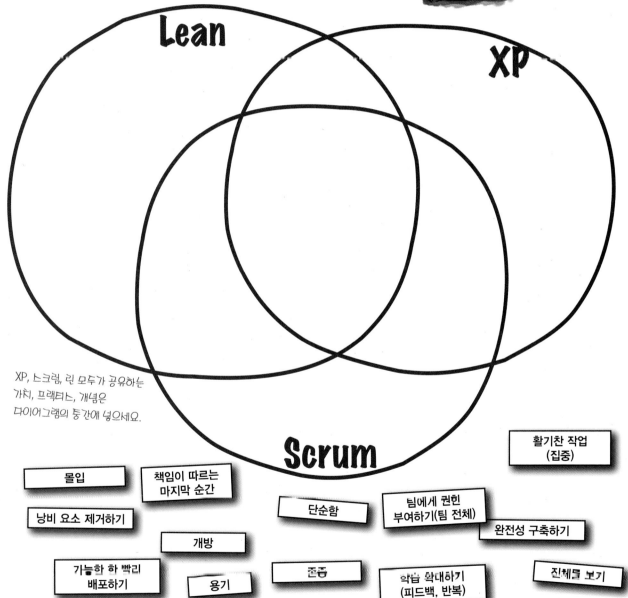

XP, 스크럼, 린 모두가 공유하는 가치, 프랙티스, 개념은 다이어그램의 중간에 넣으세요.

- 몰입
- 책임이 따르는 마지막 순간
- 활기찬 작업 (집중)
- 낭비 요소 제거하기
- 단순함
- 팀에게 권한 부여하기(팀 전체)
- 완전성 구축하기
- 개방
- 가능한 한 빨리 배포하기
- 용기
- 존중
- 학습 확대하기 (피드백, 반복)
- 전체를 보기

벤 다이어그램 자석 해답

아래는 정확한 순서로 복구된 자석입니다. 린과 XP는 팀에게 권한을 주는 데 초점을 맞추고, 스크럼, 린, XP 모두 책임이 따르는 마지막 순간과 피드백 순환고리를 중시합니다. 린과 스크럼은 몰입을 매우 중요하게 생각합니다.

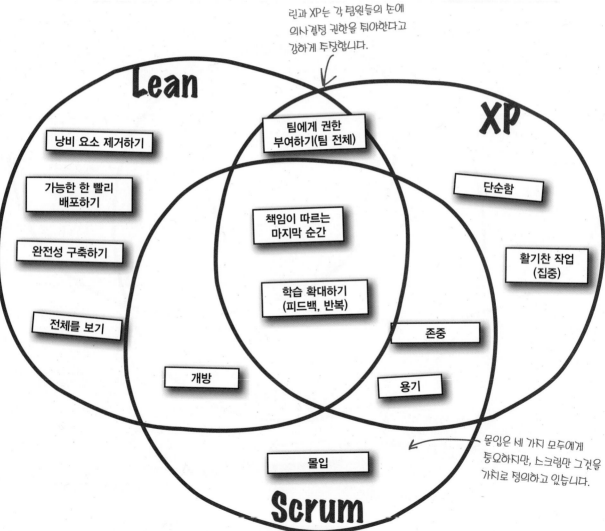

린과 XP는 각 팀원들의 손에 의사결정 권한을 쥐여야한다고 강하게 주장합니다.

Lean

XP

팀에게 권한 부여하기(팀 전체)

낭비 요소 제거하기

가능한 한 빨리 배포하기

단순함

책임이 따르는 마지막 순간

완전성 구축하기

활기찬 작업 (집중)

학습 확대하기 (피드백, 반복)

전체를 보기

존중

개방

용기

몰입은 세 가지 모두에게 중요하지만, 스크럼만 그것을 가치로 정의하고 있습니다.

몰입

Scrum

애자일 선언문을 만들 때 린은 매우 중요한 고려사항이었습니다. 또한 다수의 생각 도구들이 스크럼과 XP의 일부인 것도 놀라운 일이 아닙니다. 아래는 여러분이 이미 이전 장에서 배운 생각 도구가 몇 가지 있습니다. 도구의 이름과 설명을 알맞게 짝지어보세요.

책임이 따르는 마지막 순간	행동을 바꾸지 않으면서도 코드를 더 읽기 쉽고 유지보수할 수 있도록 코드를 변경하기
반복과 피드백	외부 승인을 받지 않고도 어떤 작업을 완료할지 스스로 결정하기
리팩토링	가장 많은 정보를 갖고 있을 때 의사결정하기
자기결정, 동기부여, 리더십, 전문성	많은 피처를 개발하면서, 새로운 피처를 평가할 수 있도록 소프트웨어를 증분으로 배포하기

그래서 생각 도구는 프랙티스들과 유사해요. 생각 도구는 린 팀이 자신들의 프로세스를 개선하는 데 린 원칙을 사용하도록 도와줍니다.

맞습니다. 그것들이 바로 린 팀이 하는 의사결정을 뒷받침하기 위해 하는 일입니다.

린의 요점은, 가치 있는 제품을 구축하는 방식에 장애가 되는 부분이 팀의 활동 중에 있는지 보는 것입니다. 만약 팀이 **반복과 피드백** 생각 도구를 활용하면, 그들은 자신들이 수행하는 변경사항이 미치는 영향을 볼 수 있고, 그 영향을 활용해 **학습을 확대**할 수 있습니다. 만약 **책임이 따르는 마지막 순간**이라는 생각 도구를 사용한다면, 그들은 제품을 구축하면서 **가능한 한 가장 늦은 시점**에 의사결정을 할 수 있습니다. 그것이 바로 생각 도구와 원칙이 연결된 방법입니다.

여러분이 본 적 없는 몇 가지 생각 도구

이제 여러분이 린 원칙, 스크럼과 XP에서 사용해온 생각 도구 중 몇 가지에 익숙해졌으므로, 린에만 특화된 생각 도구를 살펴볼 시간입니다. 린 팀은 이 도구들을 사용해 프로세스 문제의 근본 원인을 이해하고 그 문제를 개선합니다.

낭비 요소 찾기

여러분이 불필요한 부분을 제거하기 전에, 여러분은 그것을 볼 수 있어야 합니다. 물론 말이야 쉽죠. 집안에 한동안 물건들을 치우지 않고 놓아둔 적이 있나요? 며칠 지나면 물건 더미가 눈에 띄지도 않습니다. 여러분의 프로세스 안에 있는 불필요한 일들도 그렇습니다. 린 도구가 중요한 이유는 바로 불필요한 일을 알아볼 수 있게 해주기 때문입니다.

여러분의 팀이 하는 일 중 가치 있는 제품을 만드는 데 도움이 되지 않는 일을 찾아내서 그 일을 중단하세요. 팀이 아무도 읽지 않는 문서를 작성하고 있지는 않나요? 자동화할 수 있는 작업을 수동으로 하느라 엄청난 시간을 소비하고 있습니까? 완료된 제품에는 들어가지 않을 피처에 대해 논의하고 추정하느라 많은 노력을 하고 있습니까?

가치 흐름 매핑하기

이 도구는 린 팀이 소프트웨어를 개발하기 위해 사용하는 프로세스에서 낭비 요소들을 찾아내는 데 도움을 줍니다. **가치 흐름 맵**(value stream map)을 만들려면 백로그에서 고객이 중시하는 제품의 가장 작은 '덩어리'를 찾습니다. 이어 팀이 그 덩어리를 만들기 위해 밟은 모든 단계, 즉 처음 논의를 시작한 때부터 배포 단계까지 다시 생각해봅니다. 각 단계마다 **상자**를 그리고 **화살표**를 사용해서 상자들을 연결합니다. 그다음 각 단계를 수행하는데 소요한 시간과 각 단계 사이에서 대기했던 **시간을 추적**합니다. 단계 사이에 기다리느라 소비한 시간이 불필요한 부분입니다. 프로젝트가 작동하고 있다는 것을 보여주기 위해 위로 올라가고 프로젝트가 대기 중임을 보여주기 위해 아래로 내려가는 **선**을 하나 그립니다. 이제 여러분은 작업과 불필요한 일을 시각적으로 볼 수 있게 되었습니다.

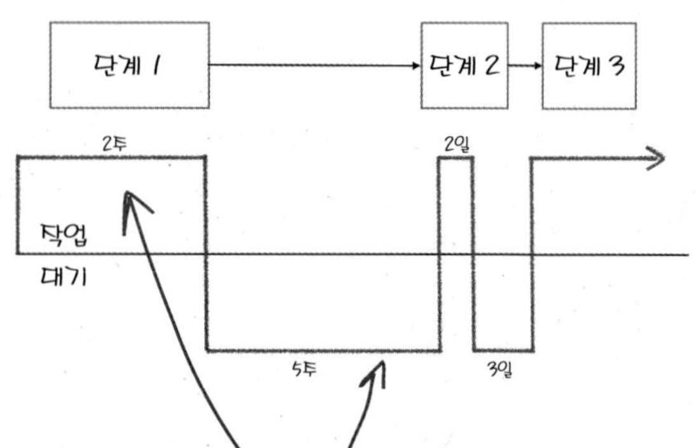

가치 흐름 맵에 있는 선은 대기 시간을 보여주기 위해 아래로 내려가고, 작업 시간을 보여주기 위해 다시 위로 올라갑니다. 이제 진척 과정 중에 이 작업 '덩어리'가 얼마큼 대기하고 있는지 정확히 볼 수 있습니다.

> 린에 따르면 가능한 한 초기에 팀이 가치를 전달하는 데 초점을 맞추도록 배포할 수 있는 가장 작은 가치를 파악하고 가능한 한 빨리 배포할 수 있도록 팀이 집중해야 합니다. 린 팀은 배포 증분을 위한 목표로 종종 마케팅 가능한 최소 피처인 MMF(Minimally Marketable Feature)에 대해 말합니다. 또한 린은 고객에게 가치가 있으며 그들이 전달할 수 있는 최소의 제품을 식별하려고 노력합니다. 그것을 판매 가능한 최소의 제품이라는 의미로 MVP(Minimally Viable Product)라고 합니다. MMF와 MVP를 배포하는 데 집중하면 린 팀은 가능한 한 빨리 고객의 손에 가치 있는 제품을 전달할 수 있습니다.

대기 이론

대기 이론(Queuing theory)은 대기 행렬을 수학적으로 연구한 것입니다. 린 팀은 대기 이론을 이용해 사람들이 너무 과도하지 않게 작업을 하게 해서, 충분한 시간을 갖고 일을 잘할 수 있도록 만들어줍니다. 소프트웨어 개발에서 최적화돼야 하는 대기 행렬은 팀이나 개발자 개인이 해야 할 작업이나 피처, 또는 할 일 목록입니다. 만약 여러분이 백로그를 대기 행렬의 예로 생각한다면, 백로그에 먼저 들어가는 작업이 보통 먼저 완료될 것이라고 생각할 것입니다. 제품 책임자 같은 누군가가 그 순서를 명시적으로 바꾸지 않는 한 말입니다. 린은 팀의 작업 대기 행렬을 공개하고 의사결정 프로세스의 중심에 있도록 해야 팀의 더 빠른 배포에 도움이 된다고 말합니다. 린 팀은 작업의 흐름을 고르게 하기 위해 시스템에 대기 행렬을 추가할 때 종종 대기 이론을 사용합니다.

풀 시스템

팀이 모든 작업을 하나의 백로그로 정리하고 개발자가 이전 작업을 완료하는 대로 새로운 작업을 선택한다면, 그들은 풀 시스템(pull system)을 사용하는 것입니다. 이때 백로그는 작업의 대기 행렬입니다. 사용자, 관리자 또는 제품 책임자가 작업, 피처 또는 요청사항을 팀에게 지시하는 대신, 팀은 요청사항을 팀이 끌어올 수 있게 대기 행렬에 추가합니다. 풀 시스템은 한 번에 하나의 작업을 하고, 작업자가 다음 작업이 가능해지면 다음 작업을 끌어옵니다. 이렇게 하면 사람들은 자신들이 맡은 각 작업에 대해 가능한 한 최고의 작업을 하도록 집중할 수 있어, 결과적으로 품질과 효율성에 초점을 맞춘 제품이 만들어집니다.

린 팀은 낭비 요소를 찾고 제거하기 위해 가치 흐름 맵을 사용합니다.

그 밖의 린 생각 도구

나머지 도구들은 팀이 작업할 때 선택의 폭을 넓혀, 가장 가치 있는 작업을 할 수 있게 해줍니다.

옵션 생각

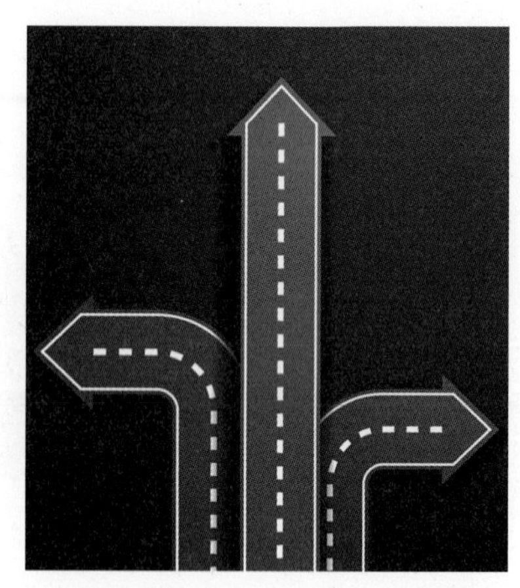

팀이 향후 배포에 어떤 피처를 포함할지 결정할 때, 대부분의 사람들은 범위를 정하는 일이 팀과 최종 사용자 사이의 약속이라고 생각합니다. 린 팀은 프로세스가 정말 하는 일이 각 배포에 가치를 전달하기 위해 취할 옵션을 결정하는 것임을 압니다. 스크럼에 대해 논의할 때 우리는 스크럼 팀이 작업들 간의 관련성을 모델링하고 추적하는 데 많은 시간을 소비하지 않는 방법에 대해 이야기하였습니다. 팀은 일일 스크럼을 하는 동안 매일 태스크 보드에 작업을 자유롭게 추가하거나 제거할 수 있습니다. 이런 작업은 의무가 아닌 옵션입니다. 작업에는 마감일이 없으며, 남은 프로젝트가 마감일을 넘기게 하는 '늦은' 작업 같은 것도 없습니다. 자신들의 작업 계획을 팀이 옵션으로 여기게끔 해서, 팀은 필요할 때 계획을 변경하고 너무 많은 책임을 지는 대신 제품을 위해 가장 좋은 일을 할 수 있게 해줍니다.

지연은 항상 일어납니다. 하지만 모든 사람들이 지연의 대가를 이해한다면, 그들은 우선순위를 조정해서 대가를 최소화할 수 있을 것입니다. 그것이 바로 린 생각이 팀이 낭비 요소를 제거하는 데 도움을 주는 중요한 방식입니다.

지연의 대가

작업의 위험도가 높을수록 지연됐을 때 그에 대한 비용은 위험도가 낮은 작업보다 훨씬 높습니다. 어떤 피처는 특정한 시간 내에 완료하지 못하면 전혀 소용이 없습니다. 팀의 대기 행렬에 있는 각 작업이 지연될 때의 대가를 이해하면 어떤 작업을 먼저 완료해야 하는지 더 나은 결정을 하는 데 도움이 됩니다.

이 때문에 린 팀은 새로운 피처를 배포하기 위해 **배포 리듬**(delivery cadence)을 만듭니다. 즉, 특정 일정에 맞춰 피처를 배포하는 대신, 팀은 정기적인 간격으로 가장 가치 있는 것을 배포하는 데 초점을 맞춥니다.

에이미에게 아주 간단한 10초짜리 질문을 했는데, 그 답을 기다리느라 2시간이나 아무것도 못하고 있네.

인지된 완전성과 개념적 완전성

린 팀은 항상 처음부터 제품에 완전성을 구축할 방법을 찾습니다. 팀은 이러한 린 원칙을 인지된 완전성(perceived integrity)과 개념적 완전성(conceptual integrity)으로 구분하여 생각합니다. 인지된 완전성은 피처가 사용자의 니즈에 얼마나 잘 맞는지에 관한 생각입니다. 개념적 완전성은 하나의 통합된 제품을 만들기 위해 각 피처들이 얼마나 잘 협업하는지에 관한 생각입니다.

세트 기반 개발

팀이 세트 기반 개발(set-based development)을 실행할 때, 팀은 자신들의 옵션에 대해 시간을 들여 이야기하며, 향후 옵션을 추가하기 위해 자신들이 일하는 방식을 변경합니다. 팀은 하나 이상의 옵션을 달성하기 위해 추가 작업을 하면서, 이런 추가 작업이 팀에게 더 많은 정보를 제공할 것이며, 이로 인해 향후 더 나은 의사결정을 할 수 있을 것이라고 생각합니다. 그렇게 함으로써 한 번에 다양한 옵션에 관한 정보를 더 많이 수집하고, 책임이 따르는 마지막 순간에 어떤 옵션을 완료할지 의사결정을 합니다.

린 팀은 정기적으로 가장 최근에 완료된 작업을 배포하는 배포 리듬을 정의합니다.

측정 방법

스크럼이 투명성, 점검, 적응에 중점을 두는 것처럼, 린 팀은 변경사항을 적용하기 전에 시스템이 작동하는 방법을 측정하고 자신들이 실행한 변경사항으로 인한 영향을 측정합니다.

- ★ 한 가지 측정 방법은 **주기**(cycle time) 즉, 개발자가 작업을 시작한 시점부터 배포하기까지 피처나 작업을 완료하기 위해 들인 시간입니다.
- ★ 또 다른 방법은 **리드 시간**(lead time) 즉, 피처를 식별한 시점부터 배포된 시점까지 걸린 시간입니다. 주기는 개발 프로세스에 적용한 변경사항의 효과를 측정하는 데 사용하는 반면, 리드 시간은 요구사항 수집과 지원 프로세스에 대한 변경사항을 측정하는 데 사용됩니다.
- ★ 팀은 **흐름 효율성**(flow efficiency)을 측정하기도 합니다. 흐름 효율성은 팀이 피처에 대해 실제 작업한 총 시간을 퍼센트로 나타낸 것입니다(대기 시간의 반대).

주기와 리드 시간은 여러분이 두 개의 각기 다른 시각으로 프로세스를 생각하게 해줍니다.

여러분이 작업 아이템에 대해 일하고 있는 팀에 속한다면, 주기를 기준으로 또는 여러분과 팀이 작업 아이템을 계획하기 시작한 때부터 '완료'를 끝낼 때까지 걸린 시간을 기준으로 생각합니다.

하지만 여러분의 고객은 주기를 제대로 알지 못합니다. 고객이 팀에게 피처에 대해 물었는데, 여러분이 6주 동안 제대로 일을 시작하지 않았다고 가정합시다. 여러분이 일을 바로 시작한다면, 그 일을 완료하는 데 8주가 걸립니다. 이때 주기는 8주지만 리드 시간은 14주가 되며, **여러분의 고객은 리드 시간에 관심을 갖고 있습니다.**

사무실 뒷얘기

오디언스 애널라이저 팀에 속한 사람들은 프로세스에 문제가 있음을 알고 있습니다. 하지만 원인에 대해서는 의견이 분분합니다.

개발하는 데 걸리는 시간을 우리가 정말로 정확히 맞춰줄 수 있기를 바란다는 것을 알고 있어요. 팀은 각 반복마다 비즈니스 사용자들이 요청한 모든 것을 배포하려고 노력하고 있어요. 하지만 몇 개의 피처는 릴리스 날짜가 다가오는데도 완료되지 않았다는 것을 자주 발견하곤 하죠.

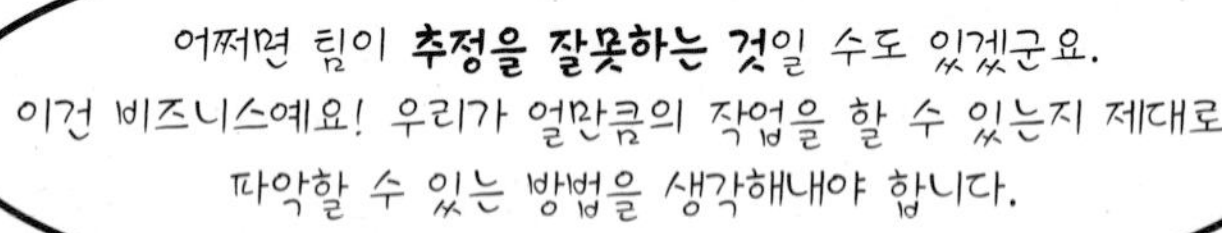

어쩌면 팀이 **추정을 잘못하는 것**일 수도 있겠군요.
이건 비즈니스예요! 우리가 얼만큼의 작업을 할 수 있는지 제대로
파악할 수 있는 방법을 생각해내야 합니다.

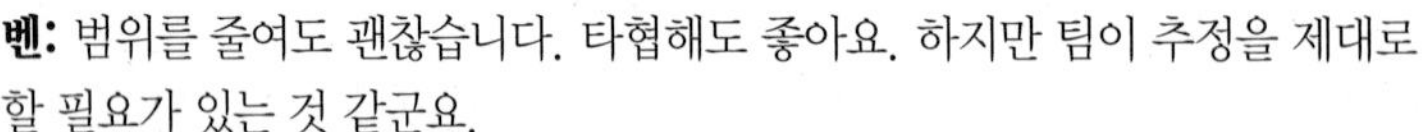

벤: 범위를 줄여도 괜찮습니다. 타협해도 좋아요. 하지만 팀이 추정을 제대로 할 필요가 있는 것 같군요.

마이크: 네... 하지만 항상 그렇게 단순하지는 않습니다. 지난 릴리스에 넣었던 개인정보 옵션 피처 기억나세요? 이 피처는 추정이 어려운 이유를 보여주는 좋은 예 같습니다. 먼저 그 피처가 사생활 침해 소지가 있기 때문에, 모든 사용자들은 자신들이 원하는 개인정보 수준을 설정해야 했잖아요. 그런데 나중에는 그걸 고객이 모두 설정할 수 있도록 해달라고 하셨어요. 그리고는 우리가 그걸 배포하기 3일 전에, 개인정보 프로필을 만들고 사용자와 고객이 원하면 누구나 프로필을 변경할 수 있어야 한다고 하셨잖아요.

벤: 음, 우리가 처음에 했던 시장 상황 분석으로는 한 가지 방법으로 정하려고 했지만, 그다음에 한 시장 조사에서 접근법을 바꿔야 한다고 결론이 났죠. 결국 변경을 통해 마지막 배포를 엄청나게 성공시켰죠. 물론 늦기는 했지만 시장이 우리에게 요구하는 것에 반응해야만 했어요.

마이크: 저도 그렇게 바꾼 것이 다행이라고 생각합니다. 하지만 요구사항이 바뀐다면 하나의 피처를 개발하는 데 얼마나 걸릴지 몇 주 전부터 미리 추정하기가 얼마나 어려운지 알고 계셔야 해요.

벤: 어쨌든 변경은 했잖아요, 그렇죠? 그런 변화가 생길 때마다 우리가 정보에 기반해서 더 나은 결정을 내릴 수 있도록, 작업을 추정하고 의존성을 추적하는 일을 더 잘 할 수는 없나요?

우리는 제때 피처를 배포하기 위해 모든 일을 추정하느라 정말 열심히 노력합니다. 그리고 우리는 항상 열심히 일하지만 마감일을 항상 놓치네요. 우리가 **알지 못하는 어떤 것**이 있는 게 틀림없어요. 우리가 프로젝트를 제대로 진행하는 데 린이 도움이 될까요?

브레인 파워

마이크가 린 원칙과 린 생각을 사용해서, 프로젝트 진행 방식을 실질적으로 개선할 수 있는 방법으로 무엇이 있을지 생각해보세요.

낭비 요소들을 분류해보면 더 잘 보입니다

린은 우리에게 불필요한 일들을 제거하라고 말합니다. 하지만 불필요한 일들이 정확히 어떻게 생긴거죠? 그것을 어떻게 찾을 수 있을까요? 정말로 도움이 되는 한 가지 방법은 소프트웨어 개발 프로젝트에서 **낭비 요소들을 분류해보는 것**입니다. 많은 린 팀들은 가치 흐름 맵을 사용해서 그들이 피처를 개발하는 동안 얼만큼의 시간을 허비했는지 확인합니다. 팀이 프로세스에 불필요한 일들이 있음을 확인하고 그 불필요한 일들이 어떤 유형인지 알아내면, 그것을 제거하기 위한 향상 방법을 생각해내는 데 도움이 됩니다. 다행스럽게도 여러분 혼자 분류를 생각하지 않아도 됩니다. 린 전문가들이 이미 **소프트웨어 개발에서 7대 낭비 요소**를 분류했습니다.

★ 일부만 완료된 작업

한 번에 많은 일을 시작한 후 작업을 모두 끝내지 않으면, 반복의 마지막에 시연이나 배포할 준비가 되지 않은 많은 작업들이 남게 됩니다. 일부만 완료된 작업은 소프트웨어 프로젝트에서 항상 생겨납니다. 팀이 여러 가지를 동시에 수행한 대가에 대해 생각했건, 그렇지 않았건 말입니다. 가끔은 여러분이 다른 작업에 대한 정보를 얻거나 승인받기를 기다리는 동안 무언가 새로운 것을 또다시 시작하는 것이 정말 생산적이라는 생각이 들기도 합니다. 하지만 그렇게 되면 시간이 지났을 때 제일 먼저 시작한 작업이 일부만 완료된 작업으로 남게 됩니다.

★ 추가 프로세스

추가 프로세스는 여러분이 소프트웨어를 개발하는 데 그다지 도움이 되지 않으면서 팀에게 일만 추가하는 것을 말합니다. 가끔 팀은 어떤 피처에 관한 문서 작업을 하는 데 엄청난 노력을 하지만, 피처를 마무리해서 전달하지 않기도 합니다. 가끔은 팀이 경영진의 지원을 받고 있음을 보여주기 위해 끝없는 현황 보고 회의를 진행할 수도 있지만, 결국 수많은 추가 프로세스만 만들어냅니다. 팀에게 특별한 현황 보고서를 만들라고 시키거나, 개발 중인 각 작업에 관한 정보를 정리하라고 요청하는 것처럼 말입니다.

★ 추가 피처

팀원들은 종종 새로운 기술에 대해 정말 흥분하기도 합니다. 가끔 그들은 정말 끝내줄 것 같지만 아무도 요청하지 않은 추가 피처를 포함하자고 고집하기도 합니다. 흔히들 기존 아이디어에 관한 모든 종류의 혁신이 프로젝트에 도움이 된다고 오해합니다. 사실 팀이 추가한 새로운 피처는 모두 최종 사용자가 요청했던 피처에 쓸 시간을 빼앗고 맙니다. 그렇다고 팀에서 좋은 아이디어를 창출할 수 없다는 뜻은 아니지만, 그런 아이디어는 검증되거나 옵션으로 제시될 필요가 있습니다. 요청받은 일 대신 그 아이디어를 구현하려고 팀이 헛되이 노력을 기울이기 전에 말이죠.

★ 작업 전환

관리자들은 흔히 팀에게 요청한 요구사항의 수를 잊어버리곤 하며, 사람들의 기대치를 조정하지 않고 추가로 할 일을 주는 것이 비용이 들지 않는다고 착각하기도 합니다. 이런 상황이, 소프트웨어 개발자들이 자신들의 상사나 팀원들에게 좋은 인상을 주기 위해 과도하게 몰입하고 싶어한다는 사실과 결합되면, 사람들이 모두 동시에 완료해야 하는 세 개, 네 개, 다섯 개, 또는 그 이상의 작업 사이에서 정신 없이 허둥대는 모습을 보게 됩니다. 그래서 작업 전환은 소프트웨어 프로젝트에서 낭비 요소를 식별할 때 매우 유용한 개념입니다. 소프트웨어 개발자는 두 개의 비슷한 우선순위에 대해 동시에 작업할 때 시간을 허비합니다.

소프트웨어 개발에서 7대 낭비 요소는 팀이 프로세스에서 불필요한 일을 볼 수 있게 해주어 그들을 제거하는 데 도움을 줍니다.

★ 대기

가끔 팀은 누군가 명세서를 검토해주기를 기다려야 하며 검토가 끝날 때까지 일을 시작할 수 없습니다. 가끔은 인프라스트럭처에서 물리적인 하드웨어를 설치하기를 기다리거나 데이터베이스 담당자가 데이터베이스를 제공하기를 기다리기도 합니다. 팀이 소프트웨어 프로젝트 중에 기다려야 하는 타당한 이유는 많습니다. 하지만 그 모두가 낭비되는 시간이므로 가능하면 대기 시간을 줄여야 합니다.

가끔 어떤 것은 불필요하지만 제거할 수 없을 때도 있습니다. 예를 들어 여러분이 하드웨어를 사전에 주문하지 못해 기다려야 할 수도 있습니다. 그래서 불필요한 부분을 가능한 한 많이 식별하는 일이 중요합니다. 그래야 제거할 수 있는 일을 제거할 수 있으니까요.

★ 동작

팀이 여러 장소에 앉아 있으면, 한 사람의 책상에서 다른 사람의 책상으로 옮겨가는 것만으로 프로젝트에 불필요한 일을 많이 추가하게 됩니다. 동작(motion)이란 작업하는 동안 돌아다니면서 허비하는 모든 시간을 말합니다.

★ 결함

결함이 소프트웨어를 개발하는 과정에서 늦게 발견될수록 그 결함을 찾고 수정하는 데 더 많은 시간이 소요됩니다. 개발 프로세스 후반에 테스트 프로세스를 거치면서 결함을 발견하는 것보다는 개발자가 그 결함을 만들자마자 발견하는 것이 훨씬 더 좋습니다. 팀이 품질 중심의 개발 프랙티스에 집중하고 코드 소유권을 공유하면 할수록, 결함을 수정하는 데 걸리는 시간은 줄어듭니다.

하지만 그는 아직도 팀이 해야 하는 모든 작업 때문에 심한 스트레스를 느낍니다.

이 두 가지 피처를 위한 설계를 막 시작했어요.
하지만 설계를 하는 시간은 완료되기를 기다리는 다른 피처를 지연시키는 것 같아요.

이것들은 마이크가 방금 시작한 피처들입니다. → 데이터 제공자로부터 데이터 전송 / 오디언스 머신 러닝 기능

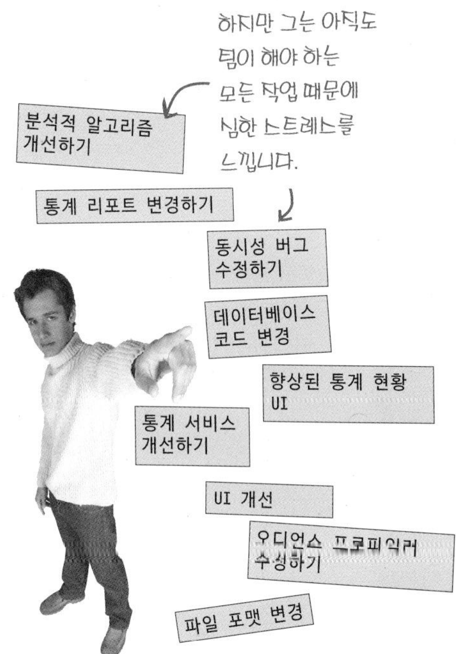

아직도 할 일이 산더미처럼 많기 때문에 지금 당장 하는 일이 무엇이든 그 일을 완료해야 한다는 엄청난 스트레스를 받아본 적이 있나요? 린 생각은 여러분이 그런 일을 겪지 않게 해줍니다. 프로젝트에 있는 불필요한 부분의 종류를 이해하는 데 시간을 할애하는 것이 문제를 해결하는 첫 단계입니다.

바보 같은 질문은 없다

Q: 린 팀은 특정 피처를 언제 완료할지 사람들에게 절대 말해주지 않는 것처럼 들리네요. 막판에 무엇을 할지 결정하고 가능한 한 빨리 개발하는 건가요? 그 방식은 제가 일하는 곳에서는 절대 성공 못해요.

A: 린 생각을 염두에 두고 개발된 스크럼이나 XP를 사용하는 팀은 작은 배치(batch)를 자주 개발하는 데 집중합니다. 하지만 모든 작업을 미리 파악하려고 하는 대신, 그들은 주어진 시간 안에 가장 중요한 일을 먼저 개발합니다. 고객이 계획 수립 기간 초반에 무언가 필요하다고 말한다고 해서, 프로젝트 내내 그 내용이 필요한 것은 아니라는 것을 린 팀은 알고 있습니다. 그래서 린 팀은 비즈니스 쪽이 필요한 순간에, 우선순위를 변경하는 것을 긍정적인 수단으로 보고 있습니다.

전통적인 팀은 아마 어떤 팀원이 무슨 작업을 하는지, 어떤 것이 임계 경로인지, 그리고 언제 각 마일스톤이 일어나는지 정확하게 예측해주는 것처럼 보이는 간트 차트를 만듭니다. 그 내용이 조직에 있는 모든 사람들에게 팀이 계획 수립을 하는 데 시간을 들였다는 것에 엄청난 자부심을 갖게 해주겠지만, 그 작업을 시작하기도 전에 그 계획은 거의 항상 부정확합니다.

린 생각 도구를 사용하는 팀은 프로세스를 제대로 수행하는 데 집중합니다. 프로세스가 올바르면, 가장 높은 가치를 가진 작업이 각 증분을 시작할 때 대기 행렬의 가장 위로 떠오릅니다. 그렇게 되면 팀이 각 피처를 개발하면서 불필요한 부분을 제거하고 가능한 한 빨리 그 일을 완료하는 데 도움이 됩니다. 린 팀은 계획 수립이 옵션을 식별하는 하나의 방법이라 여기며, 새로운 변수가 생기면 그 옵션에서 가장 좋은 것을 선택합니다.

Q: 아, 그렇군요. 린 팀은 스크럼 팀처럼 스프린트로 개발하죠?

A: 꼭 그렇지는 않습니다. 린 팀이 배포 리듬을 수립할 때, 주로 각 배포에 맞는 시간을 설정합니다. 2주가 될 수도, 2개월이 될 수도 있습니다. 린 팀은 예상 가능한 시간표대로 작게 자주 배포합니다. 팀은 그 정해진 시간과 맞물려서 배포를 진행합니다. 스크럼의 스프린트는 계획 수립과 리듬의 조합입니다. 하지만 수많은 칸반 팀은 **계획 수립에서 리듬을 분리**했습니다. 팀이 새로운 작업 아이템을 계획하고, 그 아이템들을 워크플로우로 옮기고 리듬이 완료되어 배포 가능한 상태가 되면 배포합니다.

어떤 사람들은 정해진 시간이 계획 수립과 꽉 맞물려 있지 않아서 이것을 **반복 없는 개발**이라고 부릅니다.

Q: 그렇다면 그 7대 낭비 요소 말인데요. 팀이 정말로 추가로 프로세스와 피처를 만드나요? 우리 팀은 추가로 뭔가를 할 시간이 없다고 항상 생각하는데요.

A: 네, 정말 만듭니다! 정말로 스트레스를 많이 받는 팀은 가장 불필요한 작업을 많이 하는 팀이기도 합니다. 그런 프로젝트는 하루에도 몇 번씩 현황을 수집하는 회의를 하거나 개발자들에게 시간을 기록하고 각 활동에 소비한 시간을 검사하는 새로운 프랙티스를 만들어야 할 만큼 빡빡한 마감일이 있는 프로젝트입니다. 그런 활동은 제품을 배포하기 더 어렵게 만드는 낭비 요소입니다.

옵션 생각은 낭비 요소에 대응하는 데 도움이 됩니다. 문제가 복잡할수록 그 문제에 대해 미리 알 수 있는 내용은 더 적습니다. 그래서 린 팀은 목표에 몰입하지만 자세한 계획에 몰입하지는 않습니다. 린 팀은 개괄적인 목표와 정해진 시간 내에 그 목표를 향해 할 수 있는 가장 가치 있는 일을 완료하는 데 동의합니다. 이런 방식으로 몰입에 관해 생각해본다면, 팀과 조직에게 배포에 집중할 수 있는 자유를 주며 더 높은 품질의 제품을 빠르게 배포할 수 있습니다.

이해가 되고 있어.
모든 애자일 방법론이 린의 영향을 받았군.
예를 들면 XP의 점진적 설계 프랙티스는 XP 팀이 향후에 있을 변경사항을 처리할 수 있도록 스스로에게 옵션을 주는 한 가지 방법이야.

다음은 마이크, 케이트, 벤이 하는 얘기를 우연히 들은 내용입니다. 그중 몇 가지는 프로젝트 내 불필요한 부분을 설명하지만, 어떤 것은 그렇지 않습니다. 각각이 설명하고 있는 낭비 요소의 유형을 파악하세요. 그 후 각 말풍선에서 불필요한 일은 불필요에, 불필요한 일이 아닌 것은 필요에 선을 그리세요. 불필요한 일이라면 린에서 오른쪽에 표시된 적절한 유형까지 선을 연결하세요.

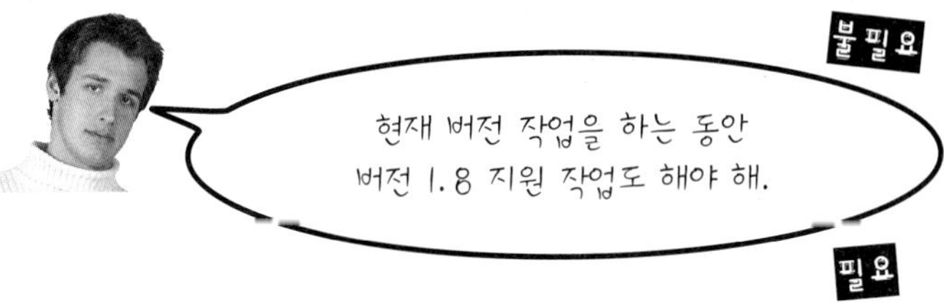

작업 전환

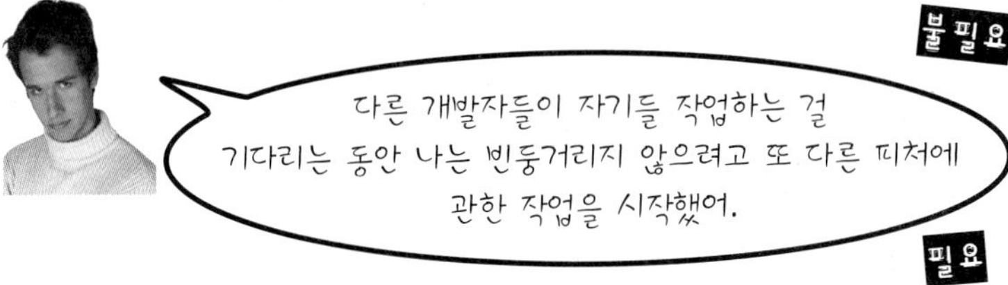

추가 피처

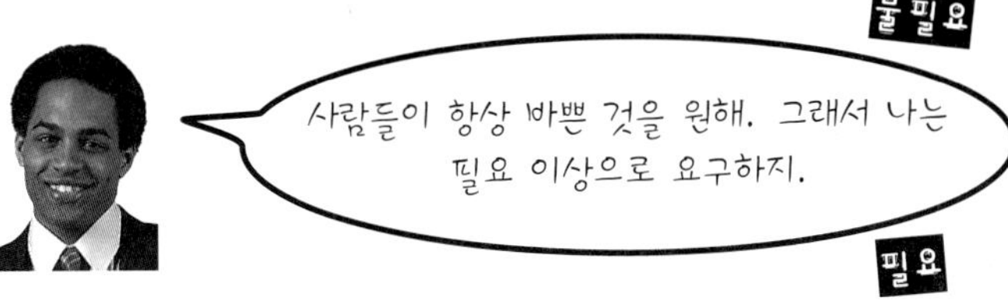

일부만 완료된 작업

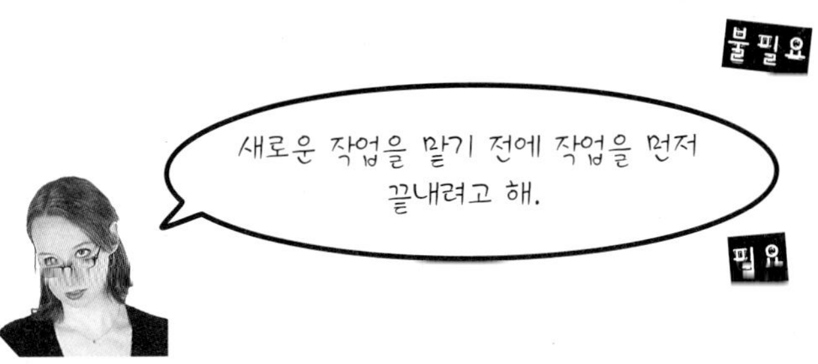

답은 299쪽에

가치 흐름 맵은 낭비 요소를 보는 데 도움을 줍니다

가치 흐름 맵은 단순한 다이어그램이지만, 여러분이 프로젝트를 진행하는 동안 정확히 얼만큼 대기하면서 일하지 않고 시간을 낭비하는지 보여줍니다. 불필요한 부분이 어디서 일의 진척을 느리게 하는지 보여주기 위해, 팀이 사용하는 프로세스를 타임라인에 그리는 것이 도움이 되기도 합니다. 가치 흐름 맵은 팀의 시간이 고객을 위한 가치로 이어지지 않는 작업에 얼만큼 허비되는지를 너무도 명확히 보여줍니다. 팀이 불필요한 부분을 제대로 보게 되면, 팀은 기다리는 시간을 줄이기 위한 방법을 파악하기 위해 함께 노력합니다.

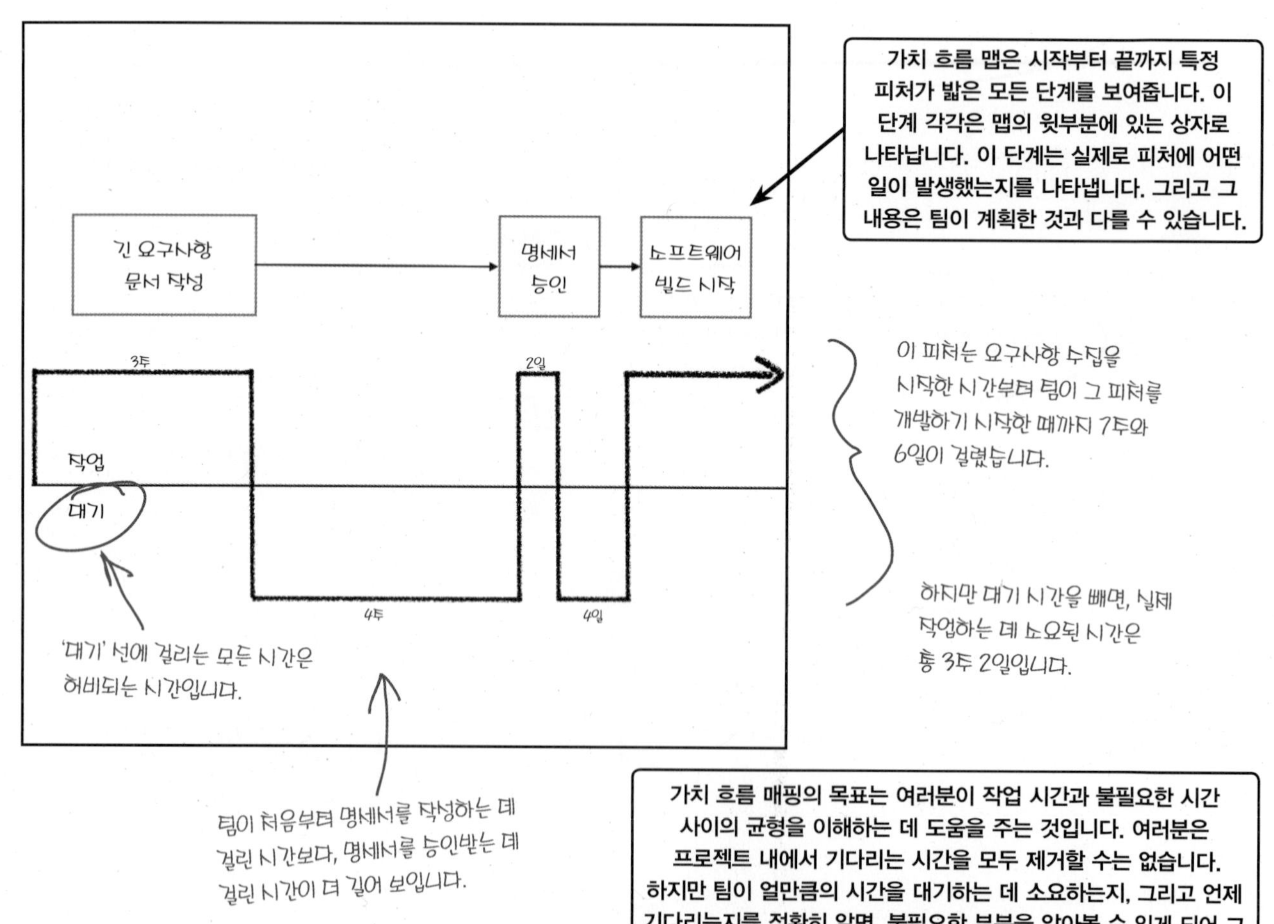
가치 흐름 맵은 시작부터 끝까지 특정 피처가 밟은 모든 단계를 보여줍니다. 이 단계 각각은 맵의 윗부분에 있는 상자로 나타납니다. 이 단계는 실제로 피처에 어떤 일이 발생했는지를 나타냅니다. 그리고 그 내용은 팀이 계획한 것과 다를 수 있습니다.
긴 요구사항 문서 작성
명세서 승인
소프트웨어 빌드 시작
3주
2일
작업
대기
4주
4일
이 피처는 요구사항 수집을 시작한 시간부터 팀이 그 피처를 개발하기 시작한 때까지 7주와 6일이 걸렸습니다.
하지만 대기 시간을 빼면, 실제 작업하는 데 소요된 시간은 총 3주 2일입니다.
'대기' 선에 걸리는 모든 시간은 허비되는 시간입니다.
팀이 처음부터 명세서를 작성하는 데 걸린 시간보다, 명세서를 승인받는 데 걸린 시간이 더 길어 보입니다.
가치 흐름 매핑의 목표는 여러분이 작업 시간과 불필요한 시간 사이의 균형을 이해하는 데 도움을 주는 것입니다. 여러분은 프로젝트 내에서 기다리는 시간을 모두 제거할 수는 없습니다. 하지만 팀이 얼만큼의 시간을 대기하는 데 소요하는지, 그리고 언제 기다리는지를 정확히 알면, 불필요한 부분을 알아볼 수 있게 되어 그 불필요한 부분을 제거할 수 있는 소중한 첫걸음이 됩니다.

많은 팀은 흐름의 효율성을 측정하기 위해, 가치 흐름을 백분율로 표현합니다.

100 * 작업 시간 / 리드 시간 %

가장 최근에 개발된 아이템의 가치 흐름 맵을 만들어보는 것은, 프로세스를 개선하기 위해 팀이 생각해볼 수 있는 매우 훌륭한 방법입니다.

오디언스 애널라이저 팀은 가장 최근에 수행한 피처 배포에 관한 가치 흐름 맵을 만들기로 했습니다. 무슨 일이 발생했는지 팀의 이야기를 들어보고, 피처를 개발하는 프로세스 중에 기다린 시간에 대비하여 작업한 시간이 얼마나 되는지 보여주는 가치 흐름 맵을 만드세요.

작업

대기

1단계: 포커스 그룹, 고객 요구사항에 관한 연구 (3주)
2단계: 사용자 스토리 작성, 스토리 맵/페르소나 만들기 (2주)
3단계: 고위 관리자들의 승인 기다리기 (3주)
4단계: 백로그에 있는 작업 우선순위화 (1일)
5단계: 개발 시작 기다리기 (3일)
6단계: 피처 개발과 유닛 테스트/통합 테스트 작성 (5일)
7단계: 통합 테스트 환경 및 자동화 기다리기 (3일)
8단계: 통합 테스트 (2일)
9단계: 버그 수정 (1일)
10단계: 통합 테스트 환경 및 자동화 기다리기 (3일)
11단계: 통합 테스트 (2일)
12단계: 데모 환경 설치될 때까지 기다리기 (3일)
13단계: 데모 환경에 배포 (1일)
14단계: 데모/피드백 수집 (2일)
15단계: 프로덕션 환경에 릴리스하기 전 대기 (2주)
16단계: 프로덕션 환경에 릴리스 (1일)

이 피처의 리드 시간(피처를 식별한 때부터 배포까지)은? ____________________

이 피처를 개발하는 데 허비한 시간은? ____________________

가치 흐름 효율성은? ____________________

연필을 깎으며 해답

오디언스 애널라이저 팀은 가장 최근에 수행한 피처 배포에 관한 가치 흐름 맵을 만들기로 했습니다. 무슨 일이 발생했는지 팀의 이야기를 들어보고, 피처를 개발하는 프로세스 중에 기다린 시간에 대비하여 작업한 시간이 얼마나 되는지 보여주는 가치 흐름 맵을 만드세요.

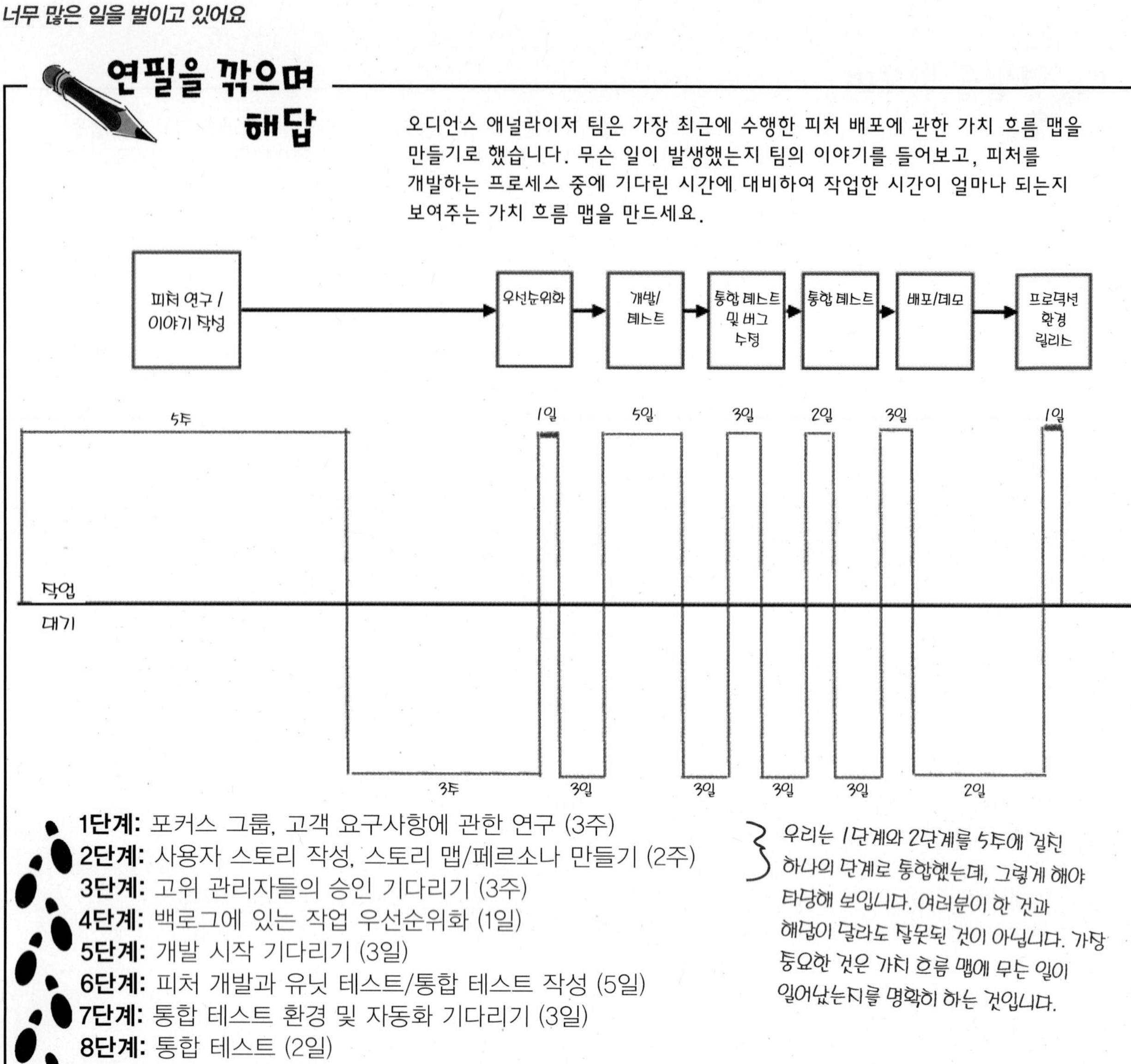

1단계: 포커스 그룹, 고객 요구사항에 관한 연구 (3주)
2단계: 사용자 스토리 작성, 스토리 맵/페르소나 만들기 (2주)
3단계: 고위 관리자들의 승인 기다리기 (3주)
4단계: 백로그에 있는 작업 우선순위화 (1일)
5단계: 개발 시작 기다리기 (3일)
6단계: 피처 개발과 유닛 테스트/통합 테스트 작성 (5일)
7단계: 통합 테스트 환경 및 자동화 기다리기 (3일)
8단계: 통합 테스트 (2일)
9단계: 버그 수정 (1일)
10단계: 통합 테스트 환경 및 자동화 기다리기 (3일)
11단계: 통합 테스트 (2일)
12단계: 데모 환경 설치될 때까지 기다리기 (3일)
13단계: 데모 환경에 배포 (1일)
14단계: 데모/피드백 수집 (2일)
15단계: 프로덕션 환경에 릴리스하기 전 대기 (2주)
16단계: 프로덕션 환경에 릴리스 (1일)

우리는 1단계와 2단계를 5주에 걸친 하나의 단계로 통합했는데, 그렇게 해야 타당해 보입니다. 여러분이 한 것과 해답이 달라도 잘못된 것이 아닙니다. 가장 중요한 것은 가치 흐름 맵에 무슨 일이 일어났는지를 명확히 하는 것입니다.

이 피처의 리드 시간(피처를 식별한 때부터 배포까지)은? 77일
이 피처를 개발하는 데 허비한 시간은? 37일
가치 흐름 효율성은? 52%

팀은 일하는 데 40일, 대기하는 데 37일 보냈으므로, 리드 시간은 77일이며, 가치 흐름 효율성은 40/77=0.5194...로 약 52%입니다.

한 번에 너무 많은 것을 하려 하기

통계 현황 피처의 개발 시간을 살펴본 후에, 팀에서는 테스트 자원과 환경을 기다리느라 많은 시간을 허비했음을 알았습니다. 그들은 더 많은 조사를 통해, 개발자들이 개발 및 유닛 테스트를 끝낼 때마다 새로운 피처를 시작함을 알 수 있었습니다. 그 말은, 각 개발자가 가끔은 테스트와 개발 파이프라인의 여러 곳에서 네다섯 개의 피처를 갖고 있다는 말입니다. 그리고 설계가 매우 강하게 결합돼 있어, 피처가 여러 묶음으로 배포되기까지 테스트 및 배포에 대한 지연이 발생합니다.

테스트 팀과 운영팀이 우리가 하는 모든 요구사항을 받아주지 못하는 것 같아요. 우리가 새로운 피처를 맡기 전에 각자 지금 작업하고 있는 피처를 끝내면 어떨까요? 배포될 준비가 될 때까지 모두 다 끝내는 거죠.
하지만 테스터가 테스트를 할 때 개발자는 뭘 합니까? 그냥 앉아서 놀고 있나요? 그건 말이 안 되는 것 같은데요.
저희가 테스트 및 문제점 해결을 돕는 거죠. 그렇게 하면 버그를 진단하고 수정하는 데 시간을 버리지 않을 거예요.

팀이 프로세스를 가치 흐름으로 매핑하고 나면, 팀 전체가 어떻게 하면 작업에 더 많은 시간을 쓰고 어떻게 하면 대기 시간을 줄일지에 관한 아이디어를 내기가 훨씬 쉬워집니다. 팀이 모두 모여 가치 흐름 맵을 살펴본 후 팀이 몇 가지 실천하기 쉬운 아이디어를 생각해냈습니다.

- 테스터는 테스트 시간을 줄이기 위해 통합 테스트를 자동화하자고 제안했습니다.
- 개발자는 컴포넌트를 개별적으로 배포할 수 있게 컴포넌트 설계를 단순화하자고 제안했습니다.
- 운영팀은 자주 배포할 수 있도록 배포 파이프라인을 자동화할 것을 제안했습니다.

엔진 검사: 토요타 생산 시스템

린 생각은 토요타 생산 시스템(TPS, Toyota Production System)에서 나왔습니다. 1948년경부터 1975년까지 오노 다이치와 기치로 토요타가 이끄는 토요타의 업계 엔지니어들은 생산 시스템에 관한 새로운 사고방식을 만들어냈습니다. 그들은 생산 시스템의 흐름 전체를 볼 수 있게 하고, 최종 제품에 도움이 되지 않는 작업을 제거하는 데 집중했습니다. 그들은 각 단계마다 작업량을 제한하고 시스템의 흐름을 관리함으로써, TPS 도입 이전보다 훨씬 적은 시간에 더 높은 품질의 제품을 생산할 수 있음을 알게 됐습니다.

소프트웨어 엔지니어링 전문가이자 트레이너이자 컨설턴트인 메리와 톰 포펜딕은 린 생각을 소프트웨어 개발에 적용하고 그들의 저서인 〈린 소프트웨어 개발: 애자일 도구〉를 통해 대중화했습니다. 그들은 TPS의 개념을 팀이 협력해서 소프트웨어를 개발하는 방법에 적용했습니다. 그리고 차를 생산하는 프로세스와 소프트웨어를 개발하는 프로세스에는 사람들이 처음 생각한 것보다 훨씬 공통점이 많다고 판명됐습니다.

낭비 요소의 세 가지 원천을 제거해야 합니다.

TPS는 작업 흐름을 느리게 하는, 제거해야 할 세 가지 유형의 불필요한 부분에 초점을 둡니다.

★ **무다(無駄)**는 허망함, 소용없음, 빈둥거림, 불필요함, 쓰레기, 낭비, 헛됨을 의미합니다.

★ **무라(斑)**는 불공평함, 비주기적임, 통일성의 부재, 균일하지 않음, 불평등을 의미합니다.

★ **무리(無理)**는 비이성적임, 불가능, 본인의 능력 이상이 요구됨, 너무 어려움, 힘에 의한, 강제적인, 물리적으로, 필수적으로, 과다함, 무절제를 의미합니다.

소프트웨어 팀은 이와 같은 모든 불필요함의 원천을 처리합니다. 팀이 개발을 위해 사용하는 프로세스를 살펴보면, 그 안에서 허망한 일, 불가능한 목표 또는 불균형을 극복하기 위해 사람들이 하는 모든 종류의 일을 발견할 수 있습니다. 그런 낭비 요소의 원천을 발견하고 제거하면 팀이 더 작은 증분을 더 자주 개발하는 데 도움이 됩니다. 이것이 바로 TPS가 하려는 일입니다.

제조현장의 7대 낭비 요소

TPS의 또 다른 기본적인 발전은 제조현장의 7대 낭비 요소를 식별한 것입니다. 신고 시게오는 그의 저서 〈토요타 생산 시스템의 연구〉에 그 내용을 문서화했습니다.

재고

과잉생산

운반

동작

대기

결함

추가 프로세스

소프트웨어 개발에서 낭비 요소의 유형은 제조업에서 낭비 요소의 유형과 매우 유사합니다. 언뜻 보면 두 가지 프로세스가 정말 다른 듯 보입니다. 하지만 둘 다 팀원들이 지속적으로 문제를 해결하고 자신들의 작업 품질에 대해 생각해보게 합니다.

메리와 톰 포펜딕은 제조업에서의 린 생각을 소프트웨어 개발 분야에 적용한 사람들로, 제조업에서 7대 낭비 요소 유형으로부터 소프트웨어 팀이 맞닥뜨리는 7대 낭비 요소 유형을 도출했습니다.

가치 흐름, 지속적인 향상, 품질의 기본 개념

포펜딕 부부는 제조현장의 7대 낭비 요소를 바꿔 소프트웨어 개발의 7대 낭비 요소를 만들었습니다. 그들은 또한 제품 개발에 사용되는 프로세스에서 무다, 무라, 무리를 고려하는 TPS 목표를 적용했습니다. 7가지 외에도 TPS에서 소프트웨어 개발을 위해 린으로 직접 차용한 몇 가지 다른 아이디어가 있습니다.

★ **지도카(Jidoka):** 문제가 감지되면 바로 생산을 중단하는 자동화된 방법입니다. TPS에는 프로세스의 각 단계에서 문제가 발견되면 다음 생산라인에 있는 다른 사람에게 전달되지 않고 바로 문제를 수정하도록 하는 자동화된 점검 단계가 있습니다.

★ **칸반(Kanban):** 신호 카드를 말합니다. TPS 생산 시스템에서 신호 카드는 프로세스의 어떤 단계가 더 많은 재고를 받아들일 준비가 됐음을 알리기 위해 사용했습니다.

★ **풀 시스템(Pull System):** 프로세스의 각 단계는 그 전 단계에게 특정 부품이 고갈되면 더 많은 재고가 필요하다고 알려줍니다. 이렇게 하면 가장 효율적인 속도로 시스템에서 작업을 불러오고 중간에 재고가 쌓이지 않습니다.

★ **근본 원인 분석:** 어떤 일이 일어나게 된 '깊은' 이유를 알아내는 것입니다. 오노 다이치는 문제를 일으키는 원인을 알아내기 위해 5 Whys 기법(이유를 다섯 번 반복해서 생각)를 사용했습니다.

★ **카이젠(Kaizen):** 지속적인 개선을 말합니다. 매일 모든 기능을 개선하는 활동이 자리잡으려면 팀이 작업 흐름에서 어떤 일이 일어나는지 관심을 갖고 개선할 방법에 대해 생각해볼 필요가 있습니다.

오노 다이치는 일련의 실험을 통해 TPS를 구현했습니다. 그는 시스템에서 최상의 흐름을 만들고, 가능한 한 고품질의 제품을 가능한 한 빨리 생산하기 위해 팀별 작업을 했습니다. 그는 팀에게 권한을 주고 가능한 한 가장 적은 불필요한 부분으로 빨리 제품을 만드는 가장 좋은 방법을 결정하도록 팀에게 자유와 책임을 부여하는 데 초점을 맞췄습니다.

린 생각은 모든 애자일 방법론에 있어서 토대가 되며, 이 부분은 스노버드에서도 명확히 논의되었습니다. 그래서 여러분은 이러한 아이디어 대부분이 XP와 스크럼에서도 이런저런 형태로 나타남을 알 수 있습니다.

"마술 같은 방법은 없습니다. 오히려 창의력과 성과를 최고로 강화하고 설비와 기계를 활용하며 모든 낭비 요소를 제거하기 위해 인간의 능력을 최고의 능력으로 끌어올리는 종합직 관리 시스템이 필요합니다."

- 오노 다이치

(토요타 생산 시스템, 9쪽, CRC Press 1988)

옵션 분석하기

린 팀은 의사결정을 할 자유를 주기 위해 **옵션 생각**(options thinking)을 사용했습니다. 린 팀은 다른 팀들이 하는 것처럼 프로젝트를 계획합니다. 하지만 린 팀에 속한 개인의 계획에 대한 태도는 다릅니다. 그들은 자신들이 계획한 모든 업무를 몰입의 대상이 아니라 옵션으로 봅니다. 팀은 목표에 전념하지 계획에 전념하지 않습니다. 그렇게 되면 팀은 목표에 부응하는 데 집중하고, 그 목표를 달성하는데 더 나은 방법이 존재하면 계획을 변경합니다. 계획의 각 단계에 전념하지 않음으로써 팀은 새로운 정보가 나타나면 계획을 변경할 자유를 스스로에게 부여합니다.

아래는 여러분이 프로젝트에서 옵션을 사용할 수 있는 방법입니다.

1. 목표를 정의하고 거기에 전념합니다.

   목표: 세 개의 새로운 소스에서 나온 데이터를 저장하고 그 데이터를 통계 현황 애플리케이션으로 보내줄 오디언스 애널라이저의 향상된 부분을 배포합니다.

2. 목표를 달성하는 데 필요한 작업을 설정하되 작업 완료를 목표를 달성하기 위한 **하나의 옵션**으로 간주합니다.

설계
개발
테스트
통계 현황 리포팅 향상
유닛 테스트 프레임워크 개선
오디언스 애널라이저 알고리듬 변경
분석 데이터베이스를 외부 소스에서 온 데이터로 채우기
오디언스 애널라이저 애플리케이션은 많은 변화가 필요하고, 팀이 먼저 계획을 세운 내용이 바로 그 변화에 관한 것들입니다.
옵션 #1
팀은 오디언스 애널라이저를 변경하는 일을 끝낸 후에 이 데이터베이스를 채우는 계획을 세웁니다. 일이 많으므로 나중에 하기로 합니다.
팀은 데이터베이스를 채우기 위한 작업을 계획하고 그 데이터를 애플리케이션으로 구현하는 데 필요한 변경사항으로 넘어갑니다.

팀이 계획을 수립할 때 그들은 작업을 수행하는 방법에 대한 아이디어를 이야기합니다. 하지만 그들은 그 아이디어를 하나의 옵션으로만 여기고 다른 경로를 선택할 자유를 스스로에게 줍니다.

3 작업 시작!

하지만 마이크가 DBA 팀과 함께 일하기 시작했을 때, 그는 대부분의 데이터베이스 작업이 이미 완료됐다는 것을 알게 됩니다!

DBA 수석님이 알려줬는데, 데이터베이스에 우리가 필요한 데이터가 이미 있대. 우리는 단지 통계 현황을 수정해서 그 데이터에 접근하게만 만들면 되는 거지.

4 필요하면 계획을 변경합니다.

설계	개발	테스트
통계 현황 리포팅 향상	통계 현황 데이터베이스 코드를 변경해 새로운 데이터에 접근	팀이 이 업무를 어떻게 할 지에 관해 스스로에게 옵션을 둔 것은 잘한 일입니다. DBA에서 배운 것을 토대로, 그들은 대규모 데이터베이스 이동 작업을 이렇게 정말 작은 코드 변경으로 대체할 수 있습니다.
유닛 테스트 프레임워크 개선	옵션 #2	
오디언스 애널라이저 알고리듬 변경		

옵션 생각은 린 팀에게 가능하면 가장 늦게 결정하고 변경사항이 생기면 그에 대한 대가를 줄이는 자유를 줍니다.

전통적인 팀에서 기술적 접근법을 변경하면 정말 큰 지장을 초래합니다. 만약 여러분이 세부적인 일정에 전념해왔다면, 여러분은 시간과 자원을 따로 떼어놓을지도 모릅니다. 예를 들어 프로그래밍과 데이터베이스 작업을 위해 개발과 DBA 팀원들을 따로 마련해두는 것처럼 말입니다. 여러분은 작업이 완료되면 경영진들에게 현황을 보고할 마일스톤을 만들었을지도 모릅니다. 또는 이 작업을 애플리케이션에 대한 선행 작업으로 만들었을 수도 있습니다. 그렇게 하려면 미리 많은 계획을 세워야 합니다.

한 팀원이 이미 존재하는 해결 방안을 발견한다면 어떻게 할까요? 그렇게 되면 전체 일정을 다시 계산하고, 자원을 재분배해야 합니다. 그런 일은 항상 일어납니다! 팀의 인데 계획을 옵션으로 간주함으로써 여러분은 재할당하거나 방향을 고정된 작업에 따라 수많은 작업과 자원할 할당하지 않아도 됩니다.

시스템 싱킹은 린 팀이 전체를 보게 해줍니다

모든 팀에는 작업 방식이 있습니다. 일을 진행하면서 그 방식을 만들어가는 것 같지만 모든 팀원들이 따르는 규칙은 항상 존재합니다(여러분이 그것을 따르고 있다는 것을 인지하고 있지 못하더라도 말이죠). 그게 바로 린 원칙입니다. 이것을 두고 **전체를 본다**라고 말하며, 각자의 업무가 더 큰 시스템의 일부라는 걸 인식하는 데서 시작합니다.

팀이 스스로를 각기 다른 기능을 가진 개인의 집합이라고 볼 때, 팀원들은 자신들의 업무를 개선할 수 있는 부분에만 집중하는 경향이 있습니다. 프로그래머는 프로그래밍을 더 쉽게 만들어주는 개선 방안에 신경 쓰고, 테스터는 테스트하는 방법을 개선하는 데 신경 쓰며, 프로젝트 관리자는 일정을 정하는 일이나 현황 보고를 개선하는 방법에 신경 쓸 수도 있습니다. 하지만 모든 팀원들이 자기 업무가 전체 큰 시스템에 어떻게 기여하는지 알 수 있다면, 다른 사람들 위에 서서 하나의 역할을 최적화하는 것이 아닌, 함께 팀이 목표를 달성하는 데 도움이 될 개선 방안을 생각해낼 수 있습니다.

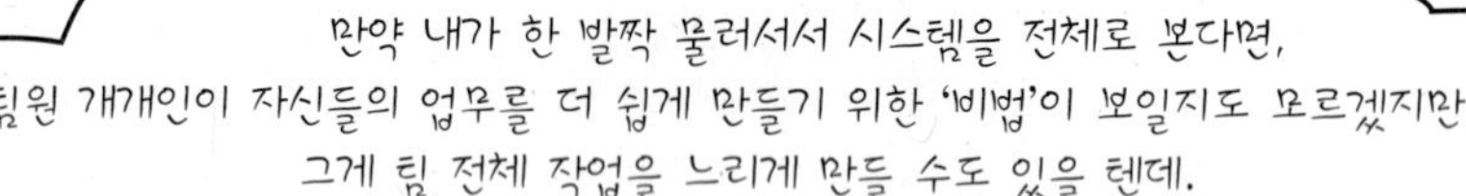

만약 내가 한 발짝 물러서서 시스템을 전체로 본다면,
팀원 개개인이 자신들의 업무를 더 쉽게 만들기 위한 '비법'이 보일지도 모르겠지만,
그게 팀 전체 작업을 느리게 만들 수도 있을 텐데.

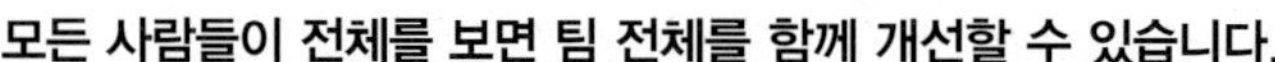

모든 사람들이 전체를 보면 팀 전체를 함께 개선할 수 있습니다.

예를 들어 프로젝트 일정이 늦어졌다고 칩시다. 그러면 프로젝트 관리자가 모든 팀원들에게 하루에 두 번씩 문서로 현황 보고를 하라고 요청함으로써 자신의 업무 기능을 최적화합니다. 하지만 그렇게 되면 팀 업무는 더 느려지고 제시간에 작업을 완료하기가 더 어려워집니다. 또는 유닛 테스트를 작성하지 않으면 훨씬 많은 코드를 작성할 수 있다고 생각하는 프로그래머가 있다고 생각해봅시다. 그 프로그래머는 훨씬 많은 코드를 생산하겠지만 그 안의 결함을 찾고 수정하는 데 드는 비용은 증가된 생산성보다 더 높을지도 모릅니다.

린 팀은 이와 같은 **지엽적인 최적화를 제거**(remove local optimizations)하고 시스템도 함께 최적화합니다. 그들은 함께 시스템을 들여다보고 소프트웨어를 빠르게 고품질로 만들어내는 방법에 방해가 되는 모든 활동을 제거합니다. 린 팀은 개별 팀원의 일을 좀 더 생산성 있게 만드는 지엽적인 방법이, 팀으로 일하는 방식에 방해가 됨을 알고 있습니다.

무대 뒤

가치 흐름 맵을 만들 때 여러분은 시스템이 아이디어를 받아들이고 그것을 결과물로 변환하는 데 얼마나 걸리는지를 매핑합니다. 시스템이 존재한다는 것을 인지하고 나면, 여러분이 더 높은 품질의 소프트웨어를 더 빨리 만드는 데 정말로 도움이 되는 개선을 어떻게 이룰지 파악하기가 훨씬 쉬워집니다. 자신이 하고 있는 작업만을 개선하는 대신, 팀이 사용하는 프로세스에 대한 변경에 대해 생각해보기 시작한 바로 그 시스템 내에서 여러분이 일하고 있다는 것을 인지하기 때문입니다.

어떤 '개선'은 효과가 없었습니다

팀은 자신들의 가치 흐름 맵을 자세히 살펴보고 새로운 작업을 시작하기 전에 각 작업을 완료하는 데 집중할 필요가 있다고 생각했습니다. 그다음 그들은 운영팀과의 협업을 어떻게 개선할지 생각하기 시작했습니다. 그들은 전체 시스템을 보려고 하기보다는 자신들이 통제할 수 있는 작업만 신경 썼습니다.

저는 소프트웨어 **코드를 완성**하는 데 집중하고, 통합 환경에 배포하면 훨씬 더 빨리 완료할 수 있을 거라고 생각합니다.
맞아요. 제가 통합 환경에 배포할 스크립트를 작성할 수 있어요. 이제 거기서부터는 우리 문제가 아닌거죠.
모든 지연은 운영팀의 책임이죠. 그래서 우리는 그것을 바탕으로 고위 관리자들에게 좀 더 애자일이 될 필요가 있음을 보여줄 수 있죠.

실패한 실험(그리고 그건 좋은 거죠!)

마이크와 케이트에게 좋은 생각이 떠올랐습니다! 그들은 코드를 동작하게 만들고 난 후 코드를 다른 팀에게 넘길 수 있었습니다. 어떤 효과가 있었을까요? 그들은 2주 동안 이 변경사항을 적용해봤습니다. 그러더니 일이 잘못 돌아가기 시작했습니다. 그들이 만들고 있던 모든 소프트웨어는 통합 환경에 백업되기 시작했고, 고객은 그 문제들이 빨리 수정되지 않는다고 불평하게 되었죠. 팀은 리드 시간에 진정한 발전이 있으려면 자신들이 만든 개선 제안이 전체 시스템(함께 일하는 다른 팀들 또한 포함해서)을 고려했어야 한다는 것을 깨달았습니다.

모든 실험이 다 성공하지는 않아요. 그래도 괜찮습니다! 린 생각을 바탕으로 린 팀은 새로운 접근법과 아이디어를 시도하는 것을 편하게 생각합니다. 작은 실패는 나중에 더 큰 성공의 디딤돌이기 때문입니다.

린 팀은 풀 시스템을 사용하여 항상 가장 가치 있는 작업을 하는지 확인합니다

전통적인 프로젝트 팀은 시스템에 작업을 밀어넣습니다. 그들은 미리 모든 작업을 계획하려 하고 그리고 나서 프로젝트가 실행되는 동안 그 계획에 대한 변경사항을 통제하려고 합니다. 얼만큼의 작업이 발생할지, 누가 그 일을 해야 할지 정확히 예측함으로써 전통적인 프로젝트는 세세한 계획 수립을 통해 올바른 자원의 조합을 유지하려고 합니다.

린 마음가짐을 가진 팀은 그 반대로 일합니다. 그들은 **풀 시스템**을 사용합니다. 풀 시스템에서는 프로세스의 각 단계가 이전 단계에 의해 촉발되므로, 이전 단계가 완료되어야 결과를 끌어낼 수 있습니다. 프로세스의 후반부 단계가 그 전 단계의 작업을 끌어냄으로써 린 팀은 가능한 한 신속하게 각 피처를 마무리합니다. 시스템에서 작업을 끄집어내면 시스템 내에 완료된 작업의 지속적인 흐름을 수립할 수 있고 지엽적 최적화로 인한 과부하를 만들지 않습니다.

풀 시스템으로의 이동은 모든 사람들이 일에 대해 생각하는 방식을 바꿉니다. 풀 시스템이 일하는 방식을 바꾸는 것이기 때문입니다.

풀 시스템에서 프로세스의 후반부 단계는 이전 단계의 업무를 끌어당깁니다.

WIP 제한을 설정함으로써 풀 시스템을 설정합니다

아래에 한 사례가 있습니다. 전통적인 테스트 팀이 개발팀에서 만든 코드와 보조를 맞추다 보니 항상 과부하가 걸려 있습니다. 만약 팀이 풀 시스템으로 옮겨가면, 테스트 팀으로부터 더 많은 업무를 요청하기 전까지 아이템 개발 작업이 시작되지 않습니다. 그렇다면 어떻게 이런 상황을 만들 수 있을까요?

한 가지 효과적인 방법은 진행 중인 작업 즉, **WIP**(work in progress)를 제한하는 것입니다. 린 팀은 **WIP에 제한**을 두거나 시스템 내에 각 단계별로 주어진 시간에 할 수 있는 작업 아이템의 수를 제한합니다. 만약 팀이 시스템이 느려지기 전에 한 번에 4개의 피처만을 테스트할 수 있다면 팀은 이전 단계에서 WIP를 제한해서 개발팀이 한 번에 4개 이상의 피처를 개발하지 못하게 합니다. 제한을 둠으로써 팀은 프로세스에서 가장 빠른 경로를 정의할 수 있고 피처를 식별한 때부터 배포될 때까지의 전체 리드 시간을 줄일 수 있습니다.

칸반은 풀 시스템을 구현하고 린 생각을 기반한 프로세스를 개선하는 방법입니다. 이 장의 후반부에서 이 부분에 대해 더 많은 이야기를 할 예정입니다.

풀 시스템 들여다보기

가끔 개발 파이프라인은 작업으로 꽉 막힐 수 있습니다.

시스템을 전체 관점에서 볼 때 여러분은 제품을 완료하기 위해 어떤 단계가 어떤 순서로 일어나는지 파악하기 시작합니다. 풀 시스템이란 작업이 시스템으로 흘러가는 특정한 방법입니다. 팀이 시스템에 작업을 밀어넣으면, 작업으로 꽉 막혀 있는 것을 알게 됩니다. 현재 마이크, 케이트, 벤이 자신들의 프로젝트에서 그런 상황에 처해 있습니다.

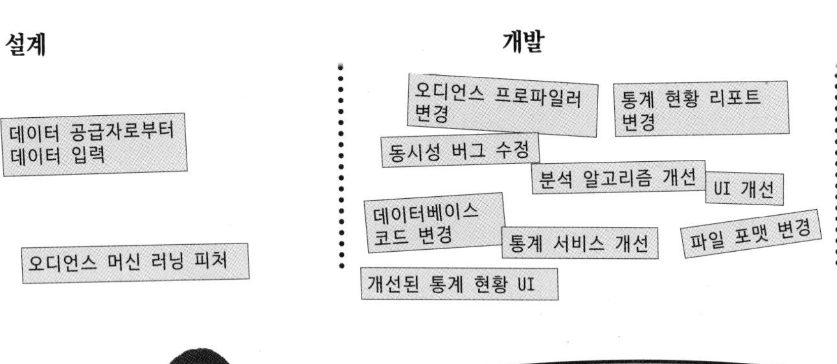

테스트

몇은 개발을 시작한 후 너무 많은 일을 했지만, 테스트할 수준까지 끝낸 작업은 아무것도 없습니다. 그 말은 수많은 작업들이 일부만 완료됐으며, 검증되거나 바로 전달할 수 있는 것은 전혀 없다는 뜻입니다.

개발팀은 다시 밤에도 주말에도 일합니다.
항상 긴장의 연속인 셈이죠.

WIP 제한을 설정하면 풀 시스템의 흐름이 완만해집니다.

모든 사람들이 WIP 제한에 동의하면 어떤 일이 일어나는지 보세요. 이전 방식에서는 설계가 완료된 모든 피처는 바로 개발 단계로 밀어냈습니다. WIP 제한을 두는 상황에서는 개발자들이 스스로가 준비될 때만 다음 피처를 가져옵니다. 이처럼 프로세스의 후반부 단계에서 **팀이 얼만큼의 작업을 할 수 있는지를 제어**함으로써 풀 시스템은 시스템 내에 원활한 흐름을 유지합니다.

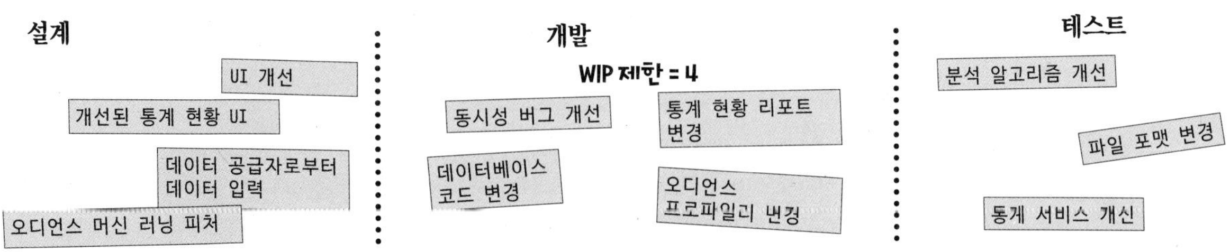

마이크는 테스트를 잘 알고 있습니다. 그리고 그 점은 지금 매우 중요합니다. 개발팀이 WIP 제한을 설정하고 나면 그는 이미 완료된 다른 피처를 테스트할 수 있었습니다. 그래서 린 팀은 한 분야의 전문가도 중요하지만, 작업 흐름을 위해 프로세스의 다른 단계에도 도움을 줄 수 있는 일반화 전문가(generalizing specialist)를 가치 있게 여깁니다.

제가 테스트를 돕는다면 우리는
이번 스프린트에 더 많은 피처를 완료할 수
있어요.

바보 같은 질문은 없다

Q: 옵션 생각은 이상한 것 같아요. 프로젝트에 무슨 일이 벌어지는지 정확히 알고 가능한 한 예상 가능해지는 것이 더 낫지 않나요?

A: 지난 번에 여러분이 프로젝트를 시작했던 때를 되돌아보세요. 프로젝트가 실제로 어떻게 진행될지 얼마나 알았나요? 대부분의 프로젝트가 그렇다면 프로젝트를 시작하는 순간부터 끝나는 순간까지 놀랄 일이 많을 수밖에 없습니다. 린 팀은 이 사실을 알고 있습니다. 어떤 일이 벌어질지 정확하게 예상하고 그 예상에 맞춰 측정하는 대신, 린 팀은 프로젝트의 넓은 구간들을 옵션으로 간주합니다. 더 나은 옵션이 발생하지 않는 것이 아니기 때문에, 만약 더 나은 일이 나타나면 그 옵션을 선택합니다.

Q: 매우 이론적으로 들리는데요. 실제로 무엇을 말하는 겁니까?

A: 실제로 옵션 생각이란 명확한 답이 없는 매우 어려운 기술적인 문제를 해결하기 위해 여러 개의 경로를 동시에 시작한다는 뜻입니다. 목표를 달성하고 가장 가치 있는 것을 배포하기 위해 변화하는 범위와 전략에 열린 마음을 갖는다고 할 수도 있습니다. 린 팀은 필요한 사업적 결과물에 집중함으로써 옵션을 모두 열어둡니다. 다만 목표를 달성하기 위해 해야 하는 모든 작업을 구현하는 데 필요한 세부사항까지 계획하거나, 그 계획을 고수하려고 하지는 않습니다.

여러분은 이와 같은 아이디어를 이전에도 본 적이 있습니다. 옵션 생각의 또 다른 이름은 '책임이 따르는 마지막 순간에 하는 의사결정'입니다. 3장에서 이미 배운 내용입니다. 그리고 이것이 바로 애자일 선언문에 서명한 사람들이 애자일 원리를 작성할 때 린 생각 도구를 염두에 둔 다른 사례이기도 합니다.

Q: 전 프로젝트 개발에 관해서도 걱정할 게 많아요. 그런데 이제 제가 작업하고 있는 시스템 전체에 대해서도 걱정해야 하는 건가요?

A: 많은 사람들이 그렇게 생각합니다. 하지만 여러분이 하고 있는 업무에만 몰두한다면 팀이 실제로 일을 마무리하기가 더 어려워지는 방식으로 일하게 됩니다. 자기 역할에만 집중하면 더 많은 일을 완료할 것 같지만, 자신의 기능적 작업 영역에 더 많은 일을 할 수 있는 것보다 전체 프로세스가 더 높은 가치를 생산하는 것이 더 중요합니다.

개인이 자신의 업무를 잘하기 위해 집중해야 제품을 더 빨리 완료할 수 있는 것 같지만, 대개 그렇지 않습니다. 소프트웨어를 구축하려면 무엇을 구축하고, 개발하고, 작동하게 만들고, 필요한 사람이 이용할 수 있게 해주는 방법을 파악하기 위해 사람들이 서로 협력하는 것이 매우 중요합니다. 각 단계에만 너무 집중하면 소프트웨어 그 자체에 문제가 생길 수도 있습니다. 린 팀은 개인에게 자신이 맡은 일만이 아니라 전체 시스템에 대해 생각해보도록 함으로써 이 문제를 해결합니다. 이 장의 초반에 언급한 생각 도구들은 그런 부분에서 기여하는데, 낭비 요소 찾기, 옵션 생각 사용하기, 측정하기, 각 피처에 관한 지연의 대가 알아보기와 같은 생각 도구가 있습니다.

Q: 전 생각 도구는 이해가 되지만, 지연의 대가는 아직 잘 모르겠네요. 그걸 어떻게 알아내죠?

A: 어떤 피처에는 지연의 대가가 꽤 명확히 드러나기도 합니다. 예를 들어 세금 관련 프로그램에 새로운 규칙을 구현하는 소프트웨어를 만들고 있다면, 세금 납부일을 놓치는데 따른 비용은 아마도 꽤 클 것이며 바로 알아볼 수 있습니다. 하지만 다른 피처의 경우 파악하기가 훨씬 어려울 수 있습니다. 그래서 린 팀은 자신들이 작업하는 피처의 우선순위만을 파악하는 게 아니라, 각 피처의 지연 대가 또한 알아내려고 노력합니다. 팀이 지연의 대가에 대해 이야기할 수 있다면, 팀은 주어진 시간 동안 가장 높은 가치를 가진 피처에 대한 작업을 할 수 있습니다.

지연의 대가를 알아보는 한 가지 방법은 물어보는 것입니다. 제품 책임자가 스프린트 계획 수립 중에 팀에게 피처에 대해 설명하거나 팀이 다음 배포에 어떤 일을 포함할지 논의할 때, 팀이 그 피처를 지연했을 때의 대가를 이해하기 위해 피처의 우선순위를 정한 제품 책임자와 논의하는 것입니다.

가끔은 질문을 하는 것만으로도, 현재의 우선순위에 대해 제품 책임자가 다시 한번 생각해보도록 하기에 충분합니다. 어떤 팀은 스프린트 계획 수립 중에 각 피처에 대한 비즈니스 가치나 지연 대가를 수치화하여, 팀이 신속하게 배포하지 않는 데 따른 대가를 이해하기 쉽게 해주는 프랙티스를 사용하기도 합니다.

여기서 기억해야 할 가장 중요한 것은, 증분에 대한 작업의 우선순위를 결정할 때 지연의 대가를 고려해야 한다는 것입니다.

Q: '대기 이론'은 무엇과 연관이 있는 거죠?

A: 여러분이 소프트웨어 프로세스를 시스템 전체로 보고 나면, 그 시스템에 들어가는 모든 작업을 대기 행렬의 일부로 보는 관점을 쉽게 가질 수 있습니다. 각 피처를 첫 번째 단계에서 두 번째 단계, 세 번째 단계 등의 순서로 이동하기 위해 줄을 세운 것이라고 생각한다면, 여러분의 팀이 하고 있는 작업에 어떻게 대기 이론이 적용되는지 보이기 시작할 것입니다. 혹시 슈퍼마켓 계산대에서 어떤 줄이 다른 줄보다 훨씬 빨리 움직이는 것을 본 적이 있습니까? 어떤 줄이 더 빠르거나 느린지를 제어하는 것과 동일한 원리로, 대기 이론은 여러분 팀의 피처를 더 빨리 또는 느리게 만드는지를 설명할 수 있습니다.

린 팀은 자신들의 프로세스를 하나의 커다란 직선으로 간주하고, 배포할 피처를 식별하는 일부터 가능한 불필요한 부분을 줄여서 그 피처를 배포하기까지 가장 직선 경로를 찾으려고 노력합니다.

이제 우리가 린을 사용하면서 우리의 개발 방식에 대해 생각해보니, 우리가 할 수 있는 일과 가장 중요한 일에 대해 팀이 훨씬 더 잘 통제할 수 있다는 것을 알게 됐어요.

나머지 이해관계자들도 우리의 이해를 같이 할 수 있다면 좋겠네요.

마이크: 우리는 테스트 자동화를 진행하기 위해 각 증분마다 시간을 따로 떼어놨으며, 컴포넌트를 독립적으로 배포할 수 있도록 컴포넌트를 리팩토링하기 시작했습니다. 모든 것이 제자리를 찾아 가고 있어요. 몇 달 뒤면 지금보다 두 배의 속도로 일할 수 있을 거예요.

케이트: 잠깐, 뭐라고요? 몇 달 뒤? 우리가 진척도를 추적하기 시작했을 때, 전 우리가 얼만큼의 일을 할 수 있는지 모든 사람들이 알 수 있게 해주는 줄 알았는데. 이미 회사 전체가 거기에 집착하고 있어요. 우리 진척도 숫자가 내려갈 때마다, 전 고위 관리자와 회의에 들어가서 왜 그런지 설명해야 해요.

마이크: 하지만... 그게 진척도와 스토리 포인트가 작동하는 방식이에요!

케이트: 운영위원회에 얘기해봐요. 그 사람들이 우리 보고 피처에 대한 스토리 포인트를 점점 더 빨리 내놓으라고 요구하고 있고, 그것을 토대로 향후 일정을 설정하라고 한단 말이에요.

마이크: 어, 완전히 스트레스 받는 일이겠네요! 운영위원회도 우리가 그들과 진척도를 공유해야 한다는 것을 이해할 필요가 있는데요. 운영위원회가 진척도를 이용해 우리에게 더 많은 일을 줄 수 있도록 하는 것이 아니라, 우리가 올바른 선택을 할 수 있도록 도울 수 있어야 해요. 그렇지 않다면, 이전에 우리가 엄청난 명세서를 갖고 대규모 배포를 계획하던 때와 뭐가 다르죠?

브레인 파워

여러분이라면 케이트와 마이크가 설명하고 있는 문제점을 해결하기 위해 풀 시스템의 개념을 어떻게 이용하시겠습니까?

질문 클리닉: '가장 덜 나쁜' 옵션

가끔 시험 문제가 여러분에게
분명한 답을 주지 않기도 합니다. 모든 답이 틀린 것 같다면,
가장 덜 나쁜 선택지를 선택한 후 다음 문제로 넘어가세요.

109. 당신은 애자일 팀의 리더입니다. 이해관계자가 스프린트 기간 동안 급한 변경사항을 발견합니다. 당신이 취할 행동은 무엇입니까?

A. 섬기는 리더가 된다.

B. 변경사항을 백로그에 추가한다.

C. 팀원들에게 제품 책임자와 이야기하라고 한다.

D. 팀원들에게 변경 제어 보드에 그 변경사항을 반영하라고 한다.

이 답이 좋은 답은 아닙니다. 왜냐하면 변경사항이 스프린트 백로그나 제품 백로그에 추가됐는지 명확하지 않기 때문입니다. 하지만 그 답이 변경사항을 완료할 수도 있는 것처럼 보이는 유일한 답입니다.

나머지 답은 B보다 낫지 않습니다. 왜냐하면 변경사항을 전혀 구현하지 않으니까요.

어느 답도 맞지 않는다면, 가장 알맞은 답에 근접한 답을 고르세요.

헤드 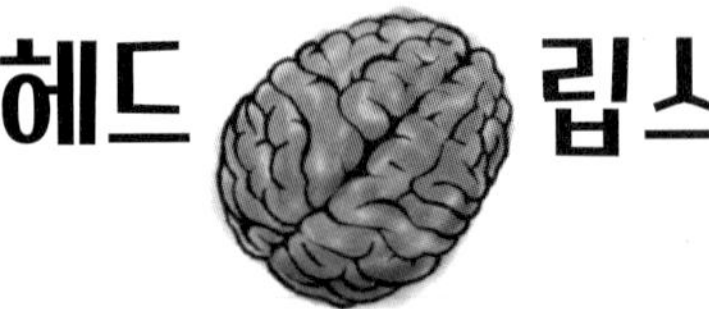 립스

가장 덜 나쁜 선택지를 가진 질문으로 빈 칸을 채우세요.

당신은 스크럼 팀의 ______________________ 입니다.
(일종의 애자일 전문가)

당신의 팀은 주기적인 스프린트 활동의 일환으로 ______________________ 를 사용하고 싶어합니다. 그들이 시작할 때,
(애자일 프랙티스)

어떤 도움을 주시겠습니까?

A. ______________________
(잘못된 답)

B. ______________________
(잘못된 유형이지만, 해답일지도 모르는 답)

C. ______________________
(모호하지만 해답)

D. ______________________
(아주 잘못된 답)

칸반은 프로세스를 개선하기 위해 풀 시스템을 사용합니다

칸반은 여러분의 프로세스를 개선하기 위한 방법입니다. XP와 스크럼이 특정한 가치를 기반으로 하는 것처럼, 칸반은 린 마음가짐을 기반으로 합니다. 하지만 칸반은 XP나 스크럼과는 조금 다릅니다. 칸반은 어떤 팀에 속해 어떻게 일해야 하는지를 알려주는 역할이나 특정 프로젝트 관리 또는 개발 프랙티스를 규정하지 않습니다. 대신 칸반은 여러분 시스템 내의 작업 흐름을 파악하고, 팀이 풀 시스템을 정의하고 낭비 요소를 제거하는데 도움이 되도록, 작은 변화와 함께 WIP 제한을 두는 실험을 하면서 여러분이 일하는 방식을 살펴보는 것입니다.

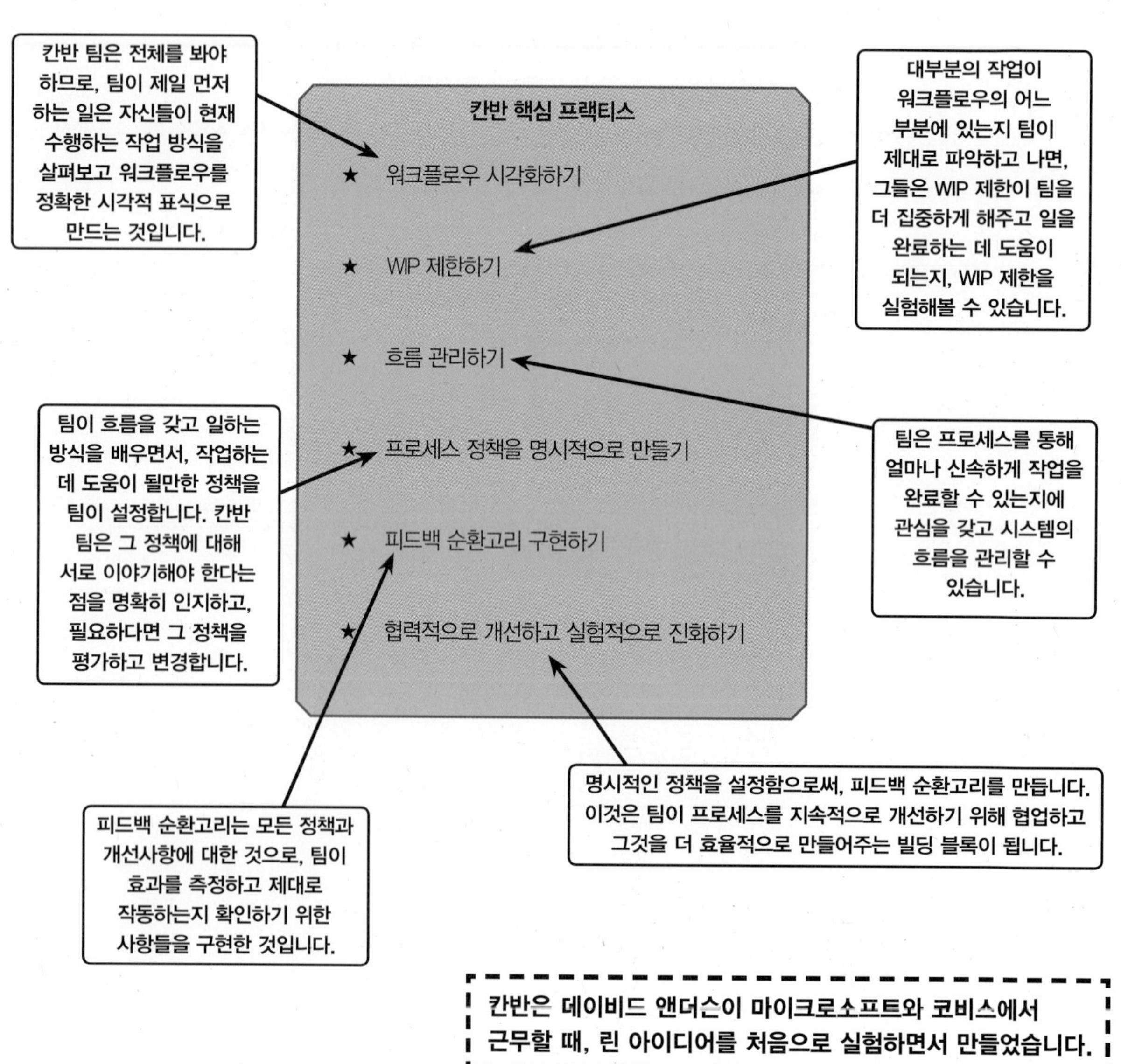

칸반 팀은 전체를 봐야 하므로, 팀이 제일 먼저 하는 일은 자신들이 현재 수행하는 작업 방식을 살펴보고 워크플로우를 정확한 시각적 표식으로 만드는 것입니다.
칸반 핵심 프랙티스
★ 워크플로우 시각화하기
★ WIP 제한하기
★ 흐름 관리하기
★ 프로세스 정책을 명시적으로 만들기
★ 피드백 순환고리 구현하기
★ 협력적으로 개선하고 실험적으로 진화하기
대부분의 작업이 워크플로우의 어느 부분에 있는지 팀이 제대로 파악하고 나면, 그들은 WIP 제한이 팀을 더 집중하게 해주고 일을 완료하는 데 도움이 되는지, WIP 제한을 실험해볼 수 있습니다.
팀이 흐름을 갖고 일하는 방식을 배우면서, 작업하는 데 도움이 될만한 정책을 팀이 설정합니다. 칸반 팀은 그 정책에 대해 서로 이야기해야 한다는 점을 명확히 인지하고, 필요하다면 그 정책을 평가하고 변경합니다.
팀은 프로세스를 통해 얼마나 신속하게 작업을 완료할 수 있는지에 관심을 갖고 시스템의 흐름을 관리할 수 있습니다.
피드백 순환고리는 모든 정책과 개선사항에 대한 것으로, 팀이 효과를 측정하고 제대로 작동하는지 확인하기 위한 사항들을 구현한 것입니다.
명시적인 정책을 설정함으로써, 피드백 순환고리를 만듭니다. 이것은 팀이 프로세스를 지속적으로 개선하기 위해 협업하고 그것을 더 효율적으로 만들어주는 빌딩 블록이 됩니다.

칸반은 데이비드 앤더슨이 마이크로소프트와 코비스에서 근무할 때, 린 아이디어를 처음으로 실험하면서 만들었습니다.

워크플로우를 시각화하기 위해 칸반 보드를 사용합니다

칸반 보드는 워크플로우를 시각화하기 위해 린/칸반 팀이 사용하는 도구입니다. 칸반 보드는 프로세스의 흐름을 나타내는 **작업 아이템**을 표시하기 위해 각 칸에 카드가 붙어 있는 보드로, 일반적으로 화이트보드를 사용합니다.

칸반 보드는 태스크 보드처럼 보이지만 똑같지는 않습니다. 여러분은 스크럼과 XP에 관한 설명에서 태스크 보드를 봤으니 칸반 보드를 보고 똑같다고 생각할 수도 있습니다. 하지만 그렇지 않습니다. 태스크 보드의 목적은 현재 작업의 상태를 모든 팀원에게 명확하게 보여주는 것입니다. 태스크 보드는 팀이 프로젝트의 현재 상태를 제어하는 데 도움을 줍니다. 칸반 보드는 조금 다릅니다. 칸반 보드는 작업이 프로세스에 어떻게 흘러가는지 팀의 이해를 돕기 위해 만들어집니다. 칸반 보드에서는 작업 아이템이 피처 수준으로 유지되기 때문에, 각 팀원이 어떤 작업을 하는지 정확히 알 수는 없지만, 프로세스의 각 단계별로 얼만큼의 작업이 진행 중인지 파악하는 데 도움이 됩니다.

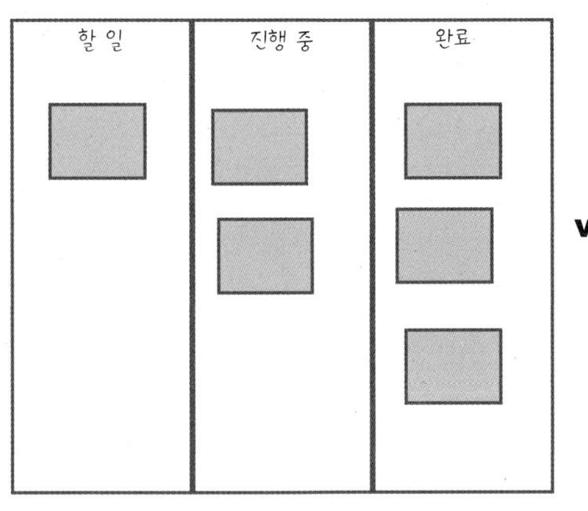

vs.

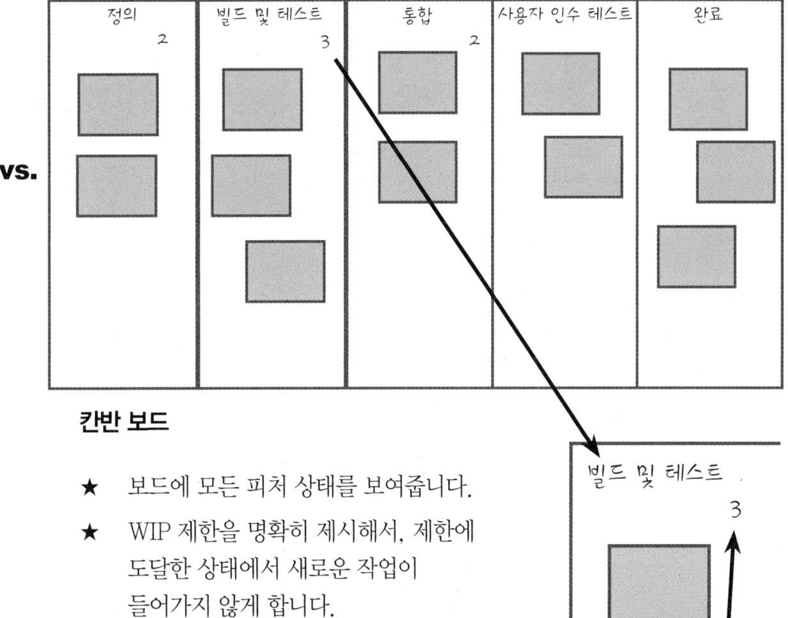

태스크 보드

★ 보드에 모든 작업의 상태를 보여줍니다.

★ 진척 상황을 추적하고 계획대로 진행되지 않을 경우 조정하는 데 사용할 수 있습니다.

★ 스프린트나 프로젝트 증분 내의 작업을 팀에게 명확하고 투명하게 보여줍니다.

★ 우선순위를 나타내고 팀원들이 자기조직하도록 지원합니다.

칸반 보드

★ 보드에 모든 피처 상태를 보여줍니다.

★ WIP 제한을 명확히 제시해서, 제한에 도달한 상태에서 새로운 작업이 들어가지 않게 합니다.

★ 팀이 정한 워크플로우 상태와 맞춥니다.

★ 흐름을 보여주고, 프로세스에 작은 변화를 주면서 실험할 수 있도록 팀을 도와줍니다.

팀이 프로세스 단계에 맞는 WIP 제한을 설정하기로 하면, 칸반 보드 제일 위 칸에 그 제한을 적어서 해당 칸의 작업 아이템의 숫자가 절대로 제한을 넘지 않도록 합니다.

칸반이 프로세스를 개선하는 방법

칸반의 핵심 프랙티스는 팀이 자신들의 시스템이 어떻게 작동하는지 보고, 풀 시스템을 만들어 작업이 워크플로우를 통해 효율적으로 이동하게 하기 위해 팀이 실행하는 일련의 단계입니다.

가치 흐름 맵은 이와 같은 그림을 만드는 좋은 방법입니다! 아래 상자는 여러분이 맵의 윗부분에서 보게 되는 상자와 같은 것입니다.

1 워크플로우 시각화하기: 요즘 여러분이 사용하는 프로세스를 그림으로 만들어보세요.

2 WIP 제한하기: 작업 아이템이 시스템에서 어떻게 흘러가는지 살펴보고, 작업이 고르게 흘러갈 때까지 각 단계의 작업 아이템의 수를 제한하는 실험을 합니다.

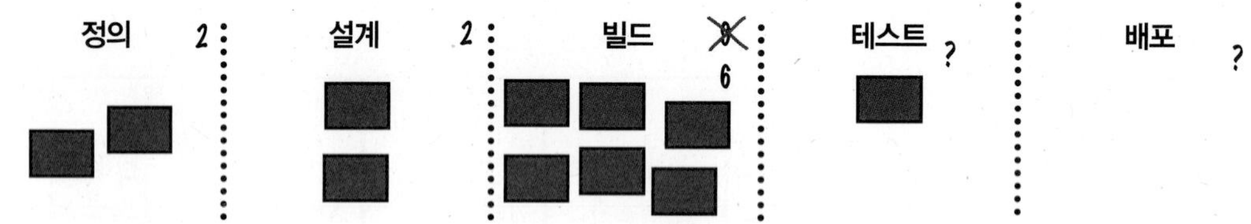

3 흐름 관리하기: 리드 시간을 측정하고 어떤 WIP 제한이 고객에게 피처를 전달하는 데 가장 적은 시간을 소요하는지 확인하세요. 배포 속도를 일정하게 유지하도록 노력하세요.

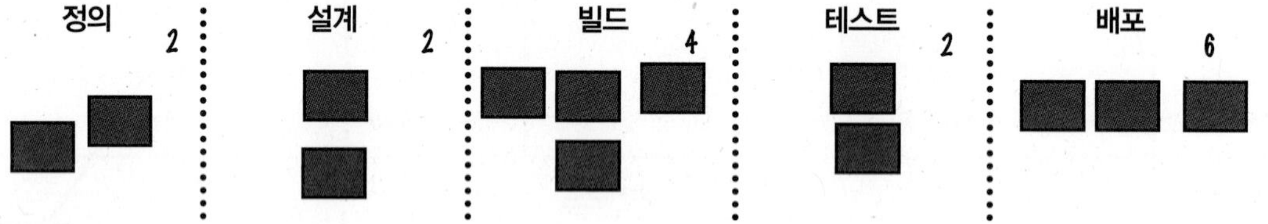

4 프로세스 정책을 명시적으로 만들기: 팀에서 의사결정할 때 가이드가 되도록 문서화되지 않은 규칙을 찾아내 문서로 작성하세요.

5 피드백 순환고리 구현하기: 프로세스의 각 단계별로 프로세스가 잘 작동하는지 확인하세요. 리드 시간과 주기를 측정해 프로세스가 느려지지 않는지 확인하세요.

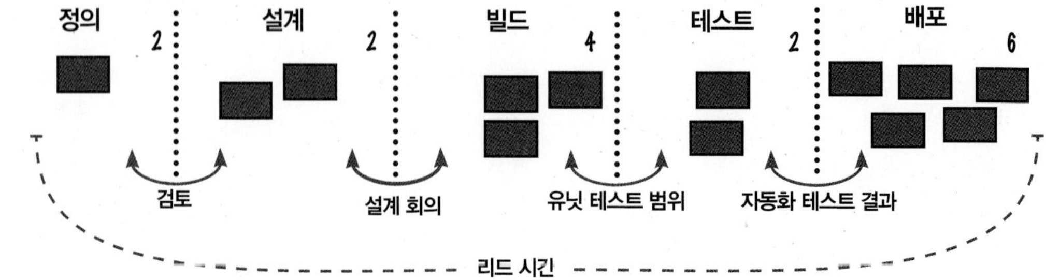

6 협력적으로 개선하기: 여러분이 수집한 모든 측정치를 공유하고, 팀이 계속 실험해나갈 것을 제안하도록 권장하세요.

무대 뒤

왜 WIP를 제한합니까?

어떤 일을 완료하는 가장 빠른 방법은 그 일을 시작하고 진행하면서 방해받지 않고 그 일을 끝내는 것입니다. 참 간단하게 들립니다. 그렇죠? 하지만 팀이 그렇게 하지 못하는 데는 많은 이유가 있습니다. 가장 일반적인 이유는 모든 팀원들이 바쁘게 일하는 데만 신경 쓰기 때문입니다. 예를 들어 개발자가 코딩을 끝내고 자신이 한 작업의 유닛 테스트를 끝내면, 그다음 단계는 그 부분을 QA팀에게 넘겨 통합 테스트를 합니다. 그 피처가 테스트되는 동안 개발자는 무엇을 해야 할까요? 보통 개발자는 다른 피처 작업을 시작합니다. 개별적으로 보자면 괜찮은 것처럼 들리지만, 팀의 모든 개발자가 테스트가 끝나기를 기다리는 동안 증분 중간에 새로운 피처 작업을 시작한다면 어떨까요? 팀원들이 모두 그렇게 작업한다면 증분이 끝났을 때 제대로 끝나지 못한 피처가 많아질 확률이 높습니다. 하지만 팀원들이 새로운 작업을 시작하는 대신 **완전하고 배포 가능한 피처를 만드는 데 집중**한다면 어떨까요? 그렇다면 팀은 각 증분마다 더 많은 작업을 완료할 수 있습니다. 만약 모든 팀원이 우선순위를 놔두고 자기 일을 바쁘게 처리한다면 생각보다 각 피처를 빨리 끝내지 못합니다.

반만 완료된 작업으로 가득 찬 반복을 가진 팀은 피처가 워크플로우를 통과하는 가장 빠른 경로를 찾는 대신, 자원의 활용(모든 사람들을 바쁘게 하기)에만 집중할 때 일어나는 한 가지 사례입니다. 팀이 여러 다른 곳에서 작업 요청을 받게 되면 이런 일이 많이 일어납니다. 예를 들어 여러 관리자가 한 팀에 피처를 넘겨주는 경우가 그렇습니다. 특히 그 관리자들이 서로 모르는 사이라면, 자신들의 우선순위가 팀이 직면한 가장 중요한 우선순위라고 여길 수 있습니다. 자신들이 한 요청이 다른 관리자들과의 관계에서 어떻게 쌓여가는지를 명확히 볼 수 없다면, 그들은 아마 팀이 계획한 것보다 더 많은 작업을 하라고 부담을 줄 수도 있습니다.

이런 문제에 대한 칸반의 해답은 피처가 워크플로우를 통과하는 방식을 **시각화**하고, 주어진 시간 동안 팀이 작업해야 하는 요청사항의 수를 제한하는 실험을 하는 것입니다. 얼마나 많은 피처가 현재 진행 중인지 보여주고 팀이 각 단계별로 작업할 수 있는 요청사항의 수를 제한함으로써, 칸반은 시스템 내 꾸준한 작업 요청을 수립하고 완료된 피처를 자주 전달합니다. 팀은 주로 칸반 보드에 있는 **작업 흐름**을 관찰하는 것으로 시작해서 완료되는 일보다 시작하는 일이 더 많아지는 단계에 WIP 제한을 함으로써 실험을 계속해나갑니다. 팀은 태스크 보드의 칸 제목에 WIP 제한을 적고 시스템을 과부하하는 대신, 그 제한에 다다르면 해당 상태에서 더 이상의 작업을 받아들이기를 거부합니다. 사람들은 새로운 피처에 대한 작업을 시작하기 전에 기존 피처를 모두 완료하는 데 집중합니다. 팀이 한 번에 하나의 상태로 진행 중인 작업량을 제한하고 나면, 시스템을 통과하는 작업 흐름이 예상 가능한 상황으로 만들어집니다. 스스로를 바쁘게 하는 대신 작업을 완료하는 데 모든 사람들이 집중하게 되면, 팀은 리드와 주기 시간이 내려가는 것을 확인할 수 있습니다.

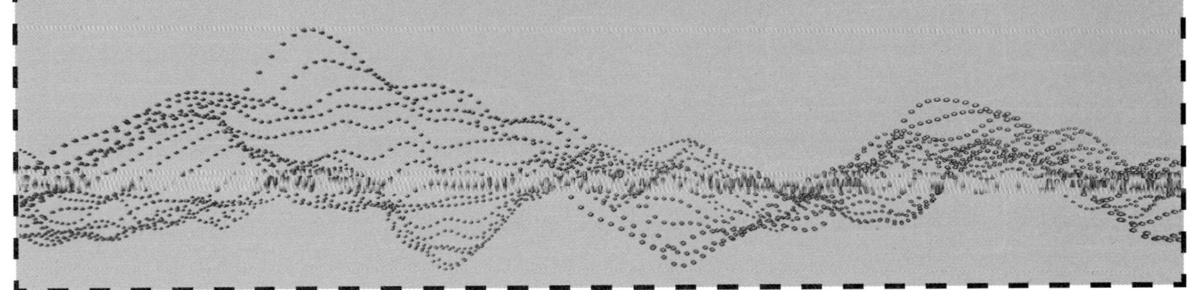

팀은 워크플로우를 만듭니다

워크플로우를 개선하는 첫 번째 단계는 **시각화**이며, 여기서 다룰 부분이기도 합니다. 오디언스 애널라이저 팀은 팀이 새로운 피처를 구축할 때마다 따르는 단계에 대해 논의하기 위해 모였습니다. 물론 예외도 있습니다. 가끔 팀은 완료해야 하는 피처에 관한 일정을 전혀 잡지 않습니다. 가끔 제품 관리자는 사용자가 바로 지금 필요하다는 이유로 급하게 피처를 만들어 달라고 요청하면, 모든 사람들이 그 피처를 만들기 위해 하던 일을 멈춥니다. 또는 버그가 테스트에서 너무 늦게 발견돼서 수정하지 못하기도 합니다. 프로세스가 순서를 항상 정확히 따르는 것은 아니지만, 팀은 피처를 구축하고 완료할 때 거쳐가야 하는 단계를 그림으로 만들어 보려고 했습니다.

이러한 몇 가지 예외사항들을 논의한 후 팀이 가장 많이 동의한 워크플로우를 바탕으로, 다음과 같은 그림을 그려볼 수 있었습니다.

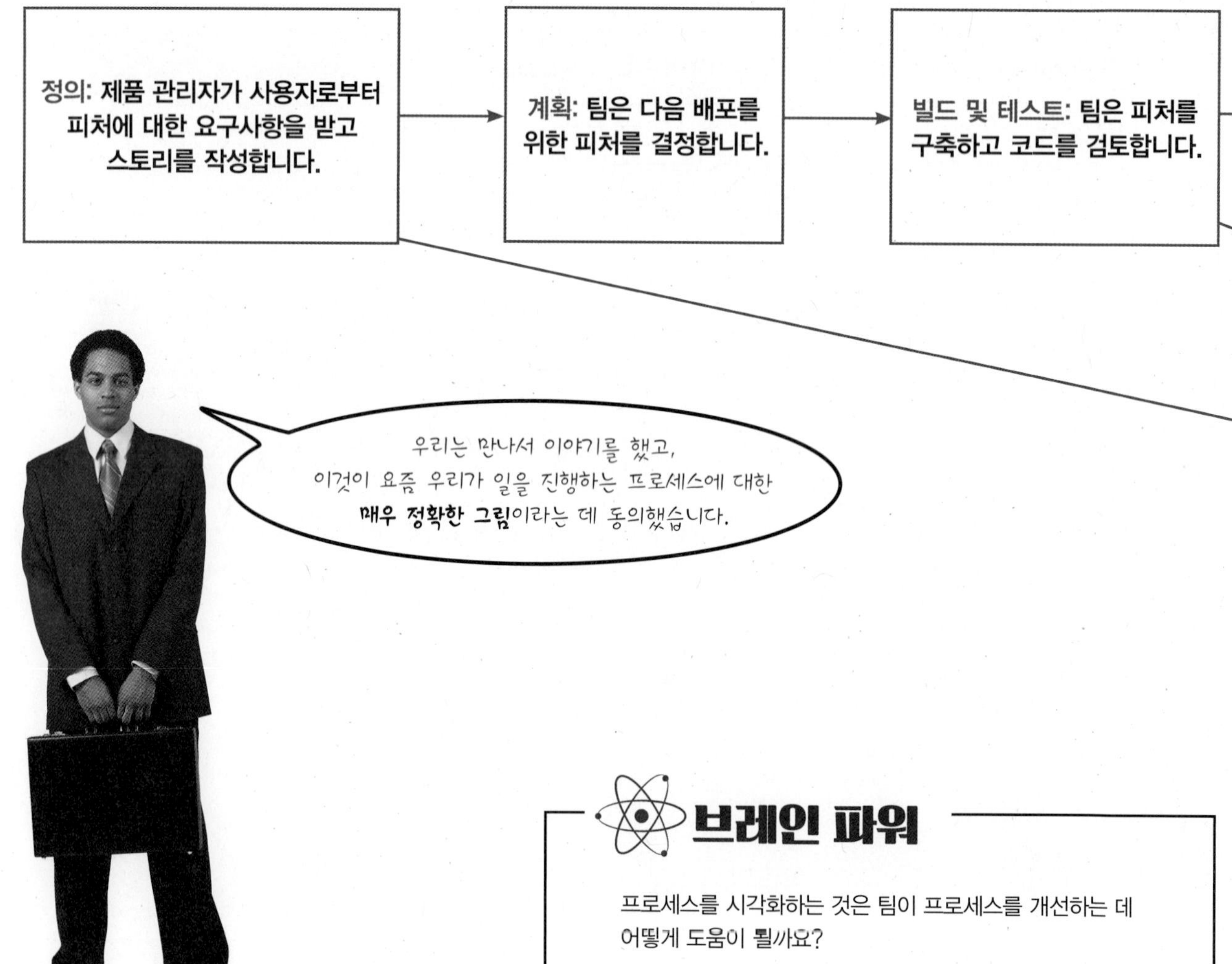

정의: 제품 관리자가 사용자로부터 피처에 대한 요구사항을 받고 스토리를 작성합니다.
계획: 팀은 다음 배포를 위한 피처를 결정합니다.
빌드 및 테스트: 팀은 피처를 구축하고 코드를 검토합니다.
우리는 만나서 이야기를 했고,
이것이 요즘 우리가 일을 진행하는 프로세스에 대한
매우 정확한 그림이라는 데 동의했습니다.

브레인 파워

프로세스를 시각화하는 것은 팀이 프로세스를 개선하는 데 어떻게 도움이 될까요?

다음으로 그들은 칸반 보드에 프로세스를 배치해서 어떤 피처가 워크플로우 내에서 어떤 상태인지 볼 수 있게 했습니다. 팀이 정의한 상태를 태스크 보드 위에 정의하여 현재 자신들의 피처가 어떤 상태에 있는지를 구분합니다. 그들은 피처를 적은 포스트잇을 보드의 알맞은 칸에 붙였습니다.

이들은 칸반 보드를 만들 때 **보드에 계획 칸을 만들지 않기로 결정**했습니다. 팀은 자신들이 작업할 일을 계획할 때 각 배포 증분을 시작하는 시점에서 항상 2시간 동안 회의를 열기 때문에 피처가 2시간 이상 '계획' 상태로 있지는 않습니다. 그 회의를 상태로 표현하여 추적하는 것이 그다지 의미 있어 보이지 않았습니다.

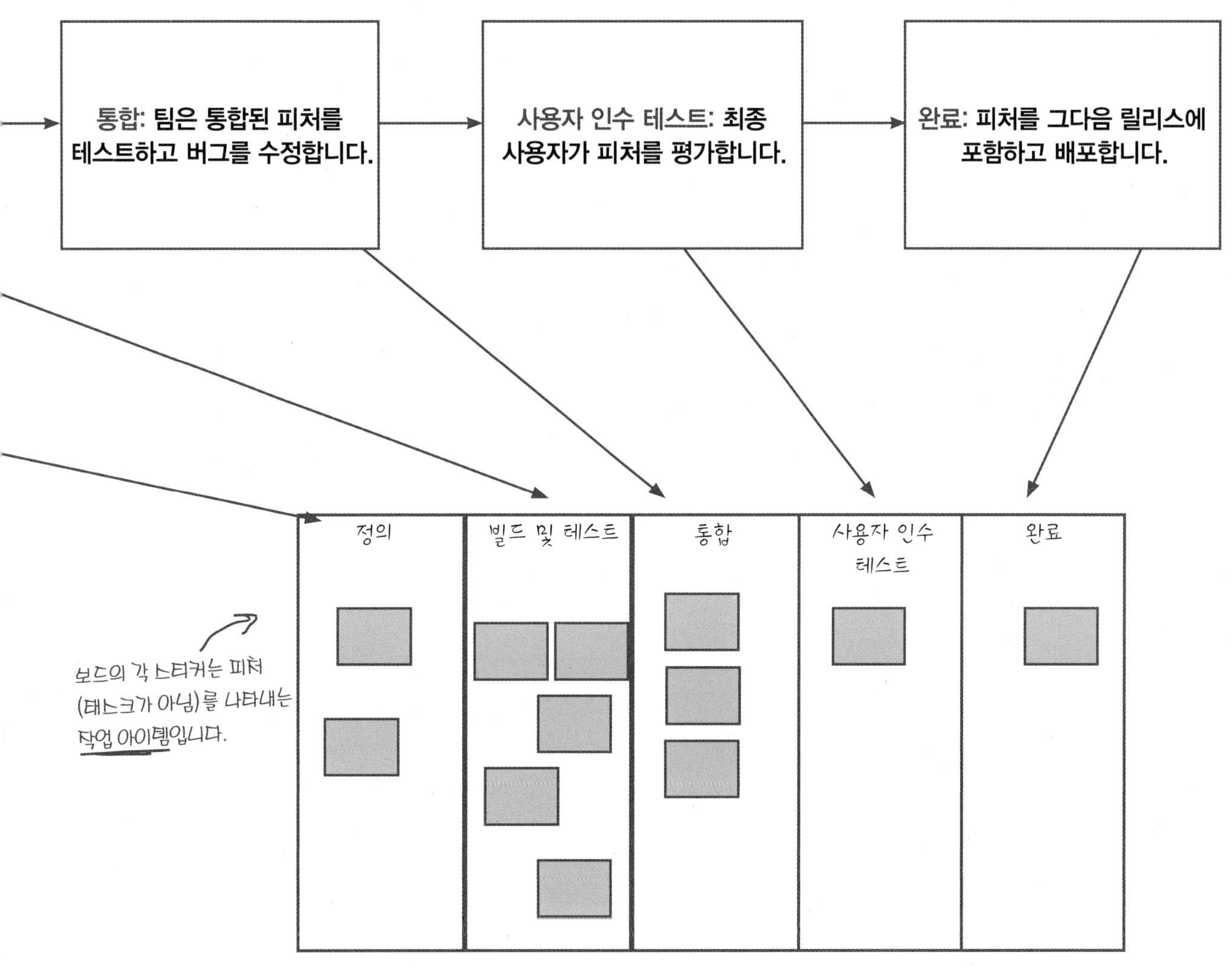

잠깐만요. 칸반 보드는 단지 칸 몇 개 더 있는 **태스크 보드** 아닌가요?

칸반은 프로젝트 관리 방법론이 아닙니다. 팀의 실제 프로세스에 대한 시각화를 기반으로 프로세스를 개선하는 방법입니다.

칸반에 관한 가장 큰 오해 중 하나는 칸반이 기본적으로 스프린트 없는 스크럼이라는 것입니다. 칸반은 **프로젝트 관리 방법론이 아닙니다**. 칸반 보드는 태스크 보드와 다르게 사용합니다. 태스크 보드는 프로젝트를 관리하기 위한 것이고, 칸반 보드는 여러분의 프로세스를 이해하기 위한 것입니다.

여러분이 프로젝트 내내 실제 피처가 이동했던 경로를 시각화하기 위해 가치 흐름 맵을 어떻게 사용했는지 기억하나요? 칸반 보드도 그와 같습니다. 다만 하나의 피처를 추적하는 대신 칸반은 모든 작업을 추적합니다. 팀이 작업 아이템의 흐름을 보여주기 위해 보드에 전체 워크플로우를 나타낼 수 있다면, 여러분은 그 내용을 수정하면서 더 정확한 그림을 만들어갈 수 있습니다.

칸반의 목적은 팀이 스스로 작업 방식을 점검할 수 있도록 도움을 줘서, 작은 증분을 가능한 한 자주 배포할 수 있도록 협력적으로 변화를 만들 수 있게 하는 것입니다. 칸반은 팀에게 정확히 얼만큼의 시간이 걸리는지 알려주지 않고, 또는 팀에 어떤 역할이 있어야 하는지 어떤 회의를 얼마나 자주 해야 하는지 알려주지는 않습니다. 칸반은 팀이 스스로 그런 내용을 파악하게 해줄 뿐입니다.

그렇다면 칸반 보드가 어떻게 그런 일을 하게 해줄까요? 모든 팀은 조금씩 다르게 일하는데, **그런 차이를 칸반 보드의 칸에 반영**합니다. 만약 팀이 새로운 각 피처의 개념을 확인하는 데 몇 주씩 소비하고 프로젝트를 제대로 시작하기도 전에 사용자 그룹에게 시연을 한다면, 여러분은 칸반 보드에 그런 상황을 나타내는 칸을 추가합니다. 그렇게 상황을 인식하고 칸반 보드에 반영해나가면, 전체 팀은 자신들이 일하는 방식을 점점 더 명확하게 파악하면서 작업할 수 있습니다.

모든 팀원들이 칸반 보드 최신화에 참여해야 합니다. 보는 눈이 더 많을수록 그 전에는 있는 줄도 몰랐던 추가적인 상태를 발견할 확률도 많아져서 워크플로우를 더 정확하게 시각화할 수 있습니다.

스크럼, XP 또는 혼합 방식을 사용하는 팀은 칸반도 자주 사용합니다. 스크럼 팀이 칸반을 사용하는 가장 일반적인 방법은 태스크 보드와 함께 칸반 보드를 만들어 워크플로우를 시각화하는 것입니다. 팀이 자신들의 스프린트 내에서 더 많은 일을 할 수 있고, 팀을 집중시키면서 자신들이 하는 업무의 질을 개선하기 위해, 칸반과 스크럼을 통합하여 사용할 수 있습니다.

사무실 뒷얘기

팀은 피처가 어떤 프로세스를 따라 흘러가는지 보면서 여러 번의 증분을 경험합니다. 관찰하는 동안 그들은 자신들이 작업하는 방식에 대해 많은 것을 배웁니다.

이 보드를 보니까 무언가 잘못된 것 같아요. 얼마나 많은 작업들이 사용자 인수 테스트 쪽에 쌓이는지 보라고요. 그 작업들은 모두 개발이 끝났지만 배포되기 전까지는 완료라고 볼 수 없잖아요.

어쩌면 이래서 릴리스 날짜를 예상하기가 그렇게 어려웠나 봐요. 릴리스 팀이 모든 것들을 한 번에 릴리스하려다 보니 우리와 보조를 맞출 수 없는 것 같아요.

정의
빌드 및 테스트
통합
사용자 인수 테스트
완료
평균 리드: 35일

4주 뒤

보드에 배포 칸을 추가했으니 몇 개의 작업 테스트가 완료돼서 배포 준비가 된 건지 알아보기가 훨씬 쉽네요.

배포 칸의 WIP 제한은 배포 팀이 이제는 훨씬 자주 배포한다는 뜻이에요. 그로 인해서 우리가 얼마나 예상 가능하게 됐는지 알면 벤이 좋아할 거예요.

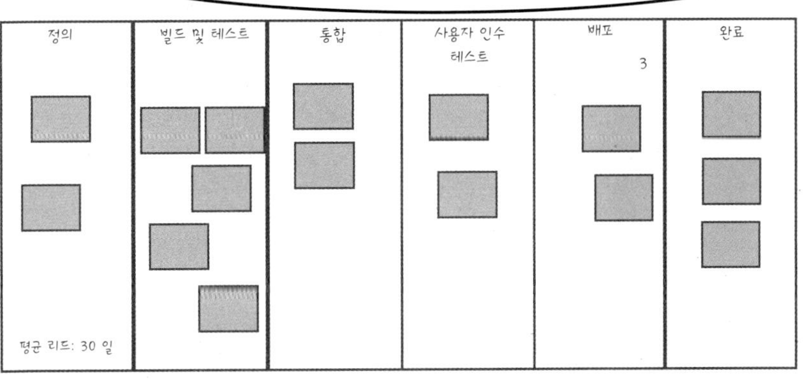

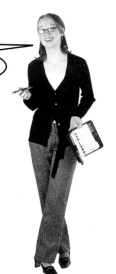

바보 같은 질문은 없다

Q: '린/칸반'을 전에 들어본 적이 있고 린과 칸반이 어떻게 작동하는지도 알겠어요. 하지만 서로 어떻게 어울린다는 거죠?

A: 린은 칸반의 마음가짐입니다. 칸반은 린에 의존하죠. 스크럼과 XP가 그 가치에 의존하는 것처럼요. 칸반은 린의 생각 도구에 기반을 두고 있으며, 린 팀은 자신들의 프로세스를 개선하기 위해 시스템적으로 생각합니다.

여러분이 소프트웨어 개발팀에 속해 일하고 있다면, 여러분과 나머지 팀원들이 일을 하기 위해 글로 쓰여 있지는 않지만 따르고 있는 프로세스와 정책이 있을 것입니다. 그런 규칙이나 프로세스가 명확하지 않기 때문에 시간이 지나면서 작은 오해도 커지게 되고 개발 중에 필요한 많은 선택들에 대해 팀이 덜 신중해지게 됩니다.

칸반은 팀이 작업하는 방식을 스스로 생각해보게 해주며, 실제로 제품을 구축할 때 그들이 내리는 결정을 살펴볼 수 있게 해줍니다. 팀이 시스템을 시각화하고 작업이 어떻게 진행되는지 측정하게 만든다면, 팀은 자신들이 일하는 방식이 완료하는 작업량에 어떤 영향을 미치는지를 알 수 있습니다. 또한 일을 완료하는 데 소요되는 시간에 어떤 영향을 미치는지도 알 수 있게 해줍니다.

프로세스를 시각적인 지도로 만들면, 팀은 작업에 미치는 변화의 영향을 서로 볼 수 있습니다. 칸반의 워크플로우를 시각화하고, WIP 제한 설정을 실험해보고, 흐름을 효과적으로 관리하는 프랙티스는 모든 팀원들이 협력적으로 린 생각 도구를 사용할 수 있도록 도와줍니다. 이런 도구에는 전체를 보는 관점, 지연의 대가, 풀 시스템, 대기 이론과 같은 것이 있습니다.

Q: 앞에서 그랬잖아요, 칸반은 '신호 카드'라고. 그게 무슨 말이죠? 포스트잇과 같은 건가요?

A: 좋은 질문이네요. 제조업에서 칸반은 부품 번호가 적힌 카드처럼 물질적인 표식입니다. 그리고 그 환경에서 칸반은 풀 시스템의 토대가 됩니다. 토요타 생산 시스템에서 특정 부품의 재고가 낮아지면, 팀은 부품 번호가 적힌 칸반을 통에 넣습니다(칸반은 일본어로 看板, 즉 '간판'을 말합니다). 공급팀은 중앙 공급처로부터 그 칸반과 부품을 교환합니다. 팀은 그 카드를 사용해 필요할 때 부품을 가져옵니다.

소프트웨어 팀에게 칸반은 보드상의 작업 아이템을 사용해 풀 시스템을 구현하는 수단입니다. 소프트웨어 팀이 조립라인 생산과는 다른 창의적이고 지적인 업무를 하고 있지만, 칸반의 아이디어는 여전히 적용됩니다. 칸반을 사용해 자동차 생산에서 불필요한 프로세스와 과도한 재고를 줄이는 것처럼, 소프트웨어 개발 프로세스를 개선하기 위해 칸반을 사용하는 소프트웨어 팀은 이와 동일한 린 원칙을 사용해서 불필요한 작업을 줄입니다.

Q: 이해가 되기는 하지만 어떤 것은 상식에 잘 맞지 않네요. 우리가 하고 있는 일을 제한함으로써 더 많은 일을 완료한다는 부분에 대해 다시 한번 설명해주시겠어요?

A: 사람들이 매우 다양한 목표에 집중하고 작업 방식에 대해 스스로 각기 다른 생각을 갖고 있다면, 그들은 서로 다른 목표를 향해 정말 열심히 일할 수 있습니다. 그런 상황에서 사람들은 바빠 보이고 제품을 배포하기 위해 할 수 있는 최선을 다한다는 느낌을 갖습니다. 하지만 사실 동일한 목표에 모든 사람들이 집중하기 전까지 그들은 제품의 릴리스를 실제로는 느려지게 하고 있는 것일 수도 있습니다.

'진행 중'인 작업 아이템의 수를 제한함으로써, 칸반은 팀에게 최종 목표에 대해 생각해보고 그 목표와 연관되지 않은 모든 작업을 제거할 것을 요구합니다. 칸반 팀이 WIP를 제한하기 전과 후에 피처의 리드 시간을 측정하기 때문에, 팀은 WIP 제한을 두고 실험한 것이 피처를 완료하는 일을 느리게 하는지 더 빠르게 하는지 알 수 있습니다. 작은 증분을 가능한 빠르게 완료하는 데 집중함으로써, 칸반은 팀이 프로세스 내의 낭비 요소를 제거해서 소프트웨어를 이전에 그들이 하던 것보다 더 빨리, 더 좋은 품질로 만드는 데 도움을 줍니다.

WIP를 제한함으로써, 팀은 실제로 **더 많은 작업**을 **완료**하게 됩니다. 왜냐하면 팀이 가장 중요한 일부터 먼저 하며 다른 목표가 장애물이 되지 않게 하기 때문입니다.

오디언스 애널라이저 팀의 칸반 보드를 살펴본 후 다음에 할 일을 결정하세요. WIP 제한을 아래 태스크 보드에 적으세요.

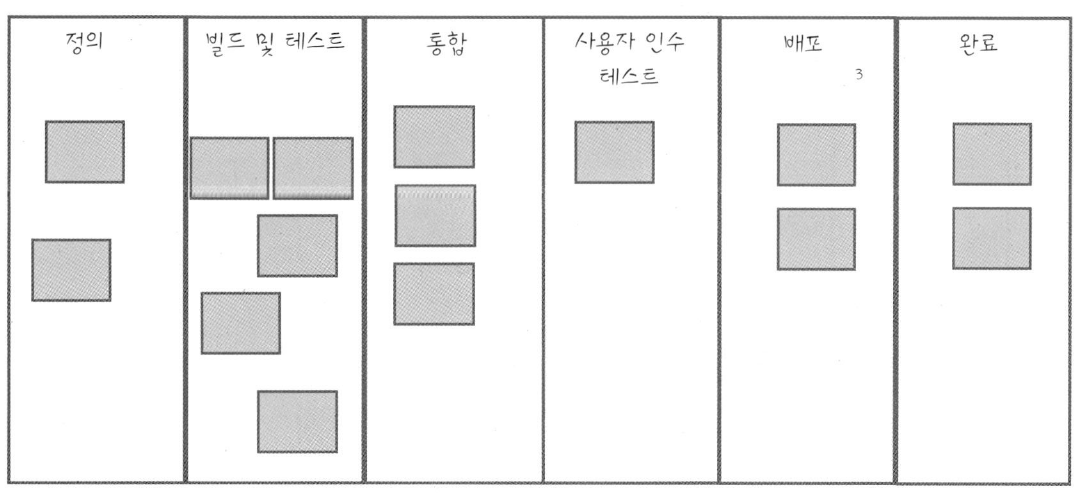

시나리오: 프로세스를 시각화한 후 팀은 매일 모여서 자신들이 작업하고 있는 피처들이 어떻게 다음 증분을 향해 각 단계를 넘어가는지를 맵에 그렸습니다. 팀은 2주 리듬으로 일하고 주기적으로 배포하는 데 익숙했기 때문에 그들은 2주 동안 그 피처를 관찰했습니다. 팀에는 제품 관리자, 네 명의 개발자, 그리고 모든 피처의 통합 테스트에 전념하는 테스터가 한 명 있습니다. 위 그림은 2주가 끝나는 시점에 그 보드가 어떻게 보이는지를 나타냅니다. 모든 팀원들은 매우 바쁩니다. 실제로 두 명의 개발자는 피처를 구축하고 테스트하는 작업에 진척을 보이기 위해 수많은 주말 작업을 해왔습니다.

2주 리듬이 끝나는 시점에 보드는 어떻게 생겨야 할까요?

....

오디언스 애널라이저 팀이 WIP 제한을 설정해야 하는 곳은 어디일까요?

....

무엇부터 제한해보겠습니까? 왜 그렇습니까?

....

....

오디언스 애널라이저 팀의 칸반 보드를 살펴보고, 다음에 할 일을 결정하세요.

이 연습 문제에 해답은 없습니다. 우리가 생각한 답은 다음과 같습니다. 가장 중요한 것은 여러분이 흐름을 관리하기 위해 WIP 제한 설정을 어떻게 사용할지 생각해보는 것입니다.

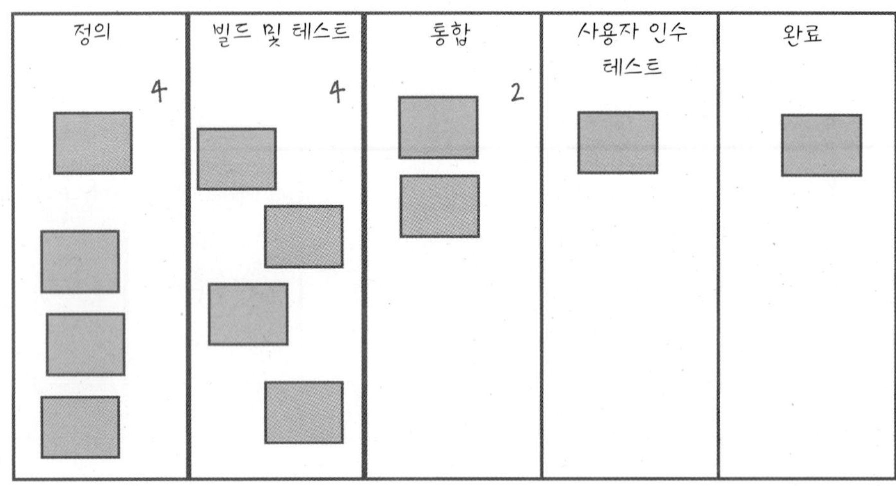

시나리오: 프로세스를 시각화한 후 팀은 매일 모여서 자신들이 작업하고 있는 피처들이 어떻게 다음 증분을 향해 각 단계를 넘어가는지를 맵에 그렸습니다. 팀은 2주 리듬으로 일하고 주기적으로 배포하는 데 익숙했기 때문에 그들은 2주 동안 그 피처를 관찰했습니다. 팀에는 제품 관리자, 네 명의 개발자, 그리고 모든 피처의 통합 테스트에 전념하는 테스터가 한 명 있습니다. 위 그림은 2주가 끝나는 시점에 그 보드가 어떻게 보이는지를 나타냅니다. 모든 팀원들은 매우 바쁩니다. 실제로 두 명의 개발자는 피처를 구축하고 테스트하는 작업에 진척을 보이기 위해 수많은 주말 작업을 해왔습니다.

2주 리듬이 끝나는 시점에 보드는 어떻게 생겨야 할까요?

이상적으로는 범위 내의 모든 피처가 완료 칸에 있어야 합니다.

오디언스 애널라이저 팀이 WIP 제한을 설정해야 하는 곳은 어디일까요?

정의, 빌드 및 테스트, 통합

무엇부터 제한해보겠습니까? 왜 그렇습니까?

네 명의 개발자가 있으므로 정의, 빌드 및 테스트에 네 명, 코드 작성 후에 테스트를 도울 수 있으므로 한 명의 개발자와 한 명의 테스터로 구성된 두 명을 통합으로 제한.

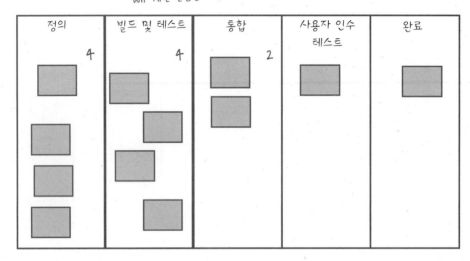

팀이 더 빨리 일을 완료합니다

두 번 시도를 해봤지만 몇 번의 실험(그리고 수많은 리드 시간 측정)을 한 후에야 모든 사람들이 실제로 향상된 것을 볼 수 있었습니다. 그들이 처음으로 제한 설정을 했을 때 팀의 속도가 조금 느려졌습니다. 그래서 모든 사람들이 모여 논의를 하고 다음 증분에서는 숫자를 조금 높이기로 결정했습니다. 그게 효과가 있었던 것 같습니다. WIP 제한 설정의 자리가 잡히고 나면 팀은 이전보다 각 증분에서 더 많은 피처를 시작하고 완료한다는 것을 알게 됐습니다. 더 좋은 것은 그들이 문제에 부딪히면 서로를 돕기 시작했다는 것입니다. 얼마 지나지 않아 작업이 이전보다 훨씬 더 통제되는 느낌이었습니다. 벤이 특히나 좋아했는데, 왜냐하면 팀이 과거보다 훨씬 더 예측 가능해졌기 때문입니다.

우리 리드 시간이 더 좋아지고 있어서 더 많은 일을 완료하고 있어! 칸반 보드가 모든 피처가 시스템의 어디에 있는지를 모든 사람들에게 보여주고 있지.

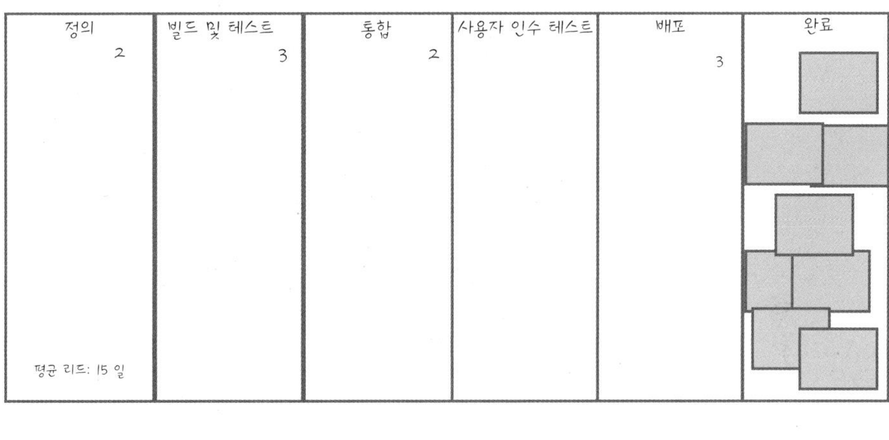

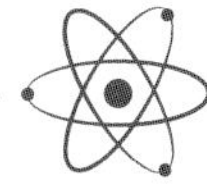

브레인 파워

어떤 팀들은 각 프로세스 단계 안의 작업 아이템 개수를 세는 것이 작업 흐름을 이해하는 데 도움이 된다고 알고 있습니다. 왜 그 일이 팀이 작업 흐름을 더 잘 이해하는 데 도움이 된다고 생각합니까?

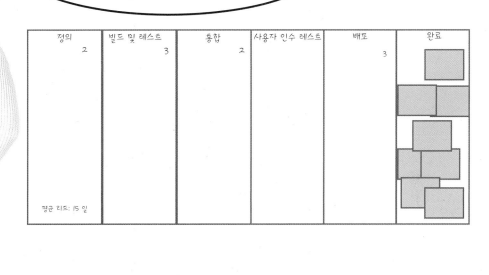

누적 흐름도가 흐름을 관리하는 데 도움이 됩니다

칸반 팀은 **누적 흐름도**(CFD, Cumulative Flow Diagram)를 사용해 시스템에 의해 불필요한 일을 추가하고 흐름을 방해하는 요인을 알아냅니다. 그들은 시간이 지나면서 각 상태에 있는 작업 아이템의 개수를 차트로 만들고, 그 차트를 사용해 팀의 작업량(throughput, 작업 아이템을 완료하는 비율을 말합니다)에 영향을 미칠 수 있는 패턴을 찾아봅니다. 누적 흐름도는 시스템이 어떻게 작동하는지를 추적할 수 있는 시각적인 방법입니다.

누적 흐름도를 읽는 데 익숙해지면, 팀은 프로세스 및 정책 변경의 영향을 훨씬 빨리 파악할 수 있습니다. 팀은 예측 가능한 작업량과 함께 안정적인 개발 프로세스를 항상 원합니다. 일단 팀이 적절한 WIP 제한을 파악하여 풀 시스템의 기반을 확보하면, 협의서와 정책이 업무 방식에 어떻게 영향을 미치는지 살펴볼 수 있습니다. 팀이 자신의 누적 흐름도를 지속적으로 검토하는 습관을 갖게 되면, 할 수 있는 작업량에 대한 팀의 제안이나 변경이 어떤 영향을 미치는지를 알 수 있습니다.

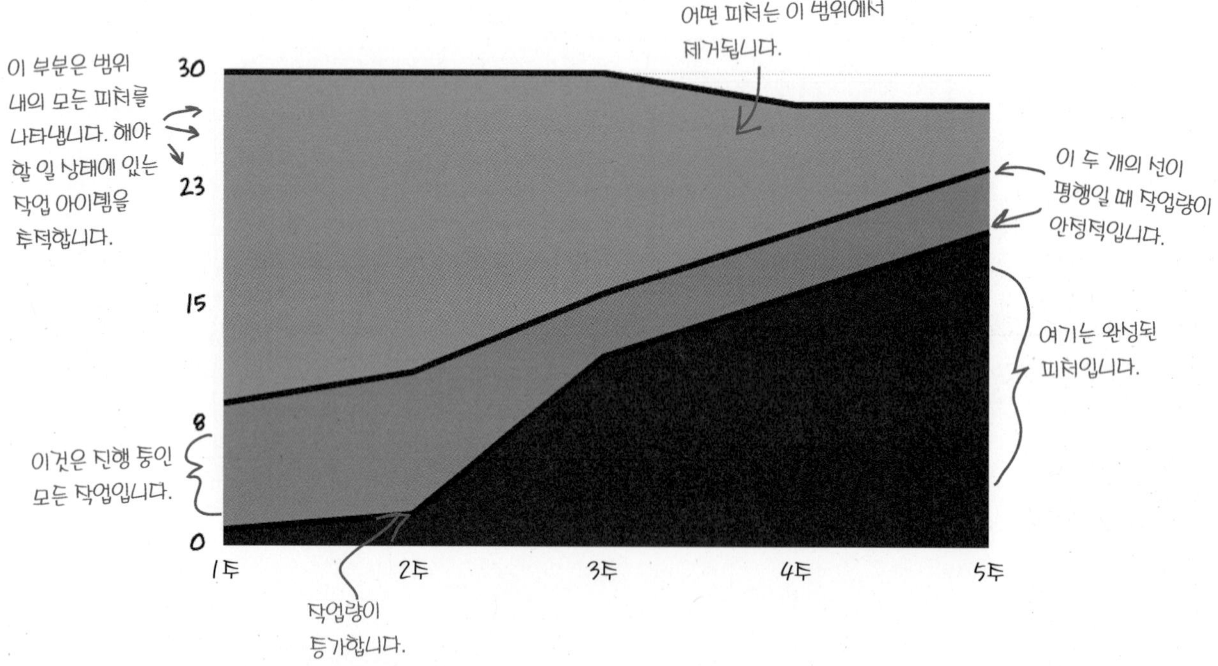

이것은 단지 누적 흐름도의 개요입니다. 우리는 여러분이 누적 흐름도를 충분히 이해해서 프로세스가 어떻게 작동하는지 감을 잡을 수 있기를 기대합니다. 여러분이 린과 칸반을 한동안 사용해왔다면, 여러분은 누적 흐름도의 일반적인 패턴에 대해 더 많이 알기를 원할 것이고, 그 패턴을 어떻게 해석할 수 있을지 알고 싶을 겁니다. 누적 흐름도는 매우 귀중한 도구이며 만들기도 꽤 쉽습니다. 〈Learning Agile〉이라는 책에서는 누적 흐름도를 만들고 이를 이용해서 워크플로우를 개선하는 법을 단계별로 가이드합니다.

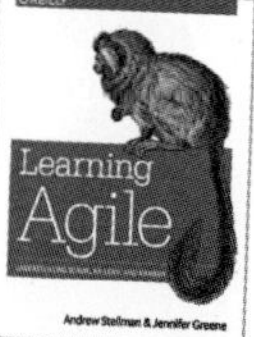

칸반 팀은 정책에 관해 이야기합니다

여러분이 프로세스 단계를 정의하고 피처가 그 프로세스를 어떻게 진행하는지 살펴보기 시작한다면, 여러분은 팀원들이 매일 업무를 할 때마다 따라야 하는 모든 규칙에 대해 생각해볼 준비가 된 것입니다. 사람들이 자신이 내리는 의사결정과 자신의 행동에 적용하는 자신만의 규칙을 생각해내는 것은 매우 흔한 일입니다. 팀이 작업을 하면서 부딪히게 되는 오해와 잘못된 의사소통 대부분은 이와 같이 문서화되지 않은 규칙들 때문입니다. 하지만 여러분이 정책에 관해 이야기하고, 팀에 속한 사람들이 진정으로 개방적이고 협력적인 논의를 한다면, 팀 전체는 수많은 오해를 피하기 위해 사전에 협력할 수 있습니다. 팀은 문제가 생겼을 때 서로 싸우기보다는 팀의 원만하게 상호작용하고, 모든 사람들이 변화하는 정책에 집중하도록 하기 위해, 제대로 효과가 있는 **협의서**(working agreement)를 만드는 수단으로 이런 정책 토론을 이용합니다.

아래는 오디언스 애널라이저 팀이 자신들의 정책을 명확하게 하고자 작성한 협의서입니다.

오디언스 애널라이저 팀 협의서

- ★ 모든 팀원은 추정에 참여하고 모두가 동의한 스토리 포인트 기준을 사용한다.
- ★ 하나의 작업 아이템을 끝낸 팀원은 다음에 작업할 수 있는 백로그에서 가장 우선순위가 높은 아이템을 선택한다.
- ★ 그 누구도 WIP 제한에 다다른 상태에서 작업 아이템을 추가하지 않는다.
- ★ 모든 작업 아이템이 완료된 것으로 간주되기 위해서는 '완료'의 정의를 충족시켜야 한다.
- ★ 그 누구도 백로그에 없는 작업 아이템을 수행하지 않는다.

처음에 애플리케이션을 테스트하는 사람들은 추정하기를 싫어했습니다. 하지만 팀은 추정에 관한 좋은 논의는 개발과 테스트에 관한 논의에서 생겨난다는 데 동의했습니다.

팀원은 작업 아이템을 하나 완료하고 나서 무엇을 할지에 관해 다양한 생각들을 갖고 있었습니다.

누군가 빨리 코드를 수정해달라는 요청을 해오면 팀원들이 "안 돼"라고 말하기는 쉽지 않습니다. 하지만 이와 같은 정책을 명시하면 그들이 무엇을 해야 하는지 알 수 있습니다.

여러분의 팀이 따르는 정책에 관해 이야기하고 그 정책을 문서화한다면 모든 사람들이 똑같은 내용을 이해하는 데 도움이 됩니다.

피드백 순환고리는 그 루프가 어떻게 작동하는지 보여줍니다

칸반 팀은 자신들의 프로세스를 발전시키는 것을 생각하는 데 집중하기 때문에, 자신들이 만드는 모든 변화의 영향을 측정할 **피드백 순환고리**(feedback loop)를 명시적으로 만듭니다. 측정함으로써 피드백 순환고리를 만들고 측정을 통해 나온 그 데이터를 토대로 자신들이 일하는 방식에 변화를 줍니다. 프로세스를 바꾸면 측정된 내용도 변경되는데, 그 내용은 다시 프로세스에 더 많은 변화를 주기 위해 계속해서 사용합니다.

팀은 피드백 순환고리를 사용해서 지속적인 개선 문화를 만들고, 이를 바탕으로 모든 사람들이 측정을 하고 변경할 부분을 제안합니다. 모든 사람들이 측정과 변경을 반복하면, 팀 전체는 각 프로세스 변화를 하나의 **자체적인 실험**으로 보기 시작합니다.

칸반 팀은 리드 시간을 이용해 피드백 순환고리를 만듭니다

칸반 팀은 자신들이 만드는 모든 변경사항을 어떻게 측정할지 협의하고, 프로세스에 관해 수집한 데이터를 활용해 더 나은 의사결정을 내립니다. 그리고 보통 칸반 팀이 피드백 순환고리를 만들려면 보통 리드 시간을 측정하고 변화를 만드는데, 이때 WIP 제한을 설정하지만 한편으로는 다른 것들도 시도합니다. 그리고 그 변화들이 리드 시간을 줄이는지 살펴봅니다. 예를 들어 팀원 각자가 매주 목요일에는 개인적인 프로젝트에 집중한다는 정책을 시도해보고 싶어한다고 가정합니다. 팀은 두 번의 릴리스 동안 새로운 시도를 실험해보고, 그 정책을 실행에 옮기기 전과 후의 리드 시간을 측정함으로써 자신들의 작업량에 그 정책이 미친 영향을 파악합니다.

연필을 깎으며

아래 시나리오 중 어떤 시나리오는 피드백 순환고리를 만드는 팀을 예로 든 것입니다. 어떤 예가 팀이 자신들의 프로세스를 개선하기 위한 변경인가요?

1. 케이트는 설계 문서에 가끔 피처가 추가되고, 그로 인해 개발 속도가 느려진다는 것을 알고 있습니다. 그녀는 새로운 모든 피처에 대해서 설계팀의 아키텍처를 팀이 함께 검토하면서, 제시하는 아키텍처가 제품에 대한 비전을 따르고 있는지를 확인하자고 제안합니다. 그들은 이것이 실제로 일의 속도를 높이는지 확인합니다.

   ☐ 피드백 순환고리 ☐ 변화

2. 마이크는 개발팀이 제품의 기능을 모두 포괄할 만큼 충분한 유닛 테스트를 작성하지 않는다는 것을 알게 되었습니다. 그는 새로운 모든 피처에 대해 평균 70%를 유닛 테스트 적용 표준으로 설정했습니다.

   ☐ 피드백 순환고리 ☐ 변화

3. 벤은 명세서를 작성하기 전에 최종 사용자와 기능에 관해 논의하기 위한 고객 미팅 시간을 활용합니다.

   ☐ 피드백 순환고리 ☐ 변화

4. 마이크는 각 증분 내의 모든 작업 아이템에 대한 주기를 계산하기 시작합니다. 그는 작업들이 보드를 이동함에 따라 점점 더 빨라지고 있다는 것을 알게 됐습니다.

   ☐ 피드백 순환고리 ☐ 변화

→ 답은 297쪽에

이제 팀 전체가 더 나은 작업 방법을 찾는 데 협력합니다

이제 누적 흐름도와 리드 시간을 팀 전체가 공유하면서, 팀은 2주마다 업무를 더 잘하기 위한 제안을 생각해내고 있습니다. 제안사항들이 모두 효과가 있는 것은 아니지만 그래도 괜찮습니다. 왜냐하면 팀이 실험을 해볼 때마다 함께 무언가를 배우기 때문입니다. 팀은 리드 시간을 현저하게 개선했고, 모든 사람들이 참여하며 스스로 통제권을 갖고 있다고 느끼게 됐습니다.

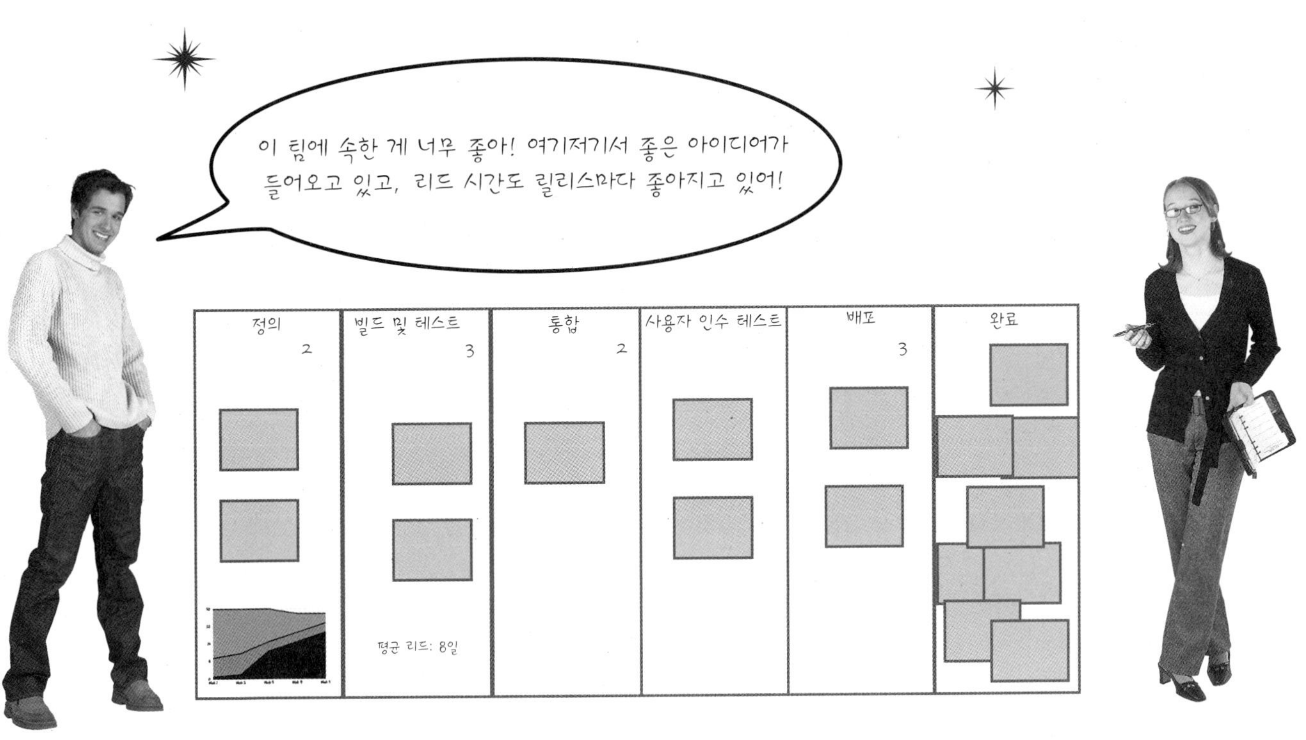

이제 팀이 함께 발전하고 있으므로, 그들은 더 많은 통제권을 갖고 있고 더 많은 작업을 완료하고 있습니다.

린/칸반 크로스

린과 칸반을 여러분의 두뇌에 착! 붙게 할 아주 좋은 기회가 있습니다. 이 장의 나머지 부분을 뒤적여보지 않고 몇 개나 답할 수 있는지 점검해보세요.

가로

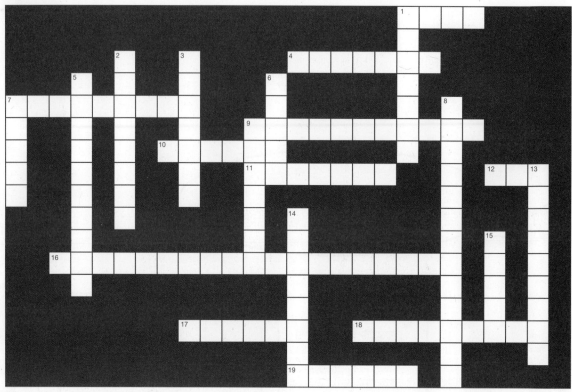

1. 이런 종류의 불필요한 일은 일본어로 '타당하지 않음'이라고 한다.
4. ______ 생각은 린 팀이 책임이 따르는 마지막 순간에 선택을 하도록 해준다.
7. 팀이 칸반을 사용할 때 가장 먼저 마스터해야 하는 프랙티스는 자신들의 워크플로우를 ______ 하는 것이다.
9. 린 팀은 ______라고 불리는 기준을 사용해서 하나의 피처가 시간적으로 얼마나 중요한지를 정량화하려고 한다.
10. 칸반은 일본어로 ______ 카드를 의미한다.
11. 이런 종류의 불필요한 부분은 테스트를 통해 식별되는 경우가 종종 있다.
12. 칸반 팀은 흐름을 최적화하기 위해 자신들의 프로세스 단계에 ______ 제한 설정을 한다.
16. 피처를 개발할 때 여러 개의 옵션을 추구하는 팀은 ______라고 부르는 린 생각 도구를 사용한다.
17. 린은 ______ 생산 시스템에서 비롯되었다.
18. 린 팀은 항상 낭비 요소를 ______하기 위해 일한다.
19. '지속적인 개선'을 의미하는 일본어는 ______이다.

세로

1. 스크럼이나 XP와는 달리, 린은 방법론이 아니라 ______다.
2. 칸반에서 팀은 자신들의 ______를 파악하고 그것을 명확히 한다.
3. 린 팀은 ______ 이론을 사용해서 작업이 자신들의 시스템에서 어떻게 흘러가는지 분석한다.
5. 프로세스에서 전 단계에 있는 작업을 이후 단계에서 불러오는 시스템
6. 린 생각은 사람들이 프로세스를 분석할 때 '______를 보라'라고 한다.
7. 린 팀은 대기 시간이 얼마나 걸리는지 파악하기 위해 ______ 흐름 맵을 작성한다.
8. 사람들이 한 번에 너무 많은 일을 하려고 할 때 보게 되는 유형의 낭비 요소
9. 린 팀은 스프린트를 사용하지 않고 배포 ______으로 개발한다.
13. 제품이 사용하기에도 직관적이고 본래의 기능이 제대로 동작한다면, 그것은 ______ 완전성을 갖고 있고 말한다.
14. 칸반 팀은 ______ 루프를 수립하기 위해 기준을 사용한다.
15. 가끔 팀은 ______ 프로세스와 피처를 만든다.

누가 무엇을 하지?

애자일 선언문을 만들 때 린이 중요한 고려사항이었기 때문에 당연히 많은 생각 도구가 스크럼과 XP의 일부입니다. 아래는 이전 장에서 여러분이 이미 알고 있는 생각 도구들입니다. 도구 이름과 그 설명을 연결하세요.

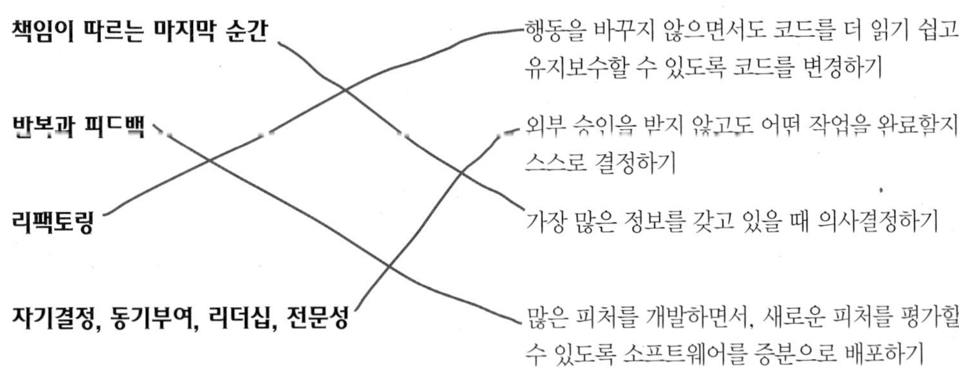

연필을 깎으며 해답

아래 시나리오 중 어떤 시나리오는 피드백 순환고리를 만드는 팀을 예로 든 것입니다. 어떤 예가 팀이 자신들의 프로세스를 개선하기 위한 변경인가요?

1. 케이트는 설계 문서에 가끔 피처가 추가되고, 그로 인해 개발 속도가 느려진다는 것을 알고 있습니다. 그녀는 새로운 모든 피처에 대해서 설계팀의 아키텍처를 팀이 함께 검토하면서, 제시하는 아키텍처가 제품에 대한 비전을 따르고 있는지를 확인하자고 제안합니다. 그들은 이것이 실제로 일의 속도를 높이는지 확인합니다.

☒ 피드백 순환고리 ☐ 변화

2. 마이크는 개발팀이 제품의 기능을 모두 포괄할 만큼 충분한 유닛 테스트를 작성하지 않는다는 것을 알게 되었습니다. 그는 새로운 모든 피처에 대해 평균 70%를 유닛 테스트 적용 표준으로 설정했습니다.

☒ 피드백 순환고리 ☐ 변화

3. 벤은 명세서를 작성하기 전에 최종 사용자와 기능에 관해 논의하기 위한 고객 미팅 시간을 활용합니다.

☐ 피드백 순환고리 ☒ 변화

4. 마이크는 각 증분 내의 모든 작업 아이템에 대한 주기를 계산하기 시작합니다. 그는 작업들이 보드를 이동함에 따라 점점 더 빨라지고 있다는 것을 알게 됐습니다.

☒ 피드백 순환고리 ☐ 변화

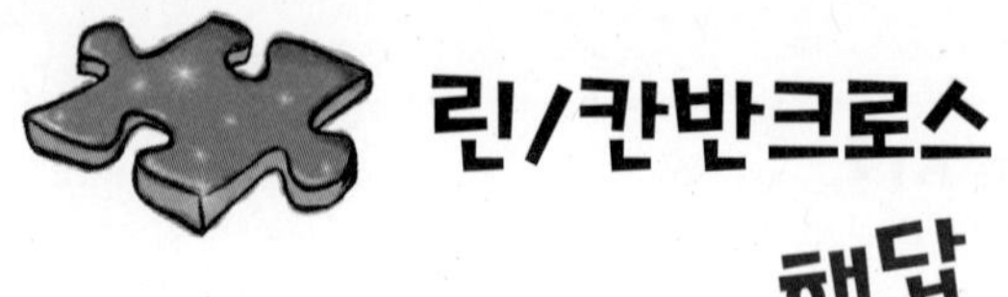

린/칸반크로스 해답

아래는 린과 칸반을 여러분의 두뇌에 착! 붙게 할 아주 좋은 기회가 있습니다. 이 장의 나머지 부분을 뒤적여보지 않고 몇 개나 답할 수 있는지 보세요.

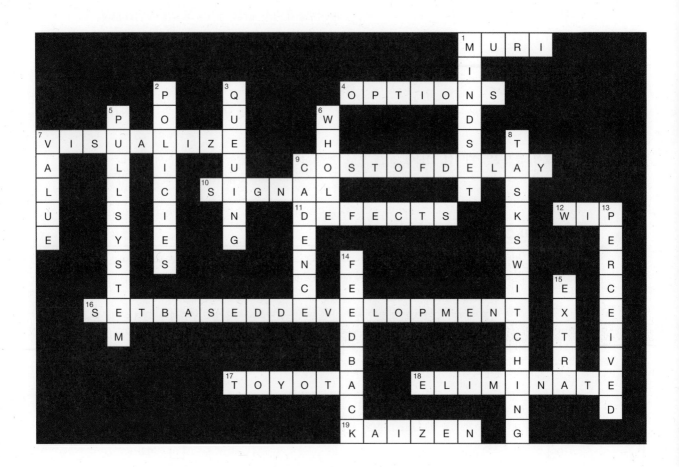

가로:
1 MURI
4 OPTIONS
7 VISUALIZE
9 COSTOFDELAY
10 SIGNAL
11 DEFECTS
12 WIP
16 SETBASEDDEVELOPMENT
17 TOYOTA
18 ELIMINATE
19 KAIZEN

세로:
1 MINDSET
2 POLICIES
3 QUEUING
5 PULLSYSTEM
6 WHOLE
7 VALUE
8 TASKSWITCHING
11 DENCE
13 PERCEIVED
14 FEEDBACK
15 EXTRA

다음은 마이크, 케이트, 벤이 하는 얘기를 우연히 들은 내용입니다. 그중 몇 가지는 프로젝트 내 불필요한 부분을 설명하지만, 어떤 것은 그렇지 않습니다. 각각이 설명하고 있는 낭비 요소의 유형을 파악하세요. 그 후 각 말풍선에서 불필요한 일은 **불필요**에, 불필요한 일이 아닌 것은 **필요**에 선을 그리세요. 불필요한 일이라면 오른쪽에 표시된 불필요한 일의 유형까지 선을 연결하세요.

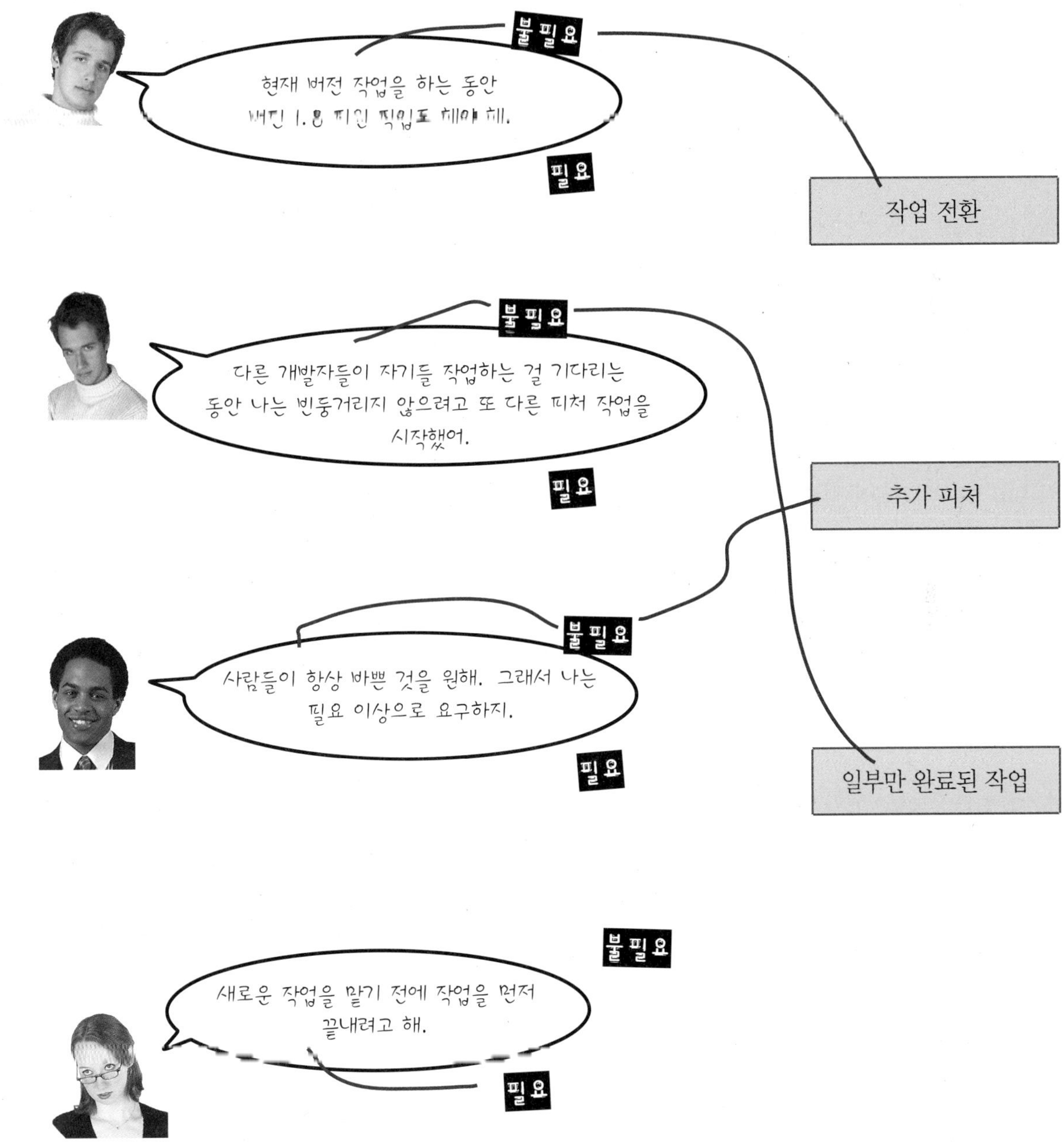

현재 버전 작업을 하는 동안
버전 1.8 패치 작업도 해야 해.

불필요 — 작업 전환

필요

다른 개발자들이 자기들 작업하는 걸 기다리는
동안 나는 빈둥거리지 않으려고 또 다른 피처 작업을
시작했어.

불필요 — 일부만 완료된 작업

필요

사람들이 항상 바쁜 것을 원해. 그래서 나는
필요 이상으로 요구하지.

불필요 — 추가 피처

필요

작업 전환

추가 피처

일부만 완료된 작업

불필요

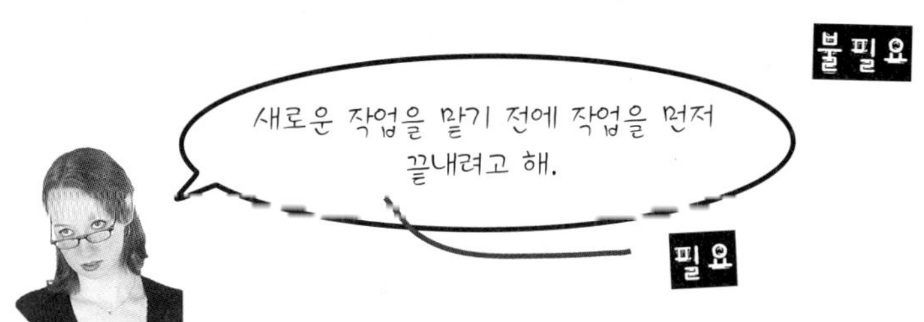

새로운 작업을 맡기 전에 작업을 먼저
끝내려고 해.
필요

시험 문제

이와 같은 연습 문제는 여러분이 이 장에 있는 내용을 복습하는 데 도움이 됩니다. 여러분이 만약 PMI-ACP 인증을 위한 준비로 이 책을 사용하는 것이 아니라도 답을 해보기 바랍니다. 이것은 여러분이 무엇을 알고 무엇을 모르는지 파악하는 좋은 방법이며, 이 방법은 그 내용을 여러분의 두뇌에 좀 더 빠르게 주입시키는데 도움이 됩니다.

1. 가치 흐름 맵은 아래 한 가지를 제외하고 모든 곳에 사용됩니다.

A. 피처의 리드 시간 이해하기
B. 프로세스 내에서 낭비 요소 찾기
C. 구축해야 할 새로운 피처 발견하기
D. 피처 주기 이해하기

2. 션은 금융 관련 소프트웨어를 개발하는 팀에 속한 개발자입니다. 그의 팀은 새로운 거래 시스템을 개발하라는 요청을 받았습니다. 그와 팀은 자신들이 사용하는 워크플로우를 그리기 위해 회의를 했습니다. 그리고 프로세스 내 각 단계를 위한 칸이 있는 화이트보드에 프로세스를 표시했습니다. 팀이 보드에 있는 칸을 이동하던 작업 아이템을 몇 주간 지켜본 후에 팀은 프로세스 내에 과부하가 생기는 것처럼 보이는 두 단계가 있다는 것을 알게 됐습니다. 팀이 다음으로 할 최선의 일은?

A. 작업이 느려지는 단계의 작업을 더 잘할 수 있도록 서로 협력한다.
B. 느려진 단계에 더 많은 사람을 추가한다.
C. 보드에 있는 작업을 완료하는 데 집중한다.
D. 과부하된 단계에 수행할 작업량을 제한한다.

3. 린은 ________을 가진 ________이기 때문에 스크럼이나 XP와 같은 방법론과는 다릅니다.

A. 생각 도구, 마음가짐
B. 프랙티스, 방법론
C. 측정, 프로세스 개선 계획
D. 원칙, 일련의 생각

4. 린 팀은 프로세스 안의 모든 작업 아이템을 살펴보고 프로세스 내의 각 단계 사이에 그 작업 아이템이 어떻게 진행되는지에 주목했습니다. 그리고 그들은 작업을 일정한 속도로 진행하는 방법에 집중했습니다. 작업 완료는 시스템에서 제거되는 일련의 피처로 간주했습니다. 이때 어떤 생각 도구가 도움이 됩니까?

A. 낭비 요소 찾기
B. 책임이 따르는 마지막 순간
C. 대기 이론
D. 측정

시험 문제

5. 다음 중 린 생각 도구인 '지연의 대가'를 가장 잘 설명한 것은 무엇입니까?

   A. 고객이 필요로 하는 순서에 따라 피처의 순위 정하기
   B. 제품을 구축하는 데 소요되는 시간을 돈으로 가치 매기기
   C. 팀의 대기 행렬에 있는 각 작업 시간의 중요성을 이해해서, 어떤 작업을 먼저 완료해야 하는지 더 나은 의사결정하기
   D. 프로젝트가 늦어졌을 때, 얼마나 많은 금전적 손실을 보는지 이해하기

6. 소프트웨어 개발에서 7대 낭비 요소의 유형은 무엇입니까?

   A. 일부만 완료된 작업, 추가 프로세스, 작업 전환, 과장된 말이나 행동, 과도한 몰입, 결함, 추가 피처
   B. 일부만 완료된 작업, 추가 프로세스, 추가 피처, 작업 전환, 의사소통, 대기, 결함
   C. 일부만 완료된 작업, 추가 프로세스, 작업 전환, 대기, 동작, 결함, 추가 피처
   D. 일부만 완료된 작업, 추가 프로세스, 작업 전환, 세부적인 계획 수립, 동작, 결함, 추가 피처

7. 다음 중 칸반의 핵심 프랙티스를 가장 잘 설명한 것은 무엇입니까?

   A. 워크플로우 시각화, 칸반 보드 생성, WIP 제한 설정, 흐름 관리, 프로세스 정책 명시화, 피드백 순환고리 구현, 협력적으로 개선하기, 실험적으로 진화하기
   B. 계획 실행 검토 행동
   C. 워크플로우 시각화, 흐름 관찰, 진행 중인 작업 제한, 프로세스 변경, 결과 측정
   D. 워크플로우 시각화, WIP 제한 설정, 흐름 관리, 프로세스 정책 명시화, 피드백 순환고리 구현, 협력적으로 개선하기, 실험적으로 진화하기

8. 다음 중 린 원칙이 아닌 것은?

   A. 낭비 요소 제거하기
   B. 피드백 순환고리 구현하기
   C. 가능한 한 늦게 결정하기
   D. 전체를 보기

시험 문제

9. 다음 중 칸반 보드를 사용하는 방법을 가장 잘 설명한 것은?

A. 팀이 어떻게 WIP 제한을 설정하고 워크플로우 단계를 거쳐가는 가장 순탄한 흐름을 파악하기 위해, 피처가 프로세스를 어떻게 통과하는지 관찰하기

B. 팀이 얼만큼의 작업이 남았는지 알 수 있도록 WIP 제한 설정과 현재의 작업 현황 추적하기

C. 결함을 추적하고 제품 내의 문제를 해결하기 위한 가장 빠른 경로 생성하기

D. 팀의 자기조직화를 돕고 워크플로우의 병목이 생기는 곳 알아보기

10. 아래 가치 흐름을 토대로 이 피처의 리드 시간과 주기는 무엇입니까?

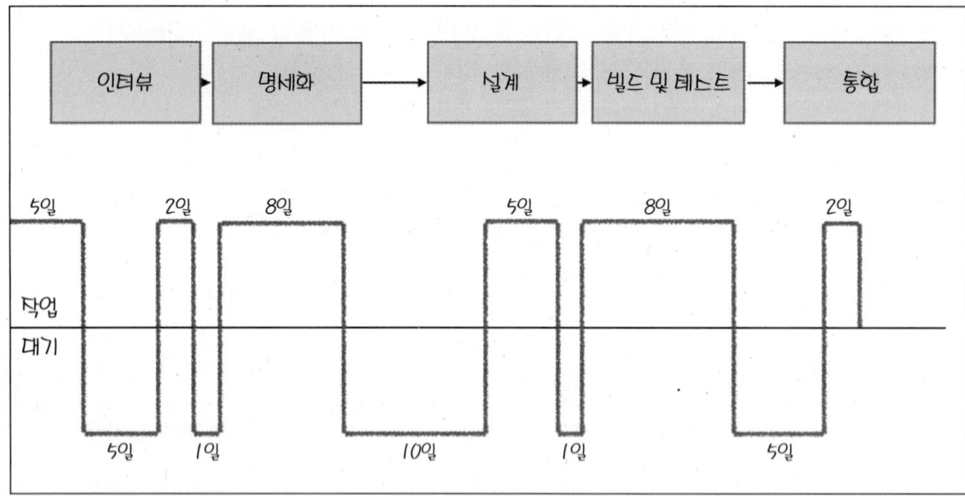

A. 리드 22일, 주기 30일

B. 리드 30일, 주기 22일

C. 리드 52일, 주기 30일

D. 리드 70일, 주기 42일

11. 팀이 WIP 제한 설정을 하고 흐름을 관리할 때, 칸반을 워크플로우에 적용하는 다음 단계는 무엇입니까?

A. 피드백 순환고리 구현하기

B. 프로세스 정책 명시화하기

C. 함께 개선하기

D. 가능한 한 빠르게 배포하기

시험 문제

12. 같은 공간에 위치해 있는 팀원들이 작업을 완료하느라 고생하고 있습니다. 그들은 각 증분마다 점점 더 많은 업무를 지속적으로 추구합니다. 이제 칸반 보드의 처음 두 칸에 많은 피처들이 있고 나중 칸에는 피처가 거의 없습니다. 다음 낭비 요소 중에 작업을 완료하지 못하는 이 팀의 문제 원인이 아닌 것은 무엇입니까?

    A. 작업 전환

    B. 결함

    C. 동작

    D. 일부만 완료된 작업

13. 다음 중 린과 스크럼이 함께 공유하는 원칙이 아닌 것은?

    A. 책임이 따르는 마지막 순간

    B. 반복과 피드백

    C. 자기결정과 동기부여

    D. 낭비 요소 제거

14. 프로세스에서 다음 단계가 그 전 단계의 작업을 이동시키는 것을 무엇이라고 하는가?

    A. 대기 이론

    B. 낭비 요소

    C. 풀 시스템

    D. 재고

15. 다음 중 옵션 생각의 예가 아닌 것은?

    A. 팀이 해본 경험이 거의 없고 위험도가 매우 높은 피처를 개발하기 위해 두 가지 방법을 함께 사용하려고 한다.

    B. 팀이 설계 방법의 유효성을 확인하기 위해 프로젝트 초기에 완료할 수 있는 목표를 파악한다.

    C. 팀이 확실치 않은 피처를 개발하기 위해 어려운 마감일과 종속성 목록을 설정한다.

    D. 모든 사람들이 해당 스프린트를 위해 계획된 모든 작업을 할 수 있도록 지식을 함께 공유하는 데 시간을 소요한다.

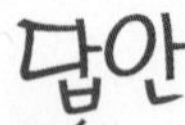

시험 문제

1. **답**: C

팀은 프로세스 내 낭비 요소를 알아내기 위해 가치 흐름 맵을 사용합니다. 가치 흐름 맵은 리드 시간과 주기에 관한 귀중한 정보를 제공하지만 향후 프로젝트 니즈에 관한 통찰을 제공하는 경우는 거의 없습니다.

2. **답**: D

이 질문은 팀이 칸반을 할 때 팀이 거치게 되는 초기 단계를 설명합니다. 첫 단계는 워크플로우를 시각화하는 것이고, 두 번째 단계가 WIP 제한 설정입니다.

3. **답**: A

린은 여러분이 낭비 요소를 식별하고 제거하는 방법에 대해 생각하게 해주는 생각 도구가 있는 마음가짐입니다. XP와 스크럼은 애자일 원칙을 고수하면서도 소프트웨어 개발을 도와주는 프랙티스가 있는 방법론입니다.

D는 꽤 괜찮은 답이지만 A가 훨씬 더 정확합니다.

4. **답**: C

린 팀은 어떤 작업이 시스템 내에서 완료되는지 파악하기 위해 대기 이론을 사용합니다. 그리고 작업 진도를 나가고 완료된 작업을 제거할 수 있을 때 팀이 대기하느라 시간을 소비하게 만드는 낭비 요소를 찾으려고 합니다.

5. **답**: C

지연의 대가는 어떤 순서로 피처를 개발할지 결정하기 위해 여러분이 사용할 수 있는 항목 중의 하나입니다. 피처의 지연 대가를 이해한다는 것은 수요뿐 아니라 거기에 포함된 위험, 그리고 여러분이 현재 피처 작업을 하느라 놓친 기회에 대해서도 생각해본다는 뜻입니다.

6. **답**: C

소프트웨어 개발에서 린의 7대 낭비 요소(일부만 완료된 작업, 추가 프로세스, 작업 전환, 대기, 동작, 결함, 추가 피처)은 토요타 생산 시스템의 7대 낭비 요소(운반, 재고, 대기, 동작, 결함, 과잉 생산, 추가 프로세스)에서 파생됐습니다. 두 목록 모두 제품과 피처를 구축할 때 생산을 느리게 만드는 일반적인 행위 유형을 카테고리화하는 데 유용한 방법입니다.

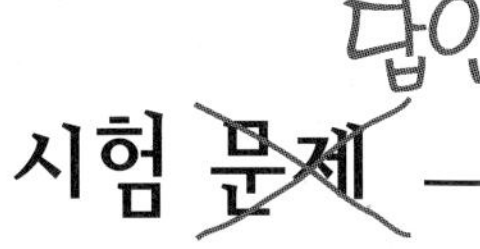

7. 답: D

오직 D만 칸반의 핵심 프랙티스를 모두 포함합니다.

8. 답: B

'피드백 순환고리 구현'은 칸반의 핵심 프랙티스이지만 린 원칙은 아닙니다. 린 원칙은 낭비 요소 제거, 학습 확대, 가능한 한 늦게 결정, 가능한 한 빨리 배포, 팀에게 권한 부여, 완전성 구축, 전체를 보기입니다.

9. 답: A

칸반 보드는 여러분의 워크플로우에서 피처가 어떻게 진행하는지를 추적하는 데 사용합니다. 팀이 칸반을 구현하는 이유는 자신들이 프로세스가 어떻게 작동하는지 이해하는 것이지, 특정 프로젝트의 진척 상황을 추적하는 것이 아닙니다. 칸반 보드는 작업 추적을 위해 사용하는 것이 아니지만, 태스크 보드는 작업 추적을 위해 사용합니다.

칸반은 프로세스 개선을 위한 방법이지 프로젝트 관리 방법론은 아니라는 말은 바로 이런 뜻입니다.

10. 답: C

리드 시간은 피처가 시스템에 있는 총 시간입니다. 이 경우 가치 흐름 맵상의 모든 숫자를 더하면 52일이 됩니다. 주기는 작업하는 데 사용한 시간의 총합으로 30일입니다.

11. 답: B

칸반 프랙티스의 순서는 다음과 같습니다. 워크플로우 시각화, WIP 제한, 흐름 관리, 프로세스 정책 명시, 피드백 순환고리 구현, 협력적으로 개선하기, 실험적으로 진화하기.

12. 답: C

질문에는 팀이 같은 장소에서 일한다고 언급했으므로, 동작 시간이 팀이 작업을 완료하는 데 문제가 될 확률은 아주 낮습니다. 반면에 이미 갖고 있는 작업을 끝내기 전에 새로운 작업을 지속적으로 떠맡게 되면, 작업 전환, 일부만 완료된 작업, 결함과 같은 문제에 직면할 가능성이 높습니다.

시험 ~~문제~~ 답안

13. 답: D

가능한 한 가장 늦게 결정하고, 빈번하게 피드백을 얻기 위해 짧은 반복으로 배포하며, 자기조직한다는 개념은 스크럼과 린에 모두 공통됩니다. 린과 스크럼이 서로 호환되기는 하지만, 린은 불필요한 부분을 제거하는 데 집중하는 반면, 그 부분을 스크럼이 강조하는 것은 아닙니다.

14. 답: C

풀 시스템에서 프로세스의 나중 단계가 이전 단계에서 작업을 끌어옵니다. 그렇게 되면 작업량이 고르고 프로세스의 처음부터 끝까지 작업을 하는 가장 낭비가 적은 방법입니다.

15. 답: C

힘든 마감일을 설정하고 어떤 작업이 어떤 작업에 종속되는지 결정함으로써, 팀은 자신들을 하나의 방법에 국한해 필요한 옵션을 줄이고 목표를 달성하는 것입니다.

문제가 어땠나요?
질문에 대한 답을 기억하는 게 어려웠다면,
내용을 찾아보고 여러분의 머릿속에 그 내용을 꼭 담아두는
시간이 필요합니다.

7 PMI-ACP 시험 준비

당신의 지식 확인하기

아싸, 시험 보는 날이
일 년 중에 내가 제일 좋아하는 날이야!
여름에도 계속 학교 다니면 좋겠어.

와, 여러분은 앞서 6개 장에서 정말 많은 것을 배웠네요! 여러분은 지금까지 애자일 선언문의 가치와 원칙, 그것들이 애자일 마음가짐을 어떻게 작동하는지 살펴봤고, 팀이 프로젝트 관리를 위해 스크럼을 사용하는 법을 알아보고, 더 높은 수준의 XP 엔지니어링을 발견했으며, 린/칸반을 사용해 팀이 스스로를 어떻게 개선하는지 살펴보았습니다. 이제는 지난 내용들을 돌아보면서 여러분이 배운 가장 중요한 개념 중 몇 가지를 연습해볼 시간입니다. PMI-ACP 시험은 애자일 도구, 기법, 개념을 이해하기만 하면 되는 것이 아닙니다. 시험을 정말 잘 보려면, **실제 상황에서 팀이 어떻게 그것을 활용하는지** 알아야 합니다. 그래서 여러분이 PMI-ACP 시험 준비를 하는 데 도움이 되도록 특별히 고안된 **연습, 퍼즐, 실전 문제**(그리고 새로운 자료도 포함해서)를 가지고 여러분의 뇌가 새로운 시각으로 애자일 개념을 볼 수 있게 해줄 겁니다.

PMI-ACP 인증은 중요합니다

공인 PMI 애자일 전문가(PMI-ACP) 인증은 요즘 잘 나가고 빠르게 성장하는 인증 프로그램이며, 하루가 다르게 점점 더 중요해지고 있습니다. 그렇다고 우리 말만 믿지는 마십시오! 여러분이 좋아하는 구직 웹사이트에 가서 '애자일'이라는 단어를 키워드로 해서 검색해보세요. 그러면 많은 회사에서 애자일 인증을 선호하거나 요구하며, 고용주들이 PMI-ACP 인증을 받은 후보자가 완벽한 후보자라고 인식하고 있음을 알게 될 것입니다.

하지만 그러려면 여러분은 그 내용을 정말로 알아야 합니다

PMI-ACP 시험은 팀이 현실 세계에서 경험하는 상황을 이해하는 것에 관한 모든 것입니다. 애자일 팀은 이 책을 통해 여태까지 배웠던 사용자 스토리, 가치 흐름 맵, 정보 라디에이터, 번다운 차트와 같은 수많은 도구, 기법, 프랙티스를 사용합니다. 하지만 여러분의 머릿속에 이 많은 도구를 쑤셔넣어봐야 PMI-ACP 시험을 통과하는 데 도움이 되지 않습니다. 왜냐하면 그 시험은 애자일 팀이 겪게 되는 **상황에 대한 이해**를 토대로 하기 때문입니다.

PMI-ACP 시험은 애자일 팀이 사용하는 도구, 기법, 프랙티스보다는 특정한 상황에서 팀이 어떻게 반응하는지에 더 많은 중점을 두고 있습니다. 하지만 여러분은 도구, 기법, 프랙티스에 대해서도 알고 있어야 합니다.

아래는 어떤 상황에 관한 예시 질문입니다. 답을 생각해보시겠습니까?

63. 여러분은 애자일 전문가입니다. 향후 반복을 통해 팀이 개발할 때, 우선순위가 정해진 피처, 스토리, 기타 아이템 목록에 여러분이 추가한 아이템에 대해 팀원 중 한 사람이 설명을 해달라는 요청했습니다. 여러분은 그 질문에 대한 답을 모릅니다. 그렇다면 어떻게 해야 할까요?

A. 다음 회고 회의에 그 질문을 꺼낸다.

B. 그 답을 스스로 찾기 위해 팀에게 자기조직하라고 조언한다.

C. 해당 아이템과 연관된 요구를 한 이해관계자를 만난다.

D. 적절한 정보 라디에이터를 업데이트한다.

브레인 파워

'애자일 전문가'에 관한 질문이 있다면 그 질문이 무엇을 의미한다고 생각하십니까?
'우선순위가 정해진 목록'을 언급했는데, 그 목록이 무엇을 지칭한다고 생각합니까?

PMI-ACP 시험은 내용 개요에 기반합니다

PMI(Project Management Institute)는 PMI-ACP 시험 설계와 유지보수에 엄청난 노력을 하며, 시험 자료가 정확하고 현재 상황에 맞으며, 시험이 적절한 난이도를 갖고 있는지 확인하기 위해 열심히 일합니다. PMI가 그 일을 달성하는 주된 방법은 **PMI-ACP 시험 내용 개요**(PMI-ACP® Examination Content Outline)를 만드는 것입니다. 내용 개요는 시험에 포함된 모든 것을 말해주고 있습니다. 내용 개요에서 여러분은 다음 내용을 알 수 있습니다.

★ 시험은 질문이 집중하게 될, 애자일 프로젝트의 다양한 측면을 나타내는 7가지 **영역**(domain)으로 나누어져 있습니다.

★ 각 영역은 애자일 팀이 취하게 될 독립된 행동을 나타내는 일련의 **작업**이나 또는 애자일 팀이 놓이게 되는 특정한 상황에 대한 반응을 포함하고 있습니다.

시험에 관한 질문은 내용 개요에 있는 특정 작업을 토대로 합니다.

★ 내용 개요는 시험 질문에 나올 수 있는 **도구와 기법**을 담고 있습니다.

→ *하지만 내용 개요가 아주 상세한 목록은 아닙니다. 애자일 시험에 애자일 프랙티스가 나왔는데 목록에는 그 내용이 없을 수도 있습니다! 이 책에서는 그런 프랙티스도 모두 다루고 있습니다.*

여러분은 이와 같은 도구와 기법 대부분에 익숙해져야 합니다. 왜냐하면 이 내용들이 여태까지 6개 장에서 모두 다룬 것이기 때문입니다.

★ 내용 개요는 또한 애자일 전문가가 이해하고 일선에서 겪게 될 상황에 적용할 **지식과 기술** 목록도 포함합니다.

내용 개요는 매우 중요한 준비 도구입니다

내용 개요에 있는 모든 영역과 작업들을 이해한다면, 시험을 볼 때 매우 큰 도움이 됩니다. 특히 그 내용을 이 책의 처음 6개 장에서 이미 흡수한 지식과 통합한다면 더욱 좋습니다. 앞에서 배운 애자일 아이디어, 주제, 도구, 기법, 방법론, 프랙티스를 내용 개요에 있는 자료와 통합된, 세심하게 설계된 연습 문제, 퍼즐, 실전 문제로 여러분에게 도움을 드리겠습니다.

PMI 웹사이트(http://www.pmi.org)에는 여러분이 PMI-ACP 시험을 효과적으로 준비하기 위해 꼭 읽어봐야 할 두 개의 중요한 PDF가 있습니다. PMI-ACP 핸드북에는 시험에 응시하는 방법, 시험 관련 특정 요구사항, 시험 비용 지불 방법, 인증 자격을 유지하기 위해 해야 하는 일, 시험을 관장하는 PMI가 설정한 기타 규칙, 정책, 절차가 나와 있습니다. 그러니 PDF를 꼭 다운로드해서 읽어보세요.

하지만 가장 중요한 정보는 PMI-ACP 시험 내용 개요이며, 그 정보는 시험에 나올 특정 주제가 무엇인지를 알려줍니다. 시험 내용 개요에 있는 자료를 이해하는 것이 PMI-ACP 시험을 잘 보는 중요한 열쇠입니다.

여러분은 브라우저에서 http://www.pmi.org에 접속해서 검색란에 'PMI-ACP examination content outline' 또는 'PMI-ACP handbook'을 입력해서 이 두 가지 PDF를 찾아볼 수 있습니다.

여러분이 즐겨 찾는 검색엔진에서 'PMI-ACP Examination Content Outline'으로 검색해 내용 개요를 찾아볼 수도 있습니다.

'여러분은 애자일 전문가입니다...'

PMI-ACP 시험은 애자일 팀에게 발생하는 실제 상황을 이해하는 것에 관한 모든 것입니다. 여러분은 프로젝트에 특정한 일이 발생했을 때 애자일 팀의 한 사람으로써 무엇을 할 것인지 질문을 받게 됩니다. 각기 다른 프로젝트 상황에 대한 여러분의 지식과, 애자일 팀이 그런 상황에 대응하는 방법에 대해 시험을 치르게 됩니다. 많은 시험 문제가 채택한 유형은 **애자일 전문가**(agile practitioner)라면 특정 상황에서 어떻게 반응할지에 관해 묻는 것입니다. 이와 같은 질문을 처리하는 것이 그 시험을 통과하는 중요한 열쇠입니다. 아래에 그 방법이 있습니다.

앞의 6개 장에 있는 내용을 잘 이해할수록, 각 상황에서 무슨 일이 일어나는지 파악하기가 훨씬 쉬워집니다. 그래서 이 장의 연습문제를 풀어보기 전에, 먼저 2장~6장으로 돌아가서 각 장 마지막 부분에 있는 시험 문제를 다시 한번 풀어보세요.

1 질문이 묻는 바를 이해하세요.

정말 좋은 시작점은 질문이 어떤 종류인지 이해하는 것입니다. 그 질문이, 다음에 어떤 일이 일어날지 아니면 그 상황을 어떻게 처리할지에 관해 묻는 '다음은 뭐지' 질문인가요? 적절하지 못한 반응을 선택하라는 '어느 것이 아닌지' 질문인가요? 질문을 처음부터 끝까지 읽어보세요.

2 팀이 하고 있는 일을 파악하세요.

팀이 현재 하는 일을 이해하는 것이 질문에 대한 답을 파악하는 중요한 열쇠입니다. 팀이 회고 회의를 하고 있나요? 일일 스탠드업 회의 중인가요? 코드를 리팩토링하거나, 지속적인 통합을 하거나, 유닛 테스트를 작성하고 있나요? 다음 반복을 계획하거나 이해관계자에게 완료한 작업을 시연하는 중인가요? 질문에 대한 답은 어떤 일이 일어나고 있는지에 따라 달라집니다.

3 여러분의 역할을 알아내기 위해 질문 속의 힌트를 이용하세요.

많은 질문들이 특정 상황을 제시하고 여러분이 어떻게 반응할지를 묻습니다. 하지만 여러분의 답은 그 프로젝트에서 여러분의 역할이 무엇이냐에 따라 달라집니다. 여러분은 스크럼 마스터, 제품 책임자, 팀원, 이해관계자, 수석 관리자 또는 그 외의 역할일 수도 있습니다. 그러니 애자일 전문가에 대해 묻는 질문을 보게 되면, 항상 그 전문가의 역할이 무엇인지에 관한 힌트를 질문에서 찾으세요.

스크럼 마스터(scrum master)나 제품 책임자(product owner)와 같은 용어가 대문자가 아닌 소문자로 시험에 나와도 놀랄 필요가 없습니다. 그리고 여러분이 익숙해지도록 우리도 간간이 소문자로 그들 용어를 사용할 것입니다.

4 다른 언급이 없다면 스크럼 팀이라고 가정하세요.

PMI-ACP 시험은 특정 애자일 방법론에 의존하지 않습니다. 어떤 질문은 특정 방법이나 방법론에 관해 질문할 수도 있지만, 대부분은 그렇지 않습니다. 그런 경우 여러분이 스크럼 팀에서 일하고 있다고 가정하는 것이 좋습니다. 그 질문이 스크럼에 특화된 질문은 아니더라도 스크럼 규칙을 따르는 것이 정확한 답을 알아내는 데 항상 도움이 됩니다.

아래는 여러분에게 애자일 전문가의 역할이 주어진 질문의 예입니다. 아래 질문은 여러분의 역할이 무엇인지, 팀이 무엇을 하고 있는지 알아내기에 충분한 정보를 담고 있으며 그것이 바로 해답을 찾는 열쇠입니다.

63. 여러분은 애자일 전문가입니다. 향후 반복을 통해 팀이 개발할 때, 우선순위가 정해진 피처, 스토리, 기타 아이템 목록에 여러분이 추가한 아이템에 대해 팀원 중 한 사람이 설명을 해달라고 요청했습니다. 여러분은 그 질문에 대한 답을 모릅니다. 그렇다면 어떻게 해야 할까요?

A. 다음 회고 회의에 그 질문을 꺼낸다.

B. 그 답을 스스로 찾기 위해 팀에게 자기조직하라고 조언한다.

C. 해당 아이템과 연관된 요구를 한 이해관계자를 만난다.

D. 적절한 정보 라디에이터를 업데이트한다.

답: C

이 질문은 팀원이 제품 백로그 아이템에 관한 설명을 요청할 때 제품 책임자는 무엇을 해야 하는지 묻는 것입니다. 그 질문은 '팀이 향후 반복에 구축할 피처, 스토리, 다른 아이템들을 우선순위화한 목록'에 관한 것이며, 이것은 제품 백로그에 관한 설명입니다. 팀에서 여러분의 역할이 무엇인지에 관한 힌트는 여러분이 제품 백로그에 아이템을 추가했다는 것인데, 제품 책임자는 제품 백로그 개선에 대한 책임을 지고, 그 사람만이 백로그를 개선하는 유일한 사람입니다. 팀원이 여러분에게 백로그에 있는 아이템에 관해 더 많은 정보를 요청했지만 여러분은 그 답을 모릅니다. 그러니 최선의 방법은 해당 백로그 아이템이 나오게 된 요구사항을 제공한 이해관계자에게 다시 가서 그가 원하는 바를 정확하게 이해한 후 팀에게 그 내용을 전달하고 이해시키는 것입니다.

이 질문에 대한 답의 열쇠는 여러분이 제품 책임자라는 것을 파악하고, 제품 책임자가 백로그 아이템에 관해 더 많은 정보가 필요할 때 이해관계자와 직접 이야기해야 한다는 것을 아는 데 있습니다.

어떤 상황에서 애자일 전문가라면 어떻게 하겠느냐는 질문을 받으면, 그 전문가의 역할을 파악하기 위해 질문에 있는 힌트를 활용하세요. 그리고 만약 질문이 특정 방법을 명시하지 않으면 팀이 스크럼을 사용한다고 가정하는 것이 안전합니다.

바보 같은 질문은 없다

Q: 시험에서는 왜 우리가 스크럼을 사용한다고 가정하죠? 그건 스크럼에 대한 선입견 아닌가요?

A: 스크럼은 애자일에서 가장 보편적인 접근법입니다. 최근 설문조사에 따르면 대다수의 애자일 팀이 스크럼을 사용하고 있어서 이 책에서도 그렇게 중점을 두고 있습니다. 하지만 시험에서는 여러분이 스크럼을 반드시 사용한다고 **가정하지는 않습니다.** 시험은 어떤 애자일 팀이라도 겪게 될 특정 상황에 처한 여러분을 테스트합니다. 하지만 팀이 스크럼을 이용한다고 생각하면, **질문에 대답하기가 훨씬 쉬워집니다.**

Q: 이 책에 있는 모든 도구와 기법을 외우는 데 시간이 많이 필요할까요?

A: 꼭 그렇지는 않습니다. 하지만 충분히 익혀두면 확실히 시작부터 도움이 됩니다. 처음 6개 장은 시험에서 여러분이 보게 될 대부분의 도구와 기법을 다 포괄했습니다. 그래서 저희는 여러분이 시험 준비를 하기 전에 처음 6개 장에 있는 **연습 문제와 퍼즐을 모두 풀어볼 것**을 권장합니다.

하지만 PMI-ACP 시험이 상황에 매우 집중됐다는 점을 기억해야 합니다. 도구, 기법, 프랙티스가 연관된 질문을 보게 되겠지만 여러분이 실생활에서 애자일 팀의 일환으로 보게 될 문제와 유사한 문제를 해결하는 일환으로 도구, 기법, 프랙티스가 거의 항상 사용됩니다.

Q: 내용 개요에 있는 '대부분'의 도구와 기법이 앞의 6개 장에서 다뤄졌다고 한 건가요? 왜 모두 다 다루지 않은 거죠?

A: PMI-ACP 시험 내용 개요의 '도구와 기법' 부분에 나와 있는 매우 중요하고 유용한 것들이 몇 가지 있지만 애자일 팀의 전형적인 일상업무에서는 그다지 일반적이지 않습니다. 그래서 우리는 이 책의 처음 6개 장에서 가능하면 실제 애자일을 가르치는 데 집중했습니다. 하지만 걱정 마세요. 빠진 부분은 확실히 채우고 여러분이 아직 개요에서 보지 못한 모든 도구와 기법을 이 장에서 모두 다뤄서 여러분이 시험을 볼 때는 절대 놀랄 일이 없게 하겠습니다.

시험에 응시하기 전에, 시험 핸드북에 나와 있는 자격요건을 갖추었는지 확인하세요. 여러분은 지난 5년 간 프로젝트 팀에서 최소 2,000시간 (또는 12개월) 일한 경험이 있어야 합니다. 그리고 추가로 지난 3년 간 애자일 방법론을 사용하는 팀에 속해 일한 경험이 최소 1,500시간(또는 8개월) 있어야 합니다. 그리고 마지막으로, 여러분은 애자일 프랙티스 교육 훈련을 21시간 받았어야 합니다.

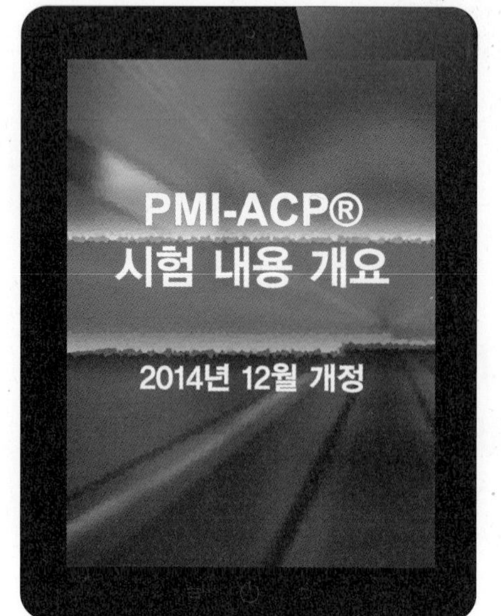

PMI-ACP 시험 내용 개요를 PMI 웹사이트에서 지금 다운로드하세요. 그 내용을 사용해서 이 장의 나머지 부분을 공부하는 도구로 활용하세요. 2014년 12월에 개정된 버전(현재 시험이 토대로 하는 버전)을 사용해야 합니다.

웹사이트에 접속해서 PMI-ACP 핸드북을 다운로드하세요.

http://www.pmi.org의 검색란에 'PMI-ACP'를 입력하면 핸드북과 내용 개요 PDF를 찾을 수 있습니다. 또는 즐겨 찾는 검색엔진에서 'PMI-ACP examination content outline' 또는 'PMI-ACP examination handbook'을 입력해서 찾아볼 수 있습니다.

당신의 뇌를 위한 장기적인 관계

잠깐 시간을 내서 이 책에서 배운 모든 것에 대해 생각해보세요. 그게 너무 많은 듯하죠? 걱정 마세요, 그게 정상이니까요. 이 모든 정보가 뇌에서 둥둥 떠다니고 있고 뇌는 그 정보를 정리하려고 여전히 노력하고 있습니다.

여러분의 뇌는 놀라운 기계이며 정보를 정리하는 일을 아주 잘합니다. 다행히도 많은 새로운 데이터를 뇌에 공급해도 그 내용을 달라붙게 하는 방법들이 있습니다. 그것이 이 장에서 여러분이 할 일입니다. 뇌는 새로운 정보를 분류하고 싶어하고 우리는 여러분이 시험에 대비해 알아야 할 모든 것이 여러분의 뇌에 착 달라붙어 있기를 원합니다.

그래서 이 안내서를 가장 효과적으로 활용하려면 **여러분도 우리와 함께 노력해야 합니다.** 우리는 한 번에 한 가지 특정한 시험 자료에 집중할 예정입니다. 하지만 이 책의 나머지 부분과는 다르게 이 모든 분야가 특정 방법론들과 연결된 것은 아닙니다. 여러분이 할 일은 마음 속에서 산만한 것들을 치워버리고 우리가 제시하는 특정 주제에만 집중하는 것입니다.

네, 이런 계획을 고수하기가 힘들 수도 있음을 압니다. 특히나 여러분이 이미 많은 내용을 배웠을 때는 말이죠. 하지만 이 방법이 여러분의 뇌에 그 내용을 집어넣는 매우 효과적인 방법입니다.

무슨 말인지 알 것 같아요!
이 장을 서로 비슷한 여러 개의 각기 다른 '조각'으로 나누지만 이 책을 통해 이미 배운 각기 다른 아이디어를 강화하겠다는 의미죠.
그러면 제가 한 번에 하나의 '조각'에 집중함으로써 제 역할을 하면 가장 효과가 좋겠네요.

네! 인지심리학자들은 그것을 '덩이짓기(chunking)'라고 부르는데, 장기 기억 장소에 정보를 입력하는 아주 효과적인 방법입니다. 서로 강력하게 연관된 정보는 그 내용을 저장하기 위한 일종의 가이드라인을 뇌에 전달합니다. 그리고 다른 '덩이'와의 연관성이 적으면 대량의 정보를 관리하기 위한 큰 프레임워크를 제공하므로, 서로 강화해줍니다.

다행스럽게도 PMI-ACP 시험 내용은 이미 우리가 활용할 수 있는 덩이로 정리되어 있습니다. 그 덩이들은 몇 쪽 전에 우리가 이야기했던 영역을 말합니다.

이제 시작해볼까요!

영역 1: 애자일 원칙 및 마음가짐

자신의 말로 표현하세요.

개념과 아이디어를 뇌에 입력하는 효과적인 방법은 자신의 말로 표현해서 써보는 것입니다.
PMI-ACP 시험 내용 개요 4쪽에 각 영역에 관한 설명이 있습니다.
자신의 말로 영역 1(애자일 원칙 및 마음가짐)이 무엇에 관한 것인지 적어보세요.

영역 1의 작업은 내용 개요 5쪽에 열거되어 있습니다. 각 작업이 무엇에 관한 것인지 적어보세요.

작업 1

작업 2

작업 3

작업 4

작업 5

작업 6

작업 7

작업 8

작업 9

풀 퍼즐

풀에서 단어와 구를 선택해 애자일 선언문의 빈 칸에 넣으세요. 같은 단어나 구를 한 번 이상 사용할 수 없지만 모든 단어나 구를 다 사용할 필요도 없습니다. 가치의 순서에 관해서는 걱정하지 마세요. 답을 보지 않고 얼마나 맞출 수 있는지 확인해보세요.

우리는 소프트웨어를 개발하고, 또 다른 사람의 개발을
도와주면서 소프트웨어 개발의 더 나은 방법들을 찾아가고 있다.
이 작업을 통해 우리는 다음을 ____________되었다.

________과 ________보다 ________과 ________을
________보다 ________를
________보다 ________을
________을 ________보다 ________에 ________를

가치 있게 여긴다. 이 말은, ________들도 ________가 있지만, 우리는
________들에 더 높은 ________를 둔다는 것이다.

몇몇 빈 칸은 풀에 있는 몇 개의 단어로 만들어집니다.

주의: 풀의 각 단어는 한 번만 사용해야 합니다! 하지만 어떤 단어는 풀에 한 번 이상 나와 있습니다.

구축하다
사용하다
계약
만들다
혁신하다
참여하다
따르기
이해관계자
이성직인
연결하다
문서
권장하다
논의하다
의사소통하다
포괄적인
협상
관심있는
가치 있게 여기게
소프트웨어
이해하다
변화
대응하기
제한하는
프로세스
연겸하는
개인
사람
장소
발명품
상호작용
영향
협력
떠오르는
고객과의
~후에
작동하는
~전에
오른쪽에 있는 것
~전에
가치
앞으로
왼쪽에 있는 것
도구
지속적인
가치
전달하다
계획
프랙티스
전략
공정

영역 1: 애자일 원칙 및 마음가짐

자신의 말로 표현하세요. 해답

작업을 어떻게 이해했는지 우리 생각대로 표현해봤습니다. 여러분이 혹시 다른 표현을 썼더라도 괜찮습니다!

자신의 말로 영역 1(애자일 원칙 및 마음가짐)이 무엇에 관한 것인지 적어보세요.

프로젝트, 팀 및 조직에 애자일 가치와 원칙을 적용하는 방법

영역 1의 작업은 내용 개요 5쪽에 열거되어 있습니다. 각 작업이 무엇에 관한 것인지 적어보세요.

여러분의 조직과 고객에게 애자일 아이디어를 활발하게 홍보합니다.

작업 1

여러분의 말과 행동을 통해 주변의 모든 사람들이 애자일 마음가짐을 갖도록 도와줍니다.

작업 2

여러분이 속한 조직의 사람들이 좀 더 애자일하게 될 수 있도록 교육하고 영향을 끼칩니다.

작업 3

진척 상황을 보여주고 신뢰와 투명성을 구축하기 위해 정보 라디에이터를 사용합니다.

작업 4

모든 사람들이 비난받거나 위협을 느낀다고 생각하지 않도록 실수하는 것을 편하게 생각하도록 만듭니다.

작업 5

더 나은 작업 방법을 새로 찾기 위해 항상 배우고 실험합니다.

작업 6

팀원과 협력해서 지식이 한 사람에게만 국한되지 않도록 합니다.

작업 7

팀이 자기조직하고 작업 방식에 대한 접근법을 결정하는 데 편안하게 느끼도록 합니다.

작업 8

모든 팀원이 긍정적이고 지속적으로 발전할 수 있도록 섬기는 리더십을 발휘합니다.

작업 9

풀 퍼즐 해답

풀에서 단어와 구를 선택해 애자일 선언문의 빈 칸에 넣으세요. 같은 단어나 구를 한 번 이상 사용할 수 없지만, 모든 단어나 구를 다 사용할 필요도 없습니다. 가치의 순서에 관해서는 걱정하지 마세요. 답을 보지 않고 얼마나 맞출 수 있는지 확인해보세요.

우리는 소프트웨어를 개발하고, 또 다른 사람의 개발을 도와주면서 소프트웨어 개발의 더 나은 방법들을 찾아가고 있다. 이 작업을 통해 우리는 다음을 가치 있게 여기게 되었다.

공정과 도구보다 개인과 상호작용을

포괄적인 문서보다 작동하는 소프트웨어를

계약 협상보다 고객과의 협력을

계획을 따르기보다 변화에 대응하기를

가치의 순서가 바뀌어도 괜찮습니다. 모두 똑같이 중요합니다.

가치 있게 여긴다. 이 말은, 왼쪽에 있는 것들도 가치가 있지만, 우리는 오른쪽에 있는 것들에 더 높은 가치를 둔다는 것이다.

주의: 풀의 각 단어는 한 번만 사용해야 합니다!

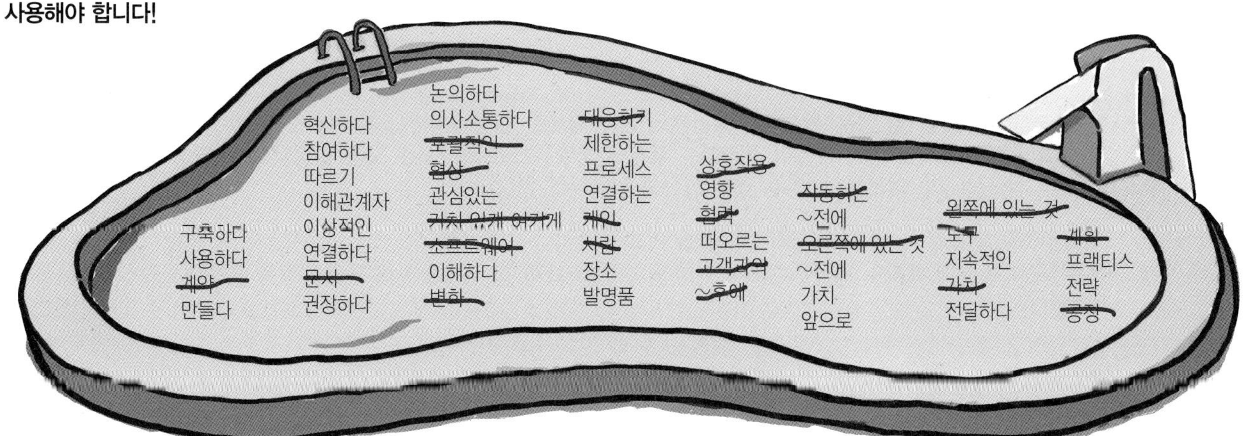

시험 문제

1. **애자일 팀은 다음 중 하나를 제외하고 모두를 매우 가치 있게 여깁니다.**

   A. 고객과의 협력
   B. 작동하는 소프트웨어
   C. 변화에 대응하기
   D. 정확한 선행 계획

2. **조앤은 게임 개발팀의 개발자입니다. 그녀는 다가오는 릴리스에 포함된 주요 피처를 구축하는 데 많은 시간을 들였습니다. 하지만 최종 사용자가 그 피처를 테스트했을 때, 그는 구조적인 변화가 필요하고 버그를 수정해야 한다는 것을 깨닫게 됐습니다. 사용자들은 게임을 여전히 즐겼고, 테스트 중에 그 게임에 대해 중간 정도의 리뷰를 내놓았지만 그녀는 사용자들이 제안한 변경사항들이 게임을 훨씬 개선할 수 있다고 생각했습니다. 게임 출시까지는 2주 밖에 남지 않았지만, 조앤은 그 시간 안에 모든 요청사항을 다 마무리할 수 있을 거라 생각합니다. 다음으로 할 최선의 일은 무엇입니까?**

   A. 변경사항을 거부하고 현재 상태로 피처를 배포한다.
   B. 작업의 우선순위를 정하고 팀을 자기조직해서 가능하면 첫 번째 배포에 가장 높은 우선순위를 가진 피처를 완성하도록 한다. 그리고 제품이 사용되는 동안 수정사항과 변경사항을 담은 패치를 배포한다.
   C. 왜 요구사항이 빠졌는지에 대해 근본 원인 분석을 한다.
   D. 모든 피처를 먼저 완성할 수 있도록 배포를 몇 달간 연기한다.

3. **어제이는 모두 같은 장소에서 함께 일하는 소프트웨어 팀의 애자일 전문가입니다. 일일 스크럼 회의에서 팀은 현재의 번다운 차트와 누적 흐름도를 검토해달라고 종종 요청합니다. 어제이가 다음으로 할 최선의 일은 무엇입니까?**

   A. 팀이 함께 하는 공간에 정보 라디에이터를 만든다.
   B. 팀에게 회의 전에 데이터를 검토해서, 매일 모든 사람들의 시간을 허비하지 않게 한다.
   C. 번다운과 누적 흐름도 검토를 회고 회의로 옮긴다.
   D. 위 내용 모두

4. **애자일 팀의 핵심이 아닌 것은 무엇입니까?**

   A. 초기에 자주 배포하기
   B. 단순함
   C. 올바른 추정하기
   D. 자기조직

5. **여러분은 스크럼 팀의 애자일 전문가입니다. 여러분의 팀은 자세한 일정과 마일스톤 목록을 작성해달라고 요청받았습니다. 포트폴리오 관리 그룹이 주관하는 주간 운영위원회 회의에서는 모든 일정상의 지연을 우려사항으로 취급합니다. 여러분이 할 수 있는 최선의 일은 무엇입니까?**

   A. 팀이 계획을 만들고 요청이 있을 때 모든 변경사항에 대해 보고하도록 한다.
   B. 수석 관리자들에게 애자일 원칙을 교육하고 현황에 대한 다른 접근법에 관해 포트폴리오 관리 그룹과 협력한다.
   C. 포트폴리오 관리 그룹과의 협업을 거절한다.
   D. 여러분 혼자 포트폴리오 관리 그룹을 위한 현황 보고서를 만들고 팀에게는 그 일로 부담을 주지 않는다.

시험 문제

6. **여러분은 다섯 명이 한 자리에 모여서 일하는 소프트웨어 팀의 스크럼 마스터입니다. 가장 최근에 있었던 회고 회의에서, 한 팀원은 진행 중인 작업이 너무 많아 팀이 업무 과부하를 겪고 있다고 언급했습니다. 여러분이 할 수 있는 최선의 일은 무엇입니까?**

   A. 팀에게 스프린트 내에 작업을 끝내라고 말한다.

   B. 고객에게 팀이 업무 과부하를 겪지 않도록 모든 요청은 스크럼 마스터를 통해서 얘기하라고 말한다.

   C. WIP 제한 설정을 실험한다.

   D. 위 내용 모두

7. **여러분은 다섯 명이 한 자리에 모여서 일하는 소프트웨어 팀의 스크럼 마스터입니다. 여러분이 속한 팀은 지금부터 4일 동안 스프린트 계획 수립 회의를 하기로 돼 있습니다. 여러분이 할 수 있는 최선의 일은 다음 중 무엇입니까?**

   A. 아무것도 없다. 팀이 자기조직화되어 있으므로 팀은 여러분이 없어도 계획을 세울 수 있기 때문이다.

   B. 추정을 더 쉽게 하기 위해서 백로그에 있는 모든 아이템이 완전한 문서를 갖고 있는지 확인한다.

   C. 최종 사용자와 언제 백로그에 있는 아이템을 모두 필요로 하는지에 관해 이야기하고, 팀에게 각 아이템 작업을 언제 해야 할지 알려준다.

   D. 제품 책임자와 함께 백로그를 정제하는 작업을 해서 추정 세션을 준비한다.

8. **다음 중 애자일 원칙이 아닌 것은 무엇입니까?**

   A. 초기에 자주 배포함으로써 고객을 만족시킨다.

   B. 책임을 적게, 배포는 많게

   C. 기술적 탁월함에 집중한다.

   D. 지속 가능한 속도로 작업한다.

9. **다음 중 애자일 프로젝트에서 성공을 가장 잘 나타내주는 지표는 무엇입니까?**

   A. 중요한 이슈가 없는 현황 보고서

   B. 잘 만들어진 계획

   C. 고객에게 전달된 작동하는 소프트웨어

   D. 행복한 팀

10. **애자일 팀이 최고의 아키텍처와 설계를 만드는 방법은 무엇입니까?**

   A. 프로토타입

   B. 자기조직

   C. 문서화

   D. 계획 수립

시험 ~~문제~~ 답안

1. 답: D

애자일 팀이 계획 수립이라는 행위를 중요하게 여기기는 하지만 미리 만든 계획을 고수하기보다는 변화하는 환경에 맞게 대응하는 데 집중합니다. 프로젝트 초반에 계획이 정확할수록 변화에 직면했을 때 덜 유연합니다.

2. 답: B

만약 사용자가 현재 상태에서 게임을 하는 데 만족한다면, 배포를 지연하는 것은 좋지 않은 선택입니다. 향후 빈번한 배포를 통해 피처를 추가할 수 있습니다. 최종 사용자가 요청한 변경사항을 거절하거나 변경사항을 반영하는 대신 왜 요구사항이 빠졌는지 파악하느라 시간을 보내는 것은 맞지 않습니다.

3. 답: A

애자일 전문가는 정보 라디에이터를 만드는 데 집중해서 팀이 자신들이 업무에 대한 모든 데이터에 접근해 스스로 작업을 지속적으로 진행하는 데 관한 의사결정을 할 수 있게 해줘야 합니다.

4. 답: C

애자일 팀은 소프트웨어를 자주 배포하고, 자기조직하고, 단순한 설계 및 접근법에 집중합니다. 이들은 모두 애자일 마음가짐을 활용하는 원칙이지만 추정을 올바로 하는 것은 그런 원칙이 아닙니다.

5. 답: B

모든 사람들이 애자일을 제대로 이해하기를 기대할 수 없습니다. 만약 여러분이 아직까지 애자일을 완전히 포용하지 못한 조직의 스크럼 팀에서 일하고 있다면, 여러분이 팀과 회사를 위해 할 수 있는 최선은, 애자일 원칙과 팀이 사용하고 있는 마음가짐을 맞추기 위해 주변 사람들을 교육하고 작업을 위해 사용 중인 프로세스에 영향을 미치는 것입니다.

6. 답: C

스크럼 마스터는 팀의 작업을 좀 더 효율적으로 만들기 위해서 새로운 프랙티스를 가지고 실험해보는 데 개방적인 마음가짐을 갖는 것이 중요합니다. 팀에게 작업을 끝내라고 말하는 것은 문제를 해결할 것 같지 않으며, 고객에게 팀 대신 여러분에게 말하라고 하는 것은 팀이 자기조직하거나 고객과 협업하는 일을 어렵게 만듭니다.

7. 답: D

섬기는 리더로써 여러분은 모든 백로그 아이템을 문서화하거나 팀이 항상 최신 정보를 얻도록 하는 일에 대한 책임이 없습니다. 여러분이 할 수 있는 최선은 제품 책임자가 백로그를 정제하는 일을 돕고 팀이 추정할 수 있게 그 백로그를 준비해주는 것입니다.

8. 답: B

덜 책임지고 더 많이 배포하는 것은 애자일 원칙이 아닙니다. 애자일 팀은 배포할 수 있는 것에 몰입하려 하고, 고객에게 프로젝트의 정확한 그림을 보여주며, 자주 배포함으로써 고객을 만족시키고자 합니다.

9. 답: C

애자일 팀에게 있어서 가장 좋은 성공의 지표는 고객에게 전달된 작동하는 소프트웨어입니다.

10. 답: B

팀은 자기조직이 가능할 때 최선을 다합니다. 그것이 바로 팀이 가장 좋은 아키텍처, 설계, 제품을 만드는 방법입니다.

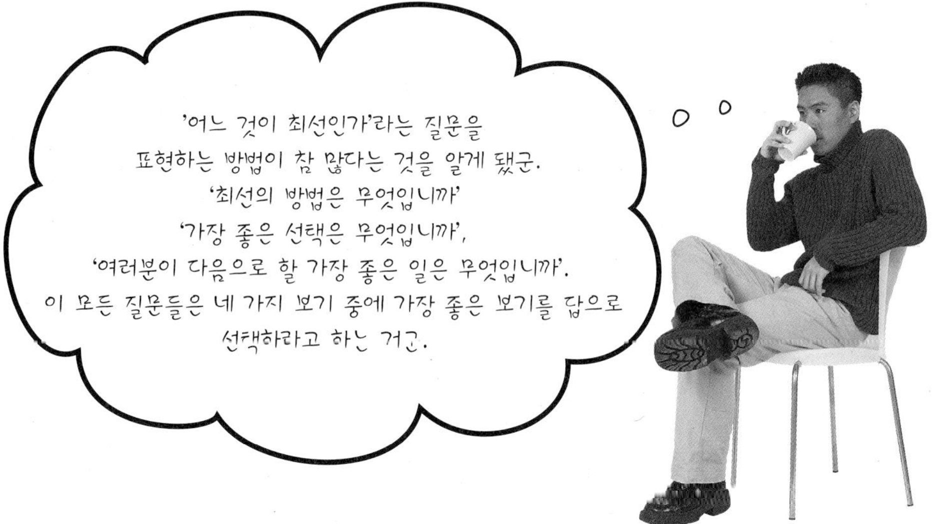

영역 2: 가치 중심의 배포

자신의 말로 표현하세요.

자신의 말로 영역 2(가치 중심의 배포)가 무엇에 관한 것인지 적어보세요.

영역 2의 작업은 내용 개요 6쪽과 7쪽에 열거되어 있습니다. 각 작업이 무엇에 관한 것인지 적어보세요.

작업 1

작업 2

작업 3

작업 4

작업 5

작업 6

작업 7

작업 8

작업 9

작업 10

답은 330쪽에

작업 11

작업 12

작업 13

작업 14

누가 무엇을 하지?

가치 중심의 배포에 관한 아이디어 몇 가지를 강화해봅시다. 왼쪽에 있는 아이템을 오른쪽에 있는, 그 아이템이 하는 일에 대한 설명이나 프로젝트에 미치는 영향에 연결하세요.

조심하세요

여러분은 '제품 백로그 정제'란 말 대신 '그루밍(grooming)'이라는 단어를 시험에서 볼 수도 있습니다. 하지만 이 책에서는 그 단어의 사용을 피했습니다. 왜냐하면 어떤 문화에서는 그 단어가 매우 부정적인 연관이 있기 때문입니다. 그 단어에 주의하십시오!

운영 작업	버그 및 결함 복구, 소프트웨어의 다른 문제 해결
유지보수	조직의 일상적인 기능 업무에 관한 활동
기술적 부채	세부적이고 기본적인 필요에 부응할 만큼 충분한 피처를 가진 제품
백로그 그루밍	하드웨어, 네트워크, 물리적인 기기, 설비와 관련된 활동
인프라스트럭처 작업	코드를 장기적으로 유지보수할 수 있게 만들기 위해 해야 하는 업무
최소한으로 판매 가능한 제품(MVP)	개발해야 할 피처 목록에서 아이템을 추가, 제거하고, 우선순위를 재설정하는 것

답은 331쪽에

여러분은 어쩌면 시험에서 이 책에서 배운 도구와 기법을 볼 수도 있습니다. 하지만 그 질문에서 그 도구나 기법을 명칭으로 지칭하지 않을 수도 있습니다. 대신, 질문이나 답은 단어를 이용해 도구나 기법을 설명할 수도 있습니다. 이번 연습 문제에서는 도구와 기법에 대해 설명하겠습니다. 여러분이 할 일은 이 페이지 밑에 있는 목록에서 올바른 것을 고르고 빈 칸에 써 넣는 것입니다.

이해관계자가 가장 원하는 것에 기반해서 백로그 아이템을 순서대로 넣기 ....

제품을 운영하면서 문제점을 발견하기 위해 제품에 관해 고객의 도움 얻기 ....

여전히 일관되고 배포 가능한 가장 작은 기능 조각 ....

반복을 통해 개별 작업 아이템의 진척 상황을 시각화하는 도구 ....

소스코드 저장소 기반으로, 모든 사람들이 작업 폴더 상태를 최신으로 유지하기 ....

가능한 한 작지만 이해관계자가 필요로 하는 완성된 제품 ....

조건이 충족됐을 때 피처가 완성됨을 뜻하는 합의된 조건 ....

특정 접근법이 효과가 있는지 없는지를 확인하는 활동 ....

요구사항이 정확한지, 제품이 그 요구사항을 충족하는지 지속적으로 확인하기 ....

이런! 누군가 부주의해서 답지에 잉크를 쏟았네요. 단어를 모두 보지 않고도 답을 알아낼 수 있을까요?

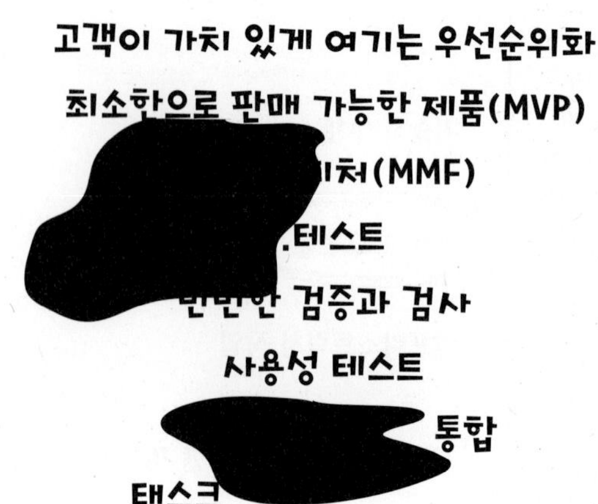

답은 329쪽에

애자일 팀은 요구사항을 우선순위화하기 위해 고객 가치를 사용합니다

애자일 선언문의 제일 첫 번째 원칙은 애자일 팀의 고객과 이해관계자를 향한 태도를 정말 잘 설명하고 있습니다.

> 우리의 최우선 순위는, 가치 있는 소프트웨어를 일찍 그리고 지속적으로 전달해서 고객을 만족시키는 것이다.

이것은 애자일 팀, 특히 스크럼을 사용하는 팀이 왜 제품 백로그에 많은 관심을 갖는지, 그 안의 아이템들이 어떻게 순위가 매겨지는지를 말해줍니다. 그것이 바로 PMI-ACP 시험에 **고객이 가치 있게 여기는 우선순위화**(customer-valued prioritization) 도구 및 기법을 포함하는 이유이며, 다음과 같은 도구와 기법이 있습니다.

MoSCoW 방법

이것은 요구사항이나 백로그 아이템이 '꼭 있어야 하는 것(Must have)', '있으면 좋은 것(Should have)', '있을 수 있는 것(Could have)', '없을 것(Won't have)'으로 나누는 단순한 기법으로, 각 옵션의 첫 글자를 따서 기억하기 쉽게 MoSCoW라고 합니다.

상대적인 우선순위화/랭킹

팀이 상대적인 우선순위화 또는 랭킹을 사용하면, 팀은 작업 아이템이나 요구사항을 선택하고 각 아이템에 고객 가치를 나타내는 숫자를 할당하며 그 가치에 따라 아이템을 분류합니다.

카노 분석

카노(Kano) 모델은 1980년대에 품질 및 엔지니어링 관리를 연구한 카노 노리아키 교수가 개발했습니다. 고객 만족에 관한 그의 모델은 어떻게 이전에 고객에게 기쁨을 준 혁신이 시간이 지나면서 제품에 가치가 없을 때 고객을 실망시키는 기본 니즈가 되는지를 추적하는 데 사용할 수 있습니다.

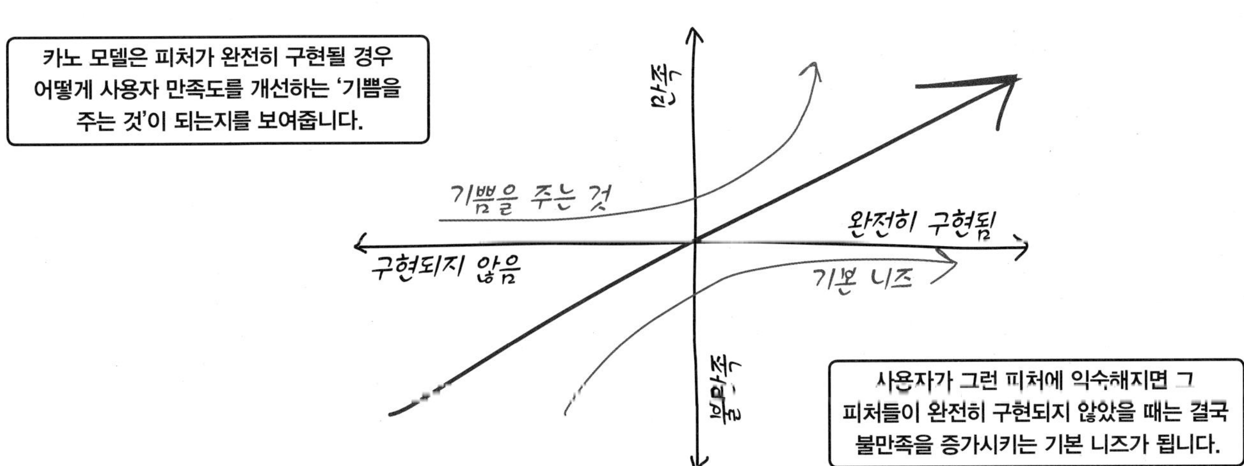
카노 모델은 피처가 완전히 구현될 경우 어떻게 사용자 만족도를 개선하는 '기쁨을 주는 것'이 되는지를 보여줍니다.
만족
기쁨을 주는 것
완전히 구현됨
구현되지 않음
기본 니즈
불만족
사용자가 그런 피처에 익숙해지면 그 피처들이 완전히 구현되지 않았을 때는 결국 불만족을 증가시키는 기본 니즈가 됩니다.

가치 계산은 여러분이 어떤 프로젝트를 할지 결정하는 데 도움이 됩니다

PMI-ACP 시험에는 몇 가지 유형의 계산에 관한 정의가 등장합니다. 여러분이 직접 계산을 할 필요는 없지만, 각 용어가 무엇을 의미하는지는 알아야 합니다. 그 모든 결과 값들은 어떤 프로젝트가 가장 가치 있는지를 팀이 결정하는 데 도움이 됩니다. 만약 여러분이 두 개의 프로젝트를 놓고 결정을 하려고 한다면 어느 것이 최선인지 결정하는 데 이 계산 방법들이 도움이 됩니다.

ROI(Return on Investment, 투자수익률)

ROI는 여러분이 개발하고 있는 프로젝트를 통해 벌어들일 것으로 기대되는 금액입니다. 랜치핸드 게임즈는 배포 후 첫 달에 CGW5를 백만 건 판매할 것으로 기대합니다. 물론 개발 기간이 오래 걸릴수록, 비용을 회수하는 기간도 그만큼 더 듭니다.

이 숫자는 회사가 제품 개발에 투자한 금액으로 벌어들일 기대 금액의 단순한 합입니다.

NPV(Net Present Value, 순현가 또는 순현재가치)

NPV는 특정 시점의 프로젝트의 실제 가치에서 그와 관련된 모든 비용을 뺀 것입니다. 여기에는 개발에 들어간 시간과 노력도 포함됩니다. 사람들은 이 숫자를 계산해서 그 프로젝트가 할만한 가치가 있는지 살펴봅니다.

3년 후에 버는 금액이 지금 버는 금액만큼 가치 있지는 않습니다. NPV는 돈의 '시간 가치'를 고려하므로 여러분은 현재 시점의 돈에 대한 가치를 기준으로 가장 가치 있는 프로젝트를 고를 수 있습니다.

실제로 애자일 팀은 회사가 요구할 때만 가치 계산을 합니다. 애자일 팀은 스토리 포인트나 티셔츠 크기와 같이 4장에 나온 상대적 크기 기법을 사용할 확률이 높습니다. 팀은 가끔 추정을 하기 위해 관련성 추정(affinity estimating)이라는 기법을 사용하기도 합니다. 팀원들이 화이트보드를 그룹(XS, S, M, L, XL 티셔츠나 피보나치 수열 스토리 포인트처럼)으로 나누고 추정을 위해 각 아이템을 돌아가면서 카테고리 안에 넣습니다.

애자일을 위한 EVM(Earned Value Management, 획득 가치 관리)

만약 PMP 시험을 공부했다면, 여러분은 성과 계산에 대해 배웠을 겁니다. 성과 계산은 프로젝트가 얼마나 잘 진행되고 있는지를 측정하는 방법으로, 제품 가치에 대한 실제 투입 금액이나 시간을 기반으로, 지금까지 가치가 얼만큼 만들어졌는지 파악하는 방법입니다. 애자일 프로젝트에서도 이 방법을 사용할 수 있습니다.

IRR(Internal Rate of Return, 내부수익률)

수익률이 높을수록 프로젝트에는 더 유리합니다.

IRR은 프로젝트에 투자한 회사가 프로젝트로 회수하는 금액입니다. 이것은 프로젝트가 회사에 얼마를 버는지 나타냅니다. 보통 프로젝트에 할당된 자금의 퍼센트로 표시됩니다.

잠깐만요! 앞의 6개 장에서
이 도구와 기법을 왜 설명하지 않은 거죠?

우리는 여러분의 뇌에 지식을 모두 넣을 수 있도록 각 장마다 일관성을 유지했습니다.

이 장에만 나오고 이 책의 다른 부분에는 없는 대부분의 도구, 기법, 프랙티스는 PMI-ACP 시험에는 나오는데, 이런 것들이 전통적인 프로젝트 관리 기법이라는 이유가 큽니다. 이런 요소는 애자일 팀도 사용하고 있어서 시험과 연관이 있기는 하지만 스크럼, XP, 린/칸반의 핵심은 아닙니다. 애자일의 핵심이 아닌 그 내용들을 포함했다면 각 장들의 내용이 산만해졌을 것입니다. 그리고 집중력의 **분산은 여러분이 배우려고 하는 주제의 일관성을 떨어뜨리고,** 그래서 정보가 여러분의 뇌에 효과적으로 입력되는 데 방해가 될 수 있습니다(이것이 우리가 이 장의 초반에 언급한 덩이짓기의 응용입니다).

PMI-ACP 시험은 특정 도구나 기법보다는, 주어진 상황을 이해하는 데 더욱 초점을 맞추고 있습니다. 이 장에 나온 도구들은 애자일 팀에 보편적인 것이 아니므로, 질문의 직접적인 주제가 되기보다는 시험에서 틀린 답으로 나올 확률이 더 높습니다.

나의 목적이 뭐지?

3장과 4장에 나왔던 랜치핸드 게임즈의 제품 관리자인 릭이 가치 계산을 하고 있습니다. 각 시나리오와 릭이 사용하고 있는 비용과 관련된 숫자를 연결하세요.

1. 데모가 끝나자마자 랜치핸드 게임즈는 모든 주요 게임 콘솔에서 1달러에 데모 게임을 해볼 수 있도록 게임을 배포했습니다. 게임 개발 작업을 하는 동안 회사는 일주일에 1,000달러를 벌어들이고 있습니다.

2. 제품 책임자인 알렉스는 특정 피처가 제품 백로그에 들어가야 할지 말지를 결정하는 데 어려움을 겪고 있어서, 릭이 가장 중요한 것들만 선택할 수 있도록 MoSCoW 방법을 사용하도록 알렉스를 도와줬습니다.

3. 팀이 현재 최신 콘솔 하드웨어를 개발하고 있지만 콘솔의 새 버전은 3년 뒤에나 배포된다는 것을 알고 있습니다. 그 말은 업그레이드가 되면, 현재의 하드웨어에서 개발된 모든 게임이 현재 가격의 절반에 팔린다는 것을 의미합니다.

4. 릭은 지금까지 프로젝트가 얼만큼의 가치가 있는지 알고자 합니다. 그래서 그는 모든 재료와 팀이 사용하고 있는 라이선스의 가치를 더하고 노동력과 고려해야 할 가치 하락을 뺐습니다. 그가 얻은 숫자는 전반적인 프로젝트의 현재 가치를 나타냅니다. 그리고 그는 그 값을 게임의 예상 판매액에서 뺐습니다.

5. 알렉스는 CGW5를 살 것 같은 게이머들을 카테고리별로 분류하고, 카노 분석을 통해 각 그룹이 각기 다른 피처를 얼마나 좋아할지를 파악했습니다.

6. 오리지널 데모를 시연하기로 결정하기 전에, 팀은 프로젝트에 드는 비용과 프로젝트를 배포한 후 벌 금액을 비교했습니다.

A. 투자수익률

B. 내부수익률

C. 순현재가치

D. 상대적인 우선순위화/랭킹

답은 331쪽에

해답

여러분은 어쩌면 시험에서 이 책에서 배운 도구와 기법을 볼 수도 있습니다. 하지만 그 질문에서 그 도구나 기법을 명칭으로 지칭하지 않을 수도 있습니다. 대신, 질문이나 답은 단어를 이용해 도구나 기법을 설명할 수도 있습니다. 이번 연습 문제에서는 도구와 기법에 대해 설명하겠습니다. 여러분이 할 일은 이 페이지 밑에 있는 목록에서 올바른 것을 고르고 빈 칸에 써 넣는 것입니다.

이해관계자가 가장 원하는 것에 기반해서 백로그 아이템을 순서대로 넣기	고객이 가치 있게 여기는 우선순위화
제품을 운영하면서 문제점을 발견하기 위해 제품에 관해 고객의 도움 얻기	사용성 테스트
여전히 일관되고 배포 가능한 가장 작은 기능 조각	최소한으로 마케팅 가능한 피처(MMF)
반복을 통해 개별 작업 아이템의 진척 상황을 시각화하는 도구	태스크 보드
소스코드 저장소 기반으로, 모든 사람들이 작업 폴더 상태를 최신으로 유지하기	지속적인 통합
가능한 한 작지만 이해관계자가 필요로 하는 완성된 제품	최소한으로 판매 가능한 제품(MVP)
조건이 충족됐을 때 피처가 완성됨을 뜻하는 합의된 조건	완료의 정의
특정 접근법이 효과가 있는지 없는지를 확인하는 활동	탐사적 테스트
요구사항이 정확한지, 제품이 그 요구사항을 충족하는지 지속적으로 확인하기	빈번한 검증과 검사

이런! 누군가가 부주의해서 답지에 잉크를 쏟았네요. 단어를 다 보지 않고도 해결 방안을 알아낼 수 있을까요?

고객이 가치 있게 여기는 우선순위화

최소한으로 판매 가능한 제품(MVP)

피처(MMF)

테스트

빈번한 검증과 검사

사용성 테스트

통합

태스크

영역 2: 가치 중심의 배포

자신의 말로 표현하세요. 해답

작업을 어떻게 이해했는지 나름대로 표현해봤습니다. 여러분이 다른 표현을 썼더라도 괜찮습니다!

자신의 말로 영역 2(가치 중심의 배포)가 무엇에 관한 것인지 적어보세요.

이해관계자에게 가능한 한 많은 가치를 전달하기 위해 반복적이고 점진적인 개발 사용

영역 2의 작업은 내용 개요 6쪽과 7쪽에 열거되어 있습니다. 각 작업이 무엇에 관한 것인지 적어보세요.

작업을 최소한의 단위로 구분하고 가장 많은 가치를 전달하는 단위를 개발합니다.

작업 1

책임이 따르는 마지막 순간에 각 작업 아이템에 대한 '완료'의 의미를 파악합니다.

작업 2

팀과 조직의 문화에 맞는 프랙티스와 가치를 가진 방법론을 사용합니다.

작업 3

제품을 MMF와 MVP로 구분하고 가장 가치 있는 것부터 먼저 개발합니다.

작업 4

이해관계자로부터 자주 피드백을 얻기 위해 반복의 길이를 조정합니다.

작업 5

가치를 전달하는지 확인하기 위해 이해관계자와 각 반복의 결과를 검토합니다.

작업 6

가치 전달을 빨리 하기 위해 작업을 우선순위화하는 것을 이해관계자가 돕도록 합니다.

작업 7

변동비를 줄이기 위해 유지보수가 용이한 소프트웨어를 개발하고 지속적으로 기술적 부채를 수정합니다.

작업 8

운영 및 인프라스트럭처 요소가 프로젝트에 영향을 미칠 수 있으므로 그 부분을 고려합니다.

작업 9

이해관계자와 자주 만나 작업과 계획을 수정합니다.

작업 10

프로젝트 위험을 알아내기 위해 시간을 들이고, 위험을 줄이기 위해 백로그에 아이템을 추가한다.

작업 11

이해관계자의 니즈와 환경이 항상 변하므로 백로그를 항상 정제한다.

작업 12

팀이 안정성과 운영 니즈 같은 비기능적 요구사항을 이해하는지 확인한다.

작업 13

모든 산출물(계획 포함)을 지속적으로 점검하고 테스트하고, 그 결과를 사용해 개선한다.

작업 14

가치 중심의 배포에 관한 아이디어 몇 가지를 강화해봅시다. 왼쪽에 있는 아이템을 오른쪽에 있는, 그 아이템이 하는 일에 대한 설명이나 프로젝트에 미치는 영향에 연결하세요.

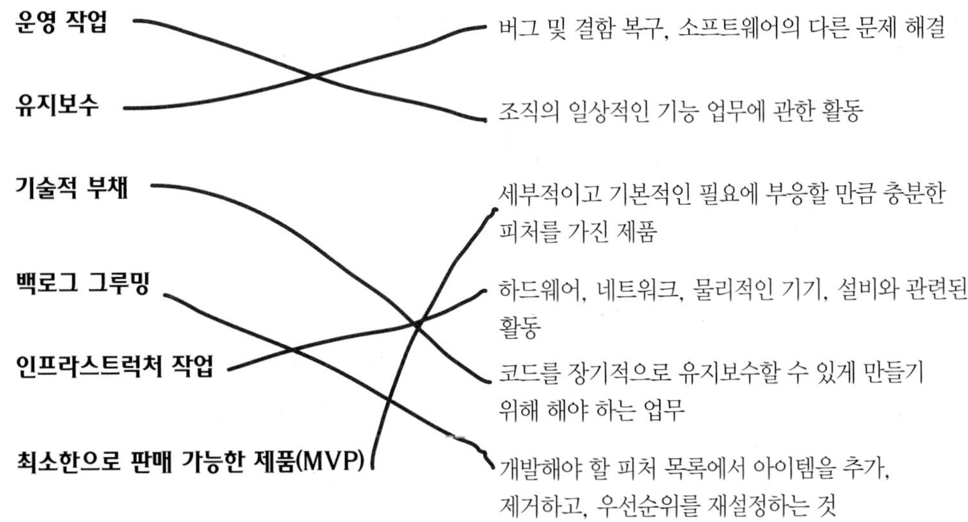

답: 1-B, 2-D, 3-C, 4-A, 5-D, 6-A

시험 문제

1. **애자일 팀에게 가장 중요한 제품의 속성은 __________이다.**
   - **A.** 기술적 우수성
   - **B.** 품질
   - **C.** 빈번한 전달
   - **D.** 고객에게 전달하는 가치

2. **다음 중 애자일 제품 배포의 목적을 가장 잘 설명한 것은 무엇입니까?**
   - **A.** 고객에게 가능한 한 빨리 가치를 제공하기 위해 가장 작은 증분 배포하기
   - **B.** 팀이 정해진 시간 안에 생산할 수 있는 가장 큰 증분 배포하기
   - **C.** 가능한 고객의 많은 요청을 포함하기
   - **D.** 제품을 위한 가장 작은 시장 찾기

3. **다음 스크럼 활동 중 작동하는 소프트웨어에 관해 고객 피드백을 제공하는 것은 무엇입니까?**
   - **A.** 계획 수립
   - **B.** 백로그 정제
   - **C.** 스프린트 회고
   - **D.** 스프린트 리뷰

4. **어떤 애자일 팀은 ________라고 부르는 프랙티스를 사용해 고객에 대한 가치를 토대로 협력적으로 작업의 우선순위를 정합니다.**
   - **A.** 손가락 투표(Fist of five voting)
   - **B.** 계획 수립 포커
   - **C.** 백로그 정제
   - **D.** 합동 설계 세션

5. **여러분과 여러분의 팀은 백로그 정제 회의를 하고 있는 중입니다. 논의 중에 몇몇 팀원은 백로그에 있는 피처 중 하나에 여러 개의 기술적 접근법이 있다고 생각합니다. 만약 알맞은 접근법을 선택하지 않으면 심각한 성능 문제가 생길지도 모른다고 팀은 걱정합니다. 팀이 다음으로 할 최선의 일은 무엇입니까?**
   - **A.** 피처에 대한 작업을 시작하기 전에 올바른 접근법을 찾고 문서화한다.
   - **B.** 백로그의 마지막 부분으로 위험한 피처를 옮겨서 팀이 해결 방법을 생각할 시간을 더 갖게 한다.
   - **C.** 백로그의 시작 부분으로 위험한 피처를 옮겨서 팀이 맨 먼저 그 피처에 집중하게 한다
   - **D.** 위험 등록에 그 위험을 적고 상위 관리자에게 보고한다.

시험 문제

6. **폴은 애자일 소프트웨어 팀의 개발자입니다. 계획 수립 세션 중에 제품 책임자가 모든 사람들에게 고객이 다음 배포에 성능 향상을 요청했다고 전했습니다. 성능 문제로 인해 최근에 몇 개 제품이 취소되는 바람에, 많은 고객에게 성능 향상이 높은 우선순위가 됐습니다. 팀이 다음으로 해야 할 일은 무엇입니까?**

   A. 팀이 집중할 수 있도록 스프린트 백로그의 상위에 성능 향상을 우선순위로 놓는다.

   B. 피처를 요청한 사용자를 대신할 페르소나를 만든다.

   C. 차후에 고려하기 위해 제품 백로그에 피처 요청을 추가한다.

   D. 비기능적 요구사항 문서를 만들고 그 안에 성능 요구사항을 포함한다.

7. **XP에서 개발자들은 가능한 한 초기에 코드 변경을 검토하기 위해 _______ 프랙티스를 사용합니다.**

   A. 함께 앉기

   B. 페어 프로그래밍

   C. 전체를 보기

   D. 회귀 테스트

8. **여러분은 스크럼을 사용하는 팀의 애자일 전문가입니다. 스프린트 중간에 여러분은 그동안 작업해온 주요 피처를 고객이 더 이상 필요로 하지 않는다는 것을 알게 됐습니다. 다음으로 할 일 중 최선의 일은 무엇입니까?**

   A. 해당 스프린트를 끝내고 다음 백로그 정제 세션에서 새로운 우선순위를 고려한다.

   B. 스프린트 백로그의 우선순위를 다시 정하고 팀이 가능한 한 빨리 다음으로 가장 높은 우선순위에 대한 작업을 시작한다.

   C. 이런 변경이 다시 생기는 것을 피하기 위해 왜 이런 변경이 생겼는지 이해하려고 노력한다.

   D. A와 C

9. **여러분이 속한 팀은 새로운 스프린트를 시작하려고 준비 중입니다. 제품 책임자는 큰 피처에 관해 요구사항 문서를 참조하고, 그것을 작은 증분으로 계획할 수 있는 사용자 스토리로 구분하기 시작했습니다. 이 프랙티스를 무엇이라고 합니까?**

   A. 작업 구분 구조

   B. 큰 요구사항 먼저

   C. 적시 요구사항 정제

   D. 워터폴 접근법

10. **사용자의 니즈를 해결할 작은 증분을 개발하는 데 애자일 팀이 계속 집중하게 해주는 도구는 무엇입니까?**

    A. 카노 분석

    B. 사용자 스토리

    C. 짧은 주제

    D. 떠오르는 설계

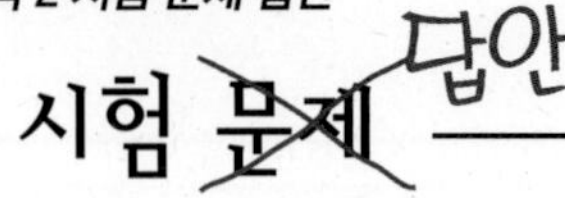

1. **답:** D

제품을 개발하는 이유는 고객에게 그 제품이 가져다주는 가치 때문입니다. 가치는 제품을 실행 가능하게 만들어주고, 개발 중에 애자일 팀이 하는 모든 의사결정의 이유가 됩니다.

2. **답:** A

애자일 팀은 고객에게 가치를 제공하면서도 가능한 한 빨리 배포될 수 있도록 제품을 증분으로 구분하려고 합니다. 이 증분은 종종 최소한으로 마케팅 가능한 피처(MMF, Minimally Marketable Feature)라고도 합니다.

3. **답:** D

스프린트 리뷰에서 팀은 고객에게 작동하는 소프트웨어를 시연하고 피드백을 받습니다.

4. **답:** C

백로그 정제(Backlog Refinement) 또는 제품 백로그 리뷰(PBR, Product Backlog Review)는 제품 책임자가 팀원들과 협력해서 작업의 우선순위를 개선할 수 있는 기회입니다.

5. **답:** C

가장 높은 우선순위의 작업을 먼저 하는 것이 이 문제에 대한 가장 좋은 접근법입니다. 만약 프로젝트가 실패할 것이고 여러분이 해결 방법을 찾을 수 없을 것 같으면, 그 프로젝트가 빨리 실패해야 팀이 피처에 대한 작업을 하면서 배운 정보를 가지고 다음에 무엇을 할지 파악하는 데 도움이 될 수 있습니다.

6. **답:** A

성능처럼 품질과 관련된 비기능적 요구사항은, 팀의 백로그에 있는 피처와 함께 우선순위가 정해져야 합니다.

7. **답:** B

페어 프로그래밍은 소스코드에 기술적 부채로 영원히 남게 될 결함을 개발자가 찾도록 도와주는 핵심 XP 프랙티스입니다.

8. 답: B

만약 팀이 하고 있는 작업이 유용하지 않다면, 그 스프린트를 완료하는 의미가 없습니다. 가장 좋은 것은 팀에게 우선순위 변경에 대해 바로 알려서 팀이 그 상황을 다룰 수 있는 제일 좋은 방법을 찾도록 도와주는 것입니다. 팀이 다음으로 높은 우선순위의 피처에 대한 작업을 빨리 하면 할수록 더 좋습니다.

9. 답: C

증분을 계획하기 바로 전에 작업을 스토리로 구분하는 것을 적시 요구사항 정제(just-in-time requirements refinement)라고 합니다. 작업을 시작하기 바로 전에 작업을 구분하면 개발 전에 요구사항에 일어날 수 있는 모든 변경사항을 다 고려할 수 있습니다.

10. 답: B

팀은 사용자의 특정한 니즈를 해결해줄 작지만 가치 있는 소프트웨어를 개발하는 데 집중하기 위해 사용자 스토리를 사용합니다.

카노 분석과 다른 도구들은 맞는 답이라기보다는 틀린 답으로 나타날 확률이 높습니다.

영역 3: 이해관계자 참여

자신의 말로 표현하세요.

자신의 말로 영역 3(이해관계자 참여)이 무엇에 관한 것인지 적어보세요.

영역 3의 작업은 내용 개요 8쪽에 열거되어 있습니다. 각 작업이 무엇에 관한 것인지 적어보세요.

작업 1

작업 2

작업 3

작업 4

작업 5

작업 6

작업 7

작업 8

작업 9

영역 4: 팀 성과

자신의 말로 표현하세요.

자신의 말로 영역 4(팀 성과)가 무엇에 관한 것인지 적어보세요.

영역 4의 작업은 내용 개요 9쪽에 열거되어 있습니다. 각 작업이 무엇에 관한 것인지 적어보세요.

작업 1

작업 2

작업 3

작업 4

작업 5

작업 6

작업 7

작업 8

작업 9

영역 3: 이해관계자 참여

자신의 말로 표현하세요. 해답

작업을 어떻게 이해했는지 나름대로 표현해봤습니다. 여러분이 혹시 다른 표현을 썼더라도 괜찮습니다!

자신의 말로 영역 3(이해관계자 참여)이 무엇에 관한 것인지 적어보세요.

이해관계자를 참여시키고 함께 협력함으로써 프로젝트의 이해관계자와 신뢰를 구축하는 것

영역 3의 작업은 내용 개요 8쪽에 열거되어 있습니다. 각 작업이 무엇에 관한 것인지 적어보세요.

팀은 이해관계자를 파악하고 프로젝트를 검토하기 위해 그들과 주기적으로 만납니다.

작업 1

이해관계자가 참여할 수 있도록 그들에게 모든 프로젝트 정보를 일찍 그리고 자주 공유합니다.

작업 2

중요한 이해관계자들이 서로 협력하기 위해 근무 협의를 하도록 돕습니다.

작업 3

새로운 이해관계자를 파악하기 위해 조직의 변화에 대해 잘 알고 있어야 합니다.

작업 4

모든 사람들이 협력과 갈등 해결을 통해 더 빨리 더 좋은 결정을 내리도록 돕습니다.

작업 5

각 증분의 고차원 목표를 설정하기 위해 이해관계자와 협업함으로써 그들과 신뢰를 쌓습니다.

작업 6

모든 사람들이 '완료'와 어떤 절충 방안들이 수용 가능한지에 대해 동의하게 합니다.

작업 7

프로젝트의 현황, 진행 상황, 장애물, 이슈를 명확하게 의사소통함으로써 프로젝트를 투명하게 합니다.

작업 8

이해관계자가 계획할 수 있도록 예측 내용을 전달하고,
그 예측 내용이 얼마나 확실한지 이해관계자가 이해할 수 있도록 도와줍니다.

작업 9

영역 4: 팀 성과

자신의 말로 표현하세요. 해답

작업을 어떻게 이해했는지 나름대로 표현해봤습니다. 여러분이 혹시 다른 표현을 썼더라도 괜찮습니다!

자신의 말로 영역 4(팀 성과)가 무엇에 관한 것인지 적어보세요.

팀이 협력하고, 서로를 신뢰하고, 활기 넘치는 작업 환경을 만들도록 돕기

영역 4의 작업은 내용 개요 9쪽에 열거되어 있습니다. 각 작업이 무엇에 관한 것인지 적어보세요.

팀은 모든 사람들이 단합하게 해주는 기본 규칙을 설정하기 위해 협력해야 합니다.

작업 1

팀은 프로젝트에 필요한 기술 및 대인 기술을 쌓는 데 전념합니다.

작업 2

팀원들은 프로젝트의 모든 측면에 기여할 수 있도록 일반화 전문가가 되도록 노력합니다.

작업 3

팀은 자기조직을 하고, 중요한 프로젝트 의사결정을 하는 결정권을 스스로 갖고 있다고 느낍니다.

작업 4

팀원들은 서로에게 동기를 부여하고 서로의 의욕을 저하시키지 않도록 할 방법을 찾습니다.

작업 5

팀은 가능하면 같은 공간에 위치해야 하며 협력 도구를 사용해야 합니다.

작업 6

팀이 '몰입'을 달성할 수 있도록 집중을 방해하는 것을 최소화합니다.

작업 7

모든 사람들이 프로젝트 비전을 '이해'하고 각 작업이 어떻게 그 비전에 기여하는지 이해합니다.

작업 8

프로젝트 진척도를 측정하고 이를 이용해 팀이 각 반복에서 얼마나 일할 수 있는지 파악합니다

작업 9

시험 문제

1. 스크럼 팀이 각 스프린트의 마지막에 작동하는 소프트웨어를 시연하는 것을 ______라고 합니다.

   A. 스프린트 시연
   B. 스프린트 회고
   C. 스프린트 리뷰
   D. 제품 시연

2. 여러분은 새로 생긴 스크럼 팀의 애자일 전문가입니다. 팀의 첫 번째 스프린트 준비의 일환으로, 여러분은 이해관계자의 목적을 이해하기 위해 여러분이 개발하게 될 제품의 이해관계자 몇 사람을 만났습니다. 그 회의에서 다같이 '꼭 있어야 하는 것(Must have)', '있으면 좋은 것(Should have)', '있을 수 있는 것(Could have)', '없을 것(Won't have)'으로 나눠진 피처 목록을 만들었습니다. 그들이 사용하는 우선순위 방법을 설명하는 가장 좋은 것은 무엇입니까?

   A. 상대적 우선순위화
   B. 스택 랭킹
   C. 카노 분석
   D. MoSCoW 방법

3. 일일 스크럼 회의에서 각 팀원이 대답하는 세 가지 질문은 무엇입니까?

   A. 오늘 내가 한 일은 무엇인가? 내일 내가 할 일은 무엇인가? 내가 한 실수는 무엇인가?
   B. 오늘 내가 작업하는 것은 무엇인가? 내가 내일 할 작업은 무엇인가? 내가 직면한 문제는 무엇인가?
   C. 우리가 스프린트 목표에 더 가까이 가도록 오늘 내가 한 일은 무엇인가? 우리가 스프린트 목표에 더 가까이 가도록 내일 내가 할 일은 무엇인가? 팀 진행의 장애물은 무엇인가?
   D. 위 세 가지 모두 아님

4. 스크럼 팀에서 비즈니스 이해관계자 대신 의사결정을 내리는 사람은 누구입니까?

   A. 스크럼 마스터
   B. 제품 책임자
   C. 애자일 전문가
   D. 팀원

5. 줄리는 프로세스를 개선하기 위해 칸반을 사용하는 팀에서 일하고 있습니다. 매일 그들은 프로세스의 각 상태에 얼마나 많은 피처가 있는지를 보여주는 인덱스 카드를 보드에 붙입니다. 다음으로 그들은 보드의 각 칸에 있는 피처의 수를 더해서 시간이 경과하면서 나타나는 합계를 보여주는 분야 차트를 만듭니다. 그들이 사용하는 도구는 무엇입니까?

   A. 누적 흐름도
   B. 태스크 보드
   C. 번다운 차트
   D. 번업 차트

시험 문제

6. 애자일 팀은 비즈니스 ________와 스프린트 ________에 전념합니다. 그들은 계획이 변할 것을 알고 그런 변화가 언제 일어나든 그 변화를 환영합니다. 팀이 무엇을 달성할지 집중함으로써 옵션을 열어둡니다.

   A. 리더십, 마감일　　B. 목적, 목표

   C. 예측, 계획　　D. 요구, 회고

7. 다음 중 애자일 팀에서 이해관계자에게 투명성을 제공하기 위한 도구가 아닌 것은 무엇입니까?

   A. 정보 라디에이터　　B. 피처 시연

   C. 태스크 보드　　D. 순현재가치

8. 애자일 팀은 벽에 붙인 다음 번다운 차트를 매일 업데이트합니다. 이해관계자가 이 차트를 보고 이해할 수 있는 것은 무엇입니까?

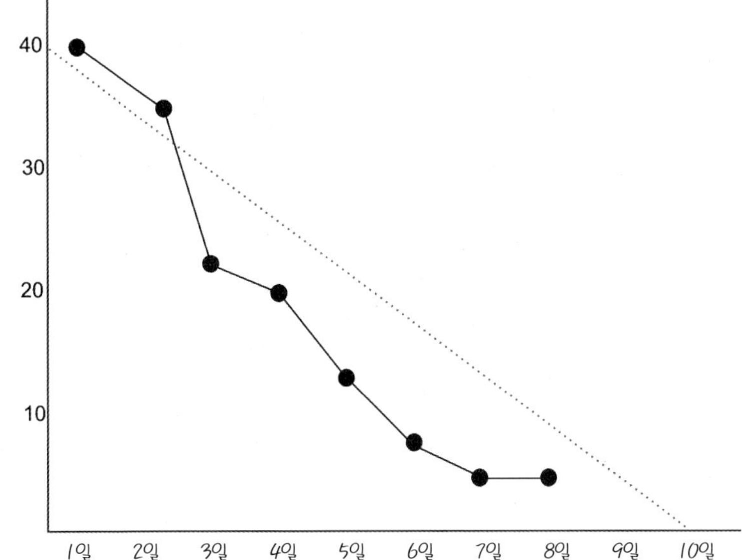

   A. 프로젝트가 지연되고 있다.

   B. 팀이 스프린트 목표에 부응하기 위한 제 궤도에 있다.

   C. 팀은 3일차에 문제에 직면했다.

   D. 프로젝트 관리자만이 이 차트에 있는 정보를 필요로 한다.

시험 문제

1. 여러분은 새로 만들어진 스크럼 팀에서 일하는 애자일 전문가입니다. 팀의 첫 번째 계획 수립 세션의 일환으로 팀은 다가오는 프로젝트 작업을 하는 동안 자신들이 따를 정책을 만들기로 했습니다. 그 정책은 다음과 같은 내용을 포함합니다. '일일 스크럼 회의는 15분으로 정하고 매일 정시에 시작한다. 팀원은 팀의 '완료' 정의에 부응하기 전까지는 피처를 완료했다고 표시하지 않는다. 팀은 미리 정해진 코딩 기준을 사용하고 야간 빌드(nightly build)에 코드를 집어넣는다.' 그들이 정의한 정책 목록을 설명하기 위한 가장 좋은 방법은 무엇입니까?

   A. 준비의 정의
   B. 행정적 가이드라인
   C. 팀 헌장
   D. 근무 협의서

2. 여러분은 광고회사를 위해 소프트웨어를 구축하고 있는 팀에서 일하는 애자일 전문가입니다. 첫 번째 증분 중간에 많은 피처가 태스크 보드의 '진행 중' 칸에 있는 반면, '완료' 칸에는 거의 없는 것으로 표시돼 있음을 알게 됐습니다. 좀 더 살펴보니 개발자들이 코드 리뷰나 테스트를 기다리면서 새로운 피처에 대한 작업을 시작하고 있다는 것도 알게 됐습니다. 여러분이 다음으로 할 최선의 일은 무엇입니까?

   A. 새로운 작업을 시작하기 전에 기존의 작업을 끝내기 위해 팀에게 코드 리뷰와 테스트를 도우라고 요청한다.
   B. 팀이 많은 피처에서 진척을 보여왔기 때문에 스프린트의 마지막에 작업이 완료될 것으로 예상한다.
   C. 피처 과잉 문제를 해결하기 위해 팀에 더 많은 테스터를 데려온다.
   D. 이해관계자에게 팀이 스프린트 마지막에 시연할 준비가 전혀 되지 않았다고 전한다.

3. 킴은 애자일 팀원입니다. 그 팀에는 네 명의 팀원이 있고, 2주 스프린트의 4일째에 접어들었습니다. 킴은 다섯 개 스토리의 우선순위가 정해진 스프린트 백로그에서 가장 높은 우선순위를 차지한 스토리 1 작업을 방금 완료했습니다. 다음 그림은 현재 팀의 태스크 보드 상태를 보여줍니다. 킴이 다음에 해야 할 일은 무엇입니까?

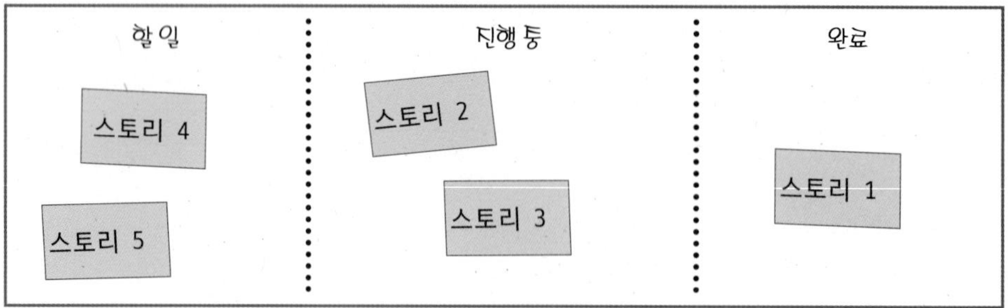

   A. 스토리 4나 5를 진행 중 칸으로 옮기고 작업을 시작한다.
   B. 가능하면 스토리 2나 3에 대한 작업을 도울 방법을 찾는다.
   C. 제품 백로그의 피처를 진행 중 칸에 추가하고 작업을 시작한다.
   D. 스크럼 마스터가 새로운 스토리를 할당하기를 기다린다.

시험 문제

4. **소프트웨어 회사가 전통적인 소프트웨어 개발 프랙티스에서 애자일 방법론을 사용하는 조직으로 탈바꿈하려고 합니다. 다음 중 애자일 팀을 만드는 방법을 결정할 때 고려할 요소가 아닌 것은 무엇입니까?**

   A. 팀은 가능하면 한 곳에 함께 위치해야 한다.

   B. 팀은 소규모여야 한다.

   C. 팀은 늦은 변경을 처리하기 위해 문서로 된 변경 제어 프로세스를 갖고 있어야 한다.

   D. 위 내용 모두

5. **여러분은 현재 2주 스프린트에서 6일째에 접어든 다섯 명 규모 팀에서 일하는 애자일 전문가입니다. 외부 이해관계자가 팀원에게 전화를 해서 급하게 변경사항을 요청해왔습니다. 해당 팀원이 할 일 중 최선의 일은 무엇입니까?**

   A. 하던 일을 멈추고 이해관계자가 요청한 변경사항 작업을 한다.

   B. 이해관계자에게 그 변경사항에 대한 우선순위를 정하기 위해 제품 책임자와 협력하라고 요청한다.

   C. 이해관계자에게 다음 스프린트 계획 수립 세션에서 그 내용을 언급할 때까지 기다리라고 한다.

   D. 이해관계자에게 제품 백로그에 있는 변경사항의 우선순위를 정하라고 상기해준다.

6. **여러분은 금융 소프트웨어를 개발하는 팀의 애자일 전문가입니다. 팀과 함께 하는 스프린트 계획 수립 세션 중에 테스터와 개발자가 스토리의 크기를 놓고 실랑이를 합니다. 개발자는 스토리가 작은 코드 변경이니 바로 실행해야 한다고 합니다. 테스터는 소프트웨어의 중요한 많은 부분에 영향을 미치므로 그 스토리가 제대로 되는지 확인하기 위해 테스트를 많이 해봐야 한다고 합니다. 여러분이 다음에 할 일은 무엇입니까?**

   A. 테스터 편을 들고 팀에게 해당 피처를 위해 더 많은 시간을 허용하라고 권장한다.

   B. 개발자 편을 들면서 피처가 더 빨리 완성되도록 테스트를 줄인다.

   C. 팀이 자신들의 추정을 논의하기 위해 계획 수립 포커를 사용하고 모든 사람들이 동의하는 피처에 대한 접근법과 크기를 정하도록 제안한다.

   D. 기능이 최종 사용자에게 얼마나 중요한지에 따라 테스트의 우선순위를 정하도록 제품 책임자에게 요청한다.

7. **여러분은 소프트웨어를 구축하는 팀의 애자일 전문가입니다. 팀원 중 한 사람이 한 번에 두 개의 프로젝트 작업을 하기로 되어 있습니다. 그 사람의 기능 관리자는 팀에게 그 사람이 애자일 팀에서 50%, 기능 지원 팀에서 50%의 일을 할 것이라고 전했습니다. 여러분이 다음으로 해야 할 최선의 일은 무엇입니까?**

   A. 팀원이 스프린트 계획 수립에서 스토리에 과도하게 몰입하는 것을 피할 수 있는 방법을 찾도록 도와준다.

   B. 기능 관리자에게 애자일 팀은 팀원들이 자신들의 작업에 집중해야 하므로 해당 팀원이 한 번에 두 개의 팀에 할당되지 않아야 한다고 전한다.

   C. 자원이 충분히 할당되지 않았으므로 팀이 과도하게 책임지지 않도록 한다.

   D. 해당 팀원이 다른 팀에서 하루에 4시간씩만 일하도록 한다.

영역 3과 4에 대한 질문을 앞뒤로 제공했습니다. 한 번에 두 개를 모두 해보고 나서 답을 확인해보기 바랍니다. 그렇게 하면 여러분이 9장에 있는 최종 시험에 대한 준비를 하는 데 도움이 됩니다.

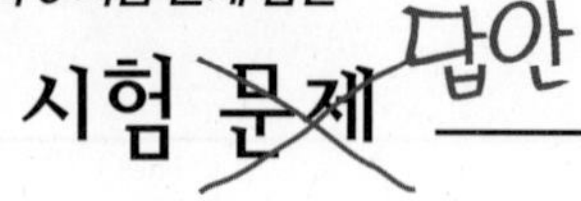

1. 답: C

스프린트 리뷰는 팀이 각 스프린트의 마지막에 작동하는 소프트웨어를 시연하는 중요한 기회입니다. 모든 프로젝트 이해관계자가 그 시연에 참여하고 소프트웨어에 대한 피드백을 제공합니다. 그 피드백은 다시 제품 백로그에 반영돼서 팀은 그 내용을 향후 스프린트를 계획하는 데 사용합니다.

2. 답: D

이해관계자들은 우선순위를 위해 MoSCoW 방법을 사용하고 있습니다. 그 방법은 팀이 백로그에 있는 피처에 대한 비즈니스 쪽의 관점을 이해하게 해줍니다.

3. 답: C

일일 스크럼 질문은 팀이 스프린트 목표를 달성하기 위해 무엇을 하고 있는지에 초점을 맞춥니다. 단순히 팀에게 개개인이 어떤 작업을 하고 있는지를 말해주면 팀원들이 자신의 관점에만 신경 써서 팀의 목표에 대한 시야를 잃을 수 있습니다.

4. 답: B

제품 책임자는 스크럼 팀에서 비즈니스 이해관계자의 대리인 역할을 합니다. 제품 책임자는 비즈니스 우선순위에 대해 이야기하고, 팀이 각 스프린트 목표에 도달할 수 있게끔 의사결정을 내립니다.

5. 답: A

이 질문은 팀이 누적 흐름도를 만드는 프로세스를 설명합니다. 팀은 누적 흐름도에 매칭할 수 있도록 숫자를 파악할 방법의 하나로 칸반 보드도 사용하고 있지만 칸반 보드는 이 질문의 선택지에 없습니다.

6. 답: B

애자일 팀은 비즈니스 목적과 스프린트 목표에 몰입합니다. 팀은 가능한 한 가장 늦게 이 목표들을 달성하는 데 필요한 정확한 경로를 정하기 위해 노력합니다.

7. 답: D

순현재가치(NPV, Net Present Value)는 팀이 프로젝트를 진행할지 여부를 결정하는 데 도움이 되지만, 프로젝트에 무슨 일이 벌어지고 있는지에 대해 이해관계자에게 정보를 주는 실질적인 도구는 아닙니다.

8. 답: B

번다운 차트는 목표를 향해 가는 매일의 진행 상황에 대해 모든 팀원과 이해관계자들에게 정보를 제공하는 효과적인 방법입니다. 이 번다운 차트는 남은 업무의 양을 보여주는 선이 그 선 아래에 있기 때문에 스프린트의 마지막에 팀이 책임진 작업을 완료할 확률이 높음을 보여줍니다.

1. 답: D

애자일 팀은 함께 일하기 시작할 때 근무 협의서를 정의하는 작업을 합니다. 그렇게 하면 모든 팀원들은 그룹으로 함께 일할 때 무엇을 기대해야 할지 알게 됩니다.

2. 답: A

팀은 다음 작업으로 진행하기 전에 각 작업을 완전히 완료('완료' 조건이 충족되도록)하는 데 집중할 때 가장 효율적으로 일합니다. 그래서 애자일 팀은 자신들의 작업을 모든 개발 단계로 이동시키기 위해 할 수 있는 것은 무엇이든 하는 일반화 전문가가 되는 데 집중하는 팀원을 중시합니다. 협력과 작업의 흐름에 집중함으로써 팀 전체는 더 많은 작업을 하고 함께 더 고품질의 제품을 만듭니다. 이 경우에는 모든 팀원이 코드 리뷰와 테스트에 도움이 되는 기술을 갖고 있다는 뜻입니다.

3. 답: B

팀은 우선순위대로 스토리 작업을 하므로, 우리는 진행 중 칸에 있는 스토리 2와 3이 할 일 칸에 있는 스토리 4와 5보다 더 중요함을 알고 있습니다. 팀은 가능한 한 빨리 가장 높은 우선순위의 작업을 완료하고 새로운 작업을 시작하기 전에 이전 작업을 완료하는 데 집중해야 합니다. 만약 다른 팀원들이 스토리 2와 3을 더 빨리 끝낼 수 있도록 팀이 도울 수 있다면, 킴은 다른 스토리 작업을 시작하는 대신 그 일을 해야 합니다. 애자일 팀이 자기조직을 추구하기 때문에, 킴은 스크럼 마스터가 그녀에게 다음에 어떤 스토리를 작업하라고 말해주길 기다릴 필요가 없습니다.

4. 답: C

팀은 소규모여야 하며 같은 공간에 위치해 있어야 서로 쉽게 협력할 수 있고 작업하는 새롭고 더 나은 방법을 찾을 수 있습니다. 애자일 팀은 또한 가능한 한 신속하게 (특히 우선순위에 있는) 변화에 대응하기를 중요하게 여깁니다. 하지만 그들은 가끔 프로젝트에서 변화의 속도를 늦추는 데 집중하기 때문에 문서로 잘 정리된 변경 관리 프로세스를 중시하지는 않습니다.

5. 답: B

제품 책임자는 백로그와 팀을 위한 작업의 우선순위를 관리합니다. 만약 외부 이해관계자로부터 변경할 사항이 생기면, 팀원은 이해관계자에게 제품 책임자와 협력해 그 변경사항이 팀의 백로그 어디에 들어가야 할지 파악하도록 요청해야 합니다.

6. 답: C

계획 수립 포커는 이와 같은 상황을 위해 만들어졌습니다. 왜냐하면 계획 수립 포커가 팀이 접근법을 함께 생각해보고 노력의 크기에 대해 합의하는 데 도움이 되기 때문입니다. 이 경우 테스터는 왜 코드 변경이 그렇게 많은 테스트에 영향을 미치는지 설명할 수 있고, 개발자와 테스터는 그 문제를 해결하는 데 필요한 접근법을 함께 생각해낼 수 있습니다.

특히 이 팀은 선택할 수 있는 방법이 많습니다. 개발자는 (일반화 전문가 역할을 하며 고품질의 작업을 뒷받침해주는) 자동화된 유닛 테스트를 작성할 수 있습니다. 개발자들은 또한 페어 프로그래밍과 유닛 테스트를 신경 써서 진행할 수 있습니다. 만약 개발자가 수정하는 부분이 제품에 중요하다면 말입니다. 테스터는 개발과 병행해서 테스트를 작성할 수 있고 피처가 완료됐을 때 그 피처로부터 무엇을 기대할지 알 수 있도록 코드 리뷰에 참여할 수 있습니다. 이 모든 것들은 계획 수립 포커를 하는 동안 생각해낼 수 있는 아이디어입니다. 특정 접근법을 선택하면 이들이 스토리에 대한 상대적인 크기를 알아내는 데 도움이 되며, 그 스토리를 완료하기 위해 할 일에 대한 좀 더 정확한 감을 얻을 수 있습니다.

7. 답: B

애자일 팀은 팀원이 100%의 집중력과 시간을 쏟길 기대하며, 이 부분에서 타협하면 심각한 문제가 될 수 있음을 알고 있습니다. 한 사람을 여러 팀에서 공유하면 불필요한 일이 많이 발생하는 작업 전환이 많이 발생합니다. 애자일 전문가로서 여러분은 그 사람을 애자일 팀에 100% 할당하도록 그 사람의 기능 관리자를 설득해야 합니다.

영역 5: 적응형 계획 수립

자신의 말로 표현하세요.

자신의 말로 영역 5(적응형 계획 수립)가 무엇에 관한 것인지 적어보세요.

영역 5의 작업은 내용 개요 10쪽에 열거되어 있습니다. 각 작업이 무엇에 관한 것인지 적어보세요.

작업 1

작업 2

작업 3

작업 4

작업 5

작업 6

작업 7

작업 8

작업 9

작업 10

답은 372쪽에

팀이 진화하면 리더십 스타일을 바꿔라

여러분은 PMI-ACP 시험에서 **적응형 리더십**(adaptive leadership)에 관한 질문을 몇 개 볼 수 있습니다. 적응형 리더십은 리더가 팀을 이끄는 방법을 개선하는 데 도움이 되는 유용한 이론적 개념입니다. 적응형 리더십을 특정 팀에 적용하는 것은 **팀 형성 단계**에서부터 시작됩니다.

모든 팀은 프로젝트를 하는 동안 이러한 단계를 밟아 나갑니다.

태동기: 사람들은 여전히 그룹에서 자신들의 역할에 대해 알아내려고 노력합니다. 그들은 독립적으로 일하는 경향이 있지만 서로 어울리기 위해 노력합니다.

격동기: 팀이 프로젝트에 대해 더 많은 것을 알게 되면서, 팀원들은 작업을 어떻게 해야 할지에 대해 의견을 냅니다. 그러면 프로젝트에 어떻게 접근할지에 대해 의견이 분분한 초반에 사람들은 화를 분출하게 됩니다.

정착기: 팀원들이 서로 더 친해지면 그들은 서로는 물론 전체로서의 팀을 돕기 위해 자신들의 작업 습관을 조정하기 시작합니다. 이 단계가 팀원 각자 서로를 신뢰하는 법을 배우기 시작합니다.

활성기: 모든 사람들이 문제를 이해하고 다른 사람들이 어떤 일을 할 수 있는지 알게 되면, 그들은 하나의 단위로 행동하고 효율적으로 일하기 시작합니다. 이제 팀은 기름칠이 잘된 기계처럼 작동합니다.

휴지기: 작업이 완료에 가까워지면, 팀은 프로젝트가 조만간 마무리될 것이라는 사실에 대처하기 시작합니다(이때를 팀은 '애도'라고 부르기도 합니다).

연구원인 브루스 터크먼은 1965년에 팀의 의사결정 모델로 이 다섯 단계를 만들었습니다. 비록 이 단계가 일반적인 진행 단계이지만, 팀이 이 중 어느 단계에 고착되어버릴 수도 있습니다.

상황적 리더십

사람들은 처음에 팀의 유대감을 형성하기 위해 고생하지만 훌륭한 리더는 적응형 리더십 기술을 활용해 팀이 그 단계를 빨리 진행하도록 돕습니다. 폴 허시와 케네스 블랜차드는 리더를 돕기 위해 1970년대에 상황적 리더십 이론을 고안했습니다. **상황적 리더십 이론**(situational leadership theory)에는 네 개의 각기 다른 리더십 스타일이 포함돼 있습니다. 적응형 리더십은 팀 형성 단계에 맞게 **각기 다른 리더십 스타일을 맞춘다**는 뜻입니다.

★ **지도:** 처음에 팀은 달성해야 할 특정 작업에 익숙해질 수 있도록 많은 지도가 필요합니다. 팀은 아직까지는 감정적인 지원이 많이 필요하지는 않습니다. 이 단계는 **태동기**에 해당합니다.

★ **코칭:** 훌륭한 코치는 많은 지도를 하는 방법을 알면서 팀이 화를 내고 합의하지 못하는 동안 이들에게 감정적인 지원을 제공하는 방법도 압니다. 이것은 **격동기**에 해당합니다.

★ **지원:** 모든 팀원이 서로는 물론 자신들의 작업에 익숙해지면서 리더가 많이 지도할 필요는 없지만 여전히 높은 수준의 지원을 제공해야 합니다. 이 단계는 **정착기**에 해당합니다.

★ **위임:** 이제 팀은 잘 운영되므로, 리더는 많은 지도를 하거나 지원을 할 필요 없이 특정 상황이 발생할 때만 처리합니다. 이 단계는 **활성기**에 해당합니다.

PMI-ACP 시험은 특정 시나리오에 초점을 맞추고 있기 때문에 시나리오를 사용해 적응형 리더십을 알아보는 것은 좋은 방법입니다. 다음의 각 시나리오는 팀 발전 단계 중 하나를 보여줍니다. 각 시나리오가 설명하는 단계를 적으세요. 그리고 리더십 스타일도 적어보고 그 리더십 스타일이 제공하는 지도와 지원의 수준을 '높음' 또는 '낮음'으로 적어주세요.

1. 조와 톰은 국제 계약 관련 프로젝트를 하는 프로그래머입니다. 그들은 자신들이 개발하는 소프트웨어의 전반적인 아키텍처에 대해 서로 동의하지 못해, 그 문제로 자주 서로에게 언성을 높입니다. 조는 팀의 설계가 너무 근시안적이며 재사용이 불가능하다고 생각하는 반면, 톰은 조의 설계가 너무 복잡하고 제대로 작동하지 않을 것이라고 생각합니다. 그들은 이제 서로와 거의 이야기도 하지 않는 시점에 다다랐습니다.

발전 단계: ____________

리더십 스타일 ____________ **지도 수준** ____________ **지원 수준** ____________

2. 존과 밥은 비즈니스 인텔리전스 관련 프로젝트에서 지속적인 범위 변경을 능숙하게 처리합니다. 이해관계자가 변경을 요청할 때마다, 그들은 변경 제어 프로세스를 통해 그 요청사항이 정말 필요한 게 아니면 팀이 방해받지 않도록 조치해서, 대럴과 로저가 주요 제품을 개발하는 데 집중하게 해줍니다. 모든 사람들은 자신의 분야에 집중하고 훌륭하게 작업을 해나갑니다. 마치 그 그룹은 모든 것이 잘 맞는 것처럼 보입니다.

발전 단계: ____________

리더십 스타일 ____________ **지도 수준** ____________ **지원 수준** ____________

3. 데렉은 이제 막 팀에 합류했는데 매우 소극적인 사람입니다. 팀원들은 데렉을 어떻게 활용할지 확실히 알지 못합니다. 모든 사람들이 예의바르지만 어떤 사람들은 데렉으로 인해 좀 위협을 받는다는 느낌입니다.

발전 단계: ____________

리더십 스타일 ____________ **지도 수준** ____________ **지원 수준** ____________

4. 대니는 재닛이 웹 서비스 개발을 정말 잘한다는 것을 알게 됐습니다. 대니는 재닛이 모든 웹 서비스 개발 작업을 할 수 있게 해주고, 더그가 모든 클라이언트 소프트웨어 작업을 잘하게 할 방법을 생각하기 시작했습니다. 더그도 그 생각에 매우 만족하는 듯합니다. 그는 윈도우 애플리케이션을 개발하는 일을 정말로 즐기는 것 같습니다.

발전 단계: ____________

리더십 스타일 ____________ **지도 수준** ____________ **지원 수준** ____________

→ 답은 354쪽에

몇 개의 마지막 도구 및 기법

여러분이 PMI-ACP 시험에서 보게 될 수도 있는 몇 가지 도구 및 기법이 더 있습니다.
다행히 그 도구와 기법은 매우 단순해서 여러분이 이미 배운 것과 잘 들어맞습니다.

위험이 조정된 백로그, 사전 검토, 위험 번다운 차트

팀이 **위험이 조정된 백로그**(risk-adjusted backlog)를 유지할 때는 백로그에 위험 아이템을 포함시키고 기존의 다른 아이템들과 함께 그 아이템들의 우선순위를 정합니다. 이 말은 다음과 같은 뜻입니다.

★ 팀이 위험에 직면하면 그 위험을 백로그에 추가합니다. 위험 백로그 아이템은 다른 백로그 아이템과 마찬가지로 가치와 노력에 따라 우선순위가 정해집니다.

★ 팀이 위험을 식별하는 한 가지 방법은 **사전 검토**(pre-mortem)를 실시하는 것입니다. 사전 검토는, 프로젝트가 비극적으로 실패했다고 가정하고 그 실패를 야기한 원인에 대해 팀이 브레인스토밍을 하는 것입니다.

★ 팀이 반복을 계획할 때 그들은 위험 아이템을 다른 아이템과 함께 반복 백로그에 포함합니다.

★ 팀은 다른 제품 백로그 아이템에 대한 추정을 할 때 이미 사용한 것과 동일한 추정 기법을 사용해서 각 위험 백로그에 대한 추정을 합니다.

★ 팀이 백로그 정제(그루밍 또는 PBR이라고도 부름)를 수행할 때, 팀은 백로그에 있는 나머지 아이템들과 함께 위험 백로그 아이템을 업데이트하고 검토하고 다시 추정하고 우선순위를 재설정합니다.

★ 여러분은 시험에서 위험을 **위협과 잠재적인 문제**(threats and potential issues)라고 부르는 것을 볼 수 있습니다.

★ 팀이 위험 아이템에 대한 상대적인 크기가 포함된, 위험이 조정된 백로그를 유지하면, 팀은 그 추정을 사용해서 각 반복에 대한 **위험 번다운 차트**(risk burn down chart)를 만들 수 있습니다(예를 들어, 스크럼 팀은 스프린트 백로그에 남아 있는 모든 위험 아이템에 대한 스토리 포인트의 합을 보여주는 위험 번다운 차트를 만들 수 있습니다).

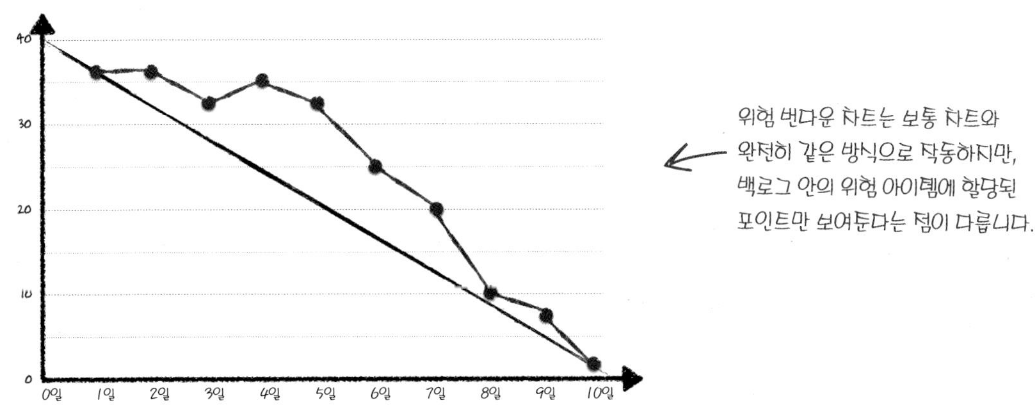

몇 개의 추가적인 도구 및 기법

여러분이 PMI-ACP 시험에서 보게 될 수도 있는 몇 가지 도구 및 기법이 더 있습니다. 다행히 그 도구와 기법은 매우 단순해서 여러분이 이미 배운 것과 잘 들어맞습니다.

여러분이 아래 게임이 작동하는 방법에 관해 세부적으로 알아야 할 필요는 없지만 그 이름은 아마 보게 될 것입니다(틀린 답에서 볼 확률이 높습니다).

협력 게임

팀은 가끔 브레인스토밍을 하고 합의를 이루어내고 그룹 차원에서 의사결정을 내리기 위해 협력 게임을 합니다. 협력 게임에는 많은 버전이 있습니다. 여러분이 시험에서 보게 될 몇 가지는 다음과 같습니다.

★ **계획 수립 포커**(Planning poker)는 4쪽에서 여러분이 배운 추정 게임입니다.

★ **관련성 추정**(Affinity estimating, 326쪽에 설명)도 협력 게임의 일종입니다.

★ **마인드 맵**(Mind map)은 네 명이나 다섯 명의 사람들이 화이트보드 중앙의 원 안에 집중할 아이템을 적고 연관된 아이디어를 보여주도록 그 아이템에서 나오는 가지를 그리는 브레인스토밍 게임입니다.

★ **손가락 투표**(Fist of five voting)는 가위바위보와 유사하며, 팀이 해당 아이디어를 얼마나 좋아하고 싫어하는지를 나타내기 위해 손가락의 수를 보여줌으로써 특정 주제에 관한 그룹의 의견을 가늠하는 데 사용합니다.

★ **스티커 투표**(Dot voting)는 큰 종이에 선택사항을 적고 모든 사람들이 각기 다른 선택사항 옆에 스티커를 붙일 수 있도록 점 모양의 스티커를 배포해서 선택사항을 평가하는 의사결정 게임입니다.

★ **100포인트 투표**는 스티커 투표와 유사하며, 팀원들이 100포인트를 선택사항에 나누는 것입니다.

자신의 질문을 가져오시오

시험에서 유리한 위치에 서고 싶은가요? 스스로 질문을 만들어보세요! 2장에서 6장에 있는 '질문 클리닉'의 템플릿을 가이드로 사용할 수 있습니다. 다음과 같이 시도해보세요.

*일일 스크럼 회의 진행에 관한 '어느 것이 최선인가' 질문을 써보세요.
*가치 흐름 매핑에 관해 '다음으로 할 일은 무엇인가' 질문을 써보세요.
*적응형 계획 수립에 관해 '주의를 산만하게 하는' 질문을 써보세요.
*리팩토링에 관해 '어느 것이 아닌가' 질문을 써보세요.
*개방이라는 스크럼 가치에 관해 '가장 덜 나쁜' 질문을 써보세요.

시험에서 여러분은 이 책에서 배운 도구와 기법을 볼 수 있습니다. 하지만 그 질문에 도구나 기법의 명칭이 나오라는 법은 없습니다. 대신, 단어를 사용해서 질문이나 보기에서 도구나 기법을 설명할 수도 있습니다. 이 연습 문제에서는 도구나 기법에 대해 설명하겠습니다. 여러분이 할 일은 이 페이지 아래에 있는 보기에서 알맞은 답을 골라 빈 칸에 써넣는 것입니다.

팀원들이 서로 추정에 동의하기 위해 카드를 사용하는 게임 ....

누가 피처를 필요로 하고 왜 필요로 하는지에 대한 최소한의 설명 ....

산출물의 초기 버전으로 시작해서 더 많은 정보를 알게 되면 업데이트하는 것 ....

프로젝트가 실패했다고 상상하고 무엇 때문에 실패했는지 상상해보는 사고 실험 ....

잠재적인 문제, 이슈 또는 위협이 될만한 것들의 영향을 파악하는 실험적 작업 ....

계획된 피처와 작업 아이템의 목록을 검토하고 다시 추정하고 우선순위를 재설정하는 일 ....

문제, 이슈, 위협이 되는 것도 포함하는 계획된 피처와 작업 아이템 목록 ....

방해 또는 산만하게 하는 일이나 문제가 없다고 가정한 작업의 추정 ....

문제, 이슈, 위협이 되는 것에 대한 추정을 매일마다의 총 영향으로 나타낸 차트 ....

이런! 누군가 부주의해서 답지에 잉크를 쏟았습니다. 모든 단어를 다 보지 않고 해답을 알아낼 수 있을까요?

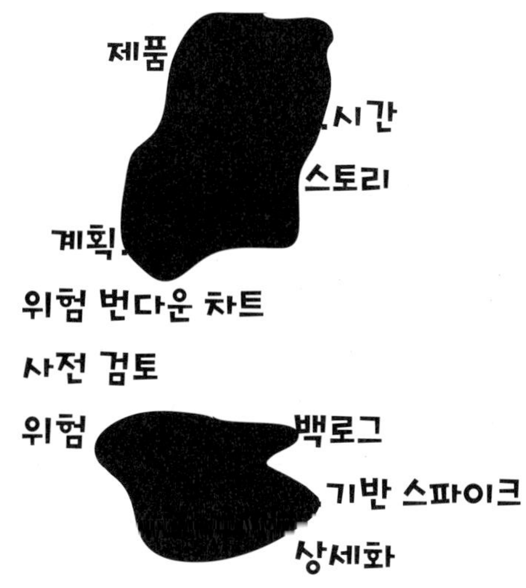

답은 355쪽에

PMI-ACP 시험은 특정 시나리오에 초점을 맞추고 있으므로 적응형 리더십을 알아보기 위해 시나리오를 사용할 수 있습니다. 다음의 각 시나리오는 팀 발전 단계의 하나를 보여줍니다. 각 시나리오가 설명하는 단계를 적으세요. 그리고 리더십 스타일을 적고, 그 리더십 스타일이 제공하는 지도와 지원의 수준을 '높음' 또는 '낮음'으로 적어주세요.

1. 조와 톰은 국제 계약 관련 프로젝트를 하는 프로그래머입니다. 그들은 자신들이 개발하는 소프트웨어의 전반적인 아키텍처에 대해 서로 동의하지 못해, 그 문제로 자주 서로에게 언성을 높입니다. 조는 팀의 설계가 너무 근시안적이며 재사용이 불가능하다고 생각하는 반면, 톰은 조의 설계가 너무 복잡하고 제대로 작동하지 않을 것이라고 생각합니다. 그들은 이제 서로와 거의 이야기도 하지 않는 시점에 다다랐습니다.

   발전 단계: 격동기

   리더십 스타일 코칭 **지도 수준** 높음 **지원 수준** 높음

2. 존과 밥은 비즈니스 인텔리전스 관련 프로젝트에서 지속적인 범위 변경을 능숙하게 처리합니다. 이해관계자가 변경을 요청할 때마다, 그들은 변경 제어 프로세스를 통해 그 요청사항이 정말 필요한 게 아니면 팀이 방해받지 않도록 조치해서, 대럴과 로저가 주요 제품을 개발하는 데 집중하게 해줍니다. 모든 사람들은 자신의 분야에 집중하고 훌륭하게 작업을 해나갑니다. 마치 그 그룹은 모든 것이 잘 맞는 것처럼 보입니다.

   발전 단계: 활성기

   리더십 스타일 위임 **지도 수준** 낮음 **지원 수준** 낮음

3. 데렉은 이제 막 팀에 합류했는데 매우 소극적인 사람입니다. 팀원들은 데렉을 어떻게 활용할지 확실히 알지 못합니다. 모든 사람들이 예의바르지만 어떤 사람들은 데렉으로 인해 좀 위협을 받는다는 느낌입니다.

   발전 단계: 태동기

   리더십 스타일 지도 **지도 수준** 높음 **지원 수준** 낮음

4. 대니는 재닛이 웹 서비스 개발을 정말 잘한다는 것을 알게 됐습니다. 대니는 재닛이 모든 웹 서비스 개발 작업을 할 수 있게 해주고, 더그가 모든 클라이언트 소프트웨어 작업을 잘하게 할 방법을 생각하기 시작했습니다. 더그도 그 생각에 매우 만족하는 듯합니다. 그는 윈도우 애플리케이션을 개발하는 일을 정말로 즐기는 것 같습니다.

   발전 단계: 정착기

   리더십 스타일 지원 **지도 수준** 낮음 **지원 수준** 높음

해답

시험에서 여러분은 이 책에서 배운 도구와 기법을 볼 수도 있습니다. 하지만 그 질문에 도구나 기법의 명칭으로 나오란 법은 없습니다. 대신, 질문이나 보기에 단어를 사용해서 도구나 기법을 설명할 수도 있습니다. 이 연습 문제에서는 도구나 기법에 대해 설명하겠습니다. 여러분이 할 일은 이 페이지 밑에 있는 보기에서 알맞은 답을 골라 빈 칸에 써넣는 것입니다.

팀원들이 서로 추정에 동의하기 위해 카드를 사용하는 게임

누가 피처를 필요로 하고 왜 필요로 하는 지에 대한 최소한의 설명

산출문의 초기 버전으로 시작해서 더 많은 정보를 알게 되면 업데이트하는 것

프로젝트가 실패했다고 상상하고 무엇 때문에 실패했는지 상상해보는 사고 실험

잠재적인 문제, 이슈 또는 위협이 될만한 것들의 영향을 파악하는 실험적 작업

계획된 피처와 작업 아이템의 목록을 검토하고, 다시 추정하고, 우선순위를 재설정하는 일

문제, 이슈, 위협이 되는 것도 포함하는 계획된 피처와 작업 아이템 목록

방해 또는 산만하게 하는 일이나 문제가 없다고 가정한 작업의 추정

문제, 이슈, 위협이 되는 것에 대한 추정된 매일마다의 총 영향을 나타낸 차트

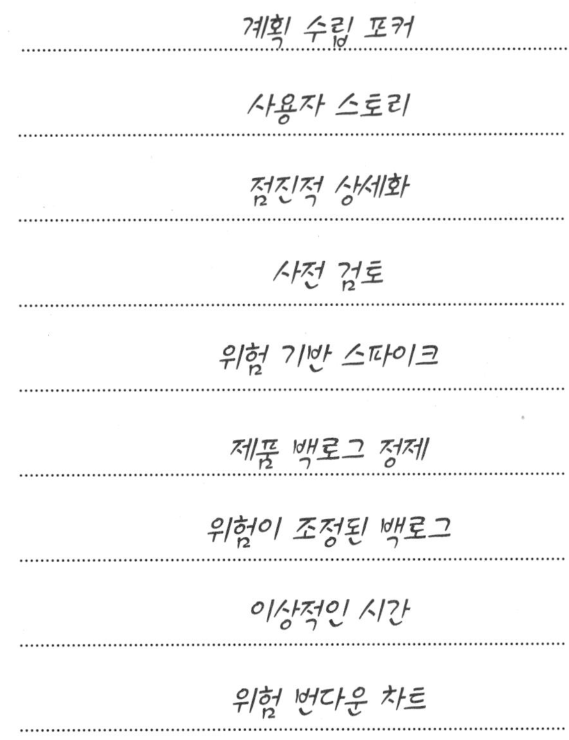

이런! 누군가 부주의해서 답지에 잉크를 쏟았습니다. 모든 단어를 다 보지 않고 해답을 알아낼 수 있을까요?

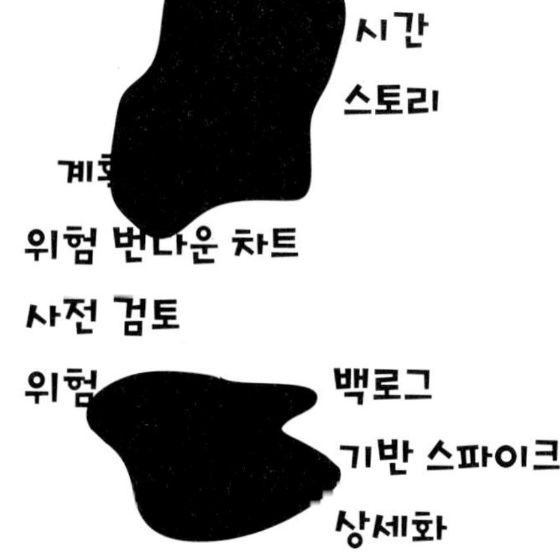

시험 문제

1. 애자일 팀은 방금 계속 진행되는 프로젝트의 스프린트 5를 위한 스프린트 계획 수립 세션을 끝냈습니다. 팀은 계획 수립 포커를 사용하여 스택으로 랭킹을 정한 백로그를 다음과 같이 스토리 포인트 점수로 매겼습니다.

제품 백로그

스토리 1: 8점
스토리 2: 5점
스토리 3: 3점
스토리 4: 5점
스토리 5: 13점
스토리 6: 5점
스토리 7: 2점
스토리 8: 3점

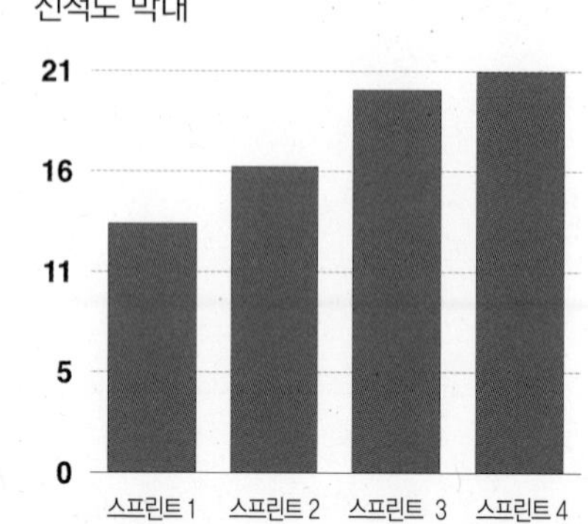

위에 나온 팀의 진척도 막대 그래프를 토대로, 이번 스프린트에서 완료될 것으로 기대되는 마지막 스토리는 무엇입니까?

A. 스토리 3
B. 스토리 5
C. 스토리 6
D. 스토리 4

2. 이해관계자 중 한 명이 현재 스프린트의 현황에 대해 물었을 때 애자일 팀은 2주 스프린트의 4일차였습니다. 그 팀은 이해관계자에게 팀의 번업 차트를 가리켰습니다. 이해관계자가 차트에 있는 정보를 보고 알 수 있는 것은 무엇입니까?

A. 팀의 일정이 뒤처져있다.
B. 범위가 추가되었다.
C. 팀은 일정보다 앞서고 있다.
D. 현황을 알기에 데이터가 충분하지 않다.

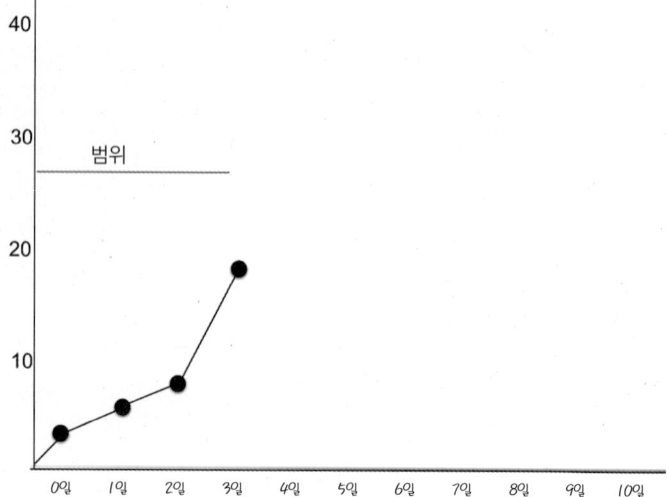

시험 문제

3. **여러분은 모바일 앱을 개발하는 팀의 애자일 전문가입니다. 팀원 중 한 명이 지난 회고 때 문제를 발견하고 팀의 진척도가 2주 스프린트마다 점점 느려지고 있다고 지적했습니다. 그 후 여러분은 팀이 작업 중인 사용자 스토리가 하나의 스프린트 내에 완료하기에 너무 커서, 스토리 하나를 완료하기 위해 종종 그다음 서너 개의 스프린트로 넘어간다는 것을 알게 됐습니다. 다음으로 할 일은 무엇입니까?**

   A. 다음 스프린트에서 완료할 수 있는 스프린트 목표를 파악하기 위해 제품 책임자와 협력하고 해당 스프린트의 스토리를 구분해서 모든 스토리가 2주 후에 완성될 수 있도록 한다.

   B. 그 스토리를 스프린트에서 다음 스프린트로 넘기고 제품의 다음 주요 배포 시에 스토리를 모두 완료할 것으로 기대한다.

   C. 큰 스토리를 더 빨리 완료하는 데 능숙해지도록 팀과 협력한다.

   D. 각 스프린트 목표에 몰입하기를 그만두고, 대신 배포 목표에 몰입한다.

4. **사라는 게임 개발팀의 스크럼 마스터입니다. 그녀는 팀이 종종 자신들이 완료할 수 있는 것보다 더 많은 일을 하나의 스프린트에서 떠맡는다는 것을 알게 됐습니다. 그 문제를 팀의 회고 회의에서 제기했을 때 팀 작업의 흐름을 방해하는 소프트웨어 생산에 관한 유지보수 요청을 처리하기 위해 팀이 개발 작업을 종종 벗어난다는 것도 알게 됐습니다. 그녀가 다음으로 해야 할 일은 무엇입니까?**

   A. 유지보수 요청을 위한 백로그 아이템을 만들고 추정한 후 스프린트 계획 수립에 포함해서 팀이 그러한 요청을 스프린트 책임에 포함시킬 수 있도록 한다.

   B. 팀이 몰입하는 작업량에 버퍼를 만들기 위해 팀과 협력해서 팀이 유지보수 요청이 발생하면 과도한 책임을 지지 않도록 한다.

   C. 개발팀이 더 이상 유지보수 요청에 응하지 않을 것이라고 지원 그룹에 이야기한다.

   D. 위 세 가지 모두 아님

5. **애자일 팀은 종종 고위험의 설계 문제를 해결할 방법을 찾기 위해 팀에게 특별 작업을 만들어줍니다. 이와 같은 특별 작업을 무엇이라고 합니까?**

   A. 탐사적 작업

   B. 버퍼

   C. 슬랙

   D. 위험 기반 스파이크

6. **팀은 종종 다른 작업보다 우선적으로 위험, 문제, 위협의 우선순위를 정합니다. 왜냐하면 이와 같은 문제를 해결하는 것이 프로젝트 전체의 성공과 실패를 좌우하기 때문입니다. 이와 같은 아이템들의 우선순위를 정하는 프랙티스를 무엇이라고 합니까?**

   A. 위험 랭킹

   B. 백로그 정제

   C. 위험이 조정된 백로그

   D. 위 세 가지 모두 아님

1. **답:** D

스토리가 우선순위 순서대로 되어 있기 때문에, 팀은 스토리 1~4를 완료해야 합니다. 이 네 개의 스토리를 위한 노력의 총 크기는 21포인트가 되며, 그 포인트는 지난 스프린트에서 팀이 완료한 점수입니다.

2. **답:** C

차트를 보면, 팀은 이번 스프린트에서 약 28포인트를 완료할 책임이 있습니다. 4일째 되는 날 팀은 이미 20포인트를 완료했습니다. 이들이 일정을 앞서가고 있을 확률이 높습니다.

3. **답:** A

스프린트 백로그의 모든 스토리의 크기가 정해져야 하나의 스프린트 내에 완료할 수 있는데, 이 질문에 따르면 스프린트는 2주가 걸립니다. 제품 책임자는 팀이 각 증분의 마지막에 가능한 한 많은 가치를 전달할 수 있도록 도와야 합니다. 만약 팀이 대규모 배포에만 집중한다면, 팀은 작은 증분을 빈번하게 배포함으로써 초기에 유효성을 확인할 수 있는 혜택을 보지 못하게 됩니다.

4. **답:** A

팀은 모든 것을 백로그에 넣지 않으면 자신들의 작업을 계획할 수 없습니다. 작업 아이템이 평소와 달리 다른 이해관계자로부터 왔다고 해서(이 경우는 지원팀), 팀이 그 아이템을 무시해야 한다는 뜻은 아닙니다. 만약 그 작업이 조직에 중요한 일이라면, 백로그 정제와 스프린트 계획 수립 프로세스의 일환으로 제품 책임자가 새로운 피처 작업과 함께 추정하고, 계획하고, 그 작업의 우선순위를 정해야 합니다.

5. **답:** D

위험 기반 스파이크는 애자일 팀이 문제에 대한 해결책이 없을 때 '빨리 실패'할 수 있도록 고위험의 기능을 조사할 때 자신들의 노력에 대한 시간 설정을 할 수 있게 해줍니다.

6. **답:** C

위험이 조정된 백로그는 계획된 피처와 작업 아이템을 포함하지만 문제와 이슈 위협도 포함하고 있습니다. 다시 말해, 그 백로그는 가치뿐 아니라 위험까지도 우선순위화할 수 있는 위험 아이템을 포함하고 있습니다. 이런 백로그는 여러분의 팀이 위험을 먼저 이해하게 해주고, 그럼으로써 프로젝트가 차후에 문제에 봉착하지 않게(심지어는 실패하지 않게) 해주는 데 도움이 됩니다.

애자일 팀은 가장 중요한 작업을
먼저 하려고 노력합니다. 그리고 팀이 **실패할 거라면 빨리**
실패합니다. 팀이 위험을 발견했을 때 그 위험들은 프로젝트 전체를
침몰하게 할 수도 있습니다. 그러므로 팀이 수개월간 노력한 후에 잘못된
길을 가고 있었다는 것을 아는 것 대신 스프린트 한두 번 후에
실패하는 것이 더 낫습니다.

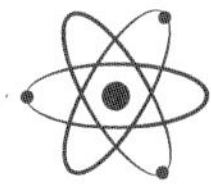

브레인 파워

여러분이 가장 높은 우선순위의 아이템을 먼저 작업한다고 어떻게 확신할 수 있을까요? 심지어 프로젝트의 결함을 수정하고 있을 때도 마찬가지입니다.

영역 6: 문제 식별 및 해결

자신의 말로 표현하세요.

자신의 말로 영역 6(문제 식별 및 해결)이 무엇에 관한 것인지 적어보세요.

영역 6의 작업은 내용 개요 11쪽에 열거되어 있습니다. 각 작업이 무엇에 관한 것인지 적어보세요.

작업 1

작업 2

작업 3

작업 4

작업 5

답은 373쪽에

자신의 질문을 가져오세요.

자신이 직접 질문을 작성해보는 것은 뇌에 지식을 입력하는 아주 좋은 방법입니다. 그리고 질문 전략을 알게 되면 시험을 치르는 동안에 평상심을 유지하는 데 도움이 됩니다.

*지속적인 통합에 대해 '어느 것이 최선인가'라는 질문을 작성하세요.

*진행 중인 작업을 제한하는 것에 대해 '다음으로 할 일'을 묻는 질문을 작성하세요.

*스프린트 계획 수립 회의 진행에 관해 '주의를 산만하게 하는' 질문을 작성하세요.

*섬기는 리더십에 관해 '어느 것이 아닌가' 질문을 작성하세요.

*정보 라디에이터에 관해 '가장 덜 나쁜' 질문을 작성하세요.

자신의 말로 표현하세요.

영역 7: 지속적인 향상

자신의 말로 영역 7(지속적인 향상)이 무엇에 관한 것인지 적어보세요.

영역 7의 작업은 내용 개요 12쪽에 열거되어 있습니다. 각 작업이 무엇에 관한 것인지 적어보세요.

작업 1

작업 2

작업 3

작업 4

작업 5

작업 6

답은 374쪽에

자신의 질문을 가져오세요.

*삼투적 의사소통에 대해 '어느 것이 최선인가'라는 질문을 작성하세요.
*제품 책임자가 스프린트를 승인하는 것에 대해 '다음으로 할 일'을 묻는 질문을 작성하세요.
*스프린트 리뷰 때 작동하는 소프트웨어를 시연하는 것에 관해 '주의를 산만하게 하는' 질문을 작성하세요.
*위험 번다운 차트에 관해 '어느 것이 아닌가' 질문을 작성하세요.
*단순함이라는 XP 가치에 관해 '가장 덜 나쁜' 질문을 작성하세요.

시험 문제

영역 6과 7에 관한 질문을 연결해서 드렸습니다. 한 번에 다 풀 수 있는지 보세요.
그렇게 하면 9장에 나와있는 최종 시험에 대한 준비를 하는 데 도움이 됩니다.

1. 애자일 팀은 종종 작업 아이템의 순서 목록을 가지고 있으며 위험이 가장 높은 아이템은 먼저 작업할 수 있도록 그 목록의 상위에 놓습니다. 이런 프랙티스를 가리키는 가장 알맞은 명칭은 무엇입니까?

A. 랭크 순서

B. 완화 계획

C. 위험이 조정된 백로그

D. 중요도에 따라 매겨진 가장 짧은 업무 먼저 하기

2. 여러분은 소프트웨어 팀의 애자일 전문가입니다. 여러분이 속한 팀은 다음 스프린트를 계획하기 위해 회의를 진행 중입니다. 팀이 작업 아이템 중 하나에 대한 추정을 하고 있을 때, 두 명의 팀원이 문제에 대한 기술적 접근법에 대해 서로 동의하지 않습니다. 팀 입장에서는 두 사람의 해결책 모두 그럴듯해 보입니다. 팀은 그 특정 작업 아이템이 나중에 수행할 스프린트가 의존하는 기능의 핵심 부분이기 때문에 신속하게 해답을 얻어야 합니다. 그 문제에 대한 최고의 해결책은 무엇입니까?

A. 팀 전체가 다른 업무를 시작하기 전에 이 문제를 해결하도록 한다.

B. 두 개의 해결 방법 각각에 대한 아키텍처 스파이크를 만들고 어느 것이 더 제대로 작동하는지 알아내기 위해 스프린트 기간 동안 그 스파이크를 개발한다.

C. 프로젝트 후반까지 그 작업을 시작하지 않고 선택사항을 그대로 둔다.

D. 동의하지 않는 것을 위험으로 적고 프로젝트 후반에 해법을 결정한다.

3. 여러분은 소프트웨어 팀의 애자일 전문가입니다. 여러분의 팀은 세 번의 스프린트를 함께 해왔는데, 최근 그들은 서로 어울리는 데 어려움을 겪고 있습니다 팀의 몇몇 멤버들은 다른 사람들이 작업 중인 코드의 핵심 부분을 변경할 만큼 충분한 기술적 경험을 갖고 있지 않다고 생각합니다. 이로 인해 일일 스크럼과 스프린트 계획 수립 회의에서 많은 마찰이 생겼습니다. 팀의 상태와 그 문제를 다루기 위해 여러분이 사용해야 하는 관리 기법을 가장 잘 설명한 것은 무엇입니까?

A. 태동기, 지도 관리 기법

B. 격동기, 코칭 관리 기법

C. 정착기, 지원 관리 기법

D. 활성기, 위임 관리 기법

4. 스크럼 팀이 자신들의 목표를 달성하기 위해 모여서 현재 작업하고 있는 계획을 확인하고 수정하는 프랙티스를 ________라고 합니다.

A. 계획 검사 회의

B. 계획 수립 승인 게이트

C. 일일 스크럼

D. 현황 보고서

시험 문제

5. 프로그래머가 저장소에 코드를 저장할 때마다 자동으로 테스트가 진행되고 코드가 통합됩니다. 다음 중 이것을 가장 잘 설명한 것은 무엇입니까?

   A. 코드 리뷰
   B. 빌드가 깨짐
   C. 빌드 서버 사용
   D. 지속적인 배포

6. 여러분은 지난 2년 동안 함께 해온 소프트웨어 팀의 애자일 전문가입니다. 여러분과 팀원들은 서로 좋은 관계를 발전시켜왔습니다. 문제가 생길 때마다 모든 사람들은 누구를 불러야 할지, 무엇을 할지 알고 있습니다. 개개인의 팀원들은 각기 다른 관심사를 갖고 있고 다른 종류의 문제에 집중하지만, 스프린트 목표를 달성하기 위해 협력하는 데는 문제가 없습니다. 팀의 상태와 그 문제를 다루기 위해 여러분이 사용해야 하는 관리 기법을 가장 잘 설명한 것은 무엇입니까?

   A. 태동기, 지도 관리 기법
   B. 격동기, 코칭 관리 기법
   C. 정착기, 지원 관리 기법
   D. 활성기, 위임 관리 기법

7. 여러분은 소프트웨어 팀의 애자일 전문가입니다. 이번은 팀이 함께 한 첫 번째 스프린트라서, 팀은 아직 서로에 대해 잘 알지 못합니다. 그들은 자신들의 기술과 목표를 갖고 있지만 아직까지는 프로젝트에 대해 의사소통하는 좋은 방법을 제대로 찾아내지 못했습니다. 팀의 상태와 그 문제를 다루기 위해 여러분이 사용해야 하는 관리 기법을 가장 잘 설명한 것은 무엇입니까?

   A. 태동기, 지도 관리 기법
   B. 격동기, 코칭 관리 기법
   C. 정착기, 지원 관리 기법
   D. 활성기, 위임 관리 기법

8. 프로젝트 초반에, 팀은 프로젝트 성공에 잠재적인 위협이 될만한 목록을 만들었습니다. 모든 위험을 큰 글씨로 인쇄하고 모든 사람들이 볼 수 있도록 사무실 한가운데 있는 화이트보드에 붙여놓았습니다. 팀은 주기적으로 그 위험에 관해 논의하고 검토하기 위해 만납니다. 팀이 사용하는 프랙티스는 무엇입니까?

   A. 주간 위험 리뷰
   B. 운영위원회 회의
   C. 위험 승인 게이트
   D. 정보 라디에이터

시험 문제

1. 애자일 팀원들은 자신이 속한 팀이 작업을 완료할 수 있도록 하기 위해 항상 새로운 기술을 배웁니다. 아주 좁고 깊게 집중하는 대신, 그들은 팀에서 여러 가지 일을 할 수 있는 ___________입니다.

   A. 일반화 전문가
   B. 전문적이지 않은 기여자
   C. 경험 많은 개발 리더
   D. 매우 전문화된 개발자

2. 스프린트 회고의 주된 산출물은 ______입니다.

   A. 성취 목록
   B. 발전적인 행동
   C. 회의록
   D. 도전 과제 목록

3. 여러분은 소프트웨어 팀의 애자일 전문가입니다. 각 스프린트의 마지막에 여러분의 팀은 제품 책임자에게 팀이 그동안 해온 변경사항을 시연하고 그 변경사항에 대한 피드백을 듣습니다. 이 프랙티스를 가장 잘 설명한 것은 무엇입니까?

   A. 일일 스크럼
   B. 제품 데모
   C. 제품 책임자 승인
   D. 스프린트 리뷰

4. 여러분은 모바일 게임을 개발하는 팀의 애자일 전문가입니다. 팀원 중 한 사람이 제품 백로그에 있는 피처 중 하나에 대해 새로운 기술을 반영하여 설계를 하고 있습니다. 팀에게 그 이야기를 했을 때 팀원 몇몇은 그 설계가 제대로 작동할지 의문을 품었습니다. 모든 사람들은 그 설계가 제대로 작동한다면 게임의 성능을 현저하게 개선하고 현재 설계보다 유지보수하기 훨씬 쉽다는 데 동의합니다. 팀이 다음으로 할 최선의 일은 무엇입니까?

   A. 팀이 이미 현재 설계가 제대로 작동한다는 것을 알고 있으므로 그 팀원이 현재 설계를 따르도록 제안한다.
   B. 해당 팀원에게 설계 문서를 작성하게 하고 이해관계자가 승인하도록 제안한다.
   C. 해당 팀원이 스파이크를 만들고 그 해결 방법이 작동하는지 시험해보도록 제안한다.
   D. 해당 팀원이 설명한 설계보다 기존의 설계가 더 느리므로 기존 설계를 중지하도록 제안한다.

시험 문제

5. 여러분은 소프트웨어 개발팀에 소속되어 있습니다. 회고 중에 어떤 사람이 이야기하기를, 지난 세 번의 스프린트 중 대부분의 작업이 팀의 절반에게만 익숙한 코드 부분에 집중해왔고, 그 결과로 그 사람들만 스프린트 동안 중요한 작업을 대부분 수행했으며, 나머지 팀원들을 바쁘게 하기 위해 스프린트 백로그에 가치가 낮은 아이템을 억지로 추가했다고 말합니다. 다른 사람도 이와 같은 평가에 동의하고, 그 코드에 익숙하지 않아 생긴 심각한 버그가 있었다고 덧붙였습니다. 이 상황을 개선할 가장 좋은 방법은 무엇입니까?

   A. 작업을 작은 덩어리로 나눠서 팀이 더 많은 것을 달성하고 있다는 느낌을 갖도록 해준다.

   B. 팀이 하는 모든 작업을 페어 프로그래밍으로 하기 시작해서 사람들이 코드에 더 익숙해지고 버그를 더 일찍 발견할 수 있도록 서로를 도울 수 있게 한다.

   C. 모든 사람들이 바쁘게 작업을 계획한다.

   D. 팀원들이 너무 많은 일을 하지 않도록 진행 중인 작업의 양을 제한한다.

6. 다음 중 향상에 대한 공감대를 만들기 위해 팀이 사용하는 도구가 아닌 것은 무엇입니까?

   A. 스티커 투표

   B. MoSCoW 방법

   C. 손가락 투표

   D. 이시카와 다이어그램

7. 애자일 팀이 방금 2주 스프린트를 완료했습니다. 팀의 이해관계자 중 한 명이 계획 수립 중에 발견된 위험의 현황에 대해 묻습니다. 팀은 이해관계자에게 팀의 위험 번다운 차트를 보라고 합니다. 그 이해관계자가 차트에 있는 정보를 통해 알 수 있는 것은 무엇입니까?

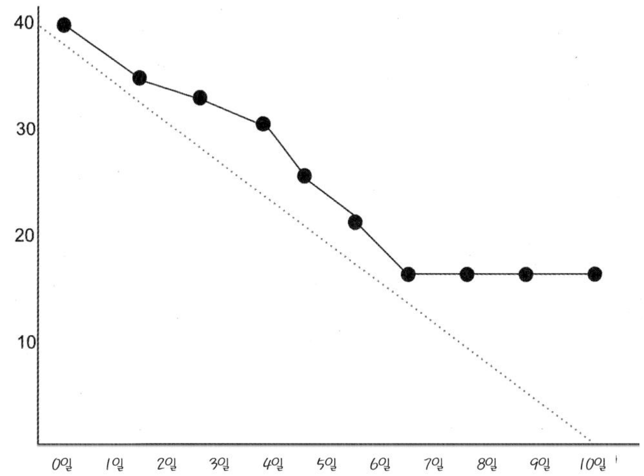

   A. 팀이 계획 수립 중에 발견한 모든 위험을 다 마무리하지 않았다.

   B. 범위가 추가됐다.

   C. 팀이 일정보다 앞서고 있다.

   D. 해당 위험 현황을 이해할 만큼 충분한 데이터가 없다.

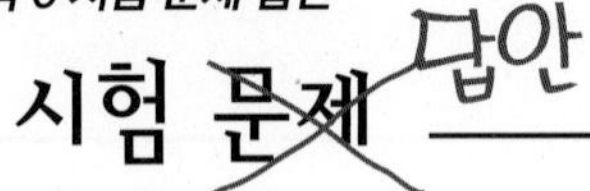

1. 답: C

애자일 팀은 가능한 한 가장 빠른 스프린트 중에 위험이 가장 높은 아이템을 해결하도록 하기 위해 위험이 조정된 백로그를 갖고 있습니다. 가끔 고위험 아이템을 해결하는 데 실패하면 프로젝트 전체가 실패하게 되므로 애자일 팀은 가능한 한 빨리 실패하려고 노력하며, 그래서 고위험 아이템들을 먼저 진행합니다.

2. 답: B

팀이 두 개의 동등하게 가능한 해결 방법을 갖고 있지만 그중 어느 하나로 결정하지 못할 때는 동시에 그 두 가지를 모두 해보는 것이 타당합니다. 팀이 두 개의 선택사항을 모두 시도해볼 수 있도록 아키텍처 스파이크를 만들면 다음 스프린트 계획 수립 세션에서 의사결정을 하는 데 필요한 정보를 얻을 확률이 높습니다.

3. 답: B

이 팀은 오래 함께 일해본 적이 없고, 일일 스크럼과 계획 수립 회의에서 논쟁을 하고 있습니다. 이들은 마치 개발의 격동기에 있는 듯 보입니다. 그들에게는 마찰을 해결하는 데 도움을 줄 수 있는 코치 역할을 할 애자일 전문가가 필요합니다.

4. 답: C

스크럼 팀은 일일 스크럼을 이용해서 자신들의 스프린트 목표를 달성할 수 있도록 자신들의 계획을 검사하고 수정합니다. 만약 팀원 몇이 작업에 어려움을 겪는다면, 다른 사람들이 모든 장애물을 제거하도록 돕고 그들이 달성하고자 했던 것을 완료하도록 도와줍니다.

5. 답: C

이것은 빌드 서버를 사용하는 팀의 예입니다. 팀원이 작업을 저장할 때마다 해당 코드에 대한 모든 유닛 테스트가 진행되고 전체 저장소가 통합됩니다. 이렇게 하면 코드에 눈에 띄는 변화가 생기면 가능한 한 빨리 그 사실을 알게 됩니다. 만약 테스트가 실패하거나 코드가 통합되지 않으면, 문제가 방금 저장된 변경사항으로부터 생긴 것임을 알 수 있습니다. 그러면 그 변경을 한 프로그래머가 코드가 다른 문제를 만들기 전에 그 코드를 수정할 수 있습니다.

혹시 '지속적인 통합'이 정답일 것이라고 예상했나요? 빌드 서버를 사용하는 것은, 팀원이 작업 공간의 코드를 버전 컨트롤 시스템에 지속적으로 통합하여 문제를 초기에 발견하는 지속적인 통합과는 다릅니다.

6. 답: D

이 팀은 활성기에 있습니다. 그들은 모두 팀원이 어떤 능력이 있는지 잘 알며 서로의 강점을 활용하면서 일할 수 있는 방법을 수립했습니다. 보통 그들에게 위임을 하고 그들이 하고 있는 일을 계속하게 해주는 것이 가장 효과적입니다.

7. 답: A

이 팀은 태동기에 있습니다. 그들이 서로 편해질 때까지 대부분의 의사결정을 내릴 때 여러분에게 의지하므로, 지도 관리 기법이 가장 적합합니다.

8. 답: D

프로젝트를 하는 모든 사람들이 보고 검토할 수 있도록 화이트보드에 위험을 보여주는 것은 정보 라디에이터의 한 예입니다. 팀이 발견한 위험을 모든 사람들이 유념하도록 하면 모두가 위험을 인지하고 문제가 발생되면 도움을 요청할 수 있는 좋은 방법입니다.

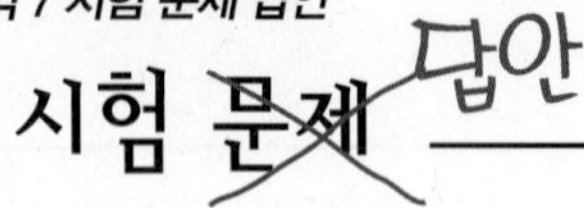

1. 답: A

애자일 팀은 필요 시 넓은 범위의 기술을 적용해서 제품 개발 일정 내내 많은 방법으로 가치를 더할 수 있는 일반화 전문가를 귀중하게 여깁니다.

2. 답: B

회고의 목표는 팀이 따르고 있는 프로세스, 시스템 또는 방법을 더 유용하고, 간소하게 만들고 팀에게 더 협력적이도록 만들기 위한 특정한 행위여야 합니다.

3. 답: D

이 질문은 모든 스크럼 스프린트 마지막에 일어나는 스프린트 리뷰를 설명하고 있습니다. 리뷰 때 제품 책임자는 스프린트의 작업 결과에 대해 귀중한 피드백을 제공합니다.

4. 답: C

팀원은 스파이크 솔루션을 만들어야 합니다. 스파이크 솔루션을 통해 자신의 아이디어가 효과가 있는지 확인해야 합니다. 모든 팀원은 실수를 할 수 있어야 합니다. 만약 팀에 대한 기대를 너무 근접 관리해서 팀원들이 일을 진행하면서 결정을 할 수 있는 자유가 없다면, 그들은 선택사항을 열어두지도, 혁신하지도 못합니다.

5. 답: B

팀이 매우 전문화되어 있다면, 페어 프로그래밍은 그런 장막을 깨뜨리고 사람들이 이전에 작업해보지 않은 코드를 이해하도록 돕는 좋은 방법입니다. 해당 코드에 익숙하지 않은 사람과 그 코드를 아주 잘 아는 사람을 짝으로 맺어주면 그 둘 사이에 아주 훌륭한 토론이 일어날 수 있습니다. 이 방법은 사람들이 아직까지 익숙하지 않은 코드 부분에 대해 익힐 수 있는 아주 효과적인 방법입니다. 페어 프로그래밍은 동료가 코드가 작성하는 동안 지속적으로 그 코드를 검토하기 때문에 팀이 버그를 빨리 발견하게 해주며 고품질의 제품을 완성할 수 있게 만들어줍니다.

6. 답: B

MoSCoW 방법은 우선순위를 정하기 위한 도구입니다. 나머지 보기는 회고에서 사용합니다.

7. 답: A

팀은 스프린트 중에 완료할 수 있는 것보다 위험 감소에서 더 많은 스토리 포인트를 발견했습니다. 스프린트의 마지막 4일 동안 팀은 어떠한 위험 아이템에 대해서도 진척을 보이지 못하고, 대략 15포인트의 위험 완화 노력이 아직까지 남아 있는 상태로 스프린트를 끝냈습니다. 그러므로 아직 마무리하지 못한 계획된 위험이 남아 있습니다.

시험 크로스 퍼즐

최종 실전 테스트를 치르기 전에 마지막으로 여러분의 지식을 확인할 준비를 하세요. 답을 보지 않고 이 크로스워드 퍼즐을 얼만큼이나 풀 수 있나요?

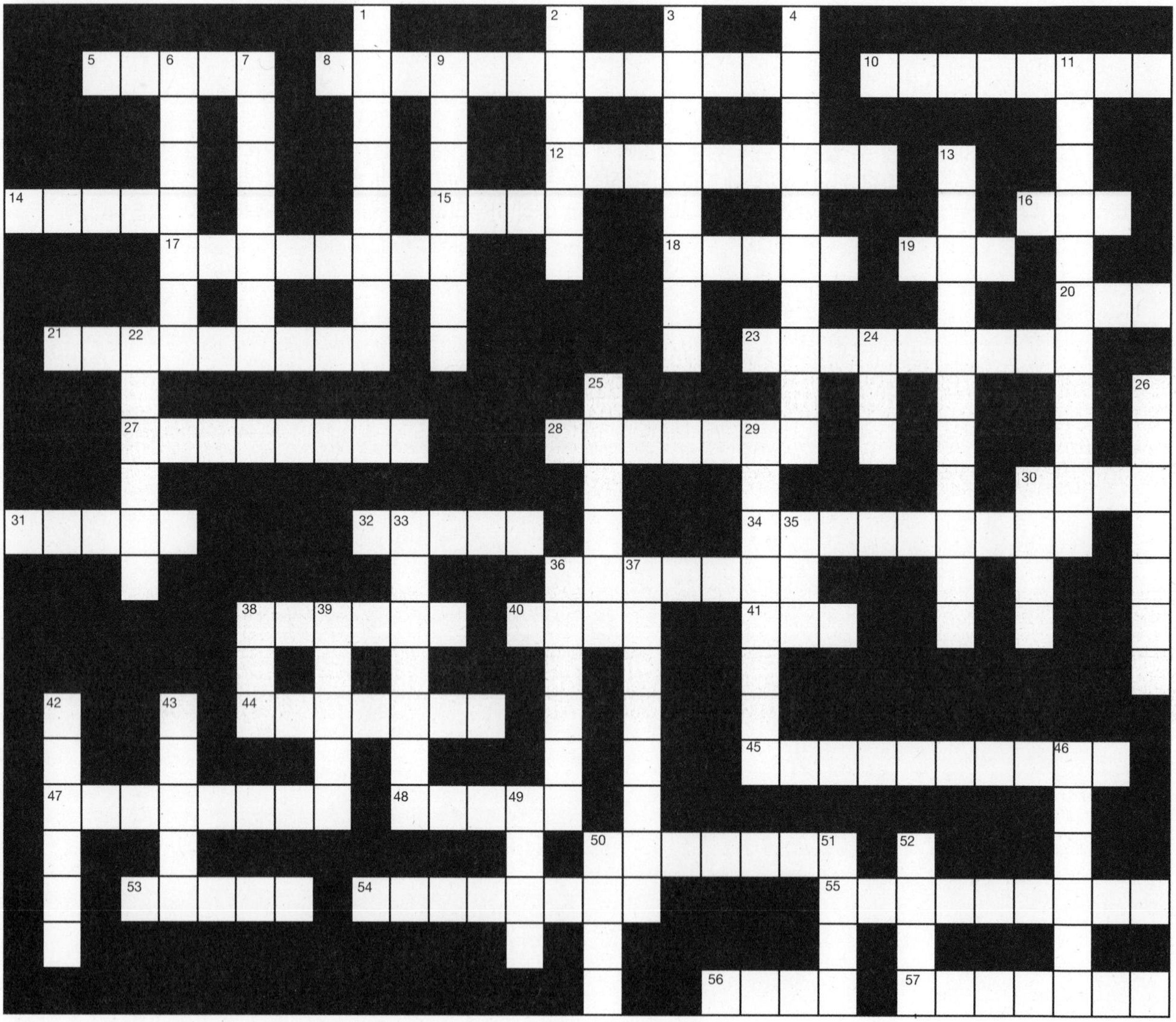

1 2 3 4 5 6 7 8 9 10 11 12 13 14 15 16 17 18 19 20 21 22 23 24 25 26 27 28 29 30 31 32 33 34 35 36 37 38 39 40 41 42 43 44 45 46 47 48 49 50 51 52 53 54 55 56 57

답은 375쪽에

가로

5. 한 번에 하나의 아이템 작업을 하는 것이 가장 효과적이라는 스크럼 가치
8. 팀이 스프린트가 어떻게 진행됐고 무엇을 개선할 수 있는지 이야기하는, 스프린트 마지막에 진행하는 회의
10. 팀은 스프린트 ______ 회의에서 어떤 작업을 수행할지 결정한다.
12. 스프린트 동안 완료한 모든 아이템을 포함하고 있는 스크럼 산출물
14. 계획 수립 ______는 팀이 추정하는 데 도움이 되는 협업 게임이다.
15. 애자일 팀은 ______을 따르기보다 변화에 대응하기를 더 가치 있게 여긴다.
16. 프로젝트에 자금을 투입한 회사가 회수하게 될 금액
17. 팀 형성 단계에 맞게 리더십 스타일을 변경하는 리더십의 종류
18. ______ 시간은 지연, 간섭, 문제가 전혀 없다고 가정하는 추정 방법이다.
19. 개발 중인 프로젝트로 벌어들일 것으로 기대하는 돈
20. 배포할 수 있는, 최소한의 기능
21. 팀 발전 단계상 태동기에 맞는 리더십 스타일
23. 사용자 인터페이스를 그려보는 정확도가 낮은 도구
27. 팀이 반복마다 평균적으로 달성하는 작업의 스토리 포인트
28. 구축할 피처와 작업 아이템을 담고 있으며, 위험이 포함되어 있을 수도 있다.
30. 두 사람이 같은 컴퓨터로 함께 작업하는 프로그래밍의 종류
31. 스티커 투표와 손가락 투표는 협업 ______의 예이다.
32. '탐사적 작업'으로 불리기도 하는 해결 방안의 종류
34. 투명성, 점검, 적응은 ______ 프로세스 제어의 세 가지 기둥이다.
36. 가상의 사용자에 관한 설명
38. 각 요구사항이 있어야 하는지, 있을 수 있는지, 있는 게 좋은지 또는 없어야 하는지를 결정하는, 단순한 요구사항 우선순위화 기법
40. ______의 예를 들면, 제품 책임자, 스크럼 마스터, 팀원이 있다.
41. 프로젝트에 주어진 시간의 실제 값에서 프로젝트와 관련된 모든 비용을 뺀다.
44. ______ 백로그는 모든 변경사항과 피처의 단일 소스를 갖고 있는 스크럼 산출물이다.
45. 느슨하게 연결되거나 연관을 없앤 코드를 통해 도와주는 XP의 가치
47. ______ 추정에서 팀원들은 그룹을 만들고 번갈아 가며 그 그룹에 아이템을 할당한다.
48. 애자일 팀은 공정(프로세스)과 ______보다 개인과 상호작용을 더 가치 있게 여긴다.
50. 애자일 팀은 포괄적인 문서보다 ______ 소프트웨어를 더 가치 있게 여긴다.
53. 프로세스 중에 하나의 작업 아이템이 사용하는 평균 시간은 ______ 시간이다.
54. 정보 ______는 팀 공간에서 눈에 잘 띄는 곳에 붙여놓는다.
55. 효과적인 설계를 선택했는지 확인하게 도와주는 테스트 종류
56. 스크럼 팀은 ______ 조직한다.
57. 팀 공간에서 우연히 듣게 된 정보를 흡수하는 의사소통의 종류

세로

1. 효율성과 효과를 개선할 수 있는지 결정하는 주기의 종류
2. ______ 백로그는 현재 반복에서 완료 예정인 아이템을 갖고 있는 스크럼 산출물이다.
3. 코칭 리더십이 가장 잘 적용되는 발전 단계
4. 팀 형성의 태동기에 가장 적합한 리더십 스타일
6. 팀원들이 프로젝트를 지지하게 해주는 스크럼과 XP 가치
7. 스크럼 마스터가 제공하는 리더십 종류
9. 팀원들에게 서로 대우받고 싶은 대로 대우하라고 말하는 XP와 스크럼 가치
11. 팀이 변화를 포용하게 도와주는 XP 프랙티스
13. 더 많은 정보를 알게 될수록 점진적으로 아이템이 업데이트되는 구체화의 종류
22. 이해관계자에게 작업을 시연하는 스프린트의 마지막 회의
24. 제품이 전달하는 가치에 대한 금전 또는 시간의 실질적 비용
25. 제품 책임자만이 스프린트를 ______할 권한을 갖고 있다.
26. 지원 리더십 스타일이 적절한 발전 단계
29. 모든 사람들이 서로의 작업을 잘 알고 있다는 점에 팀원들이 편해져야 한다는 스크럼 가치
30. 지속 가능한 ______로 작업한다는 것은 팀이 지치지 않게 주당 40시간 일하는 것을 말한다.
33. 여러분이 전달하는 것이 기대에 부응하는지 확인하게 해주는 피드백 순환고리의 종류
35. 스토리 ______는 계획된 배포를 보여준다.
36. 스토리 ______는 상대적인 크기 측정 기법이다.
37. 코드의 행동은 바꾸지 않으면서 코드 구조만 수정하는 방법
38. 팀이 전달할 수 있는 가능한 한 최소의 제품으로 사용자와 이해관계자의 니즈를 여전히 충족한다.
39. 사용자 관점에서의 기능에 대한 간략한 설명
42. 많은 팀이 두려워하지만 효과적인 XP 팀은 포용하는 것
43. 진척 상황, 계획된 작업, 장애물에 대한 질문에 답함으로써 작업을 점검하기 위해 팀이 만나는 횟수
46. XS, S, M, L, XL을 각 아이템에 할당하는 상대적인 크기 측정 기법
49. 이해관계자가 작업 아이템이 완료되기를 기다리며 보내는 평균 시간은 ______ 시간이다.
50. 프로세스 내내 작업 아이템의 작업량을 개선하기 위해 진행 중인 ______를 제한한다.
51. 제품 피드백 방법은 평가 ______ 또는 요청받은 것과 팀이 개발한 것의 간극을 좁혀준다.
52. 한때는 사용자를 기쁘게 했던 피처가 이제는 기본 니즈가 됐음을 보여주는 분석의 종류

자신의 말로 표현하세요. 해답

영역 5: 적응형 계획 수립

작업을 어떻게 이해했는지 나름대로 표현해봤습니다. 여러분이 혹시 다른 표현을 썼더라도 괜찮습니다!

자신의 말로 영역 5(적응형 계획 수립)가 무엇에 관한 것인지 적어보세요.

프로젝트, 이해관계자, 장애물에 대해 더 많이 알게 될수록 프로젝트 계획을 발전시키기

영역 5의 작업은 내용 개요 10쪽에 열거되어 있습니다. 각 작업이 무엇에 관한 것인지 적어보세요.

프로젝트의 모든 레벨에서 반복합니다(일일 회의, 스프린트, 분기별 주기 등).

작업 1

프로젝트를 계획한 방식에 대해 이해관계자에게 완전히 투명해집니다.

작업 2

넓은 책임으로 시작해서 프로젝트가 진행되면서 좀 더 세부적인 것으로 만듭니다.

작업 3

계획을 수립하는 방법과 빈도를 변경하기 위해 회고와 여러분이 제품에 대해 이해한 바를 이용합니다.

작업 4

범위, 우선순위, 예산, 일정 변경을 장악하기 위해 점검-적응 주기를 사용합니다.

작업 5

진척도를 고려하기 전에 작업 아이템의 이상적인 크기를 이해하기 위해 협력합니다.

작업 6

프로젝트 계획에 영향을 미칠 수 있는, 유지보수와 운영 활동에 대해서도 잊지 않습니다.

작업 7

아직 모르는 것이 많다는 사실을 염두에 두고, 초기 추정을 합니다.

작업 8

프로젝트에 얼마나 노력이 필요한지 더 많이 알게 됨에 따라, 추정을 지속적으로 정제합니다.

작업 9

팀의 진척도와 역량에 대해 명확히 알게 되면, 계획을 지속적으로 업데이트합니다.

작업 10

영역 6: 문제 식별 및 해결

자신의 말로 표현하세요. 해답

작업을 어떻게 이해했는지 나름대로 표현해봤습니다. 여러분이 혹시 다른 표현을 썼더라도 괜찮습니다!

자신의 말로 영역 6(문제 식별 및 해결)이 무엇에 관한 것인지 작성하세요.

문제를 찾고 해결한 후 그 일이 재발하지 않도록 당신의 작업 방식을 개선합니다.

영역 6의 작업은 내용 개요 11쪽에 열거되어 있습니다. 각 작업이 무엇인지 적어보십시오.

모든 팀원에게 실험하고 실수할 수 있는 자유를 줍니다.

작업 1

프로젝트에 대한 위험을 지속적으로 감시하고, 팀 전체가 그 위험에 대해 인지하게 합니다.

작업 2

문제가 발생하면, 그 문제가 해결됐는지 또는 해결할 수 없는지, 기대치를 설정합니다.

작업 3

위험, 문제, 이슈, 프로젝트에 대한 위협에 대해 완전히 투명하게 합니다.

작업 4

위험과 이슈를 제품과 반복에 포함시킴으로써 실제로 해결되도록 합니다.

작업 5

영역 7: 지속적인 향상

자신의 말로 표현하세요. 해답

작업을 어떻게 이해했는지 나름대로 표현해봤습니다. 여러분이 혹시 다른 표현을 썼더라도 괜찮습니다!

자신의 말로 영역 7(지속적인 향상)이 무엇에 관한 것인지 적어보세요.

팀은 자신들이 프로젝트 작업을 하는 방식을 지속적으로 개선하기 위해 협력합니다.

영역 7의 작업은 내용 개요 12쪽에 열거되어 있습니다. 각 작업이 무엇인지 적어보십시오.

프랙티스, 가치, 목표를 지속적으로 살펴보고, 그 정보를 사용해 프로세스를 수정합니다.

작업 1

회고를 자주 하고, 발견된 이슈를 해결하기 위해 개선 방안을 실험합니다.

작업 2

각 반복의 마지막에 작동하는 소프트웨어를 시연하고 피드백을 진심으로 듣습니다.

작업 3

일반화 전문가는 정말로 귀중하므로 모든 사람들이 자신들의 기술을 개선할 수 있는 기회를 줍니다.

작업 4

불필요한 것을 발견하기 위해 가치 흐름 분석을 이용하고,
그 부분을 제거하기 위해 개인과 팀이 노력합니다.

작업 5

개선하면서 지식을 얻게 되면 조직의 나머지 사람들과 공유합니다.

작업 6

시험 크로스 해답

Across

5 FOCUS
8 RETROSPECTIVE
10 PLANNING
12 INCREMENT
14 POKER
15 PLAN
16 IRR
17 ADAPTIVE
18 IDEAL
19 ROI
20 MMF
21 DIRECTING
23 WIREFRAME
27 VELOCITY
28 BACKLOG
30 PAIR
31 GAMES
32 SPIKE
34 EMPIRICAL
36 PERSONA
38 MOSCOW
40 ROLE
41 NPV
44 PRODUCT
45 SIMPLICITY
47 AFFINITY
48 TOOLS
50 WORKING
53 CYCLE
54 RADIATOR
55 USABILITY
56 SELF
57 OSMOTIC

Down

1 LEARNING
2 SPRINT
3 STORMING
4 DELEGATING
6 COURAGE
7 SERVANT
9 RESPECT
11 INCREMENTAL
13 PROGRESSIVE
22 REVIEW
24 EVM
25 CANCEL
26 NORMING
29 OPENNESS
30 PACE
33 PRODUCT
35 MAP
36 POINTS
37 REFACTOR
38 MVP
39 STORY
42 CHANGE
43 DAILY
46 TSHIRT
49 LEAD
50 WORK
51 GULF
52 KANO

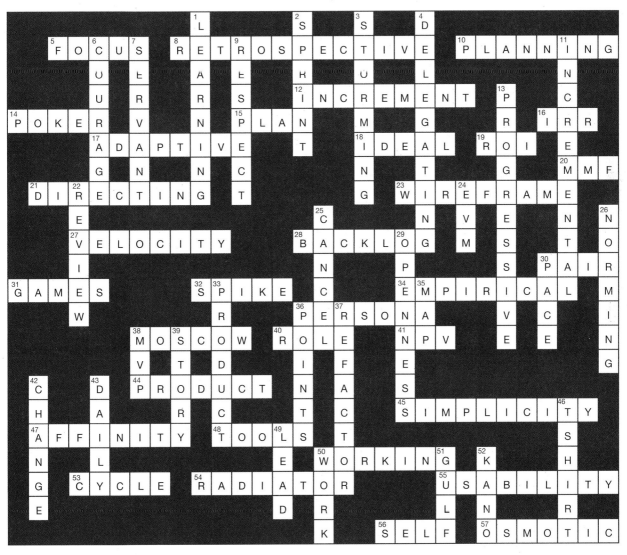

최종 시험을 볼 준비가 되었나요?

축하합니다! 잠깐 시간을 내서 여러분이 애자일에 대해 얼마나 배웠는지 생각해보세요. 이제는 여러분의 지식을 테스트해보고 PMI-ACP 시험을 볼 준비가 얼마나 잘 되어 있는지 확인해볼 시간입니다. 이 책의 마지막 장은 시험 전체 길이인 120문제로 된 실전 PMI-ACP 시험으로, 실제와 동일한 시험 내용을 사용하고 여러분이 시험날 보게 될 스타일 및 내용과 유사한 질문을 사용해서 세밀하게 만들었습니다. 가능하면 그 시험을 효과적으로 만들기 위한 몇 가지 힌트가 아래 있습니다.

★ **다음 장에서 최종 시험을 칠 때, 시험 보는 날에 하는 공부처럼 공부해보세요.**

★ **충분히 시간을 갖고 시험 전체를 한 번에 치르세요.**

★ **질문에 답하는 동안 물을 많이 마시세요.** ← 여러분의 뇌에 충분한 수분이 공급되었을 때 실제로 잘 배우게 됩니다.

★ **질문에 답하는 동안, 각 선택지에 대해 생각해보고, 100% 확신이 없더라도 하나의 답만 표시하세요.**

★ **10개 문제를 풀 때마다, 다시 돌아가서 각 질문을 다시 한번 잘 읽어보고 여전히 자신이 고른 답이 맞다는 생각이 드는지 보세요.**

★ **모든 질문에 답할 때까지 답을 보지 마세요.**

★ **실전 문제를 푼 후 저녁에 잠을 충분히 주무세요. 그래야 그 정보가 여러분의 뇌에 정착되는 데 도움이 됩니다.**

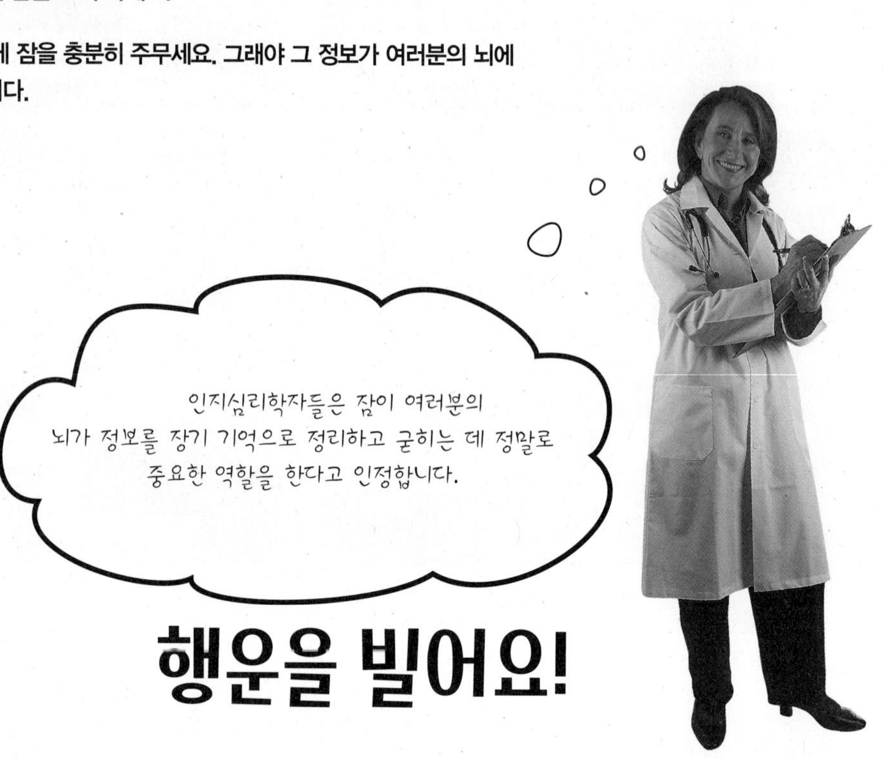

인지심리학자들은 잠이 여러분의
뇌가 정보를 장기 기억으로 정리하고 굳히는 데 정말로
중요한 역할을 한다고 인정합니다.
행운을 빌어요!

8 전문가의 책임

좋은 선택하기

PMI 윤리 및 전문가의 행동강령을 알게 돼서, 난 더 나은 애자일 전문가이자 더 나은 남편이 됐지.
어머, 정말요? 쓸데없는 말을 내뱉는 것에 관해서 그 강령에는 뭐라고 돼 있던가요?

자신의 일을 잘 알고 있는 것이 다가 아닙니다. 자신이 하고 있는 일을 잘하기 위해서는 좋은 선택을 해야 합니다. PMI-ACP 인증을 받은 사람들은 누구나 **PMI 윤리 및 전문가의 행동강령**을 따릅니다. 그 강령은 프로젝트 관리 지식체계 지침서(PMBOK)에서는 그다지 다뤄지지 않는 **윤리적인 의사결정**을 내리는 데 도움을 줍니다. 이 분야에 관해서는 PMI-ACP 시험에도 몇 문제가 나올 수 있습니다. 여러분이 알아야 할 것은 대부분은 **매우 간단**한 내용으로, 조금만 복습한다면 잘할 수 있습니다.

옳은 일 하기

여러분은 시험에서 프로젝트를 관리하는 동안 부딪히게 될 상황을 제시하고 그런 상황에서 여러분이라면 어떻게 할지 묻는 질문을 보게 됩니다. 보통 이런 질문에는 명확한 답이 있습니다. **원칙을 고수**하는 것입니다. 하지만 문제가 어려운 이유는 잘못된 일(프로젝트에서 편법을 쓴 보상으로 받는 돈처럼)에 대한 보상이 주어지거나, 문제가 아주 사소한 것처럼(잡지에서 저작권이 있는 글을 복사하는 것처럼) 보이기 때문입니다. 결과가 무엇이든 **PMI 윤리 및 전문가의 행동강령**(PMI code of ethics and professional conduct) 원칙을 고수한다면 여러분은 항상 옳은 답을 하게 됩니다.

PMI-ACP 시험 내용에 관한 개요는 윤리 및 전문가의 행동강령을 포함하고 있습니다. 이는 윤리적인 행동이 모든 애자일 전문가의 지식 및 기술의 일부여야 하기 때문입니다. 그 말은 시험 전반에 걸쳐 윤리 및 전문가로서의 행동강령에 관한 질문이 몇 개 나왔다는 뜻입니다.

주요 개념

일반적으로 여러분이 윤리강령에 따라 다뤄야 할 문제들은 아래와 같습니다.

1. **모든 법과 회사 규정을 따른다.**
2. **모든 사람들을 존중하며 공평하게 대한다.**
3. **여러분이 속한 지역사회와 환경을 존중한다.**
4. **다른 애자일 전문가들과 함께 경험에 대해 글을 쓰고, 강연을 하고 공유함으로써 지역사회에 환원한다.**
5. **지속적으로 배우며 자신이 하는 일을 점점 더 잘한다.**
6. **다른 사람들의 문화를 존중한다.**
7. **저작권을 존중한다.**
8. **프로젝트를 같이 하는 사람들을 항상 정직하게 대한다.**
9. **PMI-ACP나 PMI 인증에 어떤 식으로든 해가 되는 일을 한 사람을 발견한다면 PMI에 보고해야 한다.**

만약 여러분이 PMI-ACP 시험문제를 유출하거나, 시험에서 부정행위를 하거나, PMI-ACP 인증을 받았다고 거짓 주장하거나 PMI-ACP 인증 프로세스에 관해 거짓말을 한 사람을 발견한다면 PMI에 알려줘야 합니다.

설마요. 정말 시험에 그런 게 있다고요?
제 일을 어떻게 하는지는 제가 잘 알아요. 근데 정말 윤리 공부도 해야 한다는 건가요?

PMI-ACP 인증을 받았다는 것은 여러분이 자신의 업무를 수행하는 법을 알고 있으며 그 업무를 진지하게 수행한다는 뜻입니다.

이와 같은 상황을 어떻게 다뤄야 하는지는 그다지 중요하지 않은 것처럼 보일 수도 있지만 잠시 고용주의 입장에서 생각해보세요. PMI 윤리 및 전문가의 행동강령 때문에 고용주가 PMI-ACP 인증을 받은 애자일 전문가를 고용할 때, 그들은 회사 정책을 따르며 모든 일을 공명정대하고 원칙대로 하는 사람을 고용하는 것입니다. 그 말은 여러분이 회사를 소송으로부터 보호하고 여러분이 약속한 일을 수행한다는 뜻이며, 이 점은 매우 중요합니다.

그러니 여러분은 시험에서 윤리 및 전문가의 책임에 관한 질문을 몇 개 보더라도 놀라면 안 됩니다.

눈을 크게 뜨고 윤리 및 사회적 책임에 관해 묻는, 관심을 분산시키는 질문을 잘 찾아보기 바랍니다. 그 질문들은 일반적인 프로젝트 관리 문제처럼 들리는 상황을 제시하지만, 그 상황에서 여러분은 PMI 윤리 및 전문가의 행동강령의 원칙 중 하나를 선택해야 합니다.

여러분이 하고 있는 프로젝트에서 이와 같은 원칙을 적용해서 의사결정을 내려야 하는 상황을 생각해보세요.

그 돈을 챙길까?

어떤 상황이든 뇌물을 받는 것은 절대로 괜찮은 일이 아닙니다. 심지어 여러분의 회사나 고객이 그 뇌물로 인해 혜택을 보더라도 말입니다. 그리고 뇌물은 돈이 아닐 수도 있습니다. 공짜 여행이나 야구 경기 관람권일 수도 있습니다. 여러분의 생각이나 작업 방식을 변경하는 대가로 무언가를 제공받는다면, 여러분은 그 제안을 거절하고 회사에 이 사실을 알려야 합니다.

여러분이 뇌물을 건네주기를 당연하게 기대하는 곳에서라도 그렇게 하면 안 됩니다. 그 나라의 관습이나 문화로 인해 뇌물을 주는 것이 가능하더라도 말입니다.

케이트, 당신은 정말 같이 일하기 좋은 분 같아요. 그래서 저희가 감사의 의미로 $1000를 보내려고 하는데요.

끝내주네. 쇼핑 가려고 얼마나 기다렸는데. 아, 맞다, 휴가는? 아카풀코야, 기다려라, 내가 간다!

그런 선물은 절대 받지 않겠어. 제대로 업무를 하는 것 자체가 나한테는 보상이 되거든.

옳은 방법

뒤운 방법

죄송합니다만 그런 선물은 받을 수가 없습니다. 마음 써주시는 것만으로도 감사드려요.

비즈니스 클래스로 갈래요?

회사에 정책이 있다면 여러분은 따라야 합니다. 그 정책을 따르지 않아도 아무런 해가 되지 않고, 심지어 들키지 않더라도 그렇게 하면 안 됩니다. 그리고 법은 두말할 것도 없습니다. 어떤 상황이라도 법을 어겨서는 안 됩니다. 여러분이나 프로젝트 관점에서 보기에 그게 얼마나 좋아 보이던지 간에 말입니다.

만약 회사 안에서 법을 어기는 누군가를 본다면 관련 부서에 보고해야 합니다.

우리한테 예산이 좀 남았어요. 그리고 그동안 여러분이 진짜 잘해왔어요. 그래서 회사 여행 규정상 우리는 이코노미를 타야 하지만 조금 업그레이드할 여유가 있습니다. 이번에는 비즈니스 클래스로 끊어보죠?

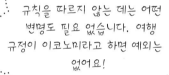

그거 알아? 비즈니스 클래스를 타면 의자가 침대처럼 완전히 젖혀진다고. 진짜 멋지지 않아? 나 정말 열심히 일했으니 그 정도는 당연한 거라고!

규칙을 따르지 않는 데는 어떤 변명도 필요 없습니다. 여행 규정이 이코노미라고 하면 예외는 없어요!

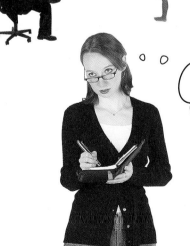

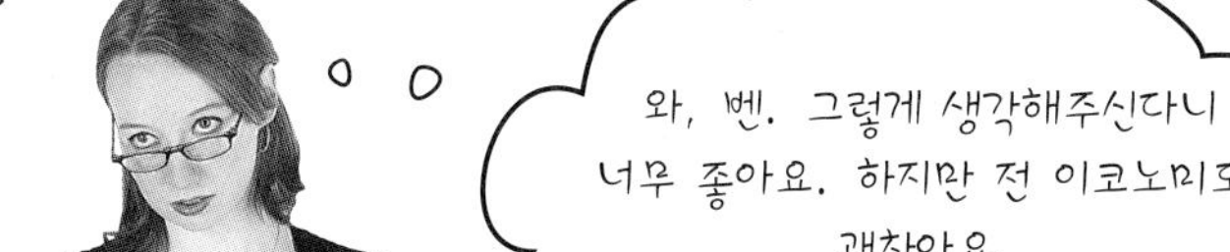

와, 벤. 그렇게 생각해주신다니 너무 좋아요. 하지만 전 이코노미도 괜찮아요.

새로운 소프트웨어

저작권에 관해서라면 허락 없이 어떤 것도 사용해서는 안 됩니다. 책, 기사, 음악, 소프트웨어 등, 여러분은 이런 것들을 사용하기 전에 항상 물어봐야 합니다. 예를 들어 회사 발표에 저작권이 있는 음악을 사용하려면 저작권자에게 서면으로 허락을 구해야 합니다.

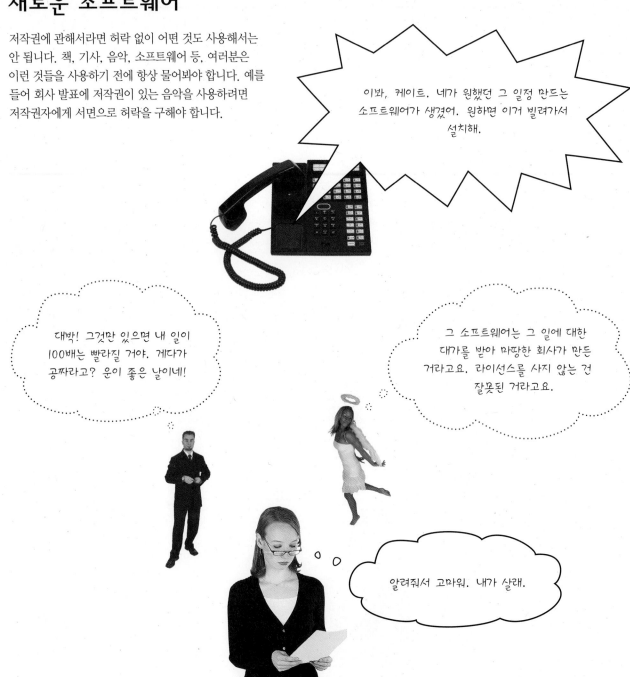

이봐, 케이트. 네가 원했던 그 일정 만드는 소프트웨어가 생겼어. 원하면 이거 빌려가서 설치해.

대박! 그것만 있으면 내 일이 100배는 빨라질 거야. 게다가 공짜라고? 운이 좋은 날이네!

그 소프트웨어는 그 일에 대한 대가를 받아 마땅한 회사가 만든 거라고요. 라이선스를 사지 않는 건 잘못된 거라고요.

알려줘서 고마워. 내가 살래.

편법

질문 한두 개는 여러분에게 모든 프로세스를 정말 다 따라야 하는지를 물을 수도 있습니다. 아니면 여러분의 상사가 이해관계자나 스폰서에게 프로젝트에 관한 몇 가지 사실을 숨기자고 요청할 수도 있습니다. 여러분은 프로젝트가 제대로 진행되고 있고 정보가 필요한 사람에게 정보를 제공할 책임이 있습니다.

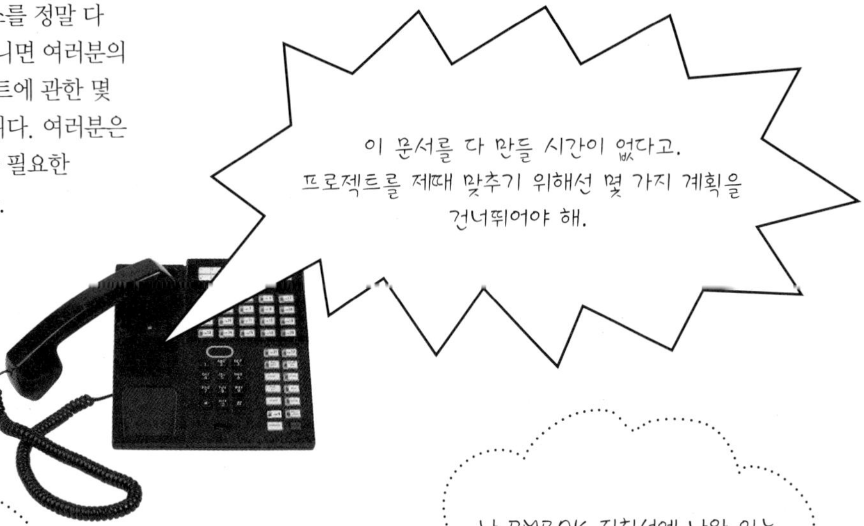

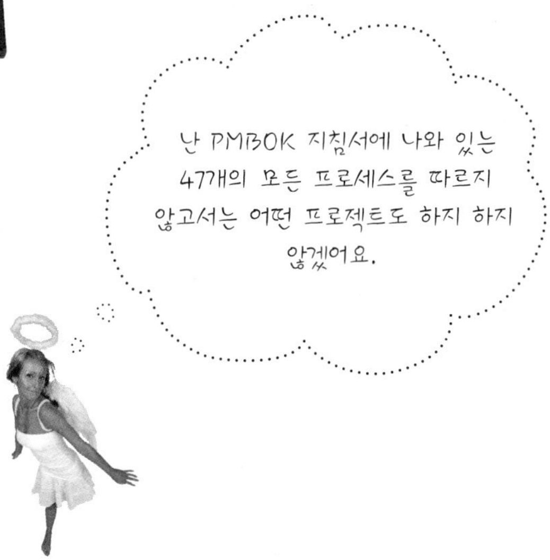

이 문서를 다 만들 시간이 없다고.
프로젝트를 제때 맞추기 위해선 몇 가지 계획을
건너뛰어야 해.
좋지. 나야 일을 덜 하게 되니까.
사실 계획을 문서로 작성할 시간이
충분한 것 같지도 않고.
난 PMBOK 지침서에 나와 있는
47개의 모든 프로세스를 따르지
않고서는 어떤 프로젝트도 하지 하지
않겠어요.
시간이 없는 건 나도 알지만, 이렇게
편법을 쓰면 결국 시간을 줄이는 것보다
더 큰 대가를 치를 수도 있어.

좋은 가격이냐 깨끗한 강이냐, 그게 문제입니다

지역사회에 대한 책임 의식은 성공적인 프로젝트를 하는 것보다 더 중요합니다. 하지만 그 일은 환경에 대한 인식만으로는 부족합니다. 여러분은 지역사회뿐만 아니라 프로젝트가 실행되는 지역사회에 있는 모든 사람들의 문화를 존중해야 합니다.

그 말은 언어, 관습, 휴일, 휴가 정책 등이 나라마다 다를 수 있으므로, 여러분은 그 사람들이 대우받던 방식 그대로 그들을 대우해줘야 합니다.

우리 공급업체 중 하나가 강에다 유해한 화학물질을 갖다버렸다는 것을 알게 됐지 뭐야. 우리한테 항상 좋은 가격을 제공해왔는데 이제 와서 공급업체를 바꾸면 예산이 천정부지로 치솟을 텐데. 이 일 때문에 머리가 지끈거리네. 어떻게 해야 하지?

멍청한 물고기들 때문에 프로젝트를 망칠 수는 없어.

지구는 우리의 집이고 이 프로젝트보다 훨씬 중요하다고요. 옳은 일을 해야 해요.

벤, 우리한테 문제가 될 수 있겠지만, 다른 공급업체를 찾아봐야 할 것 같아요.

우리 모두가 천사는 아니잖아요

여러분이 프로젝트에 대해 하는 선택이 항상 흑백논리에 맞는 건 아니라는 것을 알고 있습니다. 시험 문제는 여러분이 알고 있는 PMI 윤리 및 전문가의 행동강령과 그것을 어떻게 적용하는지를 테스트하도록 설계되어 있습니다. 실제로 여러분이 처하게 될 수많은 상황은 여기서 보게 될 상황보다 여러분의 의사결정을 더 힘들게 하는 온갖 여건들이 있습니다. 하지만 여러분이 어떤 행동강령을 따라야 한다는 것을 알고 있다면, 여러분은 이와 같은 시나리오도 제대로 평가할 수 있습니다.

진짜 금방 읽을 수 있는 것이고, 여러분이 시험을 잘 보는 데 도움이 될 겁니다.

이제 시험 문제를 풀기 전에 PMI의 윤리 및 전문가의 행동강령을 읽어보세요. 그 내용을 찾아보려면, PMI 웹사이트의 검색 기능을 사용해 'PMI Code of Ethics and Professional Conduct'를 찾아보거나 검색 엔진을 활용하면 됩니다.

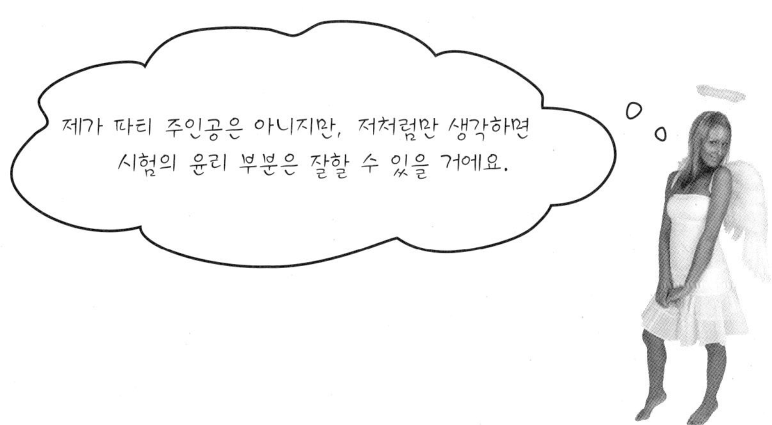

제가 따티 주인공은 아니지만, 저처럼만 생각하면
시험의 윤리 부분은 잘할 수 있을 거예요.

시험 문제

1. **여러분은 주말에 정말 좋은 글을 읽었고, 그 내용이 당신 팀에게도 정말 도움이 될 것이라는 생각이 들었습니다. 어떻게 해야 할까요?**
   - **A.** 복사해서 팀원들에게 나눠준다.
   - **B.** 글의 일부를 타이핑해서 팀에게 이메일로 보낸다.
   - **C.** 모든 사람들에게 여러분이 그 글에 있는 아이디어에 대해 생각해봤다고 알린다.
   - **D.** 모두를 위해 잡지를 구매한다.

2. **여러분은 그동안 함께 일해온 계약업체가 여성을 차별한다는 것을 알게 됐습니다. 그 계약업체는 다른 나라에 기반을 두고 있는데 그 나라에서는 여성 차별이 일반적입니다. 어떻게 해야 할까요?**
   - **A.** 그 계약업체의 문화를 존중하고 차별이 지속되는 것을 허용한다.
   - **B.** 해당 계약업체와 일하는 것을 거부하고 새로운 판매자를 찾는다.
   - **C.** 계약업체에게 더 이상 차별을 하지 말라는 요구사항을 문서로 전달한다.
   - **D.** 상사와 만나 상황을 설명한다.

3. **여러분이 하는 프로젝트의 고객이 일을 계속하고 싶으면 자기에게 매주 점심을 사라고 요구합니다. 여러분이 할 수 있는 최선은 무엇입니까?**
   - **A.** 고객에게 점심을 사고 회사에 청구한다.
   - **B.** 그것을 뇌물이므로 점심식사를 사는 것을 거절한다.
   - **C.** 고객에게 점심은 사되 고객의 관리자에게 그 사실을 알린다.
   - **D.** PMI에 그 일을 보고한다.

4. **여러분은 회사가 처음으로 맡은 금융 프로젝트 중 하나를 위해 일하고 있으며, 그동안 프로젝트를 어떻게 관리해야 하는지 정말 많이 배웠습니다. 여러분이 일하는 회사는 내년에 새로운 프로젝트로 금융회사를 목표로 삼고 있습니다. 여러분이 할 수 있는 최선은 무엇입니까?**
   - **A.** 프로젝트에서 배운 것을 다른 사람들에게 알려줄 수 있도록 회사에게 요청해서 트레이닝 시간을 잡는다.
   - **B.** 알게 된 정보는 혼자만 간직해서 내년에 회사에 더 소중한 인재가 되도록 한다.
   - **C.** 금융 계약에 전문성을 갖기로 한다.
   - **D.** 프로젝트에서의 현재 업무에 집중하고 자신의 경험으로부터 다른 사람들이 배우도록 하는 데는 신경 쓰지 않는다.

5. **여러분은 느슨한 환경 보호 규칙을 갖고 있는 나라의 판매자와 계약을 하면 돈을 아낄 수 있다는 것을 알게 됐습니다. 어떻게 해야 할까요?**
   - **A.** 환경적으로 안전한 제품에 계속해서 높은 금액을 지불한다.
   - **B.** 비용 절감의 이점을 누린다.

시험 문제

C. 상사에게 대신 결정해달라고 요청한다.

D. 현재의 계약업체에게 그 가격에 맞추라고 요구한다.

6. 여러분은 팀에 속한 누군가가 인종차별적인 욕을 하는 것을 우연히 들었습니다. 그 사람은 중요한 팀원이라 그 사람이 회사를 나가면 프로젝트에 문제가 될 것 같아 걱정입니다. 어떻게 해야 할까요?

A. 문제를 일으키지 않도록 못 들은 척한다.

B. 그 팀원에 대해 그의 상사에게 보고한다.

C. 다음 팀 미팅 때 그 이야기를 꺼낸다.

D. 그 팀원과 사적으로 만나 인종차별적인 표현은 용납할 수 없다고 전한다.

7. 여러분은 지역의 PMI 회원 모임에서 발표를 했습니다. 이는 아래 보기 중 어떤 예입니까?

A. PDU

B. PMBOK(Project Management Body of Knowledge)에 기여하기

C. 자선단체에 기부하기

D. 자원봉사

8. 응찰자 컨퍼런스를 막 개최할 예정인데, 잠재적인 판매자가 여러분이 좋아하는 야구팀의 야구 경기 관람권을 제공했습니다. 어떻게 해야 할까요?

A. 그 판매자와 함께 경기는 가지만 계약에 관해서는 이야기하지 않는다.

B. 그 판매자와 경기에 가서 계약 건에 관해 이야기한다.

C. 경기에는 가지만 뇌물이 될 수 있으므로 판매자가 여러분에게 아무것도 사주지 않게 한다.

D. 공손하게 표를 거절한다.

9. 여러분의 회사가 컨설팅 업무를 위한 제안서를 내라고 했는데 여러분의 동생이 입찰하고 싶어합니다. 여러분이 할 최고의 선택은 무엇입니까?

A. 동생에게 내부 정보를 제공해서 프로젝트를 따낼 좋은 기회를 얻게 해준다.

B. 동생과의 관계를 대외적으로 공개하고 선별 과정에서 빠진다.

C. 동생을 추천하되 관계에 대해서는 말하지 않는다.

D. 관계에 대해서는 누구에게도 이야기하지 않지만 모든 잠재적인 판매자를 평가할 때 동생에게 어떠한 혜택도 주지 않도록 조심한다.

시험 ~~문제~~ 답안

1. **답: D**

저작권이 있는 것은 그 어떤 것도 복사하지 않아야 합니다. 다른 사람들의 지적 재산권을 항상 존중하세요.

2. **답: B**

여성, 소수자 등을 차별하는 것은 절대로 괜찮은 일이 아닙니다. 차별을 하는 사람과는 일을 함께 하지 않아야 합니다.

3. **답: B**

고객이 뇌물을 요구하지만 뇌물을 주는 것은 도덕적이지 않습니다. 그렇게 하면 안 됩니다. 만약 프로젝트로 인해 누군가에게 뇌물을 줘야 한다면 그 사람과 거래를 하지 마세요.

4. **답: A**

다른 사람들이 배울 수 있게 항상 도움을 줘야 합니다. 특히 프로젝트를 운영하는 방식을 개선하는 일이라면 더욱 중요합니다.

5. **답: A**

환경을 오염시키는 판매자와는 계약 업무를 하지 말아야 합니다. 환경을 해치지 않는 기계를 사용하는 것이 비용이 더 들더라도 그것이 옳은 일입니다.

6. **답: D**

여러분의 팀이 항상 다른 사람을 존중하게 하세요.

7. **답: B**

다른 사람들과 자신의 지식을 공유할 때마다 여러분은 PMBOK에 기여하는 것이며, 그것이 바로 여러분이 어떤 종류의 PMI 인증을 받았더라도 해야 하는 일입니다.

시험 ~~문제~~ 답안

8. 답: D

그 경기가 아무리 재미있을 것 같아도 관람권을 거절해야 합니다. 관람권은 뇌물과 같으므로 여러분은 계약을 체결하는 여러분의 의사결정에 영향을 미칠 수 있는 일은 어떠한 것도 하면 안 됩니다.

9. 답: B

관계에 대해 이야기해야 합니다. 프로젝트에 일어날 수 있는 상충되는 이해관계에 대해 미리 솔직해져야 합니다.

PMI-ACP 시험에서
이런 질문을 많이 보지 않더라도, 전문가로서 익숙해져야 하는
좋은 주제인 건 맞습니다.

여기는 의도적으로 남긴 공백입니다

여기는 의도적으로 남긴 공백입니다

9 연습이 완벽을 만든다

PMI-ACP 모의 테스트

공부해야 되는데
계속 초콜릿 케익이 생각나.

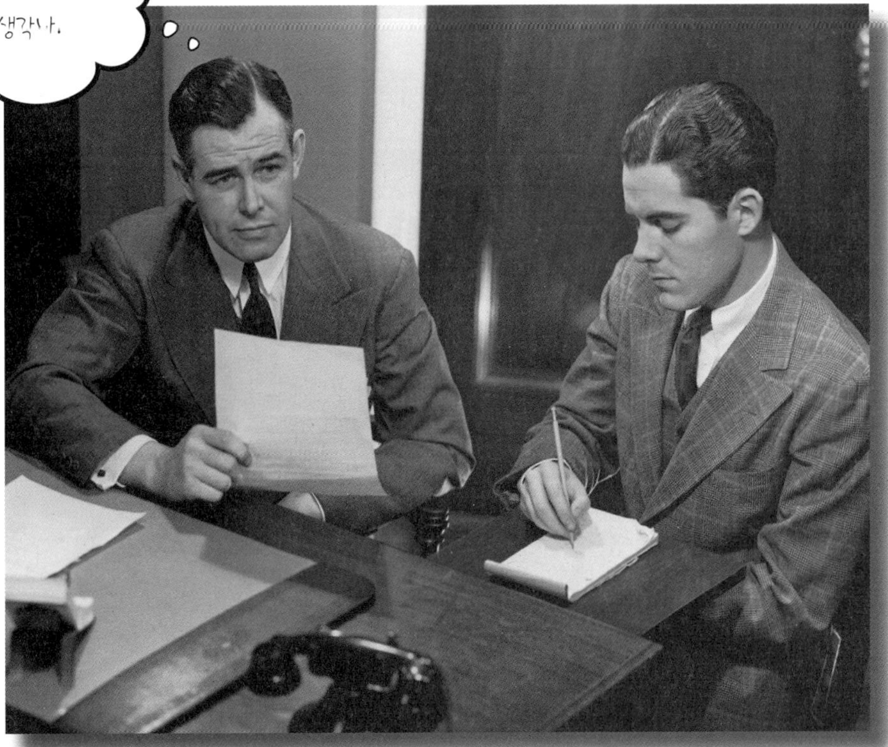

장담하건데, 여러분은 여기까지 올 줄 몰랐겠죠! 그동안 긴 여정이었지만, 이제 여기서 여러분의 지식을 복습하고 시험날을 대비할 단계입니다. 여러분은 그동안 애자일에 관한 수많은 새로운 징보를 어러분의 뇌에 집어넣있으니 이제는 그중 일마나 님아 있는지 확인애볼 때입니다. 그래서 여기에 120개의 질문이 있는 PMI-ACP 실전 문제를 준비했습니다. 우리는 PMI 전문가들이 사용하는 것과 아주 동일한 **PMI-ACP 시험 내용 개요를 그대로 따랐으니** 여러분이 실제로 시험을 치를 때 보게 되는 문제와 아주 유사하게 보일 것입니다. 이제는 지적 근육을 움직여볼 시간입니다. 그러니 숨을 크게 들이쉬고 준비한 후 시작하세요.

1. **스크럼 팀의 이해관계자 한 사람이 새로운 요구사항을 알게 되었고, 팀원들에게 그 요구사항을 개발하라고 합니다. 그러자 한 팀원은 이해관계자가 바로 사용할 수 있는 프로토타입을 만듭니다. 이 사실을 안 제품 책임자는 그 팀원에게 앞으로 결정을 내릴 때 자신을 포함하라고 요구하지만, 그 팀원은 자신의 방법이 가장 효율적으로 일하는 방법이라고 생각합니다. 제품 책임자와 팀원이 이 문제를 해결하기 위해 스크럼 마스터(scrum master)를 찾아갑니다. 스크럼 마스터는 무엇을 해야 할까요?**

   A. 팀원이 이해관계자와의 의사소통을 개선하는 방법을 제품 책임자가 이해하도록 돕는다.

   B. 제품 책임자의 편을 든다.

   C. 팀원에게 사용자 스토리의 정확한 사용법을 보여줌으로써 스크럼의 규칙을 따르도록 한다.

   D. 제품 책임자와 팀원이 서로 타협해서 절충점을 찾도록 돕는다.

2. **팀이 반복 동안 구축한 작업을 시연하자, 이해관계자는 그 소프트웨어가 사용하기 어렵다고 불평합니다. 팀이 향후 이와 같은 일을 방지하기 위해 적용할 수 있는 기법은 무엇입니까?**

   A. 사용성을 포괄하는 사용자 인터페이스 요구사항을 개발한다.

   B. 조직적인 사용성 표준을 정의한다.

   C. 이해관계자가 사용자 인터페이스의 초기 버전을 사용하는 것을 관찰한다.

   D. 와이어프레임을 만들고 이해관계자와 검토한다.

3. **스크럼 프로젝트의 주요 프로젝트 이해관계자가 제품 책임자에게 주요 개발품목 중 하나를 계획보다 2개월 먼저 완료하라고 이메일로 통보합니다. 제품 책임자는 팀원들을 만나서 그 목표를 달성할 방법을 합의하지만, 그렇게 되면 몇 가지 다른 품목이 지연됩니다. 제품 책임자는 지연이 되는 경우 이해관계자가 수용하지 않을 것이라고 팀에게 경고합니다. 팀이 어떻게 진행해나가야 할까요?**

   A. 변경 제어 프로세스를 시작한다.

   B. 제품 책임자가 이해관계자와 만나게 하여 수용할만한 타협 방법을 논의한다.

   C. 스파이크 솔루션을 시작한다.

   D. 팀이 모두 동의하는 접근법에 대한 작업을 시작한다.

4. **여러분은 팀의 칸반 보드를 검토하다가 많은 작업 아이템이 프로세스의 특정 단계에서 쌓이고 있다는 사실을 알게 됩니다. 이 상황을 처리하는 가장 좋은 방법은 무엇입니까?**

   A. 팀과 함께 협업해 프로세스의 해당 단계에서 작업 아이템을 제거한다.

   B. 장기 평균 재고를 계산하기 위해 리틀의 법칙(Little's law)을 사용한다.

   C. 작업 아이템이 프로세스로 도착하는 속도를 높인다.

   D. 프로젝트 이해관계자와 협력하여 해당 칸의 WIP 제한 설정을 한다.

5. **스크럼 팀의 테스터가 일부 프로그래밍 작업을 하고 싶다고 의사표현을 했습니다. 그러나 개발자 중 한 명은 품질 문제가 발생하지 않을까 걱정합니다. 팀이 어떻게 진행해야 할까요?**

   A. 스크럼 마스터는 테스터에게 개발 트레이닝을 해줄 기회를 찾아야 한다.

   B. 개발자는 테스터의 풀 타임 멘토가 되어야 한다.

   C. 스크럼 마스터는 회의를 소집해 테스터가 개발 작업을 하게 해주기로 합의를 구해야 한다.

   D. 테스터는 스프린트에서 개발 작업이 생기면 그 작업을 시작해야 한다.

6. **애자일 팀의 새 팀원은 팀원들이 현재 지키고 있는 기본 규칙에 동의하지 않습니다. 팀이 어떻게 해야 할까요?**

   A. 규칙에 대한 이유를 설명하고 새 팀원이 따라 해보도록 권한다.

   B. 규칙을 버리고 협력해서 다른 것으로 대체한다.

   C. 스크럼 마스터가 새 팀원에게 스크럼 규칙을 설명하도록 한다.

   D. 새 팀원에게 규칙이 애자일 선언문의 어느 원칙을 토대로 하고 있는지 보여준다.

7. **여러분은 애자일 팀의 리더입니다. 다음 중 여러분이 취할 행동이 아닌 것은 무엇입니까?**

   A. 다른 팀원들이 행동해주길 바라는 방식으로 행동하면서 모범을 보인다.

   B. 모든 팀원이 프로젝트 목표를 이해하는지 확인한다.

   C. 팀이 소프트웨어를 설계하는 방법에 관한 중요한 결정을 내린다.

   D. 팀의 시간을 너무 많이 뺐는 외부 문제를 방지한다.

8. **여러분은 스프린트 계획 수립 회의에 참석 중입니다. 팀원 두 명이 한 스토리에 대해 싸우고 있습니다. 그 둘은 사용자 인터페이스의 기존 측면을 재사용할 수 있는지 또는 새로운 사용자 인터페이스 요소를 만들어야 하는지에 대해 서로 동의하지 못하고 있습니다. 팀이 이 문제를 해결할 가장 좋은 방법은 무엇입니까?**

   A. 제품 책임자가 팀이 그 문제를 어떻게 해결할지 결정함으로써 문제를 해결한다.

   B. 팀이 불확실성에 대한 대비로 계획에 버퍼를 둔다.

   C. 스크럼 마스터가 팀이 문제를 어떻게 해결할지 결정함으로써 문제를 해결한다.

   D. 팀이 협상을 통해 해당 피처의 특정 인수 기준에 대한 합의를 한다.

9. 여러분은 몇몇의 비즈니스 이해관계자와 직접적으로 일하는 애자일 전문가입니다. 이해관계자 중 한 명이 구현하기 어려운 요구사항을 하나 제시했습니다. 팀원 몇 명이 그 요구사항을 대체하면서 구현하는 데 비용이 훨씬 덜 드는 대안을 제안하기 위해 회의를 소집했습니다. 여러분은 이 상황을 어떻게 처리해야 할까요?

A. 팀을 참여시키기 위해 섬기는 리더십을 실천한다.

B. 다음 일일 스탠드업에 이해관계자를 초대한다.

C. 이해관계자에게 팀이 가진 대안을 설명한다.

D. 이해관계자의 기대치와 니즈를 팀에게 설명하고 해결 방안을 찾기 위해 협력한다.

10. 애자일 팀이 두 번째 반복 중에 있습니다. 어떤 팀원들의 의견 충돌이 다툼으로 번지기 시작해서 팀원 한 명이 최근 다른 팀원을 직무 태만이라고 비난했습니다. 이 팀을 가장 잘 표현한 것은 무엇입니까?

A. 팀은 격동기 단계에 있으며 지도가 필요하다.

B. 팀은 정착기 단계에 있으며 지원이 필요하다.

C. 팀은 정착기 단계에 있으며 코칭이 필요하다.

D. 팀은 격동기 단계에 있으며 코칭이 필요하다.

11. 스크럼 팀은 자기조직한다고 주장합니다. 그것이 무엇을 의미합니까?

A. 팀은 각 스프린트를 함께 계획하고 책임이 따르는 마지막 순간에 개별 작업 과제에 대한 의사결정을 한다.

B. 팀은 각 스프린트의 마지막에 작동하는 소프트웨어를 전달하고, 이해관계자에게 전달되는 가치를 극대화하기 위해 다음 스프린트를 조정한다.

C. 팀에게는 관리자가 필요 없으며 대신 섬기는 리더십을 보여주는 스크럼 마스터에게 의존한다.

D. 팀은 스프린트 기준으로만 계획을 세우며, 스프린트 기간을 넘어가는 마감일에는 책임질 필요가 없다.

12. 애자일 전문가는 중요한 제품 피처를 구현하기 위해 업체와 함께 작업하고 있습니다. 그 전문가는 업체가 초기 반복에서는 우선순위가 낮은 피처 작업을 하면서 우선순위가 높은 피처는 무시하고 있다고 걱정합니다. 이 상황을 처리하는 가장 좋은 방법은 무엇입니까?

A. 전문가가 다음 일일 스탠드업에서 이 문제를 제기한다.

B. 전문가가 다음 반복 계획 수립 회의에서 이 문제를 제기한다.

C. 완성품의 가치는 전문가와 업체 사이의 협업을 통해 극대화된다.

D. 전문가가 높은 우선순위의 아이템을 백로그로 옮긴다.

13. 여러분은 소프트웨어 서비스 업체에서 일하는 팀의 애자일 전문가입니다. 여러분의 고객사 한 곳이 반복 계획 수립에 어려움을 겪고 있습니다. 여러분의 팀도 비슷한 문제에 직면했고, 특정 기법을 사용해서 그 문제를 해결했습니다. 여러분은 어떤 조치를 취해야 할까요?

A. 고객사의 담당자에게 해당 프랙티스를 설명한다.

B. 개선 방안을 설명한 문서를 만든다.

C. 고객의 일일 스탠드업 회의에 참석하겠다고 전한다.

D. 조직의 영역을 존중하기 위해 아무것도 하지 않는다.

14. 팀이 구축해야 하는 것에 대해 변덕을 부리는 사용자를 어떻게 다뤄야 할지, 다른 팀의 스크럼 마스터가 여러분에게 조언을 구합니다. 여러분은 어떤 조치를 취해야 할까요?

A. 프로젝트 계획을 만들고 변경 제어 프로세스를 구현하는 회사의 기준을 그 스크럼 마스터에게 보여준다.

B. 여러분의 사용자가 과거에 어떻게 계속 마음을 바꿨는지 보여주고, 스프린트와 스프린트 계획 수립 중에 변경을 하기 위해 팀과 협력했음을 보여준다.

C. 다른 팀의 일일 스탠드업과 회고를 진행하겠다고 제안한다.

D. 애자일 팀은 변화에 대응하는 데 가치를 두고 있으며, 스크럼 마스터는 팀이 이 원칙을 이해하도록 도와야 한다고 설명한다.

15. 다음 중 효과적인 팀 환경을 조성하기 위해 중요한 것이 아닌 것은 무엇입니까?

A. 회고 때 집중하고, 가능하면 기여한다.

B. 실수를 해도 괜찮다는 것을 명확히 한다.

C. 팀원이 방법에 동의하지 않을 때 건설적인 조정을 한다.

D. 프로젝트 작업을 하는 동안 회사의 모든 기본 규칙을 따르도록 신중을 기한다.

16. 여러분은 프로세스 개선을 위해 칸반을 사용하는 팀의 애자일 전문가입니다. 여러분이 개선을 위해 한 노력의 효과를 측정하기 위해 어떤 단위를 사용하고, 데이터는 어떻게 시각화하겠습니까?

A. 프로젝트 과정 동안 자원 할당을 시각화하기 위한 자원 히스토그램을 사용한다.

B. 매일 완료한 진척도와 포인트를 시각화한 번다운 차트를 사용한다.

C. 대기 시간과 작업 시간을 시각화하기 위해 가치 흐름 맵을 사용한다.

D. 완성률, 리드 시간과 진행 중인 작업을 시각화하기 위해 누적 흐름도를 사용한다.

17. 여러분의 팀은 한 가지 기술 문제에 대한 두 개의 타당한 솔루션 중 하나를 고를 수 있습니다. 한 솔루션은 암호화를 사용하지만 좀 느리게 작동하고, 다른 하나는 암호화를 사용하지 않아서 좀 더 빨리 작동합니다. 이 두 가지 솔루션 중 어떤 것을 선택하기 위한 가장 좋은 방법은 무엇입니까?

A. 더 빠른 솔루션을 선택한다.

B. 어떤 접근법이 효과가 있을지 알아보기 위해 스파이크 솔루션을 사용한다.

C. 더 안전한 솔루션을 사용한다.

D. 이해관계자들로부터 관련된 비기능적인 요구사항을 이끌어낸다.

18. 여러분은 스크럼 마스터 역할을 하는 애자일 전문가입니다. 여러분의 팀이 회고를 하는 중입니다. 이때 여러분이 해야 할 일은 무엇입니까?

A. 팀이 개선 방안을 파악하고 구현 방안을 설정하는 것을 지켜본 후, 회의에서 팀원들이 자신들의 역할을 이해하도록 돕는다.

B. 프로젝트 팀이 스크럼의 규칙에 대해 질문이 있을 경우를 대비해 이에 대한 대답할 준비를 한다.

C. 개선 방안을 파악하고 이를 위한 구현 방안을 설정하는 데 참여하고, 회의에서 팀원들이 자신들의 역할을 이해하도록 돕는다.

D. 팀이 이해관계자의 니즈를 이해하도록 도와주고 이해관계자들의 입장을 대변한다.

19. 여러분은 스크럼 마스터입니다. 한 팀원이 팀 회의가 너무 많다고 걱정하면서 일주일에 한 번 일일 스탠드업 회의에 불참하고 싶다고 합니다. 여러분은 무엇을 해야 할까요?

A. 스크럼 규칙은 모든 사람들이 회의에 참여하도록 되어 있다고 설명한다.

B. 팀이 문제를 쉽게 찾아내고 이를 해결하는 데 일일 스탠드업 회의가 어떻게 도움이 되는지 팀원을 이해시킨다.

C. 일일 스탠드업 회의는 직무 중의 하나이므로 해당 팀원의 관리자와 협력한다.

D. 모두가 일일 스탠드업 회의에 참여하는 것을 기본 규칙으로 설정하도록 팀과 협력한다.

20. 여러분이 속한 애자일 팀은 업체와 함께 다음 스프린트에 쓰일 컴포넌트를 포함해 제품의 컴포넌트 몇 가지를 구축하고 있습니다. 프로젝트 목표와 목적에 대해 업체를 대표하는 사람과 회의를 한 후 업체 대표자가 여러분에게 자신들은 워터폴 프로세스를 사용하며 그 방법이 바로 높은 차원의 비전과 지원 목표를 자신들의 조직 내에서 의사소통하는 방법이라고 설명하면서, 자신들의 범위와 목적에 관한 문서를 이메일로 보내왔습니다. 이 상황을 다루는 가장 좋은 방법은 무엇입니까?

A. 업체 팀에게 요구사항을 나타낼 사용자 스토리를 만들라고 요청한다.

B. 애자일 원칙을 옹호하고 여러분의 팀은 포괄적인 문서보다 작동하는 소프트웨어를 더 가치 있게 여긴다고 설명한다.

C. 범위와 목표를 자세히 살펴보고 대표와 프로젝트에 대해 여러분의 팀이 이해한 부분과 다른 점에 대해 논의한다.

D. 스프린트 리뷰 회의에 그 대표자를 초대한다.

21. 여러분은 금융 분석 소프트웨어를 개발하는 스크럼 팀의 애자일 전문가입니다. 여러분과 팀원들은 새로운 기술을 시도해보고자 합니다. 제품 책임자는 그 기술을 시도하기 위해 필요한 추가 시간으로 인해 프로젝트가 지연되는 것이 걱정입니다. 이 경우 팀이 어떻게 진행해야 할까요?

A. 스크럼 마스터가 새로운 기술의 사용에 대해 팀과 제품 책임자 사이에서 동의를 이끌어내도록 협상하게 한다.

B. 제품 책임자가 이해관계자에게 새로운 기술에 대해 설명하도록 한다.

C. 추가 시간이 소요되는 것을 피하기 위해 새로운 기술을 거부하고 팀에게 익숙한 기술을 고수한다.

D. 팀원들이 제품 책임자와 협력해 프로젝트 목표와 기술 목표를 조율하도록 한다.

22. 여러분은 XP 팀의 애자일 전문가입니다. 한 팀원이 팀이 그동안 소프트웨어 아키텍처에서 몇 개의 큰 컴포넌트를 재설계해야 할 만큼 중대한 문제를 발견했습니다. 팀이 다음으로 해야 할 일은 무엇입니까?

A. 코드를 리팩토링하고 지속적인 통합을 실천한다.

B. 페어 프로그래밍으로 모든 사람들이 문제의 범위를 이해하도록 한다.

C. 점진적 설계를 하고 책임이 따르는 마지막 순간까지 설계 결정을 미룬다.

D. 이해관계자가 이 일이 프로젝트에 미치는 영향을 이해할 수 있도록 협업한다.

23. 하나의 반복에 필요한 작업을 하는 데 주어진 시간이 만료됐습니다. 팀이 취해야 할 다음 조치는 무엇입니까?

A. 완전히 완료된 피처와 일부만 완료된 피처 모두 이해관계자에게 시연한다.

B. 팀, 프로젝트, 조직의 효율성을 강화하기 위해 회고를 진행한다.

C. 다음 반복을 계획한다.

D. 완전히 완료된 모든 피처들을 이해관계자에게 시연한다.

24. 여러분은 금융 서비스 분석가 팀이 사용할 소프트웨어를 구축하는 스크럼 팀의 제품 책임자입니다. 지난 두 번의 스프린트 리뷰에서 금융 서비스 분석가 팀의 관리자가 자신이 기대한 모든 피처를 여러분의 팀이 개발하지 않았다면서 화를 냈습니다. 여기에 적절한 답변은 무엇입니까?

A. 관리자와 다음 스프린트에서 만나 각 스토리의 인수 기준을 논의하고, 그 논의한 바에 따라 스프린트 백로그를 업데이트한다.

B. 각 이해관계자에게 스프린트 백로그의 최신 버전을 매일 이메일로 전달한다.

C. 관리자를 다음 일일 스탠드업 회의에 초대한다.

D. 관리자를 다음 스프린트 계획 수립 회의에 초대한다.

25. 여러분은, 소프트웨어 개발이 늦고 중요한 가치를 구현하는 데 실패했다며 소프트웨어 팀이 가진 전사적인 문제점에 관해 두 수석 관리자가 하는 이야기를 우연히 들었습니다. 이 상황을 처리하는 가장 좋은 방법은 무엇입니까?

A. 그 기회를 스크럼을 전도할 기회로 삼고 더 많은 팀이 스크럼을 사용해야 한다고 주장한다.

B. 여러분의 팀이 과거에 애자일로 성공한 바에 대해 다른 팀에게 이야기해주겠다고 제안한다.

C. 제품 책임자가 이 상황을 어떻게 활용할 수 있을지 파악하게 하기 위해 제품 책임자를 참여시킨다.

D. 애자일 팀은 언제나 애자일의 가치와 원칙을 따른다고 설명한다.

26. 팀 공간에서 진행 상황에 대해 의사소통하는 가장 효과적인 방법은 무엇입니까?

A. 프로젝트 진행 상황과 팀 성과에 대한 정보를 시각화한다.

B. 모든 사람들이 마주보도록 책상을 배치한다.

C. 회고를 한다.

D. 일일 스탠드업에서 진행 상황에 대해 이야기한다.

27. 여러분은 현재 반복 계획에 팀이 포함한 탐색 활동 작업을 하는 애자일 전문가입니다. 이 작업의 목표는 문제, 이슈, 위협을 탐색하는 것입니다. 탐색 활동의 결과로 특정 상황들을 팀에게 시각화해야 한다는 결론을 얻었습니다. 다음 중 특정 이슈를 표면화해야 하는 타당한 이유가 아닌 것은 무엇입니까?

A. 진행을 느리게 하기 때문이다.

B. 팀이 가치 전달을 못할 수도 있기 때문이다.

C. 여러분이 기대한 결과가 아니기 때문이다.

D. 그것이 문제나 장애물이기 때문이다.

28. 엄격한 워터폴 프로세스를 사용하는 어느 회사의 소프트웨어 팀이 사용자의 니즈에 적절히 부합하지 않는 피처를 구축하게 만든 엔지니어링 문제에 대해 고민하고 있습니다. 이 팀이 그 상황을 어떻게 처리해야 할까요?

A. 팀원들을 제품 책임자와 스크럼 마스터 역할로 임명하고 스프린트를 사용해 작업을 관리한다.

B. 분기와 주간 주기, 리팩토링, 테스트 주도 개발, 페어 프로그래밍, 점진적 설계를 사용한다.

C. 카이젠을 사용하고 지속적인 개선을 실천한다.

D. 동굴과 공유지(caves and commons), 삼투적 의사소통, 정보 라디에이터를 이용할 수 있는 팀 공간을 만든다.

29. 이해관계자가 스프린트 중간에 회의를 소집해서는 비즈니스 우선순위의 변화로 인해 백로그 아이템 중 하나가 더 이상 필요 없게 됐다고 설명합니다. 팀이 이 상황을 다루는 가장 좋은 방법은 무엇입니까?

A. 제품 책임자와 이해관계자가 스프린트 리뷰에서 팀에게 이 변경사항을 제시한다.

B. 제품 책임자는 팀과 함께 협력해서 스프린트 백로그에서 해당 아이템을 제거하고, 팀은 스프린트가 끝났을 때 자신들이 구축한, 작동하는 소프트웨어를 모두 전달한다.

C. 제품 책임자는 해당 아이템을 스프린트 백로그에서 제거하고, 계획상의 변경사항을 수용하기 위해 완료일을 연장한다.

D. 제품 책임자는 스프린트를 취소하고 팀은 새로운 스프린트를 계획하기 시작한다.

30. 여러분은 스크럼/XP를 통합해서 사용하는 팀의 애자일 전문가입니다. 두 명의 팀원이 현재 스프린트에서 하나의 스토리를 구현하는 데 얼마의 노력이 드는지에 대해 서로 동의하지 않습니다. 다음 중 효과적인 조치가 아닌 것은 무엇입니까?

A. 스토리에 대한 추정을 하기 위해 와이드밴드 델파이(wideband Delphi) 기법을 사용한다.

B. 더 긴 추정을 이해관계자가 수용할 수 있는지 제품 책임자가 결정하게 한다.

C. 추정이 다르게 된 요인에 대해 논의하도록 비공식적인 그룹 토의 시간을 갖는다.

D. 팀 회의를 소집해 계획 수립 포커를 한다.

31. 여러분의 회사는 팀이 전사적인 소프트웨어 개발 주기의 일환으로 매우 자세한 문서를 만들어야 하는 요구사항을 실시합니다. 이에 대한 적절한 반응은 무엇입니까?

A. 조직이 좀 더 애자일하게 되도록 협상 기법을 사용한다.

B. 애자일 팀은 포괄적인 문서를 중요하게 여기지 않으므로 팀은 문서를 만들지 않아야 한다.

C. 팀이 고객 가치 전달을 훼손하지 않으면서 상세한 문서를 제작할 수 있는 프로세스를 선정한다.

D. 팀이 소프트웨어를 구축하기 위해 필요한 최소한의 문서를 만들면서도 작동하는 소프트웨어를 완성하는지 확인한다.

32. 여러분은 애자일 전문가입니다. 여러분의 팀의 몇 명의 팀원들이 프로젝트가 원하는 대로 진행되지 않는다고 우려를 나타냅니다. 최선의 행동 방침은 무엇입니까?

A. 팀 공간의 가장 잘 보이는 곳에 번다운 차트를 붙여놓는다.

B. 의사소통 계획에 대해 논의하고 프로젝트 성과 정보를 배포한다.

C. 다음 일일 스탠드업 회의에서 프로젝트 현황을 논의한다.

D. 번다운 차트를 포함한 현황 보고서를 배포한다.

33. 회고 중에 스크럼 팀은 두 명의 팀원이 오래전부터 계획한 휴가를 간 것과 동시에 진척도가 현저하게 감소했음을 알게 됐습니다. 이 점이 배포 계획에 어떻게 영향을 미치게 됩니까?

A. 팀은 배포 계획에서 자신들이 맡은 완성품의 크기나 숫자를 줄여야 한다.

B. 배포 계획은 영향을 받지 않는다.

C. 팀은 배포 계획에서 자신들이 맡은 완성품의 크기나 숫자를 늘릴 수 있다.

D. 팀은 배포 계획의 배포 빈도를 변경해야 한다.

34. 팀은 다음 반복을 계획하고 있는 중입니다. 팀은 최종적으로 전달한 피처에 관한 전반적인 목록을 검토하는 일을 방금 끝마쳤습니다. 팀이 다음으로 해야 할 일은 무엇입니까?

A. 각 팀원이 완료된 작업, 향후 작업, 알려진 장애물에 관한 질문에 답하게 한다.

B. 정확한 수준의 세부사항을 포함한 배포 계획을 정의한다.

C. 다음 증분에서 집중할 각각의 요구사항을 추출한다.

D. 적절한 이해관계자들과 의사소통을 한다.

35. 한 팀원이 중요한 제품 작업을 하고 있는 중입니다. 회고에서 그녀는 그 제품이 기대했던 것보다 덜 복잡하다고 합니다. 다음 중 사실이 아닌 것은 무엇입니까?

A. 해당 제품에 관한 기대치에 대한 변화를 반영하기 위해 배포 계획을 수정해야 한다.

B. 팀은 다음 반복에서 해당 제품에 대한 진척이 더 많이 이루어질 것을 기대해야 한다.

C. 다음 반복에서 진척도가 증가해야 한다.

D. 해당 제품을 만드는 데 필요한 노력은 팀이 원래 기대했던 것보다 적어야 한다.

36. 여러분은 칸반을 사용하는 팀에 있습니다. 다음 중 특정 증분에 대한 프로젝트 진행 상황을 나타내는 주요 지표로 사용하기에 가장 좋은 것은 무엇입니까?

A. 가치 흐름 맵

B. 태스크 보드

C. 칸반 보드

D. 누적 흐름도

37. 주니어 팀원이 사용자 스토리를 추정할 수 있는 새로운 방법을 제안했습니다. 여러분은 어떻게 반응해야 합니까?

A. 다음 번에 새 기법을 사용해본다.

B. 팀이 현재 사용자 스토리를 추정하는 방법에 대해 설명함으로써 그 주니어 팀원을 코칭한다.

C. 카이젠을 사용해 프로세스를 개선한다.

D. 추정에 기반한 계획을 따르기보다는 변화에 대응하도록 팀원을 격려한다.

38. 여러분의 스크럼 팀은 프로젝트 계획 검수를 막 마쳤습니다. 한 팀원이 계획된 작업을 변경하게 될 수도 있는 잠재적인 문제를 제기합니다. 다음 단계는 무엇입니까?

A. 팀은 스프린트 회고를 열고 제품과 스프린트 백로그에 미치는 영향에 대해 논의한다.

B. 제품 책임자는 팀이 중요한 이슈를 발견했다고 이해관계자에게 알린다.

C. 지식이 많은 팀원들이 모여 스프린트 백로그에 어떤 변경을 적용할지 결정한다.

D. 팀은 목표를 완수할 수 있도록 계획된 작업을 그대로 진행하는 동안 스크럼 마스터가 계획을 수정하자고 변경 요청을 제기한다.

39 여러분의 팀은 위험과 이슈, 다른 잠재적인 문제와 프로젝트에 위협이 되는 것들을 파악하기 위한 브레인스토밍 세션을 완료했습니다. 다음 중 후속 단계로 유용하지 않은 것은 무엇입니까?

A. 이슈, 위험, 문제 각각에 상대적인 우선순위를 할당한다.

B. 각 문제와 위험에 책임자를 정하고 현황을 체크한다.

C. 카노 분석을 사용해 프로젝트 요구사항을 우선순위화한다.

D. 제기된 특정 문제에 대한 조치를 취하도록 권장한다.

40. 여러분의 프로젝트는 자주 변경돼서 여러분은 가능한 한 효과적으로 비즈니스 가치를 전달하지 못한다고 걱정하는 중입니다. 여러분은 팀이 프로젝트 내내 가치를 전달하고 그 가치를 증가시키는지 어떻게 확인할 수 있을까요?

A. 정보 라디에이터를 사용한다.

B. 각 증분 후에 경영진과 만난다.

C. 매일 경영진과 만난다.

D. 팀과 개선 방안에 대해 브레인스토밍한다.

41. 프로젝트 팀원 중 한 명이 갑자기 회사를 떠났습니다. 그녀는 주요 기술 문제를 해결하는 전문성을 가지고 있던 유일한 팀원이어서, 그녀 없이는 팀이 이해관계자에게 약속한 목표를 수행할 방법이 없습니다. 어떻게 해야 할까요?

A. 팀은 평소대로 프로젝트 작업을 지속하고 이해관계자에게는 책임이 따르는 마지막 순간에 그 내용을 알린다.

B. 문제를 해결하기 위해 팀원들이 협력해야 한다.

C. 문제를 해결할 수 없으므로 제품 책임자는 이해관계자와 함께 기대치를 재설정해야 한다.

D. 스크럼 마스터는 스크럼 규칙에 대해 이해관계자를 교육해야 한다.

42. 여러분의 팀은 세 번째 반복 전에 진척도가 20% 감소한 것을 발견했는데, 이후로도 계속해서 낮은 수준이 지속됐습니다. 배포 계획에 이 점이 어떻게 영향을 미칠 것 같습니까?

A. 팀은 배포 계획에 있는 제품의 크기나 수를 줄여야 한다.

B. 배포 계획은 영향받지 않는다.

C. 팀은 배포 계획에 있는 제품의 크기나 수를 증가시킬 수 있다.

D. 팀은 배포 계획의 배포 빈도를 변경해야 한다

43. 두 명의 이해관계자가 중요한 제품 요구사항에 대해 서로 동의하지 못하고 있습니다. 제품 책임자는 이 상황을 어떻게 처리해야 합니까?

A. 이해관계자들과 회의를 잡고 합의서를 도출하도록 한다.

B. 협업을 권장하기 위해 섬기는 리더십을 실행한다.

C. 각 요구사항에 각기 다른 스파이크 솔루션을 수행하라고 팀원에게 지시한다.

D. 초기에 가장 큰 가치를 전달할 이해관계자의 요구사항을 선택한다.

44. 제품 책임자가 보고하기를, 중요한 이해관계자가 팀이 구현한 비즈니스 요구사항이 특정 외부 요소를 고려하지 않았다고 걱정한다고 합니다. 몇 명의 팀원들도 그것이 잠재적인 문제가 될 것이라고 인정했지만 그럴 가능성은 아주 낮다고 합니다. 팀원들이 이 상황을 어떻게 해결해야 합니까?

A. 위험이 매우 낮아서 어떤 조치도 취하지 않아도 된다고 제품 책임자를 확신시킨다.

B. 그 문제의 현황과 위협 및 이슈의 책임자를 추적하도록 정보 라디에이터에 그 문제를 추가한다.

C. 제품 책임자가 해당 사실을 부인할 수도 있으므로 팀원들은 서로 협력해서 스스로 문제를 해결하도록 한다.

D. 해당 이슈의 순현재가치를 계산하고, 이를 이용해 위험 등록을 다시 우선순위화한다.

45. 여러분은 30일 반복을 사용하는 팀의 애자일 전문가입니다. 이해관계자가 다음 6개월을 예상해달라는 요청을 했습니다. 어떻게 하겠습니까?

A. 스토리 맵을 사용해서 현재 제품 백로그로부터 다음 6개월간의 배포 계획을 만든다.

B. 팀은 30일로 정해진 반복을 사용하므로 그렇게 멀리까지 미리 예상할 수 없다고 설명한다.

C. 다음 스프린트와 그다음 스프린트들을 위한 고도의 세부내용을 보여주는 간트 차트를 만든다.

D. 팀 회의를 열어 얼굴을 맞대고 의사소통하며 전략을 세우기 위해 협력한다.

46. 여러분은 팀을 위해 이미 우선순위가 정해진 요구사항을 유지하는 애자일 전문가입니다. 여러분이 속한 부서가 개편돼서 새로운 수석 관리자들이 온다는 회사의 공지를 받았습니다. 그 관리자 중 한 사람은 프로젝트 요구사항에 직접적인 영향을 받게 됩니다. 어떻게 하겠습니까?

A. 수석 관리자를 참여시킨다.

B. 다음 일일 스탠드업 회의에서 그 문제를 제기한다.

C. 새로운 우선순위를 반영하기 위해 제품 백로그를 업데이트한다.

D. 수석 관리자를 이해관계자 목록에 추가한다.

47. 스프린트 계획 수립 회의 중에 팀은 인덱스 카드에 작성된 스토리를 위한 작업을 하고 있습니다. 팀은 스토리의 인수 기준을 논의하고 카드 뒤에 그 내용을 적었습니다. 증분에 있는 모든 스토리에 이 방법을 반복했습니다. 다음 중 이 활동을 설명한 것은 무엇입니까?

A. 최대의 가치를 전달하기 위해 협업하기

B. 상대적 가치에 따른 요구사항 정제하기

C. 완료의 정의에 대해 동의하기

D. 백로그 정제하기

48. 수석 관리자가 전사적인 방법론을 결정하기 위해 위원회를 만들고 있습니다. 여러분은 그 위원회에서 말해달라는 요청을 받았습니다. 무엇을 해야 할까요?

A. 위원회가 모이는 층에 정보 라디에이터를 붙인다.

B. 지난 스크럼 프로젝트가 어떻게 조직을 효과적이고 효율적으로 만들었는지 보여준다.

C. 워터폴 방법론은 나쁘고 애자일 방법론이 좋다고 설명한다.

D. 스크럼이 산업계의 모범 사례이기 때문에 회사가 스크럼을 따라야 한다고 주장한다.

49. 애자일 전문가가 일일 스크럼 회의에 참석 중입니다. 그녀는 스크럼 마스터가 할당해준 작업 현황에 대해 보고할 예정입니다. 이 상황을 가장 잘 설명한 것은 무엇입니까?

A. 팀이 자기조직하고 있지 않다.

B. 팀은 자기조직 중이다.

C. 애자일 전문가가 팀 리더로 부상하고 있다.

D. 스크럼 마스터가 섬기는 리더십을 보여주고 있다.

50. 완성된 제품을 검토하는 중에 몇 명의 팀원들이 프로젝트 비용을 전반적으로 증가시킬 수 있는 소프트웨어 품질 문제를 발견했습니다. 팀이 다음 단계를 파악하는 가장 좋은 방법은 무엇입니까?

A. 코드를 리팩토링한다.
B. 회고 회의를 연다
C. 이시카와 다이어그램을 사용한다.
D. 진행 중인 작업을 제한한다.

51. 스크럼 팀이 네 번째 스프린트를 계획하고 있는 중입니다. 지난 스프린트에서 서로 동의하지 않았던 팀원들이 의견을 같이 하기 시작했고, 이전의 충돌이 협력으로 나타나고 있습니다. 이 팀을 가장 잘 설명한 것은 무엇입니까?

A. 팀이 정착기 단계에 있으며 코칭이 필요하다.
B. 팀은 격동기 단계에 있으며 지도가 필요하다.
C. 팀은 격동기 단계에 있으며 코칭이 필요하다.
D. 팀은 정착기 단계에 있으며 지원이 필요하다.

52. 사무실 관리자가 작업 공간을 최적화하기 위해 애자일 팀과 함께 일하고 있습니다. 다음 중 가장 효율적인 방법은 무엇입니까?

A. 개인의 책상을 없애고 공유 환경을 촉진하는 개방적인 작업 공간을 채택한다.
B. 개인이나 동료에게 공유 회의실 옆에 개별적인 사무실을 제공한다.
C. 파티션을 없애고 팀원들이 얼굴을 맞대도록 자리를 배치하여 개방적인 작업 공간을 채택한다.
D. 개인이나 동료에게 공유 회의 공간으로 연결되는 세미 개별 공간(semi-private cubicle)을 제공한다.

53. 애자일 팀이 반복 중에 작업의 우선순위를 정하는 가장 효과적인 방법은 무엇입니까?

A. 팀이 어떤 스토리가 가장 가치 있는지 결정하고 제품 백로그에서 가장 높은 우선순위를 준다.
B. 제품 책임자가 스프린트 리뷰 회의에서 상대적인 우선순위를 결정한다.
C. 팀이 가장 높은 NPV를 가진 피처를 선정한다.
D. 비즈니스 대표가 가치를 극대화하기 위해 이해관계자와 협력한다.

54. 여러분은 하나의 반복에 필요한 작업을 막 끝마친 팀의 애자일 전문가입니다. 팀은 방금 작동하는 소프트웨어를 이해관계자에게 시연했습니다. 이해관계자 중 한 명은 팀이 제공해줄 것으로 기대했던 피처 중 하나가 다음 스프린트로 미뤄졌다는 데 화가 났습니다. 다음에는 이런 상황을 어떻게 피할 수 있을까요?

A. 모든 이해관계자들에게 일일 현황 보고서를 보낸다.
B. 의사소통 라인을 검토하고 의사소통 관리 계획을 업데이트한다.
C. 완성될 제품에 대한 모든 변경사항과 팀이 그에 대해 제시한 대안에 대해 이해관계자에게 항상 정보를 제공한다.
D. 이해관계자에게 모든 일일 스탠드업 회의에 참석하도록 요청한다.

55. 수석 관리자가 스프린트 계획 수립 세션에 참석하겠다고 공표했습니다. 스크럼 팀은 어떤 아이템을 스프린트에 포함할지에 관해 종종 제한이 없는 논의를 하는데 이때 서로 동의하지 못하기도 하고 때때로 그런 마찰이 싸움으로 번지기도 합니다. 의견 충돌이 보통 긍정적인 결과로 나오기도 하지만, 제품 책임자는 이런 상황을 내보여서 수석 관리자가 팀의 업무 수행 능력을 신뢰하지 않게 될까봐 걱정합니다. 이 상황을 어떻게 처리해야 할까요?

A. 수석 관리자가 스프린트 계획 수립 세션에 참석하지 않도록 막는다.

B. 팀원들이 서로 싸우게 되더라도 드러내놓고 의견 충돌을 일으키는 것을 권장한다.

C. 팀은 수석 관리자 없이 두 번째 스프린트 계획 수립 회의를 가질 계획을 세운다.

D. 제품 책임자는 팀에게 수석 관리자 앞에서는 행동을 잘하라고 얘기한다.

56. 애자일 전문가는 현재 진행 중인 작업과 향후 반복을 위해 계획된 작업에 수정이 필요한지 결정하기 위해 피드백을 얻어야 합니다. 그러기 위해 가장 좋은 방법은 무엇입니까?

A. 작업 아이템 가치와 위험을 토대로 백로그의 우선순위를 정한다.

B. 팀에게서 피드백을 얻기 위해 일일 스탠드업 회의를 연다.

C. 각 반복의 마지막에 이해관계자와 확인한다.

D. 워크플로우를 시각화하기 위해 칸반 보드를 사용한다.

57. 여러분의 프로젝트 이해관계자 중 한 명이 현재 스프린트에 잠재적으로 심각한 위험이 있음을 암시했습니다. 다음 방법 중 가장 적절한 방법은 무엇입니까?

A. 정해진 시간을 늘린다.

B. 프로젝트의 백로그를 다시 추정한다.

C. 스프린트에 적은 스토리를 포함한다.

D. 일일 스탠드업에 이해관계자를 포함한다.

58. 여러분은 14명으로 구성된 스크럼 팀의 스크럼 마스터입니다. 여러분은 일일 스크럼 회의에서 팀이 집중하는 데 어려움을 겪고 있음을 알게 됐습니다. 팀이 해야 할 일은 무엇입니까?

A. 모든 사람들이 일일 스크럼 동안 집중하도록 하는 기준을 세운다.

B. 두 개로 분리된 7명 단위의 일일 스크럼 회의를 한다.

C. 일일 스크럼을 소셜 미디어 플랫폼의 댓글을 이용하는 가상 회의로 대체한다.

D. 팀원들을 두 개의 작은 팀으로 나눈다.

59. 여러분의 프로젝트를 담당하는 새로운 이해관계자가 여러분의 팀과 8시간 시차가 나는 지역에 있다는 사실을 알게 됐습니다. 스크럼 팀이 이 사람과 상호작용하는 가장 좋은 방법은 무엇입니까?

A. 화상 회의 도구를 사용하고 이해관계자의 시간대를 수용한다.
B. 주로 이메일로 의사소통해서 사람들이 편안한 시간대에 일할 수 있게 한다.
C. 전체 팀이 참여하기 편한 시간에 컨퍼런스 콜을 요청한다.
D. 몇 주 동안 팀과 함께 같은 공간에 있게 하기 위해 이해관계자를 불러들인다.

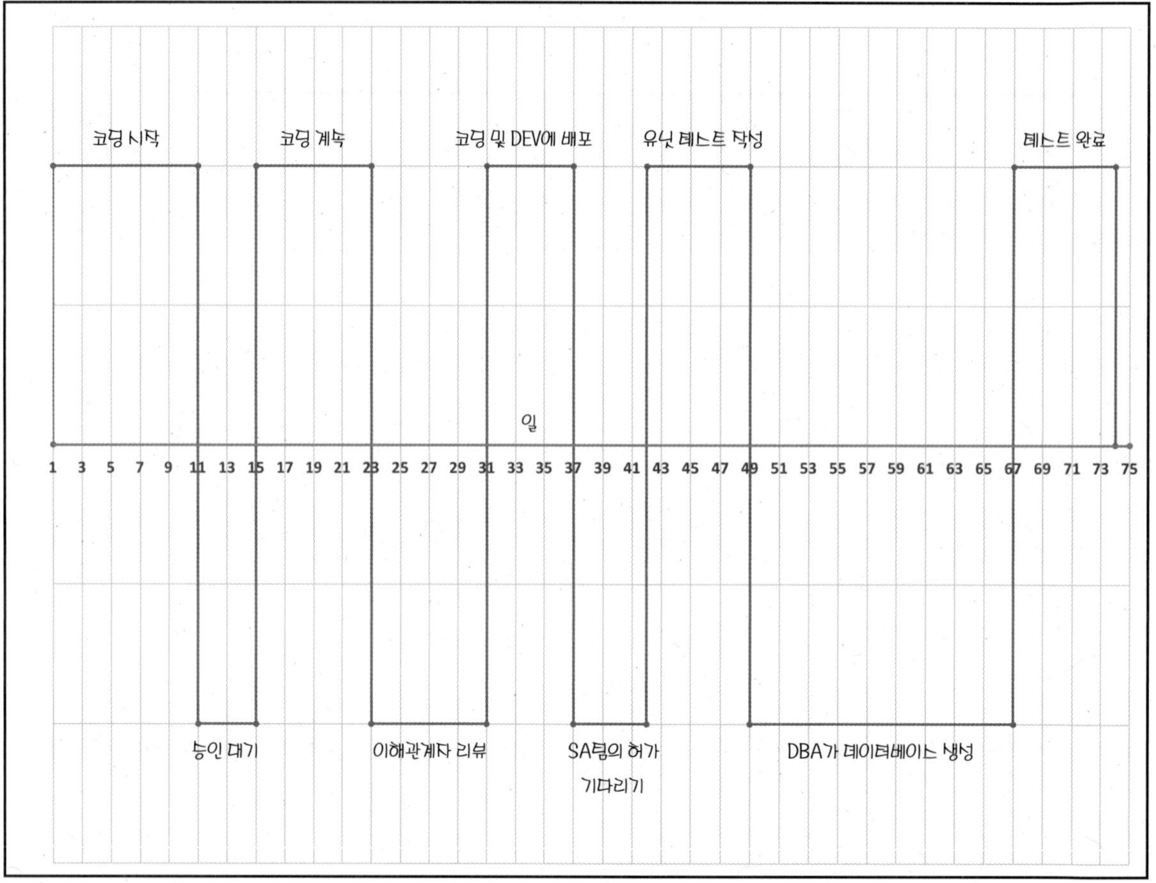

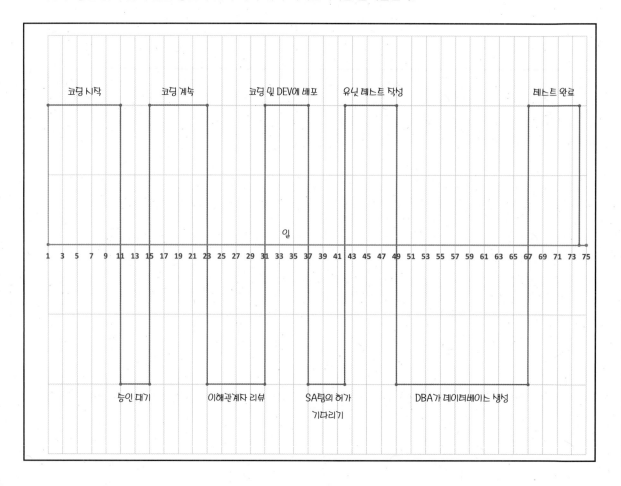

60. 스크럼 팀의 애자일 전문가가 이 차트를 어떻게 해석해야 할까요?

A. 팀은 프로젝트 캘린더가 50% 진행된 상태에서 코드를 완료했으므로, 그 시점이 낭비 요소를 제거할 기회다.
B. 팀은 38시간을 일하고 35일을 대기하는 데 소요했으므로, 낭비 요소를 제거할 기회가 많다.
C. 낭비 요소를 제거할 기회도 많이 없이 프로젝트를 완료하느라 74일이 소요됐다.
D. 프로젝트 일정이 뒤처졌다.

61. 한 팀원이 스크럼 마스터에게 와서 다음 스프린트에서 얼마나 달성할 수 있을지 예상하는 가장 좋은 방법을 알려달라고 요청했습니다. 스크럼 마스터는 어떻게 조언해야 할까요?

A. 스프린트에 있는 각 스토리에 실제로 소요되는 시간을 시간 단위로 추정하기 위해 계획 수립 포커를 이용하라.

B. 지난 스프린트의 각 스토리에 상대적인 숫자를 할당하고 그 숫자를 이용해 평균 진척도를 추정하라.

C. 세부적인 간트 차트를 위한 데이터를 생성하기 위해 와이드밴드 델파이 추정 세션을 진행하라.

D. 프로젝트 나머지를 위한 배포 계획을 세우기 위해 스토리 맵을 사용하라.

62. 여러분은 애자일 팀의 스크럼 마스터입니다. 두 팀원이 중요한 이슈에 관해 마찰을 빚고 있습니다. 다음의 모든 조치들이 의견 불일치를 똑같이 해결한다고 가정한다면, 여러분이 진행할 가장 좋은 방법은 무엇입니까?

A. 제품 책임자와 협력해서 문제의 해결책을 찾고 그 해결책을 팀원들에게 제시한다.

B. 서로 강한 의견으로 충돌을 하게 되더라도 팀원들이 스스로 해결책을 찾도록 놔둔다.

C. 둘 사이에 들어가 팀원들이 공통점을 찾을 수 있도록 돕는다.

D. 의견 불일치가 싸움으로 번지는 것을 막기 위해 기본 규칙을 만든다.

63. 여러분은 스크럼 팀의 팀원입니다. 여러분은 이해관계자 중 한 명에게 직접 영향을 끼치는 중요한 문제를 발견했고, 팀은 지연되는 상황을 피하기 위해 그 이해관계자로부터 가능한 한 빨리 피드백을 받을 필요가 있습니다. 여러분의 팀의 제품 책임자는 이 이해관계자와 일주일에 한 번 만나지만, 스케줄이 맞지 않아 이번 주의 만남은 연기됐습니다. 여러분은 무엇을 해야 할까요?

A. 제품 책임자와 회의 시간을 잡는다.

B. 가능한 한 빨리 이해관계자와 면대면 회의를 한다.

C. 이해관계자에게 그 문제에 관한 세부사항을 담은 이메일을 보낸다.

D. 이해관계자를 다음 일일 스탠드업 회의에 초대한다.

64. 팀은 작업 아이템 중 하나가 낮은 우선순위를 갖고 있지만 구현한 것이 제대로 작동하지 않으면 최종 제품에 심각한 문제를 일으킬 수 있다는 것을 알게 됐습니다. 팀이 이 상황을 어떻게 처리해야 할까요?

A. 팀 공간에 잘 보이는 시각적인 지표를 추가해서 그 문제에 대한 추적을 놓치지 않도록 한다.

B. 해당 작업 아이템을 평가하기 위해 내부수익률을 사용한다.

C. 문제를 제거하기 위해 소프트웨어를 리팩토링한다.

D. 제품 백로그 안의 작업 아이템의 우선순위를 높인다.

65. 다음 중 팀원들이 일반화 전문가가 되도록 권장해서 얻는 이점이 아닌 것은 무엇입니까?

- **A.** 팀 규모 감소
- **B.** 성과 높은 복합 기능팀 수립
- **C.** 팀의 계획 수립 능력 개선
- **D.** 프로젝트 작업에 병목 현상 제거

66. 여러분은 몇 개의 반복을 진행해온 프로젝트의 애자일 전문가입니다. 몇 개의 주요 제품을 완성하기 위해 필요한 노력에 대한 팀의 이해는 지난 세 번의 반복 동안 바뀌었고, 앞으로도 계속해서 바뀔 예정입니다. 이 상황을 어떻게 처리하시겠습니까?

- **A.** 증가된 복잡성을 반영하기 위해 백로그 안의 작업 아이템 각각에 스토리 포인트를 추가한다.
- **B.** 프로젝트의 불확실성을 고려해 버퍼를 둔다.
- **C.** 추정된 범위와 일정을 다듬기 위해 각 반복을 시작할 때 계획 수립 활동을 진행한다.
- **D.** 더 많은 정보를 모으기 위해 회고의 빈도를 높인다.

67. 사용자들이 몇 개의 버그를 발견했는데, 제품 책임자는 그 버그가 중요해서 가능한 한 빨리 수정해야 한다고 결정했습니다. 팀이 어떻게 반응해야 할까요?

- **A.** 변경 요청서를 만들고 버그 수정을 유지보수 팀에 할당한다.
- **B.** 다른 프로젝트 작업을 바로 중지하고 버그를 수정한다.
- **C.** 백로그에 버그 수정을 위한 아이템을 추가하고 그 아이템을 다음 반복에 포함한다.
- **D.** 유지보수 작업을 고려해서 다음 반복에 버퍼를 둔다.

68. 수석 관리자가 팀에게 팀원들이 시간을 어떻게 사용하는지 보여주는 프로젝트 일정을 요청했습니다. 팀이 모여서 각 팀원이 다음 6개월 동안 시간을 어떻게 사용하는지 보여주는 매우 상세한 일정표를 만듭니다. 스크럼 마스터는 무엇을 해야 할까요?

- **A.** 섬기는 리더십을 이용해 팀원들이 실제로 작업을 완료한다는 것을 인정한다.
- **B.** 팀에게 덜 상세한 일정표를 만들라고 요청한다.
- **C.** 팀 공간에 매우 잘 보이는 곳에 그 일정표를 붙인다.
- **D.** 수석 관리자에게 바로 그 일정표를 보낸다.

69. 팀원 한 명이 스크럼 마스터에게 자신의 관리자가 프로젝트와는 연관 없는 내용을 전달하기 위해 매주 몇 번씩 회의를 소집한다고 불평합니다. 그 팀원은 그런 일이 작업을 느리게 하기 때문에 실망합니다. 스크럼 마스터가 해야 할 일은 무엇입니까?

A. 팀원에게 회의에 참가하지 않고 업무에 집중하도록 허락한다.

B. 제품 책임자에게 그 문제를 제기한다.

C. 그런 회의가 작업에 미치는 영향에 대한 보고서를 준비한다.

D. 팀을 방해하지 않을 대안을 논의하기 위해 관리자에게 접근한다.

70. 스크럼 팀의 한 팀원이 지속적으로 일일 스탠드업 회의에 늦습니다. 팀이 이 상황을 어떻게 다뤄야 할까요?

A. 그 문제를 논의하기 위해 스크럼 마스터와 해당 팀원이 면대면 회의를 한다.

B. 제품 책임자가 이해관계자에게 그 문제를 제기하도록 한다.

C. 지각에 대한 벌칙을 주는 팀 규칙을 수립하기 위해 회의를 연다.

D. 다음 회고 때 그 문제를 제기하고 개선 계획을 세운다.

71. 애자일 전문가가 새로운 프로젝트를 시작했습니다. 팀은 계획 수립 작업을 위한 첫 번째 회의를 열었습니다. 이 회의를 통해 도출될 것으로, 애자일 전문가가 기대하는 것은 무엇입니까?

A. 팀이 작동하는 소프트웨어를 만들 방법을 보여주는 세부적인 프로젝트 계획

B. 팀이 점진적으로 생성할 작업 단위에 따라 정의된 제품의 이해 공유

C. 팀 공간의 매우 잘 보이는 곳에서 프로젝트의 진행 상황을 보여주는 정보 라디에이터

D. 합의사항과 면대면 회의를 나타내는 비공식적인 프로젝트 계획

72. 다음 중 애자일 팀의 책임을 잘 설명한 것은 무엇입니까?

A. 애자일 팀은 프로젝트 초반에 모든 제품을 완성하고자 전념한다.

B. 애자일 팀은 현재 반복을 위한 제품에 전념하지만 장기 계획을 세울 의무는 없다.

C. 애자일 팀은 프로젝트 시작에 최소한으로 실행 가능한 제품에만 몰입한다.

D. 애자일 팀은 프로젝트 초반에 광범위한 제품에 전념하고, 프로젝트가 진행되면서 좀 더 상세한 목표를 수행한다.

73. 팀원 한 명이 일일 스탠드업 회의에서 자신이 작업하고 있는 스토리를 지연시킬 심각한 기술적 문제에 부딪혔다고 보고합니다. 제품 책임자는 스프린트에서 그 스토리를 제거하기로 결정합니다. 하지만 이 스토리는 주요 프로젝트 이해관계자인 수석 관리자가 특별히 요청한 것입니다. 다음으로 취해야 할 행동은 무엇입니까?

A. 정보 라디에이터를 업데이트한다.

B. 백로그에 있는 아이템을 다시 추정한다.

C. 주요 이해관계자와 정보를 공유한다.

D. 회고에서 그 문제를 제기한다.

74. 여러분은 금융 서비스 산업의 팀의 스크럼 마스터입니다. 여러분의 PMO 임원이 조직 전체에 규정에 관한 변경사항에 대해 이메일을 보냈는데, 그 내용으로 인해 여러분은 요구사항을 관리하는 방법을 변경해야 합니다. PMO는 이 규정 변화에 따라 요구사항을 관리하는 몇 가지 가능한 대안을 제시했지만, 그중 어느 것도 여러분의 팀이 현재 요구사항을 관리하는 방법과 맞지 않습니다. 무엇을 해야 할까요?

A. 스크럼 규칙을 위반하는 어떤 변경도 하지 않는다.

B. PMO에게 스크럼에 대해 알려줌으로써 조직적인 변화를 지원한다.

C. 다음 스프린트 계획 수립 회의에서 새로운 기법을 검토한다.

D. 카이젠을 사용하고 지속적인 개선을 실천한다.

75. 스프린트 리뷰에서 한 팀원이 심각한 문제를 제기합니다. 그는 이 문제를 한동안 인지해왔지만 나머지 팀원들은 그 문제에 대해 들은 게 이번이 처음입니다. 여러분이 해야 할 다음 행동은 무엇입니까?

A. 이시카와 다이어그램을 사용한다.

B. 팀원들은 문제를 제기한 사람과 그 문제에 대해 바로 이야기한다.

C. 스프린트 회고 일정을 세운다.

D. 삼투적 의사소통을 위한 팀 공간을 마련한다.

76. 스크럼 팀은 다음 스프린트를 계획하고 있습니다. 팀이 스프린트 동안 달성하려는 것에 대한 비전을 설정하기 위한 최고의 방법은 무엇입니까?

A. 정보 라디에이터를 붙이고 계속 업데이트한다.

B. 팀의 기본 규칙을 정한다.

C. 백로그에 있는 아이템을 다시 추정한다.

D. 스프린트 목표에 합의한다.

77. 여러분의 팀은 세 번의 반복 내내 기대했던 것보다 적은 아이템을 완성했습니다. 여러분은 개발, 운영, 유지보수 작업을 다른 팀이 끝내주기를 기다리느라 많은 시간을 소비했다고 생각합니다. 이런 불필요한 일이 어디서 일어나는지 확인할 가장 좋은 방법은 무엇입니까?

A. 가치 흐름 분석을 수행한다.

B. 좀 더 세부적인 반복 계획을 세운다.

C. 이시카와 다이어그램을 사용한다.

D. 진행 중인 작업에 제한을 설정한다.

78. 스프린트 백로그에 있는 스토리의 우선순위를 정하는 데 가장 효과적인 전략은 무엇입니까?

A. 적당한 수의 피처를 갖고 있는 초기 제품 배포를 계획한다.

B. 고위험 아이템을 우선순위에 둔다.

C. 이해관계자와 협업해 가치를 초기에 전달하는 일을 극대화한다.

D. 높은 가치를 가진 피처를 식별하고 초기 반복에 그 피처를 개발한다.

79. 스크럼 팀의 제품 책임자는 이해관계자의 우선순위가 변경돼서, 아직 시작하지 않은 제품이 지금 현재 작업 중인 제품보다 더 중요하다는 것을 알게 됐습니다. 팀이 이 상황을 어떻게 처리해야 할까요?

A. 현재 스프린트를 마무리하고 다음 스프린트 계획 수립 세션에 계획을 수정한다.

B. 진행 중인 작업을 제한함으로써 병목 숫자를 줄인다.

C. 현재 스프린트를 바로 취소하고 새로운 우선순위를 반영해서 새 계획을 세운다.

D. 업데이트된 우선순위를 반영하기 위해 코드 리팩토링을 시작한다.

80. 일일 스크럼 회의에서 팀원 한 명이 심각한 위험을 잠재적인 문제로 제기합니다. 다음 중 팀이 취할 행동 중 유용하지 않은 것은 무엇입니까?

A. 팀은 소스코드를 리팩토링하고 지속적인 통합을 수행해야 한다.

B. 팀은 위험을 완화하기 위해 다음 스프린트 중에 탐사적 작업을 할 것을 고려해야 한다.

C. 이해관계자에게 팀의 목표에 잠재적인 위험이 될만한 것을 모두 알려줘야 한다.

D. 제품 책임자는 해당 위험을 관리하기 위해 제품 백로그에 활동을 포함해야 한다.

81. 팀원들과 제품 책임자가 어떤 피처를 수용할지 말지를 놓고 설전 중입니다. 그들은 하나의 답에 동의할 수 없어서 프로젝트가 지연될 위기에 놓여 있습니다. 이 문제를 향후에는 어떻게 방지할 수 있을까요?

A. 엄격한 명령 체계에 합의한다.
B. 갈등 해결을 위한 프로세스에 합의한다.
C. 각 작업 아이템에 대한 '완료'의 정의에 합의한다.
D. 피처 인수에 관해 논의하는 시간을 정하는 데 합의한다.

82. XP 팀은 중요한 서버 업그레이드가 예산 문제로 6개월간 지연될 것이라는 통보를 받았습니다. 그 업그레이드에는 그들의 계획이 달린 몇 가지 중요한 피처가 포함되어 있는데, 업그레이드 지연을 해결하려면 두 명의 팀원이 3주간 추가로 일해야 합니다. 팀이 이 부분을 어떻게 고려해야 할까요?

A. 나머지 프로젝트 작업과는 별개로 두 명의 팀원이 완료하는 작업을 추적한다.
B. 주요 제품에 대한 작업을 하기 위해 팀의 역량 변화를 반영하도록 배포 계획을 업데이트한다.
C. 위험 기반 스파이크를 사용해 불활실성을 감소시킨다.
D. 진척도가 낮아질 것을 예상하고 이에 따라 배포 계획을 업데이트한다.

83. 스프린트가 반 정도 진행됐을 때, 팀이 코드를 테스트하면서 심각한 문제를 발견합니다. 가능하면 빨리 이 문제를 수정하는 것이 중요하지만 그 일을 하려면 남은 스프린트 기간보다 더 많은 시간이 필요합니다. 팀이 무엇을 해야 할까요?

A. 제품 책임자가 아이템을 스프린트와 제품 백로그에 추가한다.
B. 제품 책임자가 수정 작업을 수용하도록 스프린트 마감일을 연장한다.
C. 제품 책임자가 팀 회의를 소집해 잠재적인 해결 방안을 논의한다.
D. 제품 책임자가 문제 해결을 위해 제품 백로그에 높은 우선순위의 아이템을 추가한다.

84. 이해관계자가 스크럼 팀의 제품 책임자에게 스프린트 중에 개발될 피처와 스토리와 기타 아이템의 목록을 요청했습니다. 이와 같은 정보를 생성하기 위해 사용하는 팀 활동은 무엇입니까?

A. 일일 스크럼 회의를 연다.
B. 스프린트 계획 수립 회의를 연다.
C. 제품 백로그 정제를 진행한다.
D. 스프린트 회고를 진행한다.

85. 회고에서, 몇 명의 스크럼 팀원이 프로젝트에 대한 잠재적으로 심각한 문제를 제기합니다. 팀이 이 문제를 관리할 수 있는 최선의 방법은 무엇입니까?

A. 제기된 모든 위험을 처리하도록 다음 스프린트 백로그에 스토리를 추가한다.

B. 각 위험의 우선순위와 현황을 보여주는 정보 라디에이터를 항상 업데이트한다.

C. 잠재적인 문제가 실제 문제가 될 때까지 모든 행동을 지연시킴으로써 책임이 따르는 마지막 순간에 각 위험을 처리한다.

D. 위험 등록을 만들고 그것을 프로젝트 관리 정보 시스템에 추가한다.

86. 팀이 이상적인 시간을 가정하면서 제품 백로그에 있는 아이템의 크기를 추정하고 있습니다. 이것이 무엇을 의미합니까?

A. 팀이 각 아이템을 완료하는 실제 캘린더 날짜를 결정한다.

B. 팀이 진척도나 간섭을 고려하지 않고 각 아이템을 구축하기 위해 필요한 실제 시간을 추정한다.

C. 팀은 팀에 특화된 단위를 사용하여 각 아이템에 상대적인 크기를 할당한다.

D. 팀은 복잡도에 따라 각 아이템의 크기를 결정하는 공식을 적용한다.

87. 여러분이 속한 XP 팀의 팀원 두 명이 어떤 엔지니어링 방법이 더 나은 솔루션인지를 놓고 논쟁을 벌이고 있습니다. 그들은 결론에 도달하지 못하고 있고, 두 사람의 마찰로 부정적인 분위기가 생겼습니다. 이 상황을 어떻게 다뤄야 합니까?

A. 알맞은 방법을 결정하기 위해 손가락 투표로 정한다.

B. 두 방법을 모두 지원하는 최소한의 첫 번째 단계로 페어 프로그래밍을 시작하도록 권장한다.

C. 코드를 리팩토링하고 지속적인 통합을 실행한다.

D. 팀원 간에 논쟁을 금하는 팀 규칙을 정한다.

88. 여러분이 코드를 리팩토링하면서 심각한 실수를 했다는 것을 깨달았고, 그 실수로 인해 팀이 중요한 마감일을 놓치게 됐습니다. 다음 중 알맞은 대응 방법이 아닌 것은 무엇입니까?

A. 계속해서 우선순위가 높은 작업을 하고 그 문제를 회고에서 제기한다.

B. 팀원들에게 그 사실을 알리고 그 문제를 해결할 수 있는 모든 노력을 다한다.

C. 다음 일일 스크럼에서 그 문제를 제기한다.

D. 팀원들에게 반복 일정에 문제가 생길 것이라고 알리는 이메일을 보낸다.

89. 여러분은 회고를 진행하고 있는 XP 팀의 팀 리더입니다. 한 팀원이 다른 계획 수립 기법을 사용했더라면 작업에 대한 계획 수립을 더 잘했을 것이며, 그 기법을 다음 번 프로젝트에 쓰면 혜택을 볼 것이라고 말합니다. 다음 중 여러분의 적절한 반응은 무엇입니까?

A. 그 기법이 XP의 프랙티스와 원칙을 준수하는지 확인한다.

B. 카이젠을 사용해 프로세스를 개선한다.

C. 새로운 기법의 사용으로 인한 영향을 파악한다.

D. 팀원에게 새로운 접근법을 팀이 시도해보도록 팀을 리드해보라고 제안한다.

90. 다음 중 여러분의 팀을 위한 효과적인 환경을 만드는 좋은 방법이 아닌 것은 무엇입니까?

A. 팀원이 실험을 하고 부정적인 결과 없이 실수를 할 수 있도록 해준다.

B. 팀원들이 자신들의 실수에 대해 이야기할 때 서로를 신뢰하도록 돕는다.

C. 실수를 발전을 위한 기회로 삼는다.

D. 팀원의 실수를 수정하지 않고 그대로 진행하도록 한다.

91. 여러분은 소프트웨어 서비스를 제공하는 업체에서 근무하는 팀의 프로젝트 관리자입니다. 범위에 대한 변경사항에 대해 두 회사가 합의점에 도달하기 위해 각 회사의 법률부서의 결정을 기다리느라, 피처 작업을 하는 팀이 일하지 않고 대기하며 많은 시간을 허비하고 있음을 나타내는 가치 흐름 맵을 여러분의 고객 중 한 명이 보내왔습니다. 이 상황이 프로젝트에 어떻게 영향을 미칠까요?

A. 이를 제한할 수는 있지만, 일하지 않는 시간도 진행 중인 추가 작업이다.

B. 고객과 업체는 계약 협상 관계에 있다.

C. 일하지 않는 시간은 프로젝트의 낭비 요소이며 제거할 수 있다.

D. 의미 있는 결론이 나지 않을 것이다.

92. 팀원이 하루에 5통씩 이해관계자에게서 걸려오는 전화를 받느라 일을 많이 진행하지 못하고 있다고 말합니다. 그가 이런 불평을 한 것이 벌써 세 번째입니다. 팀이 이런 상황을 해결할 수 있는 최선의 방법은 무엇입니까?

A. 간섭을 제한하기 위해 '동굴과 공유지(caves and commons)'라는 사무실 레이아웃을 사용한다.

B. 이해관계자가 팀원에게 직접 연락하는 것을 금지하는 정책을 시행한다.

C. 프로젝트 작업을 하는 팀원들이 전화기 소리를 줄이고 오는 전화를 무시할 수 있도록 매일 '전화 없는' 시간을 설정한다.

D. 생산성 감소를 고려하기 위해 스프린트 백로그를 조정한다.

93. 스프린트 리뷰 중에 피처가 잘못 개발돼서 그 피처를 코딩한 팀원에게 프로젝트 스폰서가 화를 내면서도 건설적인 피드백은 주지 않았습니다. 스크럼 마스터는 어떻게 대응해야 할까요?

A. 제품 책임자와 함께 제품 백로그를 업데이트한다.

B. 안전한 환경을 조성하기 위해 스폰서와 이야기한다.

C. 향후에는 어떤 피처를 어느 팀원이 코딩했는지 스폰서가 모르게 한다.

D. 팀원에게 화를 낸 것은 실수이고 스폰서도 실수할 수 있다.

94. 여러분의 팀은 계획 수립 초기 단계에 있고 아직 작업을 시작하기 전입니다. 몇 명의 주요 이해관계자가 정해져서 참여해왔지만, 특정 종류의 사용자와 그 사용자들이 프로젝트에서 얻고자 하는 것이 무엇인지, 그런 니즈에 부응하는 최선의 방법은 무엇인지는 아직까지도 불확실합니다. 이런 상황을 처리하는 가장 좋은 방법은 무엇입니까?

A. 워크플로우를 시각화하는 칸반 보드를 만든다.

B. 상위 수준의 아키텍처를 그려보는 애자일 모델링을 수행한다.

C. 페르소나를 만들기 위해 브레인스토밍 시간을 갖는다.

D. 요구사항을 문서화하고 관리하기 위해 사용자 스토리를 만든다.

95. 데이터베이스 서버 업그레이드를 하는 인프라스트럭처 담당자만이 해결할 수 있는 심각한 데이터베이스 문제를 팀이 발견했습니다. 팀이 이 상황을 어떻게 처리해야 할까요?

A. 데이터베이스 경험을 가진 개발자에게 서버 업그레이드를 책임지게 한다.

B. 팀이 일일 스탠드업 회의에서 이 문제를 파악해야 한다.

C. 제품 책임자가 백로그를 정제하고 업그레이드에 필요한 높은 우선순위의 작업 아이템을 추가한다.

D. 팀은 반드시 데이터베이스 서버 업그레이드를 자체적으로 수행해야 한다.

96. 여러분의 프로젝트를 스폰서하는 두 명의 수석 관리자가 현재의 배포 계획에 실망을 표현합니다. 다음 중 그들을 참여시키는 효과적인 전략이 아닌 것은 무엇입니까?

A. 제품 책임자가 수석 관리자들의 니즈를 더 잘 이해하기 위해 그들을 참여시킨다.

B. 두 명의 수석 관리자 모두를 작동하는 소프트웨어 정기 시연회에 초대한다.

C. 두 명의 수석 관리자를 프로젝트 계획 수립 회의에 초대하고 진행 전에 프로젝트 계획에 서명하도록 한다.

D. 팀 회의를 소집해서 수석 관리자의 관심사와 기대치에 대해 논의한다.

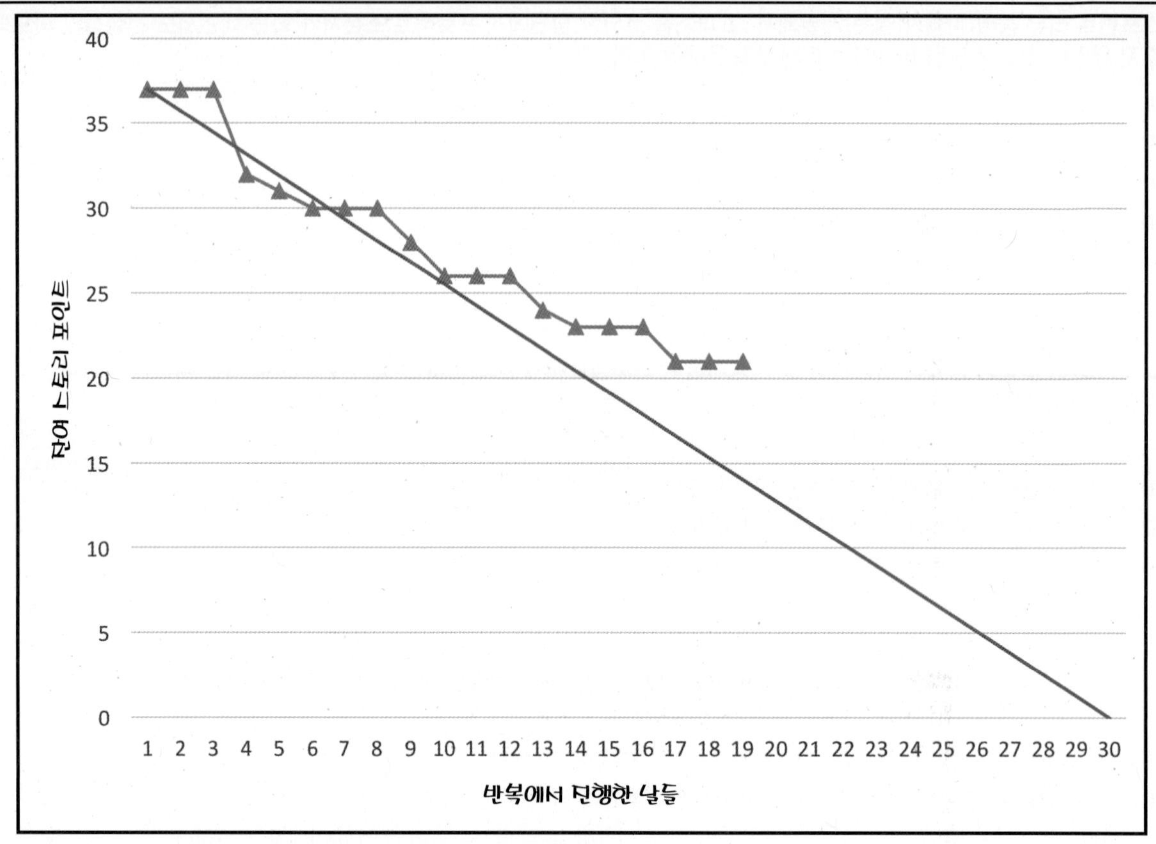

97. 스크럼 팀의 애자일 전문가는 이 차트를 어떻게 해석해야 할까요?

A. 진척도가 일관적이다.

B. 스프린트 목표가 위기에 처해있다.

C. 팀이 업무 계획 수립을 엉망으로 했다.

D. 진척도가 증가하고 있다.

98. 제품 책임자가 요청한 변경사항에 대한 작업을 해야 하는지에 대해 팀원들이 논쟁하고 있습니다. 애자일 전문가로서 여러분의 반응은 무엇입니까?

A. 변경 제어 프로세스를 검토한다.

B. 팀이 변화에 대응하는 방식을 모든 사람들이 이해하도록 각 팀원과 협력한다.

C. 팀이 이와 같은 상황을 처리할 수 있는 기본 규칙을 생각해내도록 한다.

D. 백로그에 있는 아이템을 다시 추정하고 팀과 함께 협력해 팀이 자기조직하고 새로운 목표에 부응하도록 한다.

99. 스프린트 중간에 제품 책임자는 팀이 개발하는 소프트웨어를 배포할 책임이 있는 데브옵스 그룹으로부터 이메일을 받았습니다. 이메일은 향후 배포에 포함해야 하는 설치 스크립트에 수정을 요하는 새로운 정책을 상기하는 내용입니다. 배포는 스프린트 리뷰에 필수적입니다. 하지만 스크립트를 수정하면 다른 작업들이 스프린트가 끝나는 시점을 지나 연기될 수 밖에 없습니다. 제품 책임자는 다음으로 무엇을 해야 할까요?

A. 스프린트 백로그에 스크립트 수정을 추가하고 우선순위가 가장 낮은 아이템을 제품 백로그로 옮긴다.

B. 제품 백로그에 스크립트 수정을 추가한다.

C. 스크립트 수정을 포함하기 위해 스프린트 마감일을 연장한다.

D. 데브옵스 그룹의 관리자와 면대면 회의 일정을 잡는다.

100. 여러분의 팀은 다음 반복에서 어떤 스토리 작업을 할지 결정해야 합니다. 다음 중 효과적인 진행 방식이 아닌 것은 무엇입니까?

A. 팀은 가장 위험도가 높거나 가장 중요한 스토리부터 작업하는 것으로 반복을 시작한다.

B. 스크럼 마스터는 팀이 스토리를 구분하고 작업을 파악하는 방법을 이해하도록 돕는다.

C. 제품 책임자는 모든 사람들이 각 스토리의 상대적인 우선순위를 이해하도록 한다.

D. 스크럼 마스터는 팀이 작업할 스토리 순서를 결정해줌으로써 팀의 계획 수립을 이끈다.

101. 다음 주요 XP 프랙티스 중에 삼투적 의사소통을 촉진하는 것은 무엇입니까?

A. 팀 전체

B. 지속적인 통합

C. 함께 앉기

D. 페어 프로그래밍

102. 애자일 팀이 배포 계획을 정의하고 있습니다. 다음 중 조기에 가치를 전달하기 위해 요구사항을 정리하는 가장 좋은 방법은 무엇입니까?

A. 최소한으로 마케팅 가능한 피처를 정의한다.

B. 백로그 안의 아이템을 다시 추정한다.

C. 팀 공간에 가시적인 번다운 차트를 붙인다.

D. 이시카와 다이어그램을 사용한다.

103. 팀원들은 어떤 기술적 문제가 프로젝트 후반부에 심각한 문제를 일으킬 수 있다고 걱정하고 있습니다. 팀원 한 명이, 만약 그런 문제가 발생하면 다른 기술적 접근법을 찾아봐야 한다고 지적했습니다. 팀이 다음으로 해야 할 일은 무엇입니까?

A. 제품 책임자에게 장기적 피처와 제품 목록에 아이템을 추가하도록 요청한다.

B. 지연을 반영하기 위해 배포 계획을 업데이트한다.

C. 솔루션이 효과가 있을지 알아보기 위해 초기 스프린트에 실험적인 작업을 수행한다.

D. 기술적인 문제가 팀의 업무에 미치게 될 영향에 대해 이해관계자에게 알려준다.

104. 여러분은 스크럼 팀의 제품 책임자입니다. 이해관계자 중 한 명은 최근에 회사에 들어온 수석 관리자입니다. 그녀는 지난 두 번의 스프린트 리뷰에 오지 않았습니다. 여러분은 무엇을 해야 할까요?

A. 스크럼 마스터와 협력해서 스크럼 규칙에 관해 이해관계자를 교육한다.

B. 이해관계자의 관리자와 만나 스크럼 규칙으로는 그녀가 스프린트 리뷰에 참석해야 한다고 설명한다.

C. 이해관계자에게 지금까지의 정보를 전달하고 프로젝트에 대한 피드백을 얻기 위해 회의 일정을 잡는다.

D. 이해관계자의 사무실에 프로젝트에 관한 정보 라디에이터를 붙인다.

105. 프로젝트 후반부에 반복이 어느 정도 진행됐을 때 여러분은 몇 명의 이해관계자와 회의를 하고 있습니다. 그중 한 명이 여러분이 아직 만나보지 못한 수석 관리자가 팀이 개발한 피처 하나에 동의하지 않을 것이라고 말합니다. 여러분이 다음으로 해야 할 일은 무엇입니까?

A. 요구사항 변경으로 인한 잠재적인 위험을 반영하기 위해 백로그의 우선순위를 재조정한다.

B. 다음 일일 스탠드업에서 잠재적인 문제를 파악한다.

C. 수석 관리자와의 회의 일정을 잡는다.

D. 위험 등록에 그 문제를 추가한다.

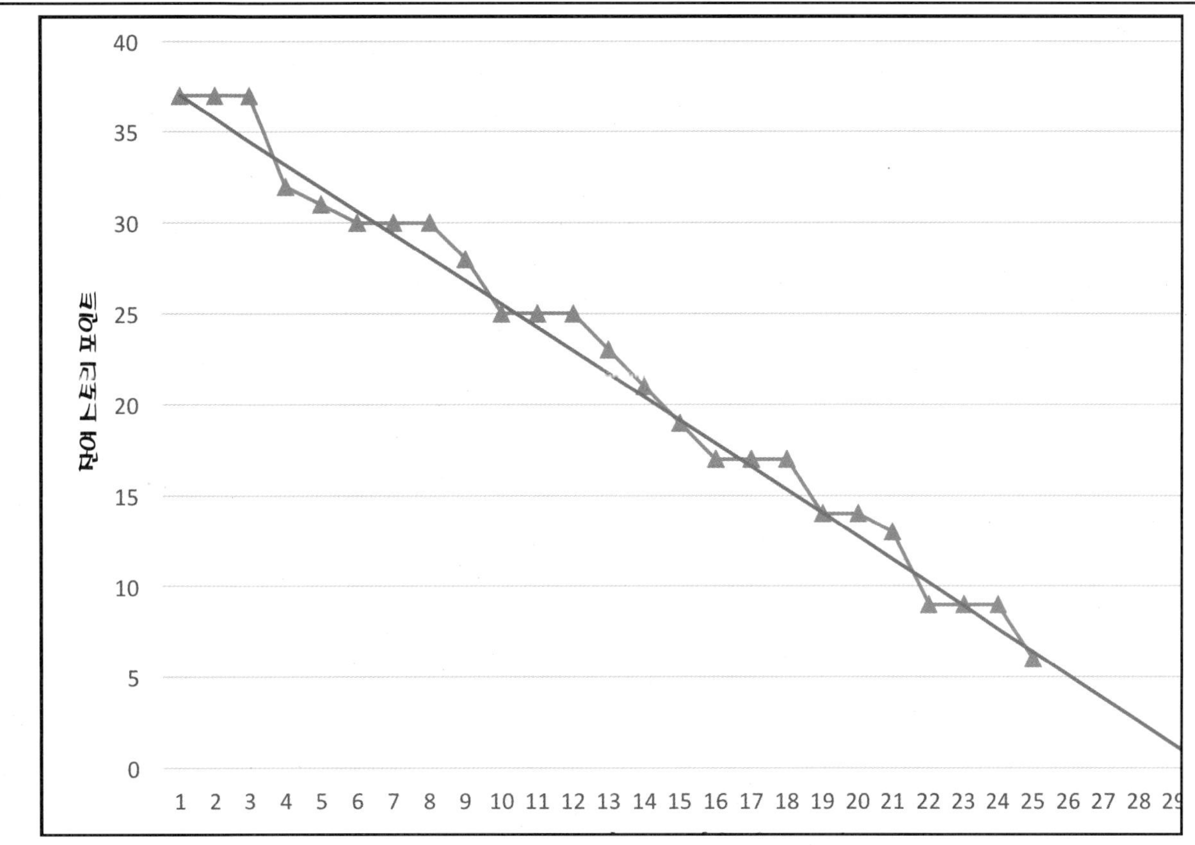

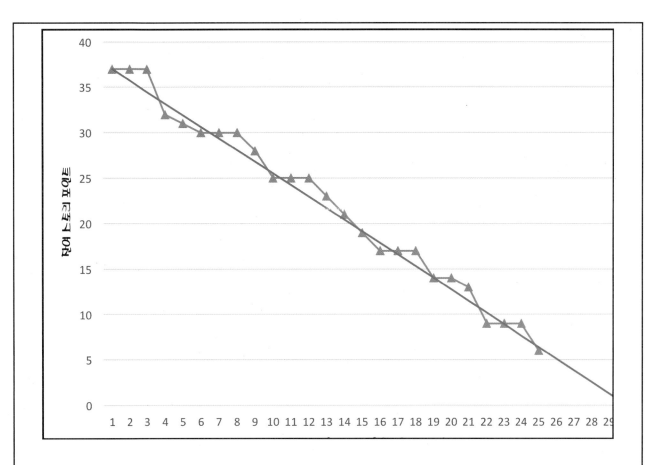

106. 스크럼 팀의 애자일 전문가는 이 차트를 어떻게 해석해야 할까요?

A. 진척도가 증가하고 있다.

B. 진척도가 일관적이다.

C. 팀이 작업 계획 수립을 엉망으로 했다.

D. 스프린트 목표가 곤경에 처해 있다.

107. 회고 이후에 다른 한 팀원이 여러분에게 말하기를, 팀이 설계와 아키텍처에 관한 의사결정을 잘못하고 있어서 걱정스럽다고 조심스레 말합니다. 여러분은 어떻게 반응해야 합니까?

A. 그가 문제를 일으키고 있다는 느낌을 주지 않도록 그 문제를 직접 제기하겠다고 말한다.

B. 제품 책임자와 스크럼 마스터에게 비밀리에 그 이야기를 전한다.

C. 그 팀원에게 팀 전체에 이 문제를 제기하라고 권한다.

D. 팀의 결속력을 해치지 않기 위해 비밀을 발설하지 않겠다고 약속한다.

108. 팀이 이제 막 반복을 위한 계획 수립 활동을 끝마쳤습니다. 다음으로 해야 할 일은 무엇입니까?

- **A.** 프로젝트 관리 계획을 검토한다.
- **B.** 일일 스탠드업 회의를 진행한다.
- **C.** 시간 설정을 한다.
- **D.** 기대하고 있는 결과물에 대해 이해관계자들에게 알려준다.

109. 스크럼/XP 통합 적용 팀의 애자일 전문가는 몇 명의 팀원들이 매주 갈등을 해결하느라 몇 시간씩 소비하고 있다는 것을 알게 됐지만, 팀원들이 지속적인 통합을 수행하는 방법을 개선하면 그 문제가 해결되리라고 생각합니다. 다음 중 다음 단계로 유용한 것이 아닌 것은 무엇입니까?

- **A.** 지속적인 통합의 모범 사례를 담고 있는 세부적인 프로세스 문서를 만들어 배포한다.
- **B.** 팀이 지속적인 통합 기법에 대해 더 많이 배울 수 있도록 프로젝트 내내 팀을 참여시킨다.
- **C.** 오래된 작업 폴더가 어떻게 커밋에 문제를 일으키는지에 대해 팀을 교육한다.
- **D.** 팀이 전반적인 지속적 통합 프로세스를 개선하게 돕는다.

110. 여러분은 다음 주간 주기를 계획하고 있는 XP 팀의 팀원입니다. 완료해야 할 데이터베이스 설계 작업이 있는데, 한 팀원이 데이터베이스 설계 전문가여서 자신만이 그 일을 해야 하는 유일한 팀원이라고 말합니다. 작업을 진행하기 위한 가장 좋은 방법은 무엇입니까?

- **A.** 생산성을 높이기 위해 개인의 전문성을 활용하도록 권장한다.
- **B.** 팀이 페어 프로그래밍을 하도록 권장한다.
- **C.** 그 전문가가 팀의 주니어 팀원의 멘토 역할을 하도록 권장한다.
- **D.** 다음 일일 스탠드업 회의에서 그 문제를 제기한다.

111. 애자일 전문가는 팀이 모든 작업을 시작하기 전에 완벽하고 매우 세부적인 계획을 세워야 한다고 주장하는 이해관계자와 마주했습니다. 애자일 전문가는 어떻게 해야 할까요?

- **A.** 애자일 팀은 작동하는 소프트웨어만을 사용하고 포괄적인 문서는 사용하지 않기 때문에 그 이해관계자의 말을 수정해준다.
- **B.** 팀이 과거에 정기적인 제품 시연과 중간의 경로 변경을 통해 지금까지 성공해왔다는 점을 보여준다.
- **C.** 이해관계자와 제품 백로그를 검토하고 각 배포에 들어갈 스토리를 결정한다.
- **D.** 이해관계자를 만족시키기 위해 완벽하고 매우 세부적인 계획을 세운다.

112. 애자일 팀이 새로운 프로젝트를 시작했습니다. 프로젝트 관리를 위한 시작점이 될 가장 좋은 방법은 무엇입니까?

- **A.** 유지보수를 고려해 버퍼를 포함한 배포 계획을 만든다.
- **B.** 작업에 대한 상위 수준에서의 이해를 반영하는 배포 계획을 만든다.
- **C.** 매우 세부적인 간트 차트를 만든다.
- **D.** 매우 세부적인 작업 추정에 기반한 스토리 맵을 만든다.

113. 애자일 팀이 자신들의 프랙티스와 팀 문화를 정기적으로 검토하고 있습니다. 이 검토의 목적은 무엇입니까?

A. 정기적인 회고가 있는 방법론 지속

B. 팀의 장기 업무를 구성하는 피처, 스토리, 작업 목록 검토 및 업데이트

C. 팀의 효율성 증진을 위해 프로젝트 프로세스 개선

D. 특정 문제의 근본 원인 파악

114. 애자일 전문가는 중요한 프로젝트 이해관계자가 팀이 목표를 달성하리라는 것을 믿지 못한다는 것을 알게 됐습니다. 이 상황을 개선할 가장 좋은 방법은 무엇입니까?

A. 팀과 협력해서 성공 기준에 대해 의사소통하는 방식을 개선하고, 제품에 관해 이해관계자와 협력한다.

B. 이해관계자와 만나 특정 피처 완성에 대한 강한 의지를 표명한다.

C. 팀과 협력해 각 증분의 인수 기준에 관해 이해관계자와 법적 구속력이 있는 서비스 차원의 합의서를 작성한다.

D. 이해관계자와 만나 스크럼 규칙으로는 그녀가 팀을 신뢰해야 한다고 설명한다.

115. 여러분은 애자일 전문가로, 우선순위에 관해 몇 가지 중요한 변경사항을 파악한 이해관계자와의 회의를 방금 끝마쳤습니다. 여러분은 계획된 피처의 각 아이템에 상대적인 가치를 할당했지만, 팀은 아직 우선순위를 정하지 못한 상태입니다. 팀이 취해야 할 다음 행동은 무엇입니까?

A. 백로그에 있는 아이템을 다시 추정한다.

B. 아키텍처 스파이크를 실시한다.

C. 정보 라디에이터를 업데이트한다.

D. 변경 제어 프로세스를 시작한다.

116. 다음 중 팀원이 같은 공간에서 일하는 이점이 아닌 것은 무엇입니까?

A. 삼투적 의사소통

B. 정보를 공유하는 작업 공간을 만들 능력

C. 팀원들에게 접근 용이

D. 산만한 요소 감소

117. 개발 중인 작업 결과물이 최대의 가치를 갖고 있는지 확인하는 최고의 방법은 무엇입니까?

A. 스크럼 마스터가 이해관계자와 협력한다.

B. 팀이 제품 책임자와 협력한다.

C. 제품 책임자가 이해관계자와 협력한다.

D. 프로젝트 관리자가 자원 관리자와 협력한다.

118. 팀은 지난 반복에서 지연을 야기했던 문제를 발견했습니다. 팀은 이제 정확히 무엇이 잘못됐는지, 그 문제가 생기게 된 모든 요소들에 대해 알면 프로젝트를 진행하는 전반적인 방법을 개선할 수 있다고 생각합니다. 이를 위한 적절한 도구는 무엇입니까?

A. 이시카와 다이어그램

B. 스파이크 솔루션

C. 정보 라디에이터

D. 번다운 차트

119. 여러분은 의료 장비를 개발하는 회사의 팀의 애자일 전문가입니다. 품질, 특히 환자의 안전에 관한 품질이 프로젝트 성공에서 가장 중요한 요소입니다. 제품의 품질을 보장할 수 있는 가장 효과적인 방법은 무엇입니까?

A. 문제의 근원을 알아내기 위해 근본 원인 분석을 사용한다.

B. 반복 백로그에 품질 아이템을 포함한다.

C. 이해관계자와 주기적으로 만나 가치를 극대화한다.

D. 작업 중인 제품을 자주 확인, 점검, 테스트하고 발견한 개선 방안을 구현한다.

120. 회사 전반에 걸친 예산 삭감으로 인해 여러분의 팀은 일정을 3개월 줄여야 합니다. 제품 책임자는 이해관계자가 완성품이 없어서 화를 낼 것이라고 암시했습니다. 여러분이 다음으로 해야 할 일은 무엇입니까?

A. 계획을 점검하기 위해 여러분이 사용하고 있는 방법론의 규칙을 따르고, 예산과 일정의 변화를 반영하기 위해 그 규칙을 조정한다.

B. 예산을 늘리기 위해 수석 관리자들에게 대안을 제시한다.

C. 범위와 일정 변경이 일어나기 바로 전에 제품 책임자에게 알려서 책임이 따르는 마지막 순간에 여러분이 의사결정을 할 수 있도록 한다.

D. 제품 책임자에게 심각한 문제를 알리지 않고도 프로젝트를 계속 진행할 방법을 찾는다.

답을 보기 전에...

시험을 어떻게 봤는지 확인하기 전에 그 내용이 여러분의 뇌에 착 달라붙게 해주는 몇 가지 아이디어를 여기에 제시합니다. 기억하세요. 답을 한 번 훑어보고 나서 이 아이디어를 이용해 여러분이 놓친 부분을 복습하세요.

1 질문에 너무 매몰되지 마세요.

질문이 살짝 혼란스러울 때 여러분이 처음 할 일은 질문에서 물어보는 바가 정확히 무엇인지 파악하는 것입니다. 세부사항 때문에 혼란에 빠지기가 쉽습니다. 특히 질문이 긴 경우에는 더욱 그렇습니다. 가끔은 질문을 한 번 이상 읽어야 합니다. 질문을 처음 읽고 스스로에게 물어보세요. "이 질문이 정말로 무엇을 물어보는 것일까?"

팀원들 간의 의견 불일치에 관한 질문을 제시하면서 여러분이 그 문제를 어떻게 처리할지 묻는 문제처럼, 갈등 해결 방안을 묻는 문제에서 이 방법은 특히 도움이 됩니다.

2 여러분이 하는 일에 이 방법을 시도해보세요.

PMI-ACP 시험에 대해서 배운 모든 것은 정말로 실질적이며 **현실 세계의 애자일 아이디어**를 기반으로 하고 있습니다. 만약 여러분이 프로젝트 작업을 활발하게 하고 있다면, 여러분이 배우고 있는 이 아이디어 중 몇 가지를 여러분이 하는 일에 적용해볼 정말 좋은 기회가 됩니다. 몇 분 시간을 갖고 여러분이 하고 있는 프로젝트를 순탄하게 진행하기 위해 이 방법들을 어떻게 사용할지 생각해보세요.

3 스스로 질문을 만들어보세요.

잘 이해되는 않는 개념이 있나요? 여러분의 뇌에 그 내용을 집어넣는 최고의 방법 중 하나는 직접 질문을 만들어보는 것입니다! 저희는 여러분이 보게 될 시험 문제처럼 문제를 만드는 법을 여러분이 배우도록 『Head First Agile』에 '질문 클리닉' 연습을 포함했습니다.

직접 질문을 만들어볼 때 다음을 검토하세요.
- 그 아이디어를 더욱 명확하게 하면서, 여러분의 뇌에 남아 있게 하세요.
- 질문이 어떻게 만들어지는지 생각해보세요.
- 그 개념이 사용된 실제 시나리오를 생각해봄으로써, 상황에 맞게 그 개념을 맞춰보고 그것을 적용하는 방법을 배우세요.

이 모든 것은 여러분이 내용을 잘 기억하는 데 도움을 줍니다.

4 도움을 받으십시오!

여러분이 아직 PMI 회원이 아니라면 오늘 회원이 되십시오! 전 세계에 지역 PMI 챕터(지부)가 있습니다. 회원으로 가입하는 것은 PMI 커뮤니티와 연결하는 좋은 방법입니다. 대부분의 PMI 챕터는 여러분이 공부하는 데 도움을 주는 강사와 학습에 관한 모임을 주선합니다.

PMI-ACP 시험을 위한 훈련 요건에 맞추는 좋은 방법을 찾고 계신가요? 오라일리(O'Reilly)에서 제공하는 사파리(Safari) 온라인 과정(http://www.safaribooksonline.com/live-training/)을 확인해보세요! 애자일에 관한 강좌들이 항상 나타납니다. 이들 강좌는 여러분의 사파리 멤버십에 포함되어 있습니다.

1. 답: B

이 경우는 제품 책임자가 맞고, 팀원이 잠재적으로 위험한 일을 하는 경우입니다. 스크럼 팀이 제품 책임자의 역할을 두고 있는 이유는 누군가 이해관계자와의 의사소통을 감당할 수 있도록 하기 위해서입니다. 팀원이 이해관계자와 직접 일하는 것이 잘못된 것은 아니지만 제품 책임자를 그 대화에서 절대로 제외해서는 안 됩니다.

시험 질문에서 'scrum master'의 첫 글자를 대문자로 쓰지 않은 것이 거슬리나요? 거기에 익숙해지십시오! 실제 시험에서는 여러분의 기대치에 맞는 대문자가 없을 수도 있습니다.

2. 답: C

사용성 테스트는 팀이 소프트웨어를 사용하기 쉽게 만들기 위해 테스트할 수 있는 중요한 방법이며, 애자일 팀은 소프트웨어를 테스트하고 개선 방안을 제품에 다시 구현해서 리뷰를 자주 실행합니다. 사용성 테스트를 하는 아주 일반적인 방법은 사용자들이 소프트웨어의 초기 버전을 사용하는 것을 관찰하는 것입니다.

사용자 인터페이스 요구사항을 파악하고, 사용자 인터페이스를 계획하기 위해 와이어프레임을 사용하는 것은 모두 소프트웨어의 사용성을 개선하는 귀중한 방법이며, 애자일 팀은 이 두 가지 모두를 사용합니다. 하지만 애자일 팀은 포괄적인 문서보다 작동하는 소프트웨어를 가치 있게 생각하므로, 애자일 팀은 보통 UI 요구사항과 와이어프레임보다는 사용성 테스트를 선택합니다.

3. 답: B

애자일 팀은 문제가 생기면 수용 가능한 여러 방안들을 파악하기 위해 이해관계자들과 밀접하게 협력합니다. 스크럼 팀에서 제품 책임자는 프로젝트가 어떻게 진행되고 있는지 이해관계자들을 이해시키기 위해 그들과 상호작용하는 역할을 합니다. 그러므로 팀이 완성해야 하는 제품에 영향을 미치게 될 문제가 스크럼 프로젝트에서 발생하면, 제품 책임자는 이해관계자와 만나 팀을 어떻게 진행할지 정확히 논의해야 합니다. 애자일 팀이 이해관계자들과 협력해 제품에 영향을 미치는 중요한 방안들에 대한 이해를 공유하면 그 둘 사이에 상호신뢰를 구축하는 데 도움이 됩니다.

스파이크 솔루션은 여기에서는 맞지 않습니다. 왜냐하면 질문에는 잠재적인 기술 문제를 탐사하는 것에 대해서는 아무것도 언급되지 않았기 때문입니다.

해당 단계에 정해진 WIP 제한에 도달했을 때는 팀도 자신들의 행동을 변경해야 하기 때문에 이해관계자도 참여할 필요가 있습니다. 이들의 행동 변화가 이해관계자에게도 영향을 미치기 때문입니다. 이렇게 하면 모든 사람들이 문제의 근본 원인을 좀 더 빨리 파악하는 데 도움이 됩니다.

4. 답: D

팀이 칸반 보드를 사용해 워크플로우를 시각화할 때, 팀은 워크플로우 단계를 나타내는 칸을 만듭니다. 보통 그 프로세스를 흘러가는 개별적인 작업 아이템을 보여주기 위해 포스트잇이나 인덱스 카드를 사용합니다. 만약 아이템들이 하나의 칸에 쌓이는 경우, 그 단계가 프로세스 흐름을 느리게 할 수 있는 잠재적인 근본 원인이라는 것을 팀에게 알려줍니다. 이 문제를 해결하려면 이해관계자와 협력해 그 단계에 허용 가능한 최대의 작업 아이템 수를 적용함으로써 WIP(진행 중인 작업) 제한을 설정합니다.

연습 문제에는 어느 것이 최선인가라는 질문과 어느 것이 가장 덜 나쁜 선택인가라는 질문이 많다는 것을 알아챘나요? PMI-ACP 시험에서 가장 어려운 것 중 하나가 몇 개가 옳은 것처럼 보이거나 아무 것도 옳은 것처럼 보이지 않을 때 최선의 답을 찾는 것입니다.

이 경우는 스크럼 팀에게는 특히나 그렇습니다. 왜냐하면 스크럼 팀은 자기조직하기 때문에 팀은 책임이 따르는 마지막 순간에 누가 작업을 할 수 있는지에 관한 의사결정을 할 수 있습니다.

5. 답: D

일반화 전문가는 정말 요긴하며, 애자일 팀은 자신들의 역량을 확대할 것을 사람들에게 권장하기 위해 자신들이 할 수 있는 모든 일을 합니다. 모든 팀원이 폭넓은 기술을 갖고 있을 때, 팀은 더 적은 사람들로도 더 많은 일을 할 수 있고 병목 현상을 피할 수도 있습니다. 애자일 팀은 팀원들이 일반화된 역량을 개발하기 위해 가능한 한 많은 기회를 제공하려고 합니다. 그래서 개발 직업을 하는 테스터 팀원들처럼, 자신의 스킬을 확장할 수 있는 기회가 있을 때 애자일 팀은 그 기회를 활용합니다.

6. 답: A

팀이 기본 규칙을 정하는 주된 이유는 일관성을 유지하고 프로젝트 목표와 이해관계자에게 가치를 전달하는 집단 몰입을 계속 증가시키기 위해서입니다. 팀이 설정하는 기본 규칙에는 항상 타당하고 공정한 이유가 있어야 합니다. 그래서 새 팀원이 팀에 적응하게 돕는 가장 좋은 방법은, 그 이유를 설명하고 그 팀원이 새로운 규칙을 따르도록 권장하는 것입니나.

만약 규칙에 대한 좋고 타당한 이유가 없다면, 새 팀원이 옳고 규칙이 좋은 것이 아닐 수도 있습니다. 하지만 새 팀원도 여전히 그 기법을 시도해봐야 합니다. 왜냐하면 팀 문화에 대해 개방적인 마음을 가지고 있는 것이, 팀의 일관성을 촉진하는 가장 좋은 방법이기 때문입니다.

7. 답: C

애자일 팀의 리더들은 섬기는 리더십을 실천합니다. 그 말은 팀원 개인이 자신들의 일에 인정받고, 일하는 것을 이해하고 있으며, 작업을 완료한다는 뜻입니다. 섬기는 리더는 문제를 일으키는 장애물을 제거하기 위해 보이지 않는 곳에서 작업하는 데 많은 시간을 보냅니다. 섬기는 리더는 작업을 할당하거나 팀이 제품을 어떻게 개발해야 하는지를 결정하지 않습니다.

8. 답: D

애자일 팀이 요구사항을 관리하는 방법에 있어서 가장 중요한 측면 중의 하나는, 반복의 각 아이템에 대한 '완료'의 정의에 팀 전체가 동의하도록 하는 것입니다. 모든 팀원은 반복의 마지막에 전달하는 모든 피처에 대한 명확하고 세부적인 인수 기준이 있어야 합니다. 인수 기준에 대한 합의를 이끌어내는 가장 효과적인 방법은 협상입니다.

팀이 협상하는 가장 일반적인 방법은 현재 반복에서 '완료'의 정의가 어느 정도의 업무를 포함하고 향후 반복에 나머지 작업을 포함하는 데 합의하는 '줄 것은 주고, 받을 것은 받는' 방식입니다.

9. **답:** D

여러 명의 이해관계자와 직접적으로 작업하는 애자일 전문가는 제품 책임자의 역할을 수행합니다. 제품 책임자는 이해관계자와 주기적으로 만나 기대치와 요구사항을 확인하고, 팀과 협력해 팀이 그 요구사항을 이해하도록 돕습니다. 이 경우 이해관계자에게 요구사항이 있으므로, 제품 책임자의 역할은 팀이 이해관계자의 니즈와 기대치에 대해 잘 알고 있도록 조율하는 것입니다.

10. **답:** D

팀이 작업을 함께 계속하다 보면, 팀원들이 서로의 성격에 대해 종종 강하게 부정적인 의견을 보이게 되는 격동기 단계가 되기도 합니다. 리더는 그룹의 발전 단계에 따라 자신의 스타일을 바꾸는 적응형 리더십에서 격동기 단계에 있는 팀은 코칭과 같은 높은 수준의 지도 및 지원을 해주는 지원적 리더십을 필요로 합니다.

이 질문은 1960년대와 1970년대에 팀이 어떻게 형성되고 리더가 어떻게 적응해야 하는지에 관해 개발된 이론인 터크먼의 그룹 발전 모델 및 허시의 상황적 리더십 모델을 토대로 하고 있습니다. 하지만 터크먼과 허시의 이름을 기억하기보다는, 팀이 언제 형성될 때 무슨 일이 일어나고 리더가 어떻게 효과적으로 상황에 적응하는지 개념을 이해하는 것이 더 중요합니다.

11. **답:** A

자기조직 팀은 작업을 함께 계획하고 책임이 따르는 마지막 순간에 누가 특정 작업을 할지 의사결정을 합니다. 스프린트 계획 수립 회의에서 스크럼 팀은 주로 스프린트 백로그의 스토리, 피처, 또는 요구사항을 개별적인 작업과 작업 아이템으로 구분합니다. 하지만 팀이 자기조직을 한다면 스프린트 초반에 작업을 팀원들에게 할당하는 대신 대부분의 스크럼 팀은 일일 스크럼에서 팀원이 스스로에게 작업을 할당합니다.

책임이 따르는 마지막 순간에 작업을 할당하는 것이 일일 스크럼 중에만 스스로에게 일을 할당한다는 뜻은 아닙니다. 만약 스프린트 계획 수립 회의에서 팀원에게 작업을 할당할 정말로 중요한 이유가 있다면, 첫 번째 일일 스크럼까지 그 일을 지연할 필요는 없습니다.

12. **답:** C

애자일 팀의 주요 핵심은 초기에 가치를 전달하는 것이고, 그렇게 하려면 이해관계자와 협업하면서 가장 높은 가치를 가진 업무에 우선순위를 둡니다. 하지만 이 질문에서 애자일 전문가는 이해관계자이지 팀원이 아닙니다. 작업을 하는 애자일 팀은 업체에 있고, 애자일 전문가는 팀의 제품 책임자와 함께 일합니다. 그러므로 이 경우 업체의 팀의 제품 책임자는 애자일 전문가와 반드시 협력해야 합니다.

업체와 협력하는 것에 관한 질문을 보게 되면, 여러분이 할 일 중의 하나는 전문가가 이해관계자인지, 제품 책임자나 스크럼 마스터 또는 개발팀원의 역할을 하고 있는지 확인하는 것입니다.

13. **답:** A

애자일 팀이 시간이 지나면서 발전하는 한 가지 이유는, 팀이 개별적인 프로젝트만 신경 쓰는 것이 아니라 자신들이 일하고 있는 시스템 전체에도 관심을 갖고 있기 때문입니다. 그렇게 하기 위한 한 가지 방법은, 지식과 프랙티스를 자신의 조직뿐 아니라 조직의 경계를 넘어서까지 전파하는 것입니다.

여러분은 단순히 원칙을 설명하기보다는, 성공적인 프로젝트로부터 애자일 원칙의 예를 보여주도록 해야 합니다.

14. 답: B

애자일 전문가는 반드시 애자일 원칙을 지지해야 하고, 애자일의 핵심 원칙 중 하나는 애자일 팀이 계획을 따르기보다는 변화에 대응하기를 가치 있게 여기는 것입니다. 스크럼 마스터에게 그 가치를 설명하는 것도 좋겠지만, 애자일 원칙을 홍보하는 가장 좋은 방법은 그 원칙을 모범으로 보여주는 것입니다.

15. 답: D

애자일 팀의 개개인은 리더십을 보여줄 필요가 있습니다. 그렇게 하기 위해서 애자일 팀은 실수를 용인하면서 모든 사람들이 존중받는 환경을 조성합니다. 이때 회사는 팀의 기본 규칙을 만들지 않습니다.

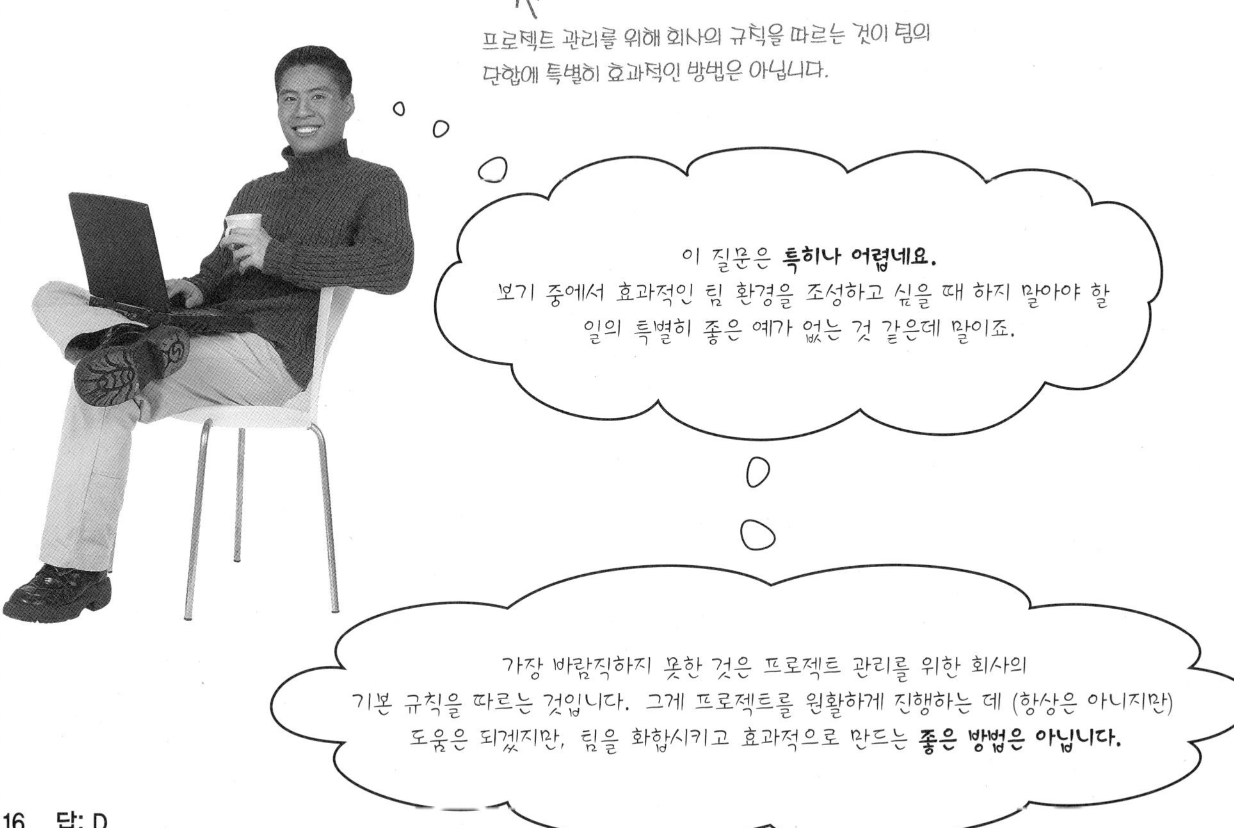

프로젝트 관리를 위해 회사의 규칙을 따르는 것이 팀의 단합에 특별히 효과적인 방법은 아닙니다.
이 질문은 **특히나 어렵네요.** 보기 중에서 효과적인 팀 환경을 조성하고 싶을 때 하지 말아야 할 일의 특별히 좋은 예가 없는 것 같은데 말이죠.
가장 바람직하지 못한 것은 프로젝트 관리를 위한 회사의 기본 규칙을 따르는 것입니다. 그게 프로젝트를 원활하게 진행하는 데 (항상은 아니지만) 도움은 되겠지만, 팀을 화합시키고 효과적으로 만드는 **좋은 방법은 아닙니다.**

16. 답: D

칸반 팀은 일반적으로 프로세스에서 작업 흐름을 시각화하기 위해 누적 흐름도를 사용합니다. 그렇게 하면 평균 도착률(작업 아이템이 얼마나 빈번하게 추가되는지)이나, 리드 시간(작업 아이템을 요청해서 완성하기까지의 시간), 진행 중인 작업(임의의 시간에 진행 중인 작업 아이템의 수)을 시각적으로 볼 수 있습니다.

17. 답: D

보안과 성능에 대한 요구사항(암호화를 사용할지, 얼마나 빨리 소프트웨어가 작동하는지)은 비기능적 요구사항의 좋은 예입니다. 애자일 팀은 코드가 사용될 환경을 고려해 프로젝트와 연관된 비기능적 요구사항을 끌어내고 그 요구사항을 이해하고 우선순위를 정하기 위해 이해관계자와 협력합니다.

여러분에게 몇 가지 잠재적인 기술적 방법이 제시됐을 때, 스파이크 솔루션은 어떤 방법이 효과가 있는지를 확인하는 좋은 방법입니다. 하지만 이 경우 팀은 이미 두 가지 모두가 실현 가능하고 각 방법으로 인한 결과가 어떠할지 알기 때문에, 팀이 스파이크 솔루션을 통해 실제로 배울 것은 없습니다.

18. 답: C

애자일 팀은 자신들이 일하는 방식을 개선하기 위해 빈번하게 회고를 진행합니다. 다른 팀원들처럼 동료로서 함께 참여하는 스크럼 마스터를 포함한 모든 팀원은, 개선할 부분을 파악하고 개선 방안을 실현할 계획을 논의하는 회고에 참여합니다. 스크럼 마스터는 또한 스크럼 규칙을 나머지 팀원들에게 가르치는 추가 업무를 통해, 팀원들이 회의에서 어떤 역할을 하는지, 회의 시간을 어떻게 유지하는지를 알게 해줍니다.

19. 답: B

스크럼 마스터는 모든 사람들이 팀이 사용하는 프랙티스에 대한 공통적인 지식을 갖고 있는지 확인하면서 일하는, 팀을 섬기는 리더입니다. 팀원이 궁금한 사항이나 프랙티스에 대한 오해를 갖고 스크럼 마스터에게 접근하면, 스크럼 마스터는 그 프랙티스가 어떤 것이고, 팀이 프로젝트의 목표를 달성하는 데 그 프랙티스가 어떻게 도움이 되는지에 대해 팀원을 이해시킵니다.

20. 답: C

애자일 팀이 업체와 함께 일할 때, 업체는 보통 애자일 팀이 사용하는 것과 다른 방법론을 사용합니다. 이 경우 업체는 워터폴 방법론을 사용하지만 그래도 괜찮습니다. 여기서 중요한 점은 애자일 팀이 각 프로젝트 증분에 대해 비전을 공유하는 것입니다. 이 질문에서는 업체 관점에서 볼 때 여러분이 이해관계자의 역할을 수행하고 있지만 개발팀과 기대치를 맞추면서 애자일 팀과 신뢰를 쌓아가는 일은 프로젝트 성공에 매우 중요합니다. 만약 업체가 범위와 목적을 정의한 문서를 사용한다면, 여러분은 업체가 가진 상위 수준의 비전과 그 비전을 향한 목표가 애자일 팀이 가진 시각과 맞는지 확인해야 하며, 서로 다른 부분이 있다면 일치하지 않는 부분을 조율하기 위해 조치를 취해야 합니다.

애자일 팀은 포괄적인 문서보다 작동하는 소프트웨어를 가치 있게 여기지만, 문서도 여전히 중요하게 생각합니다. 보기에 문서 작업이 포함된다고 해서 무조건 틀리다고 생각하면 안 됩니다.

21. 답: D

팀과 팀원들은 항상 모든 프로젝트에 조직적인 목표와 개인적인 목표를 가지고 있습니다. 애자일 팀이 효과적인 이유 중 하나는 팀의 목표와 프로젝트 목표가 맞는지 확인하면서 그 두 가지를 함께 고려하기 때문입니다. 예를 들어 스크럼 팀은 모든 스프린트에 단순하게 명시된 간결한 목표를 작성합니다. 팀이 특정 목표를 갖고 있다면, 팀이 목표를 향해 진행하는 동안 스프린트 목표를 달성할 수 있도록 공통적인 토대를 찾기 위해 서로 협력해야 합니다.

팀원 사이에 협의가 이루어지지 않는 경우가 종종 있습니다. 이 경우 제품 책임자와 팀원들이 그렇습니다. 협력은 이런 상황에서 협상보다 효과가 더 좋습니다.

22. **답:** D

팀이 심각한 문제에 부딪히면, 팀이 해야 할 첫 번째 일 중 하나는 모든 사람들, 특히 이해관계자가 그 문제의 영향을 이해하는 것입니다. 그리고 문제가 심각한 지연을 야기한다면, 팀은 가능한 한 가장 많은 가치를 전달하기 위해 모든 사람들의 기대치를 다시 설정해야 합니다.

23. **답:** D

스크럼 팀과 같은 애자일 팀이 정해진 시간의 반복에서 개발을 완료하면, 다음 단계는 이해관계자를 위한 시연을 함으로써 팀이 완료한 작업에 대한 피드백을 얻는 것입니다. 애자일 팀은 완전하게 완료된 작업만 시연합니다. 만약 작업이 완료되지 않았다면 팀은 다음 반복을 계획할 때 그 작업을 제일 먼저 완료해야 할 일로 포함하는 것이 일반적입니다.

24. **답:** A

이해관계자가 기대한 것이 팀이 전달하는 실행 소프트웨어와 일치한다면 신뢰가 생깁니다. 요구사항이 변경되면 팀은 변경에 맞춰 작업하고, 작동하는 소프트웨어가 자신들의 요구사항을 점점 더 실현해가는 것을 각 이해관계자들이 본다면 그 신뢰는 시간이 지나면서 더 견고해집니다. 제품 책임자는 이 부분에 있어서 매우 중요한 역할을 합니다. 제품 책임자는 팀이 하는 작업 및 팀이 완성할 결과에 대해, 각 이해관계자의 기대와 같은지를 확인해야 합니다.

이해관계자와 팀이 등분에 대한 '완료'의 정의에 동의하면, 스프린트 리뷰에서 나쁜 일로 서로 놀라는 상황을 방지해줍니다. 그렇게 하기 위해 가장 효과적인 방법은, 제품 책임자와 이해관계자가 각 스토리에 대한 인수 기준을 검토하는 것입니다.

25. **답:** B

애자일 전문가로서 여러분이 해야 할 일 중 하나는, 조직 차원에서 변화를 지원할 방법을 찾기 위해 계속 관심을 갖는 것입니다. 여러분의 목표 중 하나는 넓은 범위의 조직에 있는 사람들을 교육하면서 긍정적인 영향을 미치는 것으로, 가장 좋은 방법은 여러분의 팀이 거둔 성공에 대해 이야기하는 것입니다.

다른 사람들에게 영향력을 행사할 때 단순히 애자일이 어떻게 작동하는지를 설명하거나 광신도처럼 지나치게 주장하는 대신, 팀의 성공에 대해 이야기하는 것이 훨씬 더 효과적입니다.

이 질문은 특히나 어렵습니다. 제품 책임자를 참여시킨다는 오답을 골랐나요? 왜 틀렸는지 이해하려면 제품 책임자가 스크럼 팀에서 하는 일과 하지 않은 일이 무엇인지 정말 잘 알아야 합니다. 제품 책임자는 프로젝트와 프로젝트의 특정 이해관계자들에게 관심을 기울입니다. 그런데 이 질문은 회사 전체에 관한 질문이지, 특정 프로젝트에 관한 질문이 아닙니다. 그러므로 이 질문은 애자일 전문가가 회사에 있는 다른 사람들을 교육함으로써 조직 차원에서 변화를 지원하는 애자일 전문가의 책임에 관한 질문입니다.

26. **답:** A

정보 라디에이터는 애자일 팀이 정보를 공유하는 작업 공간을 만들기 위해 사용하는 효과적인 도구입니다. 그리고 정보 라디에이터는 실제 진행 상황과 팀 성과를 보여주는 매우 시각적인 표현(팀 공간의 중앙에 붙인 차트처럼)입니다.

27. 답: C

애자일 팀에게는 문제와 장애물을 파악하기 위한 실험이 권장되며, 그중 스파이크 같은 탐사적 작업이 가장 좋은 방법입니다. 팀의 작업 속도를 느리게 하거나 이해관계자에게 가치를 전달하는 팀의 능력에 영향을 미칠 수 있는 문제나 장애물인 경우에는, 그 작업 결과가 가시적인 성과로 나타납니다.

이 질문은 특히나 어려운 질문입니다. 왜냐하면 앞에서 살펴본 영역 6(문제 식별 및 해결)의 작업 1처럼, 시험 내용 개요에 있는 영역 중 하나에 매우 특화된 내용을 이해해야 하기 때문입니다. 팀을 느리게 만들거나 가치를 전달하는 팀의 능력을 막는 문제나 장애물을 드러내기 위해서는, 대화나 실험을 권장하면서 개방되고 안전한 환경을 조성하는 것이 필요합니다. 이 질문은 진행 속도를 느리게 하고, 가치 전달을 방해하는 작업 1의 특정 부분을 참조하는 문구로 되어 있습니다. 이 문제에 해당하는 영역 6은 전체 테스트의 10%를 차지하며, 영역 6에는 5개의 작업이 있으므로, 여러분은 모의 시험을 통해 작업 1과 관련된 질문은 두 개 정도 보게 될 것입니다.

28. 답: B

애자일 팀은 애자일 프랙티스와 가치뿐 아니라 조직의 특성에 맞게 자신들의 프로세스를 선정하고 맞추어갑니다. 이 팀은 엔지니어링 문제를 겪고 있는데, 이것이 XP가 가장 맞는 솔루션이라는 힌트입니다. 팀은 스크럼으로 바꾸고 싶겠지만 팀원 한 명을 제품 책임자로 임명하는 것은 효과적인 방법이 아닙니다. 왜냐하면 그 제품 책임자가 팀을 대신해서 아이템을 받아들일 권한을 갖고 있지 않기 때문입니다.

카이젠과 지속적인 개선은 일반적으로는 팀을 개선하는 좋은 방법이지만, 그 답이 그다지 정확하지는 않습니다. 팀이 할 수 있는 구체적인 개선 방안을 제공하는 답을 고르는 것이 더 좋습니다.

이 질문은 특히나 어렵습니다. 팀원에게 제품 책임자와 스크럼 마스터의 역할을 맡기는 오답을 골랐나요? 듣기에는 좋은 생각인 것 같습니다! 문제는 단순히 기존 팀원을 제품 책임자로 임명하는 것이 절대로 좋은 생각이 아니라는 것입니다. 왜냐하면 제품 책임자는 회사를 대신해 피처를 완료한 것으로 인수하고 적절한 의사결정을 할 충분한 권한을 갖고 있어야 하는데, 그런 사람이 이미 팀에 있을 확률은 거의 없습니다. 단순히 팀원에게 제품 책임자의 역할을 주는 것보다는 팀이 사용자와, 이해관계자, 수석 관리자와 협력해 그 정도의 권한을 가진 제품 책임자를 찾아야 합니다. 그다음으로 좋은 답은 분기와 주간 주기로 전달에 집중하는 XP 프랙티스를 적용하는 것입니다. 그 방법은 팀의 문제를 해결하는 데 효과적이기 때문입니다.

29. 답: B

이해관계자가 현재 팀이 작업 중인 아이템을 변경해야 할 때, 제품 책임자는 그 변경을 즉각적으로 적용할 권한을 갖고 있습니다. 가장 중요한 것은 팀이 가치를 극대화하는 작업을 하고 있으므로, 그 아이템을 스프린트 백로그에서 제거하고 평상시처럼 스프린트를 계속해야 합니다. 다른 아이템 작업은 계속하고, 정해진 시간이 되면 팀은 이해관계자와 스프린트 리뷰를 합니다.

엄밀히 말하자면 제품 책임자는 스프린트를 취소할 권한을 가지고 있습니다. 하지만 스프린트 취소는 팀이 그동안 이해관계자와 구축해온 신뢰에 심각한 해를 끼칠 수 있으므로 아주 드문 경우에만 선택해야 합니다.

30. 답: B

오랫동안 애자일 방법론을 사용해온 팀은 추정을 정말 잘하며, 추정하는 방법에도 여러 가지가 있습니다. 이때 중요한 것은 애자일 팀이 내리는 다른 의사결정과 마찬가지로, 추정에 관한 의사결정도 협력을 해야 가장 효과적이라는 점입니다. 계획 수립 포커와 와이드밴드 델파이 프랙티스는 팀원들이 추정할 때 서로 협력하도록 도와주는 협력적 추정을 위한 방법입니다. 비공식적인 대화도 협력을 하는 좋은 방법입니다. 하지만 추정을 단순히 제품 책임자의 손에 남겨두는 것은 전혀 협력적이지 않습니다. 그리고 한 명의 팀원이 수행한 최대 추정을 채택하는 것은 일정에 버퍼 효과를 가져다주는 좋은 방법이겠지만, 개방적이거나 투명하지 않아 개방이라는 스크럼 가치에 반합니다.

31. 답: C

여러분의 회사가 모든 팀에 적용하려는 요구사항이 있을 때, 여러분은 반드시 그 요구사항을 준수해야 합니다. 그래서 더 큰 조직이 어떻게 기능하느냐에 애자일 팀은 자신의 프로세스를 수정합니다. 하지만 팀은 여전히 고객에게 가치를 전달하는 일을 제일 먼저 하고 가장 중요하게 여겨야 합니다.

애자일 팀도 문서를 중요하게 여깁니다. 다만 작동하는 소프트웨어를 더 가치 있게 여길 뿐입니다.

32. 답: A

애자일 전문가는 눈에 아주 잘 띄는 정보 라디에이터를 유지함으로써 중요한 프로젝트 정보를 시각화해야 합니다. 시각화된 정보는 팀의 실제 진행 상황을 보여주는 것이 중요하며, 번다운 차트가 좋은 예입니다.

33. 답: B

팀은 종종 진척도가 일시적으로 감소하는 것을 경험합니다. 특히 여러 명의 팀원들이 휴가를 가면 그렇습니다. 만약 그 휴가가 이미 계획된 것이었다면, 그 정보를 배포 계획에 미리 반영했어야 하므로 배포 계획에는 변화가 없어야 합니다.

34. 답: C

이 질문은 스크럼 팀의 스프린트 계획 수립 회의를 설명합니다. 그 회의 중에 팀은 먼저 제품 백로그를 검토하는데, 이때 완료할 피처의 전반적인 목록을 검토합니다. 팀이 다음으로 할 일은 스프린트 백로그를 만드는 것으로, 해당 스프린트의 증분에서 완료할 아이템을 제품 백로그에서 추출합니다.

35. 답: C

제품의 복잡도는 그 제품을 개발하기 위해 작업이 얼마나 필요한지를 정하는 데 중요한 역할을 합니다. 아이템이 생각보다 덜 복잡하다는 것을 팀원이 알게 되면, 팀은 그 정보를 이용해 자신들이 프로젝트를 계획한 방식을 수정해야 합니다. 제품이 기대보다 적은 작업을 필요로 한다는 것은 그 제품을 완료하기 위한 각 반복을 하는 동안 더 많은 진척을 보인다는 뜻이므로, 팀은 제품을 더 빨리 배포하도록 계획할 수 있습니다. 하지만 진척도를 다음 반복에서 올려서는 안 됩니다. 왜냐하면 팀은 그 반복에 대한 진척도를 계산할 때 감소된 복잡도를 고려해야 하기 때문입니다.

팀이 방금 완료한 반복의 진척도는 아마 제품이 복잡도가 예상치 못하게 낮아서 팀원이 기대했던 것보다 더 많은 작업을 완료했기 때문에 일시적으로 증가했을 것입니다. 하지만 팀이 제품이 덜 복잡하다는 것을 알았기 때문에 자신들의 계획을 수정하면, 진척도는 정상으로 돌아옵니다.

36. 답: B

칸반은 프로세스 개선을 위한 방법이지 프로젝트 관리 방법이 아닙니다. 그래서 칸반 보드, 누적 흐름도, 가치 흐름 맵은 여러분의 프로세스의 워크플로우를 이해하고 시각화하는 데 중요한 도구지만 프로젝트 진행 상황을 추적하는 도구는 아닙니다. 반면 태스크 보드는 프로젝트의 진행 상황을 추적하는 데 아주 훌륭한 도구입니다.

37. 답: A

애자일 팀은 가능하면 새로운 기법을 가지고 실험함으로써 자신들의 창의력을 높입니다. 그렇게 되면 효율성과 효과를 함께 높일 수 있는 작업 방식을 발견하는 데 도움이 됩니다. 이 새 기법이 개선 방안인지 아닌지를 알아보는 유일한 방법은 적용해보는 것입니다.

제품 책임자가 이해관계자에게 계속 업데이트된 정보를 주는 것이 중요합니다. 하지만 팀은 그것이 정말 문제인지 아직 파악하지 못했기 때문에, 이해관계자에게 알리는 것은 시기상조입니다.

38. 답: C

이 질문에서 스크럼 팀은 방금 프로젝트 계획을 검토하는 일을 마쳤고, 스크럼 팀은 항상 그 일을 일일 스크럼 회의에서 합니다. 일일 스크럼에서 문제가 제기되면, 그 문제를 잘 아는 팀원들이 다음 회의 일정을 정해서 변경사항을 어떻게 적용할지 파악하는데, 이때 스프린트 백로그 수정이 거의 불가피합니다.

File Edit Window Help Ace the Test

이 질문은 어려운 질문입니다. 이 질문은 스크럼 팀이 일일 스크럼 회의를 진행하는 방식에 대해 잘 알고 있어야 할 뿐 아니라, 왜 그 회의를 하는지도 알아야 하기 때문입니다. 스크럼 규칙은 '프로젝트 계획'이라는 산출물을 명시적으로 갖고 있지 않지만, 팀은 계획을 수립하기 때문에 여러분은 그 방식을 이해해야 합니다. 투명성, 점검 및 적응 프로세스의 일환으로 스크럼 팀은 매일 만납니다. 일일 스크럼의 목적은 현재 계획과 진행되고 있는 작업을 확인하기 위해서입니다. 만약 잠재적인 문제가 있다면 그 문제에 대해 잘 아는 팀원이 계획을 수정해야 할지 말지를 결정하기 위해 다음 회의 일정을 잡습니다. 이런 일을 매일 하기 때문에 스크럼 팀은 지속적으로 일정, 예산, 이해관계자의 요구사항 및 우선순위에 관한 변경사항을 반영해 자신들의 계획을 수정할 수 있습니다.

39. 답: C

위협이나 이슈를 파악하고 나면 팀은 우선순위 목록을 지속적으로 시각화하고 모니터링해야 합니다. 그렇게 하면 팀은 그 이슈를 무시하기보다는, 각 이슈에 대한 책임자를 내정하고 필요한 조치를 취하면서 각 문제에 대한 현황을 계속 추적할 수 있습니다.

첫 번째 보기는 모든 프로젝트에 해당되는 내용으로 주의를 분산시키기 위한 오답입니다!

40. 답: B

사용자와 고객으로부터 자주 피드백을 얻는 것은 여러분이 비즈니스 가치를 전달하고 그 가치를 강화하는지를 확인하는 효과적인 방법입니다. 그와 같은 피드백은 증분을 검토하는 회의인 스프린트 리뷰에서 얻습니다.

41. 답: C

가끔 팀은 해결할 수 없는 문제에 부딪힙니다. 그런 일이 발생하면 가장 중요한 것은 모든 사람들, 특히 이해관계자가 가능한 한 빨리 이 문제가 제품에 어떤 영향을 미치게 될지 정확하게 이해하도록 돕는 것입니다.

42. 답: A

진척도가 떨어지는 것은 일시적인 경우가 많습니다. 예를 들어 팀원이 휴가를 가거나 특정 작업 아이템이 예상했던 것보다 훨씬 어렵거나 복잡하면 팀이 반복에서 진행하는 작업량이 일시적으로 감소합니다. 하지만 진척도가 현저하게 떨어지고 몇 번의 반복이 진행되는 동안 그 수준에 계속 머물러 있다면 팀은 제품을 빨리 완료할 수 없다는 사실을 반영하기 위해 배포 계획을 수정해야 합니다. 그렇게 하면 팀은 오래된 정보 때문에 과도하게 낙관하지 않고, 현실적으로 이해관계자에게 책임을 다할 수 있습니다.

애자일 팀은 보통 반복의 끝과 일치하는 배포 일정을 잡아서 해당 반복에서 완성한 작업을 배포합니다. 종종 낮은 진척도로 인해 팀이 배포의 빈도를 변경하지 않기도 합니다. 각 배포에 더 적은 결과물을 배포합니다. 그렇게 하면 프로젝트가 오래 걸리더라도 제품 배포의 안정된 속도가 유지됩니다.

43. 답: A

애자일 팀에 대한 이해관계자의 참여에 있어서 중요한 부분은 이해관계자가 더욱 효과적으로 협업할 수 있도록 자신들의 관계를 정립하는 데 도움을 주는 것입니다. 프로젝트를 위한 협약서를 만들기 위해 이해관계자와 만나는 것이야말로 그렇게 할 수 있는 효과적인 방법입니다.

섬기는 리더십이란 종종 스크럼 마스터와 같은 리더의 위치에 있는 사람이 팀원들이 실제로 작업을 완성하는 사람들임을 인식하고 팀과 관계를 맺어가는 방식입니다.

44. 답: B

팀이 위험, 이슈, 또는 프로젝트에 위협이 되는 것들을 마주하게 되면, 그 문제의 현황에 대해 이야기하는 것이 항상 중요한 우선순위입니다. 정보 라디에이터는 그 일을 위한 매우 좋은 도구입니다.

45. 답: A

스토리 맵은 팀이 서로 협력을 통해 스토리를 배포에 할당함으로써 시각적인 배포 계획을 만드는 방식입니다. 스토리 맵은 팀이 이해관계자에게 향후 배포에 관한 예측 내용을 제공할 수 있게 해줍니다. 그리고 초기에 알 수 없거나 책임질 수 없는 세부적인 내용을 포함하지 않고도 효과적으로 계획할 수 있을 정도로 상세한 계획을 제공합니다.

46. 답: A

애자일 팀, 특히 스크럼 팀은 이해관계자의 참여도를 매우 높게 유지할 수 있기 때문에 일을 잘할 수 있습니다. 참여도를 유지하기 위해 제품 책임자가 사용하는 한 가지 방법은, 프로젝트와 조직에서의 변경사항을 지속적으로 찾아보고 그 변경사항이 프로젝트의 이해관계자에게 영향을 미치는지 확인하기 위해 그 변경사항에 대한 조치를 즉시 취하는 것입니다. 이 경우 조직적인 변화가 새로운 프로젝트 이해관계자를 만들어내므로 제품 책임자는 그 사람과 가능한 한 빨리 교류해야 합니다.

이 질문은 다음과 같은 제품 책임자의 역할을 설명하는 것으로 시작됩니다. '팀을 위해 우선순위가 정해진 요구사항 목록을 유지하는 애자일 전문가' 다시 말해 제품 백로그를 유지보수하는 사람을 말합니다.

47. 답: C

팀은 각 피처나 작업 아이템에 대한 인수 기준에 합의하면서 자신들이 구축하는 소프트웨어에 대한 요구사항을 다듬어갑니다. 이 인수 기준은 제품 증분의 '완료'라는 정의와 함께 사용됩니다.

많은 사람들은 '완료'의 정의와 '인수 기준'의 의미가 어떻게 살짝 다른지를 놓고 끝없는 논쟁을 합니다. 어떤 사람들은 '완료' 정의를 증분에만 적용하는 반면, 인수 기준은 개별적인 스토리나 피처에만 적용해야 한다고 생각합니다. 하지만 시험에서 여러분은 그 용어가 혼용되는 것을 볼 수 있으므로, 여러분에게 그 둘 사이를 구별하라는 질문은 아마도 없을 것입니다.

48. 답: B

조직 차원에서 변화를 지원하고, 조직 내의 사람들을 교육하고, 조직이 좀 더 효과적이고 효율적이 되도록 행동이나 사람들에게 영향력을 행사하는 것은 애자일 전문가가 할 일 중 하나입니다.

49. 답: A

한 사람이 팀에게 작업을 할당하고 현황을 보고 받기를 바란다면, 그것은 자기조직과는 반대되는 것이며 스크럼 구현이 깨집니다. 자기조직 팀에서 팀원 개개인은 다음에 어떤 작업을 할지 함께 결정한 권한을 갖습니다. 일일 스크럼은 팀 전체가 그렇게 결정된 사안들을 검토하는 시간입니다.

효과적인 일일 스크럼에서는 애자일 전문가가 팀에게 다음에 자신이 어떤 작업을 할지 이야기합니다. 만약 이 방법이 효과적인 방법이 아니라면, 팀원이 그것을 이슈로 제기한 후 일일 스크럼이 끝난 뒤 다시 만나 세부 논의를 합니다.

50. 답: C

품질 문제의 근본 원인을 파악하는 것은 문제를 해결하는 중요한 첫 단계이며, 이시카와(또는 생선뼈) 다이어그램은 근본 원인 분석을 위한 효과적인 도구입니다.

51. 답: D

팀이 한동안 함께 작업한 뒤에, 그들은 종종 차이점과 성격적인 충돌을 해결하기 시작하는 정착기 단계에 들어가는데, 이때 양질의 협력이 팀원 사이에서 일어나기 시작합니다. 형성 단계에 따라 팀과 협력하는 리더의 작업 방식이 바뀌는 적응형 리더십에 따르면, 정착기 단계에는 지원이 필요한데, 이 말은 스스로 방향을 정할 더 많은 자유를 허용하는 리더십을 뜻합니다.

이 질문은 적응형 리더십에 관한 것으로 이 리더십은 1960년대와 1970년대에 개발된, 터크먼의 그룹 발전 모델 및 허시의 상황적 리더십 모델을 토대로 하고 있습니다. 하지만 터크먼과 허시의 이름을 기억하기보다는, 팀이 언제 형성될 때 무슨 일이 일어나고 리더가 어떻게 효과적으로 상황에 적응하는지 개념을 이해하는 것이 더 중요합니다.

52. 답: D

개발자들 또는 짝을 이룬 개발자가 부분적인 개인 공간을 공용 회의 공간 옆에 갖는 '동굴과 공유지'라는 사무실 배치는 팀원들이 대화를 우연히 들으면서 중요한 프로젝트 정보를 알게 되는 삼투적 의사소통은 허용하면서도 간섭을 제한하는 효과적인 방법입니다. 팀원들이 마주하고 앉는 배치의 개방적인 레이아웃은 산만할 수 있어서 집중하기 어렵습니다. 그리고 문이 있는 사무실은 간섭을 제한하는 효과 및 프라이버시와 지위 모두를 지켜주기 때문에 팀원들이 특히나 좋아하는 배치지만 삼투적 의사소통은 일어나지 않습니다.

53. 답: D

제품 책임자는 제품의 가치를 극대화하는 책임을 집니다. 그렇게 하기 위해 제품 백로그에 있는 작업 단위의 우선순위를 정해서 팀이 가장 가치 있는 것을 먼저 전달하게 하는 것이며, 제품 책임자는 이해관계자와 협력하면서 그 가치를 결정합니다. 팀이 혼자 작업의 가치를 결정하지는 않습니다. 그 일은 제품 책임자가 이해관계자와의 협력을 통해서만 이루어집니다.

여러분은 '비즈니스 대표(business representative)' 또는 '고객 대리자(proxy customer)'라는 용어를 볼 수도 있습니다. 그 말은 모두 제품 책임자를 지칭합니다.

54. 답: C

어떤 이해관계자도 현재의 반복이 끝나면 완료될 것으로 기대한 피처가 다음이나 그다음으로 연기됐다는 이야기를 듣고 싶어하지 않습니다. 그래서 애자일 팀은 반복의 마지막에 팀이 정확히 무엇을 완성하게 될지에 관한 명확한 그림을 그리기 위해 특히나 노력합니다. 그리고 애자일 팀은 팀과 이해관계자 간 서로의 이해를 공유하기 위해 정말로 노력합니다. 그래서 증분에 대한 '완료'의 정의가 변경되면(다른 말로, 팀이 반복의 마지막에 완료하려고 계획한 것에 변화가 생긴 것을 발견할 때), 팀은 즉시 이를 이해관계자에게 알려야 합니다.

55. 답: B

건설적인 마찰(심지어 종종 생기는 언쟁까지도)은 정상이며 심지어 팀에게 중요합니다. 그래서 애자일 팀은 대화와 의견의 불일치, 건설적인 논쟁을 권장함으로써 항상 개방되고 안전한 환경을 조성하려고 노력합니다. 수석 관리자의 존재가 있더라도 바뀌지 않습니다.

56. **답:** C

계획된 작업이나 진행 중인 작업은 이해관계자와 정기적으로 확인함으로써 피드백을 얻고 수정할 수 있습니다. 대부분의 애자일 팀은 각 반복의 마지막에 리뷰 시간을 가지면서 그 일을 수행합니다.

57. **답:** C

증분 크기를 작게 만드는 것은 위험을 파악하고 가능하면 프로젝트 초반에 그 위험에 대응하는 효과적인 방법입니다. 각 반복에 더 적은 스토리를 포함하는 것은 증분 크기를 제한하는 좋은 방법입니다.

58. **답:** D

스크럼 팀에 속할 수 있는 사람들의 숫자에도 상한선이 있습니다. 어떤 팀은 최대 12명으로도 스크럼 팀을 구성하지만, 주로 최대 9명의 사람들로 팀을 구성합니다. 스크럼 팀으로 14명은 확실히 너무 큰 규모이며, 팀이 너무 크다는 초기 신호는 사람들이 일일 스크럼에 집중하는 데 어려움을 겪는 것으로 나타납니다. 이와 같은 경우 팀이 할 수 있는 최선은 그 팀을 두 개의 작은 팀으로 나누는 것입니다.

59. **답:** A

애자일 팀은 가능하면 면대면 의사소통을 더 선호하며, 디지털 화상 회의 도구는 면대면 의사소통을 촉진시키는 훌륭한 방법입니다. 팀은 가능하면 항상 이해관계자를 포함하는 것이 바람직하지만 이해관계자가 그것을 항상 수용할 것으로 기대하면 안 됩니다. 따라서 이해관계자가에게 비행기를 타고 가서 팀과 같은 장소에 몇 주 동안 있으라고 요구하는 것은 팀이 요청하기에 너무 무리한 요구입니다.

60. **답:** B

차트에 나와 있는 가치 흐름 맵에서 위쪽은 팀의 작업 시간이고 아래쪽은 대기 시간을 보여줍니다. 그 날을 다 고려해보면 팀은 프로젝트에 적극적으로 참여한 시간이 총 38일이며 승인, 이해관계자, SA 및 DBA 활동을 위해 대기한 시간이 35일입니다. 대기하는 데 소요한 시간은 프로젝트에서 매우 큰 부분을 차지하며, 그 말은 낭비 요소를 제거할 기회가 많다는 뜻입니다.

61. **답:** B

진척도는 실제 작업을 할 수 있는 역량을 이해하기 위해 지난 스프린트에서 얻은 팀의 실제 성과를 사용하며, 그 정보를 이용해 향후 반복에 팀이 얼만큼의 작업을 할 수 있는지를 예측하는 매우 효과적인 방법입니다. 팀은 스토리 포인트와 같이 주로 이미 만들어진 단위를 사용해서 스토리, 피처, 요구사항 또는 작업 중인 다른 아이템에 상대적인 크기를 할당하고, 팀의 역량을 계산하기 위해 각 반복에 대한 포인트 점수를 사용해서 작업의 크기를 측정합니다.

62. 답: B

팀원들이 건설적인 논쟁을 하는 것은 정상이고 건강한 것입니다. 특히 팀원들이 개인적으로도 프로젝트에 몰입하고 있다고 느낄 때 그런 일은 효과적인 팀에서 항상 일어납니다. 리더들이 가끔 나서서 논쟁이 통제불능이 되기 전에 중재하기도 하지만, 팀원들이 스스로 불화를 해결하게 놔두는 것이 항상 팀에게는 더 낫습니다. 그렇게 해야 단합이 생기고 팀이 함께 공통 부분을 찾을 수 있기 때문입니다.

63. 답: A

여러분이 스크럼 팀에서 일할 때 제품 책임자의 역할은 이해관계자와 만나 이해관계자가 문제를 이해하도록 돕고 팀에게 해결책을 전달하는 것입니다. 팀원들이 문제를 가지고 이해관계자에게 직접 가면 안 됩니다. 팀원들은 항상 제품 책임자를 참여시켜야 합니다.

제품 책임자의 통복된 일정에 관한 질문의 일부는 논점을 산만하게 만드는 요소입니다. 이 질문에 대한 답은 하나밖에 없으며, 그것은 팀원이 제품 책임자를 배척하지 않는 것입니다.

64. 답: D

애자일 팀은 높은 가치를 가진 피처를 개발할 뿐 아니라 이해관계자에게 전달되는 전체 가치를 극대화하는 것에 관심이 있습니다. 그래서 팀은 높은 가치를 가진 작업 아이템과 위험을 줄이는 일의 균형을 잡습니다. 애자일 팀이 그런 균형을 맞추는 한 가지 중요한 방법은 백로그에 고위험 작업의 우선순위를 높이는 것입니다. 이 특정 작업 아이템은 낮은 우선순위의 작업 아이템이지만, 만약 문제가 생기면 큰 영향을 미치기 때문에 고위험이 됩니다.

65. 답: C

일반화 전문가, 즉 특정 분야에 전문성을 갖고 있지만 다른 몇 가지 전문 분야도 발전시키고 있는 사람은 애자일 팀에 매우 중요합니다. 일반화 전문가는 몇 개의 각기 다른 역할을 맡을 수 있으므로 팀 크기를 줄이는 데 도움이 됩니다. 프로젝트 병목 현상의 한 가지 원인은 한 명이 유일하게 특정 작업을 할 수 있는 상황에서, 그 팀원이 일을 할 수 없는 상황일 때 생기기 때문에 일반화 전문가가 있다면 병목 현상도 덜 생깁니다. 일반화 전문가는 성과 높은 복합 기능 팀을 만드는 데 도움이 됩니다. 하지만 그들이 다른 팀원들보다 더 나은 계획 수립 역량을 갖고 있다고 할 수는 없습니다.

66. 답: C

애자일 팀은 작업을 수행하면서 더 많은 것을 배운다는 점을 잘 알고 있어서, 프로젝트가 진행되면 계획도 개선되리라 기대합니다. 그래서 팀은 각 반복의 시작에 계획을 수정하고 계획에 따른 이슈를 찾고 해결하기 위해 매일 만납니다. 이렇게 애자일 팀은 실제로 무슨 일이 일어나고 있는지에 대한 현 상태를 파악한 후 이 상황을 자신들의 계획에 반영하기 위해 범위와 일정에 대한 추정을 개선합니다.

상황을 개선하기 위해 작업을 특시 멈추면 혼란이 생길뿐만 아니라, 우선순위를 변경하는 효과적인 방법도 아닙니다. 애자일 팀은 반복을 사용해 프로젝트가 통제할 수 없는 상황에 두지 않으면서도 변화에 빠르게 대처할 수 있습니다.

67. 답: C

애자일 팀은 다른 작업을 처리하는 것과 같은 방식으로 유지보수와 운영 작업을 처리합니다. 버그 수정이 중요하다면, 팀은 다음 기회에 그 작업을 합니다. 그리고 대부분 그다음 기회는 다음 반복의 시작이 됩니다.

이해관계자에게 비현실적으로 높은 수준의 세부 일정을 제공한다면, 기본적으로 그들에게 거짓말을 하는 것입니다. 확실히 애자일 팀이 할 일이 아닙니다!

68. 답: B

애자일 팀이 함께 일하기 쉬운 이유는 그들이 비현실적인 고도의 세부사항을 제공하지는 않아도, 이해관계자가 필요로 하는 정보를 제공할 수 있는 수준으로 세부적인 예상치와 일정을 제공하기 때문입니다. 스크럼 마스터는 이 부분을 이해해야 하며, 팀 개개인이 다음 6개월 동안 매 시간을 어떻게 보내는지 알 수 있는 방법이 전혀 없다는 것을 알아야 합니다.

69. 답: D

스크럼 팀은 매주 아주 작은 간섭도 큰 지연을 야기할 수 있고, 그런 간섭으로 인한 당혹감이 팀의 사기를 심각하게 떨어뜨릴 수 있기 때문에 집중을 가치 있게 여깁니다. 섬기는 리더로서 스크럼 마스터는 팀의 생산성과 사기를 높이기 위해 팀의 의욕을 떨어뜨리는 모든 요소에 관심을 가질 필요가 있습니다. 그래서 관리자가 소집한 회의에 섬기는 리더가 불참을 허락할 권한을 갖고 있지는 않지만, 그 관리자에게 다가가 간섭을 최소화할 방안을 찾는 것은 스크럼 마스터의 역할 범위에 속합니다.

70. 답: C

서로 협력하지 않는 팀원을 다루기는 쉽지 않습니다. 애자일 팀에서는 특히나 어려운데, 애자일이 대부분의 다른 작업 방식보다 팀원들끼리 서로 공유하는 마음가짐을 필요로 하기 때문입니다. 그래서 팀원들이 서로 협력하는 것이 매우 중요합니다. 따라서 팀의 일관성을 개선하고 프로젝트 목표와 팀에 대해 서로 공유하는 책임을 강화하는 데 도움이 되는 기본 규칙을 만드는 것이 중요합니다.

많은 스크럼 팀이 이와 같은 상황을 다루는 한 가지 방법은, 일일 스크럼 회의에 두 번 연속으로 지각하는 사람은 그날 하루 종일 웃기는 모자를 쓰고 있거나 저금통에 약간의 돈이라도 넣게 해서 저금통이 다 차면 피자나 음료를 돌리게끔 하는 규칙을 만드는 것입니다.

71. 답: B

애자일 프로젝트를 계획하는 첫 번째 단계는 결과물을 정의하는 것입니다. 다시 말해, 팀은 자신들이 개발하는 것이 무엇인지 알아야 합니다. 애자일 팀은 주로 점진적인 방법론을 사용하므로, 제품은 팀이 점진적으로 개발하게 되는 특정 단위를 파악함으로써 결과물을 정의할 수 있습니다.

72. 답: D

이해관계자의 기대치를 관리하는 것은 애자일 팀 운영 방법의 중요한 일부입니다. 그 일을 하는 한 가지 방법은 프로젝트 초반에 폭넓은 몰입을 하는 것입니다. 보통 처음에는 프로젝트 산출물을 위한 일반적인 목표를 생각하고, 프로젝트가 진행되면서 프로젝트의 불확실성이 감소하면, 팀이 좀 더 세부적인 책임사항을 정할 수 있습니다. 그렇게 하면 이해관계자가 어떤 제품을 개발할지 충분히 알게 되고, 팀은 프로젝트 기간과 비용적인 제약 내에서는 불가능한 무언가를 개발한다고 동의하거나 과도한 책임을 지지 않게 됩니다.

이해관계자가 영향을 받을 때마다 그에게 정보를 지속적으로 제공해야 합니다. 스크럼 팀은 개방성을 특히나 가치 있게 여기므로 더더욱 중요합니다.

73. 답: C

애자일 팀은 가능하면 주요 이해관계자에게, 특히 프로젝트에 영향을 미칠 수 있는 문제에 관해서는 항상 투명성을 제공합니다. 주요 이해관계자에게 계속 정보를 제공하는 것이 정보 라디에이터를 업데이트하거나 백로그를 정제하거나 회고를 하는 것보다 더 중요합니다.

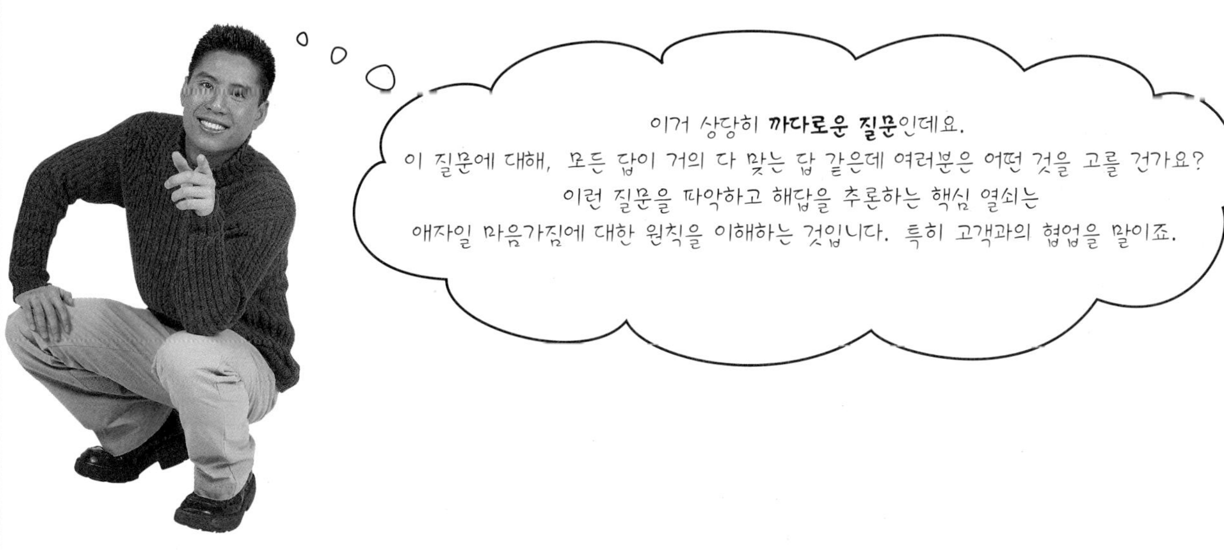

이거 상당히 **까다로운 질문**인데요.
이 질문에 대해, 모든 답이 거의 다 맞는 답 같은데 여러분은 어떤 것을 고를 건가요?
이런 질문을 파악하고 해답을 추론하는 핵심 열쇠는
애자일 마음가짐에 대한 원칙을 이해하는 것입니다. 특히 고객과의 협업을 말이죠.

74. 답: C

여러분이 새로운 기법과 프로세스 아이디어를 가지고 실험을 하면, 여러분과 팀이 프로젝트를 완료하는 더욱 효율적이고 효과적인 방법을 찾는 데 도움이 됩니다. 그 방법은 애자일 팀이 창의력을 강화하는 중요한 방법입니다. 그러므로 대안을 제시받으면 그 방법을 고려해봐야 합니다. 스크럼 팀에서는 스프린트 계획 수립 회의에서 고려해볼 수 있습니다.

스크럼의 규칙은 중요하고 프로젝트를 관리하고 소프트웨어를 개발하는 매우 효과적인 방법을 제공해주지만, 회사 전반의 규칙과 마찰을 일으키면 회사의 가이드라인에 맞춰 일할 방법을 찾아야 합니다.

75. 답: B

모든 팀원들에게 지식을 공유하라고 권장하는 것이 정말 중요합니다. 애자일 팀은 협력하고 함께 일하기 때문에 지식의 공유는 애자일 팀이 위험을 피하고 생산성을 높이는 중요한 방법입니다.

스프린트 회고가 스프린트 리뷰 다음입니다. 하지만 여러분이 먼저 처리해야 할 더 중요한 이슈가 있습니다.

76. 답: D

스크럼 팀이 다음 스프린트를 계획할 때, 팀이 하는 한 가지는 스프린트 목표를 다듬는 것입니다. 이것이 해당 스프린트의 목표로, 팀은 스프린트 백로그에 있는 작업을 완료하고 증분을 전달함으로써 그 목표를 달성합니다. 스프린트 목표는 팀이 증분을 완료함으로써 이해관계자를 위해 달성할 목표에 대한 고차원의 공유된 비전을 설정하는 방법입니다.

정보 라디에이터는 프로젝트가 어떻게 진행되는지에 대한 정보를 의사소통할 수 있는 좋은 방법이지만, 스프린트에 대한 공유된 비전을 설정하는 데는 많은 도움이 되지 않습니다.

77. 답: A

가치 흐름 분석은 낭비 요소를 파악하는 매우 가치 있는 도구입니다. 특히 다른 팀을 기다리느라 생긴 불필요한 일을 알아보는 데 중요합니다.

이시카와 다이어그램(혹은 생선뼈)는 여러분이 프로젝트 문제의 근본 원인을 설명하는 데 도움이 되지만 대기 시간으로 인한 불필요한 일의 특정 원인을 찾는 데 맞춰져 있지는 않습니다.

몇 가지 답변이 올바른 것으로 보이는 질문이 있다면 거기서 가장 적합한 답변을 선택해야 합니다.

78. 답: A

모든 답이 좋은 답입니다. 하지만 질문은 스프린트 백로그의 스토리를 우선순위화하는 가장 효과적인 전략을 묻고 있습니다. 애자일 팀은 이해관계자에게 가치를 초기에 전달해야 하며, 이것이야말로 팀이 최소한으로 마케팅 가능한 피처 또는 최소한으로 판매 가능한 제품에 맞춰 배포할 계획을 세우는 이유입니다. 최소한의 피처만 가진 초기 버전의 제품은 최소한으로 판매 가능한 제품의 정의입니다. 다른 답은 그 목표를 위한 좋은 전략들입니다.

79. 답: A

스크럼 팀은 프로젝트를 증분으로 구분하고 각 스프린트의 마지막에 '완료'된 증분을 전달하도록 작업을 계획합니다. 스크럼 팀은 스프린트 중간에 장기 계획에 대해 주요 변경을 하지 않는 것이 보통입니다. 팀은 각 스프린트 중에 자신들이 할 수 있는 가장 가치 있는 제품에 대한 작업을 하는지 항상 확인하기 때문에, 우선순위가 변경되더라도 팀은 현재의 스프린트 목표에 부응하고 여전히 가치를 전달할 수 있습니다. 팀은 현재 스프린트가 완료되자마자 새로운 우선순위에 맞게 계획을 수정합니다.

현재 스프린트를 완료하는 것은 오래된 계획을 고수하는 것과 다릅니다. 하지만 스프린트를 취소하기보다는 현재 스프린트를 완료하고 팀이 지난 스프린트 리뷰에서 이해관계자에게 약속한 백로그 아이템을 전달하는 것이 훨씬 더 좋습니다.

80. 답: A

팀이 프로젝트에 위협이 될만한 위험이나 기타 이슈를 발견하면 팀은 이해관계자에게 그 이슈의 현황에 대해 전달해야 하며, 가능하다면 위험을 처리하기 위해 백로그에 필요한 활동을 구체화시켜 정의해야 합니다. 이에 도움이 되는 활동은 탐사적 작업으로, 팀원들이 스프린트 중에 시간을 내서 위험을 완화하는 데 도움이 되는 스파이크 솔루션을 개발하는 것입니다. 소스코드를 리팩토링하고 지속적인 통합을 진행하는 것이 기술적 부채에 의한 위험을 낮추는 데 도움은 되겠지만, 이 상황에서는 도움이 되지 않습니다.

'어느 것이 아닌가' 유형의 질문을 보면, 모든 답을 세심하게 읽어보고 가장 좋은 답이 아니라 가장 나쁜 답을 골라야 합니다.

81. 답: C

팀이 작업 아이템이 완료됐다는 것이 무엇을 의미하는지에 대해 서로 합의하지 않았다면, 반복 후반에 문제가 생기고 논쟁이 일어나 지연이 발생할 수 있습니다. 그래서 팀은 인수 기준으로 사용할 수 있는 '완료' 정의를 결정해야 합니다. 이 일은 주로 책임이 따르는 마지막 순간까지 의사결정을 미루는 '적시'를 토대로 하는 것이 보통입니다. 하지만 이 질문에서는 팀이 그런 의사결정을 내리기에 너무 오래 기다렸습니다.

82. 답: B

팀은 운영 문제에 대한 통보를 받았으므로 그 부분을 고려해 계획을 수정해야 합니다. 팀은 문제가 끼칠 영향에 대한 추정을 했고, 문제 해결을 위해서는 두 명의 팀원이 세 번의 반복을 진행하는 정도가 필요하다고 생각합니다. 이를 위해 그들은 주간 주기에 스토리를 추가하고 그 변경사항을 반영하기 위해 배포 계획을 수정함으로써, 이 변경을 다른 변경을 다룰 때와 마찬가지로 처리합니다. 이 방법은 프로젝트 작업이 좀 더 늘어난다는 것을 의미하기 때문에 진척도가 줄어들진 않습니다. 그 해결책에 대한 스토리 작업이 다른 작업과 마찬가지로 진척도에 포함되기 때문입니다.

불확실성이 없기 때문에 위험 기반 스파이크를 진행할 필요는 없습니다. 팀은 서버 개선이 지연될 것이고, 그 해결책에 시간과 노력을 들여야 한다는 것을 알고 있습니다.

83. 답: A

심각한 위험이 프로젝트 초반에 감지되었다면, 그때가 바로 반복이 가장 중요한 때입니다. 이 경우 팀은 가능하면 빨리 수정해야 하는 문제를 발견했기 때문에 작업을 바로 시작해야 합니다. 제품 책임자는 그 작업을 바로 시작할 수 있도록 스프린트 백로그에 아이템을 추가해야 합니다. 하지만 그 작업은 다음 스프린트까지 이어지게 되므로, 제품 책임자는 수정이 완료되는지 확실히 하기 위해 제품 백로그에 또 다른 아이템을 추가합니다.

84. 답: B

애자일 팀은 자신들의 프로젝트를 여러 차원에서 계획합니다. 예를 들어 스크럼 팀은 제품 백로그를 사용해 장기적인 전략 계획을 수립하고, 스프린트 백로그를 만들기 위해 각 스프린트가 시작될 때 스프린트 계획 수립 회의를 하고, 매일 일일 스크럼에서 자신들의 계획을 검토합니다. 이 경우 이해관계자는 스프린트 백로그에 대해 알고 싶어 하는데, 스프린트 백로그는 스프린트 계획 수립 회의에서 만들어집니다.

이 질문에서는 '스프린트 백로그'라는 용어를 사용하지 않고 설명(스프린트 동안 완료되는 피처, 스토리, 기타 아이템의 목록)으로 대치했습니다.

85. 답: B

애자일 팀은 항상 프로젝트를 위협할 수 있는 위험과 잠재적 이슈에 대해 생각해야 합니다. 그런 문제에 직면하면 팀은 각 위험의 현황과 우선순위를 가시화하고 관찰할 수 있도록 유지해야 합니다.

위험을 처리하기 위해 백로그에 아이템을 추가하는 것이 좋습니다. 하지만 팀이 회고 때 제기되는 각각의 모든 위험에 대해 그렇게 할 필요는 없습니다. 가끔 위험을 받아들이기도 하고, 가끔은 그냥 알고 있는 것만으로 충분할 수도 있기 때문입니다.

86. 답: B

팀은 종종 이상적인 시간을 사용해서 작업할 아이템의 크기를 정합니다. 즉, '이상적인' 상황에서 팀원 한 명이 각 아이템에 대한 작업을 하는 데 얼마나 시간이 걸리는지 파악하기 위해 서로 협력합니다. 이상적인 상황은 팀원이 그 작업을 완료하기 위해 필요한 모든 것을 다 갖고 있고, 간섭이 전혀 없으며, 작업을 완료하는 데 방해가 될 수 있는 외부 요소나 이슈도 없다는 뜻입니다. 상대적인 크기 기법과 달리(각 아이템에 스토리 포인트를 할당하는 것) 시간을 기반으로 추정해야 하는 경우 이상적인 시간이 가장 적절한 추정 방법입니다.

손가락 투표는 팀의 사람들이 자신들의 의견을 피력할 수 있는 한 가지 방법입니다. 하지만 이 경우는 팀이 어떤 기술적인 접근법이 더 나은지 논쟁하고 있으므로 영향력 있는 의견이 기술적 해법에 도달하는 최고의 방법이 될 수는 없습니다.

87. 답: B

팀원들은 항상 마찰을 겪습니다. 애자일 팀이 전통적 팀과 다른 점은, 진정으로 함께 협력하려고 노력한다는 점입니다. 이 경우 XP 팀은 두 사람 모두의 접근법에 개방된 설계를 가진 최소한의 첫 단계를 찾음으로써 점진적인 설계를 수행합니다. 두 명의 팀원이 그 방법을 함께 구축하기 위해 페어 프로그래밍을 해보는 것은 그 상황을 처리하는 매우 협력적인 방법입니다. 논쟁을 금지하자고 팀 규칙을 정하는 것은 끔찍한 생각입니다. 어떤 논쟁은 건강하고 필요한 논쟁이며, 더 나은 제품과 더 단합된 팀으로 이끌어주기도 합니다.

88. 답: B

애자일 팀에게 있어 정말 중요한 부분은 모든 사람들이 실험해보고 실수를 허용하는 것입니다. 실수했을 때 그 실수에 대해 팀과 이야기해봐야 합니다. 문제를 덮어두고 싶은 유혹도 있겠지만 문제가 발생하면 그 결과로부터 팀 전체를 지킬 수 없습니다. 여러분은 일어난 문제에 대해 마음을 열고 팀과 함께 문제를 해결해야 합니다.

자신이 한 실수를 공개한다면, 안전하고 신뢰할 수 있는 팀 환경을 조성하는 데 도움이 됩니다.

89. 답: D

애자일 팀에 새로운 리더가 생기면, 여러분이 할 일은 그 리더를 격려해주는 것입니다. 새로운 기법을 시도해보는 것은 종종 어렵기 때문에 애자일 전문가로서 여러분의 역할은 안전하고 서로 존중하는 환경을 만드는 것입니다.

90. 답: D

애자일 팀은 실수를 허용하는 안전한 환경을 조성해서 팀이 발전할 수 있기 때문에 매우 혁신적인 팀입니다. 실수를 허용하는 마음가짐에 있어서 중요한 것은 그 실수를 학습 경험으로 여기기보다는 수정해야 할 문제로 보는 것입니다. 그리고 자신이 한 실수를 공개하고 다른 사람들도 그렇게 실수를 공개하도록 격려하는 것이 중요합니다.

만약 여러분이 실수를 '고치지 않아도 되도록 허용'한다면, 그냥 넘어가두는 단순한 실수로 간주하는 것입니다. 효과적인 애자일 마음가짐을 개발하려면 실수를 발전을 위한 진정한 기회로 보는 법을 배워야 합니다.

91. 답: C

가치 흐름 맵은 가치 흐름 분석의 결과입니다. 가치 흐름 맵은 제품 피처 등 실제 작업 아이템이 작업 시간과 작업하지 않는 대기 시간으로 분류된 각 단계가 있는 프로세스를 어떻게 지나가는지를 보여줍니다. 가치 흐름 분석의 한 가지 목표는 제거할 수 있는, 작업하지 않는 시간인 낭비 요소를 식별하는 것입니다.

제품 책임자의 방식을 이해관계자에게 알리는 것이 중요하지만, 이해관계자가 팀원과 대화해야 하는 경우 다른 사람을 통해 물어보는 것은 부적절합니다. 애자일 팀은 직접 면대면(또는 전화) 대화를 중시하며, 대화는 프로젝트에서 매우 중요합니다.

92. 답: C

방해는 팀의 생산성에 엄청나게 피해를 줄 수 있습니다. 아주 짧은 방해도 팀원들, 특히 코드 작성 중인 개발자를 '몰입' 상태에서 벗어나게 만들 수 있는데, 다시 그 상태로 몰입하려면 최대 45분이 걸릴 수 있습니다. 그래서 하루에 4~5통의 전화는 그다지 나쁘지 않게 들리겠지만, 그 정도의 방해는 누군가 책상에 하루 종일 앉아 말그대로 작업을 하나도 못하게 만들 수도 있습니다. 사무실 배치를 바꾸는 것은 현실적이지 않습니다. 그리고 그렇게 바꾼다고 전화 문제가 해결되지는 않습니다. 그리고 스프린트 백로그를 수정하는 것도 그럴듯하게 들리겠지만 그걸로 문제가 해결되지 않습니다. 가장 좋은 선택은 방해를 최소화하기 위해 하루에 전화 없는 시간을 정하는 것입니다.

이건 **정말 어려운 질문인데요.**
답이 모두 잠재적으로 불리한 면이 있어서 '가장 덜 나쁜' 옵션이 어떤 것인지 알아야 하네요. 이 경우 '전화 없는' 시간은 팀이나 이해관계자에게 불합리한 요구를 할 필요 없이 방해받는 일을 제한하겠군요.

93. 답: B

사람들은 실험하고 실수하는 것도 허용이 되는 안전하고 신뢰할 수 있는 환경에서 일할 때 팀의 성과가 가장 좋습니다. 섬기는 리더로서 스크럼 마스터는 그와 같은 환경을 만들기 위해 모든 것을 다해야 합니다. 심지어 수석 관리자들과 불편한 대화를 하게 되더라도 말입니다.

스크럼 마스터에게 그 일을 논의하는 것은 어려운 일이며, 스크럼 팀이 용기를 가치 있게 여기는 것이 항상 쉬운 일은 아니라는 것을 보여주는 좋은 예입니다.

94. 답: C

페르소나는 개인 정보와 사진을 포함하기도 하는 가상의 사용자 프로필을 말합니다. 이것은 수많은 스크럼 팀이 사용자와 이해관계자가 누구인지, 그들이 원하는 것이 무엇인지에 대한 이해를 돕기 위해 사용하는 도구입니다. 애자일 팀은 현재는 알 필요가 없을지 모르지만 향후에는 알아야 하는 이해관계자까지 포함해서 모든 이해관계자를 파악해야 합니다. 페르소나는 그 일을 하는 데 매우 좋은 도구입니다.

95. 답: C

애자일 팀은 아무것도 없는 상태에서 일하지 않습니다. 그들은 문제가 발생했을 때 프로젝트에 영향을 미칠 수 있는 인프라스트럭처, 운영 및 환경적인 요소를 모두 지속적으로 살핍니다. 문제에 부딪히면, 팀은 같은 방식으로 문제를 처리합니다. 제품 책임자가 그 문제를 해결하기 위해 백로그에 가치 기반으로 우선순위를 정해 넣습니다. 이 경우는 매우 심각한 문제이므로 팀이 빨리 그 문제를 해결할 수 있도록 제품 책임자가 백로그에 넣는 작업 아이템에 매우 높은 우선순위를 매겨야 합니다.

96. 답: C

애자일 팀원은 자신들이 하는 프로젝트의 비즈니스 이해관계자가 누구인지 확인하기 위해 노력하며, 모든 팀원이 이해관계자들이 원하는 것과 프로젝트를 통해 기대하는 것이 무엇인지 제대로 이해하기 위해 노력합니다. 하지만 이해관계자에게 계획 수립 회의에 참석하도록 요구하거나 계획을 승인하라고 요구하는 것은 그 반대가 됩니다. 그렇게 되면 이해관계자들은 주의를 덜 기울이게 되고, 팀이 변화에 대응하지 못하게 하는 관료주의적인 장애물을 만들게 됩니다.

모든 질문을 세심하게 읽어보세요. 특히 '어느 것이 아닌가' 유형의 질문에 주의하세요.

97. 답: B

이것은 현재 스프린트에 문제가 생긴 팀의 번다운 차트입니다. 팀은 현재 30일 반복의 3분의 2를 진행해왔고, 진척도는 현저하게 낮아졌습니다. 만약 팀이 스프린트 백로그에서 스토리를 제거하지 않는다면 스프린트 목표를 달성하지 못할 확률이 높습니다.

여러분의 진척도가 예상보다 낮다고 해서 팀이 형편없는 계획 수립을 했다고 할 수는 없습니다. 팀이 예상하지 못하는 문제는 많습니다. 예를 들어 팀원이 병가를 내기도 합니다. 그래서 스크럼 팀은 지속적으로 점검하고 수정하며, 애자일 팀이 계획을 따르기보다는 변화에 대응하기를 더 가치 있게 여기는 것입니다.

98. 답: B

애자일 전문가로서 여러분이 할 일에는, 모든 팀원이 현재 사용 중인 애자일 프랙티스에 대해 모두 이해하는지 확인하는 일도 있습니다. 애자일 프랙티스에 대한 일반적인 지식은 효과적으로 함께 일하기 위한 기본입니다. 따라서 이 상황에서는 여러분이 각 팀원과 함께 앉아서, 변화에 대응하기 위해 사용하는 프랙티스를 그들이 이해하는지 확인해야 합니다.

99. 답: A

제품 책임자는 자신이 하는 다른 모든 요구사항에 하듯, 모든 비기능적 요구사항에도 우선순위를 정해야 합니다. 그리고 그 일에는 데브옵스 그룹으로부터 나온 운영상의 요구사항도 포함됩니다. 이 경우 스프린트 리뷰를 하기 위해 스크립트를 수정해야 합니다. 그래야 변경사항이 현재 스프린트에 포함됩니다. 그렇게 되면 다른 작업이 스프린트 마지막 시점을 넘어서까지 지연되므로, 해당 작업을 스프린트 백로그로 다시 옮겨야 합니다.

스프린트 마지막을 지나서 연장되는 작업이 있을 때마다, 해당 작업을 스프린트 백로그에 다시 옮겨야 하고, 향후의 스프린트 계획에 반영해야 합니다. 추가 작업을 포함하기 위해 설정된 시간을 어기거나 스프린트 길이를 연장하는 것은 절대로 올바른 선택사항이 될 수 없습니다.

100. 답: D

애자일 팀은 자기조직을 하며 자신들의 반복 목표를 어떻게 달성할지에 대해 의사결정할 권한을 갖고 있습니다. 그 말은 애자일 팀이 스프린트 목표를 달성하기 위해 자신들이 수행해야 할 작업이 무엇인지 파악하기 위해 협력하며, 반복의 초반에 가장 위험이 높은 스토리의 우선순위를 종종 높게 책정한다는 뜻입니다. 스크럼 마스터는 팀이 자기조직하고 팀이 사용하는 방법론을 이해할 수 있도록 도움을 주지만, 작업 순서를 결정하는 일이 섬기는 리더 역할의 일환은 아니므로 그 일을 하지는 않습니다.

101. 답: C

삼투적 의시소통은 팀원들이 자신들의 주변에서 논의되는 중요한 프로젝트 정보를 흡수할 때 일어납니다. 공용 팀 공간에 함께 앉는 XP 프랙티스는 삼투적 의사소통을 권장하는 효과적인 방법입니다.

102. 답: A

애자일 팀은 요구사항을 점진적으로 완료하는, 최소한으로 마케팅 가능한 피처로부터 구체화합니다. 또한 가장 가치 있는 피처를 제일 먼저 완료하는 배포를 계획함으로써, 팀은 이해관계자에게 가능한 한 빠른 시점에 많은 가치를 전달할 수 있습니다.

여러분은 시험에서 '최소한으로 판매 가능한 제품(minimally viable product)'이라는 용어를 볼 수도 있을 텐데, 이 말은 최소한으로 마케팅 가능한 피처와 매우 밀접한 연관이 있는 말입니다.

103. 답: C

이 팀은 잠재적인 문제에 대해 걱정하지만, 현재는 프로젝트에 실질적인 영향이 미치지 않았으며 문제가 존재하지 않는 것으로 판명되면 영향이 없는 것입니다. 이때가 탐사적 작업(어떤 사람들은 스파이크 솔루션이라고 합니다)을 수행할 좋은 기회입니다. 이 방법은 기술적 문제가 해결됐는지, 아니면 다른 접근법을 찾아봐야 하는지를 팀이 확인할 수 있는 아주 좋은 방법입니다.

104. 답: C

스크럼 팀에서 제품 책임자의 가장 중요한 업무 중 하나는 새로운 이해관계자가 프로젝트에 적절하게 참여하고 있는지 확인하는 것입니다. 이상적이라면 모든 이해관계자가 모든 스프린트 리뷰에 참석합니다. 하지만 모든 이해관계자가 모든 스프린트 리뷰 회의에 참여해야 한다는 규칙은 없습니다. 어떤 이해관계자는 회의에 참석할 시간이 없거나 참석하기 어려운 시간대의 지역에 있을 수도 있고, 참석하고 싶지 않을 수도 있습니다. 그런 다양한 이해관계자들의 유형에 가장 적절한 방법으로 그들을 참여시키는 데 필요한 일을 하는 것이 제품 책임자의 역할입니다.

105. 답: C

애자일 팀, 특히 그 팀의 제품 책임자는 반드시 모든 이해관계자를 파악하고 프로젝트 전체에 그들을 참여시켜야 합니다. 이 문제에서는 반복이 어느 정도 진행된 시점에 이해관계자와 만나고 있는데, 이것은 여러분이 제품 책임자 역할을 하고 있다는 뜻입니다. 여러분이 프로젝트의 요구사항에 영향을 미치는 이해관계자가 있다는 이야기를 들었을 때는 새로운 이해관계자를 식별한 것입니다. 따라서 여러분이 다음으로 해야 할 일은 그 사람을 참여시키는 일입니다.

106. 답: B

이 번다운 차트는 팀이 기대한 것처럼 정확하게 30일 스프린트를 보여줍니다. 팀은 아마 오랫동안 함께 일해왔을 것입니다. 왜냐하면 진척도가 일정하기 때문입니다. 번다운 선이 항상 가이드라인과 매우 가깝기 때문에 그 사실을 알 수 있습니다. 그 선보다 높거나 낮은 경우도 몇 일 있지만, 여러분은 번다운 차트를 볼 때는 각 날짜별 상황보다 추세에 신경을 써야 합니다.

107. 답: C

사람들은 프로젝트에 관련된 모든 것, 특히 잠재적으로 문제를 일으킬 수 있는 이슈들에 대해 이야기할 수 있는 개방되고 안전한 환경 속에서 가장 효과적으로 일할 수 있습니다.

108. 답: D

팀이 반복에 대한 계획 수립을 끝내고 나면, 팀은 그 결과를 프로젝트 이해관계자 모두에게 공개하는 것이 중요합니다. 그 계획은 팀이 반복에 대한 특정 목표에 몰입한다는 것을 보여주므로, 팀과 비즈니스 사이에 신뢰를 구축하는 정말로 효과적인 방법입니다. 또한 팀이 달성하고자 하는 것이 무엇인지 명확하게 함으로써 불확실성을 줄이는 데도 도움이 됩니다.

109. 답: A

애자일 팀원은 프로젝트에 영향을 미칠 수도 있는 이슈를 발견하면 다른 팀원들에게 알려야 합니다. 그리고 더 중요한 것은 팀원들과 함께 그 문제를 해결할 방법을 찾는 것입니다. 사실 팀원들은 두 가지를 합니다. 첫 번째로 오늘 그 문제를 해결할 수 있고, 두 번째로는 자신들이 따르는 프로세스나 방법론이 그 문제를 어떻게 다루는지 확인해서 향후에 그 일이 다시 발생하지 않게 합니다.

110. 답: B

항상 서로 협력하고 지식을 공유하라고 애자일 팀원들을 격려해야 합니다. 페어 프로그래밍은 협력과 지식 공유 모두에 매우 효과적인 프랙티스입니다.

애자일 팀은 포괄적인 문서보다는 작동하는 소프트웨어를 더 가치 있게 여깁니다. 하지만 그렇다고 팀이 문서를 절대로 사용하지 않는다는 뜻은 아닙니다. 단지 작동하는 소프트웨어를 더 가치 있게 여길 뿐입니다.

111. 답: B

애자일 팀은 포괄적인 문서보다는 작동하는 소프트웨어를 더 기치 있게 여깁니다. 이해관계자가 이 점을 이해하게 민드는 가징 좋은 방법은, 팀이 이 가치를 따랐을 때 과거의 프로젝트보다 잘 진행되는 것을 보여주는 것입니다. 특정한 작업 방식을 단순히 고집하는 것보다는 성공한 것을 보여주는 것이 항상 더 좋습니다.

스토리 맵은 스토리를 사용하는 팀에서 배포 계획을 만드는 좋은 도구입니다. 그러나 그 계획은 대단히 상세한 노력 추정에 근거를 두어서는 안 되며, 프로젝트의 초반에는 특히 그러합니다.

112. 답: B

새로운 프로젝트를 출발하는 애자일 팀은 일을 진행하는 데 도움이 되는 시작점이 필요합니다. 시작점으로 좋은 첫 단계는 배포 계획을 만들거나 특정 제품이 언제 배포되는지에 관한 개괄적 수준의 계획을 만드는 것입니다. 이런 계획을 만들 때는 개발해야 할 아이템과 그 아이템을 개발하기 위해 필요한 작업의 범위를 아주 광범위하게 추정하고, 그 정보를 이용해 개략적인 일정을 만들어냅니다. 이 일정이 아주 세부적이지는 않습니다. 왜냐하면 그 일정은 프로젝트에 대한 팀의 개괄적 수준의 이해만을 반영하기 때문입니다.

113. 답: C

애자일 팀은 자신들의 프로세스를 지속적으로 변경하고 적용함으로써 자신들의 효과를 개선하기 위해 항상 노력합니다. 그렇게 하는 한 가지 방법으로 자신들이 사용하는 프랙티스, 팀과 조직의 문화, 목표를 정기적으로 검토합니다.

114. 답: A

팀이 이해관계자와 신뢰를 쌓는 가장 효과적인 방법 중 하나는 각 스프린트 중에 정확히 무엇이 개발될지에 관해 상호간 이해를 공유하고, 기술적이거나 일정상의 이유로 조정할 필요가 있을 때 이해관계자와 진정으로 협력하는 것입니다.

애자일 팀은 이해관계자와 계약서 같은 합의서를 만드는 것보다 이해관계자와 협업하는 것을 더 가치 있게 여깁니다.

문제에서 '계획된 피처 목록'을 언급했는데 이는 제품 백로그의 정의입니다.

115. 답: A

여러분은 이해관계자와 만나고 있는 애자일 전문가입니다. 이 말은 여러분이 제품 책임자의 역할을 하고 있음을 의미합니다. 제품 책임자의 역할은 각 제품의 가치를 이해하기 위해 이해관계자와 협력하고, 그 정보를 이용해 백로그에 있는 아이템의 우선순위를 정하는 것입니다. 제품 책임자는 백로그를 우선순위화할 때 두 가지를 고려해야 합니다. 각 피처의 상대적인 가치와 그 피처를 개발하기 위해 필요한 작업량입니다. 여러분이 백로그에 있는 각 아이템에 상대적인 가치를 할당할 수는 있지만 우선순위를 어떻게 정할지 모르기 때문에, 여기서 필요한 정보는 필요한 작업량입니다. 그 정보를 얻는 방법은 백로그에 있는 아이템들을 다시 추정하는 것입니다.

이 질문은 특히나 어렵습니다. 시험에 있는 많은 질문들이 특정 도구, 기법 또는 프랙티스에 대해 물어봅니다. 이 질문은 제품 백로그에 관한 질문입니다. 하지만 많은 질문들이 자세하게 이름을 언급하지는 않습니다. 제품 백로그라고 부르는 대신, '계획된 피처 목록'이라고 설명합니다. 이와 같은 질문에 대한 핵심은 질문을 여러분이 아는 용어를 사용해 분해하는 것입니다. "여러분은 방금 계획된 피처 목록에 있는 각 아이템에 상대적 가치를 할당했습니다"는 방금 제품 백로그에 있는 아이템에 상대적 비즈니스 가치를 할당했음을 의미합니다. 그것은 또한 여러분이 제품 책임자임이 확실하다는 것을 말해줍니다. 팀에서 제품 책임자만이 유일하게 이해관계자를 만나고 제품 백로그의 각 아이템에 상대적인 비즈니스 가치를 할당합니다. 그렇다면 만약 제품 책임자가 제품 백로그에 있는 각 아이템에 상대적인 비즈니스 가치를 할당했다면, 그 계획이 효과를 발휘하도록 하려면 팀이 취해야 할 다음 단계는 무엇일까요? 스크럼 팀은 비즈니스 가치와 노력을 토대로 자신들의 업무를 계획하므로, 팀이 할 다음 단계는 백로그를 다시 추정하는 것입니다.

116. 답: D

동일한 장소에 팀원을 배치하거나, 팀원들이 서로 가까운 공동의 공간에서 일하는 것은 삼투적 의사소통(우연히 들은 대화를 통해 중요한 프로젝트 정보를 흡수하는 것)을 조성하는 아주 좋은 방법입니다. 그것은 정보를 공유하는 작업 공간을 만드는 일을 수월하게 해주며(예를 들어 정보 라디에이터 붙이기), 팀원들이 서로에게 접근하기 편리하기 때문에 좋습니다. 하지만 동일한 장소에 팀원을 배치할 때 한 가지 단점은 방해받을 일이 잠재적으로 훨씬 많다는 것입니다.

팀 장소를 구성하는 '완벽한' 방법은 없으며 모든 전략에는 장단점이 있습니다. 하지만 공용 공간에 함께 배치된 팀은 단점이라는 것을 극복하고도 남을 장점이 많습니다.

117. 답: C

애자일 팀은 이해관계자와 협업함으로써 자신들이 개발하는 제품의 가치를 극대화합니다. 스크럼 팀에서 이해관계자와 협력하고, 가치를 이해하고, 팀이 그 가치를 전달할 수 있도록 해주는 것은 제품 책임자의 역할입니다.

118. 답: A

이 팀은 근원적인 문제를 해결하고 향후 그런 일이 다시 발생하지 않도록 하기 위해 자신들이 맞닥뜨리는 문제에 대한 근본 원인을 분석하려고 합니다. 이시카와(또는 생선뼈) 다이어그램은 근본 원인 분석을 수행하는 효과적인 도구입니다.

119. 답: D

애자일 팀은 제품의 품질을 확실히 하기 위해 검증과 검사를 빈번하게 합니다. 즉, 제품 테스트를 하고 빈번하게 검토하면서 점검합니다. 이러한 검증 단계는 팀이 발전시킬 사항들을 파악하는 데 도움이 되며, 이렇게 개선된 점은 제품에 반영되어야 합니다.

가끔은 제품 책임자를 피하면서 일하는 것이 좋은 생각인 것처럼 보일 수 있습니다. 하지만 그렇지 않습니다. 이해관계자가 항상 상황을 인지할 수 있도록, 매번 변경사항이 있을 때마다 제품 책임자에게도 알려줘야 합니다.

120. 답: A

애자일 팀은 변화에 대응하기를 가치 있게 여깁니다. 심지어 그런 변화가 나쁜 소식이어도 말입니다. 예를 들어 팀이 개발할 제품의 범위를 줄이는 예산 삭감처럼 나쁜 소식에도 대응해야 합니다. 그리고 팀은 이해관계자와의 협업을 중요하게 생각합니다. 심지어 나쁜 소식을 전달하는 것도 마찬가지입니다. 모든 애자일 방법론은 일일 스탠드업 회의와 회고처럼 팀이 현재 따르고 있는 계획을 점검하게 해주고, 계획이 비현실적이되면 언제든지 그 계획을 바꾸고 이해관계자에게 그 변경사항에 대해 알려주는 메커니즘 또는 규칙을 포함하고 있습니다.

그렇다면 여러분은 이제 어떻게 할건가요?

PMI-ACP 핸드북(PMI.org 웹사이트에서 다운로드할 수 있습니다)은 합격 점수를 결정하기 위해 전 세계의 관련 주제 전문가들을 어떻게 활용했는지 설명합니다. 이는 매우 타당한 것으로, 이 방법은 PMI가 매우 신중하게 시험의 난이도를 정하는 신뢰할만한 기법입니다. 합격 점수에 도달하기 위해 여러분이 정확히 몇 개의 질문을 맞혀야 하는지 정확하게 예측하기는 어렵지만, 이 시험에서 80~90%를 달성한다면 아주 안전한 수준입니다.

부록

국내에서의 애자일 성공 경험

변수명 128자와 리소스 파일의 추억 – 좋은 소스코드?

이상한(?) 사람들과의 만남, 그리고 깨달음 – 좋은 IT 리더?

반복과 사용자 중심의 프로젝트 – 무한한 가능성의 놀랍고도 신기한 경험!

익스트림 프로그래밍과 함께한 실리콘밸리를 향한 꿈과 도전

다양한 차세대 프로젝트, 더 다양한 애자일 적용 형태

스크럼과 XP를 통합 적용한 글로벌 헬스케어 프레임워크 구축

애자일은 수단, 핵심은 조직 역량

API 기반의 애자일 팀이 미래 조직의 경쟁력이다

변수명 128자와 리소스 파일의 추억 - 좋은 소스코드?

컴파일러(Compiler)를 좋아했던 나에게, 트랜슬레이터(Translator) 개발이라는 중요한 임무가 떨어졌다. 분산 환경은 잘 몰랐던 시절이었지만, 윈도우 프로그램을 유닉스 프로그램으로 변환하는 번역기를 만드는 일은 즐거운 도전이었다. Lex++, Yacc++를 사용해서, 기본적인 윈도우 프로그래밍 소스코드를 X-Motif 프로그램으로 변환하는 프로젝트를 완료했다. 당시 현대전자는 유닉스 워크스테이션을 만들어 팔고 있었다.

이 과정에서 여러 가지 프로그래밍 스타일을 접할 수 있었는데, 그중 가장 기억에 남는 것은 '변수명은 128자까지로 제한'이라는 애플의 규칙이었다. 사실상 제한이라기보다는 데이터나 함수, 또는 클래스의 이름을 보면 소스코드를 이해할 수 있어야 한다는 가독성을 강조하는 스타일 가이드였다. 또한 실리콘밸리의 선진 제품에 대한 소스코드를 가져다 살펴보면서 가장 독특하다고 느낀 것은 리소스 파일(Resource File)의 분리였다. 즉, 하드 코딩(Hard Coding)이 될만한 요소나, 변경을 효율적으로 제어하고 싶은 요소들은 별도의 리소스 파일로 분리하여, 소스코드 밖에서 변경할 수 있도록 한 것이었다. 어찌 보면 당연하지만, 개발자로서의 철학은 무엇인지, 좋은 소스코드는 무엇인지, 어떻게 하면 좋은 소스코드를 만들고 발전시킬 수 있을 것인지에 대한 생각을 끊임없이 하게 된 소중한 계기였다.

이상한(?) 사람들과의 만남, 그리고 깨달음 - 좋은 IT 리더?

1995년, STEP2000이라는 국책 과제의 일환으로 HCI(Human Computer Interaction) 기반의 객체지향 방법론 개발 프로젝트에 설계자로서 참여하게 되었다. 이 프로젝트는 정말 이상한(?) 사람들로 팀이 구성되었고, IT 리더로서 깨달음을 얻는 소중한 기회였다. 애플에서 근무하다가 국내로 돌아온 팀장님, 교육공학 출신의 IT 전문가, 묘령의 자연어 처리 전문가, 거칠고 투박한 음성 인식 전문가, 이쁜(?) 남자 디자이너, 당시 내 눈에는 만능으로 비친 개발자, 외부 자문 교수님과 너무나 똑똑했던 여학생 그리고 나. 결과적으로 나에게는 이들이 모두 멘토였다! 내가 부족했기 때문에 처음에는 이들이 모두 이상한 사람들로 보였지만, 그들의 지식과 경험을 들으면서 세상에 존재하는 많은 깨달음을 얻을 수 있었다. 이 과제에서 나는 음성 등 다양한 사용자 인터페이스 기반의 에이전트 시스템이나 웹 로봇 등을 고민했다.

이 프로젝트 과정에서 많은 자료 참조와 논의를 거쳤고, 서로 다른 기존의 경험을 우리들만의 방법론으로 정의했으며, 이전에는 생각하지 못했던 중요한 개념들을 도출해낼 수 있었다. 예를 들어, 사용자 분석(User Analysis)과 퍼실리테이션(Facilitation)은 개발에만 몰두했던 당시의 나에게, 비즈니스와 의사소통이라는 새로운 생각과 가치를 알게 해주었고, 사용자를 통해 현실 세계(Real World)의 중요함, 퍼실리테이션을 통해 멘탈 세계(Mental World)와 가상 세계(Cyber World)의 중요함을 새삼 깨달을 수 있었다.

이 프로젝트 이후로, 반복(Iteration) 기반의 위험 및 일정 관리와 지속적 스폰서십(Sponsorship) 획득, 사용자 시나리오(User Scenario) 기반의 가치 중심 요구사항 관리, 피드백(Feedback) 기반의 품질과 의사소통 관리, 소프트웨어 아키텍처 기반의 체계적인 프로젝트 통합 관리를 수행할 수 있는 소프트웨어 아키텍트이자 PM(Project Manager)과 같은 IT 리더를 꿈꾸기 시작했다.

반복과 사용자 중심의 프로젝트 – 무한한 가능성의 놀랍고도 신기한 경험!

동부화재의 몇 가지 애플리케이션을 개발하면서 드디어 실전에서 PM과 소프트웨어 아키텍트 역할을 수행할 수 있었다. 이전부터 중요하다고 생각해온 가치를 프로젝트를 통해 실제 구현할 수 있었고, 그로부터 PM과 소프트웨어 아키텍트라는 역할이 혼자서는 불가능하지만 팀을 통해 무한한 가능성을 만들 수 있다는 것을 확신할 수 있었다. 다행히 당시 내가 몸담고 있던 회사의 CEO는 동부화재의 임원 출신으로 보험사의 특성을 잘 알고 있었는데 금융업에 맞는 IT 시스템을 만드는 데 많은 관심과 지원을 아끼지 않았다.

1997년~1998년에 PM 및 소프트웨어 아키텍트 역할로 일반 대출 시스템, 인사 시스템, 금융 컨설턴트 지원 시스템이라는 비교적 작은 규모의 3개 프로젝트를 관리했다. 이 프로젝트의 가장 큰 특징은, 내 자리 옆에 동부화재의 현업 과장이 풀타임으로 참여(On-Site Customer)하고 있었고, RUP(Rational Unified Process) 기반으로 반복이 끝날 때마다 계속 경영진에게 보고하며 조직과 상황을 공유한 것이었다. 반복은 아키텍처 환경 구축, 컴포넌트 개발, 애플리케이션 개발의 3단계로 이루어졌고, 각 반복별로 다양한 활동을 수행했다.

아키텍처 환경 구축에서는 경영진의 가장 큰 관심사였던 메시지 기반의 비동기 비즈니스 프로세스를 검증하는 과정도 포함되었다. IBM의 MQ 시리즈, CICS 등 다양한 미들웨어 테스트가 있었고, 데모를 통해 동기식 비즈니스 프로세스 기반의 아키텍처를 최종 선택했고, 전국의 70개 지점을 DCOM 기반 통신을 사용하여 연계했다.

컴포넌트 개발은 IBM 메인프레임에 있던 COBOL 기반 로직을 NT 서버로 다운사이징하는 검증도 포함했고, 데이터는 DB2와 VSAM 형태로 남아 있었지만, 모든 로직은 NT 서버에 DCOM 컴포넌트로 개발했다. 가장 큰 특징은 지금의 MDA(Model-Driven Architecture)처럼, 100% 라운드트립 엔지니어링(Round-Trip Engineering)을 구현했다. 즉, 모든 모델은 UML(Unified Modeling Language)로 설계했고 소스코드를 생성했으며, 주기적으로 역공학을 통해 소스코드와 모델을 일치시켰다.

애플리케이션 개발은 현업 과장의 유스케이스(Use Case) 기반 요구사항 정의를 바탕으로 4+1 뷰 소프트웨어 아키텍처를 따랐으며, 유스케이스를 중심으로 논리 및 다양한 물리 구성을 구체화했다. 특이한 점은 더미 터미널에서 처음으로 마우스 기반의 GUI 형태로 바꾼 것이었고, 고생은 했지만 가장 큰 성과는 DB2와 VSAM 간 게이트웨이(Gateway)를 통한 CICS/NT 기반의 2단계 커밋(2 Phase Commit) 구현과 WAN 구간에서의 DCOM 통신에 대한 속도 성능 개선이었다.

익스트림 프로그래밍과 함께한 실리콘밸리를 향한 꿈과 도전

강남의 관세청 맞은편에 있는 두산빌딩에서 실리콘밸리 진출의 꿈을 안고, 미국에서 온 MBA 출신의 아름다운 PM 캐나다에서 온 중국계의 뚱뚱한 소프트웨어 아키텍트, 러시아에서 온 Settlement 담당, 인도인 개발자 풀(Pool)과 그 외의 다양한 나라에서 국제법, 뱅킹, 마케팅 전문가가 참여했다. 투자은행(Investment Banking)을 지향하는 딜 컴포저(Deal Composer) 솔루션을 구축하면서, 전 세계의 펀드(Fund) 매니저들이 사용할 웹 기반 투자 플랫폼을 만드는 것이 목적이었다.

1999년~2000년에 수백 억 원을 투자하면서, 솔루션은 서서히 윤곽을 드러내기 시작했다. 개발자, 설계자, PM과 소프트웨어 아키텍트 경험이 있었던 나는 전사 객체 기술(Object Technology) 리더 역할과 신용 분석(Credit Analytics) 팀장 역할로 프로젝트에 참여했다. 내 자리 옆에는 인도의 뱅킹 전문가인 사미르(Samir)가 계속 비즈니스 스펙(Business Spec)을 전달하면서 테스트를 수행해주었다. 나는 비즈니스 스펙을 바탕으로 기술 문서 및 UML 모델을 작성하면서 팀의 개발자들을 관리했고, 모자라는 인력은 개발 풀(Pool)의 인도 개발자를 스펙을 보면서 코딩할 수 있도록 훈련시켰고, 우리 팀이 만들어야 할 분석 엔진(Analytics Engine)은 직접 개발했다.

어떻게든 성공해야 하는 프로젝트였다. 모든 모델을 UML로 작성했고 계속 변화하는 비즈니스 요구에 대응하기 위해 아키텍처 패턴(Architectural Pattern)과 디자인 패턴(Design Pattern)을 적용하거나, 프로젝트에 맞게 새로운 패턴을 만들고 솔루션에 적용해갔다. 숨 막히는 릴리스와 반복 주기를 맞추기 위해 XP(eXtreme Programming)를 도입하여, 인도 개발자들과 페어 프로그래밍(Pair Programming)을 통해 개발 완료 시점을 조정할 수 있었다. 이때 임원급의 빌드 마스터(Build Master)가 지속적 통합(Continuous Integration)을 책임지고 있었고, 소프트웨어 아키텍트가 제안한 인티그랄(Integral)이라는 금융 프레임워크에 탑링크(Top-Link)라는 오알매퍼(O-R Mapper)를 사용하면서, 오라클 DB는 단순 저장소로 활용했다. 모든 리더들은 매일 아침 미팅을 했고, 리더 미팅이 끝나면 나는 팀 미팅을 주도했다.

안타깝게도 펀드 매니저들의 사용이 생각보다 저조해서 플랫폼 구축까지는 가지 못했고, 솔루션을 쪼개어 판매하는 전략으로 바뀌면서 팀은 흩어져야 했다. 하지만 이때 경험했던 XP는 이전의 반복과 사용자 중심에서 더 나아가 엔지니어링에 대한 새로운 방식을 경험하게 해주었다. 이때부터 대규모 프로젝트라도 프로젝트 특성에 맞는 다양한 방법론들과 함께 애자일 프랙티스들을 좀 더 유연하게 적용할 수 있었다. 이때의 경험을 바탕으로 XP 책을 번역하기 시작했는데, 첫 번역이라 모진 고생(?) 끝에 2002년 국내 첫 애자일 서적인 'XP Installed'를 출간할 수 있었다.

다양한 차세대 프로젝트, 더 다양한 애자일 적용 형태

이후 삼성생명, 대우조선해양 등 다양한 국내 주요 프로젝트에 애자일 방법론을 적용하면서 다양한 애플리케이션과 솔루션을 구축했다. 이때 애자일 경험에 또 다른 전기를 맞게 되었는데, 전사 수준의 차세대 프로젝트에 다양한 방법론들과 함께 애자일 프랙티스들을 적용하면서 프로젝트를 성공으로 이끌 수 있는 더 많은 확신을 가질 수 있었다.

2007년~2009년에 증권사 차세대 프로젝트에 스크럼(Scrum)과 스크럼의 스크럼(Scrum of Scrum)을 적용했다. 스크럼 미팅은 일반적인 일일 미팅에서 출발했고, 나중에는 이슈 해결 중심의 적극적인 미팅으로 활용했다. 스크럼의 스크럼은 여러 개의 아키텍처 보드(Architecture Board)를 구성해서, 수행사와 함께 하는 아키텍처 보드 외에 증권사 현업 중심의 아키텍처 보드도 별도로 운영했다.

매일 진행하는 스크럼 미팅을 포함한 다양한 활동과 정보를 밤마다 정리하여 두 페이지의 신문으로 만들었고, 새벽에 인쇄하여 여러 빌딩에 흩어진 26개 업체 250명 인력의 책상에 일일이 놓아두었다. 덕분에 프로젝트에 참여한 모든 사람은 현재의 진척, 이슈, 행사, 그리고 다양한 정보를 동일하게 바라볼 수 있었다. 이렇게 나는 일 단위로 신문(Daily Newspaper)과 스크럼 미팅, 주간 단위의 아키텍처 보드 운영을 통해 공개적인 스크럼 마스터(Scrum Master) 및 변화 관리자(Change Agent) 역할을 동시에 수행할 수 있었다.

이후에 진행된 2000억 원이 넘는 공공 차세대 프로젝트에서는, 증권사 차세대 프로젝트와는 전혀 다르게, 스크럼이나 애자일이라는 말 자체를 꺼내지 않았다. 그러나 분석과 설계 단계에 참여한 인력이 400명이 넘는 거대 프로젝트에서, 나는 의사소통과 품질 관리를 맡은 PMO 역할을 수행했고, 애자일은 내게 유일한 해결 방안이었다. 스크럼 미팅이라는 말 대신, '빠른 의사결정 미팅'이라는 것을 만들어 국세청과 수행사 리더들이 함께 정보를 공유하고 이슈 해결을 할 수 있는 근간을 만들었고, 스크럼의 스크럼 대신 아키텍처 보드와 품질 보드(Quality Board)의 두 개 보드를 운영하면서, 하나는 기술 중심, 하나는 업무 중심의 의사소통 체계를 만들어 품질을 관리했다.

스크럼과 XP를 통합 적용한 글로벌 헬스케어 프레임워크 구축

2010년~2011년에 지식경제부 주관 WBS(World Best Software) 과제에 팀을 꾸려 제안했고, 많은 사람의 지원을 받으며 총괄 PM을 수행할 수 있었다. 이 프로젝트의 비즈니스적 가치는 매우 명확했다. 헬스케어 프레임워크로 시스템의 품질과 생산성을 향상시키고, 프레임워크 기반 프로젝트의 수익성을 증대시키는 것이었다. 국내에 적용할 뿐만 아니라, 수출해서 돈을 벌어야 한다는 명확한 목적도 있었다. 결론부터 말하면, 프로젝트 이후 프레임워크는 계속 발전했고, 분당 서울대병원의 차세대 적용, 서울대병원 본원의 차세대 적용, 중동과 미국 등의 병원 시스템 구축에 활용되었다.

이 프로젝트에는 여러 특징이 있었는데, 전문 DB 컨설턴트를 활용해서 데이터 모델을 근간부터 개선했고, 서울대 융복합대학원의 UX 랩 교수님과 학생들을 참여시켜 병원 전체의 프로세스 분석을 포함한 사용자 경험 분석을 바탕으로 프레임워크의 사용자 경험을 개선했으며, 스크럼과 함께 XP를 적용하면서 3개의 스크럼 팀을 관리했다. 이와 함께 미국에서 TDD 컨설턴트를 불러 테스트 주도 개발을 수행했고, 매 스프린트 중 하루를 리팩토링의 날(Refactoring Day)로 정해 소스코드 품질을 중시했으며, 3명의 도메인 전문가 출신 제품 책임자들과 1명의 선임 제품 책임자와 협업했다.

애자일은 수단, 핵심은 조직 역량

1995년 HCI 기반의 객체지향 방법론 구축 이후로, 다양한 형태의 애플리케이션 개발, 솔루션 구축, 프레임워크 및 플랫폼 구축, 차세대 프로젝트 수행에 애자일을 적용해왔고, 어려운 프로젝트로부터 성공을 이끌어내는데 애자일은 많은 기여를 해왔다.

하지만 그동안의 프로젝트들을 돌이켜보면, 애자일은 수단일 뿐이며 가장 큰 성공 원동력은 조직의 역량이라는 것을 느낄 수 있었다. 적절한 역량을 바탕으로 애자일을 적용할 때 더 많은 시너지를 느낄 수 있었기 때문이다. 여기서 말하는 역량이란 비즈니스에 대한 전문성, 아키텍처에 대한 전문성, 이해관계자 특히 사용자와 스폰서(Sponsor)에 대한 이해와 공감, 기획과 개발, 운영에 대한 경험과 전문성이 핵심이었다. 다만 프로젝트 또는 제품 개발에 모든 전문성이 동원될 수는 없다. 대부분의 프로젝트가 매우 열악한 환경에서 진행되기 때문이며, 모든 것을 미리 준비하는 것은 불가능하다. 그래서 프로젝트 특성과 조직 역량을 이해하고, 프로젝트 초기부터 핵심 역량 기반의 학습 조직으로 키워나가는 애자일 프로젝트 조직 관리가 매우 중요하다.

그동안의 많은 애자일 프로젝트들이 모두 불확실성과 복잡함에 대한 도전이었지만, 조직의 역량과 함께 어려움을 이겨낼 수 있었고, 그 결과는 모두에게 만족스러웠다. 나 자신뿐만 아니라, 남과 조직, 다양한 이해관계자들이 중요하다는 것을 모두가 인식하는 순간, 협업은 점차 개선되고, 지속적인 학습의 효과는 반복이 거듭되면서 더 많은 가치를 만들어내는 역량을 조직에 주는 선순환 구조를 형성시켰다. 이것이 애자일 트랜스포메이션의 시작이다.

API 기반의 애자일 팀이 미래 조직의 경쟁력이다

더 이상의 차세대 프로젝트는 필요 없다. 비즈니스 전문가와 함께 업무 영역을 구분하고 조직의 목표에 맞게 팀이 고객에게 최고의 가치를 만들어낼 수 있는 방법을 통해 제품을 만들어낸다면 모두가 승자가 될 수 있기 때문이다. 앞으로 세상은 마이크로서비스 기반의 애자일 팀이 가장 큰 성과를 내면서 시장에서의 경쟁 우위를 선점해갈 것이며, 거대한 솔루션이 아닌 API의 혁명을 통해 가장 효과적으로 시장에서의 매출과 수익을 잠식해 들어가는 기업이 승리할 것이다.

나는 오늘도 꿈을 꾸며 미래를 향해 도전하고 있다. 지금은 글로벌 해운 물류의 리더가 되기 위해 노력하고 있는 CyberLogitec에서, 국내 및 모든 글로벌 개발 조직 전체에 대한 전사 애자일 마스터로서, 애자일 트랜스포메이션이 기업의 미래 경쟁우위를 가져다줄 것을 확신한다.

찾아보기

숫자

ㄱ

ㄴ

ㄷ

ㄹ

ㅁ

ㅂ

수감자 (ESVP 기법) 156
순현재가치 (NPV) 326
슈와버, 켄 75
스노버드 24, 40
스크럼 가이드 75, 97
스크럼 마스터
(스크럼 마스터에) 대해서 12, 75, 84, 99
계획 수립 포커 조정하기 132 - 133
스프린트 회고 78
스크럼 팀 역할 75, 82
스크럼 프레임워크
(스크럼 프레임워크에) 대해서 12 - 14, 47, 71 - 73, 81, 86 - 89, 102
애자일 선언문 96 - 98
산출물 76 - 77, 79, 86
장별 연습 80, 91, 100, 103, 112 - 115, 119 - 120
장별 질문과 대답 79, 86, 93, 101
이벤트 74, 86
스토리 맵 149, 151
스토리 포인트
(스토리 포인트에) 대해서 122, 126, 135
번다운 차트 143
추정 고려사항 132 - 135, 138, 151
스토리. 사용자 스토리를 보세요.
스티커 우선순위 기법 157
스티커 투표 352
스파게티 코드 204
스파이크 솔루션 214 - 215, 229
스프린트 (스크럼)
반복 프랙티스 47
진척 추적하기 136 - 137, 142 - 147, 151
살아 있는 스켈레톤 149
스프린트 계획 수립 세션 (스크럼)
스프린트 리뷰 (스크럼)
(스프린트 리뷰에) 대해서 12, 14, 78, 86
완료 작업 92
책임이 따르는 마지막 순간 94
스프린트 백로그 77, 98
스프린트 목적 (스크럼) 77 - 78, 83, 151
스프린트 백로그 (스크럼)
(스프린트 백로그에) 대해서 12, 76 - 79
개발팀 148
추정 고려사항 138, 142, 151
스프린트 계획 수립 세션 77, 98
스프린트 회고 (스크럼)
(스프린트 회고에) 대해서 11 - 12, 19, 78, 86, 101
개요 154 - 155
제품 책임자 78, 101
도구 지원 156 - 157
슬랙 (XP) 182 - 183, 188, 193, 226
시간이 정해진 반복 46, 54, 78, 188
시스템 싱킹 (린) 250, 272, 276
시험 문제 연습 361 - 369
신뢰
스크럼 가치 82
XP 가치 190
신호 카드 (칸반) 288
실수
애자일 원칙 13, 33, 35, 52, 54
스크럼 프레임워크 82, 138
XP 190, 196, 199, 216

ㅇ

아닌 것 질문 200
아키텍처 스파이크 215

ㅈ

ㅋ

ㅌ